LIMITAÇÕES MATERIAIS
AO PODER DE TRIBUTAR

COLEÇÃO FÓRUM
**PRINCÍPIOS
CONSTITUCIONAIS
TRIBUTÁRIOS**

COLEÇÃO FÓRUM
PRINCÍPIOS CONSTITUCIONAIS TRIBUTÁRIOS

Oswaldo Othon de Pontes Saraiva Filho
Julio Homem de Siqueira
Américo Bedê Júnior
Daury César Fabriz
Junio Graciano Homem de Siqueira
Ricarlos Almagro Vitoriano Cunha
Coordenadores

Prefácio
Rogério Gandra da Silva Martins

LIMITAÇÕES MATERIAIS AO PODER DE TRIBUTAR

3

Belo Horizonte
FÓRUM
CONHECIMENTO JURÍDICO
2022

© 2022 Editora Fórum Ltda.

É proibida a reprodução total ou parcial desta obra, por qualquer meio eletrônico, inclusive por processos xerográficos, sem autorização expressa do Editor.

Conselho Editorial

Adilson Abreu Dallari	Floriano de Azevedo Marques Neto
Alécia Paolucci Nogueira Bicalho	Gustavo Justino de Oliveira
Alexandre Coutinho Pagliarini	Inês Virgínia Prado Soares
André Ramos Tavares	Jorge Ulisses Jacoby Fernandes
Carlos Ayres Britto	Juarez Freitas
Carlos Mário da Silva Velloso	Luciano Ferraz
Cármen Lúcia Antunes Rocha	Lúcio Delfino
Cesar Augusto Guimarães Pereira	Marcia Carla Pereira Ribeiro
Clovis Beznos	Márcio Cammarosano
Cristiana Fortini	Marcos Ehrhardt Jr.
Dinorá Adelaide Musetti Grotti	Maria Sylvia Zanella Di Pietro
Diogo de Figueiredo Moreira Neto (*in memoriam*)	Ney José de Freitas
Egon Bockmann Moreira	Oswaldo Othon de Pontes Saraiva Filho
Emerson Gabardo	Paulo Modesto
Fabrício Motta	Romeu Felipe Bacellar Filho
Fernando Rossi	Sérgio Guerra
Flávio Henrique Unes Pereira	Walber de Moura Agra

Luís Cláudio Rodrigues Ferreira
Presidente e Editor

Coordenação editorial: Leonardo Eustáquio Siqueira Araújo
Aline Sobreira de Oliveira

Av. Afonso Pena, 2770 – 15º andar – Savassi – CEP 30130-012
Belo Horizonte – Minas Gerais – Tel.: (31) 2121.4900 / 2121.4949
www.editoraforum.com.br – editoraforum@editoraforum.com.br

Técnica. Empenho. Zelo. Esses foram alguns dos cuidados aplicados na edição desta obra. No entanto, podem ocorrer erros de impressão, digitação ou mesmo restar alguma dúvida conceitual. Caso se constate algo assim, solicitamos a gentileza de nos comunicar através do *e-mail* editorial@editoraforum.com.br para que possamos esclarecer, no que couber. A sua contribuição é muito importante para mantermos a excelência editorial. A Editora Fórum agradece a sua contribuição.

Dados Internacionais de Catalogação na Publicação (CIP) de acordo com a AACR2

L734   Limitações materiais ao poder de tributar / Oswaldo Othon de Pontes Saraiva Filho... [et al.] (Coord.).– Belo Horizonte : Fórum, 2022.

469 p.; 14,5cm x 21,5cm.
ISBN: 978-65-5518-314-6
Coleção Fórum Princípios Constitucionais Tributários. Tomo III

1. Direito Tributário. 2. Direito Constitucional. 3. Direito Processual. I. Saraiva Filho, Oswaldo Othon de Pontes. II. Siqueira, Julio Homem de. III. Bedê Júnior, Américo. IV. Fabriz, Daury César. V. Siqueira, Junio Graciano Homem de. VI. Cunha, Ricarlos Almagro Vitoriano. VII. Título.

CDD: 341.39
CDU: 351.72

Elaborado por Daniela Lopes Duarte - CRB-6/3500

Informação bibliográfica deste livro, conforme a NBR 6023:2018 da Associação Brasileira de Normas Técnicas (ABNT):

SARAIVA FILHO, Oswaldo Othon de Pontes; SIQUEIRA, Julio Homem de; BEDÊ JÚNIOR, Américo; FABRIZ, Daury César; SIQUEIRA, Junio Graciano Homem de; CUNHA, Ricarlos Almagro Vitoriano (Coord.). *Limitações materiais ao poder de tributar*. Belo Horizonte: Fórum, 2022. 469 p. (Coleção Fórum Princípios Constitucionais Tributários - Tomo III). ISBN 978-65-5518-314-6.

SUMÁRIO

PREFÁCIO
Rogério Gandra da Silva Martins 13

TAX SYSTEM AND ANTI-JEWISH LAWS (IN THE FRAMEWORK OF THE FASCIST TAX POLICY)
Filippo Dami 19

1 Introduction: absence of directly discriminatory tax rules in the Racial Laws 19
2 The confiscation of the assets and the ban on the exercise of any activities set out against the Italian citizens of Jewish race as a forced reduction in their ability to contribute to public expenditure ... 21
3 The different choices made by Nazi Germany: the "punitive" taxes on the Jews 23
4 The tax rules established by the R.D.L. (Royal Decree-Law) no. 126 dated 9 February 1939 25
5 The evolution of the tax system during Fascism 28
5.1 The Bachelor Tax as an emblematic translation of the fascist ideology 29
6 Conclusions 32

EL DERECHO DEL MÍNIMO EXISTENCIAL EN MÉXICO
Gabriela Ríos Granados 35

I Introducción 35
II El derecho al mínimo vital en la Constitución mexicana 37
III Derecho al mínimo existencial en el Derecho tributario mexicano 41
IV Conclusiones 47
 Referencias 48

GRANDEUR ET DÉCADENCE D'UN PRINCIPE: L'IMPOSITION À RAISON DES FACULTÉS CONTRIBUTIVES
Katia Blairon 51

I Des mécanismes dévoyés 55
II Une protection juridictionnelle limitée 58
III Un principe controversé 61

ESTUDOS SOBRE A EFICÁCIA DO PRINCÍPIO DA CAPACIDADE CONTRIBUTIVA

Álvaro Augusto Lauff Machado, Marcelo de Oliveira Fausto Figueiredo Santos 65

1 Introdução 65
2 Do Estado Liberal ao Estado Democrático de Direito: uma breve análise do *iter* do princípio da capacidade contributiva 67
3 A capacidade contributiva numa perspectiva sociopolítica e econômica 72
4 Critérios (qualitativos e quantitativos) para a eficácia normativa do princípio da capacidade contributiva: o estabelecimento de um conceito unívoco 78
5 Considerações finais 86
Referências 87

PRINCIPIO DE CAPACIDAD CONTRIBUTIVA. UN ACERCAMIENTO DESDE EL DERECHO ITALIANO

Patrici Masbernat, Gloria Ramos-Fuentes 89

1 Introducción 89
2 Orígenes de las construcciones dogmáticas referidas a la capacidad contributiva. 91
3 Estructura normativa 94
4 Capacidad contributiva frente a otros principios: igualdad tributaria; solidaridad; propiedad; legalidad 96
5 Función de la capacidad contributiva 99
6 Contenido del principio de capacidad contributiva 102
7 Características de la capacidad contributiva 104
8 La extrafiscalidad y la capacidad contributiva 108
9 Vulneración de criterios de reparto conforme a la capacidad contributiva por otros medios diferentes a la determinación del hecho imponible 109
Conclusiones 110
Referencias 110

IL PRINCIPIO COSTITUZIONALE ITALIANO DI CAPACITÀ CONTRIBUTIVA CON PARTICOLARE RIFERIMENTO ALLA TASSAZIONE AMBIENTALE

Michele Mauro 113

I Il principio costituzionale italiano di capacità contributiva ed il suo problematico legame con l'equità del sistema fiscale 113
II L'evoluzione della capacità contributiva verso nuove forme di imposizione e, in specie, verso la fiscalità ambientale 116

III   Il principio europeo "chi inquina paga" quale possibile fonte di legittimazione della fiscalità ambientale 120

IV   Considerazioni conclusive: l'individuazione della capacità contributiva sottostante al tributo ambientale 123

Bibliografia 126

LIMITES MATERIAIS À INSTITUIÇÃO DE OBRIGAÇÕES TRIBUTÁRIAS ACESSÓRIAS: UMA ANÁLISE À LUZ DO PRINCÍPIO DA CAPACIDADE CONTRIBUTIVA
Henrique da Cunha Tavares 131

1   Introdução 131

2   Breve caracterização da obrigação acessória no sistema tributário brasileiro 132

3   Os impactos causados pelo excesso das obrigações tributárias acessórias 135

4   A necessária observância dos princípios constitucionais na instituição das obrigações tributárias acessórias 137

5   O respeito à capacidade de contribuir 140

5.1   Obrigações tributárias acessórias excessivamente onerosas 142

5.2   A capacidade contributiva no cumprimento de obrigação acessória não se resume ao conceito de capacidade financeira 144

6   Considerações finais 146

A (IN)EFETIVIDADE DA ISONOMIA APLICADA AOS TRIBUTOS EXTRAFISCAIS
Virginia Junqueira Rugani Brandão 149

1   Introdução 149

2   A isonomia aplicada às normas tributárias 150

3   Capacidade contributiva, critério norteador da isonomia tributária por excelência? 153

4   O caso específico dos tributos extrafiscais 156

5   A inefetividade institucionalizada dos critérios norteadores da isonomia aplicada aos tributos extrafiscais 159

6   Considerações finais 161

Referências 162

A IMUNIDADE DOS PRODUTOS E SERVIÇOS ESTRATÉGICOS
Oswaldo Othon de Pontes Saraiva Filho 165

IMUNIDADE TRIBUTÁRIA NAS EXPORTAÇÕES: OPERAÇÕES *BACK TO BACK*

Lucas Bevilacqua, Michell Przepiorka 173

Introdução 173

1   Imunidades na exportação: conformação ao princípio do país de destino 174

2   Operações *back to back* no ordenamento jurídico brasileiro 178

3   O *back to back* na perspectiva da Receita Federal do Brasil (RFB) 182

4   Considerações finais 187

Referências 188

ESTADO, DIREITO E RELIGIÃO NO SÉCULO XXI – UMA ANÁLISE DA IMUNIDADE TRIBUTÁRIA DOS TEMPLOS RELIGIOSOS NO CONTEXTO DA CF/88

Heleno Florindo da Silva 191

Introdução 191

1   A relação entre o Estado, o Direito e a religião na formação político-jurídico-social do Estado moderno 193

2   A imunidade tributária dos templos religiosos e sua compreensão normativa – uma análise legal e jurisprudencial de seus limites 204

Conclusão – o abuso do direito como hipótese de tributação de *templos religiosos* no contexto político e social do século XXI 209

INDÍCIOS DE INCONSTITUCIONALIDADE NA DENOMINADA "IMUNIDADE MUSICAL" TRAZIDA PELA EMENDA CONSTITUCIONAL Nº 75/2013

Antônio de Pádua Marinho Monte, Daury César Fabriz 215

Introdução 215

Aspectos gerais das imunidades tributárias e seus traços distintivos com as isenções fiscais 217

A busca constitucional pela redução das desigualdades socioeconômicas regionais – equidade entre regiões 222

As suspeitas de inconstitucionalidade na "imunidade musical" 225

Conclusão 232

Referências 234

ISENÇÃO COMO LIMITAÇÃO MATERIAL AO PODER DE TRIBUTAR. REFLEXÃO SOBRE O TEMA REPETITIVO 1037/STJ E A ADI Nº 6.025

Junio Graciano Homem de Siqueira, Julio Homem de Siqueira 237

A SELETIVIDADE EM FUNÇÃO DA ESSENCIALIDADE E A INTERPRETAÇÃO DO SUPREMO TRIBUNAL FEDERAL

Martha Leão......249

Considerações introdutórias......249

1 A seletividade na Constituição......251

2 A crítica à decisão do Supremo Tribunal Federal no caso da alíquota de IPI sobre o açúcar......254

3 As consequências dessa decisão para a jurisprudência sobre a seletividade......257

Conclusões......259

PRINCÍPIO DA SELETIVIDADE: DUAS CONCEPÇÕES RIVAIS DE ESSENCIALIDADE

Arthur M. Ferreira Neto, Eduardo Luís Kronbauer......261

Introdução......261

I Concepções de essencialidade......264

1.1 Essencial como importante......265

1.2 Essencial como necessário......275

II Critérios aplicativos da seletividade como essencial-necessário......283

2.1 Fundamentação constitucional......283

2.2 A natureza cogente ou facultativa da seletividade......285

2.3 A dimensão extrafiscal da seletividade......286

2.4 Critérios para orientação legislativa e de controle judicial......289

Conclusão......293

Referências......294

PRINCÍPIO DA TRANSPARÊNCIA FISCAL E SUA REPERCUSSÃO PARA A CONSCIÊNCIA FISCAL E PARA O EXERCÍCIO DA CIDADANIA

Ana Paula Basso......297

1 Estado Democrático de Direito e consciência fiscal......297

2 Princípio da transparência fiscal, previsão constitucional e legal......299

3 Princípio da transparência fiscal e exercício da cidadania......304

Considerações finais......308

NOTAS SOBRE TRANSPARÊNCIA FISCAL E BEM JURÍDICO TRIBUTÁRIO

Natália Brasil Dib......311

Considerações iniciais......311

1 A transparência na Constituição de 1988......312

2   Transparência fiscal e bem jurídico-tributário 317

Referências 322

O PRINCÍPIO DA INFORMAÇÃO TRIBUTÁRIA NA AQUISIÇÃO DE BENS DE CONSUMO E SERVIÇOS

Jackelline Fraga Pessanha, Marcelo Sant'Anna Vieira Gomes 325

Introdução 325

1   O direito do consumidor e a sua correlação com a informação 326

2   Poder de polícia estatal e legiferância: lógicas inversamente proporcionais 330

3   O dever fundamental de informação dos tributos aos consumidor ...334

Conclusões 338

ALGUMAS BALIZAS PARA COMPREENSÃO E ANÁLISE DO FEDERALISMO FISCAL

Alexandre Coutinho da Silveira 341

1   Considerações introdutórias. O Estado Federal 341

2   Federalismo fiscal: autonomia financeira 345

3   Os instrumentos do federalismo fiscal 348

4   Considerações finais 358

PRINCÍPIO DO FEDERALISMO FISCAL: JUSTIÇA SOCIAL E GUERRA FISCAL ENTRE ESTADOS

Lara Carvalho Breda 361

Introdução 361

1   O federalismo fiscal 362

1.1   O surgimento do federalismo e o federalismo fiscal brasileiro 363

1.2   Princípios orientadores 365

2   Federalismo e justiça social 366

3   Guerra fiscal entre estados 370

Conclusão 372

Referências 374

ESTADO FISCAL. FINANCIAMENTO SOCIAL. SEGURIDADE SOCIAL

Luma Cavaleiro de Macêdo Scaff 375

Introdução 375

1   Estado e financiamento social: os custos dos direitos e a seguridade social 376

2   Sistema de custeio para a seguridade social: contributivo e não contributivo 380

3   Orçamento como fonte de custeio da seguridade social 383
4   (Des)vinculação de receitas e a seguridade social 386
       Conclusão 388
       Referências 389

SISTEMA DE JUSTICIA TRIBUTARIA Y EXENCIÓN
Mirlo Matías de La Cruz, María de Los Ángeles González Luna 391

Justicia tributaria en la gestión del tributo 391
La justicia en el ingreso 393
La capacidad económica como principio rector de la justicia
tributaria 395
Legalidad y justicia en el gasto fiscal. La consagración
constitucional del principio de justicia tributaria en el gasto 398
Conclusiones 400
Referencias 402

IL PRINCIPIO *NEMO TENETUR SE DETEGERE*
Anna Rita Ciarcia 405

1   Il principio *nemo tenetur se detegere* 405
2   La dichiarazione dei redditi come autodenuncia
     (il caso dei proventi illeciti) 408
3   L'omessa collaborazione nella fase accertativa e la giurisprudenza
     europea 414
4   Conclusioni 420

INVERSÃO *OPE CONSTITUTIONIS* DO ÔNUS DA PROVA COMO LIMITAÇÃO MATERIAL AO PODER DE TRIBUTAR. REFLEXÃO SOBRE O ÔNUS DA FAZENDA PÚBLICA DE PROVAR A EXIGIBILIDADE DO TÍTULO EXECUTIVO FISCAL E DEVIDO PROCESSO LEGAL
Julio Homem de Siqueira, Priscilla Pereira Costa Corrêa 423

A exigibilidade como pressuposto fundamental da execução fiscal
válida 431
Conclusão 437
Referências 438

LA DEBIDA VALORACIÓN DE LA PRUEBA TRIBUTARIA Y LA CORTE SUPREMA DE PERÚ

Jorge Isaac Torres Manrique 439

I	A modo de aproximación 439
II	Criterio fijado por la Corte Suprema 440
III	Principios constitucionales tributarios de legalidad y respeto de los derechos fundamentales 441
3.1	Principio tributario de legalidad 441
3.2	Principio tributario de respeto de los derechos fundamentales 442
IV	Análisis 443
V	Conclusiones 445
VI	Sugerencias 445
	Referencias 446

ACCESO A LA JUSTICIA – TUTELA JUDICIAL EFECTIVA EN MATERIA TRIBUTARIA CONFORME LA CONVENCIÓN AMERICANA SOBRE DERECHOS HUMANOS (PSJCR)

Cristián Billardi 447

1	Introducción. La actuación de los principios de política fiscal receptados en la doctrina internacional de los derechos humanos y su tutela judicial 447
2	La titularidad de los derechos humanos y la legitimación activa del contribuyente 449
3	El acceso a la tutela judicial efectiva a la determinación de los derechos de "materia fiscal" 450
3.1	La cobertura normativa de la Convención Americana (PSJCR) 451
3.2	El estándar de garantías judiciales del contribuyente en la doctrina de la Corte Interamericana (CIDH) 452
3.3	El estándar de garantías judiciales del contribuyente conforme el PSJCR en la doctrina de los Tribunales domésticos 457
4	Conclusiones 462

SOBRE OS AUTORES 465

PREFÁCIO

Recebi com imensa honra o convite feito pelo Dr. Oswaldo Othon de Pontes Saraiva Filho para prefaciar o Volume 3 da Coleção Fórum intitulada "Princípios Constitucionais Tributários". O primeiro volume versou sobre as "Noções Gerais e Limitações Formais ao Poder de Tributar" e o segundo abordou as "Limitações Formais e Materiais ao Poder de Tributar". Vem a lume agora o terceiro volume desta preciosíssima coleção sob o título "Limitações Materiais ao Poder de Tributar". A coleção nesta primeira tríade de volumes se debruça sobre o fenômeno do poder impositivo, abrindo uma nova perspectiva de estudo no concernente aos limites que o norteiam, tanto os referentes à cobrança e aumento de tributos (limites formais) quanto os referentes a discriminações e tratamentos não igualitários (limitações materiais). O poder de tributar é uma constante no curso da história do homem, mas cinge-se o mesmo aos limites constitucionais impostos, visando acima de tudo uma imposição fiscal justa, norteada pelos princípios garantidores dos direitos do contribuinte, bem como de uma atividade financeira do Estado (cobrar, gerir e aplicar os recursos tributários) galgada na justiça e segurança.

Desde as mais primitivas civilizações até os tempos de hoje, o tributo, configurado em diferentes formas ao longo dos séculos, é uma das principais marcas da história da sociedade. Poderíamos dizer em uma simbologia semântica que sem sombra de dúvida "o tributo é a maior *'commodity'* produzida no mundo".

No decorrer da história o homem manteve com o tributo uma constante relação, não das mais harmoniosas, como nos relata Harles Adams em seu clássico Livro "For Good And Evil – The Impact of Taxes on The Course of Civilization". Ao ilustrar sua obra com um desenho impresso no periódico New Yorker, onde um contribuinte entra na porta do IRS com as mãos para cima, como se estivesse sendo assaltado, o autor, com certa ironia, afirma:

> The cartoon on the previous page by James Stevenson from the New Yorker magazine is not only funny, it is also profound, because it

reveals what taxes are and depicts the what people have felt about taxes since the beginning of recorded history. This same cartoon, with a few modifications modifications, would have produced smiles form taxpayers in ancient Rome, or in many Other heavily taxed societies over the centuries. The robbery/tax analogy, which this cartoon presents so graphically, was popular centuries before the Christian era. The similarity between tax collectors and robber is also found in the basic meaning behind the word tax, which is exaction. Literally, exaction means "to force out". By comparison, its sister world *extortion* means "to twist out". Taxes are not debts, despite the fact that we carelessly refer to them as such. The principle of fair value received – which is the basis for a legally enforceable debt – has no place in a tax dispute. A taxi s owed because the government orders it to be paid. Nothing else is required. The essence of a taxi s, therefore, the taking of Money, or property, or even services, by the government, without paying for it. When a government takes land to build a school and pays for it, this kind of a taking is not a tax.

People instinctively, in all ages, have called tax men robbers because they operate by threats and intimidations and don't pay for what they take. Consequently, the robbery epithet is not as irrational as it may appear. The tax man is, to our emotional systems, a bureaucratic Robin Hood taking wealth where he can find it, and, like Robin Hood, he often does much good with the money he takes. For without revenue, governments would collapse, Society as we know it would disappear, and chaos would follow. The tax collector, of course, differs from Robin Hood because his robbery is legalized.

Taxes are the fuel that makes civilization run. There is no known civilization that did not tax. (...).[1]

Ao analisarmos a história da humanidade no que tange à tributação veremos sempre duas características marcantes em qualquer sociedade, em qualquer tempo e espaço: o poder tributante e os contribuintes, que pagam ao primeiro, de forma compulsória a fim de que ele retribua à sociedade uma contraprestação, a qual variará conforme a civilização analisada (organização e proteção de comunidade, prestação de serviços ao povo, etc.).

Outra constatação que a história nos traz é a forma pela qual o poder de tributar foi se configurando no decorrer dos tempos. Sendo um poder de atribuição dos "governantes sobre os governados", o Di-

---

[1] ADAMS, Harles. *For Good And Evil* – The Impact of Taxes on The Course of Civilization Second Edition. Lanhan, Maryland, USA: Madison Books, 2001. p. 1-3.

reito teve papel fundamental como instrumento para ditar as regras do exercício de tal poder e valiosa ferramenta para deter e buscar conformar tal poder na medida em que as sociedades evoluíam e detectavam fenômenos tributários desmedidos e inúmeras vezes insuportáveis de permanecer dentro dos ordenamentos sem que eles fossem usurpados e dilapidados.

Assim como o Direito está em qualquer sociedade, os indivíduos que a compõem buscam que ela seja a mais próxima da justiça. A noção de justiça está inerente ao ser humano e sua vida em coletividade, ainda que não expressa, está implícita nos anseios do grupo social.

Por outro lado, o poder, que sempre existiu desde a vida em coletividade, tem como característica indelével de sua essência a tendência a não conhecer limites e crescer caso uma força maior não o impeça. Do contrário seu limite inexistirá e ele será absoluto.

Sob a ótica destas duas ponderações, constata-se que o fenômeno tributário sempre se estabeleceu diante da relação entre os binômios *poder/limites* de um lado e *sociedade/justiça* de outro, sendo o *Direito o responsável pela harmonização dos binômios*.

À medida que as sociedades foram se desenvolvendo com o passar dos séculos, foi se constatando um "aperfeiçoamento dos binômios", visto que em busca de justiça a sociedade foi modelando o poder tributante através de normas jurídicas e limitando seu exercício, o que gerou em inúmeras sociedades a ascensão de tais regras jurídicas a princípios hegemônicos na ordem jurídica e garantias fundamentais do cidadão.

Das primeiras normas regulatórias do Antigo Egito, passando pela primeira codificação tributária criada pelos sumérios, pelo regramento do recolhimento e fiscalização dos coletores de tributos do Império Romano, pelas inúmeras espécies de tributos cobrados no sistema de soberania e vassalagem dos reis da Idade Média, pelos sistemas confiscatórios das coroas europeias no processo de colonização das terras conquistadas a partir do início da idade moderna, pelas revoluções e embates sociais contrários a uma carga tributária desmedida, nota-se que a evolução das limitações ao poder de tributar foram uma constante. Não obstante períodos de oscilações, o vetor das limitações ao poder impositivo permaneceu e permanece ascendente até os dias atuais.

Neste diapasão, a obra que ora vem a lume é fruto de uma felicíssima escolha dos juristas coordenadores: aprofundar a reflexão científica das limitações ao poder de tributar, hoje galgadas a princípios e garantias fundamentais constitucionais. A presente publicação é de tamanha grandeza e organicidade que promove o pensar jurídico não se circunscrevendo apenas ao Direito pátrio, mas fazendo uma perfeita interligação dos autores, todos juristas de altíssima *expertise* e do mais elevado *escol*, nacionais e estrangeiros, de forma que o leitor tenha conhecimento e se aprofunde no tema dentro de uma perspectiva global, haja vista a tendência que a sociedade hodierna caminha, com a vertiginosa diminuição de distâncias entre os países, com as trocas internacionais crescendo em frenético ritmo, tratados, convenções, acordos e grupos econômicos se tornando cada vez mais uma realidade quotidiana, enfim, a famosa frase de John Donne, segundo a qual "nenhum homem é uma ilha", faz-se mais do que adequada às nações nos dias de hoje. Em um mundo interdependente "nenhum país é uma ilha", o que leva aquele que estuda o Direito a buscar mais como são as culturas e ordenamentos jurídicos do "além-fronteiras" pátrios e diante deste prisma se debruçar perante as limitações do poder tributante sob um enfoque supranacional. Os renomados coordenadores destra obra, com seu criterioso rigor científico, não deixaram de se atentar a esta realidade presente tão importante, dando a ela esta nota de supranacionalidade.

Em uma época na qual as mudanças provocadas pela revolução da informação aliadas ao avanço da tecnologia colocaram o homem, a sociedade, o poder e o Direito em uma nova era, o estudo da tributação e seus limites tornam-se imprescindíveis para todo aquele operador do Direito que queira estudar a matéria de forma atualizada e com vistas a buscar soluções aos novos problemas advindos destes novos tempos.

A presente obra que ora é ofertada a toda a comunidade jurídica e a quem quer que se interesse em compreender o fenômeno tributário com seriedade científica vem a contribuir de forma notável em uma seara que necessariamente deve sempre ser analisada, revista, atualizada, vez que apenas com um poder tributário limitado de forma não discriminatória e buscando a imposição fiscal nos ditames do princípio isonômico uma sociedade alcançará uma tributação justa.

Por fim, não poderia terminar estas linhas sem parabenizar os autores e os coordenadores, na figura do Dr. Oswaldo Othon de Pontes Saraiva Filho, um dos maiores juristas da atualidade, de quem sou eterno aprendiz, e que com sua constante inquietação em corroborar para aperfeiçoar a ciência do Direito Tributário está sempre a descortinar novos horizontes desta tão nobre ciência, abrindo espaço para o constante estudo e reflexão!

Parabéns aos coordenadores e autores!
A comunidade jurídica agradece!
Uma ótima leitura!

Rogério Gandra da Silva Martins
Advogado, especialista em Direito Tributário,
ex-juiz do TIT-SP e membro do Conselho
Superior de Direito da FECOMERCIO-SP.

TAX SYSTEM AND ANTI-JEWISH LAWS (IN THE FRAMEWORK OF THE FASCIST TAX POLICY)

FILIPPO DAMI

1 Introduction: absence of directly discriminatory tax rules in the Racial Laws

The R.D.L. (Royal Decree-Law) no. 1728 dated 17 November 1938 establishing the *Laws for the Defence of the Italian Race,* i.e. the regulatory text of reference implementing the racial policy in Italy, did not enforce any provision of strictly tax nature.[1]

Specifically, although the lawmaker could have considered it in the vile logic underlying these measures, none of the twenty-nine Articles composing the decree laid down any form of heavier taxation on the *"Italian citizens of Jewish race".*[2]

---

[1] The bibliography on Racial Laws is very broad. *Le Leggi Razziali: scienza giuridica, norme, circolari,* written by S. Gentile, Milan, 2010, is a recent very detailed historical and legal analysis used for broad and previous references.

[2] Those who fell under the provisions of the Art. 8 of the R.D.L. (Royal Decree-Law) no. 1728/1938 establishing their specific features: i.e. having Jewish parents or, anyhow, showing of being Jewish or supporting the Jewish religion.

As a matter of fact, the principle of legal equality characterizing also the tax system of the time[3] was totally demolished by these provisions, so nothing would have avoided the enforcement of directly or indirectly "punitive" anti-Semitic tax measures, as happened in the Nazi Germany in the same period.[4]

Although no general tax provisions were enforced, the R.D.L. (Royal Decree-Law) no. 126 dated 9 February 1939 implementing and supplementing the rules that established the ownership limits of real estate as well as of industrial and commercial business activities of the Jewish citizens, contained some tax requirements set out by the Art. 10 of the aforesaid R.D.L. (Royal Decree-Law) no. 1728/1938.

These rules intended to govern some tax effects arising from the transfers of assets subject of the racial confiscation mechanism. Specifically, in the aforesaid decree: a) the Art. 74 encouraged the asset donations from Jewish citizens to relatives *"not considered Jewish"* or to certain "praiseworthy" entities, whom were granted with the exemption *"... from the registration tax for any assignment without consideration"*, one-fourth reduction of the *"transfer tax"* and of the *"cadastral duties"*; b) the Art. 75 lightened the taxation of the deeds that returned the assets to the Jewish citizens eligible of exemption from the racial confiscation pursuant to the Art. 14 of the R.D.L. (Royal Decree-Law) no. 1728/1938; c) the Art. 76 established a favorable tax system for *EGELI* (the Real Estate Management and Liquidation Body) that was specifically created to collect the seized assets; and d) the Art. 77 lightened the taxation of the anonymous companies created to take over the companies stolen to the Jewish citizens.

However, before examining these rules (in details trying to understand how they were also permeated by an ideological connotation), it is useful to reflect on the impact of the Racial Laws on the tax system as a whole, even in case of non-specific "discriminatory" provisions, and on the different choices made by Italy and by its German ally as to taxation.

---

[3] The existence of a principle of tax equality in the Italian tax system of the pre-republican period is shown, among others, by A. D. GIANNINI in the book *Istituzioni di diritto tributario*, Milan, 1938, page 35.

[4] See below §3. For a historiographical analysis of the fascist period and of its relations with Nazism, among the others, refer to: *The Jews in Fascist Italy: A History* by R. DE FELICE, Turin, 1961, that is unanimously considered a key reference for any analysis.

2 The confiscation of the assets and the ban on the exercise of any activities set out against the Italian citizens of Jewish race as a forced reduction in their ability to contribute to public expenditure

The Art. 25 of the Statuto del Regno (better known as the "Albertine Statute") dated 4 March 1848 in force when the Racial Laws were implemented, established that all the king's subjects, i.e. all the inhabitants of the kingdom, should contribute *"without distinction to the burdens of the State in proportion of their possessions"*.

This provision has to be considered the direct precedent of the principle of contributory capacity that, later, becomes the founding principle of the present tax system pursuant to the Art. 53 of the Constitution of the Italian Republic.

The "proportion of possessions" defined by the Albertine Statute is certainly a very different (and undoubtedly more limited) concept compared to "contributory capacity" established by the Constitution[5] and not only for the different binding force of the reference source setting out the tax contribution[6] but also because of the content attributable to the two concepts in their practical implementation.

Without going into a very interesting subject -but largely beyond what is strictly relevant here, it can be said that the principle underlying the Art. 25 of the Albertine Statute identified the distribution criterion of the sacrifice to support for public expenditure among taxpayers -like the principle set out by the Art. 53 of the Constitution, although limited it to the *king's subjects*- but it justified such sacrifice only if proportional to the *possession*[7] owned by the subject called to pay the tax. Exactly in this aspect, the former provision was diferent from the latter that, in fact, links any tax imposition -even when not directly identified in a *property*- to the payment capacity.[8]

---

[5] Highlighted, for example, by A. Giovannini, *Il diritto tributario per principi*, Milan 2014, page 21.

[6] The Albertine Statute is an ordinary law.

[7] The term *possession* is written by A. D. Giannini, *Istituzioni di diritto tributario*, op. cit., page 36.

[8] The bibliography dedicated to the principle of contributory capacity is very broad. Without claiming to be exhaustive -and leaving aside the institutional manuals- please refer to: E. Giardina, *Le basi teoriche del principio di capacità contributiva*, Milan, 1961; I. Manzoni, *Il principio della capacità contributiva nell'ordinamento costituzionale italiano*, Turin, 1965; G. Gaffuri, *L'attitudine alla contribuzione*, Milan, 1969; F. Moschetti, *Il principio della capacità contributiva*, Padua, 1973; Id *The contributory capacity*, in *Enc. Giur.*, Rome, 1988; Id. *The contributory capacity*, in *Trattato di diritto tributario*, directed by A. Amatucci, Padua, 1994, volume I, page 223 et seq.; Various authors, *La capacità contributiva*, Padua, 1993. More

Moreover, there are no doubt that the *possession* referred to in the Albertine Statute were real estate, companies and wealth (i.e. income) resulting from industrial, commercial and professional activities, of which the Italian citizens of the Jewish race were, wholly or partly, deprived.

Therefore, the direct consequence of this condition was the (forced) reduction (or the total elimination) of their contribution capacity which, indeed, led to their failure to fulfil many of the tax assumptions characterizing the tax system of the time.

To become aware of this fact, it is enough to list the main tax forms in force in those years: a) the tax on land set out by the law no. 1831 dated 14 July 1864 that hit the *owner of the farmed land* yielding either a real or even a potential income; b) the tax on buildings originally set out by the law no. 2136 dated 26 January 1865, that hit *"buildings and any other buildings"* bearing even a generic capacity to generate an income; c) the tax on movable wealth set out by the Tax Code no. 4021 dated 24 August 1877 that hit all *"the income generated within the State and resulting from the mobile wealth"*, which was defined as the "new wealth"[9] achieved by an individual in a certain period of time thanks to the use of one's own sources of equity (assets or capital) or personal abilities (work); d) the additional progressive income tax set out by the R.D. (Royal Decree) no. 3062 dated 30 December 1923 that hit the total income of each natural person (considered as his/her own income and the income of any other persons in his/her availability, use or administration). Taking into account the aforesaid tax system, it can be easily realized that the racial seizure affected, reduced or totally cancelled the fulfilment of the tax imposition.

---

recently: S.F. Cociani, *Attualità o declino del principio di capacità contributiva?* published in tax magazines, 2004, I, page 823 et seq. Reflection viewpoint even to be compared: please refer to different authors (curated by L. Salvini and G. Melis), *L'evoluzione del sistema fiscale e il principio di capacità contributiva*, Padua, 2014. In the comprehensive perspective of the principles of our tax system, please refer to: A. Giovannini, *Il diritto tributario per principi*, op. cit., page 21 et seq. As to the origin of the contributory capacity, please refer to the complete and very interesting "historical" analysis carried out by G. Falsitta, in his *Storia veridica, in base ai "lavori preparatori" della inclusione del principio di capacità contributiva nella Costituzione*, issued by *Riv. dir. trib.*, 2009, I, page 97 et seq.

[9] The term is written by A.D. Giannini, last work quoted, page 275.

3 The different choices made by Nazi Germany: the "punitive" taxes on the Jews

According to what just detailed, the choices made by Fascist Italy were less harsh than those made by Nazi Germany that, in fact, introduced provisions in its legal system aimed at specifically damaging (even as to taxation) the Jewish population –thus contributing to its impoverishment.

Specifically, the Jews in Germany were hit by extraordinary forms of taxation as well as by the confiscation of their assets and of the activities they could carry out thus bringing substantial earnings to the public purse used by the Reich mainly to support its huge military expenditure.[10]

In this respect, the first intervention was linked to the rules according to which the Jews were *de facto* excluded from the working activities -or, better, relegated to carry out the most humble jobs also through the (compulsory) acceptance of the jobs "suggested" by the Ministry of Labor

Besides this severe condition, the Nazi regime revoked all the tax exemptions granted to the Jewish mutual-aid associations and, finally, through a special decree dated 19 November 1938, it totally revoked their right to the benefit of the public care. So, as consequence of the new structure created, on proposal of the Secretary of State, Wilhelm Stuckart, a decree of the Ministry of Finance dated 24 August 1940 implemented a "tax of social equalization" (already planned also for the citizens of the occupied Poland, since 1934) on the (even derisory) income earned by the Jewish workers for their bonded labor.

The reason was to restore a condition of "equality" from the tax viewpoint between Jewish and German workers (hence the concept of "equalization"), since, as just said, the former, were excluded from any form of care, they would not have fulfilled any contribution obligation to which the latter were ordinarily obliged.

Another form of discriminatory taxation of anti-Semitic nature was linked to the aggravated implementation of the so-called "flight tax", which was in force since 1931 (i.e. before Hitler came to power)

---

[10] Please refer to: R. Hilberg, *The Destruction of the European Jews*, Turin, 1999, page 130, after retracing the expropriation policy executed by the Nazi regime, he points out that *"The State had its part -a huge part- from the dispossession of the assets of the Jews, since it finally collected a big amount of money or other liquid assets from the revenues earned by the Jews forced to sell their enterprises: the Ministry of Finance seized most of them through peculiar taxes on wealth called Reich Flight Tax, and Expiation Payment"*.

and hit 25% of the value of the assets owned by all the German citizens, who owned assets and wanted to leave the Country. So, either the amount of assets and activities exceeding 200,000 Reichsmarks as at 31 January 1931 or the income exceeding 20,000 Reichsmarks earned in 1931 were subject to taxation.

As to this type of taxation, and to its enforcement against the Jewish population, the Nazi regime acted on two fronts: a) on one hand, it denied its disapplication to the Jews, who submitted such request because, according to Fritz Reinhardt, the Minister of Finance, although their emigration was desirable, their "last sacrifice" was deemed "necessary"[11] and, b) on the other hand (and above all), in 1934, the reference threshold of the tax levy on the assets was decreased to the amounts exceeding 50,000 Reichsmarks -with reference date fixed as at 31 December 1931- whilst the threshold on income remained unchanged but the income to be taken into account was any year income after 1931.

The mishandling of the Jewish population (of course, the most inclined to emigrate in those days) was clear: since the date fixed to appraise the assets owned was 31 January 1931, those who sold their assets (and the Jews had significant assets) to expatriate had to pay a tax on something no longer owned and, furthermore, those who earned an income higher than 20,000 Reichsmarks in any year after 1931, was taxed even on modest assets.

But that was not enough. From November 1938, Nazi Germany imposed on the Jews the "Expiation Payment" (a kind of extraordinary wealth tax) equal to 20% of the value of their assets that, due to the results in terms of revenue, was soon increased by a further 5 %.

As a matter of fact, the "Reich Flight Tax" and the "Expiation Payment" not only established two purely discriminatory tax mechanisms inexcusable compared to any principle inspiring the modern tax systems, but also created a confiscatory taxation of the Jews already brought to ruin by measures that forced them to alienate their assets and activities thus depriving them of their wealth that went to heavily swell the Reich's coffers. In short, taxation was used not only as a "punitive" measure and as a further expression of rejection of the principle of equality, but it was also a way to extort as many resources as possible from the German Jews.

---

[11] Refer to R. Hilberg, *The Destruction of the European Jews*, Turin, 1999, page 130.

4 The tax rules established by the R.D.L. (Royal Decree-Law) no. 126 dated 9 February 1939

After this short *excursus* throughout the anti-Semitic legislation and the tax system of the time even comparing it with the German experience, we can go back to reflect more specifically on the few provisions of pure tax nature contained in the regulatory *corpus* of the Racial Laws.

As initially mentioned, the Racial Laws were enforced by the Articles nos. 74, 75, 76 and 77 of the R.D.L. (Royal Decree-Law) no. 126 dated 9 February 1939 that laid down the *rules to implement and supplement the provisions of the Art. 10 of the R.D.L. (Royal Decree-Law) no. 1728 dated 17 November 1938 regarding the restrictions imposed to the Italian citizens of Jewish race relevant to the ownership of real estate as well as of industrial and commercial activities.*[12]

At first sight, these provisions did not seem significant, since, as mentioned above, they just: a) granted a tax reduction in case of donation made by the Jews before the confiscation of their assets and established the reallocation of the assets seized when authorized thanks to special and verified situations leading to the exemption from the consequences of belonging to the "race" and, b) ensured a "favorable" tax treatment for the entity set up to collect the seized real assets and for the anonymous companies that took over the enterprises stolen from the Jewish population.

In truth, on closer look, it can be realized how all these provisions were permeated by a strongly ideological substratum integrated within the context of tax policies aimed at supporting the interests of the regime and, specifically, the consolidation of its racial strategy.

Let us see how it worked.

First of all -and symbolically, as already said- the Art. 74 of the R.D.L. (Royal Decree-Law) no. 126/1939 reduced the indirect taxes for the (free) assignment of assets to non-Jewish relatives. This provision clearly aimed at encouraging the voluntary accomplishment thus avoiding the subsequent confiscatory action carried out by the State. In other words -and bearing in mind the context, a small benefit was represented by the tax reduction granted to achieve the plundering of the assets of the Jewish population in advance and "in a collaborative way" as well as the chance for them to choose at least the donee of

---

[12] The process of expropriation of the Italian Jews became extremely harsh in the last period of the regime with an even more drastic definition set out in the Decreto Legislativo del Duce (Duce's Legislative Decree) no. 2 dated 4 January 1944.

their assets (although restricted to those accepted by the regime) rather than seeing them transferred to EGELI, the Real Estate Management and Liquidation Body established by the Art. 11 of the aforesaid R.D.L. (Royal Decree-Law) no. 126/1939.[13]

The subsequent Art. 75 reduced the levy referred to the deeds re-assigning the real estate from this body (or any other assignee) to the eligible Jewish citizen due to the so-called measure of exemption established by the Art. 14 of the R.D.L. (Royal Decree-Law) no. 1728/1938 and granted by the Minister for the Interior according to specific situations to be assessed "*case by case*" on the basis of a sort of worthy contribution given by the individual to the causes of the regime (e.g. taking part in the military campaigns and suffering of permanent physical consequences or standing out for "patriotic" value in an action).

In these cases, the exemption included, among other, the confiscation of real estate that, if already executed, entailed the need to return the seized property. Such reinstatement led to the tax liability connected to the (re)assignment of the asset that was, however, mitigated thanks to the fixed amount of the registration tax and the reduction of one-fourth of the transfer tax.

This solution of apparent "common sense" was actually veiled by an anti-Semitic ideological content that is clear just thinking over the fact that: a) it dealt with the regression from an *ab initio* groundless abuse (the confiscation) resulting in the total exemption from the tax, instead of setting a mere reduction and that b) no equal tax reduction was expected in case of donation of the (later "exempted") Jewish citizen, who decided to anticipate the confiscatory act by assigning his/her own assets free of charge to someone chosen by him/her. This deed (the revocation *de facto* of the donation, or "reverse" donation) was subject to full taxation, even though it re-established the same wealth condition: the asset re-assignment for a previous groundless plundering.

The Art. 76 also showed a marked ideological matrix, since it provided a series of tax advantages for EGELI that was empowered at first to execute the coercive acquisition, and then manage, the assets confiscated from the Jews.

---

[13] For the sake of completeness, it should be noted that the R.D.L. (Royal Decree-Law) no. 126/1939 set out a special form of payment for the confiscation. The Art. 32 of the same decree provided that the payment of the transferred properties (quantified according to a specifically fixed compensation) should be made through "*...three-year certificates*" that EGELI was authorized to issue and that bear an annual interest rate of 4% "*payable in two postponed semi-annual tranche on 1 January and 1 July*".

The first advantage concerned its classification regarding its taxable status, since it was equalized to the State Administrations as to *"all the effects of the tax treatment"*. This condition was laid down in the art. 16 of its Corporate By-laws specifying that such equalization was referred to the *"the Body's own income"*. The purpose was to ensure EGELI a position of undoubted advantage as to taxation, since it was considered the operational arm of the regime in the implementation of the racial campaign in the economic field and, therefore, an entity supporting a national interest.

Actually, although the *"leading principle of the tax law"* of the time was that *"not only the small state-owned bodies, but also the State is subject to taxation by law"*, many exceptions to this general rule were established by individual fiscal regulations[14] that, in fact, ensured the relief from, or anyhow the reduction of, the tax to be paid by the State Administrations and, therefore, by EGELI self.

On the other hand, the tax *favor* granted to EGELI was expressly shown by the provision contained in the Art. 76 of the R.D.L. (Royal Decree-Law) no. 126/1939 and in the Art. 16 of its Corporate By-laws, which decreased the registration tax, the transfer tax and the cadastral duties due by EGELI on the transfer deeds of the assets assigned.[15] But this provision also supported a direct interest of the regime that clearly intended to monetize the assets confiscated from the Jews to support the (more and more increasing) need of the state budget.

The logic behind the Art. 77 was similar to the logic of the previous provisions granting a preferential system to the anonymous companies set up to acquire the enterprises seized from the Jews; in this case, of course, the seizure procedure was more complex than for real estate, even if the general path was the same.

---

[14] Again A. D. Giannini, *Istituzioni di diritto tributario*, op. cit., page 84, the quotation marks refer to the author.

[15] By implementing the general provision contained in the Art. 76, paragraph 2 of the RDL (Royal Decree-Law) no. 126/1939 according to which *"the registration and transfer taxes, the cadastral duties and the notarial fees for the assignment deeds of assets attributed to EGELI are reduced to half the ordinary amount, when it is not possible to grant it more favorable special conditions"*, as to the Art. 16 of the Corporate By-laws of EGELI the text finally amended by the D.M. (Ministerial Decree) no. 685 dated 15 September 1944 specifically set out that *"the registration taxes for the assignment deeds of the assets attributed to EGELI are reduced as follows: a) to the fixed rate of 1.50% up to the value of ITL 5,000; b) to the fixed rate of 10% for values exceeding ITL 5,000. The transfer tax, the cadastral duties and the notarial fees for the assignment deeds of assets attributed EGELI shall be reduced by half when it is not possible to grant more favorable special conditions"*.

As to our purpose, the Italian citizens of Jewish race were permitted to make a (controlled) donation of their enterprises (or the relevant holdings) to non-Jewish relatives obtaining the tax abatement established by Art. 74 of the R.D.L. (Royal Decree-Law) no. 126/1939.

On the other hand, and mainly to realize the scope of the Art. 77, the mechanism set out that:

a) The Italian citizen of Jewish race was authorized with the prior consent of the Ministry of Finance *"to transfer his/her own enterprise, or shop or factory or equity holding to people not considered of Jewish race or to business concerns duly established"* at a transfer price that had to be invested *"in registered securities of consolidation issued by and under the liability of the designated notary public"* and that could not be transferred without the authorization of the Ministry self; the preservation of the rights of the non-Jewish partners were also ruled (Art. 58 of the R.D.L. -Royal Decree-Law- no. 126/1939);

b) If no assignment was executed, the Ministry of Finance together with the Ministry for the Corporations were entitled to establish through a decree, which enterprises should be taken over by *"anonymous established or to be established companies"* *"...for reasons of public interest"* (Art. 60 d of the R.D.L. -Royal Decree-Law- no.126/1939).

To promote the establishment of such companies that, as already said, were expressly classified as entities pursuing a public interest -i.e. the acquisition of the seized companies with the supposed aim of their continuation- the Art. 77 of the a.m. decree established: the total exemption from the taxes levied for the deeds of incorporation, a fixed registration tax of ITL 20, and the reduction to one-fourth of the cadastral duties (and of the notarial fees) for company transfer.

Here, too, the ideology created an inequality since no equal advantages were established in case of "spontaneous" transfer under the aforementioned Art. 58.

5 The evolution of the tax system during Fascism

The racial period was not characterized by significant anti-Semitic actions of fiscal nature, but Fascism, as a whole, represented an important moment in the evolution of the tax system of our Country.

At the end of the analysis carried out so far, it is useful to briefly reflect on the features of the tax policy choices of those years, both to realize how they were affected by the ideological conditioning of those who led them, and to understand their role in driving the reforms that outlined the structure of the tax system of the Republic since the work of the Constituent Assembly of Italy.

On a closer analysis, the progress (and, more often, the regression) of the decisions made in tax matter expresses the course of the so-called *Ventennio* (Fascist Italy).

From a general viewpoint, the actions implemented *"never complied with the objective pursued as to contents, structural options and timing*[16] *"* and their application was often bent to the need of "chasing" resources for emergency purposes rather than for planning, since the cash requirements of the budget were increasingly conditioned by the (unreasonable) war campaigns of Mussolini and, finally, by the sudden and irreversible decline that culminated in the dark years of the World War II.

This led to an extremely chaotic system that soon rejected the favorable drive of the liberal studies (able to design a modern and fair taxation mechanism leading to the -finally- announced but never implemented individual and progressive taxation based on incomes) and focused on forms of extraordinary taxation, mainly of patrimonial or indirect nature that led to the penalization of those who already suffered from an economic situation that was anything but flourishing (the weaker social classes).[17]

5.1 The Bachelor Tax as an emblematic translation of the fascist ideology

The fascist ideology conditioned the evolution of the tax system by indirectly driving the tax choices towards the needs arising from the decisions of general politics as well as by interpenetrating the creation of some taxes.

While the terms of this "interpenetration" are quite evident in the above-mentioned anti-Semitic measures, it is interesting to note also other issues influenced the tax levy.

---

[16] G. Marongiu, *La politica fiscale del fascismo*, Cosenza, 2004, page 3, who carried out systematic studies of the evolution of the tax system in those years from the historical and legal viewpoint.

[17] See again G. Marongiu, *La politica fiscale del fascismo*, op. cit., page 7.

The characteristics of the bachelor tax are enough to understand it, in fact and not by chance, it was considered *the most fascist of the taxes*.[18]

It came into force on 1 January 1927 and was an individual and progressive tax on the marital status that hit the unmarried men aged 25 to 65 not falling within the social categories "mandatorily" excluded.[19]

The tax was based on a twofold levy: a) a fixed quota exclusively linked to the age and totally disconnected from any indicator of the economic capacity for the personal sustenance, and b) an additional rate correlated to the income and, specifically, linked to the supplementary tax hitting, or that would have hit, the total income of the taxpayer.

Beyond the operational aspects of this "picturesque" tax, for the sake of our reflection, it is interesting to single out its clearly ideological content.

First of all, the tax hit bachelors, but not unmarried women. The reason was expressly explained in the Report presented to the Chamber on the occasion of the conversion of the decree that passed the tax[20] and was based on the consideration that women were not only legally inferior compared to men, but, more generally, the role they played in the society (at least, according to the vision imposed by the regime[21]) was subordinated to the decisions made by men, so it could be said that men were liable for the choice to create a family and, therefore, to realize the relevant tax assumption.

---

[18] As defined by G. Marongiu, *La politica fiscale del fascismo*, op. cit., page 4.

[19] The following categories were excluded by this tax levy: a) Catholic priests and religious in general bound by a wow of chastity; b) War invalids; c) Officers and non-commissioned officers of the armed forces, who were legally forbidden from marrying; d) Disqualified for mental illness, who were legally prevented from marrying; e) Foreigners permanently resident in Italy, f) Those permanently unable to work or hospitalized in health care institutes falling under some specific provisions

[20] The Report presented to the Chamber of Deputy on 4 March 1927, that was also broadly quoted and commented by G. Marongiu, *La politica fiscale del fascismo*, op. cit., page 195 et seq.

[21] Even the "educational" and "moralizing" functions supported this regulatory action as clearly shown in another part of the Report presented on 4 March 1927. Regarding the reasons for excluding the unmarried women from the tax imposition, the Report highlighted that the objective of fascism was to restore the "traditional" role plaid by women in the organization of the family, since it appeared weakened "*... both due to doctrines based on feminism and because of the modern life that is powerfully influenced by the economic factors that encouraged the unmarried women to leave their familiar environment and promoted their independence that, very often, leads to dissolution and loose-living*". In explicit terms, as R. DE SIMONE also stated in L'imposta sui celibi, Padua, 1930, page 35 (also quoted by G. MARONGIU, La politica fiscale del fascismo, op. cit., page 196), the purpose of the lawmaker was to fight "*...the social homosexuality that has its roots in the economic emancipation of women*".

As a matter of fact, the additional function of the tax was represented by the precise desire to hit "... *those who have the means and possibilities but voluntary deprive themselves of the greatest joy, which is also a high civil and moral obligation for the Country,...*" that is to create a family.[22]

This is not the place to analyze thoroughly the history and the content, the political approach (that is peculiar of the principles inspiring the fascist ideology), nor to wonder if a severe taxation really could (and generally can) affect a social behavior as intimate as that underlying the decision to create a family (that, perhaps, someone could have wanted, but without success!). What is useful in the perspective assumed here is rather to verify the actual effects produced by the tax on bachelors.

In this regard, the widely (if not unanimously) agreed conclusion is that this tax was a source of clear inequalities and did not contribute at all to the campaign of demographic growth of which it was one of the pillars.[23]

If, on the one hand, the tax structure had a strongly regressive effect,[24] since it penalized the poor people, on the other hand, and in clear contradiction with its own reasoning, it damaged the large families with dependent children considered "bachelors" for whom the father was required to pay the tax. Furthermore, the tax created a senseless disparity between these families and those who benefited from the provisions contained in Law No. 1312 dated 14 June 1928 that was also part of the measures aimed at encouraging the demographic expansion of the Country and that *granted tax exemptions to large families*, specifically setting out exemptions from any local and state dues and taxes for all the civil or military servants as well as the retirees of the State, who belonged to any group and category including those of companies and

---

[22] Another quotation of the Report, also cited by G. Marongiu, op. ult. quote, page 195, is useful to understand the complete reasoning of the lawmaker.

[23] Highlighted by G. Marongiu, op. ult. cit., page 197, who adds that the inequalities introduced by the bachelor tax into the tax system were caused both to its "...*total discriminating management, and opportunistic discretion*" and "*to the inherent vices*" as well as to "*the interweaving with the complementary tax*"

[24] Again G. Marongiu, op. ult. cit., page 197 (quoting also the remarks developed by R. DE SIMONE, *L'imposta sui celibi.*, op. cit., page 106) shows its practical and undeniable evidence of the intrinsic injustices by highlighting that the strict application of the tax created an inequality because of the fixed rate due and its correlation with the variable rate connected to the complementary tax, thus proving, for example, that a bachelor with an income of ITL 1,000 had to pay a tax of ITL 75, whilst another with an income of ITL 2,000 or ITL 3,000 had to pay ITL 80 or ITL 85. So, an increase of 100% in the economic capacity (expressed in taxable income) made the tax increasing of less than 7%, but an increase of 200% made the tax increasing of less than 14%.

services with autonomous systems as well as the autarkic and pastoral institutions with seven or more children of Italian nationality.

The (irrational) consequence of this exemption (compared with the tax on unmarried men) was evident: a subject with six dependent children, two of whom "bachelors" (pursuant to the R.D. -Royal Decree- 2132/1926) bore a tax burden of ITL 748, whilst if he had seven children he would not have to pay anything.[25]

In short, the bachelor tax was not only the "most fascist of the taxes" but also the one that: a) better than any other highlights how the ideology of the regime also marked the creation of tax measures and, b) bears witness to what was the actual logical and systematic "disorder" that characterized the action of the lawmaker in those dramatic years of the recent history of our Country.

6 Conclusions

Starting from the reflections just developed, it is possible to draw some conclusions able to summarize the analysis conducted so far.

As we saw, the vile racial action undertaken since 1938 did not produce specific measures for the Italian tax system except some "less important" provisions to support the confiscatory actions against the *"Italian citizens of the Jewish race"*. In this respect, our Country differed from Germany that, on the contrary, promulgated laws even in the tax area able to establish (and implement) a direct discrimination against the Jews that contributed to seize their wealth for the benefit of the regime.

Nevertheless, these (few) anti-Semitic measures have to be considered in the wider context of the tax policy of the fascist period and, specifically, in the evolution (and regression) of the tax system of those years.

Obviously, the fascist ideology affected not only the definition of the individual tax levy (as the bachelor tax emblematically shows), but had also a significant influence on the actual progress and modernization of the tax mechanisms.

None of the great innovations imagined (and announced, too) were actually carried out, when between 1922 and 1923, Alberto De Stefani became Minister of Finance at first and Minister of the Treasury then. On the contrary, the reformist thrust that drew on many of the projects of the previous years and, specifically, those worked out by the

---

[25] This practical example also comes from G. Marongiu, op. ult. cit., page 198.

liberal scholars was almost immediately lost and, even in fiscal field, the State action soon ended up confronting itself with an increasingly unskilled and extemporaneous ruling class, with an ineffective bureaucratic mechanism, with the need to fill the state coffers devastated by the growing war expenses and, worth to be highlighted, with the rampant propensity to tax evasion that was fought more theoretically than practically.[26]

At the end of the war, Italy was destroyed both from the material and from the moral viewpoint. Even the tax system was characterized by a series of measures that could hardly be traced back to a "system" and that were the result of the regression just said.

Despite the precarious bases, a path of "reconstruction" could, anyhow, start and immediately found its first decisive turning point with the work of the Constituent Assembly of Italy, but it was (at least partially) brought to completion with the Tax Reform implemented in the Seventies.

The whole reflection on the contents that the nascent Fundamental Charter should have dedicated to the tax system and, specifically, to the construction of Art. 53, was permeated by the attention to the creation of a tax system characterized by fair mechanisms of the peers' contribution to public expenditure.[27]

It is not by chance that the concept of taxation based on representation, equality, social solidarity and progressiveness was pondered -and finally enforced in the approved provisions, since our founding fathers wanted not only to explicitly mark the difference with the recent past but also, and above all, to represent the "pole star" of a reforming process that, overcoming the existing inefficiencies, would

---

[26] It is already evident in the introduction of his extensive study: G. MARONGIU, op. ult. cit., page 6. He significantly highlights how tax evasion was a trait of that "new" man that fascism wanted to "create" and identified a *"permanent ethical-political fragility of Italians on this front"* that found its way into the regime that did little or nothing about it, not only as to actions of real contrast but also as to the creation of functional tax mechanisms able to ensure greater equity.

[27] As pointed out by A. Giovannini, *Il diritto tributario per principi*, op. cit., page 21, the decision to place the Art. 53 in the Title IV dedicated to the "political relations" was already significant, since it means *"...to highlight how the tax capacity expresses, first of all, a regulatory criterion of the relations among peers and between peers and the State: a criterion to safeguard their own rights but, at the same time, the grounding basis of their obligation to contribute(such as other obligations, like voting, defending the Fatherland, being faithful to the Republic and obeying to the Constitution and the Law)"*.

have created a modern and efficient tax system able to support the moral and economic revitalization of our Country.[28]

It was an ambitious objective that, if we look at what happened in the following years, cannot be deemed to be fully achieved.

For many years, taxation in Italy has relied on many taxes set out by the Albertine Statute and, as already said, only in the early Seventies, an extensive reform structurally changed the tax mechanisms, in particular setting out IRPEF (the personal income tax) and establishing the principle of progressivity, whose definition strongly animated the debate in the Constituent Assembly.

Certainly the choices made at that time, established a *corpus* of general principles that, as said, can be read today in our Constitution and that are inspired, even in the tax field, by the democratic values that the fascist period, and especially the vile racial phase, had totally trampled on.

Informação bibliográfica deste texto, conforme a NBR 6023:2018 da Associação Brasileira de Normas Técnicas (ABNT):

DAMI, Filippo. Tax system and anti-Jewish laws (in the framework of the fascist tax policy). *In*: SARAIVA FILHO, Oswaldo Othon de Pontes; SIQUEIRA, Julio Homem de; BEDÊ JÚNIOR, Américo; FABRIZ, Daury César; SIQUEIRA, Junio Graciano Homem de; CUNHA, Ricarlos Almagro Vitoriano (Coord.). *Limitações materiais ao poder de tributar*. Belo Horizonte: Fórum, 2022. p. 19-34. (Coleção Fórum Princípios Constitucionais Tributários - Tomo III) ISBN 978-65-5518-314-6.

---

[28] It is significant, in this sense, the discussion that animated the sitting on 23 May 1947, at the end of which the text of the final Article 53 was approved and that was expressly focused on the principle of progressivity. During that meeting, Mr. Scoca presented a detailed report that started from the inefficiencies, especially as to fairness, coming from the pre-republican period. He remarked that *"....The basic guidelines of our tax system are still permeated by the concept of proportionality, but it is a lame proportionality"* as shown by the fact *"that most of the revenue from direct taxation is still hitting the three classical assets: land, buildings and mobile wealth and is reckoned on objective or real base and at constant rate whilst the revenue on global income, which is reckoned on personal basis and according to a progressive rate, is very low compared to the former"* that was *"the most convincing evidence that the system of direct taxation is based on proportionality"*. Mr. Scoca himself went on pointing out that *"direct taxes turn the levy into indirect thus resulting in a reverse progression, because they are mainly hitting consumptions, so they burden more on the weaker social classes"*, thus determining that the distribution of the tax charge was *"not progressive or even proportional -but regressive"* and being *"a serious social injustice, it must be replaced by a pondered and serious tax reform"* based on the principle of contributory capacity and the criterion of progressiveness well inserted in *"a Constitution like ours that is based on the principles of democracy and social solidarity"*. Please refer to *Storia veridica, in base ai "lavori preparatori" della inclusione del principio di capacità contributiva nella Costituzione*, op. cit., page 97 et seq. for a comment to the contents of the discussion that led to the definition of the art. 53 at the Constituent Assembly of Italy.

EL DERECHO DEL MÍNIMO EXISTENCIAL EN MÉXICO

GABRIELA RÍOS GRANADOS

I Introducción

En esta colaboración analizo el mínimo existencial de las personas físicas contribuyentes en México, tema que viene relacionado con mi línea de investigación sobre derechos fundamentales de los contribuyentes. Aunque cabe hacer la aclaración, este tema rebasa el ámbito tributario, pues se refiere a ese derecho que tienen todos los individuos a un "mínimo existencial o subsistencia" garantizado por el Estado, en el que se otorga o garantiza un piso mínimo de derechos, concepto desarrollado principalmente en países donde existe un Estado prestacional, el cual se identificó con el Estado de bienestar (*Welfare State*). Ernst Forsthoff fue el primer autor que acuñó el término "procura existencial" para explicar las nuevas responsabilidades del Estado.[1]

---

[1] En este sentido se subraya: "En este contexto la *Daseinsvorsorge* o "procura existencial", cuya extensión irá cambiando en las sucesivas exposiciones de Forsthoff, es el conjunto de medidas que se adoptan por los poderes públicos para la satisfacción de necesidades individuales impuestas por la vida colectiva y que aisladamente no se pueden afrontar. Esta visión refuerza de forma clara a las Administraciones públicas, dotándolas de mayor sustancia y mayor nervio, a la par que desdibuja al poder legislativo. Tras la guerra pondrá en conexión esta realidad con la "desideologización" de la sociedad, lo que

La literatura jurídica contemporánea ha puesto relevancia al hecho que en las constituciones europeas han ampliado el catálogo de los derechos humanos positivos, reconociendo entre estos los de supervivencia y subsistencia;[2] ya en este camino, sostengo que no debe ser considerado un derecho "pequeño" o que está plasmado en un papel mojado, sino debe aspirar a un amplio espectro mediante acciones positivas del Estado.

Este capítulo tiene como premisa la dignidad humana del individuo, la cual el Estado está obligado a protegerla y salvaguardarla. Pues la dignidad humana es el cimiento del derecho al mínimo vital o existencial. De tal manera, que la construcción de la dignidad humana debe venir por la vía institucional ya sea por la jurisprudencia o la legislativa. Desde este punto de vista, el Derecho financiero juega un papel muy importante, porque debe legitimar el derecho del poder tributario a detraer recursos de las economías individuales, a través de una efectiva asignación de estos recursos a bienes y servicios públicos de calidad para garantizar la dignidad humana del individuo. De otra parte, también en esta colaboración se afirma que el derecho al mínimo

---

llevará al individuo a votar, no en función de una ideología -todas muy desdibujadas-, sino en función de los intereses relacionados con las prestaciones que pueda ofrecerles la Administración con lo que la lucha por participar en la formación de la voluntad del Estado se traslada a una lucha por ser parte en la redistribución. Desde la perspectiva de la dogmática jurídico administrativa, la influencia de esta nueva sistemática propuesta por Forsthoff se pone de manifiesto en el hecho de que, a partir de 1945, se convirtió en un lugar común." SOSA WAGNER Francisco: *Carl Schmitt y Ernst Forsthoff: Coincidencias y confidencias*, Madrid: Marcial Pons, 2008, pág. 27.

Forsthoff desarrolló esta idea a lo largo de su obra y la encontramos en: "Esta estabilidad debe agradecerla la República Federal a dos factores que están igualmente condicionados por el desarrollo de la sociedad industrial. El primero es el paso al Estado de servicios. El hombre moderno vive en formas artificiales de existencia. Está destinado a los cuidados (previsión de la existencia) y, en no menor medida, a aseguramientos sociales que le ofrece el moderno Estado social. Consecuencia forzosa de esto es una transformación de la mentalidad política. Para aquellos que han pasado a hacer realidad una relación de dependencia con respecto al Estado -y esto debería afectar a la gran mayoría de la población-, el Estado ya no puede ser objeto de ideologías políticas de cualquier clase. (...)". FORSTHOFF ERNST: El Estado de la sociedad industrial, trad. López Guerra Luis y Nicolás Muñiz Jaime, Madrid: Instituto de Estudios Políticos, 1975, pág. 270. En este mismo sentido, enfatiza: *"Il est vrai que l'homme a tellement besoin de certaines prestations, comme l'eau, le gaz, l'électricité et les transports, qu'il ne lui reste pas le choix entre les accepter et les refuser alors qu'il dépend de sa seule volonté d'aller au théâtre municipal, de fréquenter les établissements d'enseignement populaire, etc. Le droit ne peut être indifférent à l'importance inégale de ces besoins, comme nous verrons plus loin." FORSTHOFF Ernst: Traité de Droit Administratif Allemand, trad. Fromont Michel, Belgique: Établussements Émile Bruylant*, 1969, pág. 536.

[2] Ferrajoli Luigi: "Más allá de la soberanía y la ciudadanía: un constitucionalismo global" en *Teoría General de la Constitución Ensayos escogidos*, Carbonell Miguel compilador, México: Porrúa, p. 407.

existencial también está compuesto de la renta básica, y que son las prestaciones elementales que debe otorgar un Estado social o de bienestar.

En relación al derecho al mínimo existencial debemos hacer varios cuestionamientos: ¿cómo está concebido el derecho del mínimo vital en la constitución mexicana? ¿cómo está configurado el mínimo vital en el Derecho tributario mexicano? ¿puede establecerse una cuantía mínima exenta dentro del Impuesto Sobre la Renta (en adelante ISR) que represente el mínimo vital? En principio, estos cuestionamientos son respondidos en esta colaboración, sin embargo, creemos que no son todos, pero sí los necesarios para ir avanzando en esta materia.

Es necesario que el Estado mexicano realice acciones positivas a favor de las clases más desfavorecidas económicamente, pues de acuerdo con el Consejo Nacional de Evaluación de la Política de Desarrollo Social (CONEVAL) ha indicado que 53.4 millones de personas en México viven en situación de pobreza, aproximadamente la mitad de los mexicanos en el país, y 9.4 millones sufren de pobreza extrema.[3] El derecho o la procura existencial está relacionada directamente con estos datos.

La tarea encomendada en esta colaboración no ha sido fácil, pues toca muchas aristas que aunque el tema ha tenido resonancia en las diversas disciplinas como la económica, no hay una respuesta concreta a cada una de ellas, como lo podremos advertir a lo largo de este estudio. Sin embargo, la intención de esta investigación es acercar a la doctrina mexicana y extranjera a un planteamiento más delimitado e integral sobre el tema.

II El derecho al mínimo vital en la Constitución mexicana

El derecho al mínimo vital, existencial o subsistencia de colección alemana -como hemos señalado líneas arriba-, se debió gracias a Ernst Forsthoff cuando analizó las nuevas tareas del estado prestacional, dicho concepto arribó a México en 2007 por interpretación jurisprudencial de la Constitución Federal en materia impositiva. Pero la influencia alemana fue de manera indirecta porque la directa devino de la jurisprudencia del Tribunal Constitucional colombiano, que ya había incorporado en su interpretación el derecho al mínimo vital. Por lo que, tal como lo han

---

[3] https://www.coneval.org.mx/Medicion/PublishingImages/Pobreza_2008-2016/medicion-pobreza-nacional-2016.jpg día de consulta: 2 de julio de 2019.

expresado algunos autores,[4] en México es un derecho innominado, es decir, no está expresamente señalado en nuestra constitución. A pesar de que en México derecho nació con un tinte tributario, ha logrado expandirse tal como fue concebido en el estado alemán, fundado en la dignidad humana. Y en nuestra doctrina se ha comprendido dentro de los deberes de la Administración pública de promoción, fomento, protección y garantía de los derechos humanos, así como la eliminación de cualquier obstáculo para el disfrute de los mencionados derechos.

Pero para el derecho tributario mexicano inició un importante camino, pues el concepto al derecho mínimo vital se introdujo por una interpretación de la Primera Sala de la Suprema Corte de Justicia de la Nación (SCJN) que hizo del ISR y su gravamen a la indemnización por despido injustificado (bajo la ponencia del ministro José Ramón Cossio Díaz y la participación del secretario Juan Carlos Roa Jacobo).[5]

La protección jurisprudencial del mínimo vital invoca tratados internacionales sobre DDHH con la idea de ampliar el espectro del mencionado derecho, en este sentido, la siguiente tesis en su rubro alude al derecho internacional de los DDHH:

> MÍNIMO VITAL. CONFORME AL DERECHO CONSTITUCIONAL MEXICANO Y AL INTERNACIONAL DE LOS DERECHOS HUMANOS, SE ENCUENTRA DIRIGIDO A SALVAGUARDAR LOS DERECHOS FUNDAMENTALES DE LAS PERSONAS FÍSICAS Y NO DE LAS JURÍDICAS. (…) Ahora bien, en el ámbito internacional podemos encontrar algunas normas que incluyen el derecho al mínimo vital, aunque no con esa denominación. Así, la Declaración Universal de los Derechos Humanos reconoce el derecho de toda persona a un nivel de vida adecuado que le asegure, a ella y a su familia, la salud y el bienestar, en especial, la alimentación, el vestido, la vivienda, la asistencia médica y los servicios sociales necesarios (artículo 25, numeral 1); de igual manera, prevé el derecho de los trabajadores a una remuneración equitativa y satisfactoria, que asegure a la persona y a su familia una existencia conforme a la dignidad humana, y que dicha remuneración debe completarse con cualquier otro medio de protección social (artículo 23, numeral 3). En el mismo contexto, el PIDESC contiene normas que en cierta medida recogen elementos de

---

[4]   PEREZ GONZÁLEZ Edgar; NETTEL BARRERA Alina: El derecho al mínimo vital frente a la inactividad administrativa en la protección de los derechos humanos, *Revista Universidad Externado*, pág. 326.

[5]   "Derecho al mínimo vital. Constituye un límite frente al legislador en la imposición del tributo", Primera Sala, *Semanario Judicial de la Federación y su Gaceta*, 9a. época, t. XXV, mayo de 2007, tesis 1a. XCVIII/2007, p. 792.

la prerrogativa indicada pues, por una parte, desarrolla el derecho de toda persona a un nivel de vida adecuado para sí y su familia, y a una mejora continua de las condiciones de existencia (artículo 11, numeral 1); además, establece que la remuneración de los trabajadores como *mínimo* debe garantizar condiciones de existencia dignas para ellos y para sus familias [artículo 7, inciso a), subinciso ii)].(…) Por tanto, conforme al derecho constitucional mexicano y al internacional de los DDHH, el derecho al *mínimo vital* está dirigido a salvaguardar los derechos fundamentales de las personas físicas y no de las jurídicas.[6]

En esta misma línea hay otra interesante tesis sobre los alcances e interpretación del derecho al mínimo vital por el juzgador. En dicha tesis además de realizar una interpretación sistemática de los artículos 1º, 3º, 4º, 13, 25, 27, 31 fracción IV y 123 de la CF, también lo hace a la luz del PIDESC, y del Protocolo Adicional a la CADH en Materia de Derechos Económicos, Sociales y Culturales "Protocolo de San Salvador", suscritos por México. Así se indica expresamente que:

(…) forman la base o punto de partida desde la cual el individuo cuenta con las condiciones mínimas para desarrollar un plan de vida autónomo y de participación activa en la vida democrática del Estado (educación, vivienda, salud, salario digno, seguridad social, medio ambiente, etcétera.), por lo que se erige como un presupuesto del Estado democrático de derecho, pues si se carece de este mínimo básico, las coordenadas centrales del orden constitucional carecen de sentido. Al respecto, el Comité de Derechos Económicos, Sociales y Culturales de la Organización de las Naciones Unidas, en la Observación General No. 3 de 1990, ha establecido: "la obligación mínima generalmente es determinada al observar las necesidades del grupo más vulnerable que tiene derecho a la protección del derecho en cuestión".. Así, la intersección entre la potestad estatal y el entramado de derechos y libertades fundamentales, en su connotación de interdependientes e indivisibles, fija la determinación de un mínimo de subsistencia digna y autónoma constitucionalmente protegida, que es el universal para sujetos de la misma clase y con expectativas de progresividad en lo concerniente a prestaciones. En este orden de ideas, este parámetro

---

[6] MÍNIMO VITAL. CONFORME AL DERECHO CONSTITUCIONAL MEXICANO Y AL INTERNACIONAL DE LOS DERECHOS HUMANOS, SE ENCUENTRA DIRIGIDO A SALVAGUARDAR LOS DERECHOS FUNDAMENTALES DE LAS PERSONAS FÍSICAS Y NO DE LAS JURÍDICAS.NOVENO TRIBUNAL COLEGIADO EN MATERIA ADMINISTRATIVA DEL PRIMER CIRCUITO. Amparo directo 261/2015. Astro Gas, S.A. de C.V. 13 de agosto de 2015. Unanimidad de votos. Ponente: Edwin Noé García Baeza. Secretario: Daniel Horacio Acevedo Robledo. Tesis publicada el 18 de marzo de 2016 en el Semanario Judicial de la Federación.

constituye el derecho al mínimo vital, el cual coincide con las competencias, condiciones básicas y prestaciones sociales necesarias para que la persona pueda llevar una vida libre del temor y de las cargas de la miseria o de necesidades insatisfechas que limiten sus libertades, de tal manera que este derecho abarca todas las medidas positivas o negativas necesarias para evitar que la persona se vea inconstitucionalmente reducida en su valor intrínseco como ser humano, por no contar con las condiciones materiales que le permitan llevar una existencia digna. Aunado a lo anterior, el mínimo vital es un concepto jurídico indeterminado que exige confrontar la realidad con los valores y fines de los derechos sociales, siendo necesario realizar una evaluación de las circunstancias de cada caso concreto, pues a partir de tales elementos, es que su contenido se ve definido, al ser contextualizado con los hechos del caso; por consiguiente, al igual que todos los conceptos jurídicos indeterminados, requiere ser interpretado por el juzgador, tomando en consideración los elementos necesarios para su aplicación adecuada a casos particulares, por lo que debe estimarse que el concepto no se reduce a una perspectiva cuantitativa, sino que por el contrario, es cualitativa, toda vez que su contenido va en función de las condiciones particulares de cada persona, de esta manera cada gobernado tiene un mínimo vital diferente; esto es, el análisis de este derecho implica determinar, de manera casuística, en qué medida se vulnera por carecer de recursos materiales bajo las condiciones propias del caso.[7]

Es así, gracias a criterios jurisprudenciales este ingreso mínimo está resguardado a nivel constitucional. En nuestra concepción, el derecho al mínimo existencial es un derecho fundamental que se ancla en varios preceptos constitucionales, como son el 1º (dignidad humana), el 4º (desarrollo de la familia), el 31 fracción IV (derechos tributarios), el 123 (derechos laborales), entre otros.[8]

Ahora bien, no obstante está protegido este derecho a nivel constitucional, creemos que no ha bajado correctamente a la legislación tributaria, tal como lo observamos en las siguientes páginas.

---

[7] CUARTO TRIBUNAL COLEGIADO EN MATERIA ADMINISTRATIVA DEL PRIMER CIRCUITO.
Amparo directo 667/2012. Mónica Toscano Soriano. 31 de octubre de 2012. Unanimidad de votos. Ponente: Jean Claude Tron Petit. Secretaria: Mayra Susana Martínez López.

[8] "Derecho al mínimo vital en el orden constitucional mexicano", Primera Sala, *Semanario Judicial de la Federación y su Gaceta*, 9a. época, t. XXV, mayo de 2007, tesis 1a. XCVII/2007, p. 793.

III Derecho al mínimo existencial en el Derecho tributario mexicano

En México el ISR es el impuesto que grava todos los ingresos de las personas físicas que se sujetan por su residencia al territorio mexicano; o si su residencia es en el extranjero por contar con un establecimiento permanente en México; o fuente de riqueza situada en México (artículo 1º de la LISR). Todas actividades que produzcan un ingreso a las personas físicas se les aplicará una tasa impositiva progresiva, tal como ilustramos a continuación:

TARIFA QUE SE APLICA A PAGOS PROVISIONALES MENSUALES

Límite Inferior	Límite Superior	Cuota Fija	% sobre excedente de límite inferior
$0,01	$578.52	$0.00	1.92%
$578.53	$4,910.18	$11.11	6.40%
$4,910.19	$8,629.20	$238.33	10.88%
$8,629.21	$10,031.07	$692.96	16.00%
$10,031.08	$12,009.94	$917.26	17.92%
$12,009.95	$24,222.31	$1,271.87	21.36%
$24,222.32	$38,177.69	$3,880.44	23.52%
$38,177.70	$72,887.50	$7,162.74	30.00%
$72,887.51	$97,183.33	$17,575.69	32.00%
$97,183.34	$291,550.00	$25,350.35	34.00%
$291,550.01	En Adelante	$91,435.02	35.00%

* Tarifa para pagos provisionales mensuales del ISR de acuerdo con el artículo de la LIS

TARIFA ANUAL PARA EL CÁLCULO CORRESPONDIENTE DEL ISR

Límite inferior	Límite superior	Cuota fija	Por ciento para aplicarse sobre el excedente del límite inferior
$	$	$	%
0.01	6,942.20	0.00	1.92
6,942.21	58,922.16	133.28	6.40
58,922.17	103,550.44	3,460.01	10.88
103,550.45	120,372.83	8,315.57	16.00
120,372.84	144,119.23	11,007.14	17.92
144,119.24	290,667.75	15,262.49	21.36
290,667.76	458,132.29	46,565.26	23.52
458,132.30	874,650.00	85,952.92	30.00
874,650.01	1,166,200.00	210,908.23	32.00
1,166,200.01	3,498,600.00	304,204.21	34.00
3,498,600.01	En adelante	1,097,220.21	35.00

* Tarifas de acuerdo con el artículo de la LISR

En otros sistemas tributarios, como el español, la exención general de la renta mínima se ha concebido como el mecanismo idóneo para protegerla de cualquier intervención legislativa. Sin embargo, en México no está expresamente sancionada esta exención en la ley del ISR, cuestión que fue debatida en tribunales y para no declarar inconstitucional dicho impuesto el Tribunal Pleno de la SCJN argumentó que existían en el ISR otros instrumentos para salvaguardar ese ingreso mínimo, como son las deducciones, aminoraciones en la tasa, exenciones, reducciones y subsidios, porque de otra manera – como lo hemos manifestado en otros estudios- dicho impuesto hubiese quedado al margen de la protección a este derecho.[9] Yo soy de la idea, que perfectamente se puede establecer un ingreso mínimo exento personal y familiar, siguiendo la tradición española y la doctrina mexicana.

No puede entenderse el derecho al mínimo vital o exento sin acudir a la capacidad contributiva subjetiva, entendida como la aptitud de pago de contribuciones de una persona física o natural, por lo que el legislador está obligado a singularizar el ingreso neto (capacidad contributiva subjetiva) de acuerdo con las características personales y

---

[9] "Derecho al mínimo vital. El legislador cuenta con un margen de libre configuración en cuanto a los mecanismos que puede elegir para salvaguardarlo", Pleno, *Gaceta del Semanario Judicial de la Federación*, 10a. época, lib. 1, diciembre de 2013, t. I, tesis P. X/2013 (9a.), p. 133.

familiares de dicha persona. De esta suerte, el derecho al mínimo existencial o vital en el ámbito tributario está vinculado con la capacidad contributiva subjetiva, que para nosotros, como hemos manifestado en otros trabajos, es el núcleo de esa capacidad contributiva subjetiva, y el cual no debe gravarse porque es el mínimo ingreso que obtiene una persona para destinarlo a gastos necesarios e indispensables, ya sean personales o familiares.[10]

El concepto de derecho al mínimo vital al ser el centro de la capacidad contributiva subjetiva, debe concebirse como la protección del ingreso o la renta mínima que obtiene una persona física y que destina para sufragar sus necesidades básicas: vivienda, salud, educación, alimentos y bienes culturales. Este concepto nace, como hemos mencionado al principio de esta colaboración, en el estado alemán, y que se fue perfeccionando en la economía política y busca la exención de impuestos a las rentas mínimas para salvaguardar la vida digna de las personas.

Si tomamos como ejemplo el ISR encontramos que los gastos médicos, hospitalarios, funerarios, e intereses reales de créditos hipotecarios, sumados a otros conceptos, conforman lo que se conoce como "deducciones personales" que para efectos del ISR pueden restarse de los ingresos obtenidos por el contribuyente persona física, sean empresarios o trabajadores. En este sentido, en México las deducciones personales del ISR conforman lo que es el derecho al mínimo existencial tal como lo comprendió el órgano jurisdiccional.

a) ¿Qué son las deducciones personales?

Son los gastos realizados por los contribuyentes personas físicas sin importar el régimen bajo el cual tributen, pues en todos los casos podrán realizar sus deducciones derivadas de estos gastos del ingreso acumulado en la declaración anual del ejercicio fiscal. A continuación explicamos en un cuadro las deducciones personales.

---

[10] RÍOS GRANADOS Gabriela; SÁNCHEZ GIL Rúben: Principios constitucionales en materia tributaria: Derechos Humanos de los Contribuyentes, *op. cit.*, pág. 29 y sig. En prensa.

DEDUCCIONES PERSONALES

Salud
a) Honorarios médicos, dentales y servicios profesionales en materia de psicología y nutrición.*   b) Gastos hospitalarios y medicinas incluidas en facturas de hospitales.*   c) Honorarios a enfermeros.*   d) Análisis y estudios clínicos.*   e) Compra o alquiler de aparatos para el restablecimiento o rehabilitación del paciente.*   f) Prótesis.*   g) Compra de lentes ópticos graduados para corregir efectos visuales.*   h) Primas por seguros de gastos médicos, complementarios o independientes de los servicios de salud proporcionados por instituciones públicas de seguridad social.

Educación
a) Colegiaturas en instituciones educativas privadas con validez oficial de estudios. Por los montos siguientes (límite anual de deducción):*   – Preescolar: 14,200 pesos   – Primaria: 12,900 pesos   – Secundaria: 19,900 pesos   – Profesional técnico: 17,100 pesos   – Bachillerato o su equivalente: 24,500 pesos   b) Transporte escolar, sólo si es obligatorio.*

Gastos funerarios
Gastos funerarios de: a) Cónyuge o Concubino/a   b) Padres   c) Abuelos   d) Hijos   e) Nietos

Vivienda en propiedad
Intereses reales devengados y efectivamente pagados por créditos hipotecarios, destinados a casa habitación (hipotecas).

Donativos
Otorgados a instituciones autorizadas para recibir donativos. Éstos donativos: – No serán onerosos ni remunerativos (que no se otorguen como pagos o a cambio de servicios recibidos)   – No deben exceder de 7% de los ingresos acumulables que sirvieron de base para calcular el ISR del año anterior (antes de aplicar las deducciones personales)

Planes personales de retiro
Aportaciones complementarias de retiro realizadas en la subcuenta de aportaciones voluntarias para el AFORE.

Impuestos
Pago por impuestos locales por salarios, cuya tasa no exceda 5% **NOTA:** El pago de estos gastos deben efectuarse mediante cheque nominativo del contribuyente, transferencia electrónica de fondos, tarjeta de crédito, de débito o de servicios. La deducción no procede si el pago fue realizado en efectivo. El monto total de las deducciones personales (excepto gastos médicos por incapacidad y discapacidad, donativos, aportaciones voluntarias y aportaciones complementarias de retiro, así como estímulos fiscales) no puede exceder de: – Cinco Unidades de Medida y Actualización anuales ($147,014.4); o de 15% total de los ingresos

TABLA: Realización propia con información de la página oficial del Servicio de Administración Tributaria (SAT): https://perma.cc/FG8R-8TPB (15 de mayo de 2019), y de conformidad con el artículo 151 de la Ley del ISR".[11]

Por otra parte, bajo los criterios jurisprudenciales el subsidio al salario en el ISR también se puede concebir como protección del derecho al mínimo vital, pues permite que los salarios mínimos no estén gravados por el ISR gracias al mecanismo de dicho subsidio y que se incorporó en la ley de 1980 y que también se reguló en la ley de 2014.

TARIFA QUE SE APLICA PARA EL SUBSIDIO AL EMPLEO

Límite inferior	Límite superior	Cantidad del subsidio para el empleo mensual
$	$	$
0.01	1,768.96	407.02
1,768.97	2,653.38	406.83
2,653.39	3,472.84	406.62
3,472.85	3,537.87	392.77
3,537.88	4,446.15	382.46
4,446.16	4,717.18	354.23
4,717.19	5,335.42	324.87
5,335.43	6,224.67	294.63
6,224.68	7,113.90	253.54
7,113.91	7,382.33	217.61
7,382.34	En adelante	0.00

* Tarifas de acuerdo con ANEXOS 1-A, 5, 8, 11 y 27 de la Quinta Resolución de Modificaciones a la Resolución Miscelánea Fiscal para 2018, publicada el 21 de diciembre de 2018. Elaboración propia con base en la RMF 2018.

---

[11] RÍOS GRANADOS Gabriela; SÁNCHEZ GIL Rúben: *op. cit.*, pág. 31.

b) El mínimo existencial en el Impuesto al Valor Agregado

Por otro lado, Impuesto al Valor Agregado (IVA) de carácter federal, contempla una serie de hipótesis normativas y podríamos indicar que forman parte del mínimo existencial mexicano, como los alimentos y medicinas, que están gravados a tasa cero y exentos, esto permite que a las personas de escasos recursos al ser últimos consumidores no se les traslade el impuesto, además de que los productores y fabricantes puedan acreditarlo con la tasa cero.

Régimen de tasa cero IVA

De acuerdo con el artículo 2-A de la Ley del Impuesto al Valor Agregado, las siguientes actividades están gravadas a Tasa 0%:

Sobre enajenación
1) Animales y vegetales que no estén industrializados *Excepción: el hule, perros, gatos y pequeñas especies, utilizadas como mascotas en el hogar.*
2) Medicinas de patente y productos destinados a la alimentación *Excepción:* *1 Bebidas distintas de la leche, inclusive cuando las mismas tengan la naturaleza de alimentos. Quedan comprendidos en este numeral los jugos, los néctares y los concentrados de frutas o de verduras, cualquiera que sea su presentación, densidad o el peso del contenido de estas materias.* *2 Jarabes o concentrados para preparar refrescos que se expendan en envases abiertos utilizando aparatos eléctricos o mecánicos, así como los concentrados, polvos, jarabes, esencias o extractos de sabores que al diluirse permitan obtener refrescos.* *3 Caviar, salmón ahumado y angulas.* *4 Saborizantes, microencapsulados y aditivos alimenticios.* *5 Chicles o gomas de mascar.* *6 Alimentos procesados para perros, gatos y pequeñas especies, utilizadas como mascotas en el hogar.*
3) Hielo y agua no gaseosa ni compuesta, excepto cuando en este último caso, su presentación sea en envases menores de diez litros.
Sobre la prestación de servicios independientes
1) Los prestados directamente a los agricultores y ganaderos *Siempre que sean destinados para actividades agropecuarias, por concepto de perforaciones de pozos, alumbramiento y formación de retenes de agua; suministro de energía eléctrica para usos agrícolas aplicados al bombeo de agua para riego; desmontes y caminos en el interior de las fincas agropecuarias; preparación de terrenos; riego y fumigación agrícolas; erradicación de plagas; cosecha y recolección; vacunación, desinfección e inseminación de ganado, así como los de captura y extracción de especies marinas y de agua dulce.*
2) Los de molienda o trituración de maíz o de trigo.
3) Los de pasteurización de leche.
4) Los de suministro de agua para uso doméstico.
Sobre la exportación de bienes o servicios (art. 29 de la Ley del IVA)

Régimen de exentos IVA

Con fundamento en los artículos 9, 15, 20 y 25 de la Ley del Impuesto al Valor Agregado, no se pagará el Impuesto al Valor Agregado en los conceptos siguientes:

Por el uso o goce temporal
1) Inmuebles destinados o utilizados exclusivamente para casa- habitación. *Excepción: a los inmuebles o parte de ellos que se proporcionen amueblados o se destinen o utilicen como hoteles o casas de hospedaje.*
Por enajenación
1) El suelo.
2) Construcciones adheridas al suelo, destinadas o utilizadas en su totalidad para casa habitación. *Excepción: Hoteles no están comprendidos aquí.*
Por prestación de servicios
1) Los de enseñanza que preste la Federación, el Distrito Federal, los Estados, los Municipios y sus organismos descentralizados, y los establecimientos de particulares que tengan autorización o reconocimiento de validez oficial de estudios, en los términos de la Ley General de Educación, así como los servicios educativos de nivel preescolar.
2) El transporte público terrestre de personas que se preste exclusivamente en áreas urbanas, suburbanas o en zonas metropolitanas.
3) Los servicios profesionales de medicina, cuando su prestación requiera título de médico conforme a las leyes, siempre que sean prestados por personas físicas, ya sea individualmente o por conducto de sociedades civiles.
4) Los servicios profesionales de medicina, hospitalarios, de radiología, de laboratorios y estudios clínicos, que presten los organismos descentralizados de la Administración Pública Federal o del Distrito Federal, o de los gobiernos estatales o municipales.

Es decir, tenemos en el ISR y en el IVA algunas articulaciones del derecho a mínimo exento, sin embargo, sostenemos que no son suficientes. Hay que replantearse qué tipo de Derecho fiscal concebimos en México.

IV Conclusiones

Como se ha observado en esta colaboración, en México no obstante se ha articulado el derecho al mínimo existencial como un derecho fundamental de las personas físicas, sostenemos que no se ha alcanzado un verdadera garantía a este derecho, pues ni en el ISR ni en el IVA se ha articulado un mínimo exento general con base en el costo real de la vida de las personas físicas. Además, que el salario mínimo es muy raquítico. Falta mucho por construir para salvaguardar el derecho mínimo existencial de todas las personas, y más aquellas que se encuentran en extrema pobreza, como las mujeres indígenas.

El Estado mexicano todavía no ha comprendido la utilidad de resguardar el mínimo vital, pues de lo que hemos visto en el ISR y en el IVA no se tiene una fuerte resonancia en la vida de las personas físicas, los datos ahí están para ilustrar mejor esta situación. Hay mucho que construir en esta materia.

Referencias

FERRAJOLI, Luigi: "Más allá de la soberanía y la cuidadanía: un constitucionalismo global" en *Teoría General de la Constitución Ensayos escogidos*, Carbonell Miguel compilador, México: Porrúa/IIJ, 4ta edición, 2008.

FORSTHOFF, Ernst: *El Estado de la sociedad industrial*, trad. López Guerra Luis y Nicolás Muñiz Jaime, Madrid: Instituto de Estudios Políticos, 1975.

FORSTHOFF, Ernst: *Traité de Droit Administratif* Allemand, trad. Fromont Michel, Belgique: Établussements Émile Bruylant.

PÉREZ GONZÁLEZ, Edgar, NETTEL BARRERA, Alina: "El derecho al mínimo vital frente a la inactividad administrativa en la protección de los derechos humanos", *Revista Universidad Externado*. https: 0//revistas.uexternado.edu.co/plugins/generic/pdfJsViewer/.

RÍOS GRANADOS, Gabriela, SÁNCHEZ GIL, Rúben: "Principios constitucionales en materia tributaria: Derechos Humanos de los Contribuyentes", en *Manual de Derecho Fiscal*, RÍOS GRANADOS Gabriela, coordinadora, México: FCE, en prensa.

SOSA WAGNER, Francisco: *Carl Schmitt y Ernst Forsthoff*: Coincidencias y confidencias, Madrid: Marcial Pons, 2008.

Jurisprudencia

Derecho al mínimo vital. Constituye un límite frente al legislador en la imposición del tributo, Primera Sala, Semanario Judicial de la Federación y su Gaceta, 9a. época, t. XXV, mayo de 2007, tesis 1a. XCVIII/2007, p. 792.

Mínimo vital. Conforme al derecho constitucional mexicano y al internacional de los derechos humanos, se encuentra dirigido a salvaguardar los derechos fundamentales de las personas físicas y no de las jurídicas.Noveno tribunal colegiado en materia administrativa del primer circuito. Amparo directo 261/2015. Astro Gas, S.A. de C.V. 13 de agosto de 2015. Unanimidad de votos. Ponente: Edwin Noé García Baeza. Secretario: Daniel Horacio Acevedo Robledo. Tesis publicada el 18 de marzo de 2016 en el Semanario Judicial de la Federación.

Cuarto tribunal colegiado en materia administrativa del primer circuito. Amparo directo 667/2012. Mónica Toscano Soriano. 31 de octubre de 2012. Unanimidad de votos. Ponente: Jean Claude Tron Petit. Secretaria: Mayra Susana Martínez López.

Derecho al mínimo vital en el orden constitucional mexicano, Primera Sala, Semanario Judicial de la Federación y su Gaceta, 9a. época, t. XXV, mayo de 2007, tesis 1a. XC-VII/2007, p. 793.

Derecho al mínimo vital. El legislador cuenta con un margen de libre configuración en cuanto a los mecanismos que puede elegir para salvaguardarlo, Pleno, Gaceta del Semanario Judicial de la Federación, 10a. época, lib. 1, diciembre de 2013, t. I, tesis P. X/2013 (9a.), p. 133.

Páginas consultadas

https://www.coneval.org.mx/Medicion/PublishingImages/Pobreza_2008-2016/medicion-pobreza-nacional-2016.jpg. Día de consulta: 2 de julio de 2019.

Legislación

Ley del Impuesto sobre la Renta.

Ley del Impuesto al Valor Agregado.

Informação bibliográfica deste texto, conforme a NBR 6023:2018 da Associação Brasileira de Normas Técnicas (ABNT):

RÍOS GRANADOS, Gabriela El derecho do mínimo existencial en México. *In*: SARAIVA FILHO, Oswaldo Othon de Pontes; SIQUEIRA, Julio Homem de; BEDÊ JÚNIOR, Américo; FABRIZ, Daury César; SIQUEIRA, Junio Graciano Homem de; CUNHA, Ricarlos Almagro Vitoriano (Coord.). *Limitações materiais ao poder de tributar*. Belo Horizonte: Fórum, 2022. p. 35-49. (Coleção Fórum Princípios Constitucionais Tributários - Tomo III) ISBN 978-65-5518-314-6.

GRANDEUR ET DÉCADENCE D'UN PRINCIPE: L'IMPOSITION À RAISON DES FACULTÉS CONTRIBUTIVES

KATIA BLAIRON

Simple dans son idée, l'imposition à raison des facultés contributives est complexe à appréhender. Ce principe connaît beaucoup d'énoncés, peu de définitions mais une consécration célèbre et déterminante à l'article 13 de la Déclaration des droits de l'homme et du citoyen (ci-après DDHC) de 1789 : « Pour l'entretien de la force publique, et pour les dépenses d'administration, une contribution commune est indispensable : elle doit être également répartie entre tous les citoyens, en raison de leurs facultés ».

« Facultés contributives » est presque une tautologie. Etymologiquement, « contribuer » est « apporter sa part ». Une contribution est donc par définition fonction d'une capacité. Elle est aussi et avant tout (historiquement) un tribut:[1] le contributeur est « celui qui apporte quelque chose »,[2] ici contraint et forcé.[3] Un impôt se définit d'ailleurs

---

[1] Cf. M. BOUVIER, Introduction au droit fiscal général et à la théorie de l'impôt, LGDJ Lextenso Editions, 2016.

[2] Trésor de la langue française (http://atilf.atilf.fr/).

[3] Malgré l'illusion d'une volonté donnée à travers un autre principe, celui du consentement à l'impôt : cf. article 14 de la DDHC : « Tous les citoyens ont le droit de constater, par eux-mêmes ou par leurs représentants, la nécessité de la contribution publique, de la consentir librement, d'en suivre l'emploi, et d'en déterminer la quotité, l'assiette, le recouvrement et la durée ».

depuis Gaston Jèze comme « une prestation pécuniaire, requise des particuliers, à titre définitif et sans contrepartie, en vue de la couverture des charges publiques ».[4] Aujourd'hui « contribuer » signifie « aider, participer (avec d'autres) à la réalisation d'un projet, d'une entreprise »,[5] et plus spécifiquement « payer sa part d'une dépense, d'une charge commune ».[6] Il s'agit d'une action dont la portée varie selon la prise en compte de la « capacité » qui est une aptitude à faire quelque chose – ici payer l'impôt –, une compétence ou une faculté, cette dernière étant « un pouvoir de faire quelque chose ».[7] La DDHC renvoie par ailleurs aux « vertus et aux talents » des citoyens.[8]

L'imposition en raison des « facultés contributives » est donc un principe plutôt indéfinissable, renvoyant lui-même à des concepts généraux dont l'appréciation varie. Le débat se concentre sur l'utilité ou non de la contribution, voire ses modalités, comme l'a illustré par exemple Anatole France dans *L'île des pingouins*.[9] Mandatant son fils de définir « l'impôt équitable, afin de subvenir aux dépenses publiques et à l'entretien de l'abbaye », le Vieillard Maël énonce alors :

> chacun doit contribuer selon ses moyens ». Mais l'Assemblée des Anciens par suite convoquée est divisée. Pour Maël, les « contributions doivent être en proportion de la richesse de chacun. Donc celui qui a cent bœufs en donnera dix ; celui qui en a dix en donnera un ». Pour Morio, riche laboureur, « il est juste que chacun contribue aux dépenses publiques et aux frais de l'Église ». Prêt à se « dépouiller » de tout ce qu'il possède « dans l'intérêt de ses frères pingouins », il considère que « Tous les anciens du peuple sont disposés, comme [lui], à faire le sacrifice de leurs biens [...] Il faut donc considérer uniquement l'intérêt public et faire ce qu'il commande. Or ce qu'il commande [...] c'est de ne pas beaucoup demander à ceux qui possèdent beaucoup ; car alors les riches seraient moins riches et les pauvres plus pauvres. Les pauvres vivent du bien des riches ; c'est pourquoi ce bien est sacré. N'y touchez pas : ce serait méchanceté gratuite. À prendre aux riches, vous ne retireriez pas grand profit, car ils ne sont guère nombreux ; et vous vous priveriez, au contraire, de toutes ressources, en plongeant le pays dans la misère.

---

[4] G. JEZE, Cours de finances publiques, Giard, 1930, p. 445 et suiv. Cf. O. NEGRIN, « Une légende fiscale : la définition de l'impôt de Gaston Jèze », RDP, 2008, pp. 139-151.

[5] A Trésor de la langue française.

[6] Ibid.

[7] Ibid.

[8] Article 6.

[9] A. FRANCE, L'Île des pingouins, 1908, p. 84 (Chap. IV La première Assemblée des Etats de Pingouinie).

Tandis que, si vous demandez un peu d'aide à chaque habitant, sans égard à son bien, vous recueillerez assez pour les besoins publics, et vous n'aurez pas à vous enquérir de ce que possèdent les citoyens, qui regarderaient toute recherche de cette nature comme une odieuse vexation. En chargeant tout le monde également et légèrement, vous épargnerez les pauvres, puisque vous leur laisserez le bien des riches. Et comment serait-il possible de proportionner l'impôt à la richesse ? [...] Imposez les gens d'après ce qu'ils consomment. Ce sera la sagesse et ce sera la justice ». « Les Anciens applaudissaient encore, lorsque Greatauk, la main sur le pommeau de l'épée, fit cette brève déclaration : Étant noble, je ne contribuerai pas ; car contribuer est ignoble. C'est à la canaille à payer. Sur cet avis, les Anciens se séparèrent en silence. Ainsi qu'à Rome, il fut procédé au cens tous les cinq ans ; et l'on s'aperçut, par ce moyen, que la population s'accroissait rapidement. Bien que les enfants y mourussent en merveilleuse abondance et que les famines et les pestes vinssent avec une parfaite régularité dépeupler des villages entiers, de nouveaux Pingouins, toujours plus nombreux, contribuaient par leur misère privée à la prospérité publique.

L'éternelle question est finalement celle du bon impôt. Il est considéré comme tel dès lors qu'il est juste, efficace et rentable, en somme optimal : il doit être bien réparti. La question de son assiette est essentielle de même que celle de son redevable. L'impératif budgétaire est important mais non exclusif. Les considérations politiques, juridiques voire psychologiques[10] sont déterminantes.

Pour Montesquieu, un bon impôt est respectueux de la liberté:[11] dans une « balance des libertés »,[12] le paiement de l'impôt est corrélé au degré de liberté, celle-ci étant un « dédommagement » de la pesanteur des impôts.[13] C'est pourquoi il préfère l'impôt sur les marchandises. Pour d'autres, et après la révolution française,[14] c'est l'égalité entre les contribuables qui doit être garantie sans distinction entre les ordres ni les classes. Les modalités d'imposition participent à la fin des privilèges, notamment fiscaux. Sur ce point, l'article 13 de la DDHC lie intimement capacités contributives et universalité : en proportion de ses biens

---

[10] M. LEROY, L'impôt, l'Etat et la société. La sociologie fiscale de la démocratie interventionniste, Paris, Economica, 2010.

[11] MONTESQUIEU, L'Esprit des Lois, Livre XIII, 12.

[12] E. De CROUY CHANEL, « La citoyenneté fiscale », Archives de philosophie du droit, tome 26, L'impôt, p. 47.

[13] MONTESQUIEU, L'Esprit des Lois, XIII, 12 cité par C. LARRERE, « L'égalité fiscale : une invention républicaine ? », in T. BERNS, J.-C. K. DUPONT, M. XIFARAS, Philosophie de l'impôt, Bruylant, 2006, p. 96.

[14] Ibid.

chaque citoyen doit payer.[15] Dans la lignée de J.-J. Rousseau, la contribution personnelle est choisie : « c'est parce que la charge s'impose à tous, également (c'est-à-dire proportionnellement) que l'on peut parler de bien public ».[16] Partant, l'impôt est un instrument de justice sociale. Le problème technique n'est pas résolu pour autant, selon que l'impôt serve à définir une justice distributive ou de répartition. Clairement, « la légitimité de l'impôt repose sur une représentation bien admise qui pose la fiscalité comme la concrétisation d'un lien social, d'une solidarité entre citoyens, d'une participation matérielle à une même communauté. Autrement dit, l'état de contribuable constitue un élément essentiel de la citoyenneté ».[17] L'impôt sert à définir ce qui est juste, concept éminemment « subjectif, basé sur un jugement de valeur » : « une fois mise en place, une mesure fiscale devient une norme qui influence les choix sociaux ».[18] Considérer les facultés contributives d'une part, et les définir précisément dans un mécanisme fiscal d'autre part traduisent un choix politique, une orientation sociétale, autrement dit une idéologie attribuant à l'impôt certaines fonctions. Dans ce cadre, l'impôt ne peut être dissocié de l'Etat. Le pouvoir d'imposition caractérise le souverain, il est donc lié à la fonction de l'Etat et au rôle assigné à lui. Les capacités contributives participent à la définition d'un Etat social. C'est pourquoi « il est différentes manières de se représenter la justice fiscale qui correspondent à l'idée que l'on se fait de l'impôt ».[19] Les critères retenus varient selon les époques, les sociétés et les contextes économiques. L'impôt est pour ainsi dire tributaire de la conception de l'Etat, ensemble ses mécanismes et ses fonctions évoluent avec elle. Principe fondamental du droit fiscal, l'imposition en raison des capacités contributives est remise en question, faisant l'objet de critiques visant son fondement et ses modalités (1). Il faut dire que sa protection est rendue délicate du fait de l'absence de critères précis définis par le législateur dont la marge d'appréciation est protégée par un contrôle relativement ténu du juge constitutionnel (2). Déclinées dans de multiples dispositifs fiscaux, les capacités contributives sont l'expression d'un lien de citoyenneté à son tour remis en question (3).

---

[15] Ibid.

[16] Ibid. p. 103

[17] M. BOUVIER, « Justice fiscale : un enjeu éthique et philosophique », Revue française de finances publiques, 2010, n°112, p. 5 et suiv.

[18] G. N. LARIN, « Les canons de la justice fiscale : évolution et influences », Revue française de finances publiques, 2013, n°124, p. 5 et suiv.

[19] M. BOUVIER, « Justice fiscale : un enjeu éthique et philosophique », op. cit.

I Des mécanismes dévoyés

Si « contribuer » est « apporter sa part », comment mesurer cette dernière ? Prendre en compte les capacités contributives des contribuables suppose de moduler l'importance de leur contribution en fonction de différents critères. Cependant, « la Constitution ne contient pas une énumération des facteurs de capacité contributive et ne requiert qu'une corrélation effective entre le fait générateur d'impôt et les situations exprimant une potentialité économique ».[20] Le silence constitutionnel implique la compétence du législateur[21] qui reste souvent laconique, mais certaines dispositions sont plus explicites que d'autres. Ainsi par exemple l'article 1148 du Code général des impôts (ci-après CGI)[22] qui prévoyait que « la taxe professionnelle est établie suivant la capacité contributive des redevables, appréciée d'après des critères économiques en fonction de l'importance des activités exercées par eux sur le territoire de la collectivité bénéficiaire ou dans la zone de compétence de l'organisme concerné ».

Généralement la capacité contributive renvoie au pouvoir économique et à la situation personnelle du contribuable. La difficulté tient au fait que « la capacité contributive est une notion économique à qui on veut donner une traduction juridique »,[23] mais dans ce processus la dimension politique est fondamentale. Significative sur ce point est l'imposition des personnes physiques en France, notamment sur leurs revenus. Sa première caractéristique est l'imposition des revenus fondée sur le foyer. Défini à l'article 6§1 du CGI,[24] son principe est régulièrement rappelé par le Conseil constitutionnel[25] voire constitutionnalisé par lui[26] en raison du silence précisément des textes constitutionnels

---

[20] D. GUTMANN, « Regard sur la jurisprudence fiscale du Conseil constitutionnel », Pouvoirs, 2014/4, n° 151, p. 137.

[21] Article 34 de la Constitution française.

[22] Abrogé par la loi n°2009-1673 du 30 décembre 2009.

[23] B. PLAGNET, « Le raisonnement économique dans la jurisprudence fiscale », in Constitution et Finances publiques, Etudes en l'honneur de L. PHILIP, Economica, 2005, p. 529-540.

[24] « Chaque contribuable est imposable à l'impôt sur le revenu, tant en raison de ses bénéfices et revenus personnels que de ceux de ses enfants et des personnes considérés comme étant à sa charge au sens des articles 196 et 196 A bis. Les revenus perçus par les enfants réputés à charge égale de l'un et l'autre de leurs parents sont, sauf preuve contraire, réputés également partagés entre les parents ».

[25] Par ex. Conseil constitutionnel, décision n°81-133 DC du 30 décembre 1981, Loi de finances pour 1982, cons. 7 (« le centre de disposition des revenus à partir duquel peuvent être appréciées les ressources et les charges du contribuable est le foyer familial »).

[26] L. FERIEL, « Le législateur et le principe d'égalité devant les charges publiques », Droit fiscal, 2013, p. 19-24.

(notamment de la DDHC). Le droit fiscal définit précisément la composition du foyer fiscal selon des critères différents de ceux d'un foyer familial voire sociologique.[27] Sur cette base, la composition du foyer fiscal est déterminante dans la liquidation de l'impôt. L'on considère en effet qu'un revenu identique n'a pas la même utilité pour des foyers composés d'un nombre de personnes différent. Le droit français est ainsi fondé sur « la situation et les charges de famille du contribuable »[28] qui sont représentatives d'un certain nombre de parts[29] et dont la somme constitue le quotient familial. Le revenu imposable est alors divisé par ce quotient pour ensuite se voir appliquer le tarif de l'impôt sur le revenu.[30] La composition du foyer fiscal impacte donc directement sur la dette fiscale du contribuable en la diminuant. Il est surtout intéressant d'examiner comment le législateur français a défini le nombre de parts.[31] Chaque conjoint (marié ou pacsé) bénéficie d'une part, les deux premiers enfants bénéficient d'une demi-part, une part entière est attribuée à chaque enfant à partir du troisième. L'attribution des parts ainsi définie se réalise à partir d'une échelle d'équivalence[32] soit une échelle de consommation, mais à rebours de la plus répandue, celle d'Oxford, pour laquelle le premier adulte du ménage est compté pour une unité de consommation (UC), l'adulte supplémentaire pour 0,7 UC et l'enfant de moins de 14 ans pour 0,5 UC. La portée nataliste (voire matrimoniale) de ce mécanisme fiscal est manifeste.

La personnalisation de l'impôt ainsi opérée va de pair avec la progressivité de l'impôt. Rejetant l'application d'un taux fixe – donc strictement proportionnel – l'impôt est liquidé au moyen de plusieurs taux évoluant en fonction des capacités contributives.[33] La division des tranches de revenus ainsi que la fixation de leur taux respectif[34] est

---

[27] Ainsi par exemple la non prise en compte dans l'imposition du revenu des personnes physiques des couples concubins, au contraire de la prise en compte des couples mariés ou pacsés : art. 6§1 du CGI précité. Cf. M. LEROY, « L'impôt sur le revenu entre idéologie et justice fiscale : perspective de sociologie fiscale », Politiques et management public, 1996, nº4, vol. 14, p. 41-71.

[28] Article 193 du CGI.

[29] Définies à l'article 194 du CGI.

[30] Article 193 CGI.

[31] Article 194 du CGI.

[32] J.-M. HOURRIEZ, L. OLIER, « Niveau de vie et taille du ménage : estimations d'une échelle d'équivalence », Economie et Statistique, 1998, p. 65-94.

[33] Cf. M. BOUVIER, « La notion de capacité contributive des contribuables dans la société post-moderne », Revue française de finances publiques, 2007, p. 100.

[34] Article 197 du CGI.

variable pour un même impôt selon les périodes et les pays.[35] Comme pour le quotient familial,[36] la question de la constitutionnalité de la progressivité de l'impôt s'est posée, avec peut-être plus d'acuité. Bien que non prévue par les textes constitutionnels, la progressivité a pu être considérée comme suffisante pour caractériser un impôt prenant en compte les capacités contributives des contribuables, même en l'absence de quotient familial : il en est ainsi par exemple de l'impôt de solidarité sur la fortune (ISF),[37] dont la constitutionnalité a été appréciée par le Conseil constitutionnel en considérant son barème progressif, les différents mécanismes d'abattement, d'exonération ou de réduction d'impôt prévus par le législateur.[38] De ce fait, ce dernier a pris « en compte les capacités contributives selon d'autres modalités, [et n'a donc] pas méconnu l'exigence résultant de l'article 13 de la Déclaration de 1789, qui ne suppose pas l'existence d'un quotient familial ».

Sur ce point, la prise en compte des facultés contributives se traduit par une diversité de mécanismes, consistant par exemple dans des exonérations, déductions, réductions, progression du barème, plafonnement des effets du quotient... Il s'agit d'autant de mécanismes discriminatoires : l'égalité par l'impôt se traduit par des dérogations au principe d'égalité. Elles découlent de la définition traditionnellement admise de l'égalité devant la loi fiscale : « le principe d'égalité ne s'oppose ni à ce que le législateur règle de façon différente des situations différentes ni à ce qu'il déroge à l'égalité pour des raisons d'intérêt général, pourvu que dans l'un et l'autre cas, la différence de traitement qui en résulte soit en rapport direct avec l'objet de la loi qui l'établit », et qu'il fonde « son appréciation sur des critères objectifs et rationnels ». Dès lors que « tous les contribuables ne peuvent pas être soumis au même régime d'imposition », l'on peut considérer que « l'article 13 postule des traitements différents en fonction des capacités contributives ». En somme, « la définition du principe d'égalité comporte sa propre négation. Le droit fiscal apparaît donc comme « un droit de discriminations ».[39] Cela découle de la volonté de parvenir à une égalité en fait selon

---

[35] Cf. le numéro spécial « Imposition de la famille. La difficile recherche de l'équilibre » de la Revue européenne et internationale de droit fiscal, n° 2018/2, p. 173-277.

[36] Cf. supra.

[37] Supprimé par la loi de finances pour 2018 et remplacé par l'impôt sur la fortune immobilière (IFI).

[38] Conseil constitutionnel, décision n°2010-44 QPC du 29 septembre 2010, cons. 12 à 14.

[39] J. LAMARQUE, O. NEGRIN, L. AYRAULT, Droit fiscal général, Litec, 2016, p. 305.

une conception de l'équité dépendant de la perception de la justice.[40] L'égalité est alors catégorielle:[41] celle d'une catégorie de contribuables se trouvant dans une situation identique. Le problème fondamental est celui de la définition des catégories différenciées, qui est une définition juridique, économique et essentiellement politique. Partant, l'inégalité ainsi instituée et structurée ne peut être que débattue à travers ses mécanismes sociaux qui en sont le fondement.[42] La différenciation suppose donc une catégorisation, l'impôt contribuant alors à « sectorialiser » la société[43] par une segmentation de la personne selon ses domaines d'intervention, son rôle social, économique ou familial. « Les facultés d'un individu [étant] maintenant multidimensionnelles »,[44] leur contrôle est rendu si difficile et délicat qu'il en est rendu presqu'impossible.

II Une protection juridictionnelle limitée

L'absence de définition constitutionnelle des facultés contributives et la corrélative marge d'appréciation du législateur posent la question du rôle du juge constitutionnel de manière très particulière. Le juge constitutionnel français estime en effet qu'il « n'a pas un pouvoir général d'appréciation et de décision de même nature que celui du Parlement ; qu'il ne saurait rechercher si les objectifs que s'est assignés le législateur auraient pu être atteints par d'autres voies, dès lors que les modalités retenues par la loi ne sont pas manifestement inappropriées à l'objectif visé ».[45] Sur cette base, le contrôle du juge constitutionnel est qualifié de restreint car limité à l'erreur manifeste d'appréciation du législateur. Les composantes des facultés contributives sont alors mises en lumière à l'occasion de ce contrôle, de manière ténue, non homogène et sanctionnant le cas échéant l'impôt excessif.

---

[40] Cf. G. N. LARIN, « Les canons de la justice fiscale : évolution et influences », op. cit.

[41] J. LAMARQUE, O. NEGRIN, L. AYRAULT, Droit fiscal général, op. cit., p. 300.

[42] Sur les inégalités générées par les mécanismes fiscaux eux-mêmes (le contrôle des déclarations par ex.) traitant de manière identique des contribuables dans des situations fiscales et économiques identiques, mais se trouvant des situations sociologiques différentes : A. SPIRE, « Les formes élémentaires de l'inégalité devant l'impôt », Pouvoirs, 2014/4, n°151, p. 117 à 128.

[43] M. LEROY, « L'impôt sur le revenu entre idéologie et justice fiscale : perspective de sociologie fiscale », op. cit., p. 59

[44] F. MANIQUET, « De chacun selon ses capacités à chacun selon ses besoins, ou (même) plus, s'il le souhaite », Revue économique, 2017/1 Vol. 68, p. 119 à 129.

[45] Conseil constitutionnel, décision n°2009-599 DC du 29 décembre 2009, Loi de finances pour 2010, considérant n°39.

Il s'avère en premier lieu que le contrôle de l'égalité est délicat. Le Conseil se fonde sur des « critères objectifs et rationnels »,[46] et multiples : ainsi par exemple la capacité contributive d'une entreprise a été définie en rapport avec l'effectif des salariés, le chiffre d'affaires ou le total du bilan, et la composition du capital.[47] Le Conseil peut alors contextualiser la situation des contribuables pour apprécier une mesure fiscale applicable de même que la « réalité économique » des entreprises.[48]

Il faut reconnaître que le contrôle de l'égalité suppose de comparer des situations afin de savoir si elles sont identiques ou différentes[49] et éventuellement sanctionner leur différence de traitement. En outre, la capacité contributive repose sur plusieurs variables de nature économique, sociologique et politique.[50]

Par conséquent, et en deuxième lieu, de la volonté de ne pas substituer son appréciation à celle du législateur le Conseil constitutionnel français en a déduit un contrôle si restreint qu'il se refuse à l'inscrire dans le cadre global du système d'imposition. En effet, « contrairement à ce qu'auraient souhaité certains parlementaires, ou contribuables, le Conseil constitutionnel se refuse à apprécier les effets globaux du système fiscal pris dans son ensemble, car il ne serait pas en mesure de le faire ».[51] Il contrôle le respect du principe d'égalité pour chaque imposition prise isolément, au contraire d'ailleurs de son homologue allemande.[52] L'on comprend qu'« il est souvent difficile en pratique de prédire quelle pourrait être la position du Conseil lorsqu'on invoque devant lui une rupture du principe d'égalité devant la loi. Mais cette prévisibilité limitée de la jurisprudence n'est pas entièrement anormale. Elle est la conséquence de l'extrême difficulté de l'exercice intellectuel consistant à rechercher les critères de la comparabilité des situations, c'est-à-dire, ultimement, à approcher l'idée même de justice ».[53]

---

[46] Par exemple pour retenir la conformité du plafonnement de l'ISF : Conseil constitutionnel, décisions nº2010-44 QPC du 29 septembre 2010, Époux M. ; nº2010-99 QPC du 11 février 2011, Laurence N. : cf. P.-F. RACINE, « Patrimoine, ISF et facultés contributives », Gazette du Palais, 2011, nº106, p. 3.

[47] Cf. Conseil constitutionnel, décision nº2003-477 DC du 31 juillet 2003, Loi pour l'initiative économique, considérant nº19.

[48] Et la prise en compte possible des biens professionnels : Conseil Constitutionnel, décision nº2003-477 DC du 31 juillet 2003, cons. 24 à 27.

[49] Par exemple : Conseil constitutionnel, décision nº2010-58 QPC du 18 octobre 2010, Procos et a.

[50] Supra 1.

[51] O. FOUQUET, « Le Conseil constitutionnel et le principe d'égalité devant l'impôt », Nouveaux cahiers du Conseil constitutionnel, nº33, oct. 2011, p. 2.

[52] F. PEZET, « Le caractère confiscatoire de l'impôt et les exigences constitutionnelles françaises », Droit fiscal, 2013, p. 25-33.

[53] D. GUTMANN, « Regard sur la jurisprudence fiscale du Conseil constitutionnel », op. cit., p. 135.

Par conséquent, et en troisième lieu, sa « posture de retrait par rapport au législateur »[54] se traduit logiquement dans un contrôle restreint, limité à la censure des excès de l'imposition. Les facultés contributives s'opposent à la confiscation[55] qui suggère une sanction.[56] Portant atteinte à la propriété, sans compensation ni justification, la confiscation qualifierait une spoliation. Sollicité pourtant par les requérants, le Conseil constitutionnel n'a pas défini l'impôt confiscatoire[57] lui préférant la notion d'impôt excessif[58] en sanctionnant la charge excessive de l'impôt sur certains contribuables.[59] Il convient de mettre cette solution en rapport avec le type de contrôle abstrait laissant une large marge d'appréciation au législateur. Au risque d'empiéter sur la fonction de ce dernier, il est donc « difficile [pour le Conseil] d'évaluer le caractère confiscatoire de l'impôt », se rendant « ainsi [...] prisonnier du rôle qu'il s'est assigné ».[60] Conforme au type de contrôle du Conseil, limité à la sanction de l'erreur manifeste d'appréciation, « l'excès » suggère une disproportion, un fait ou un acte allant « au-delà de ce qui est permis, convenable », qui dépasse la mesure.[61] L'on retrouve sur ce plan « l'idée principale d'une mise en rapport de deux données considérées sous l'angle quantitatif »[62] permettant au Conseil constitutionnel de sanctionner une charge excessive pesant sur un (ou une catégorie de) contribuable(s) par rapport à un(e) autre. Les observateurs notent d'ailleurs quelques audaces du Conseil s'autorisant (certes rarement) une analyse économique pour sanctionner par exemple la charge excessive d'une contribution carbone ne pesant que sur 7% des activités polluantes.[63]

---

[54] Ibid.

[55] Cf. O. NEGRIN, « Facultés contributives », in G. ORSONI, Finances publiques. Dictionnaire encyclopédique, 2e ed., Economica, 2017, p. 445.

[56] Trésor de la langue française (http://atilf.atilf.fr/).

[57] Cf. P.-M. GAUDEMET, « Les protections constitutionnelles et légales contre les impositions confiscatoires », Revue internationale de droit comparé, 1990, vol. 42, n°2, p. 805-813.

[58] Conseil constitutionnel, décision n°2012-662 DC du 29 décembre 2012, Loi de finances pour 2013 ; cf. F. PEZET, « Le caractère confiscatoire de l'impôt et les exigences constitutionnelles françaises », op. cit.

[59] Conseil constitutionnel, décision n°2005-530 DC du 29 déc. 2005, Loi de finances pour 2006.

[60] F. PEZET, « Le caractère confiscatoire de l'impôt et les exigences constitutionnelles françaises », op. cit.

[61] Trésor de la langue française (http://atilf.atilf.fr/).

[62] Ibid.

[63] Cf. Conseil constitutionnel, décision n° 2009-599 DC du 29 décembre 2009, Loi de finances pour 2010.

« Au fond, derrière la question de l'égalité se cache en réalité un jeu subtil et délicat entre le Parlement et le Conseil constitutionnel ». L'on peut se demander en effet, « comment se règle, à travers le principe d'égalité, la confrontation des pouvoirs d'appréciation du juge et des choix de politiques fiscales du Parlement ? »[64] La réponse n'est pas univoque en droit français comme en droit comparé. La liberté politique du législateur, certes reconnue et garantie, n'en est pas moins conditionnée et contrôlée par le juge constitutionnel au regard des principes fondamentaux comme le principe d'égalité. Cela est particulièrement notable en matière de protection des droits sociaux,[65] mais cette tendance constitue encore une exception dans un contexte de remise en question non seulement des facultés contributives mais aussi plus fondamentalement des fonctions de l'impôt.

III Un principe controversé

Le diable se cache dans les détails : la complexité de l'imposition en raison des facultés contributives conduirait-elle à sa perte ? Certes, la multiplication des instruments (exonérations, déductions, réductions, progression du barème, plafonnement des effets du quotient...) traduit les différents objectifs poursuivis par le législateur à travers principalement la justice fiscale. Celle-ci se trouve cependant diluée dans un ensemble de mesures fiscales qui nuit à sa visibilité, donc à l'acceptation de l'impôt[66] mais aussi et surtout à son efficacité.[67]

Le contexte n'est pas non plus favorable aux facultés contributives : les fondements sociaux de l'impôt sont remis en question. L'on assiste curieusement à « une transformation de l'impôt sans réelle conceptualisation du législateur »[68] sous l'effet conjugué de plusieurs facteurs. La concurrence fiscale au niveau international impose aux Etats de rendre leur législation attractive et d'utiliser leur fiscalité à cette fin, par une

---

[64] M.-L. DUSSART, « Les choix de politiques fiscales du législateur, l'égalité devant les charges publiques et le pouvoir d'appréciation du juge constitutionnel », RDP, 2010, p. 1003 et suiv.

[65] Cf. D. ROMAN, « La jurisprudence sociale des Cours constitutionnelles en Europe : vers une jurisprudence de crise ? », Nouveaux Cahiers du Conseil constitutionnel, 2014, n°45, p. 63-75.

[66] M. LEROY, L'impôt, l'Etat et la société... op. cit.

[67] Cf. entre autres : C. LANDAIS, T. PIKETTY, E. SAEZ, Pour une révolution fiscale, Le Seuil, 2011.

[68] M. BOUVIER, « La notion de capacité contributive des contribuables dans la société postmoderne », op. cit., p. 91.

réduction des taux des prélèvements obligatoires. Dans ce cadre précis, les Etats subissent les nouvelles pratiques commerciales et fiscales des entreprises multinationales et celles du numérique (« GAFA ») mettant en cause la territorialité de l'impôt. La mondialisation économique, la nouvelle gestion publique issue du *New public management* et la crise financière ces dernières années ont plus encore impacté les systèmes fiscaux avec l'impératif de résorber les déficits publics. Confrontés aux revendications de pouvoirs fiscaux locaux privilégiant une fiscalité avantageuse pour certains territoires ou contribuables, les Etats redéfinissent les liens de solidarité nationale. En effet, l'obligation de l'impôt « est la conséquence de la solidarité sociale [...] dans les Etats modernes [...] ; l'impôt est dû par les individus du seul fait qu'ils font partie de l'Etat. C'est en tant que membres de cette communauté, et pour cette seule raison, qu'ils sont soumis au devoir fiscal. Le fondement de cette obligation est la solidarité existant entre ceux qui composent cette communauté et d'où résulte pour eux le devoir de subvenir aux dépenses sans lesquelles elle ne pourrait subsister ».[69] Renégocier et amoindrir ce lien de solidarité façonne « une fiscalité à la carte » fractionnant la citoyenneté et contribuant « à affaiblir les solidarités plus globales et plus larges ».[70]

En somme, les nouveaux impératifs économiques, sociaux voire politiques supplantent les principes fiscaux traditionnels, comme les facultés contributives. Significatif est le rôle déterminant joué aujourd'hui par le principe de neutralité fiscale. Un impôt « neutre » est un bon impôt en ce sens qu'il ne doit pas influencer les agents économiques[71] « lesquels se détermineront en fonction d'une rationalité économique et non pas sous l'influence de tel ou tel avantage fiscal ».[72] La neutralité traduirait un comportement spécifique de l'Etat, celui de s'abstenir d'intervenir dans le processus économique : « ainsi entendue, la neutralité fiscale ne s'oppose pas à toute politique fiscale, mais elle entraîne la recherche de la suppression des distorsions qui enlèvent à la fiscalité sa cohérence ».[73] En réalité « cette préoccupation s'inscrit dans la logique

---

[69] J. LAFERRIERE, M. WALINE, Traité élémentaire de science et de législation financières, Paris, LGDJ, 1952, p. 228.

[70] A. BARILARI, Le consentement à l'impôt, Paris, Presses de Sciences Po, 2000, p. 114.

[71] Cf. L. LOMBARD, La fiscalité des biens des personnes publiques, Thèse de doctorat, Université Toulouse 1 Capitole, 2017, p. 9 et suiv.

[72] J. GROSCLAUDE, Ph. MARCHESSOU, Droit fiscal général, Dalloz, coll. Cours, 11ème éd., 2017, p.8.

[73] P. SERLOOTEN cité par L. LOMBARD, La fiscalité des biens des personnes publiques, op. cit., p. 10.

libérale ».[74] Entendue traditionnellement comme l'opposé de l'interventionnisme de l'Etat (caractérisé par une action, par définition positive, qui est celle d'agir sur les agents économiques par l'instrument fiscal), la conception libérale postule un comportement qui n'en demeure pas moins une action (décider de ne pas agir). Sur ce point, la neutralité semble contestable[75] d'autant plus si l'on en considère la mise en œuvre contemporaine à travers une interprétation du principe d'égalité. Il en est ainsi par exemple de la Cour de justice de l'Union européenne qui avait considéré que « [le principe de neutralité fiscale] s'oppose notamment à ce que des marchandises semblables, qui se trouvent donc en concurrence les unes avec les autres, soient traitées de manière différente du point de vue de la TVA »[76] : « d'une neutralité concurrentielle qui doit être respectée par l'impôt, la position de la CJCE se déplace vers une neutralité fiscale pour assurer un respect de la concurrence ».[77] L'on pourrait multiplier les exemples de dispositifs fiscaux (fondés par exemple sur le critère de la lucrativité) qui font désormais abstraction de la situation particulière des contribuables (comme celle des personnes publiques et de leurs missions spécifiques[78]) dans la stricte application du principe d'égalité avec pour seul objectif la protection du marché (faisant donc abstraction de celle du consommateur).

L'analyse économique s'est une nouvelle fois invitée : le principe d'imposition à raison des facultés contributives du contribuable « est davantage discuté au regard de ses aspects socio-économiques que du point de vue de sa seule portée juridique ».[79] Le phénomène n'est pas nouveau[80] mais il se pose avec plus d'acuité dans un contexte de dilution de la notion d'impôt[81] et d'émergence de nouvelles préférences fiscales. Une nouvelle conception de l'impôt le définit comme la contrepartie d'un service rendu dont le montant est défini en proportion des

---

[74] L. LOMBARD, La fiscalité des biens des personnes publiques, op. cit., p. 9.

[75] Il conviendrait de traiter plus exactement « d'une nouvelle forme de neutralité fiscale » (ibid. p. 9).

[76] CJCE, 3 mai 2001, aff. C-481/98, Commission contre France.

[77] L. LOMBARD, La fiscalité des biens des personnes publiques, op. cit., p. 11.

[78] Dans le cadre d'une interprétation restrictive des services publics universels.

[79] M. BOUVIER, Introduction au droit fiscal général et à la théorie de l'impôt, op. cit. Cf. également M. BOUVIER, « Justice fiscale : un enjeu éthique et philosophique », op. cit.

[80] « Revendication de l'égalité fiscale et progrès de la réflexion économique vont ainsi de pair. La réflexion sur les impôts dans l'Ancien régime est toujours associée à une interrogation sur leurs effets dans la circulation et la distribution des richesses » (C. LARRERE, « L'égalité fiscale : une invention républicaine ? », op. cit., p. 93)

[81] Cf. L. PHILIP, Droit fiscal constitutionnel. Evolution d'une jurisprudence, Economica, 2014, p. 13-24.

besoins, en contrepoint précisément de la progressivité de l'impôt qui « provoquerait des distorsions des choix individuels ».[82] A cette conception contractualiste de l'impôt marquant sa préférence pour un impôt proportionnel, non personnalisé, correspond une nouvelle fonction de l'Etat.

Non par hasard ces évolutions s'opèrent aujourd'hui. « La crise est un facteur structurel souvent invoqué pour expliquer les modifications du système fiscal ».[83]

Le déclin des facultés contributives ne signifie pas sa fin, mais pour combien de temps encore ?

Informação bibliográfica deste texto, conforme a NBR 6023:2018 da Associação Brasileira de Normas Técnicas (ABNT):

BLAIRON, Katia. Grandeur et décadence d'un principe: l'imposition à raison des facultés contributives. *In*: SARAIVA FILHO, Oswaldo Othon de Pontes; SIQUEIRA, Julio Homem de; BEDÊ JÚNIOR, Américo; FABRIZ, Daury César; SIQUEIRA, Junio Graciano Homem de; CUNHA, Ricarlos Almagro Vitoriano (Coord.). *Limitações materiais ao poder de tributar*. Belo Horizonte: Fórum, 2022. p. 51-64. (Coleção Fórum Princípios Constitucionais Tributários - Tomo III) ISBN 978-65-5518-314-6.

---

[82] Pour une présentation des mouvements économistes en ce sens : M. BOUVIER, « Justice fiscale : un enjeu éthique et philosophique », op. cit.

[83] M. LEROY, « L'impôt sur le revenu entre idéologie et justice fiscale : perspective de sociologie fiscale », op. cit.

ESTUDOS SOBRE A EFICÁCIA DO PRINCÍPIO DA CAPACIDADE CONTRIBUTIVA

ÁLVARO AUGUSTO LAUFF MACHADO

MARCELO DE OLIVEIRA FAUSTO FIGUEIREDO SANTOS

1 Introdução

O regime tributário brasileiro hodierno, fundado na Constituição Federal de 5 de outubro de 1988, efetivou-se a partir de um conjunto numeroso de princípios que funcionam como verdadeiros vetores e cujo objetivo é dar coesão a todo o sistema fiscal do país. É por meio do conteúdo dos princípios constitucionais que o Estado brasileiro ganha forma, inclusive no âmbito do Direito Tributário.

O Texto Constitucional estabelece os mecanismos inerentes à relação entre o Estado e o cidadão, definindo, sobretudo, quais são os limites invasivos desse próprio Estado perante a liberdade (*in casu*, enquanto livre-iniciativa) e o patrimônio privado. Exatamente por ser tema deveras sensível que a Constituição prevê uma série de princípios que, exatamente, limitam o poder de tributar.

A Constituição brasileira, sabe-se, não se pautou em um sistema unitário, ou seja, calcado em apenas um princípio fundamental, muito menos quando trata do regime tributário pátrio; ao contrário, a Carta Constitucional formou um sistema plural contendo variadas garantias ao cidadão – contribuinte – e diretrizes principiológicas para a atuação do Estado.

O estudo do Direito Tributário hodierno, no entanto, apesar de reconhecer que suas fontes estão sedimentadas em normas constitucionais, ainda insiste, em muitos momentos, numa análise estrita e reducionista de temas como a atribuição de eficácia para os princípios aplicáveis ao Direito Tributário. A mesma resistência não se vê, importante registrar, quando as pesquisas dizem respeito a regras constitucionais,[1] como, *v.g.*, as regras da legalidade, da anterioridade, da anterioridade nonagesimal, dentre outras.

Por essa razão é essencial que se dialogue a respeito do princípio da capacidade contributiva, buscando-se meios para a atribuição de sua eficácia, mesmo porque não poucos – e conceituados cientistas do Direito – já escreveram que norma constitucional retrataria apenas um conjunto de palavras sem especificação e que, portanto, não ofereceria parâmetro hábil a determinar, ou não, a prestação do contribuinte.[2]

A compreensão da capacidade contributiva, a partir de uma leitura objetificante, promove, por razões naturais, a rotulação de "princípio constitucional desprovido de conteúdo normativo" – como se sua previsão textual fosse inócua. O paradigma atual é de superação desses modelos.

O alto grau de complexidade da norma constitucional não pode ser obstáculo para sua efetivação e aplicação prática, ainda mais quando tal princípio é um direito fundamental ao contribuinte de que, no exercício do seu dever de contribuir, tenha a garantia de que seja aferida e sopesada a sua condição para o adimplemento desse dever.

Ao desejar fazer com que o Estado Democrático de Direito, previsto desde o preâmbulo da Constituição, venha a se consolidar numa realidade – e não numa literalidade –, não se pode permitir construções interpretativas que anulem, por completo, a eficácia de uma garantia constitucional.

O princípio da capacidade contributiva é um direito fundamental com conteúdo constitucional que garante ao cidadão o adimplemento do dever de contribuir com os gastos públicos dentro de parâmetros de equidade. E daí a necessidade de compreendê-lo, superando

---

[1] Ressalva-se aqui que, adotando-se como pressuposto teórico a compreensão das regras como ensejadoras de um modelo de "tudo ou nada", alguns dos princípios mencionados no parágrafo são, na verdade, regras, *ex vi* a regra da anterioridade e anterioridade nonagesimal. Sabe-se, ainda, que, para Humberto Ávila (2006, p. 46), esse critério é contestado em Direito Tributário, apresentando exemplos em que consequências legais de regras deixam de ser empregadas, por consequências concretas, sem que as regras tornem-se inválidas.

[2] PINTO FALCÃO, Alcino. *Constituição Anotada*. V. III. Rio de Janeiro: José Konfino Editor, 1957, p. 147.

premissas que o objetificam, buscando, em si, estabelecerem-se meios para atribuir-lhe eficácia normativa.

2 Do Estado Liberal ao Estado Democrático de Direito: uma breve análise do *iter* do princípio da capacidade contributiva

O conceito da capacidade contributiva implica um vínculo com outros princípios, como o de justiça e igualdade,[3] correspondendo no dever constitucional do Estado de observar a realidade econômico-financeira do contribuinte brasileiro e, após essa verificação, empreender, ou não, sua atividade tributante, ou até mesmo graduá-la.

O problema exsurge na busca de meios – ou na implementação deles – para que o Estado possa realizar tal sopesamento no exercício de sua atividade tributária. Para que esses limites sejam compreendidos – e sobretudo constatado o modelo no qual atualmente se deve interpretar o princípio da capacidade contributiva –, é fundamental iniciar a leitura a partir de dois dos paradigmas de Estado (Liberal e Democrático de Direito).

Nos estudos sociais, inclusive no Direito, sabe-se da relevância que se tem em promover uma análise dos paradigmas de Estado para que se alcance a sua repercussão na própria conformação do ordenamento jurídico e suas implicações no campo social. Isso porque a partir deles se constrói toda uma concepção filosófica e cultural da percepção do ser humano como sujeito vivente no mundo em dado momento histórico.

Isso, no campo jurídico, é o que permite estabelecer teias de conhecimento entre os institutos do Direito e a forma de sua efetivação e consolidação ao longo da formação das sociedades. Daí porque, para o Direito, os paradigmas são "as visões exemplares de uma comunidade jurídica que considera como o mesmo sistema de direitos e princípios constitucionais podem ser realizados no contexto percebido de uma dada sociedade".[4]

---

[3] Define-se tal vínculo entre e justiça e igualdade como a "intenção de dar a cada um o que é seu; e essa intenção apenas se concretizará com a aplicação de tratamento isonômico a todos, pois quanto menos desigualdades houver, mais justa será a vida social" (BONOMO, 2010, p. 149).

[4] HABERMAS, Jürgen. *Direito e Democracia*: entre a facticidade e validade. Rio de Janeiro: Tempo Universitário, 1997. p. 123 *et seq.*, p. 123.

In casu, sabe-se que o Estado moderno nasce, numa perspectiva histórica e não filosófica, a partir das revoluções libertárias, sobretudo a Independência Americana e Revolução Francesa, ambas no século XVIII. Foi nesse momento, haja vista a ruptura paradigmática com o modelo de Estado anterior, que se instaurou um modelo político-jurídico liberal, carregado densamente pelos ideais não intervencionistas do Estado na propriedade privada dos cidadãos e na liberdade de mercado.

As revoluções proclamaram, então, a proteção de alguns direitos humanos fundamentais, em especial a propriedade e a liberdade, uma vez que o Estado era visto como inimigo das garantias individuais. Entre elas, estava, como mencionado, a proteção à propriedade privada dos cidadãos, o que passa, necessariamente, pela preservação do patrimônio de cada indivíduo. Ou seja, segundo esse paradigma liberal, objetivava-se a construção de formas de minimizar, ao máximo, a intervenção do Estado no patrimônio particular, o que, necessariamente, se reflete de forma severa no Direito Tributário.

Se o Direito Tributário é exatamente o campo de estudo jurídico que irá se valer de meios para impor formas de o Estado arrecadar riquezas para sua manutenção e para a prestação de políticas públicas a partir de bens particulares dos indivíduos, evidente que, num contexto paradigmático liberal, o Direito Tributário é lido como uma forma de restrição a garantias de liberdade e propriedade.

Tanto a Declaração de Independência dos Estados Unidos da América, de 1776 como a Constituição francesa, de 1791, foram categóricas, primeiro, no reconhecimento da necessidade arrecadatória do Estado, por meio de tributos, para o custeio das necessidades públicas, mas, também, na necessidade de uma autorização parlamentar nesse sentido, ou seja, a percepção de se limitar a instituição dos tributos. O Estado não poderia intervir livremente na liberdade e propriedade do cidadão.

As ciências econômicas foram as primeiras a dispor sobre tal conceito. Em sua teoria filosófico-econômica, Adam Smith[5] afirmava que:

> Os cidadãos de cada Estado devem contribuir para o sustento do governo, tanto quanto possível, em proporção às suas respectivas habilidades; ou seja, em proporção à renda que cada um respectivamente goza sob a proteção do Estado. O gasto do governo com os indivíduos de uma grande nação equivale ao gasto de gerenciamento para com

---

[5] SMITH, Adam. *An inquiry into the nature and causes of the wealth of nations*. Pennsylvania: The Pennsylvania State University, 2005, p. 676.

os locatários de um grande Estado, os quais são todos obrigados a contribuir proporcionalmente aos seus respectivos interesses nesse Estado. Na observância ou negligência dessa máxima consiste a chamada igualdade ou desigualdade da tributação.[6]

A capacidade contributiva, neste sentido, revela-se como um corolário da igualdade sob dois vetores: o primeiro, das condições (habilidades) do cidadão para contribuir para os gastos públicos, e o segundo, dos benefícios decorrentes de tal ato.

Numa perspectiva econômico-liberal, portanto, a capacidade contributiva estaria estabelecida a partir desse binômio: capacidade do sujeito e prestação do Estado. Contudo, o déficit de juridicidade dessa construção, pautada por uma leitura econômica estritamente liberal, acabou por estimular que, com o avançar das discussões acerca do tema, a capacidade contributiva fosse compreendida não como um direito fundamental do cidadão, mas, muito mais, como um ideal programático, desprovido de efetividade.

Se, de um lado, o paradigma liberal é, sob uma ótica econômica, extremamente importante para densificar o estabelecimento de uma barreira entre o Estado e os cidadãos, é, de outro, prejudicial para a efetivação da capacidade contributiva enquanto princípio constitucional. E isso porque é um modelo de Estado estritamente voltado para o respeito e a limitação à legalidade, razão pela qual, nesse contexto, o tributo seria "a contribuição dos subditos d'uma nação, imposta por seus legítimos representantes, com o fim d'habilitar o governo a fazer as despesas necessarias para conseguir a observancia da lei [...]",[7] ou seja, a tributação seria o resultado "da observancia da lei, isto é, a segurança do domínio e da liberdade".[8]

Diante disso, em que pese o estabelecimento de limites legais ao Estado frente às liberdades dos cidadãos, não havia de se mencionar o princípio da capacidade contributiva como conteúdo normativo para o exercício dessa limitação. O Estado poderia tributar aquilo que a lei lhe

---

[6] Tradução livre de: "The subjects of every state ought to contribute towards the support of the government, as nearly as possible, in proportion to their respective abilities; that is, in proportion to the revenue which they respectively enjoy under the protection of the state. The expense of government to the individuals of a great nation, is like the expense of management to the joint tenants of a great estate, who are all obliged to contribute in proportion to their respective interests in the estate. In the observation or neglect of this maxim, consists what is called the equality or inequality of taxation".

[7] BORGES, José Ferreira. *Princípios de Syntelologia*. Londres: Bingham, 1831, p. 01.

[8] *Idem*, p. 02.

garantisse; os princípios, tais como a capacidade contributiva, seriam ordens programáticas sugestivas de atuação do Poder Legislativo na elaboração dessas leis.[9]

A capacidade contributiva estaria presente apenas quando e como a lei previsse. Assim, se o Estado liberal, numa perspectiva econômico-política, foi servil para trazer a ideia de capacidade do cidadão como um limite à atuação fiscal do Estado, isso não teve o mesmo amparo quando o campo de análise é propriamente jurídico, pois, para o Direito, o limite da tributação do Estado seria exatamente tudo aquilo que estivesse amparado na lei, logo, normas abstratas, como os princípios, que não correspondessem a um dever-ser objetivamente previsto não gozavam de eficácia normativa.

Isso refletiu na própria construção do Direito Tributário no ordenamento jurídico brasileiro, que se deu sob uma ótica dogmático-positivista, em que a interpretação do Direito Tributário se dá num modelo gramatical e fechado. Logo, se não há texto definindo o que é capacidade contributiva, não haveria como preencher seu conteúdo. O próprio Código Tributário Nacional, lei datada de 25 de outubro de 1966, prevê, em seus arts. 110 e 111, que a lei tributária e sua interpretação pressupõem uma atuação limitada tanto do legislador como do intérprete. Constata-se, assim, a origem do déficit cognitivo do princípio da capacidade contributiva.

No Estado Democrático de Direito é dada ascensão plena àqueles valores sociais os quais, em Direito Tributário, revelam-se a todo momento no intento de implementação de justiça social e igualdade material fiscal. A obrigação tributária é, antes de mais nada, um corolário do dever fundamental de contribuir com os gastos públicos, enquanto que, da mesma forma, a densidade de como essa obrigação vai ser estabelecida para cada cidadão deve ser avaliada a partir de meios que garantam ao contribuinte a proteção de uma atuação excessiva do Estado.

Todos que têm capacidade contributiva devem contribuir para os gastos públicos, mas dentro dos limites de suas capacidades. Para Ricardo Lobo Torres:

---

[9] Isso se revela de forma transparente na literatura de José Ferreira Borges (1831, p. 7), que, numa leitura oitocentista da obrigação tributária frente ao regime tributário daquele contexto, afirmava: "[...] um governo de lei poem em contribuição todos os conhecimentos humanos, todo o calculo, todas as luzes, que podem pela combinação da sciencia desviar a ruina da nação, e minorar o gravame dos povos: n'uma palavra, no governo da lei são os povos que a si-mesmos se tributão [...]".

Irrefutável a associação de justiça social com a isonomia, podendo esta ser preceituada tanto pelo sentido horizontal quanto vertical. O primeiro preceito concerne a viabilizar o mesmo tratamento para todos aqueles que condizem com a mesma capacidade contributiva; o segundo seria o inverso, ou seja, um tratamento desigual perante aqueles que possuem capacidades contributivas heterogêneas. Logo, aquele que possuir maior renda terá uma incidência tributária mais significativa em comparação aquele que possui renda inferior.[10]

Contudo tais aplicações pragmáticas da capacidade contributiva não decorrem de previsão legal e sim de uma atuação hermenêutico-constitucional, o que pressupõe, necessariamente, uma ruptura paradigmática com o modelo liberal de interpretação e aplicação do Direito Tributário. E esse rompimento se dá, então, a partir de um modelo de Estado Democrático de Direito com a compreensão de que o Texto Constitucional deve gozar de plena eficácia.

Assim, apesar de o Texto Constitucional – precisamente o art. 145, §1º, da Constituição Federal – não trazer comandos objetivos de como deve se dar a aferição da capacidade contributiva do cidadão brasileiro, isso, por si só, não significa que tal princípio não produza efeitos. Ao contrário, num modelo de Estado Democrático de Direito, a aplicação da capacidade contributiva não está apenas associada com a ideia de programas direcionados ao Poder Legislativo como verdadeiros mandamentos constitucionais impostos a todos os poderes da República.

Sabe-se que o princípio da capacidade contributiva é influenciador de outras normas, constitucionais e infraconstitucionais, tais como, *v.g.*, a necessidade do caráter seletivo do IPI, em virtude da essencialidade dos produtos industrializados (art. 153, §3º, I da CF/88), e o ICMS, em função da essencialidade das mercadorias (art. 155, §2º, III, da CF/88).

O comando constitucional garante a todo cidadão que a atuação fiscal do Estado deverá observar suas condições de contribuir, da mesma forma que se impõe ao cidadão o dever de contribuir, logo, a aplicação do princípio pressupõe um exercício hermenêutico constitucional que não se limita à atuação do legislador. Isso porque as previsões legais gozam, notadamente, de generalidade e abstração, que, por razões óbvias, não serão sempre garantidoras de uma eficaz aplicação do princípio. A capacidade contributiva, numa ótica do Estado Democrático

---

[10] TORRES, Ricardo Lobo. *Tratado de Direito Constitucional Financeiro e Tributário.* v. II: Valores e Princípios Constitucionais Tributários. Rio de Janeiro: Renovar, 2005, p. 110.

de Direito, não é aquela que a lei afirma ser, mas sim a garantia de que sejam estabelecidos meios para que a arrecadação do Estado não vilipendie as condições econômico-financeiras dos cidadãos. Significa dizer que "todos devem pagar impostos segundo o montante de renda disponível para o pagamento de impostos".[11]

A capacidade contributiva deve ser então existente e não tão somente presumida. Evidente que a adoção de critérios de presunção é justificável para uma apuração da capacidade do cidadão, mas tal presunção não pode importar na utilização de métodos desproporcionais que não estejam coerentes com a capacidade contributiva existente.[12]

A capacidade contributiva, tal qual a dignidade da pessoa humana, é fundamento basilar do Estado Democrático de Direito em seu eixo tributário-financeiro; a capacidade contributiva é, assim, base fundante para uma tributação democrática e espinha dorsal da justiça tributária.[13]

3 A capacidade contributiva numa perspectiva sociopolítica e econômica

Evidenciada a carência no estudo do princípio da capacidade contributiva, sobretudo a partir da ótica da hermenêutica constitucional de cariz filosófico e não apenas tendo como lente de análise o positivismo jurídico próprio do Direito Tributário brasileiro, é importante, então, buscar os fundamentos que levam à afirmação – e confirmação – de que a capacidade contributiva é um princípio cuja eficácia é fundamental aos direitos e garantias do contribuinte brasileiro.

A noção de capacidade contributiva alude à origem do próprio surgimento do tributo, no sentido de que os tributos deveriam guardar de alguma forma correlação com a riqueza e pertenças daquele indivíduo que é obrigado a pagá-los.[14]

---

[11] YAMASHITA, Douglas; TIPKE, Klaus. *Justiça Fiscal e Princípio da Capacidade Contributiva.* São Paulo: Malheiros, 2002, p. 31.

[12] Para Klaus Tipke e Douglas Yamashita *in:* Justiça Fiscal e Princípio da Capacidade Contributiva. São Paulo: Malheiros, 2002, p. 33): "O princípio da capacidade contributiva é um princípio real, ou um princípio 'daquilo que é'. Prende-se à capacidade contributiva efetiva ou à capacidade contributiva existente (Ist-Leistungsfähigkeit), não à capacidade contributiva presumida (Soll- Leistungsfähigkeit). [...] O princípio da capacidade contributiva é um princípio de valor real, e não nominal. Dados aparentes ou meramente nominais sem potencial econômico não corporificam capacidade contributiva alguma".

[13] BALEEIRO, Aliomar. *Limitações Constitucionais ao Poder de Tributar.* 8. ed. atual. por Mizabel Abreu Machado Derzi. Rio de Janeiro: Forense, 2010, p. 878.

[14] GIARDINA, Emilio. *Le Basi Teoriche del Principio della Capacità Contributiva.* Milano: Giuffrè Editore, 1961, p. 06.

Desde o primeiro momento em que seres humanos dão início a sua existência em um modelo de organização social, ainda que numa estrutura arcaica, são evidenciadas, em paralelo, duas condições para sua manutenção: o dever de cada ser humano contribuir, com seu patrimônio próprio, para a coletividade (que é a noção de obrigação tributária), bem como a necessidade de que esse dever não se estabeleça de uma forma que possa invadir a sua própria autonomia a ponto de levar ao sacrifício a condição desse ser humano. Esta última é, portanto, a análise da capacidade contributiva.

Trazendo essa breve análise para a realidade constitucional brasileira, vale registrar que a previsão textual constitucional desse princípio em terras tupiniquins remonta à primeira Constituição Brasileira (1824) – gestada no Brasil imperial –, que previa expressamente que:

> Art. 179. A inviolabilidade dos Direitos Civis, e Politicos dos Cidadãos Brazileiros, que tem por base a liberdade, a segurança individual, e a propriedade, é garantida pela Constituição do Imperio, pela maneira seguinte.
> [...]
> XV. Ninguem será exempto de contribuir pera as despezas do Estado em proporção dos seus haveres.

No entanto, nas constituições seguintes, de 1981, 1934 e 1937, houve um verdadeiro silêncio enunciativo quanto à noção de capacidade contributiva, tendo, tais textos, trazido apenas princípios outros atinentes à limitação do poder do Estado de tributar.

A Carta Constitucional de 1946, por sua vez, retomou para a ordem jurídica constitucional – em seu art. 202 – a previsão de que "os tributos terão caráter pessoal sempre que isso for possível, e serão graduados conforme a capacidade econômica dos contribuintes".

Já se compreendia, ainda de forma incipiente, que o objetivo daquele enunciado era o de colocar o critério fiscal "sob a influência preponderante de sua repercussão no terreno social, subordinando o seu *quantum* à capacidade econômica do contribuinte".[15] Tal enunciado, entretanto, foi revogado após o golpe militar de 1964, por meio da Emenda Constitucional nº 18, de 1965, tendo essa omissão quanto à capacidade contributiva permanecido na ordem constitucional brasileira ainda com o advento da Constituição de 1967. A capacidade

---

[15] CAVALCANTI, Themístocles Brandão. *A Constituição Federal Comentada.* v. IV. Rio de Janeiro: José Konfino Editor, 1949, p. 221.

contributiva só retornou a ter um novo correspondente textual – e já em boa hora – com a Constituição Federal de 1988, em seu art. 145, §1º.

Vê-se, desde já, que se fosse promover uma leitura dogmática da capacidade contributiva em todos os textos constitucionais, não importa qual sua data de edição, perceber-se-ia que a sua previsão literal exprime bem o alcance e a dimensão do princípio: a arrecadação deve ser proporcional aos haveres do cidadão. O Estado Fiscal então deve levar em consideração a proporção dos haveres do cidadão para que se possa exigir o adimplemento das obrigações tributárias. E mais, se efetuada uma interpretação meramente gramatical, pode-se concluir que a dimensão de aplicação do princípio era mais ampla e melhor definida na Constituição do século XIX do que na atual redação. Em outras palavras, o que se quer estabelecer é que a capacidade contributiva teve, e tem, um fundamento textual na Constituição, o que não é suficiente.

A valoração constitucional da capacidade contributiva, enquanto princípio com eficácia normativa, demanda uma análise hermenêutica que traga consigo as situações sociopolítico-econômicas que circundam a realidade brasileira do momento histórico em que se vive.

O estudo da Carta Constitucional exige que o intérprete se valha de critérios que se tangenciem por valores sociopolítico-econômicos hodiernos. O ser humano é um ser historicamente situado e, portanto, não é possível conceber que a sua interpretação em qualquer texto se dê de forma metafísica, ou seja, dissociada da realidade. O leitor não é capaz de esquivar-se das preconcepções que o circundam para, então, chegar a uma análise e interpretação pura do texto.

Friedrich Müller,[16] tomando como ponto de análise os julgamentos da Corte Constitucional alemã, promove análise desse estágio do pensamento jurídico da seguinte forma:

> As declarações da Corte Constitucional Federal de que ela estaria vinculada a uma doutrina tradicional de interpretação, de que verificaria a "vontade" objetivista do "legislador" de acordo com uma "teoria objetiva", de que aplicaria métodos de interpretação gramaticais, sistemáticos, teleológicos e genéticos ("históricos"), fazendo com que eles dêem um ao outro e se complementem, são não raro sorrateiramente contraditas pela própria prática de interpretação da Corte. Dessa forma, em relação ao princípio da interpretação gramatical, que fixa o texto literal como o limite intransponível da interpretação, tal texto literal é abertamente negligenciado e driblado [...].

---

[16] MÜLLER, Friedrich. *Teoria Estruturante do Direito*. 2. ed. São Paulo: Revista dos Tribunais, 2009, p. 145/146.

O autor revela que não há uma interpretação literal e gramatical que, em algum momento, não seja negligente. Daí a fragilidade que acaba por arruinar um método puramente objetivo: a deturpação da compreensão que o intérprete faz no teor do texto.

Assim, qualquer noção que se queira ter, ainda que mínima, do princípio da capacidade contributiva, dar-se-á a partir de uma interpretação e análise substancialmente prejudicada pelo intérprete. Ou seja, ele trará consigo conceitos e compreensões próprias da realidade – que a ele são inerentes – que irão compor o seu olhar sobre o princípio. A efetivação e concretização das normas constitucionais passam novas bases de hermenêutica constitucional, mudando, com isso, o discurso científico vigente:

> Daí a obrigatoriedade de se propor a discussão sobre a "crise dos paradigmas", delimitando o espaço de entendimento da crise na esfera específica do fenômeno jurídico. A crise, portanto, no âmbito do direito, significa o esgotamento e a contradição do paradigma teórico-prático liberal-individualista que não consegue mais dar respostas aos novos problemas emergentes, favorecendo, com isso, formas diferenciadas que ainda carecem de um conhecimento adequado.[17]

Passa-se, então, a ser difundida, no estudo constitucional brasileiro, uma compreensão que supera a visão dogmática dos direitos, isso pela necessidade de superação da baixa compreensão dos direitos fundamentais, valorizando-se, enfim, um pensamento hermenêutico constitucional que agregue, na aplicação da norma constitucional, a compreensão de questões sociológicas, políticas, econômicas e dos mais variados ramos do conhecimento.

Assim, na busca pela concretude da norma constitucional, *in casu*, do princípio da capacidade contributiva, necessária se faz uma construção hermenêutico-constitucional fundada nos aspectos que permeiam a realidade. Isso porque "o texto não existe em si mesmo. O texto não tem controle absoluto sobre a interpretação que lhe será dada".[18] Por essa razão, dar eficácia à capacidade contributiva está além de sua inclusão no Texto Constitucional. Não que se negue a sua relevância textual, sobretudo como referencial simbólico, o que se reafirma é a assunção de outros fundamentos para tal intento.

---

[17] WOLKMER, Antônio C. *Pluralismo jurídico*: novo paradigma de legitimação. 2003. Disponível em: www.mundojuridico.adv.br, acesso em: 22 ago. 2012, p. 02.

[18] PEDRA, Adriano Sant'Ana. Mutação Constitucional e Teoria da Concretização. *In: Revista de Direito Constitucional e Internacional*, São Paulo, ano 19, n. 74, p. 18, jan./mar. 2011.

A realidade brasileira é deveras complexa e a influência de sua condição sociopolítico-econômica, principalmente diante da histórica carência de efetivação dos direitos sociais, é fundamental para a efetivação da capacidade contributiva. Vive-se numa sociedade em que as carências do cidadão são visíveis. A privação de direitos é diuturnamente constatada e os exemplos são numerosos: seja nos problemas de mobilidade, na crise da saúde, da educação, na segurança pública, entre outros.

As carências da sociedade – sobretudo em países como o Brasil – não se medem apenas pelo seu produto interno bruto, mas pela soma de privações vivenciadas e sentidas pelos cidadãos. Privações essas, frise-se, que não se limitam a um baixo nível de renda, porém a baixos níveis de acesso a uma vida digna. As privações humanas não estão exclusivamente associadas à baixa renda, mas, sim, às ausências de capacidades e às limitações de liberdades que são vivenciadas pelos cidadãos.

Não restam dúvidas de que a baixa renda traz privação de capacidades, mas não é só. Amartya Sem,[19] colaborador na criação do próprio Índice de Desenvolvimento Humano, afirma que "a pobreza deve ser vista como privação de capacidades básicas em vez de meramente como baixo nível de renda, que é o critério tradicional de identificação da pobreza". Para o autor, o que define a pobreza não é apenas a insuficiência financeira do sujeito, contudo o seu não acesso a determinadas capacidades,[20] na ideia de que o objetivo do desenvolvimento da humanidade é estabelecer melhores condições de vida para as pessoas.

Isso importa, então, numa expansão de possibilidades "de ser" e "de fazer", como, por exemplo, a capacidade de ser saudável, de ser bem-nutrido, de obter conhecimento e ter condições de participar da vida em comum.[21] Por essa mesma razão, aumentando-se as capacidades, cria-se, direta e indiretamente, um enriquecimento na vida humana e mitigam-se as privações, dessa maneira, tornando-as menos incidentes.

Não se busca estabelecer um ideal ingênuo de que o Estado seria capaz de fornecer todos os serviços em plenitude, nem se esquiva do

---

[19] SEN, Amartya. *Desenvolvimento como Liberdade*. São Paulo: Companhia de Letras, 2010, p. 120.

[20] A expressão 'capacidade' aqui em nada se referencia com a que se utiliza na citação do princípio da capacidade contributiva, mas, na verdade, na compreensão dada por Amartya Sen (2010, p. 147-149).

[21] SEN, Amartya. *Desenvolvimento como Liberdade*. São Paulo: Companhia de Letras, 2010, p. 147/149.

fato de que essas crises são reflexos do modelo complexo de sociedade hodierna em que as demandas são cada vez maiores. O que não se pode olvidar, entretanto, é que todos estes aspectos devem compor o processo hermenêutico-constitucional de efetivação do princípio da capacidade contributiva a fim de que seja a ele atribuído sentido, validade e, mormente, para que ele incida na realidade da vida brasileira.

Sabendo-se que não é apenas a renda auferida pelo cidadão que atesta a sua pobreza, mas sim as privações por ele vivenciadas nas ausências de capacidades, como citadas por Amartya Sen, tais situações, notadamente, são fundamentais para a efetiva aplicação do princípio tributário. Não se trata de discurso retórico, o fato é que não se pode deixar de atribuir eficácia à capacidade contributiva como um princípio que deve, necessária e normativamente, amparar o cidadão brasileiro.

A capacidade contributiva, enquanto princípio constitucional, deve guiar a atuação arrecadatória do Estado não apenas como um ideal metafísico, desprovido de valor e sentido; deve-se considerar a capacidade do contribuinte e as suas privações, levando em consideração diversos elementos que a elas estão associados.

Na busca da aplicabilidade e eficácia da capacidade contributiva, não há como desconsiderar o fato de que o cidadão brasileiro, ainda que não esteja inserido na linha da pobreza, ou abaixo dela, também, não tem acesso à saúde, educação, meios de mobilidade urbana e até mesmo segurança. Evidente, portanto, que uma análise meramente textual do princípio não seria suficiente para dar-lhe eficácia. É, ao revés, fundamental a sua construção em fundamentos, repita-se, sociopolítico-econômicos.

Para Júlio Pinheiro Fato e Marcelo Sant'Anna Vieira Gomes:

> [...] todos os contribuintes são iguais perante a lei, desde que estejam em situação equivalente, sendo, assim, proibida a distinção de qualquer natureza, devendo, no entanto, a administração tributária considerar a capacidade econômica de cada um quando da cobrança de impostos. [...] Isso não quer dizer que as leis devam deixar de ser gerais e indeterminadas – seria insanidade pretendê-lo, já que nem o legislador pode prever todos os casos possíveis e mesmo que o pudesse a lei se tornaria inoperante –, e sim que continuem o sendo, mas permitindo que o contribuinte seja tratado de modo diferente na medida de sua desigualdade em relação aos demais; ou seja: que as características particulares dos indivíduos (sua capacidade econômica) sejam levadas em consideração e também que o seu caso seja dimensionado claramente.
> [...]

Há que se estabelecer, portanto, meios que viabilizem a apuração da capacidade econômica de cada contribuinte, permitindo não apenas a aplicação da igualdade particular, mas também da justiça distributiva. De nada adianta o constituinte estabelecer que o contribuinte tenha direito a um mínimo existencial e o próprio constituinte permitir que o legislador institua tributos e que a administração tributária cobre tributos que atinjam esse mínimo. Seria nada mais que o clássico dar com uma mão, para tirar com a outra. Uma violação acintosa dos direitos fundamentais do contribuinte.[22]

A baixa compreensão do princípio da capacidade contributiva passa pela negação – ou omissão – a estes fundamentos que a ela são inerentes, desaguando, com isso, na crise de sua própria eficácia. Daí a relevância de que se estabeleça a capacidade contributiva a partir de fundamentos sociopolítico-econômicos para que tal princípio passe a gozar de eficácia e surta efeitos na realidade da tributação brasileira, saindo da condição de coadjuvância.

4 Critérios (qualitativos e quantitativos) para a eficácia normativa do princípio da capacidade contributiva: o estabelecimento de um conceito unívoco

No paradigma hodierno, de um Estado brasileiro Democrático de Direito, a luta que se estabelece é para que as garantias constitucionais gozem de eficácia normativa, desse modo, superando interpretações positivistas e reducionistas da interpretação e aplicação do Direito que são próprias, por exemplo, de um Estado Liberal.

Sabe-se, no entanto, que as rupturas paradigmáticas não são dados históricos hermeticamente estabelecidos, tanto que entre a mudança de um paradigma para outro são levados alguns resquícios de modelos que tenham sido superados. Isso quer dizer que os paradigmas de Estados anteriores, quer sejam liberal ou social, encontram características ainda presentes no modelo atual.

O Direito Tributário, por sua vez, é o *locus* em que ainda persistem com maior pungência diversas características próprias de um modelo liberal do estudo do Direito, mormente pelo estabelecimento de suas bases em ideias positivistas e dogmáticos. E isso se revela sobremaneira

---

[22] FARO, Júlio Pinheiro; GOMES, Marcelo Sant'Anna Vieira. Justiça fiscal: *Rawls*, capacidade contributiva e o mínimo existencial. *Revista Tributária e de Finanças Públicas*, vol. 115, p. 29-46, mar./abr. 2014.

quando se promove uma leitura do Direito Tributário a partir de regras de interpretação, *v.g.*, gramaticais, sistemáticas ou teleológicas.

Em todos os casos, o exercício da interpretação está atento ao texto normativo e não ao próprio intérprete e a sua condição no mundo enquanto sujeito que, inegavelmente, é o destinatário direto das normas jurídicas. Daí por que afirmar-se que "[...] o direito brasileiro – e a dogmática jurídica que o instrumentaliza – está assentado em um paradigma liberal-individualista [...]".[23]

Isso demonstra que, caso se fale de uma hermenêutica jurídica em crise, sobretudo pela adoção de critérios interpretativos como os exemplificados, tal crise se revela ainda mais evidente no Direito Tributário, cuja necessária interpretação literal da norma não decorre de uma criação apenas doutrinária, mas positivada na própria legislação de regência, *ex vi* o art. 111 do Código Tributário Nacional, que, a despeito de tratar hipóteses em que é afastada a incidência tributária, deixa assente o critério de literalidade que permeia a atuação no Direito Tributário.

É o que ocorre com o estudo do princípio da capacidade contributiva. Tal princípio, como já demonstrado, tem seu valor e conteúdo normativo negado ainda hoje por grande parcela da doutrina brasileira. Quando muito, fala-se em capacidade contributiva partindo-se duma dualidade conceitual, ou seja, a capacidade contributiva seria ou absoluta (objetiva) ou relativa (subjetiva), o que revela uma nítida separação entre o seu objeto e os sujeitos dela destinatários.

A capacidade absoluta se manifestaria apenas quando o legislador elegesse determinados fatos da vida como determinantes para a manifestação de riqueza. Ou seja, um fato ("x") deve ser manifestação de riqueza ("y"), logo, há capacidade contributiva (resultado). É uma dogmática objetiva que elege fatos específicos como critérios determinantes para a demonstração de capacidade contributiva limitada apenas à verificação, então, do fato que seria um manifesto de riqueza. A capacidade contributiva relativa dar-se-ia a partir da individuação de um sujeito e a sua possibilidade de contribuir a partir de suas possibilidades econômicas. É a análise do sujeito enquanto um detentor de condições econômicas.

Veja-se que ambos os casos, *prima facie*, associam a capacidade contributiva com a ideia de uma capacidade econômica, o que não

---

[23] STRECK, Lenio. *Hermenêutica Jurídica e(m) Crise*: uma exploração hermenêutica da construção do Direito. 10. ed. Porto Alegre: Livraria do Advogado, 2011, p. 43.

é adequado. A capacidade econômica é conceito deveras vago, até porque um sujeito pode ter capacidade econômica ao possuir renda e patrimônio, mas não gozar de capacidade contributiva, pois essa mesma renda e patrimônio não são suficientes para o seu sustento e/ou de sua família. Não são, portanto, sinônimos, ao contrário, a capacidade contributiva seria, quando muito, a capacidade econômica gravável.[24]

Francesco Moschetti esclarece essa distinção entre capacidade econômica e capacidade contributiva ao afirmar que:

> [...] a capacidade econômica é apenas uma condição necessária para a existência da capacidade contributiva, sendo esta a capacidade econômica qualificada por um dever de solidariedade, orientado e caracterizado por um prevalente interesse coletivo, não se podendo considerar a riqueza do indivíduo separadamente das exigências coletivas. Assim, se, por exemplo, em face de uma exigência do desenvolvimento econômico conforme as normas e princípios da Constituição, determinada fonte de riqueza não deve ser gravada em determinada região durante certo período, falta a ela o elemento qualificante da capacidade contributiva: a aptidão para realizar o interesse público. Para realizar tal interesse, essa fonte não poder ser considerada manifestação de capacidade contributiva.[25]

Assim, compreender a capacidade contributiva como sinônimo de capacidade econômica é tentar atribuir aspectos metodicamente estabelecidos que viabilizem a conceituação da primeira (capacidade contributiva), isoladamente, a partir de critérios objetivos ou subjetivos. Isso, no entanto, importa num reducionismo desnecessário da amplitude conceitual do princípio.

Isso porque, enquanto a capacidade absoluta é uma verificação abstrata de fatos que importem na verificação de condições de adimplemento do dever de contribuir para os gastos públicos, a capacidade relativa exige que, num outro passo, seja verificada a condição econômica de cada sujeito/contribuinte. Todavia o primeiro conceito deixa a encargo do legislador toda a competência para definir, então, o que seriam signos tributáveis de riqueza, enquanto que, no segundo, apesar do olhar para o sujeito, tal ótica se dá de forma limitada à condição econômica do sujeito.

---

[24] COSTA, Regina Helena. *Princípio da Capacidade Contributiva*. 4. ed. atual., rev. e ampl. São Paulo: Malheiros Editores, 2012, p. 36.

[25] MOSCHETTI, Francesco (*Il Principio della Capacità Contributiva*. Padova: CEDAM, 1973) *apud* CONTI, José Maurício. *Princípios Tributário da Capacidade Contributiva e da Progressividade*. São Paulo: Dialética, 1997, p. 34/35.

Ou seja, não é pela separação de critérios (subjetivos e objetivos) que se poderá alcançar uma melhor conceituação para o princípio da capacidade contributiva. Para Alberto Xavier:

> Nem todas as situações da vida abstractamente suscetíveis de desencadear efeitos tributários podem, pois, ser designadas pelo legislador como factos tributáveis. Este encontra-se limitado na sua faculdade de seleção pela exigência de que a situação da vida a integrar na previsão da norma seja reveladora da capacidade contributiva, isto é, de capacidade econômica, de riqueza, cuja expressão sob qualquer forma se pretende submeter a tributo.
>
> Pode o legislador escolher livremente as manifestações de riqueza que repute relevantes para efeitos tributários, bem como delimitá-las por uma ou outra forma, mas sempre deverá proceder a essa escolha de entre as situações da vida reveladoras de capacidade contributiva e sempre a estas se há de referir na definição dos critérios de medida do tributo.[26]

O autor português revela, primeiro, a limitação da atuação puramente legislativa como único instrumento de efetividade do princípio da capacidade contributiva; segundo, a constatação de que não é qualquer capacidade econômica que poderá ser tributada, contudo apenas aquela que repute efeitos tributários, ou seja, que advenha de uma verificação das condições do próprio contribuinte.

A capacidade contributiva corresponderia ao resultado de uma análise, a partir dos critérios gerais e abstratos estabelecidos pelo legislador, das possibilidades do contribuinte ao cumprimento do dever de contribuir para os gastos públicos de forma não sacrificial. E isso afasta, portanto, a separação doutrinária proposta entre sujeito e objeto e, ao contrário, estabelece um critério unívoco ao conceito, revelando que a capacidade contributiva atua, em essência, como um limite da tributação.

A capacidade contributiva, assim, nesta perspectiva de univocidade, seria uma limitação à tributação a partir da verificação da possibilidade do contribuinte em concorrer para os gastos públicos, sem comprometimento de seu próprio sustento (mínimo vital), por conseguinte, obstando que a atividade tributária atinja um grau de confisco.

A eficácia do princípio, mesmo a partir de um conceito unívoco, pressupõe uma superação ao modelo liberal-dogmático do Direito

---

[26] XAVIER, Alberto. *Os princípios da Legalidade e da tipicidade da Tributação*. São Paulo: Revista dos Tribunais, 1978, p. 108.

Tributário porque, como assinalado por Alberto Xavier em citação anterior, o legislador não será capaz de definir todos os fatos da vida que correspondam a signos de riqueza. É fundamental, portanto, estabelecerem-se meios de que o princípio seja efetivamente aplicado, o que exige, portanto, uma ampliação do número de seus intérpretes, como proposto em tópico anterior, para que não só o legislador possa, enfim, atribuir o alcance e sentido do princípio.

Não se nega ser tarefa árdua a sujeição da capacidade contributiva a partir de outros âmbitos de atuação que não só o legislativo, mas o fato é que todo intérprete da legislação tributária, no momento de sua atuação, deve guardar consigo a atenção à eficácia normativa desse princípio.

Para tanto, deve se superar a premissa de que o princípio da capacidade contributiva se limitaria aos parâmetros definidos pelo arquétipo constitucional do princípio da igualdade. Há sem dúvida conteúdo do princípio da igualdade no princípio da capacidade contributiva, mas não é só isso.

Não basta dizer que se realiza justiça fiscal onerando quem manifeste maior capacidade contributiva e desonerando aquele com menor renda ou que não tenha condições de fazer frente às despesas necessárias a uma vida com dignidade.[27] A capacidade contributiva não é uma mera análise de capacidade econômica.[28]

Tem-se a título de exemplo a situação onde duas pessoas jurídicas, contribuintes de determinado imposto e que atuem no mesmo ramo de mercado, com as mesmas condições, tenham uma capacidade econômica distinta. Uma delas, por má gestão e por se tratar de uma estrutura administrativa familiar, como elevados gastos, não goza de capacidade econômica suficiente para arcar com os impostos; a outra, com administração profissional e controle de gastos não encontra dificuldades para o cumprimento de suas obrigações tributárias. É evidente que não há que se falar em aplicação do princípio da capacidade contributiva por critérios de desigualdade econômica nas empresas exemplificadas.

---

[27] GREGORIO, Argos. Eficácia e Alcance da Capacidade Contributiva. *Revista Tributária e de Finanças Públicas*, ano 17, n. 85, mar./abr. 2009.

[28] GRUPENMACHER, Betina Treiger. Interesse público, moralidade e capacidade contributiva. *Interesse Público*, n. 105, 2017.

A capacidade contributiva deve incidir sobre o fato[29] e todo fato tributável é caracterizado por dois requisitos: um formal (a tipicidade) e um material (a capacidade contributiva).[30] Diz-se que "[...] da correlação existente entre o princípio da capacidade contributiva e o princípio da igualdade advêm as limitações e proibições dirigidas tanto ao legislador quanto aos aplicadores da lei".

A capacidade contributiva não está apenas na disposição geral e abstrata atribuída pelo legislado na lei, deve estar presente também na interpretação e aplicação a ela dada pelo seu intérprete, destinatário final.

A univocidade da capacidade contributiva, enquanto princípio constitucional, vai além de limitações objetivas e subjetivas, mas, para a sua efetiva aplicação, repita-se, numa ótica de pluralidade de intérpretes, é fundamental que se estabeleçam critérios quantitativos e qualitativos de como a sujeição à capacidade contributiva irá limitar o poder de tributar.

Quantitativamente, a capacidade contributiva, enquanto princípio constitucional, associa-se a duas outras garantias também decorrentes de interpretação da Carta Magna, quais sejam: a vedação ao confisco e a salvaguarda do mínimo existencial.

O efeito confiscatório do tributo se dá exatamente quando os contribuintes são compelidos a contribuir com os gastos públicos, dessa maneira, sobrepondo-se às suas próprias possibilidades, encaminhando-os para um esgotamento de riquezas.[31] Isto é, a vedação ao confisco releva, assim, o critério quantitativo de sujeição da capacidade contributiva, pois é um "preceito dirigido ao intérprete e ao julgador, que, à vista das características da situação concreta, verificarão se um determinado tributo invade ou não o território do confisco".[32]

O intérprete, e, aí, entende-se um conjunto plural de pessoas (julgador, legislador, agente de fiscalização, etc.), no momento de quantificar o alcance do princípio da capacidade contributiva, deverá adotar como parâmetro a vedação ao confisco. Esse é o patamar máximo de limitação da capacidade contributiva.

---

[29] COSTA, Regina Helena. *Princípio da Capacidade Contributiva*. 4. ed. atual., rev. e amp. São Paulo: Malheiros Editores, 2012.

[30] GREGORIO, Argos. A harmonização da capacidade contributiva com os princípios formadores dos subsistema constitucional tributário brasileiro. *Revista Tributária e de Finanças Públicas*, ano 16, n. 79, mar./abr. 2008.

[31] CARRAZA, Roque Antônio. *Curso de Direito Constitucional Tributário*. 16. ed. São Paulo: Malheiros, 2001, p. 86.

[32] GREGORIO, Argos. Eficácia e Alcance da Capacidade Contributiva. *Revista Tributária e de Finanças Públicas*, ano 17, n. 85, p. 99, mar./abr. 2009.

Em ato contínuo, também, deverá ser verificada, como elemento quantitativo da capacidade contributiva, a garantia do mínimo existencial do contribuinte. Ou seja, "a tributação não pode incidir sobre o mínimo necessário à sobrevivência do cidadão e de sua família em condições compatíveis com a dignidade humana".[33] É, por sua vez, um patamar mínimo a ser quantificado na aplicação da capacidade contributiva.

Evidente que o alcance normativo de ambas as garantias ora citadas (vedação ao confisco e mínimo existencial) é também deveras complexo, mas o fato é que se revelam meios inegáveis de estabelecer limites máximos e mínimos que garantam uma efetiva e adequada aplicação do princípio da capacidade contributiva. São formas de se vedar o excesso no exercício da atividade tributária, o que importa, via de consequência, em aplicação ao princípio da capacidade contributiva.

Por sua vez, faz-se necessária a sujeição do princípio da capacidade contributiva a regras de proibição de desigualdade que correspondam, por seu turno, ao estabelecimento de critérios qualitativos para a efetivação do princípio. E isso passa tanto pela vedação à discriminação como pela proibição de privilégios odiosos, ou seja, por causas de proibição de desigualdades.[34]

Primeiro, não restam dúvidas de que a prática de condutas discriminatórias atentam não só contra o princípio da capacidade contributiva como, em perspectiva *lato sensu*, ao próprio princípio da igualdade e aos próprios direitos de liberdade.

As discriminações odiosas são tantas quanto forem os direitos humanos afetados e violados pelo exercício da tributação,[35] razão pela qual é proibida a discriminação em fins tributários, o que se revela em um elemento qualitativo de análise da capacidade contributiva.

Da mesma sorte, é vedado que sejam estabelecidos privilégios odiosos, ou seja, é inconstitucional a "[...] permissão, destituída de razoabilidade, para que alguém deixe de pagar os tributos que incidem

---

[33] TORRES, Ricardo Lobo. A legitimação da capacidade contributiva e dos direitos fundamentais do contribuinte. *In*: SCHOUERI, Luis Eduardo (Coord.). *Direito tributário*: homenagem a Alcides Jorge Costa. São Paulo: Quartier Latin, 2003, vol. 1, p. 436.

[34] GREGORIO, Argos. Eficácia e Alcance da Capacidade Contributiva. *Revista Tributária e de Finanças Públicas*, ano 17, n. 85, p. 110, mar./abr. 2009.

[35] TORRES, Ricardo Lobo. *Tratado de Direito Constitucional Financeiro e Tributário*. v. II: Valores e Princípios Constitucionais Tributários. Rio de Janeiro: Renovar, 2005, p. 80.

genericamente sobre todos os contribuintes ou receba, com alguns poucos, benefícios inextensíveis aos demais".[36]

A instituição e/ou exigência de tributos não pode se dar de modo a privilegiar determinados contribuintes de forma perniciosa e que não guarde qualquer critério de razoabilidade. Até porque, tal medida, importará numa discriminação ao(s) contribuinte(s) não favorecido(s) desse privilégio, que deverá(ão) arcar com a obrigação que foi exonerada ao privilegiado.[37][38]

Assim, o princípio da capacidade contributiva – construído a partir de critérios unívocos, ou seja, sem um afastamento entre seu sujeito-objeto – conta quantitativa (proibição de excesso) e qualitativamente (proibição de desigualdade) com instrumentos que lhe asseguram parâmetros para sua efetivação a fim de que represente e concretize valores sociais e sirva como vetor para soluções interpretativas do Direito Tributário.

Por essa razão que se infere que o princípio da capacidade contributiva não é apenas critério de aplicação da igualdade, mas princípio que deve ser adotado como vetor de atribuição de sentido ao próprio exercício da atividade tributante e que adota os critérios de igualdade como um de seus elementos de aferição (*in casu*, critério qualitativo), todavia não se resume a ele.

O princípio da capacidade contributiva, além da igualdade, busca outros critérios e objetiva essencialmente verificar as condições de viabilidade para que o Estado possa exigir parcela do patrimônio de determinado contribuinte somente após a verificação concreta de suas condições econômico-sociais, para, então, promover o pagamento

---

[36] TORRES, Ricardo Lobo. A legitimação da capacidade contributiva e dos direitos fundamentais do contribuinte. *In*: SCHOUERI, Luis Eduardo (Coord.). *Direito tributário*: homenagem a Alcides Jorge Costa. São Paulo: Quartier Latin, 2003, vol. 1, p. 438.

[37] MEDRANO, Humberto. Derechos humanos y tributación. *In*: *Revista de Direito Tributário*, São Paulo, n. 51, p. 167, jan./mar. 1990.

[38] Diz o autor que: [...] a igualdade perante a lei deve ser entendida, em sentido inverso, como o direito a não ser discriminado; é permite que se goze das mesmas atribuições e prerrogativas das demais pessoas; mas, por outro lado, implica da mesma forma na impossibilidade de excluírem-se ou marginalizarem-se os deveres que a lei impõe a todos. No direito tributário – onde as hipóteses de incidência tomam um fato com repercussão econômica – a igualdade pressupõe ser tributado com a mesma intensidade de todas as demais pessoas que se encontrem em idêntica situação. Tradução livre de "[...] la igualdad ante la ley debe entenderse, en el anverso, como el derecho a no ser discriminado; es decir a gozar de las mismas atribuciones y prerrogativas de las demás personas, pero ello, en el reverso, implica asimismo la imposibilidad jurídica de excluirse o marginarse de los deberes que la ley impone a todos. En materia de derecho tributario – donde la hipótesis de incidencia toma un dato el entorno económico – la igualdad supone estar gravado con la misma intensidad que todas las demás personas que se encuentran en idéntica situación".

de tributo. Isso, ressalta-se, vai além da mera verificação econômica abstrata do sujeito.

Busca-se, aqui, superar a mera adjetivação e classificação do conceito para, desse modo, atribuir-lhe sentido hermenêutico e, portanto, sua necessária eficácia normativa, o que pressupõe, pelo exposto, uma univocidade do princípio por meio de critérios de sujeição qualitativa e quantitativa atentos à realização de justiça social e fiscal. Portanto, é a atribuição de eficácia[39] (concretização) normativa ao princípio da capacidade contributiva, a partir de conceito unívoco, que revela sua autonomia no Direito Constitucional Tributário.

5 Considerações finais

O princípio da capacidade contributiva, em que pese seu déficit conceitual, é base significativa para o exercício da atividade tributária, ou seja, o pagamento dos tributos deve se dar a partir da verificação das condições do(s) respectivo(s) sujeito(s) passivo(s).

A falta de compreensão e a carência doutrinária no estudo do princípio dão-se a partir de sua construção dogmática e positivista, onde lhe é atribuído um caráter meramente programático desprovido de conteúdo normativo. Trata-se duma postura própria do Direito Tributário que ainda funda suas bases numa interpretação literal-gramatical e meramente legalista.

No entanto, viu-se que é necessário atribuir a indispensável eficácia normativa ao princípio, o que pode se dar, como proposto, a partir de sua conceituação unívoca indo limitações objetivas e subjetivas, mas, ao contrário, com a admissão de uma pluralidade de interpretes. A partir daí foram estabelecidos critérios quantitativos e qualitativos de como a sujeição à capacidade contributiva irá, enfim, exercer sua limitação e adequação ao poder de tributar, ou seja, para que a tributação não permita excessos e, nem mesmo, promova desigualdades.

A tributação, num paradigma próprio do Estado Democrático de Direito, deve ajustar-se à condições do contribuinte, sendo vedado, por

---

[39] Entende-se por eficácia a "possibilidade (no sentido de aptidão) de a norma vigente (juridicamente existente) ser aplicada aos casos concretos e de – na medida de sua aplicabilidade – gerar efeitos jurídicos, [...] pode ser considerada como englobando tanto a decisão pela efetiva aplicação da norma (juridicamente eficaz), quanto o resultado concreto decorrente – ou não – desta aplicação" (SARLET, Ingo Wolfgang. *A eficácia dos direitos fundamentais*: uma teoria geral dos direitos fundamentais na perspectiva constitucional. 10. ed. Porto Alegre: Livraria do Advogado, 2009).

outro lado, o estabelecimento de privilégios odiosos que destituam, desarrazoadamente, determinado sujeito da obrigação de pagar tributos.

Referências

BALEEIRO, Aliomar. *Limitações Constitucionais ao Poder de Tributar*. 8. ed. atual. por Mizabel Abreu Machado Derzi. Rio de Janeiro: Forense, 2010.

BORGES, José Ferreira. *Princípios de Syntelologia*. Impresso por Bingham, Londres, 1831.

CARRAZA, Roque Antônio. *Curso de Direito Constitucional Tributário*. 16 ed. São Paulo: Malheiros, 2001.

CAVALCANTI, Themístocles Brandão. *A Constituição Federal Comentada*. v. IV. Rio de Janeiro: José Konfino Editor, 1949.

COSTA, Regina Helena. *Princípio da Capacidade Contributiva*. 4. ed. at., rev. e amp. São Paulo: Malheiros Editores, 2012.

FARO, Júlio Pinheiro; GOMES, Marcelo Sant'Anna Vieira. Justiça Fiscal: Rawls, Capacidade Contributiva e o Mínimo Existencial. *Revista Tributária e de Finanças Públicas*, vol. 115, p. 29-46, mar./abr. 2014.

GIARDINA, Emilio. *Le Basi Teoriche del Principio della Capacità Contributiva*. Milano: A. Giuffrè Editore, 1961.

GREGORIO, Argos. A harmonização da capacidade contributiva com os princípios formadores do subsistema constitucional tributário brasileiro. *Revista Tributária e de Finanças Públicas*, ano 16, n. 79, mar./abr. 2008.

GREGORIO, Argos. Eficácia e Alcance da Capacidade Contributiva. *Revista Tributária e de Finanças Públicas*, ano 17, n. 85, mar./abr. 2009.

GRUPENMACHER, Betina Treiger. Interesse público, moralidade e capacidade contributiva. *Interesse Público*, n. 105, 2017.

HABERMAS, Jürgen. *Direito e Democracia*: entre a facticidade e validade. Rio de Janeiro: Tempo Universitário, 1997.

MEDRANO, Humberto. Derechos Humanos y Tributación. *In*: *Revista de Direito Tributário*, São Paulo, n. 51, jan./mar. 1990.

MOSCHETTI, Francesco. Il Principio della Capacità Contributiva. Padovam ed. CEDAM, 1973 *apud* CONTI, José Maurício. *Princípios Tributário da Capacidade Contributiva e da Progressividade*. São Paulo: Dialética, 1997.

MÜLLER, Friedrich. *Teoria Estruturante do Direito*. 2. ed. São Paulo: Revista dos Tribunais, 2009.

PEDRA, Adriano Sant'Ana. Mutação Constitucional e Teoria da Concretização. *In*: *Revista de Direito Constitucional e Internacional*, São Paulo, ano 19, n. 74, jan./mar. 2011.

PINTO FALCÃO, Alcino. *Constituição Anotada*. V. III. Rio de Janeiro, José Konfino Editor, 1957.

SARLET, Ingo Wolfgrang. *A eficácia dos direitos fundamentais*: uma teoria geral dos direitos fundamentais na perspectiva constitucional. 10. ed. Porto Alegre: Livraria do Advogado, 2009.

SEN, Amartya. *Desenvolvimento como Liberdade*. São Paulo: Companhia de Letras, 2010.

SMITH, Adam. *An inquiry into the nature and causes of the wealth of nations*. Pennsylvania: The Pennsylvania State University, 2005.

STRECK, Lenio. *Hermenêutica Jurídica e(m) Crise*: uma exploração hermenêutica da construção do Direito. 10. ed. Porto Alegre: Livraria do Advogado, 2011.

TORRES, Ricardo Lobo. A legitimação da capacidade contributiva e dos direitos fundamentais do contribuinte. *In*: SCHOUERI, Luis Eduardo (Coord.). *Direito tributário*: homenagem a Alcides Jorge Costa. São Paulo: Quartie Latin, 2003, vol. 1.

TORRES, Ricardo Lobo. *Tratado de Direito Constitucional Financeiro e Tributário*. v. II: Valores e Princípios Constitucionais Tributários. Rio de Janeiro: Renovar, 2005.

WOLKMER, Antônio C. *Pluralismo jurídico*: novo paradigma de legitimação. 2003. Disponível em: www.mundojuridico.adv.br, acesso em: 22 ago. 2012.

XAVIER, Alberto. *Os princípios da Legalidade e da tipicidade da Tributação*. São Paulo: Revista dos Tribunais, 1978.

YAMASHITA, Douglas; TIPKE, Klaus. *Justiça Fiscal e Princípio da Capacidade Contributiva*. São Paulo: Malheiros, 2002.

Informação bibliográfica deste texto, conforme a NBR 6023:2018 da Associação Brasileira de Normas Técnicas (ABNT):

MACHADO, Álvaro Augusto Lauff; SANTOS, Marcelo de Oliveira Fausto Figueiredo. Estudos sobre a eficácia do princípio da capacidade contributiva. *In*: SARAIVA FILHO, Oswaldo Othon de Pontes; SIQUEIRA, Julio Homem de; BEDÊ JÚNIOR, Américo; FABRIZ, Daury César; SIQUEIRA, Junio Graciano Homem de; CUNHA, Ricarlos Almagro Vitoriano (Coord.). *Limitações materiais ao poder de tributar*. Belo Horizonte: Fórum, 2022. p. 65-88. (Coleção Fórum Princípios Constitucionais Tributários - Tomo III) ISBN 978-65-5518-314-6.

PRINCIPIO DE CAPACIDAD CONTRIBUTIVA. UN ACERCAMIENTO DESDE EL DERECHO ITALIANO

PATRICI MASBERNAT

GLORIA RAMOS-FUENTES

1 Introducción[1]

En Chile, sólo se defienden los principios formales de la tributación (igualdad en sentido formal y principio de reserva de ley).[2] Por ello, se suele recurrir a la doctrina española, muy rica en principios de justicia tributaria, a diferencia de la italiana, en la cual el principio de justicia material por excelencia es el principio de capacidad contributiva.

En España, Collado & Moreno[3] expresan que los pilares sobre los que se levanta el instituto jurídico del tributo en el campo constitucional, son los principios materiales (o de justicia) de capacidad económica,

---

[1] Abreviaturas: SCC: Sentencia de la Corte Constitucional de Italia; C. Cos.: Corte Constitucional de Italia; Const. It.: Constitución Política de Italia.

[2] MASBERNAT, Patricio, "Un análisis crítico de la doctrina relativa a los principios materiales de la tributación en Chile" en; *Problemas actuales de Derecho tributario comparado. Una perspectiva de Iberoamérica*. Santiago. Librotecnia, pp. 433-474

[3] COLLADO, Miguel & Moreno, Saturnina, *Principios constitucionales del Derecho Tributario*, en Collado, M. A. (Dir.), Luchena, G. M. (Coord.), *Derecho Tributario. Parte general*, Madrid, Editorial Atelier, 2007.

de generalidad, de igualdad, de progresividad, de no confiscatoriedad, además del principio formal de legalidad o reserva de ley.[4] A estos, se agregan el criterio de eficiencia y economía en la programación y ejecución presupuestaria. Calvo agrega el principio de justicia tributaria, como principio global del sistema tributario.[5]

Albiñana[6] distingue el principio del beneficio (que se aplica primordialmente a la exacción de las tasas y de las contribuciones especiales, y se relaciona con la utilidad obtenida por el contribuyente y el gasto de la Administración), el principio de la capacidad económica (que es el soporte más valioso de la equidad en la distribución del impuesto), el principio de generalidad (conforme al mandato constitucional que indica que "todos tienen el deber de contribuir al mantenimiento de los gastos públicos"), el principio de igualdad, el principio de progresividad, el principio de justicia (formulado con los principios de igualdad, progresividad y capacidad económica), el principio de la solidaridad (entre todos los ciudadanos, sectores, territorios), el principio de la redistribución de la renta y del patrimonio, principios formales o de orden jurídico (de legalidad, de irretroactividad de las sanciones,[7] de seguridad jurídica, de no privación de la libertad, de control de la actividad administrativa, accesibilidad de la ley, etc.[8]). También hace referencia a principios de orden económico, que siempre deben considerarse en estas materias.

Entonces, el principio de capacidad contributiva o de capacidad económica, se encuentra en el campo de los principios constitucionales de carácter material del sistema tributario, también conocidos como principios de justicia tributaria.

A continuación, mostraremos una breve reseña de la doctrina italiana acerca de algunos aspectos del principio de capacidad contributiva.

---

[4] QUERALT, Martín y otros, *Curso de Derecho financiero y tributario*, 18ª edición, Madrid, Tecnos, 2007.

[5] CALVO, Rafael, *Curso de Derecho financiero y Derecho tributario. Parte general*, 10ª edición, Madrid, Thomson-Civitas, 2006. CALVO, Rafael, *¿Hay un principio de justicia tributaria?*, Cuadernos Civitas, Thomson Reuter/Editorial Aranzadi, Pamplona, 2012, (127 pp.)

[6] ALBIÑANA, César. *Sistema tributario español y comparado*, Madrid Tecnos, 1992, p. 65.

[7] FALCÓN Y TELLA, Ramón, "Retroactividad de las normas tributarias y devengo del impuesto", en *Quincena Fiscal Aranzadi*, 21, 1996.

[8] Se trata de principios formales de la tributación. RODRIGUEZ, Álvaro, "Los principios de la imposición en la jurisprudencia constitucional española", en *Civitas Revista Española de Derecho Financiero*, 100, 1998, p. 607.

2 Orígenes de las construcciones dogmáticas referidas a la capacidad contributiva.

En el Derecho Italiano, se entiende que no existe un poder abstracto del Estado, de mera fuerza y desprovisto de un valor de justicia, que obligue al contribuyente a concurrir a solventar los gastos públicos. Tampoco existe una mera relación conmutativa. El principal criterio de justicia tributaria,[9] el fundamento y legitimación del tributo se encuentra en el principio de capacidad contributiva[10] (definida como la aptitud para concurrir a los gastos públicos manifestada en virtud de la capacidad económica del obligado tributario[11]), que es el principal criterio de justicia tributaria, constitucionalmente consagrado, en el marco de una relación de Derecho Público entre el Estado y el contribuyente, constituyendo asimismo una garantía para este último.[12]

Sin embargo, ello no siempre fue así. Lo anterior fue fruto de una evolución que tuvo su origen en la doctrina, especialmente caracterizada por los causalistas (cuyo principal exponente fue Benvenuto Grizzioti) y los anticausalistas (corriente liderada por A.D. Gianinni), que buscan construir un marco jurídico a la relación entre el Estado y los contribuyentes, a través de una teoría fundamentada en la teoría iusprivatista (semejante a las obligaciones de Derecho Privado) que diferencia la simple extorsión o expoliación, del deber de contribuir en el marco de una sociedad civilizada.

Los causalistas persiguen concretar esta juridificación a través de la categoría de la causa como principal elemento de la relación, la que da cuenta de los beneficios o las ventajas directas e indirectas de que el contribuyente goza por el hecho de vivir en una comunidad. De ahí que se produce una bilateralidad de la obligación basada en la prestación dineraria del contribuyente y de los beneficios directos e indirectos recibidos por la comunidad, personificada en el Estado. Dentro de los causalistas, Jarach ve en la base de esa causa inmediata de

---

[9] MOSCHETTI, Francesco, "El principio de capacidad contributiva", en VV.AA, *La capacidad contributiva, presupuesto jurídico y fundamentos de la tributación* (conferencia Técnica del CIAT., Taormina, Italia, 2000) Madrid, Centro Interamericano de Administraciones Tributarias e Instituto de Estudios Fiscales, 2000, p. 243.

[10] FALSITTA, Gaspare, *Corso Istituzionale di Diritto Tributario*, 5ª edi., CEDAM, Milan, 2012, p. 78.

[11] MOSCHETTI, 2000, *op. cit.*, p.241.

[12] FALSITTA, *op. cit.*, p. 79.

la obligación tributaria, a la capacidad contributiva,[13] la que en Griziotti será sólo causa mediata.[14]

Por su parte, los anticausalistas intentan acentuar esquemas obligacionales puros a la relación entre contribuyente y fisco, de modo tal que de acuerdo a la ley el Estado goza de poder para exigir la prestación dineraria y el contribuyente se encuentra obligado a solventarla. Esta tesis claramente confunde causa de la obligación con fuente de la obligación.

En definitiva, las teorías indicadas nacen y se desarrollan en determinado contexto histórico jurídico, anterior a la vigencia de la Constitución de 1947 y el establecimiento de la Cacos, el cual precisamente controla que el legislador tributario se sujete a dicho parámetro sustantivo de la producción normativa. Éste exigirá que la norma impositiva se sustente en un hecho imponible que exprese un índice de idoneidad para la contribución, excluyéndose la posibilidad de que el legislador use otro parámetro. En tal sentido constituye un límite para la actuación del legislador.

Con la consagración constitucional del principio de capacidad contributiva en 1947, la doctrina comenzó a buscar un contenido jurídico en el marco de una dogmática tributaria. Desde una perspectiva de quienes se encuentran obligados a concurrir a la cobertura de los gastos públicos, Maffezonni señaló que el punto de contacto entre un individuo y el Estado es el disfrute de los servicios públicos.[15] Sin embargo, ello ha recibido críticas de diversos tipos: no es un requisito incorporado en el ordenamiento italiano; implica volver a la teoría de la causa; implica volver a una idea de tributo sustentada en la justicia conmutativa; desconoce el deber constitucional de solidaridad.[16]

Por otro lado, Gaffuri sostiene que la capacidad contributiva no es toda potencia económica, sino una de carácter cualificado, que

---

[13] JARACH, Dino, *El Hecho Imponible*, 3. ed., Abeledo Perrot, Buenos Aires, p. 93. La capacidad contributiva, como potencialidad del contribuyente atribuida por el legislador para aportar a los gastos públicos, se contiene en el hecho imponible, y tiene una naturaleza económica reflejada en índices o expresiones de dicha potencialidad (*idem*, p. 89).

[14] GRIZZIOTI, Benvenuto, *Reflessioni di Diritto internazionale, política, economia e finanza*, Pavia, Treves, 1936, p. 17-18.

[15] MAFFEZZONI, Federico, *Il principio de capacita contributiva nell diritto finnaziario*, UTET, Torino, 1970, p. 6.

[16] MANZONI, Ignacio, *Il principio della capacita contributiva nell'ordenamiento costituzionale italiano*, Giappichelli, Torino, 1965, p. 24; MARSAGLIA, Gianfranco, "Spunti in tema di capacitá contributiva", *Rivista di Diritto Finanziario e Scienza delle Finanze*, 1973, Parte Seconda, p. 14.

le permite al legislador establecer gravámenes sin afectar la fuente productiva, pues hay riqueza que no es expresión de capacidad contributiva.[17] Por ello, el legislador debe ser cuidadoso al establecer el presupuesto de hecho y la cuantía del tributo. Dicha postura también fue criticada, pues la norma constitucional establece un criterio de distribución de cargas públicas más que un límite al legislador que garantice la indemnidad de la propiedad.[18]

Para Moschetti, la capacidad contributiva cualifica la concurrencia a los gastos públicos, sobre la base de una potencia económica, bajo criterios de solidaridad, y en cuanto tal, excluye la idea de contraprestación.[19] Ello hace distinguir las prestaciones públicas a títulos conmutativo y distributivo. Esta postura, es criticable por que genera el problema de excluir algunos tipos de tributo del ámbito de este principio, por ejemplo, las tasas.

Junto a lo anterior, se presentó el problema relativo a la idoneidad real de los índices de la riqueza, susceptible de gravarse conforme al principio de capacidad contributiva. Frente a ello, se desarrolló el criterio de la normalidad de los casos, en el sentido de que si lo normal es que determinados hechos sean expresiones de potencia económica, la norma tributaria que los establece como base del tributo será constitucional.[20] Dicha perspectiva ha encontrado alternativa, siendo criticada porque la misma normalidad implica que pueden existir muchos casos en que no se de en la realidad, frente a lo que se ha propuesto un criterio fundada en la razonable y lógica presunción de correspondencia entre el presupuesto de hecho establecido en la norma legal y la capacidad contributiva.[21] Como puede observarse, el problema de ambos criterios es que pueden no superar una prueba relativa a la efectividad en el caso concreto.[22] De esta última afirmación ha derivado la idea de que no es constitucional la presunción de Derecho de la capacidad contributiva (SCC 41/1999). Por lo anterior, se desarrolló la idea del carácter personal de la capacidad contributiva, en el sentido de que no es suficiente que el legislador establezca hipótesis de hecho indiciarias de capacidad económica, pues dicha capacidad es una cualidad del sujeto pasivo o

---

[17] GAFFURI, Gianfrando, *La attitudine alla contribuzione*, Giuffre, Milano, 1969, p. 101.
[18] MAFFEZZONI, *op. cit.*, p. 44.
[19] MOSCHETTI, Francesco, *El Principio de Capacidad Contributiva, Ministerio de Hacienda.* Centro de Publicaciones, Instituto de Estudios Fiscales, Madrid, 1980, p. 143.
[20] GIARDINNA, Emilio, p. 444.
[21] MANZONI, *op. cit.*, p. 137.
[22] MOSCHETTI, p. 263

del obligado del impuesto, y se encuentra vinculada con éste, lo cual debe reconocer el legislador.[23]

Mitta ha advertido sobre las precauciones con que debe enfrentarse los criterios de logicidad o correspondencia con la experiencia común (normalidad) como sustrato de normas tributarias, especialmente de presunciones, sobre todo si no admiten efectiva prueba en contrario. Si conducen a consecuencias injustificadas, implicaría una aplicación inconstitucional de la norma y por ello, su inconstitucionalidad.[24]

Gallo[25] propone razonar sobre el principio de capacidad contributiva no desde la perspectiva garantística sino desde la óptica de la justicia distributiva. Para él, no es posible incorporar como criterio de capacidad contributiva, como criterio de fuerza o potencia económica, los elementos patrimoniales, susceptibles de cambiar al menos potencialmente por dinero. Ello dejaría en el mercado, y no en la Constitución, el poder para determinar los hechos imponibles. Con todo, la determinación no puede ser arbitraria, y encuentra sujeción en los límites de coherencia, lógica y racionalidad del sistema, y relevancia social del índice de capacidad contributiva. Gallo da como ejemplo una organización productiva o la titularidad de una actividad organizada, determinada según la disponibilidad de prestaciones y bienes económicamente evaluables correspondientes a la potencialidad productiva de la propia organización, con independencia de la existencia de renta, patrimonio o consumo. Dicha organización implica capacidad de coordinación, dirección y control de bienes económicamente evaluables, no siendo necesario que la actividad sea o no económicamente lucrativa. Esta concepción de capacidad contributiva "objetiva" estaría siendo asumida por la jurisprudencia constitucional, y se reflejaría en el impuesto catastral y de vehículos motorizados (SCC 145/1995).

3 Estructura normativa

La Constitución Italiana (Const.It., en adelante), del año 1947, en su art. 53, establece el principio de capacidad contributiva como aquel

---

[23] LA ROSA, Salvatore, *Eguaglianza tributaria ed esenzione fiscali*, A. Giuffrè, Catannia, 1968, p. 48.

[24] MITA, Enrico, *In principi di capacita contributiva, en Interesse Fiscale e Tutela del contribuente*, Milano, A. Giuffrè, 1991, p. 49.

[25] GALLO, Franco, "La capacidad contributiva y las razones de su inserción como principio constitucional positivo", en VV.AA, *La capacidad contributiva, presupuesto jurídico y fundamentos de la tributación* (conferencia Técnica del CIAT., Taormina, Italia, 2000) Madrid, CIAT e IEF, 2000, p. 25.

que de modo esencial ilumina el deber de concurrir a solventar los gastos públicos: "Tutti sono tenuti a concorrere alle spese pubbliche in ragione della loro capacità contributiva. Il sistema tributario è informato a criteri di progressività".

La norma expresa que debe existir una aptitud económica de la que nace para todos (con carácter general, universal, sin privilegios o discriminaciones[26]) el deber de contribuir. Todos quienes tengan capacidad económica se encuentran obligados y en razón de tal capacidad, graduado por la progresividad.

El poder de contribuir es parte del deber inderogable de solidaridad económica y social, que encuentra su sustento en los artículos 2º y 4º inciso 2º de la Const. It., de lo que es expresión el principio de progresividad, que complementa al principio de capacidad contributiva. Asimismo, el tributo encuentra las limitaciones a la libertad de empresa y a la propiedad, y en la función social de esta última, conforme a los artículos 41 y 42.2 Const. It.

El principio de capacidad contributiva, constituye un principio autónomo de otros, en particular, del principio de igualdad (contenido en el artículo 3 Const. It.), pues el Constituyente lo estableció como principio especifico de justicia tributaria adicional a los generales que modulan la producción normativa, como lo es el de igualdad.

Por cierto que el principio de capacidad contributiva puede usarse para comparar dos situaciones (*tertium comparationis*), pero sobre todo es un principio constitucional de justicia fiscal que opera en cada caso que se plantee el deber de contribuir. Otra interpretación, implica quitar toda vigencia al art. 53 Const. It.

La incorporación del principio de capacidad contributiva en la Constitución encuadra la discrecionalidad del legislador, en términos de que éste debe tener en cuenta ciertas limitaciones: el gravamen no puede exceder la capacidad contributiva; debe respetar mínimo personal y familiar; debe respetar la deducción de gastos de los ingresos brutos; etc.

En cuanto al objeto del principio de capacidad contributiva, este es múltiple, o referido a diferentes ámbitos. En primer término, tiene por objeto regular los aspectos sustanciales de la exacción tributaria: fijar los presupuestos, la base y el límite máximo del concurso a los gastos públicos, es decir, al presupuesto de hecho y los sujetos pasivos, la base imponible, la alícuota. Por otro lado, regula la aplicación del tributo,

---

[26] FALSITTA, *op.cit.*, p. 78.

y en tal perspectiva, todo el procedimiento de exigencia del tributo, sea en sede administrativa como judicial,[27] como se observa en la SCC 51/1992, N°3, que sostiene que las normas –en este caso reguladoras del secreto bancario- no pueden vulnerar los deberes de solidaridad, siendo el primero de ellos el de contribuir. También existen anteriores pronunciamientos, relativos a la aplicación legal de procedimientos de liquidación, lo que debe violar la norma constitucional (SCC 283/1987, especialmente fundamentos N°13-15, desestimatoria).

4 Capacidad contributiva frente a otros principios: igualdad tributaria; solidaridad; propiedad; legalidad

Como en todos los casos de interpretación y aplicación de la Constitución, debe considerarse de modo sistemático todos los elementos de dicho cuerpo normativo. Dentro de dicho esquema, hay normas más inmediatas y otras más mediatas, pero no por ello menos relevantes. En este acápite se hará referencia a los elementos más estrechamente vinculados al principio de capacidad contributiva, pero no por ello son los únicos.

3.1 Como se ha indicado, hoy existe una mayor comprensión del principio de capacidad contributiva como autónomo del de igualdad. Una interpretación distinta, es decir, que sostuviera que el primero constituye solo una expresión del segundo, seria anulatoria o derogatoria de la disposición constitucional que consagra el principio en estudio.[28] Fuera de las diferencias, hay una básica que ha sido permanentemente destacada, cual es que mientras el principio de igualdad rige para todo el ordenamiento jurídico, el de capacidad económica rige solo en el ámbito tributario. Además, el primero es más amplio mientras el segundo es más concreto. Por lo anterior, el primero justifica más los fines extrafiscales del tributo, que constituyen, por lo demás una atenuación –y se verá si una derogación-, del segundo.

Sin embargo, dicha autonomía ha sido discutida.

En efecto, ha existido una corriente doctrinaria y jurisprudencial que considera el principio de capacidad como especificación de la exigencia de igualdad. Dichas sentencias constitucionales consideraron a la capacidad contributiva como el parámetro de comparabilidad para

---

[27] FANTOZZI, Augusto, Diritto Tributario, Torino, UTET, T. II, 1998, p. 30.
[28] MOSCHETTI, art., p. 245.

evaluar el trato debido (igual o desigual) en un caso concreto (Sentencias 92/1963, 155/63, 120/1972, etc.).

Algunos han defendido una postura limitada de la igualdad, como no discriminación por razones individuales (de aquellas específicamente prohibidas por la Constitución), fuera de lo cual el legislador goza de un amplio margen de discrecionalidad.[29] Sin embargo, tan amplio margen de discrecionalidad del legislador implica vaciar de contenido al principio de igualdad, y dificulta o imposibilita el control constitucional de la ley en virtud de dicho principio.

Otra corriente ha sostenido que el límite o contenido sustancial a que el legislador debe sujetarse no se agota en el principio de igualdad, y que en materia tributaria existe un principio específico que debe usarse como criterio de distinción, cual es el de capacidad contributiva, salvo que se regule con fines extrafiscales.[30]

Por su parte, la jurisprudencia constitucional en un inicio defendió una concepción limitada de la igualdad vinculada a las discriminaciones en razones individuales, dejando amplio margen al legislador, con la sola limitación de no establecer leyes en beneficio o perjuicio de personas determinadas (SCC 3/1957; SCC 28/1957). En un segundo momento, la jurisprudencia constitucional se abrió a la posibilidad de controlar al legislador en razón del principio de igualdad más allá de los casos expresamente prohibidos por la Constitución (SCC 53/1958), incluida la capacidad contributiva, pero vinculada a la igualdad como medida de ella. La vinculación a ambos principios conduce a la máxima de que, a igual capacidad contributiva, iguales tributos (SCC 155/1963; SCC 120/1972). En un tercer momento, la jurisprudencia ha otorgado un mayor grado de autonomía al principio de capacidad contributiva, considerándolo un presupuesto de la legítima imposición (SCC 89/1966) o como idoneidad del sujeto a la obligación impositiva (SCC 178/1986; SCC 111/1997).

3.2 Parte de la doctrina ha vinculado al principio de capacidad contributiva preferentemente al deber de solidaridad económica y social establecido en el art. 2º constitucional,[31] por cuanto a diferencia del principio de igualdad en este caso no persigue eliminar diferencias de trato sino limitar la discrecionalidad del legislador en la determinación

---

[29] ESPOSITO, Carlos, La Costituzione Italiana, CEDAM, Padova, 1954, p. 60.

[30] MAFEZONI, *op. cit.*, p. 369 y ss.

[31] MOSCHETTI sostiene que el deber de solidaridad vincula al bien común la potencialidad de cada sujeto que forme parte de la comunidad; y que solidaridad y capacidad contributiva son dos aspectos de una misma realidad (MOSCHETTI, 2000, *op. cit.*, p. 242).

de los elementos del tributo y precisamente alcanzar un ideal de justicia distributiva.[32] El principio de progresividad, constituye un índice del carácter solidario del principio de capacidad contributiva, como forma expresión o aplicación o complemento del mismo.[33] Esto conduce al otro aspecto de la igualdad, diferente de la formal, cual es la igualdad sustancial (comprendida en el art. 3º inc. 2º constitucional), lo que a su vez conduce a permitir una discriminación legitima en favor de las personas con menos capacidad contributiva y más gravoso a quienes tengan más de ella.[34] Por lo anterior, la doctrina ha conceptuado el tributo como un deber de solidaridad, y en tal sentido la riqueza de los miembros de la comunidad no sólo expresan un derecho (de propiedad) sino también un deber para alcanzar los fines sociales o comunes. Esto no admite posiciones unilaterales, ya que la Constitución sostiene que dichos fines sociales deben realizarse con respeto a los derechos individuales. Esta tutela tanto del interés individual como colectivo es lo que se encuentra en el sustrato del deber a concurrir a las necesidades públicas conforme a la capacidad contributiva, lo que requiere tanto cumplir con requerimientos de generalidad, como excluir los eventos de elusión y evasión.[35]

3.3 Las hipótesis de elusión y cualquier fórmula que implique que un contribuyente no tribute de acuerdo a su potencia económica, constituye una violación del principio de capacidad contributiva e igualdad tributaria.

El problema se produce cuando la ley otorga espacios para dicha vulneración. Si bien hay que otorgarle la debida virtualidad, es a través de la ley (tributaria) como se debe concretar el principio de capacidad contributiva, de acuerdo al principio de reserva de ley consagrado en el art. 23 Const. It. En caso de que la interpretación de la ley arroje que dicha manifestación de riqueza carezca de norma para ser gravada, el vicio es la carencia de ley, que no previó hechos análogos a los grabados.[36]

---

[32] MICHELI, Gian Antonio, Uguaglianza di trattamento, capacità contributiva e presunzioni di legge, Giurisprudenza Costituzionale, 1996, p. 1460; MANZONI, *op. cit.*, p. 20; FEDELE, Andrea, In tema di costituzionalità degli articoli 20 e 21 legge registro, Rivista di diritto finanziario e scienza delle finanze, 1963, Fascicolo 2, p. 221. No obstante que ha existido una discusión sobre las preferencias, al día de hoy se entiende que de modo general la doctrina como la jurisprudencia vinculan la capacidad contributiva a la igualdad y a la solidaridad. FALSITTA, *op. cit.*, p. 78.

[33] FALSITTA, *op. cit.*, p. 79.

[34] FALSITTA, *op. cit.*, p. 80.

[35] MOSCHETTI, 2000, *op. cit.*, p. 254.

[36] MOSCHETTI, 2000, *op. cit.*, p. 250.

Una situación cercana a los supuestos de elusión, se produce con el uso de autonomía negocial para beneficiarse con exenciones de un modo no previsto en el diseño original de la ley. En este caso, la interpretación de la norma debe verificar si realmente existe un uso artificial de la disposición tributaria, que en este caso se prevé para un supuesto de ausencia efectiva (y no artificial) de capacidad contributiva, de acuerdo a la *ratio legis* contenida en la ley.[37] Una fórmula para enfrentar estos casos es mediante una interpretación conforme con la Constitución, sobre todo en caso de aplicación fraudulenta de normas. Otra fórmula está en la creación de clausulas generales antielusivas, que tornen ineficaz la elusión o le otorguen el mismo tratamiento que hechos gravados.

La conclusión no puede quedar limitada a estas reflexiones. En efecto, si bien la forma en que opera el principio de capacidad económica (e igualdad tributaria, y el deber de solidaridad) es mediante la ley, y que en virtud del principio de reserva de ley la autonomía contractual tiene espacio (existiendo efectivamente capacidad contributiva) respetando la ley tributaria para excluirse del pago de tributos o para beneficiarse en caso de que la ley deje al margen hipótesis de capacidades contributivas no gravadas o exclusiones de dicho gravamen mediante márgenes otorgados por la ley, dicha ley es inconstitucional.[38]

5 Función de la capacidad contributiva

Se sostiene usualmente que el principio de reserva legal constituye una importante garantía (formal) del ciudadano frente a la potestad tributaria. Pero para el constituyente italiano ello no era suficiente, por lo que decidió establecer otra garantía que vinculara al legislador a un determinado contenido de la ley tributaria. Es decir, una garantía de carácter sustancial o material. Para ello consagró el principio de capacidad contributiva, que garantiza que sólo se exija imposición sobre la potencia económica del ciudadano, y en razón de ella. De ahí que esta constituye un *presupuesto, parámetro y limite garantístico* de carácter cuantitativo de la exacción tributaria.[39]

---

[37] MOSCHETTI, 2000, *op. cit.*, p. 252.

[38] MOSCHETTI, 2000, *op. cit.*, p, 253.

[39] FALSITTA, *op. cit.*, p. 80.

Hay que hacer notar que la capacidad contributiva juega ese doble rol de deber de solidaridad y de garantía.[40]

La capacidad contributiva es soporte o fundamento de cualquier exacción patrimonial exigida por el Estado para concurrir a la cobertura de los gastos públicos. Al respecto la Cacos ha indicado que la exacción tributaria debe encontrar justificación en la existencia de un índice concreto revelador de la riqueza, de lo que pueda deducirse razonablemente la idoneidad subjetiva para enfrentar la obligación (SCC 120/1972; SCC 200/1976).

Por otro lado, es un límite frente a la potestad tributaria, es decir, limita y condiciona la discrecionalidad legislativa, pudiendo regular los elementos del tributo como más aconseje los fines públicos pero siempre dentro del marco constitucional. Existen límites cuantitativos y cualitativos.

Los *límites cuantitativos* se encuentran en un *piso*, cual es el respeto por la exención de un mínimo existencial personal y familiar. Éste no representa un mínimo vital o de supervivencia, sino un quantum necesario para llevar adelante una vida libre y digna, para el contribuyente y su familia.[41] En este punto, el legislador debe considerar las cargas personales y familiares que el contribuyente debe soportar para llevar a cabo una vida libre y digna. Ello es más prescriptivo aun cuando existen normas constitucionales que tutelan determinados bienes en beneficio de las personas, las que desde una perspectiva sistemática debe implicarse para efectos de la configuración jurídica de la capacidad contributiva (vida, salud, vejez e invalidez, estudio, trabajo, acceso a la propiedad, acceso a la empresa, movilidad, etc.).[42] Por otro lado, el *techo* o el máximo sujeto a imposición vienen dado por la no confiscatoriedad del tributo, por no agotar la fuente de la riqueza a través de los gravámenes, o por no constituir un obstáculo para la elección o desenvolvimiento de una actividad económica lícita.

Los *límites cualitativos* se encuentran en la calificación de riqueza susceptible de concurrir a solventar los gastos públicos, la que se determinará de acuerdo a valores constitucionales. El legislador no

---

[40] LUPI, Rafaello, Diritto Tributario, Parte Generale, 6ª ed., Giuffre Editore, Milano, 1999, p. 19. La SCC 200/1976 sostiene que: "... *il principio di capacità contributiva .... Risponde all'esigenza di garantire che ogni prelievo tributario abbia causa giustificatrice in indici concretamente rivelatori di ricchezza, dai quali si razionalmente deducibile l'idoneità soggettiva all'obbligazione d'imposta*".

[41] MOSCHETTI, 2000, *op. cit.*, 271.

[42] MOSCHETTI, 2000, *op. cit.*, 272.

es libre para determinar su contenido concreto, ya que ello implicaría una interpretación abrogatoria del mandato constitucional.[43] Por ello, la Cacos ha señalado que no puede fijarse una carga superior a la capacidad económica demostrada en el acto (SCC 89/1966), y en tal sentido constituye una medida máxima para la imposición.

La capacidad contributiva constituye un criterio autónomo de principio de igualdad (contiene elementos diferentes y particulares en relación a éste), y que sirve para evaluar cualquier concurso a los gastos públicos. Ahora, como la función de la capacidad contributiva es el de determinar la idoneidad del sujeto para enfrentar su concurso a los gastos públicos, reflejaría su potencialidad general o global. Por esto se señala que cierne su influencia sobre el sistema tributario, en su conjunto. Sin embargo, como no existe un *índice de riqueza* que mida de modo global dicha capacidad, deben usarse varios índices para recoger, sin lagunas, toda dicha potencialidad.[44] Si ello no sucede, no se cumpliría el mandato establecido en el art. 53 de la Const. It. Dicho índices de riqueza estarían constituidos por las rentas, el gasto (consumo) y el patrimonio, todos estimados en su globalidad (SCC 111/1997, referido al patrimonio como índice de capacidad contributiva); y los incrementos de patrimonio por otras causas (sucesiones, donaciones, premios, etc.) y los incrementos de valor del patrimonio.

El problema es lo que sucede con otros índices de riqueza, que escapan tanto de las enumeraciones como de las clausulas generales, y que permiten que o no se concrete o se viole el principio constitucional en análisis.

Ahora, se viola el principio cuando se someten a gravamen hechos que no reflejan capacidades contributivas (este peligro puede estar presente en la tributación con fines extrafiscales). Para Moschetti,[45] estas violaciones se producen en casos como los siguientes, muchos de los cuales no solo no hay ausencia de capacidad económica sino que claramente ausencia de toda disponibilidad económica: gravámenes que se aplican a personas jurídicas o naturales sólo en cuanto tales o por realizar una función o tener determinada calidad; impuesto a uso de documentos; registro de inmuebles e hipotecas y gravámenes; cumplimiento de actos jurídicos; impuestos a títulos de crédito; registro de sentencias y resoluciones judiciales, decretos ejecutorios; etc. La Cacos

---

[43] MOSCHETTI, 2000, *op. cit.*, p. 247.
[44] MANZONI, *op. cit.*, p.110.
[45] MOSCHETTI, 2000, *op. cit.*, p. 266.

ha resuelto sobre determinados casos: gravámenes sobre acciones de propaganda ideológica (SCC 131/1973 y SCC 89/1979); infracciones cometidas por el contribuyente (SCC 103/1967, en razón de una multa por falta de declaración, vinculada a un porcentaje del capital empresarial); supuestas ventajas derivadas del retraso en el pago de impuestos (SCC 155/1963, SCC 219/1976, SCC 155/1963 y SCC 219/1976); cuota de indemnización derivada de finiquito de trabajador (SCC 178/1986, SCC 178/1986); etc. También se viola el principio cuando existe un gravamen múltiple sobre una misma expresión de potencialidad económica. Esto podría encontrar una excepción en el caso de capacidades económicas de tal envergadura que un tributo no dé cuenta del deber de solidaridad a que dicha riqueza debe estar sujeta (SCC 42/1980, SCC 42/1980).

Además de influir en el sistema tributario en su conjunto, corresponde la aplicación del principio de capacidad contributiva respecto de cada tributo en particular, desde una *doble perspectiva: sustancial y procedimental*. En el aspecto sustancial, provoca que el gravamen responda a criterios personales. De ello surge la necesidad de no someter a tributación a expresiones de riqueza mínima. Cada impuesto en particular debe respetar un mínimo existencial (y no sólo globalmente). Además deben efectuarse diversas matizaciones. El impuesto indirecto que no discrimine respecto de los consumos esenciales para las personas, violaría el principio de capacidad contributiva. También vulnera este principio, las leyes que, con fines de evitar elusiones o evasiones, fijan normas de cálculos generales, abstractos y objetivos de rendimientos o rentas de actividades económicas desarrolladas por contribuyentes, sin considerar la potencia económica concreta del obligado tributario, por cuanto la ley evade la reconstrucción de su realidad individual efectiva. La aplicación de medidas abstractas y generales provoca, por un lado que quienes tengan menos capacidad tributen más (se viola la función garantística del principio), y quienes tengan más capacidad tributen menos (se viola en su función de solidaridad y redistribución). También la existencia de beneficios tributarios, exenciones y regímenes más favorables que no digan relación a la capacidad contributiva, violan este principio y, por tanto, son inconstitucionales.[46]

6 Contenido del principio de capacidad contributiva

El principio de capacidad contributiva no constituye una norma programática, sino que es aplicable tal como las demás normas

---

[46] MOSCHETTI, 2000, *op. cit.*, pp. 271-272.

constitucionales (SCC 1/1956), por lo que contiene un criterio de justicia preceptivo y vinculante para el ámbito de la tributación (SCC 120/1978).

Por otro lado, se ha discutido si debe constituir un criterio aplicable al sistema tributario en su conjunto, o a cada tributo en particular. El art. 53 inciso 1º (capacidad contributiva) se referiría a cada tributo y la norma parece establecerlo en términos absolutos, siempre debe tenerse en cuenta; el art. 53 inc. 2º, la progresividad, se referiría al sistema tributario, y ella constituiría un criterio a aplicar en ciertos casos pero no en todos.

Dos décadas luego de la consagración constitucional, los estudios de la doctrina concluían que el principio del art. 53 inc. 1º constitucional implicaba un límite a la carga tributaria aplicable por el legislador al contribuyente, y que en cuanto tal estaba constituido por el resultado de una valoración constitucional (de acuerdo a directrices y valores constitucionales) de la capacidad económica general del sujeto (SCC 42/1980).[47]

De ello, que es posible conceptuar el principio de capacidad contributiva como la capacidad económica[48] (superior a un cierto umbral mínimo) considerada idónea para concurrir a los gastos públicos a la luz de los principios constitucionales;[49] o considerada idónea para realizar en el campo económico y social las exigencias colectivas reconocidas en la Constitución.[50]

Moschetti[51] sintetiza el contenido de la capacidad contributiva como sigue: (a) Se trata de un principio de justicia tributaria; (b) Se distingue de la igualdad tributaria y de los cánones formales de racionalidad, logicidad y coherencia; (c) Debe considerarse como condición necesaria, pero no suficiente, la capacidad económica del sujeto

---

[47] En esta sentencia se sostiene que la renta del trabajo refleja menor capacidad contributiva que la renta patrimonial. Otro ejemplo jurisprudencial, es la declaración de inconstitucionalidad de la acumulación de renta de cónyuges en razón de valores establecidos en la Constitución (SCC, 15 de julio de 1976).

[48] La distinción entre capacidad económica y contributiva también ha sido sostenida por la C. Cost.: SCC 97/1968 sostuvo que no cualquier percepción de renta implica existencia de capacidad contributiva; y la SCC 42/1980, que la capacidad contributiva de una renta patrimonial es mayor que una renta del trabajo, aunque ambas sean de igual suma.

[49] GAFFURI, *op. cit.*, p. 94. La capacidad contributiva está representada por la potencia económico que supone el incremento del valor de la fuerza productiva y no dicha fuerza productiva (*op. cit.*, p. 155).

[50] MOSCHETTI, 2000, *op. cit.*, p. 259. La jurisprudencia constitucional ha visto en la capacidad contributiva la idoneidad de un sujeto a efectuar una prestación exigida coactivamente, y que es deducida de la existencia de un presupuesto económico relativo. SCC 201/1975; 62/1977; 178/1986; 400/1987; 465/1987; 373/1988.

[51] MOSCHETTI, 2000, *op. cit.*, p. 260.

obligado al tributo; (d) Implica el respeto a un mínimo existencial, lo excluye, y debe ser una capacidad idónea para cumplir la obligación de concurrir a la cobertura de los gastos públicos de acuerdo a los valores constitucionales; (e) Frente a iguales potencias económicas, pueden darse diferentes capacidades contributivas, de acuerdo la calificación constitucional que se efectúe de la capacidad económica.

También se ha sostenido que la capacidad contributiva de un sujeto "es su fuerza económica, calificada tanto desde un punto de vista cuantitativo como cualitativo, expresión (sobre todo) de la renta que él posee", de lo que resulta "necesario individualizar los requisitos esenciales de esa 'aptitud' físicamente apreciable".[52]

Cabe señalar que el deber de contribuir, como deber de solidaridad y sobre la base de la igualdad material que persigue la Constitución, deriva de la capacidad contributiva y por ello prescinde de cuanto el ciudadano recibe en términos de servicios públicos, divisibles o indivisibles[53] (ello no obsta al debate existente acerca del carácter de las tasas, como realidad heterogénea, y su vinculo, en consideración a dicha heterogeneidad, con la capacidad contributiva y el resto de principios constitucionales concurrentes en cada caso particular).[54]

7 Características de la capacidad contributiva

Como se ha señalado, la capacidad contributiva constituye una evaluación jurídica (constitucional, y sobre ella, legal) de la capacidad económica del sujeto obligado tributario a concurrir a los gastos públicos. Para que una persona se vea efectivamente obligada, su capacidad económica (como expresión de riqueza), así evaluada, debe tener caracteres de idoneidad (potencia, fuerza) para efectuar la exigencia constitucional que todos los miembros tienen en el ámbito económico y social. Ello se mide a través de índices de riqueza, tales como la renta, el consumo, el patrimonio, una inversión, un acto jurídico valorable, etc.[55]

La doctrina italiana plantea que la capacidad contributiva debe respetar la exención del mínimo vital (que permiten la sustentación del

---

[52] TOSI, Loris, "Efectividad, aspectos subjetivos y objetivos de la capacidad contributiva", en VV.AA, *La capacidad contributiva, presupuesto jurídico y fundamentos de la tributación* (conferencia Técnica del CIAT., Taormina, Italia, 2000) Madrid, CIAT e Instituto de Estudios Fiscales, 2000), p. 284.

[53] LUPI, *op. cit.*, 22.

[54] LUPI, *op. cit.*, 44.

[55] LUPI, *op. cit.*, 22.

contribuyente y su familia), y ser personal o individualizada (de acuerdo a las características individuales del sujeto), actual (no potencial), efectiva (no ficticia o nominal).

La exigencia de *personalización* del tributo derivada del principio en análisis (en cuanto cada uno está obligado a contribuir de acuerdo a su propia e individual capacidad), conduce a la necesidad de medir la idoneidad de contribuir de cada contribuyente en particular, debiendo excluirse la aplicación de categorías abstractas y generales de "sujetos-tipo", ya que no existe una capacidad contributiva general.[56]

De lo anterior es que la capacidad contributiva es la capacidad económica que tiene el contribuyente para poder concurrir a cubrir los gastos público, por sobre los montos necesarios y mínimos para sobrevivir y bajo los niveles en que el tributo pudiera llegar a ser confiscatorio.[57] De ahí de que constituye un *presupuesto, parámetro y limite garantístico* de carácter cuantitativo de la exacción tributaria.[58]

La exención del mínimo vital, que permiten la sustentación del contribuyente y su familia, es lo que se ha denominado como *idoneidad subjetiva*[59] y, por cierto, se trata de un concepto variable en tiempo y lugar. La capacidad, como *idoneidad objetiva* para contribuir, exige que se trate de una capacidad *actual y efectiva*.

Que sea *actual* prohíbe que se imponga gravámenes de modo retroactivo sobre una riqueza pasada.[60] El tributo debe gravar un hecho imponible que refleje una capacidad económica existente en un periodo relacionado en el tiempo, no desvinculado, se requiere una coincidencia temporal entre el momento de la imposición y aquel en que se perfecciona el hecho imponible (devengo), sin producirse desfase temporal sea hacia adelante o hacia atrás, es decir, cuando la ley tributaria grava una riqueza que ya no existe o que aún no existe (SCC 44/1996, que exigió una presunción racional en el enlace temporal entre la exigencia impositiva y la riqueza en la esfera patrimonial del contribuyente).

Por su parte, las normas sancionadoras y las de carácter procesal tienen su propio régimen de vigencia.[61] Esto se vincula también con las obligaciones a cuenta de futuros impuestos, ya que el principio de capacidad contributiva exige un método racional para calcular sus

---

[56] MOSCHETTI, 2000, *op. cit.*, p. 256.
[57] MANZONI, *op. cit.*, p. 74.
[58] FALSITTA, *op. cit.*, p. 80.
[59] FALSITTA, *op. cit.*, p. 81.
[60] LA ROSA, 2005, *op. cit.*, p. 13.
[61] TOSI, *op. cit.*, p. 315-316.

montos; dar la posibilidad al contribuyente de presentar prueba en contrario acerca de las rentas que se le presumen; y con la posibilidad de devolverlas reajustada (al valor del dinero) sin mayor onerosidad para el contribuyente en el caso de que la cuota del tributo que en definitiva le corresponda sea menor a los pagos ya efectuados, es decir, que tengan un efectivo carácter provisional.[62]

Que se exija que se trate de riqueza *efectiva o cierta*, exige que se graven las rentas netas (SCC 69/1965) y prohíbe que se imponga tributos sobre expresiones de riqueza lejana, ficticia, posible, presumible, supuesta o nominal (SCC 200/1976; 109/1967).[63] Lo relevante en este punto es que este requisito incide tanto en los elementos esenciales y definidores del tributo y en los métodos de estimación y de recaudación.[64]

Respecto del primer aspecto, hay que considerar que tanto las presunciones, ficciones, índices, coeficientes, módulos, estimaciones objetivas de la base imponible o, en general, el establecimientos de mecanismos de cálculo no basado en datos reales, si bien encuentran su justificación en razones fiscales (evitar la evasión; facilitar la recaudación; descargar trabajo a la administración), deben siempre basarse en índices reveladores de riqueza y fundarse en criterios de racionalidad, verosimilitud, razonabilidad, normalidad de los hechos, etc. Cabe hacer notar que estos mecanismos se pueden encontrar en los diferentes elementos del tributo (estimación de la renta o de alguno de sus componentes, de los gastos o elementos negativos de la renta o de la cuota).[65] Por otro lado, debe tratarse de presunciones que admitan prueba en contrario (ya que el deber de contribuir se fundamenta en la personal y efectiva capacidad contributiva), y dicha prueba debe ser factible de obtenerse y aportarse, no puede limitarse en términos que se haga imposible o muy difícil aportarla (SCC 28/1987; 283/1987). La sobrecarga de deberes formales que limiten la producción de prueba también puede afectar este principio (anotaciones, inscripciones, forma escrita, medios fehacientes, oportunidad de actuaciones del contribuyente, necesidad de alegarlo, etc.).[66] Esto presenta un problema a las presunciones legales,

---

[62] TOSI, *op. cit.*, p. 320.

[63] No cabe presunciones de riqueza no efectiva sobre la base de la vida en común en el matrimonio (SCC 179/1976) ni presumir que las rentas del trabajo autónomo se equiparasen a las de una empresa (SCC 142/1980). En ambos casos, se establecía una base ficticia mediante presunciones.

[64] TOSI, *op. cit.*, p. 288.

[65] TOSI, *op. cit.*, p. 289.

[66] TOSI, *op. cit.*, 295.

las que se encontrarían dentro de la Constitución en la medida de que permitieran la prueba en contra de parte del contribuyente, y que dicha prueba fuera posible, en los hechos.[67] Debe considerarse siempre el hecho de que los mecanismos de cálculo del tributo no basados en datos reales, tanto pueden perjudicar a algunos contribuyentes como beneficiar a otros (produciéndose un fenómeno de condonación del tributo, que se ha dado en llamar "condonación impropia"[68]). En ambos casos, los contribuyentes no concurrirán a solventar los gastos públicos de acuerdo a su capacidad contributiva (personal, actual y efectiva). En el esquema del Derecho Italiano, las leyes que generen estos efectos serán inconstitucionales en ambas situaciones.

El otro aspecto lo constituye el procedimiento de control de las obligaciones tributarias, ya que puede implicar la aplicación de las presunciones y ficciones con resultados de carga tributaria de un modo distante a la efectiva capacidad contributiva del contribuyente. De ser más gravosa, se produce un evento denominado "sanción impropia".[69]

El sistema tributario debe lograr determinar de modo *representativo la capacidad contributiva global del contribuyente*, lo que el legislador logrará a través de la fijación de diversos tributos que graven las diferentes representaciones de riqueza, de modo de lograr alcanzar la verdadera aptitud económica del sujeto obligado. Ello exige determinar el hecho, la base imponible y la alícuota. Por lo anterior se sostiene que es el sistema tributario el que debe sujetarse al principio de capacidad económica, no obstante lo cual cada tributo debe respetarlo. Esto conduce a la distinción entre *capacidad contributiva absoluta y relativa* (implicada en la base imponible), global y sectorial (referida a un determinado índice de capacidad reflejado en cada presupuesto de hecho concreto, lo que se ha puesto de relieve desde hace tiempo en la jurisprudencia constitucional (SCC 45/1965, 50/1965, 89/1966). De este modo, puede señalarse que el legislador, debe necesariamente establecer tributos sobre la base de la existencia de un índice de potencia económica real, efectivo, actual. Ello resulta necesario, aun en los casos en que el legislador instituya tributos con fines extrafiscales, lo que revisaremos a continuación.

---

[67] FALSITTA, *op. cit.*, p. 86.

[68] PASSARO, G., Condono nel diritto tributario, in Digesto (disc. priv.), sez. comm., Vol. III, 1988, pp. 383 y ss.

[69] COPPA D. e SAMMARTINO, S., "Sanzioni tributarie", in *Enciclopedia Del Diritto*, 1987, p. 425.

8 La extrafiscalidad y la capacidad contributiva

La tributación constituye para el Estado una importante herramienta de conformación política, social y económica de la comunidad. En materia económica, específicamente, se usa como método para incentivar o desincentivar determinadas actividades, hábitos (ahorro), sectores económicos o territorios, acciones (lucha contra desempleo), etc. La extrafiscalidad se refiere a los casos en que el tributo se orienta a fines no recaudatorios, es decir, a lograr objetivos de política económica o social.[70] Dicha tributación con fines extrafiscales puede adoptar diversas formas y modalidades a veces difíciles de determinar (exención, exclusión, detracción, imposición sustitutiva, crédito contra el impuesto, posibilidad de inclusión como gasto, etc.). Si bien pueden modular los principios tributarios, no pueden violar los principios de capacidad económica, no confiscatoriedad o igualdad tributaria.[71] Deben fundamentarse en otros principios de rango constitucional, y responder a una exigencia de carácter general, sujeta al principio de racionalidad y nunca puede ser arbitraria.[72]

El punto se encuentra en que un principio constitucional, en este caso, el de capacidad contributiva, modulado y entendido de modo sistemático como se ha indicado, en relación otras disposiciones constitucionales, no puede ser derogado por una ley que establezca beneficios, exenciones o regímenes especiales. En tal caso, se trataría de una ley inconstitucional. Por otro lado, se encuentra amparada constitucionalmente la diferenciación tributaria en razón del principio de capacidad contributiva, modulada por los demás valores, principios y directrices constitucionales (amplios como el referido a la solidaridad, o específicos que tutelan determinados bienes), a efectos que, dentro de la regulación tributaria y en consideración al principio, se module en beneficio de la protección de zonas o sectores deprimidos, afectadas por catástrofes, actividades poco rentables, el ejercicio de los derechos sociales, etc. De este modo, nuestro principio puede "cualificar la aptitud económica indicando una capacidad contributiva distinta" frente a iguales expresiones de riqueza.[73] En sentido inverso, el principio de capacidad contributiva permite que se grave de modo más acentuada las expresiones de potencia económica mayor, por ejemplo, el consumo

---

[70] LA ROSA, Salvatore, Principi di Diritto Tributario, Giappichelli Ed., Torino, 2005, p. 25.
[71] FALSITTA, *op. cit.*, p. 90.
[72] LA ROSA, 2005, *op. cit.*, p. 26.
[73] MOSCHETTI, 2000, *op. cit.*, p. 276 y 277.

de bienes superfluos, o las actividades que produzcan daño a otros bienes constitucionalmente tutelados (medio ambiente).

En una síntesis, las condiciones básicas de la aplicación extrafiscal del tributo: (a) No puede gravarse mediante figuras extrafiscales hechos no indicativos de capacidad contributiva; (b) Para legitimarlo, no basta cualquier interés elegido discrecionalmente por el legislador, sino que debe considerarse el principio de capacidad contributiva en una interpretación sistemática con los demás valores, principios y reglas constitucionales; (c) Deben ser respetados los principios constitucionales de aquellos que pudieren verse afectados por la medida.[74]

9 Vulneración de criterios de reparto conforme a la capacidad contributiva por otros medios diferentes a la determinación del hecho imponible

Existe jurisprudencia constitucional, además del acuerdo de la doctrina, en orden a que todo el sistema tributario debe ajustarse a principios de justicia tributaria.[75] De este modo, el control de las obligaciones tributarias para evitar la erosión de las bases imponibles, por los mecanismos que sean (privilegios del fisco, mecanismos de control de cumplimiento, mecanismos de procedimientos administrativos o judiciales, etc.), no deben implicar una alteración de los criterios de reparto de la carga tributaria conforme a los principios constitucionales, en particular, la capacidad contributiva.[76]

Lo mismo sucede con los mecanismos de declaración y reliquidación o corrección (los que deben permitirse en un contexto de buena fe); la liquidación (que no puede prescindir de la documentación fehaciente del contribuyente); liquidación o determinación de rendimientos mediante aplicación de procedimientos de autoridad no probadas sino basado en criterios abstractos y generales; el uso de presunciones legales en general en el ámbito tributario con prueba en contrario difícil de aportar; presunciones absolutas de ingresos o rentas (SCC 41/1999); el pago del impuesto (su obstaculización es violatoria del principio); rembolso de los pagos en exceso; transacción sobre obligaciones tributarias; descuentos, renuncia o condonación de obligaciones tributarias; operatoria de clausulas antielusivas; mecanismos de responsabilidad

---

[74] MOSCHETTI, 2000, *op. cit.*, p. 279.

[75] MOSCHETTI, 2000, *op. cit.*, p. 249.

[76] FALSITTA, *op. cit.*, p. 89.

de terceros o traslación económica; extensión de la subjetividad pasiva del tributo, etc.[77] Otro tanto se produce con las vulneraciones a la tutela judicial efectiva y al debido proceso, las limitaciones a los medios de prueba, el entorpecimiento para su presentación, la dilación en los procedimientos; la exclusión de la potestad autoanulatoria de los actos administrativos ilegítimos; etc.

Conclusiones

El presente trabajo ha tenido por objeto bosquejar el contenido, estructura y desarrollo del principio de capacidad contributiva en Italia, país en el cual encuentra un enorme desarrollo doctrinario y jurisprudencial. En tales términos, llama la atención que el principio de capacidad económica en Italia se construye de modo analítico, cubriendo el enorme y complejo campo de la relación entre el Estado y el contribuyente. En España, sucede algo muy distinto, puesto que la construcción de los principios materiales tributarios es mucho más sistemática, en un esfuerzo doctrinal de perfilar y delimitar cada principio específico de modo preciso y dentro de determinados límites, otorgándole menores horizontes en cuanto a sus efectos.[78] Lo interesante de la versión italiana es que, aún siendo un acercamiento muy analítico, representa de mejor manera una visión más global y comprensiva de la idea de justicia tributaria en el sistema jurídico, se difumina en todo éste.

Referencias

ALBIÑANA, César. *Sistema tributario español y comparado*, Madrid: Tecnos, 1992

CALVO, Rafael, *Curso de Derecho financiero y Derecho tributario. Parte general*, 10ª edición, Madrid, Thomson-Civitas, 2006.

CALVO, Rafael, *¿Hay un principio de justicia tributaria?*, Cuadernos Civitas, Thomson Reuter/Editorial Aranzadi, Pamplona, 2012.

COLLADO, Miguel & MORENO, Saturnina, *Derecho Tributario. Parte general*, Madrid, Editorial Atelier, 2007.

COPPA D. e SAMMARTINO, S., "Sanzioni tributarie", in *Enciclopedia Del Diritto*, 1987.

ESPOSITO, Carlos, La Costituzione Italiana, CEDAM, Padova, 1954.

---

[77] FALSITTA, *op. cit.*, p. 78 y ss.

[78] MASBERNAT, Patricio. Reglas y principios de justicia tributaria: aportes del derecho español al derecho comparado. *Revista de Derecho UCN*, 2013, vol. 20, n. 1, p. 155-191.

FALCÓN Y TELLA, Ramón, "Retroactividad de las normas tributarias y devengo del impuesto", en *Quincena Fiscal Aranzadi*, 21, 1996.

FALSITTA, Gaspare, Corso Istituzionale di Diritto Tributario, 5ª edi., CEDAM, Milan, 2012.

FANTOZZI, Augusto, Diritto Tributario, Torino, UTET, T. II, 1998.

FEDELE, Andrea, In tema di costituzionalità degli articoli 20 e 21 legge registro, Rivista di diritto finanziario e scienza delle finanze, 1963, Fascicolo 2.

GAFFURI, Gianfrando, *La attitudine alla contribuzione*, Giuffre, Milano, 1969, p. 101.

GALLO, Franco, "La capacidad contributiva y las razones de su inserción como principio constitucional positivo", en VV.AA, *La capacidad contributiva, presupuesto jurídico y fundamentos de la tributación* (Taormina, Italia, 2000) Madrid, CIAT e IEF, 2000, p. 25.

GRIZZIOTI, Benvenuto, *Reflessioni di Diritto internazionale, politica, economia e finanza*, Pavia, Treves, 1936.

JARACH, Dino, *El Hecho Imponible*, 3. ed., Abeledo Perrot, Buenos Aires.

LA ROSA, Salvatore, *Eguaglianza tribiutaria ed esenzione fiscali*, Giuffrè, Catannia, 1968.

LA ROSA, Salvatore, Principi di Diritto Tributario, Giappichelli Ed., Torino, 2005, p. 25.

LUPI, Rafaello, Diritto Tributario, Parte Generale, 6ª ed., Giuffre Editore, Milano, 1999.

MAFFEZZONI, Federico, *Il principio de capacita contributiva nell diritto finnaziario*, UTET, Torino, 1970.

MANZONI, Ignacio, *Il principio della capacita contributiva nell'ordenamiento costituzionale* italiano, Giappichelli, Torino, 1965, p. 24.

MARSAGLIA, Gianfranco, "Spunti in tema di capacitá contributiva", *Rivista di Diritto Finanziario e Scienza delle Finanze*, 1973, Parte Seconda, p. 14.

MASBERNAT, Patricio, "Un análisis crítico de la doctrina relativa a los principios materiales de la tributación en Chile" en; *Problemas actuales de Derecho tributario comparado. Una perspectiva de Iberoamérica*. Santiago. Librotecnia, p. 433-474.

MASBERNAT, Patricio, "Reglas y principios de justicia tributaria: aportes del derecho español al derecho comparado", *RDUCN*, vol. 20, n.1, p.155-191, 2013.

MITA, Enrico, In principi di capacita contributiva, en Interesse Fiscale e Tutela del contribuente, Milano, A. Giuffre, 1991, p. 49.

MICHELI, Gian Antonio, Uguaglianza di trattamento, capacità contributiva e presunzioni di legge, Giurisprudenza Costituzionale, 1996.

MOSCHETTI, Francesco, El Principio de Capacidad Contributiva, Ministerio de Hacienda. Centro de Publicaciones, Instituto de Estudios Fiscales, Madrid, 1980.

MOSCHETTI, Francesco, "El principio de capacidad contributiva", en VV.AA, *La capacidad contributiva, presupuesto jurídico y fundamentos de la tributación*. Madrid, CIAT-IEF, 2000.

PASSARO, G., Condono nel diritto tributario, in Digesto (disc. priv.), sez. comm., Vol. III, 1988, p. 383 y ss.

QUERALT, Martín y otros, *Curso de Derecho financiero y tributario*, Madrid, Tecnos, 2007.

RODRIGUEZ, Álvaro, "Los principios de la imposición en la jurisprudencia constitucional española", en *Civitas Revista Española de Derecho Financiero*, 100, 1998.

TOSI, Loris, "Efectividad, aspectos subjetivos y objetivos de la capacidad contributiva", en VV.AA, *La capacidad contributiva, presupuesto jurídico y fundamentos de la tributación* (conferencia Técnica del CIAT., Taormina, Italia, 2000) Madrid, CIAT e IEF, 2000.

Informação bibliográfica deste texto, conforme a NBR 6023:2018 da Associação Brasileira de Normas Técnicas (ABNT):

MASBERNAT, Patrici; RAMOS-FUENTES, Gloria. Principio de capacidad contributiva. Un acercamiento desde el Derecho italiano. *In*: SARAIVA FILHO, Oswaldo Othon de Pontes; SIQUEIRA, Julio Homem de; BEDÊ JÚNIOR, Américo; FABRIZ, Daury César; SIQUEIRA, Junio Graciano Homem de; CUNHA, Ricarlos Almagro Vitoriano (Coord.). *Limitações materiais ao poder de tributar*. Belo Horizonte: Fórum, 2022. p. 89-112. (Coleção Fórum Princípios Constitucionais Tributários - Tomo III) ISBN 978-65-5518-314-6.

IL PRINCIPIO COSTITUZIONALE ITALIANO DI CAPACITÀ CONTRIBUTIVA CON PARTICOLARE RIFERIMENTO ALLA TASSAZIONE AMBIENTALE

MICHELE MAURO

I Il principio costituzionale italiano di capacità contributiva ed il suo problematico legame con l'equità del sistema fiscale

Il principio costituzionale italiano di capacità contributiva è stato trattato diffusamente dalla dottrina tributaristica fin da tempi risalenti[1] e, nel corso del tempo, ha continuato ad attirare l'interesse degli studiosi in ordine all'individuazione di nuove forme d'imposizione.

---

[1] Cfr., anche per i riferimenti più risalenti ma senza pretesa di completezza, GAFFURI G. F., L'attitudine alla contribuzione, Giuffrè, Milano, 1969; MAFFEZZONI F., *Il principio della capacità contributiva nel diritto finanziario*, Utet, Torino, 1970; MOSCHETTI F., *Il principio della capacità contributiva*, Cedam, Padova, 1973; DE MITA E., voce Capacità contributiva, in Dig. com., II, Torino, 1987, p. 454; ANTONINI L., *Dovere tributario, interesse fiscale e diritti costituzionali*, Giuffrè, Milano, 1996; MOSCHETTI F., voce *Capacità contributiva*, in Enc. giur. Treccani, V, Roma, 1998; Batistoni Ferrara F., voce *Capacità contributiva*, in Enc. dir., Aggiornamento, III, Milano, 1999; FEDELE A., La funzione fiscale e la capacità contributiva nella Costituzione italiana, in Diritto tributario e Corte costituzionale (a cura di Perrone L. e Berliri C.), Edizioni Scientifiche Italiane, Napoli, 2006, p. 1; GALLO F., *Le ragioni del Fisco*, Bologna, Il Mulino, 2011; FALSITTA G., *Il principio della capacità contributiva nel suo svolgimento storico prima e dopo la costituzione repubblicana*, Giuffrè, Milano, 2014.

L'obiettivo della presente trattazione, lungi dal riproporre – per ovvie ragioni – le ricostruzioni fin troppo note del dettato costituzionale di cui all'art. 53 della Costituzione italiana,[2] è quello di soffermarsi sui tratti salienti del principio del concorso alle pubbliche spese utili a valutare la legittimità della tassazione ambientale, divenuta ormai prioritaria nell'attuazione delle politiche europee volte alla tutela dell'ambiente.

E' imprescindibile partire da una pacifica constatazione, ossia che, in consonanza con i principi sanciti dagli artt. 2[3] e 3[4] Cost., il concorso alle spese pubbliche delineato dall'art. 53 Cost. risponde ad un disegno etico del Costituente in senso solidaristico ed egualitario.

L'attenzione della dottrina italiana è sempre stato vivo con riguardo ai profili etici della tassazione che, solitamente, costituiscono un fondamentale riferimento alla luce del quale spiegare l'evasione e valutare l'equità del sistema fiscale nonché la realizzazione della funzione solidaristica del tributo.[5]

L'equità dell'imposizione fiscale è, dunque, strettamente connessa al principio di capacità contributiva ed alla progressività del sistema tributario nel suo complesso.

Tuttavia, la dottrina è divisa sul modo di intendere la capacità contributiva.

Un orientamento riferisce la capacità contributiva ad un concetto di ricchezza spendibile, valorizzando le garanzie della persona ed enfatizzando il necessario riferimento della tassazione ad elementi patrimoniali attivi ovvero a fattori di arricchimento materiale del contribuente.[6]

---

[2] Ancorché noto, è utile riportare il testo dell'art. 53 della Costituzione, ai sensi del quale "Tutti sono tenuti a concorrere alle spese pubbliche in ragione della loro capacità contributiva. Il sistema tributario è informato a criteri di progressività".

[3] Cosiddetto principio di solidarietà, ai sensi del quale "La Repubblica riconosce e garantisce i diritti inviolabili dell'uomo, sia come singolo, sia nelle formazioni sociali ove si svolge la sua personalità, e richiede l'adempimento dei doveri inderogabili di solidarietà politica, economica e sociale".

[4] L'art. 3 Cost. si riferisce al principio di uguaglianza, anche sostanziale, secondo cui "Tutti i cittadini hanno pari dignità sociale e sono eguali davanti alla legge, senza distinzione di sesso, di razza, di lingua, di religione, di opinioni politiche, di condizioni personali e sociali".

[5] Si vedano, tra gli altri, Giovannini A., *Legalità ed equità: per un nuovo sistema impositivo*, in *Dir. prat. trib.*, 2017, n. 6, p. 2335; Gallo F., *Le ragioni del Fisco*, cit, 59 e ss.; Sacchetto C., *Etica e fiscalità*, in *Dir. e prat. trib. internaz.*, 2006, I, 475; Fedele A., *La funzione fiscale e la 'capacità contributiva' nella Costituzione italiana*, in *Diritto tributario e Corte costituzionale* (a cura di Perrone L. e Berliri C.), cit., p. 1 e ss.; Moschetti F., *Il principio di capacità contributiva, espressione di un sistema di valori che informa il rapporto tra singolo e comunità, ivi*, p. 39 e ss.; Ingrosso M., *Tributo e sovranità, ivi*, 143 e ss.; Schiavolin R., *Il principio di 'progressività del sistema tributario', ivi*, 151 e ss.

[6] Per i sostenitori di questa teoria, nonché per una diffusa analisi del principio di capacità contributiva anche in ordine alle diverse teorie interpretative che storicamente lo hanno

Viceversa un'altra teoria, che è stata definita "neosvalutativa",[7] interpreta la capacità contributiva come "scatola vuota", ossia mera fissazione di un criterio distributivo in base al quale è consentito al legislatore ripartire le spese pubbliche discrezionalmente, ovviamente nel rispetto dei principi di ragionevolezza e non arbitrarietà, in base a scelte di ordine sociale informate al perseguimento dell'interesse generale che possono prescindere dal riferimento ad una ricchezza del contribuente avente contenuto patrimoniale e sottoporre a tassazione anche coloro che realizzano presupposti socialmente rilevanti, valutabili economicamente con riguardo alle diverse possibilità dei soggetti passivi di realizzare i propri bisogni.[8]

Tale evidente contrapposizione di pensiero, ovviamente, si ripercuote, oltre che sulla maniera di intendere la legittimità dell'imposizione fiscale, sul concetto di equità di quest'ultima.

Invero, il primo indirizzo dottrinario afferma, anche per ragioni di equità, l'esistenza di un limite massimo superiore al prelievo tributario riferito al singolo contribuente, ancorché non espressamente previsto, nonché l'illegittimità di imposte cd. "confiscatorie" in quanto contrastanti con i principi costituzionali di uguaglianza, capacità contributiva, progressività e tutela della proprietà.[9] L'opposta ricostruzione ritiene, invece, che non esistano limiti costituzionali alla pressione tributaria globale e nemmeno all'ammontare del prelievo riferito al singolo contribuente, essendo il legislatore tenuto a rispettare soltanto la necessaria correlazione tra il dovere contributivo solidaristico ed il finanziamento delle spese pubbliche, cioè tra "giustizia fiscale" e "giustizia sociale"; ciò in quanto, ad avviso di questa dottrina, il prelievo tributario è funzionalmente destinato ad assicurare, oltre al finanziamento di beni pubblici classici quali la difesa e la sicurezza, la realizzazione dello Stato sociale coerentemente ad un'impostazione di natura ética.[10]

Così, in base alla teoria da ultimo richiamata, l'eventuale controllo avverso fenomeni di "dispotismo fiscale" ovvero di spreco delle risorse pubbliche non può essere di tipo giuridico – costituzionale, bensì può

---

riguardato, si rinvia per tutti agli scritti di Falsitta G. (*Giustizia tributaria e tirannia fiscale*, Milano, 2008; Id., *L'imposta confiscatoria*, in *Riv. dir. trib.*, 2008, I, 89 e ss.).

[7] Cfr. Falsitta G., *L'imposta confiscatoria*, cit., 93 e ss.

[8] Tali possibilità sono state definite con il termine "capacitazioni" o "capacità differenziate economicamente valutabili" da Gallo F., *Le ragioni del Fisco*, cit., *passim* e spec. 78 e ss., cui si rinvia per tutti i sostenitori di questa teoria, anche in relazione ai riferimenti dottrinali riguardanti le differenti tesi interpretative sul concetto di capacità contributiva.

[9] Cfr. Falsitta G., *L'imposta confiscatoria*, cit., 113 e ss.

[10] Cfr. Gallo F., *Le ragioni del Fisco*, cit., 66 e ss. e 101 e ss.

soltanto consistere nel dissenso politico manifestato attraverso il voto elettorale.[11]

Dalle diverse teorie interpretative sui principi di capacità contributiva e progressività del sistema tributario emergono, dunque, chiaramente le rilevanti difficoltà insite nell'individuazione univoca di una nozione di equità, e quindi di eticità, del sistema fiscale universalmente accettata, oltre che della legittimità della tassazione sotto il profilo giuridico – costituzionale.

II L'evoluzione della capacità contributiva verso nuove forme di imposizione e, in specie, verso la fiscalità ambientale

A prescindere dalle esposte considerazioni di ordine giuridico sulla capacità contributiva che hanno da sempre alimentato un vivace dibattito dottrinario, occorre tenere presente come la necessaria progressività dell'ordinamento tributario, che il legislatore dovrebbe far emergere a tutela della "giustizia sociale" limitando le fattispecie di tassazione improntate al criterio del beneficio, non può tradursi nella totale erosione del patrimonio del contribuente.

Ciò in quanto, ferma restando la necessaria lotta all'evasione fiscale, equità – e, quindi, eticità – del sistema fiscale non può significare, in virtù della funzione (anche) redistributiva del prelievo tributario, accanimento oltremisura della tassazione delle grandi ricchezze che evidentemente, escludendo fenomeni patologici condannabili, sono anch'esse frutto di attività lavorative contraddistinte spesso da elevati rischi.

In ogni caso, anche al fine di attuare il precetto costituzionale di capacità contributiva per come finora delineato, non sembra potersi prescindere dall'orientare lo sguardo ad altre tipologie di prelievo che colpiscono nuove forme di ricchezza emerse negli ultimi anni, anche a livello europeo, con particolare riferimento alla tutela dell'ambiente.

Basti pensare alla c.d. *carbon tax*, considerata dalla legge delega n. 23/2014 e gravante su chi dispone di beni ambientali scarsi o emette gas inquinanti deteriorando l'ambiente, ovvero ai tributi sull'occupazione dell'etere, come la c.d. *bit tax*.

---

[11] Cfr., ancora, Gallo F., *Le ragioni del Fisco*, cit., 104 e ss.

Ovviamente la possibile struttura di un moderno sistema tributario, arricchito di nuovi tributi che non incidono sulla ricchezza tradizionale, impone di prendere posizione sul problema di teoria generale che si è tratteggiato, e cioè se il principio di capacità contributiva si risolva in un criterio di equo riparto dei carichi pubblici, oppure in una condizione di autosufficienza patrimoniale delle fattispecie imponibili.

Sul punto occorre prendere atto che nell'attuale realtà, caratterizzata dal tendenziale superamento della territorialità dell'imposizione, non si può non enfatizzare il principio di uguaglianza sostanziale e la natura distributiva del tributo, fermo restando che l'indice di riparto debba essere economicamente valutabile.[12]

D'altronde, già esistono nell'ordinamento italiano forme di imposizione che non garantiscono la disponibilità di un saldo patrimoniale attivo in grado di adempiere all'obbligazione tributaria. Basti pensare all'autoconsumo, ai redditi in natura, ovvero alla produzione organizzata di beni assoggettata alle accise, nell'ambito della quale l'immissione al consumo dei beni – individuato dal legislatore quale presupposto imponibile – non fa emergere la disponibilità della provvista per pagare il tributo.

In quest'ottica bisogna allora ricostruire la compatibilità dei c.d. "tributi ambientali"[13] con il principio di capacità contributiva, considerando, altresì, che la tutela dell'ambiente costituisce una priorità europea.

Precisamente, l'attenzione europea verso la tutela ambientale affonda le proprie radici in tempi risalenti e, nel corso del tempo, l'iniziale regime di protezione indiretta dell'ambiente si è trasformato in una specifica politica comunitaria, fondata sul noto principio "chi inquina paga", che ha sollecitato in maniera crescente gli Stati membri ad introdurre prelievi fiscali finalizzati all'attuazione delle politiche ambientali.[14]

---

[12] Cfr. Gallo F., *Tributi, Costituzione e crisi economica*, in *Rass. Trib.*, 2017, p. 175.

[13] Cfr., tra gli altri, Uricchio A., *I tributi ambientali e la fiscalità circolare*, in *Dir. prat. trib.*, 2017, n. 5, p. 1849.

[14] Sulle origini e l'evoluzione della tassazione ambientale in ambito comunitario si rinvia a FICARI V. (a cura di), *I nuovi elementi di capacità contributiva. L'ambiente*, Aracne editrice, Roma, 2018; DI PIETRO A. (a cura di), *La fiscalità ambientale in Europa e per l'Europa*, Cacucci editore, Bari, 2016; DORIGO S., MASTELLONE P., *La fiscalità per l'ambiente*, Aracne editrice, Roma, 2013, pp. 9 e ss.; Alfano R., *Tributi ambientali. Profili interni ed europei*, Giappichelli, Torino, 2012, pp. 7 e ss., ove ampi riferimenti dottrinari. Con specifico riferimento alla Spagna si veda il rapporto nazionale di GONZALEZ MORENO S., in DI PIETRO A. (a cura di), *La fiscalità ambientale in Europa e per l'Europa*, cit., p. 341. Per i riferimenti essenziali sul tema si veda anche Osculati F., *La tassazione ambientale*, Cedam, Padova, 1979; GIGLIONI

Nella fase iniziale i Trattati istitutivi non si erano occupati direttamente della questione ambientale, anche a causa dei differenti obiettivi prioritari della Comunità consistenti, come ampiamente noto, nella tutela della concorrenza e nella realizzazione di un mercato único.[15] In assenza di specifiche disposizioni, dunque, la tutela ambientale era realizzata in via mediata, in quanto strumentale alla realizzazione degli obiettivi di carattere económico.[16] In particolare, il fondamento della politica ambientale era rinvenuto nell'art. 2 del Trattato, ossia nella fonte del compito della Comunità di promuovere uno sviluppo armonioso delle attività economiche ed un'espansione continua ed equilibrata, obiettivi realizzabili soltanto attraverso la protezione dell'ambiente. Ben presto, però, si avvertì la minaccia globale e la necessità di iniziare un percorso teso alla salvaguardia dell'ambiente per cui, in occasione della Conferenza delle Nazioni Unite tenutasi a Stoccolma dal 5 al 16 giugno 1972, si prese atto della necessità di istituire e sviluppare una politica ambientale comune, definendo l'ambiente "patrimonio comune dell'umanità".

L'inizio della politica ambientale comunitaria è stato segnato dal primo programma di intervento della Comunità europea sull'ambiente, approvato con la Dichiarazione del Consiglio del 22 novembre 1973.[17] Negli anni settanta sono state emanate le prime direttive comunitarie sulla tutela dell'ambiente (come la n. 70/157/CEE sull'inquinamento acustico e la n. 70/220/CEE sull'inquinamento atmosferico derivanti dai veicoli a motore) e le prime quattro direttive sui rifiuti (ossia la n. 75/442/CEE sull'eliminazione degli oli usati, la n. 75/442/CEE sui rifiuti in generale, la n. 76/403/CEE sullo smaltimento dei policlorodifenili e policlorotrifenili e la n. 78/319/CEE sui rifiuti tossici e nocivi). Nel medesimo arco temporale, sono stati varati i primi tre programmi di azione comunitaria (rispettivamente nel 1973, nel 1977 e nel 1983) sull'ambiente, che hanno individuato i tratti essenziali della politica

---

F., "Aspetti internazionali e comunitari della fiscalità ambientale", *Rivista di diritto tributario internazionale*, n. 2-6/2004, pp. 45 e ss.; SCOTTO F. C., "Aspetti internazionali e comunitari della fiscalità ambientale. Gli interventi pubblici a tutela dell'ambiente", in *Rivista di diritto tributario internazionale*, n. 2-3/2004, pp. 71 e ss.

[15] Cfr. Boria P., *Diritto tributario europeo*, Giuffrè, Milano, 2015, p. 22; Id., *European tax law: institutions and principles*, Giuffrè, Milano, 2014, pp. 59 e ss.

[16] Cfr. Selicato P., "Imposizione fiscale e principio "chi inquina paga"", in "*Rassegna tributaria*", n. 4/2005, p. 1159.

[17] Tale programma ha anticipato l'odierno principio "chi inquina paga", stabilendo che "qualsiasi spesa connessa alla prevenzione ed all'eliminazione delle alterazioni ambientali è a carico del responsabile".

ambientale comunitaria dell'epoca, anticipando il contenuto delle successive disposizioni specifiche del Trattato.

Successivamente, con l'Atto Unico Europeo del 1986, è stata attuata l'integrazione del Trattato originario introducendo gli artt. 130 R-S-T riferiti alla tutela dell'ambiente, che, in tal modo, ha avuto espresso riconoscimento giuridico all'interno della Comunità.[18]

L'evoluzione normativa è proseguita con il pieno riconoscimento della politica comunitaria ambientale attuato con la stipula del Trattato di Maastricht del 1992, che, all'art. 2, ha previsto tra i suoi obiettivi uno sviluppo armonioso ed equilibrato delle attività economiche nell'ambito delle politiche dell'Unione, nel rispetto del principio dello "sviluppo sostenibile". Il suddetto Trattato, modificando l'art. 130 R, ha affiancato ai cosiddetti principi della prevenzione e della correzione quelli della precauzione e del livello elevato di tutela ambientale, estendendo, inoltre, il principio di sussidiarietà a tutte le competenze della Comunità.

Con il successivo Trattato di Amsterdam del 1997 (entrato in vigore nel 1999) – che ha fatto espresso riferimento al principio dello sviluppo sostenibile di cui all'art. 2 del TUE ed all'art. 2 del Trattato CE che elenca gli obiettivi della Comunità – la tutela dell'ambiente è diventata obiettivo diretto delle politiche e delle azioni comunitarie e ad esso è stata dedicata la disciplina degli artt. 174, 175 e 176 del Trattato (corrispondenti ai previgenti artt. 130-R, 130-S e 130-T).[19]

L'ulteriore evoluzione della politica ambientale comune, segnata dal Trattato di Nizza del 2001 (entrato in vigore nel 2003) e dal Trattato di Lisbona del 2007 (entrato in vigore nel 2009), ha riguardato principalmente aspetti procedurali, lasciando inalterato il contenuto sostanziale dell'impianto normativo in materia ambientale.

Successivamente, il quadro della politica ambientale europea è stato delineato dal settimo Programma europeo per l'ambiente, approvato nel 2013 (Decisione n. 1386/2013/UE del 20/11/2013), in vigore fino al 2020. Tra gli obiettivi dell'Unione, emerge chiaramente che, sulla base del principio di sussidiarietà, gli Stati membri sono tenuti a modificare i comportamenti dannosi per l'ambiente attraverso l'utilizzo di strumenti

---

[18] In particolare, con l'Atto Unico Europeo sono stati introdotti i principi dell'azione preventiva, della correzione alla fonte dei danni causati all'ambiente e del postulato "chi inquina paga", oltre al riconoscimento del principio di integrazione e di quello di sussidiarietà.

[19] L'art. 174 ha sancito, tra gli obiettivi della Comunità in materia ambientale, la salvaguardia, la tutela ed il miglioramento della qualità dell'ambiente, la protezione della salute umana, l'utilizzazione accorta e razionale delle risorse naturali, la promozione sul piano internazionale di misure destinate a risolvere i problemi dell'ambiente a livello regionale o mondiale.

di mercato economici e fiscali, in consonanza con i quattro principi fondamentali in tema di politica ambientale comunitaria esplicitati dall'art. 191 TFUE (corrispondente al precedente art. 174 del Trattato CE), ossia precauzione, azione preventiva, correzione alla fonte dei danni causati all'ambiente e principio "chi inquina paga".

In tale contesto normativo, dunque, appare subito evidente la rilevanza del ricorso a strumenti di natura fiscale, da parte degli Stati membri, al fine di indirizzare i comportamenti di consumatori e imprese verso la realizzazione della tutela ambientale.[20]

Tali strumenti, in particolare, devono necessariamente risultare compatibili (anche) con il principio "chi inquina paga" che, come già evidenziato, rappresenta il pilastro sul quale l'Unione europea ha fondato la propria politica ambientale, per cui appare imprescindibile definire il significato e la portata di tale principio.

III Il principio europeo "chi inquina paga" quale possibile fonte di legittimazione della fiscalità ambientale

Il principio europeo "chi inquina paga",[21] alla base dell'odierna politica europea dell'ambiente, risale, a livello internazionale, alla Raccomandazione OCSE del 26 maggio 1972, n. 128, nella quale si è affermato che "all'inquinatore devono imputarsi i costi della prevenzione e delle azioni contro l'inquinamento come definite dall'Autorità pubblica al fine di mantenere l'ambiente in uno stato accettabile".

Come già affermato, all'origine dell'esperienza comunitaria i trattati istitutivi non si sono occupati in maniera specifica della tutela ambientale, tanto è vero che le direttive in materia erano fondate sull'art. 100 del Trattato di Roma, relativo al ravvicinamento delle legislazioni degli Stati membri, e la salvaguardia ambientale era collegata al corretto funzionamento del mercato comune.[22]

---

[20] Cfr. Perrone Capano R., "L'imposizione e l'ambiente", in *Trattato di diritto tributario* (diretto da Amatucci A.), *Annuario*, Cedam, Padova, 2001, p. 123.

[21] In proposito si vedano, tra gli altri, Tarantini G., "Il principio 'chi inquina paga' tra fonti comunitarie e competenze regionali", in *"Riv. giur. amb."*, 1989, p. 728; Meli L. M., "Le origini del principio "chi inquina paga" e il suo accoglimento da parte della Comunità Europea", in *Riv. giur. amb.*, 1989, 218; Verrigni C., "La rilevanza del principio comunitario "chi inquina paga" nei tributi ambientali", in *"Rass. trib."*, n. 5/2003, p. 1614; Selicato P., "Imposizione fiscale e principio "chi inquina paga"", cit., pp. 1157 e ss.; Alfano R., *Tributi ambientali. Profili interni ed europei*, cit., pp. 12 e ss.

[22] Si vedano, sul punto, i riferimenti alla giurisprudenza della Corte di Giustizia in Fonderico F., "La giurisprudenza della Corte di Giustizia in materia ambientale", in AA.VV. (a cura di Cassese S.), *Diritto ambientale comunitario*, Giuffrè, Milano, 1995, pp. 123 e ss.

Dall'inizio degli anni settanta, invece, la problematica della tutela ambientale ha assunto rilievo autonomo, traducendosi in quell'intervento diretto ed organico costituito dal primo "Programma d'azione per la protezione dell'ambiente" CEE del 1973.

Successivamente, sulla base della citata Raccomandazione OCSE, il Consiglio Europeo ha affermato il principio "chi inquina paga" nella Raccomandazione del 3 marzo 1975, n. 436 (avente ad oggetto "l'imputazione dei costo e l'intervento dei pubblici poteri in materia di ambiente"), evidenziando la necessità di applicarlo in maniera uniforme in tutti gli Stati al fine di evitare distorsioni della concorrenza. La sua attuazione, in particolare, è stata demandata a strumenti di natura normativa i quali hanno stabilito che le persone fisiche o giuridiche, di diritto pubblico o privato, responsabili dell'inquinamento dovessero sostenere i costi delle misure necessarie ad evitare o ridurre il suddetto inquinamento, al fine di rispettare gli obiettivi di qualità dell'ambiente prefissati dalle norme o da misure equivalenti.

La *ratio* di tale principio ed il suo riconoscimento da parte della Comunità Europea sono stati ricondotti dalla dottrina,[23] in modo condivisibile, alla necessità che siano gli operatori economici a sostenere effettivamente i costi dell'inquinamento da loro prodotto, al fine di evitare che soltanto lo Stato debba farsi carico di tali spese, direttamente o attraverso la concessione di aiuti che favorirebbero gli operatori di alcuni Paesi e non di altri, creando così ingiustificati vantaggi a livello concorrenziale.

Con riguardo ai meccanismi di attuazione del principio previsti dalle fonti comunitarie, occorre distinguere tra risarcimento del danno, sanzioni, riparazioni finanziarie e misure fiscali.

In ordine a tali meccanismi, la dottrina non sembra condividere una tesi unitaria, nonostante l'evidenziata rilevanza assunta dall'ambiente nelle politiche comunitarie.

L'orientamento maggioritario sembra propendere per la natura risarcitoria del principio, riconducendolo alla responsabilità civile di natura extracontrattuale,[24] mentre un altro orientamento valorizza il fondamento economico del principio, evidenziando che esso tende a

---

[23] Cfr. Meli L. M., "Le origini del principio "chi inquina paga" e il suo accoglimento da parte della Comunità Europea", cit., p. 218; Tarantini G., "Il principio 'chi inquina paga' tra fonti comunitarie e competenze regionali", cit., p. 732.

[24] Cfr. PATTI S., *La tutela civile dell'ambiente*, Cedam, Padova, 1979, pp. 178 e ss.; CARAVITA B., "I principi della politica comunitaria in materia ambientale", in *"Riv. giur. amb."*, 1991, pp. 207 e ss.

disincentivare le produzioni che provocano inquinamenti, costringendo gli operatori ad optare per mezzi non inquinanti.[25] Un'altra tesi ne accentua la rilevanza tributaria[26] ed infine altri Autori ritengono che il principio possa essere attuato indifferentemente mediante forme di risarcimento del danno ambientale basate sulla responsabilità civile, di sanzioni amministrative cd. riparatorie oppure attraverso l'istituzione di tributi ambientali.[27]

A tal proposito, sembra corretto riconoscere valenza aperta al principio comunitario in argomento, in quanto, ferma restando l'evidenziata finalità che intende perseguire, è opportuno che i singoli legislatori nazionali, in base alle proprie peculiarità economiche, sociali e giuridiche, individuino gli strumenti giuridici maggiormente idonei alla sua attuazione.[28]

Vi è, comunque, da rilevare che gli strumenti di natura fiscale sono in grado di rivestire un ruolo sempre più centrale nelle politiche comunitarie tese alla salvaguardia dell'ambiente, anche alla luce della disciplina positiva di cui all'art. 191 TFUE (corrispondente al precedente art. 174 del Trattato CE),[29] per cui il principio "chi inquina paga" può essere identificato quale fonte di legittimazione di norme di fiscalità ambientale, di natura impositiva o agevolativa, da parte degli Stati membri.

---

[25] Cfr. BARDE J. P.– GERELLI E., *Economia e politica dell'ambiente*, Il Mulino, Bologna, 1990, pp. 125 e ss.

[26] Cfr. PICCIAREDDA F. – SELICATO P., *I tributi e l'ambiente*, Giuffrè, Milano, 1996, pp. 72 e ss.

[27] Cfr. DE CESARIS A. L., "Le politiche comunitarie in materia di ambiente", in *Diritto ambientale comunitario* (a cura di CASSESE S.), Giuffrè, Milano, 1995, pp. 46 e ss.

[28] In questo senso anche VERRIGNI C., "La rilevanza del principio comunitario "chi inquina paga" nei tributi ambientali", cit., pp. 1614 e ss.

[29] Cfr. SELICATO P., "Imposizione fiscale e principio "chi inquina paga"", cit., p. 1162, il quale, valorizzando anche l'interpretazione letterale dell'art. 174 del Trattato (attualmente art. 191 TFUE) ha attribuito contenuti fiscali al principio "chi inquina paga", per cui chi realizza attività o comportamenti inquinanti deve, per un verso, compensare il danno ambientale e, per altro verso, contribuire alla rimozione degli effetti nocivi prodotti nonché contribuire alle azioni pubbliche finalizzate alla prevenzione dei danni anche solo eventuali ed ipotetici purché causalmente e funzionalmente ricollegabili alla sua condotta. Invero, ai sensi del menzionato art. 174 TCE (rispetto al quale l'attuale art. 191 TFUE si limita ad aggiungere, tra gli obiettivi dell'Unione in materia ambientale, quello riguardante la lotta ai cambiamenti climatici), "La politica della Comunità in materia ambientale mira ad un elevato livello di tutela, tenendo conto della diversità delle situazioni nelle varie regioni della Comunità. Essa è fondata sui principi della precauzione e dell'azione preventiva, sul principio della correzione, in via prioritaria alla fonte, dei danni causati all'ambiente, nonché del principio chi inquina paga". In specie, secondo l'Autore, il termine "nonché" ha valenza congiuntiva e non disgiuntiva, per cui il principio "chi inquina paga" assume un ruolo strumentale ai fini dell'attuazione della precauzione, dell'azione preventiva e della correzione.

Infine, con specifico riguardo alla funzione tipica del principio in esame, occorre considerare che, come si evince dalla richiamata disciplina del Trattato, gli obiettivi prioritari della politica comunitaria ambientale consistono nella prevenzione, nella precauzione e nella correzione. Pertanto la politica comune deve essere finalizzata non solo a prevenire danni ambientali verosimilmente certi ma anche eventuali ove prospettabili come gravi ed irreparabili e, se il danno si verifica, devono essere attuate opportune azioni correttive tese alla riduzione o all'inibizione degli effetti inquinanti.

Appare, dunque, evidente il complesso ruolo del principio "chi inquina paga", che può assumere sia funzione preventiva, ad esempio attraverso la fissazione normativa di livelli di inquinamento insuperabili, sia funzione riparatoria dell'effetto inquinante, mediante la previsione di forme di risarcimento del danno, sanzioni, tributi, ecc.

IV Considerazioni conclusive: l'individuazione della capacità contributiva sottostante al tributo ambientale

Come s'è visto il principio "chi inquina paga", che costituisce il fondamento delle politiche europee sull'ambiente, si presta ad essere efficacemente attuato (anche) mediante strumenti di natura fiscale, per cui diviene fondamentale individuare la nozione europea di tributo ambientale, per poi concentrarsi sull'ulteriore ed eventuale problematica riguardante la capacità contributiva ad esso sottostante sotto il profilo costituzionale italiano.

Nonostante già il quinto programma europeo d'azione ambientale, nonché una serie di atti della Commissione,[30] avessero individuato la necessità di attuare una politica basata sull'istituzione di tributi ambientali, a causa dell'assenza di unanimità che, come ampiamente noto, è necessaria per le decisioni di natura fiscale in ambito europeo si è preferito stimolare i singoli ordinamenti ad introdurre imposte con finalità ambientale piuttosto che perseguire l'obiettivo di attuare una decisione comune.

Fondamentale, ai fini della definizione delle misure fiscali a carattere ambientale, è stata la Comunicazione della Commissione "Imposte, tasse e tributi ambientali nel Mercato Unico" del 29 gennaio 1997 che,

---

[30] Per i riferimenti ai diversi atti della Commissione e per ulteriori approfondimenti si veda ALFANO R., *Tributi ambientali. Profili interni ed europei*, cit., pp. 26 e ss.

dopo aver ribadito la competenza esclusiva degli Stati membri nell'istituzione di tributi ecologici in attuazione del principio "chi inquina paga", ha definito quest'ultimi come prelievi la cui base imponibile comporta effetti oggettivamente negativi sull'ambiente, stabilendo peraltro che, oltre al necessario rispetto dei principi fondamentali del diritto derivato in tema di imposizione indiretta, i prelievi ambientali non possono essere utilizzati per introdurre discriminazioni nei confronti di prodotti provenienti da altri Stati membri e che le eventuali agevolazioni previste per la medesima finalità devono essere conformi alle norme sugli aiuti di Stato.

La Commissione ha inoltre chiarito che i possibili indicatori utili a qualificare un tributo come ambientale consistono nell'azione incentivante – sotto il profilo economico – ai fini del miglioramento dell'ambiente, nella *ratio* normativa (cd. scopo dichiarato) del miglioramento ambientale nonché nell'imponibile configurato in modo che la base materiale[31] sulla quale il tributo è riscosso deve mostrare un impatto negativo, scientificamente verificabile, sull'ambiente.

Così, il presupposto del tributo deve consistere nell'utilizzo improprio dell'ambiente, nel consumo di una risorsa naturale o energetica ovvero nella produzione di emissioni inquinanti con effetti nocivi sull'ambiente. Su questa premessa, la Commissione sembra aver fondato l'individuazione di tributi non necessariamente legati al ritorno di beni o servizi e, viceversa, di tariffe associate ad un flusso di ritorno di quest'ultimi, fermo restando che nell'ambito dei tributi ambientali sull'inquinamento è possibile distinguere fra prelievi in cui l'imponibile consiste nell'unità fisica di uno specifico fattore inquinante e prelievi in cui, invece, l'imponibile si identifica in una risorsa o un prodotto correlato con il deterioramento dell'ambiente in senso generale.

Alla luce della descritta elaborazione comunitaria in tema di tributi ambientali si è soliti differenziare, nell'ordinamento italiano, i tributi ambientali in senso proprio, ossia quelli rispondenti al principio europeo "chi inquina paga" che ricomprendono nel presupposto il fattore inquinante alla base del danno ambientale, dai i tributi ambientali in senso funzionale, che si riferiscono a presupposti di tipo tradizionale (ad esempio reddito, patrimonio, consumo, ecc.) ma hanno la finalità

---

[31] Cfr. GALLO F. – MARCHETTI F., "I presupposti della tassazione ambientale", in "*Rass. trib.*", n. 1/1999, p. 118, ove si è evidenziato che l'unità fisica alla base del tributo potrebbe consistere in un'unità di sostanza emessa, sostitutiva o consequenziale per emissioni, oppure un'unità di specifiche risorse naturali (ad esempio di acqua dolce).

di incentivare o disincentivare lo svolgimento di attività o l'utilizzo e la produzione di beni che interessano l'ambiente.[32]

Nell'ambito dei tributi ambientali in senso proprio, rispondenti alla definizione comunitaria, in dottrina si è da tempo acceso un vivace dibattito finalizzato alla soluzione della problematica relativa alla loro "giustificazione" in termini di capacità contributiva, ove configurati quali "tributi" nel ristretto significato proprio dell'ordinamento italiano e quindi necessariamente soggetti al rispetto dell'art. 53 della Costituzione.[33]

In proposito si è già osservato, nel corso della trattazione, che la legittimazione di un moderno sistema tributario, arricchito di nuovi tributi non gravanti sulla ricchezza tradizionale, tra cui rientrano le forme di imposizione ambientale, impone di intendere il principio di capacità contributiva quale mero criterio di equo riparto dei carichi pubblici. In questo modo sarebbe consentito al legislatore introdurre prelievi che possano prescindere dal riferimento ad una ricchezza del contribuente avente contenuto patrimoniale, assoggettando a tassazione anche coloro che realizzano presupposti socialmente rilevanti.

Sulla base di quest'ultima teoria, una parte della dottrina ha agevolmente potuto giudicare legittimi, sotto il profilo del rispetto dell'art. 53 Cost., tutti i tributi ambientali in senso proprio, anche quelli che si riferiscono alle unità fisiche costituite dall'utilizzo di beni ambientali scarsi ovvero alla produzione ed emissione di gas inquinanti (ad esempio il tributo sull'NOX, SO2 e CO2), cioè ad entità non reddituali, non patrimoniali e non ricollegabili al consumo di beni scambiabili.[34] Ciò in quanto tale dottrina ha identificato i fatti e le situazioni socialmente rilevanti ed espressivi di quella potenzialità economica alla base dell'equo riparto delle spese pubbliche nell'unità fisica che incide negativamente sull'ambiente o nello stesso comportamento umano che procura un qualche danno all'ambiente, applicando il criterio di riparto – corollario del principio di uguaglianza – delle cd. "esternalità negative" richiamate dalla regola comunitaria "chi inquina paga".[35]

---

[32] Cfr., tra gli altri, GALLO F., "Profili critici della tassazione ambientale", in *Rass. trib.*", n. 2/2010, p. 303.

[33] Cfr. ALFANO R., *Tributi ambientali. Profili interni ed europei*, cit., pp. 51 e ss., ove ampi riferimenti dottrinali; GALLO F., "Profili critici della tassazione ambientale", cit., pp. 303 e ss.; A. Buccisano, *Fiscalità ambientale tra principi comunitari e costituzionali*, in *Dir. prat. trib.*, 2016, n. 2, p. 590.

[34] Cfr., tra gli altri, ALFANO R., *Tributi ambientali. Profili interni ed europei*, cit., pp. 69 e ss.; GALLO F., "Profili critici della tassazione ambientale", cit., pp. 303 e ss.

[35] Così, ancora, GALLO F., *"Profili critici della tassazione ambientale"*, cit., pp. 303 e ss.

In realtà, a ben vedere, la problematica *de qua* è meramente apparente se si riconosce, come sembra corretto, che la nozione di tributo propria dell'ordinamento europeo (o di altri Stati) non deve necessariamente essere trasposta negli ordinamenti interni ai fini della qualificazione dei prelievi ambientali come tributo in base al diritto nazionale. Al contrario, occorre prendere atto che il diritto europeo impone che l'inquinatore sia assoggettato ad una prestazione pecuniaria imposta in base al principio "chi inquina paga", ma non impone che tale prescrizione debba essere osservata attraverso misure qualificate come tributo dal diritto degli Stati membri, per cui la questione riguardante la qualificazione dei prelievi ambientali previsti dall'Unione europea come tributi in base al diritto nazionale o come prestazioni patrimoniali imposte di natura non tributaria (ad esempio quali istituti aventi natura risarcitoria o semplicemente sanzionatoria), ancorché modellate sulla struttura di veri e propri tributi, non sembra assumere una vera importanza pratica.

Bibliografia

ALFANO R., "Tasse di effetto equivalente e libera circolazione delle merci all'interno del territorio dello Stato membro", in *"Riv. dir. trib"*, n. 3/2005, III, p. 57;

ALFANO R., "Il tributo regionale sul passaggio del gas metano attraverso il territorio della Regione Sicilia: cronaca di una morte annunciata", in *"Riv. dir. trib"*, n. 11/2007, IV, p. 320;

ALFANO R., *Tributi ambientali. Profili interni ed europei*, Giappichelli, Torino, 2012;

AMATUCCI F., *Il principio di non discriminazione fiscale*, Cedam, Padova, 2003;

ANTONINI L., *Dovere tributario, interesse fiscale e diritti costituzionali*, Giuffrè, Milano, 1996;

BARDE J. P.– GERELLI E., *Economia e politica dell'ambiente*, Il Mulino, Bologna, 1990;

BATISTONI FERRARA F., voce *Capacità contributiva*, in *Enc. dir.*, Aggiornamento, III, Milano, 1999;

BATISTONI FERRARA F., "I tributi ambientali nell'ordinamento italiano", in *"Riv. dir. trib."*, n. 12/2008, I, p. 1090;

BIZIOLI G., *Il processo di integrazione dei principi tributari nel rapporto fra ordinamento costituzionale, comunitario e diritto internazionale*, Cedam, Padova, 2008:

BORIA P., *L'antisovrano: potere tributario e sovranità nell'ordinamento comunitario*, Giappichelli, Torino, 2004

BORIA P., *European tax law: institutions and principles*, Giuffrè, Milano, 2014;

BORIA P., *Diritto tributario europeo*, Giuffrè, Milano, 2015;

BUCCISANO, *Fiscalità ambientale tra principi comunitari e costituzionali*, in Dir. prat. trib., 2016, n. 2, p. 590.

CARAVITA B., "I principi della politica comunitaria in materia ambientale", in *Riv. giur. amb.*", 1991, p. 207;

CARINCI A., "Autonomia tributaria delle Regioni e vincoli del Trattato dell'Unione Europea", in *Rass. trib.*", n. 4/2004, p. 1225;

CARINCI A., "L'imposta sugli scali della regione Sardegna: ulteriori indicazioni dalla Corte di Giustizia sui limiti comunitari all'autonomia tributaria regionale", in *Rass. trib.*", n. 1/2010, p. 284;

CIMINO F. A., "Lo strumento tributario come misura finanziaria a tutela dell'ambiente: profili regionali e locali. La potestà normativa delle Regioni e degli Enti locali in materia di fiscalità ambientale", in *Rivista di diritto tributario internazionale*, n. 1-3/2004, p. 339;

CIPOLLINA S., *I confini giuridici nel tempo presente. Il caso del diritto fiscale*, Giuffrè, Milano, 2003;

DE CESARIS A. L., "Le politiche comunitarie in materia di ambiente", in *Diritto ambientale comunitario* (a cura di CASSESE S.), Giuffrè, Milano, 1995, p. 46;

DE MITA E., voce *Capacità contributiva*, in *Dig. com.*, II, Torino, 1987, p. 454;

DE MITA E., "La Consulta dichiara illegittima la "tassa sul lusso" della Sardegna", in "*Corr. trib.*", 2008, p. 1863;

DEL FEDERICO L., "I tributi sardi sul turismo dichiarati incostituzionali", in "*La finanza locale*", n. 9/2008, p. 21;

DEL FEDERICO L., *Tutela del contribuente ed integrazione giuridica europea*, Giuffrè, Milano, 2010;

DELLA VALLE E., " 'Tassa sul lusso': la Corte di Giustizia completa l'epitaffio", in *Corr. trib.*, n. 3/2010, p. 201;

DI PIETRO A., "Il consenso all'imposizione e la sua legge", in "*Rass. trib.*", n. 1/2012, p. 29;

DI PIETRO A. (a cura di), *La fiscalità ambientale in Europa e per l'Europa*, Cacucci editore, Bari, 2016;

DORIGO S. – MASTELLONE P., *La fiscalità per l'ambiente*, Aracne editrice, Roma, 2013;

FALSITTA G., "L'imposta confiscatoria", in "*Riv. dir. trib.*", n. 2/2008, I, p. 89;

FALSITTA G., *Giustizia tributaria e tirannia fiscale*, Giuffrè, Milano, 2008;

FALSITTA G., "Le imposte della regione Sardegna sulle imbarcazioni ed altri beni di "lusso" nelle "secche" dei parametri costituzionali e comunitari", in "*Corr. Giur.*", 2008, p. 893;

FALSITTA G., *Il principio della capacità contributiva nel suo svolgimento storico prima e dopo la costituzione repubblicana*, Giuffrè, Milano, 2014;

FEDELE A., *La funzione fiscale e la capacità contributiva nella Costituzione italiana*, in *Diritto tributario e Corte costituzionale* (a cura di PERRONE L. e BERLIRI C.), Edizioni Scientifiche Italiane, Napoli, 2006, p. 1;

FICARI V. (a cura di), *I nuovi elementi di capacità contributiva. L'ambiente*, Aracne editrice, Roma, 2018;

FONDERICO F., "La giurisprudenza della Corte di Giustizia in materia ambientale", in AA.VV. (a cura di Cassese S.), *Diritto ambientale comunitario*, Giuffrè, Milano, 1995;

GAFFURI G. F., *L'attitudine alla contribuzione*, Giuffrè, Milano, 1969;

GALLO F. – MARCHETTI F., "I presupposti della tassazione ambientale", in *"Rass. trib."*, n. 1/1999, p. 118;

GALLO F., "Profili critici della tassazione ambientale", in *"Rass. trib."*, n. 2/2010, p. 303;

GALLO F., *Le ragioni del Fisco*, Il Mulino, Bologna, 2011;

GARCÍA DORADO F., *Prohibición constitucional de confiscatoriedad y deber de tributación*, Dykinson, Madrid, 2002;

GIGLIONI F., "Aspetti internazionali e comunitari della fiscalità ambientale", *Rivista di diritto tributario internazionale*, n. 2-6/2004, p. 45;

GIOVANNINI A., *Legalità ed equità: per un nuovo sistema impositivo*, in *Dir. prat. trib.*, 2017, n. 6, p. 2335;

GONZALEZ MORENO S., "Rapporto annuale Spagna", in DI PIETRO A. (a cura di), *La fiscalità ambientale in Europa e per l'Europa*, Bari, 2016, p. 341;

INGROSSO M., *Tributo e sovranità*, in *Diritto tributario e Corte costituzionale* (a cura di PERRONE L. e BERLIRI C.), Edizioni Scientifiche Italiane, Napoli, 2006, p. 143;

LA SCALA A. E., "Il carattere ambientale di un tributo non prevale sul divieto di introdurre tasse ad effetto equivalente ai dazi doganali", in *"Rass. trib."*, n. 4/2007, p. 1317;

LOPEZ ESPADAFOR C. M., "Imposte indirette, equità fiscale e tutela del diritto di proprietà nell'ordinamento europeo", in *Rassegna tributaria*, n. 1/2016, p. 122;

LOPEZ ESPADAFOR C. M., "Consideraciones constitucionales sobre la Ley de Impuestos Especiales", in *Revista Quincena Fiscal*, n. 17/2016, parte estudio;

LOPEZ ESPADAFOR C. M., "Equità tributaria e funzione extrafiscale del tributo nel contesto dell'armonizzazione fiscale", in *Rivista di diritto tributario internazionale*, n. 1/2017;

MAFFEZZONI F., *Il principio della capacità contributiva nel diritto finanziario*, Utet, Torino, 1970;

MARONGIU G., "Le tasse "Soru" e l'impatto con la Corte costituzionale", in *"G.T. – Riv. giur. trib."*, 2008, p. 601;

MOSCHETTI F., *Il principio della capacità contributiva*, Cedam, Padova, 1973;

MOSCHETTI F., voce *Capacità contributiva*, in *Enc. giur.* Treccani, V, Roma, 1998;

MOSCHETTI F., *Il principio di capacità contributiva, espressione di un sistema di valori che informa il rapporto tra singolo e comunità*, in *Diritto tributario e Corte costituzionale* (a cura di PERRONE L. e BERLIRI C.), Edizioni Scientifiche Italiane, Napoli, 2006, p. 39;

MELI L. M., "Le origini del principio "chi inquina paga" e il suo accoglimento da parte della Comunità Europea", in *Riv. giur. amb.*, 1989, 218

OSCULATI F., *La tassazione ambientale*, Cedam, Padova, 1979;

PATTI S., *La tutela civile dell'ambiente*, Cedam, Padova, 1979;

PERRONE CAPANO R., "L'imposizione e l'ambiente", in *Trattato di diritto tributario* (diretto da Amatucci A.), *Annuario*, Cedam, Padova, 2001, p. 123;

PICCIAREDDA F. – SELICATO P., *I tributi e l'ambiente*, Giuffrè, Milano, 1996;

PIGNATONE R., "Agevolazioni su imposte ambientali ed aiuti di Stato", in AA.VV. (a cura di INGROSSO M. – TESAURO G.), *Aiuti di Stato e agevolazioni fiscali*, Jovene, Napoli, 2009, p. 749;

SACCHETTO C., *Etica e fiscalità*, in *Dir. e prat. trib. internaz.*, 2006, I, 475;

SAINZ DE BUJANDA F., *La Contribución Territorial Urbana. Trayectoria histórica y problemas actuales*, Consejo General de Cámaras de la propiedad urbana de la Comunidad Valenciana, Valencia, 1987;

SCHIAVOLIN R., *Il principio di 'progressività del sistema tributario'*, in *Diritto tributario e Corte costituzionale* (a cura di PERRONE L. e BERLIRI C.), Edizioni Scientifiche Italiane, Napoli, 2006, p. 151;

SELICATO P., "Imposizione fiscale e principio "chi inquina paga", in *"Rassegna tributaria"*, n. 4/2005, p. 1159

SCOTTO F. C., "Aspetti internazionali e comunitari della fiscalità ambientale. Gli interventi pubblici a tutela dell'ambiente", in *Rivista di diritto tributario internazionale*, n. 2-3/2004, p. 71;

TARANTINI G., "Il principio 'chi inquina paga' tra fonti comunitarie e competenze regionali", in *"Riv. giur. amb."*, 1989, p. 728;

URICCHIO A., *I tributi ambientali e la fiscalità circolare*, in *Dir. prat. trib.*, 2017, n. 5, p. 1849;

VERRIGNI C., "La rilevanza del principio comunitario "chi inquina paga" nei tributi ambientali", in *"Rass. trib."*, n. 5/2003, p. 1614.

VERRIGNI C., "Le accise nel mercato unico europeo", in *"Riv. dir. fin. sc. fin."*, 2007, I, p. 251.

VERRIGNI C., *Le accise nel sistema dell'imposizione sui consumi*, Giappichelli, Torino, 2017.

Informação bibliográfica deste texto, conforme a NBR 6023:2018 da Associação Brasileira de Normas Técnicas (ABNT):

MAURO, Michele. Il principio costituzionale italiano di capacità contributiva con particolare riferimento alla tassazione ambientale. *In*: SARAIVA FILHO, Oswaldo Othon de Pontes; SIQUEIRA, Julio Homem de; BEDÊ JÚNIOR, Américo; FABRIZ, Daury César; SIQUEIRA, Junio Graciano Homem de; CUNHA, Ricarlos Almagro Vitoriano (Coord.). *Limitações materiais ao poder de tributar*. Belo Horizonte: Fórum, 2022. p. 113-129. (Coleção Fórum Princípios Constitucionais Tributários - Tomo III) ISBN 978-65-5518-314-6.

LIMITES MATERIAIS À INSTITUIÇÃO DE OBRIGAÇÕES TRIBUTÁRIAS ACESSÓRIAS: UMA ANÁLISE À LUZ DO PRINCÍPIO DA CAPACIDADE CONTRIBUTIVA

HENRIQUE DA CUNHA TAVARES

1 Introdução

Diversos estudos de institutos ligados à área econômica e ao setor produtivo têm demonstrado, há tempos, por números, como os entraves burocráticos dificultam o desenvolvimento da atividade econômica. O conjunto dessas barreiras, que devem ser enfrentadas por quem quer empreender, é comumente chamado de "custo Brasil" e, em sua composição, tem grande peso o complexo e numeroso rol de obrigações tributárias acessórias impostas aos particulares.

Apesar de ser uma preocupação antiga do setor produtivo, as obrigações tributárias de fazer e não fazer, impostas ao contribuinte e a terceiros, nunca foram um grande ponto de reflexão e estudos por parte da doutrina jurídica, que sempre se ocupou com mais acuidade do estudo da obrigação principal: pagar o tributo. Contudo, o excesso de atribuições fiscais impostas aos particulares, por meio de obrigações acessórias, tem se mostrado tão maléfico quanto o já conhecido problema da alta carga tributária brasileira.

Pelo volume e velocidade com que as obrigações tributárias acessórias são criadas, parece claro que o postulado da legalidade não tem se mostrado suficiente para frear o ímpeto estatal na criação de deveres instrumentais que visam auxiliar no cumprimento e fiscalização do pagamento de tributos.

Apesar de, a princípio, as obrigações acessórias não importarem em pagamento de tributo, é evidente que sua instituição também onera o particular, seja por meio do dispêndio de recursos materiais e financeiros para o cumprimento da obrigação, seja na limitação de algum direito ou liberdade, que pode decorrer do dever acessório. E se as obrigações acessórias têm demonstrado seu poder de impor pesado ônus ao particular e a seus direitos, a análise de sua conformidade frente aos limites constitucionais tributários deve ser enfrentada.

O limite constitucional da capacidade contributiva não se limita à extensão do ônus de pagar o tributo. Também deve ser observada, à luz dos mandamentos constitucionais, a capacidade de contribuir com informações, declarações, emissões de documentos, livros, dados e arquivos magnéticos, etc., a fim de averiguar se o ônus acessório, ou a acumulação deles, apresenta-se excessivo, ferindo de forma desproporcionalmente gravosa os direitos e liberdades constitucionais do contribuinte ou de terceiros.

2 Breve caracterização da obrigação acessória no sistema tributário brasileiro

Nos termos do art. 113, §2º, do Código Tributário Nacional,[1] a *obrigação tributária acessória*[2] caracteriza-se como obrigação de fazer (positiva) ou não fazer (negativa), instituída "no interesse da arrecadação ou da fiscalização dos tributos", isto é, no interesse de garantir o cumprimento da obrigação principal (de dar), bem como a fiscalização

---

[1] Lei nº 5.172/1966.

[2] O termo "acessória" é duramente criticado pela doutrina. Segundo Ricardo Lobo Torres (2005, p. 238): "A expressão 'deveres instrumentais' é a preferida da doutrina mais moderna, brasileira ou estrangeira. [...] A expressão 'obrigação acessória' vem sendo severamente criticada pela doutrina. Em primeiro lugar, porque, por lhe faltar conteúdo patrimonial, não se pode definir como obrigação, vínculo sempre ligado ao patrimônio de alguém. Em segundo lugar, porque nem sempre o dever instrumental é acessório da obrigação principal, tendo em vista que pode surgir independentemente da existência de crédito tributário, como acontece na declaração de renda. Em terceiro lugar, porque o termo deveria ser reservado para aquelas obrigações que se colocam acessoriamente ao lado da obrigação tributária principal, como sejam as penalidades pecuniárias e os juros e acréscimos moratórios".

do seu adimplemento.[3] Correspondem, na prática, aos encargos impostos pela legislação apresentar declarações, inscrever-se nos cadastros fazendários, escriturar e exibir livros contábeis, emitir notas fiscais, permitir inspeções dos documentos e do local em que desenvolve suas atividades mercantis, etc.

Podem ser sujeitos das obrigações tributárias acessórias, além dos contribuintes, terceiros a quem a lei atribua prestações de fazer e não fazer que tenham vínculo finalístico com o dever de pagar tributos. Essa amplitude da sujeição passiva na relação jurídica da obrigação acessória decorre das disposições do próprio art. 113, §2º, bem como do art. 122[4] e 197,[5] todos do Código Tributário Nacional.

Outra característica que se extrai das disposições do Código Tributário Nacional é que as obrigações tributárias acessórias não estão necessariamente apensas, anexas, a uma obrigação tributária principal específica, de modo que disso decorra sua existência. Por isso mesmo, o parágrafo único do art. 175 do CTN expressamente determina que a isenção ou anistia do crédito tributário não dispensa o cumprimento das obrigações acessórias dependentes da obrigação principal cujo crédito seja excluído, ou dela consequente.

A doutrina, atualmente, entende a obrigação tributária – principal e acessória – a partir do conceito de relação jurídica entre o sujeito passivo (obrigado ao dever jurídico) e o fisco (sujeito ativo que pode exigir o comportamento ou a prestação),[6] em contraposição à ideia,

---

[3]   *In verbis*: "Art. 113. A obrigação tributária é principal ou acessória. (...) §2º A obrigação acessória decorre da legislação tributária e tem por objeto as prestações, positivas ou negativas, nela previstas no interesse da arrecadação ou da fiscalização dos tributos".

[4]   *In verbis*: "Art. 122. Sujeito passivo da obrigação acessória é a pessoa obrigada às prestações que constituam o seu objeto".

[5]   *In verbis*: "Art. 197. Mediante intimação escrita, são obrigados a prestar à autoridade administrativa todas as informações de que disponham com relação aos bens, negócios ou atividades de terceiros: I - os tabeliães, escrivães e demais serventuários de ofício; II - os bancos, casas bancárias, Caixas Econômicas e demais instituições financeiras; III - as empresas de administração de bens; IV - os corretores, leiloeiros e despachantes oficiais; V - os inventariantes; VI - os síndicos, comissários e liquidatários; VII - quaisquer outras entidades ou pessoas que a lei designe, em razão de seu cargo, ofício, função, ministério, atividade ou profissão".

[6]   Nesse sentido AMARO, Luciano. *Direito tributário brasileiro*. 15. ed. São Paulo: Saraiva, 2009, p. 245; MACHADO, Hugo de Brito. *Curso de direito tributário*. 27. ed. São Paulo: Malheiros, 2006. p. 140; JARDIM, Eduardo Marcial Ferreira. *Manual de direito financeiro e tributário*. 6. ed. São Paulo: Saraiva, 2003, p. 222; NOGUEIRA, Ruy Barbosa. *Curso de direito tributário*. 14. ed. São Paulo: Saraiva, 1995, p. 140-141; CARVALHO, Paulo de Barros. *Direito tributário*: fundamentos jurídicos da incidência. 8. ed. São Paulo: Saraiva, 2010, p. 215; MORAES, Bernardo Ribeiro de. *Compêndio de direito tributário*. 3. ed. Rio de Janeiro, 1997. v. 2, p. 260-261; BECKER, Alfredo Augusto. *Teoria geral do direito tributário*. 3. ed. São Paulo: Lejus, 1998, p. 339; ROSA JR., Luiz Emygdio F. da. *Manual de direito financeiro e tributário*. 16. ed. Rio de Janeiro: Renovar, 2002.

anteriormente sustentada, de mero poder tributário[7] do fisco em face do contribuinte.

Segundo Hans Nawiasky, nos Estados democráticos de direito, a promulgação da lei tributária extingue a soberania estatal na relação entre fisco e contribuinte, colocando-os em situação de igualdade, razão pela qual seria equivocado caracterizar a obrigação tributária como uma relação de poder e não como uma relação jurídica.[8] Com efeito, o reconhecimento da obrigação tributária como uma relação jurídica entre Fisco e contribuinte, decorrente de lei, importa dizer que inexiste uma supremacia natural do interesse financeiro estatal frente ao interesse individual. A soberania estatal, assim, encontra seus limites na lei, sentido *lato*.

Contudo, o simples atendimento à regra da legalidade, em sua acepção restrita, não tem sido suficiente para conferir limite, proporcionalidade e racionalidade à criação de obrigações acessórias tributárias. Essa constatação decorre do fato de que tais deveres instrumentais têm se avolumado sobre os particulares, transferindo para estes, em escalada geométrica, o ônus das tarefas essencialmente estatais de gestão e fiscalização tributária, impondo-lhes encargos muitas vezes excessivos,[9] em descompasso, entre outros limites, à sua capacidade contributiva. Para José Casalta Nabais, o princípio da legalidade, atualmente, revela-se "claudicante, pois que, ao contrário do que sucedia no estado liberal, não estamos mais perante um estado mínimo, nem há garantia de que a lei seja expressão do bem comum".[10]

---

[7] Segundo SAMPAIO DORIA, Antonio Roberto. *Direito constitucional tributário e "due process f law"*. 2. ed. Rio de Janeiro: Forense, 1986, p. 2 "Ripert argumentava que a relação tributária não podia ter conteúdo jurídico porque correspondia a uma obrigação imposta unilateralmente pelo Estado, na peculiaríssima posição de ser '*à La foid l'auteur et le beneficiaire de la régle'*. Sustentava-se ainda que o estado legislando em causa própria privava a regra tributária do caráter bilateral ínsito a toda norma jurídica". SOUZA, Rubens Gomes. *Compêndio de legislação tributária*. 3. ed. Rio de Janeiro: Rio Financeiras, 1960, p. 63, define obrigação tributária como "o poder jurídico por força do qual o estado (sujeito ativo) pode exigir de um particular (sujeito passivo) uma prestação positiva ou negativa (objeto da obrigação) nas condições definidas na lei tributária (causa da obrigação)".

[8] NAWIASKY, Hans. *Cuestiones fundamentales de derecho tributário* – Trad. Juan Ramallo Massanet. Madrid: Instituto de Estudios Fiscales, 1983, p. 51-65.

[9] TAVARES, Henrique da Cunha; PEDRA, Adriano Sant'Ana. Obrigações tributárias acessórias na perspectiva do dever fundamental de contribuir com os gastos públicos: uma reflexão acerca dos critérios para sua instituição. *In*: ALLEMAND, Luiz Cláudio Silva (Coord.). *Direito tributário*: questões atuais. Brasília: Conselho Federal da OAB, 2012, p. 169-180.

[10] NABAIS, José Casalta. *O dever fundamental de pagar impostos*. Coimbra: Almedina, 2004, p. 218.

3 Os impactos causados pelo excesso das obrigações tributárias acessórias

Aliomar Baleeiro, já em 1974, descrevia o crescimento da participação do contribuinte nas atividades ligadas ao recolhimento, gestão e fiscalização de tributos.[11] E daquele tempo até hoje a participação do contribuinte cresceu[12] exponencialmente e a cada dia aumenta o protagonismo das obrigações acessórias exigidas dos particulares. A cooperação dos contribuintes nas tarefas de cobrança e fiscalização tributária é uma tendência mundial,[13] mas, no Brasil, essa participação exigida do particular é muito maior.

Basta verificar que os principais tributos são, atualmente, constituídos originalmente pelo próprio contribuinte, na modalidade de lançamento denominada por homologação – ou autolançamento – por meio do qual recolhe o valor por ele calculado aos cofres públicos, sem qualquer intervenção, ajuda ou cooperação do fisco, como consequência do cumprimento de obrigações acessórias a ele impostas.[14] Segundo bem definiu Regina Helena Costa, com o lançamento chamado "por homologação",[15] o Estado criou "o melhor e mais antigo exemplo de técnica de privatização da gestão tributária".[16]

E, para garantir que o contribuinte executará os procedimentos próprios de gestão, arrecadação e fiscalização tributária, são impostas a ele e a terceiros pesadas penalidades pecuniárias para o caso de

---

[11] "No mundo contemporâneo, ocupa lugar cada vez maior o processo de declaração do contribuinte sob reserva de ulterior controle por parte do fisco. (...) As repartições organizam formulários, que os contribuintes preenchem ou o obrigam à escrituração de livros e registros fiscais, fornecendo as indicações sobre quantidade, qualidade e importância da matéria tributável, assim como outros elementos que habilitem os agentes públicos à pesquisa da sinceridade do declarante. Este é obrigado a comunicar, quando necessário, seus livros, quer fiscais, quer de contabilidade, arquivos, origem de rendimentos, nomes de pessoas com quem celebrou atos jurídicos etc. (...) A declaração visa não somente a informar o fato gerador em relação a quem a presta, mas também a cooperar com as autoridades acerca da lealdade de outros contribuintes". BALEEIRO, Aliomar. *Uma introdução à ciência das finanças* – atualizada por Dejalma de Campos. 16. ed. Rio de Janeiro: Forense, 2002, p. 213.

[12] CARRAZA, Roque Antonio. *O regulamento no direito brasileiro*. São Paulo: RT, 1981, p. 2.

[13] PAULSEN, Leandro. *Direito tributário*: constituição e código tributário à luz da doutrina e jurisprudência. 13. ed. Porto Alegre: Livraria do Advogado, 2011, p. 1.036.

[14] RIBEIRO, Diego Diniz. Débitos Sujeitos ao Lançamento por homologação e a prescrição em matéria tributária: uma análise crítica da Jurisprudência do STJ. *Revista dialética de direito tributário*, São Paulo, n. 108, p. 16-26, ago. 2010; PRAXEDES, Francisco de Assis. Lançamento por homologação segundo o Código Tributário Nacional. *Revista dialética de direito tributário*, São Paulo, n. 108, p. 27-39, ago. 2010.

[15] Art. 150, §4º, do Código Tributário Nacional.

[16] COSTA, Regina Helena. *Curso de direito tributário* – constituição e código tributário nacional. São Paulo: Saraiva, 2009, p. 229.

descumprimento das centenas de obrigações acessórias que veiculam tais procedimentos.[17]

O excessivo número de obrigações acessórias, considerando o tempo e os recursos gastos pelos contribuintes no Brasil, já foi demonstrado nos estudos de diversos órgãos de pesquisa. Segundo o Banco Mundial, o tempo gasto em horas no Brasil para preparar, arquivar e pagar (ou reter) somente o imposto de renda das empresas, o imposto sobre o valor agregado e as contribuições de previdência social, é mais de 450% (quatrocentos e cinquenta por cento) superior ao gasto, em média, nos países da América Latina e 950% (novecentos e cinquenta por cento) maior que o tempo médio gasto em horas com obrigações acessórias nos países que compõem a OCDE.[18]

Enquanto no Brasil uma empresa gasta 1.501 horas, por ano, no cumprimento de obrigações tributárias acessórias tendentes a preparar, arquivar e pagar (ou reter) tributos, para o mesmo fim o empresário português gasta 243 horas, o chileno 296 horas, o argentino 312 horas. O Brasil, pelo menos desde 2007, ocupa o primeiro lugar – na verdade o último – nesse quesito, infelizmente.[19]

De acordo com o Instituto Brasileiro de Planejamento Tributário, as empresas brasileiras gastam 1,5% do seu faturamento total, o equivalente a R$ 65.000.000.000,00 (sessenta e cinco bilhões de reais) por ano, só para acompanharem as mudanças da legislação tributária e tentarem manter-se dentro da lei. Segundo o instituto, o número de regras que precisa ser cumprido pelos contribuintes aumenta a cada ano: em 1990, por exemplo, havia 123.893. No ano 2000 eram 186.588 e em 2018, data do estudo, já eram 390.726 normas.[20] Esse excesso de normas e a velocidade com que são alteradas acabam por gerar instabilidade, falta de confiança no sistema, imprevisibilidade dos resultados e na mensuração dos prejuízos que podem decorrer de possível falha no cumprimento das obrigações tributárias.

---

[17] PAULSEN, Leandro. *Curso de direito tributário completo*. 4. ed. Porto Alegre: Livraria do Advogado, 2012, p. 135.

[18] BANCO MUNDIAL. *Doing Business 2020*. Disponível em: https://portugues.doingbusiness. org/pt/data/exploretopics/paying-taxes. Acesso em: 28 jan. 2021.

[19] BANCO MUNDIAL. *Doing Business 2020*. Disponível em: https://portugues.doingbusiness. org/pt/data/exploretopics/paying-taxes. Acesso em: 28 jan. 2021.

[20] INSTITUTO BRASILEIRO DE PLANEJAMENTO TRIBUTÁRIO. *Quantidade de Normas Editadas no Brasil*: 30 anos da Constituição Federal de 1988. São Paulo. 2018. Disponível em: https://ibpt.com.br/quantidade-de-normas-editadas-no-brasil-30-anos-da-constituicao-federal-de-1988/. Acesso em: 28 jan. 2021.

Todo esse quadro de evidente excesso de obrigações acessórias que oneram indevidamente o particular conduz à necessária análise de quais limites constitucionais devem ser observados na instituição desses deveres instrumentais.

4 A necessária observância dos princípios constitucionais na instituição das obrigações tributárias acessórias

A doutrina nacional, há tempos, vem construindo relevantes ensinamentos acerca de quais seriam as limitações ao poder de tributar; bem como a interligação e interdependência do Sistema Tributário Nacional.[21]

Mas o já identificado excesso de obrigações acessórias, que fere direitos fundamentais dos particulares, ainda reclama mais análise e aplicação no âmbito administrativo e judicial, principalmente considerando que não há necessariamente uma simetria na aplicação dos limites constitucionais relativos ao poder de tributar quando se fala em normas instituidoras de obrigações tributárias principais e acessórias. Daí a necessidade de aprofundar os estudos dos limites constitucionais materiais especificamente aplicáveis às obrigações acessórias.

A regra constitucional da legalidade tributária, por exemplo, descrita no art. 150, I, da Constituição Federal, direciona sua aplicação exclusivamente à obrigação tributária principal, quando estabelece que "é vedado à União, aos Estados, ao Distrito Federal e aos Municípios: exigir ou aumentar tributos sem lei que o estabeleça". No mesmo sentido, a norma constitucional que veicula o conhecido princípio da irretroatividade tributária limita exclusivamente a cobrança de tributos relativos a fatos geradores ocorridos antes do início da vigência da

---

[21] Nesse sentido, apenas para citar alguns: BALEEIRO, Aliomar. *Limitações constitucionais ao poder de tributar*. Atualizado por Mizabel Abreu Machado Derzi. 8. ed. Rio de Janeiro: Forense, 2010; ATALIBA, Geraldo. *Sistema constitucional tributário*. São Paulo: RT, 1968, p. 9-10; TORRES, Ricardo Lobo. *Tratado de direito constitucional financeiro e tributário*: os tributos na Constituição. Rio de Janeiro: Renovar, 2007, v. IV; COÊLHO, Sacha Calmon Navarro. O Direito Tributário na Constituição. *Revista magister de direito tributário e finanças públicas*, São Paulo, n. 1, mar./abr. 2007; CARVALHO, Paulo de Barros. *Curso de direito tributário*. 23. ed. São Paulo: Saraiva, 2011; AMARO, Luciano. *Direito tributário brasileiro*. 15. ed. São Paulo: Saraiva, 2009.

lei que os houver instituído ou aumentado (art. 150, III, "a", da CF[22]), nada dizendo a respeito da instituição das obrigações acessórias. Assim também é a regra da anterioridade tributária, segundo a qual é vedado *cobrar tributos* no mesmo exercício financeiro em que haja sido publicada a lei que os instituiu ou aumentou (art. 150, III, "b", da CF).

E quanto às obrigações tributárias acessórias? Seria permitida a instituição de obrigações de fazer e não fazer a contribuintes e a terceiros sem qualquer limitação material ou formal? Quais são, enfim, os limites constitucionais à instituição dessas obrigações?

Ao lançar um primeiro olhar sobre o capítulo I – "Do Sistema Tributário Nacional" – e sua seção II – "Das Limitações ao Poder de Tributar" –, todos inseridos no título VI – "Da Tributação e do Orçamento" –, da Constituição Federal de 1988, o intérprete pode incidir em dois erros comuns e especialmente importantes para este trabalho: (i) entender que as *limitações ao poder de tributar* se resumem às regras e princípios elencados na mencionada sessão e capítulo; e (ii) que os limites lá descritos se aplicam exclusivamente às questões vinculadas à obrigação tributária principal, quer dizer, ao pagamento de tributos.

Contudo, um estudo mais cuidadoso da Constituição Federal verificará que as limitações ao *poder* de tributar não estão adstritas, ou não são somente aplicáveis, às normas veiculadas concernentemente à obrigação de pagar o tributo; tampouco estão circunscritas às disposições constantes do capítulo do "Sistema Tributário Nacional".

O *poder* de tributar, para o qual estão direcionadas as limitações descritas na Constituição, compreende não só o poder de exigir do particular o pagamento do tributo ou penalidade pecuniária, mas também a possibilidade de instituir obrigações de fazer e não fazer, aos contribuintes e terceiros, no interesse da arrecadação e fiscalização de tributos. Daí que, por decorrência lógica e inegável, as limitações a este poder também alcançam as normas instituidoras de obrigações tributárias acessórias, a menos que o mandamento normativo constitucional limitador se direcione expressamente à obrigação tributária principal. É o que ocorre, por exemplo, com a regra da legalidade tributária, descrita no art. 150, I, da Constituição Federal. A exigência de lei está claramente vinculada à obrigação tributária principal, *instituição de tributo*.

---

[22] *In verbis*: "Art. 150. Sem prejuízo de outras garantias asseguradas ao contribuinte, é vedado à União, aos Estados, ao Distrito Federal e aos Municípios: (...)III - cobrar tributos: a) em relação a fatos geradores ocorridos antes do início da vigência da lei que os houver instituído ou aumentado".

Contudo, a própria seção II, que relacionou diversas limitações ao poder de tributar, expressamente tem no *caput* do seu primeiro artigo – art. 150, da CF – uma cláusula de abertura do sistema de limitações a outras garantias asseguradas ao contribuinte,[23] *in verbis*: "sem prejuízo de outras garantias asseguradas ao contribuinte, é vedado (...)".[24]

É a observação feita por Misabel Abreu Machado Derzi, em nota de atualização da obra de Aliomar Baleeiro, ao afirmar que

> a Seção "Das Limitações do Poder de Tributar" contém apenas algumas imunidades e alguns princípios, *numerus apertus*, deixando expressamente consignada a existência de outras limitações também estruturais. Basta considerar que: a expressão "Das Limitações do Poder de Tributar" está fracionada pelo uso da preposição "de", como partitivo, ou parte de algo; o caput do art. 150, expressamente, dispõe *"sem prejuízo de outras garantias asseguradas ao contribuinte..."*, deixando indiscutível a inexistência de exaustividade.[25]

Assim, ainda que a regra da legalidade tributária, tal qual descrita no art. 150, I, da Constituição Federal, se refira, exclusivamente, a uma limitação direcionada à obrigação tributária principal, cobrança (pagamento) de tributo, a abertura referenciada no *caput* do mesmo art. 150 da Constituição, combinada com o art. 5º, II, da CF, não deixa dúvida que quando o Estado, no exercício do poder de tributar, impuser obrigação de fazer ou não fazer ao contribuinte ou a terceiro, deverá fazê-lo somente por meio de lei, posto que "ninguém será obrigado a fazer ou deixar de fazer alguma coisa senão em virtude de lei".[26]

Daí se dizer que o Sistema Tributário Nacional, entendido em sua inteireza e com as garantias a ele inerentes, não se confunde com o capítulo do Sistema Tributário Nacional descrito na Constituição Federal, seja quantitativa ou qualitativamente. Quantitativamente porque existem outras normas tributárias, além daquelas que podem ser encontradas nos dispositivos do capítulo *Sistema Tributário Nacional*; qualitativamente porque as normas previstas no referido capítulo "só

---

[23] Nesse sentido: DERZI, Mizabel de Abreu Machado. Notas de atualização da obra de BALEEIRO, Aliomar. *Limitações constitucionais ao poder de tributar*. 8. ed. Rio de Janeiro: Forense, 2010, p. 35-36; ÁVILA, Humberto. *Sistema constitucional tributário*. 4. ed. São Paulo: Saraiva, 2010, p. 23.

[24] Art. 150, da Constituição Federal do Brasil.

[25] BALEEIRO, Aliomar. *Limitações constitucionais ao poder de tributar*. Atualizado por Mizabel Abreu Machado Derzi. 8. ed. Rio de Janeiro: Forense, 2010, p. 35-36

[26] Art. 5º, II, da Constituição Federal do Brasil.

ascendem a um significado normativo por meio de uma (horizontal) consideração das concatenações materiais decorrentes dos princípios e direitos fundamentais".[27]

Assim, em regra, os limites constitucionais materiais costumeiramente apontados como de observância obrigatória na criação e aumento de tributos também devem ser considerados na instituição das obrigações tributárias acessórias.

Apenas para citar algumas correlações entre limites constitucionais e instituição de deveres instrumentais, podemos dizer que a criação de normas que veiculam obrigações tributárias acessórias confusas, aliadas a pesadas penalidades em caso de descumprimento, ofende o princípio da segurança jurídica. A instituição de novas obrigações tributárias acessórias, e sua entrada em vigor sem um período de adaptação adequado, fere o princípio da anterioridade tributária. A exigência de excessivas regras e deveres tributários acessórios para a abertura e formalização de atividades econômicas restringe o princípio da livre-iniciativa e do direito ao trabalho.

O formato deste ensaio, contudo, não nos permite debruçar sobre todos esses limites constitucionais materiais. Em razão disso, vamos aprofundar a análise especificamente sobre o princípio constitucional da capacidade contributiva e sua íntima ligação com a igualdade, a fim de entender sua aplicação como limitação à imposição de obrigações tributárias acessórias.

5 O respeito à capacidade de contribuir

A capacidade contributiva é considerada a espinha dorsal da justiça tributária. É ela o critério de comparação que inspira, em substância, o princípio da igualdade.[28] O art. 145, §1º, da Constituição Federal,[29] remete à pessoalidade e proporcionalidade na graduação, vinculando-se à igualdade tributária.

---

[27] ÁVILA, Humberto. *Sistema constitucional tributário.* 4. ed. São Paulo: Saraiva, 2010, p. 23.

[28] DERZI, Mizabel de Abreu Machado. Notas de atualização da obra de BALEEIRO, Aliomar. *Limitações constitucionais ao poder de tributar.* 8. ed. Rio de Janeiro: Forense, 2010, p. 878.

[29] *In verbis:* "Art. 145. (...) § 1º - Sempre que possível, os impostos terão caráter pessoal e serão graduados segundo a capacidade econômica do contribuinte, facultado à administração tributária, especialmente para conferir efetividade a esses objetivos, identificar, respeitados os direitos individuais e nos termos da lei, o patrimônio, os rendimentos e as atividades econômicas do contribuinte".

Não obstante o art. 145, §1º, da Constituição Federal faça referência somente à graduação dos impostos, sempre que possível, sua aplicação às relações tributárias, inclusive aquelas decorrentes de obrigações tributárias acessórias, é tida pela doutrina como incontestável e cogente. Para Casalta Nabais, "a vigência do princípio da capacidade contributiva não carece dum preceito constitucional específico e direto, reconduzindo-se o seu fundamento jurídico ao sentido e alcance do princípio geral da igualdade".[30]

E não há dúvidas de que a igualdade deve ser o pressuposto para a instituição ou mesmo distribuição dos encargos decorrentes das obrigações tributárias acessórias. Não bastassem as diversas concretizações do princípio da igualdade, ao longo do texto constitucional (preâmbulo, art. 3º, III, art. 5º, I, art. 7º, XXXIV, entre outros), o princípio da igualdade tributária, insculpido no art. 150, II, da Constituição Federal, direciona-se a todas as relações mantidas entre o fisco e os contribuintes,[31] inclusive as obrigações tributárias acessórias.

Segundo assevera Aliomar Baleeiro

> o princípio do art. 145, §1º, embora também assentado na capacidade econômica, é relativo e impõe que, comparativamente, a lei faça justiça tributária, vale dizer, crie deveres tributários iguais para todos, mais leves para os economicamente mais fracos e mais pesados para aqueles de maior capacidade contributiva.[32]

As obrigações tributárias acessórias, inseridas no núcleo fundamental da relação jurídica tributária, apresentam-se como a cooperação do particular para a gestão e fiscalização do cumprimento do pagamento dos tributos, por meio de prestações de fazer e não fazer. Como tal, devem ser graduadas levando-se em consideração a capacidade que cada pessoa contribuir, isto é, prestar informações, escriturar livros, emitir documentos fiscais, etc.

---

[30] NABAIS, José Casalta. *O dever fundamental de pagar impostos*. Coimbra: Almedina, 2004, p. 449.

[31] *In verbis*: "Art. 150. Sem prejuízo de outras garantias asseguradas ao contribuinte, é vedado à União, aos Estados, ao Distrito Federal e aos Municípios: (...) II - instituir tratamento desigual entre contribuintes que se encontrem em situação equivalente, proibida qualquer distinção em razão de ocupação profissional ou função por eles exercida, independentemente da denominação jurídica dos rendimentos, títulos ou direitos;".

[32] BALEEIRO, Aliomar. *Limitações constitucionais ao poder de tributar*. Atualizado por Mizabel de Abreu Machado Derzi. 8. ed. Rio de Janeiro: Forense, 2010, p. 867.

5.1 Obrigações tributárias acessórias excessivamente onerosas

Na instituição desses deveres instrumentais, a capacidade contributiva vai operar como limite na defesa dos particulares, por exemplo, contra aqueles deveres excessivamente onerosos. Não basta que o Estado, enquanto ente tributante, idealize alguma situação que possa melhorar o controle tributário e, exclusivamente a partir disso, crie norma impondo-lhe ao contribuinte. É necessário que seja sopesado o ônus que será atribuído ao contribuinte e sua capacidade de suportá-lo.

A título de exemplo, vale citar o caso submetido à análise da Primeira Tuma do Superior Tribunal de Justiça, por meio do Recurso Especial nº 1320737, de relatoria do Ministro Ari Pargendler. Nesse caso, o Superior Tribunal manteve a decisão proferida pelo Tribunal Regional Federal da 4ª Região (TRF4), que reconheceu a ilegalidade da exigência de fixação de selos em cada caixa de fósforos importada, entendendo que não é razoável exigir o cumprimento da referida obrigação tributária acessória. O Tribunal deu razão ao contribuinte importador, ao reconhecer que a exigência prevista pela Instrução Normativa nº 31/99, apesar de atender ao disposto no artigo 46 da Lei nº 4.502/64, onera a importação. Tanto os fósforos estrangeiros quanto os nacionais têm alíquota de IPI zero. Entretanto, a imposição dos selos vinculados ao IPI apenas aos fósforos estrangeiros, da forma como estruturada, obrigaria o importador a selar cada caixinha para comercialização no mercado interno, o que onera excessivamente o produto internamente. Segundo o relator, ministro Ari Pargendler, por mais que seja legal a determinação de que seja feita a imposição do selo de IPI de procedência estrangeira, a exigência tem seus limites na finalidade dessas obrigações, na razoabilidade[33] e na proporcionalidade.

A impossibilidade de imposição de obrigações excessivamente onerosas também foi abordada pelo Supremo Tribunal Federal em interessante decisão que, embora tivesse como tema principal a sujeição passiva em substituição tributária, reconhece a capacidade contributiva como limite à imposição de obrigações tributárias acessórias excessivamente onerosas:

---

[33] STJ, REsp nº 1320737, 1ª Turma, Relator Ministro Ari Pargendler, julgado em 21.04.13. Informação Disponível em: http://www.stj.jus.br/portal_stj/publicacao/engine.wsp?tmp. area=398&tmp.texto=109850&tmp.area_anterior=44&tmp.argumento_pesquisa=1320737. Acesso em: 27 jan. 21.

(...) Não se pode admitir que a substituição tributária resulte em transgressão às normas de competência tributária e ao princípio da capacidade contributiva, ofendendo os direitos do contribuinte, porquanto o contribuinte não é substituído no seu dever fundamental de pagar tributos. A par disso, há os limites à própria instituição do dever de colaboração que asseguram o terceiro substituto contra o arbítrio do legislador. A colaboração dele exigida deve guardar respeito aos princípios da razoabilidade e da proporcionalidade, não se lhe podendo impor deveres inviáveis, excessivamente onerosos, desnecessários ou ineficazes.[34]

A onerosidade excessiva materializa-se pela desproporcional ofensa a direitos fundamentais dos particulares, atingidos de alguma forma pela obrigação tributária acessória. Não é verdadeiramente o postulado da proporcionalidade que é ofendido por uma obrigação acessória, mas, sim, algum direito fundamental das pessoas, representado por algum princípio constitucional, como o da capacidade contributiva e da propriedade, que foi desproporcionalmente mitigado.

Uma obrigação acessória, por exemplo, que exige do particular, para sua implementação, um gasto econômico excessivo e, desta forma, atinge seu direito fundamental de propriedade na medida em que não observa sua capacidade contributiva se mostrará desproporcional se o mesmo fim almejado pela obrigação acessória puder ser alcançado por outro meio economicamente menos oneroso – máxima da *necessidade* –; ou se o resultado esperado, pela imposição da obrigação ao contribuinte, não for tão relevante a ponto de justificar a ofensa à sua propriedade – máxima da *proporcionalidade em sentido estrito*.[35]

O reconhecimento da onerosidade desproporcional – ou excessiva –, neste caso, não é, ao fim e ao cabo, por ofensa simplesmente às máximas da proporcionalidade, mas, sim, ao direito fundamental à propriedade, violado pela inobservância da capacidade contributiva do obrigado, que não pode ser desproporcionalmente afetado.

---

[34] STF, Recurso Extraordinário nº 603.191, Pleno, Relator: Ministra Ellen Gracie, julgado em 01.08.11, *DJe* 05.09.11. Disponível em: http://redir.stf.jus.br/paginadorpub/paginador. jsp?docTP=AC&docID=626982. Acesso em: 27 jan. 21.

[35] TAVARES, Henrique da Cunha; PEDRA, Adriano Sant'Ana. As obrigações tributárias acessórias e a proporcionalidade na sua instituição: uma análise a partir da teoria dos deveres fundamentais. *Revista tributária e de finanças públicas*, São Paulo, ano 21, n. 109, p. 203-223, mar./abr. 2013.

5.2 A capacidade contributiva no cumprimento de obrigação acessória não se resume ao conceito de capacidade financeira

A definição de capacidade contributiva na perspectiva das obrigações tributárias acessórias não se resume ao conceito de capacidade financeira, como é próprio da obrigação tributária principal. A capacidade de contribuir com informações, dados, declarações, cálculos de tributo, planilhas de apuração, entre outros, exige, além do dispêndio econômico, inerente ao cumprimento desses deveres acessórios, capacidade técnica, conhecimentos e habilidades específicas que, a depender da complexidade da obrigação, exigirá do particular um esforço desproporcional ou mesmo o impossibilitará de cumpri-la.

A instituição de obrigações acessórias que demandem a aquisição de sofisticado e dispendioso *software* e ainda a contratação de mão de obra especializada para seu cumprimento, por exemplo, deve ser graduada conforme a capacidade de contribuir do particular, a fim de que não se mostrem excessivamente onerosas, na perspectiva econômica.

Mas pode ser que a simples aferição da capacidade econômica não seja suficiente para a atribuição da obrigação acessória em consonância com o princípio da capacidade contributiva e da igualdade. Basta imaginar, no mesmo exemplo já citado, que empresa situada em algum dos muitos rincões do interior do Brasil, apesar de possuir capacidade econômica equivalente a outros contribuintes, igualmente obrigados e situados em regiões metropolitanas, não possua acesso aos meios tecnológicos e humanos necessários ao cumprimento da obrigação acessória (*link* de internet com velocidade de transmissão de dados suficiente, mão de obra que consiga implementar e cumprir as obrigações, por exemplo) ou mesmo tenha que assumir ônus desproporcional, caso comparado aos demais contribuintes.

Em casos tais, é dever do Estado, principalmente em um país de dimensões continentais e com graves diferenças de acesso a meios tecnológicos e formação profissional, como o Brasil, graduar a imposição de obrigações tributárias acessórias de forma a possibilitar ao particular o seu cumprimento mediante sacrifício razoável. Caso contrário, em atenção ao princípio da isonomia, aliado à capacidade contributiva, não deverá o particular sujeitar-se a sacrifício excessivamente oneroso para o cumprimento, tampouco às sanções decorrentes de seu inevitável inadimplemento.

Precedente interessante, que caminha no sentido aqui defendido, foi a decisão liminar concedida pelo Ministro Dias Toffoli para suspender cláusula do Convênio ICMS 93/2015, do Conselho Nacional de Política Fazendária (Confaz), que trata da incidência do Imposto sobre Circulação de Mercadorias e Serviços (ICMS) em operações de comércio eletrônico e traz nova disciplina para o cálculo e recolhimento do diferencial de alíquota de ICMS – DIFAL. A decisão, proferida[36] na Ação Direta de Inconstitucionalidade (ADI) nº 5.464, suspendeu a cláusula nona do convênio, que incluiu as micro e pequenas empresas, optantes pelo Simples, no novo regime de apuração do ICMS.

Essa inclusão das micro e pequenas empresas na sistemática aplicável aos demais contribuintes as obrigaria, entre outras coisas, a cumprir obrigações acessórias de apurar e recolher o ICMS sobre cada venda realizada para fora do Estado, observando procedimentos operacionais e cálculos distintos a depender da característica do adquirente e do Estado em que estava situado, uma vez que o Convênio ICMS 93/2015 criou quatro bases para estas operações: uma para a aplicação da alíquota interestadual, outra com diferencial de alíquota que partilha para o Estado de origem, a terceira com diferencial de alíquota que partilha para o Estado de destino e a quarta destinada ao Fundo de Amparo à Pobreza (FECOP), cabendo ao vendedor as tarefas de calcular e recolher os respectivos valores de ICMS, observando as 27 diferentes legislações estaduais e suas nuances.

Segundo o entendimento adotado pelo ministro, na parte que interessa a este trabalho, a criação das novas obrigações em relação às empresas

> traz custos burocráticos e financeiros, encarece os produtos, dificulta o cumprimento de obrigações acessórias, aumenta os custos de conformidade (...) e embaraça a viabilidade de empresas de pequenos negócios que comercializam produtos para outros estados. A esmagadora maioria dessas empresas (micro e pequenas empresas optantes pelo Regime do Simples Nacional) não está preparada para essa mudança e não tem condições financeiras de se adaptar a ela, eis que gigantes do setor já chegaram a 'investir' mais de R$ 1.000.000,00 apenas em sistemas e adaptações para atendimento das novas regras. (Ofício 1901/2016 Cama.net. p. 6).[37]

---

[36] Em fevereiro de 2016 e referendada pelo Pleno em novembro de 2018.

[37] STF, ADI nº 5.464, Relator: Ministro Dias Toffoli, julgado em 12.02.16. Disponível em: http://www.stf.jus.br/portal/peticaoInicial/verPeticaoInicial.asp?base=ADI&documento=&s1=5464&numProcesso=5464. Acesso em: 27 jan. 21.

Assim, em razão de as micro e pequenas empresas possuírem menor capacidade de contribuir com o cumprimento das obrigações acessórias de cálculo e recolhimento do ICMS, e considerando a complexidade inerente a tais obrigações, aliada ao custo para implementá-las, decidiu o ministro, liminarmente, por desobrigá-las de tais deveres. O mérito da ADI nº 5.469 foi julgado em 24.02.2021, tendo o plenário do STF, por maioria, reconhecido a inconstitucionalidade formal das Cláusulas 1ª, 2ª, 3ª, 6ª e 9ª do Convênio ICMS nº 93/2015.[38]

Os princípios da capacidade contributiva e da igualdade apresentam-se, pois, como limites materiais na instituição das obrigações tributárias acessórias e proteção aos ônus delas decorrentes. Deve ser observado, nessa perspectiva, além da capacidade econômica, propriamente dita, o acesso aos meios necessários ao cumprimento das obrigações instrumentais tributárias, como meios tecnológicos (*software, hardware, link* de internet) e humanos (mão de obra capaz de cumprir as exigências), para que as obrigações tributárias acessórias sejam instituídas e implementadas sem que isso configure sacrifício desproporcional aos (e entre) contribuintes e terceiros.

6 Considerações finais

As obrigações tributárias acessórias, integrantes do núcleo obrigacional mantido entre o fisco e o particular, constituem-se como dever de cooperação dos contribuintes ou terceiros na concretização da obrigação tributária principal de pagar tributos.

Apesar de importantes para a concretização da arrecadação tributária, as obrigações acessórias não podem representar aos contribuintes sacrifícios extraordinários[39] – ou desproporcionais.

Não é demais lembrar que sobre os particulares já recai o ônus – que não é leve – de pagar os tributos. O Estado não está autorizado a transferir aos contribuintes, de qualquer forma e a qualquer preço, as obrigações de administrar, arrecadar e fiscalizar, que são originalmente

---

[38] Apesar de, até a finalização deste artigo, não ter sido publicado o acórdão, o julgamento do STF acolheu a tese de inconstitucionalidade formal, entendendo ser necessária a edição de lei complementar veiculando normas gerais de tributação para a cobrança do DIFAL nas vendas interestaduais a consumidores finais. O Tribunal ainda modulou os efeitos da decisão, mantendo, em relação às empresas do Simples, efeitos retroativos desde a concessão da liminar.

[39] GARZÓN VALDÉS, Ernesto. Los deberes positivos generales y su fundamentación. *Doxa*, Alicante, n. 3, p. 17, 1986.

suas, principalmente quando esses deveres instrumentais representam, como ocorre hoje, relevante ônus administrativo e financeiro.

Por outro lado, o princípio da capacidade contributiva, na perspectiva das obrigações tributárias acessórias, não se resume ao conceito de capacidade econômica. A análise da capacidade de contribuir com informações, dados, declarações, cálculos de tributo, entre outros, para além do dispêndio financeiro – igualmente importante –, deve perpassar, também, pela aferição da capacidade técnica, conhecimentos, habilidades específicas e da complexidade da obrigação exigida, evitando, desta forma, obrigações acessórias excessivamente onerosas aos particulares, em seus mais diversos aspectos.

Informação bibliográfica deste texto, conforme a NBR 6023:2018 da Associação Brasileira de Normas Técnicas (ABNT):

TAVARES, Henrique da Cunha. Limites materiais à instituição de obrigações tributárias acessórias: uma análise à luz do princípio da capacidade contributiva. *In*: SARAIVA FILHO, Oswaldo Othon de Pontes; SIQUEIRA, Julio Homem de; BEDÊ JÚNIOR, Américo; FABRIZ, Daury César; SIQUEIRA, Junio Graciano Homem de; CUNHA, Ricarlos Almagro Vitoriano (Coord.). *Limitações materiais ao poder de tributar*. Belo Horizonte: Fórum, 2022. p. 131-147. (Coleção Fórum Princípios Constitucionais Tributários - Tomo III) ISBN 978-65-5518-314-6.

A (IN)EFETIVIDADE DA ISONOMIA APLICADA AOS TRIBUTOS EXTRAFISCAIS

VIRGINIA JUNQUEIRA RUGANI BRANDÃO

1 Introdução

A isonomia (ou igualdade) tributária é norma prevista constitucionalmente a orientar a formulação e aplicação dos tributos. Trata-se de normativo basilar à própria democracia, vez que assegura iguais liberdades, oportunidades e condições aos cidadãos de viverem suas vidas, tomarem decisões e participarem dos rumos do desenvolvimento de sua comunidade.

Em uma primeva abordagem kelseniana do tema, entendia-se a igualdade como a aplicação igual da lei perante todos. Contudo, tal pensamento estritamente positivista não era capaz de acolher a complexidade social, dotada de desigualdades econômicas, culturais, sociais, históricas. No anseio de atender essa demanda, formulou-se a conhecida máxima de que isonomia significa tratar os iguais igualmente, e os desiguais desigualmente. E a partir dela, a doutrina passou a diferenciar a igualdade formal da material. Sendo a primeira aquela kelseniana no sentido da aplicação correta da lei que não distingue os indistinguíveis e a segunda a permissão do tratamento distinto aos distinguíveis.

Essa compreensão da isonomia não é adstrita à doutrina tributária, mas permeia toda a doutrina jurídica.

Ocorre que, no momento em que se considera uma igualdade material, é necessário estabelecer critérios para sua aplicação. Quer dizer, critérios para identificar o grupo dos iguais e o grupo dos desiguais. E aí se inicia todo um esforço acadêmico em legitimar tais critérios, sendo que a doutrina majoritária enxerga a capacidade contributiva como espinha dorsal da isonomia tributária e a ela se debruça com maior afinco.

Mas seria esse também o critério por excelência dos tributos extrafiscais? Neste trabalho não se considera tributação fiscal aquela com meros fins arrecadatórios, mas aquela que almeja alcançar a justiça fiscal por meio da arrecadação; enquanto a tributação extrafiscal almeja alcançar um objetivo constitucional, isto é, concretizar direitos fundamentais por meio dos tributos.

Comumente relegados a segundo plano, os tributos extrafiscais recebem pouca atenção acadêmica, carregados pela pecha de que podem desnaturar a justiça fiscal em razão da banalização dos benefícios fiscais a que implicariam.[1] Porém, seriam os tributos extrafiscais eficientes aliados da democracia na medida em que possibilitam a participação direta do cidadão na condução de políticas públicas que visam materializar o desenvolvimento em prol dos direitos fundamentais.

Nesse contexto, o presente artigo problematiza a efetividade da isonomia nos tributos extrafiscais, o que significa estudar se os critérios definidos abstratamente no momento da formulação da lei tributária extrafiscal garantem um resultado igualitário.

A hipótese é em sentido negativo, ou seja, os critérios abstratos e aprioristicos não são efetivos, sendo que essa inefetividade guarda relação sobretudo com a própria concepção de isonomia que provoca a criação *a priori* praticamente impossível de grupos diferenciados com maior dificuldade e também desinteresse na aferição dos resultados no caso concreto. Sim, desinteresse calcado na vontade de manter o uso indevido dos tributos extrafiscais, alimentando propositalmente o falso juízo de que a extrafiscalidade é perigosa para o sistema tributário.

2 A isonomia aplicada às normas tributárias

A isonomia é norma que permeia todo o ordenamento jurídico de qualquer sociedade que almeje a verdadeira democracia, aqui

---

[1] Sobre esse tema, a autora se debruçou em sua dissertação de mestrado apresentada ao Programa de Pós-Graduação em Direito da Pontifícia Universidade Católica de Minas Gerais, denominada: "A Sanção Premial como Instrumento de Política Urbana: uma abordagem a partir de sua aplicação ao Imposto Predial e Territorial Urbano".

entendida como a situação política na qual os conviventes têm a escolha de expressar sua alteridade de modo a serem ouvidos, participando do processo de desenvolvimento de uma nação plural.

Segundo Godoi (1999)[2] é exatamente a noção de igualdade que diferencia a democracia estática, identificada como a simples obediência à vontade da maioria, e a democracia constitucional, que exige condições especiais, por exemplo, de igual liberdade de pensamento, religião e expressão para que a tomada de decisões pela maioria tenha presunção de legitimidade.

Realmente, em uma sociedade diversificada que abarca inúmeras formas de manifestação sexual, cultural, religiosa, política, filosófica, artística, e que se pressupõe uma democracia ou ao menos a tem como objetivo, a igualdade é o principal instrumento que permite, em essência e não apenas forma, as mesmas condições para que cada indivíduo tome decisões compatíveis com resultados que ele próprio valorize. Principalmente se nesta sociedade as diversidades implicam grandes disparidades sociais e econômicas, a igualdade se faz premente, a fim de contrabalanceá-las, evitando que sejam um empecilho ao processo de autodeterminação coletiva.

Fundamentado em Rawls, Godoi sugere o estudo da igualdade a partir de dois planos. O plano das liberdades fundamentais, que requer a igualdade absoluta em sua distribuição aos cidadãos, e o plano das oportunidades, que requer uma igualdade equitativa para que os dotes naturais e posições sociais influenciem minimamente na distribuição de bens e renda.

A igualdade significa, portanto, tratar a todos com igual respeito e consideração, o que implica, necessariamente, iguais liberdades, entendidas como o direito de tomar uma decisão com responsabilidade. Em um Estado Democrático de Direito, portanto, igualdade e liberdade se pressupõem mutuamente, não eliminando as diferenças, mas incorporando-as.[3]

Não se trata, portanto, da busca de uma única identidade, mas uma igualdade jurídica capaz de "embasar todas as desigualdades humanas e as faça suprimento ético de valores poéticos que o homem possa desenvolver".[4]

---

[2] GODOI, Marciano Seabra de. *Justiça Igualdade e Direito Tributário*. São Paulo: Dialética, 1999. p. 109.

[3] OMMATI, José Emílio Medauar. *Uma Teoria dos Direitos Fundamentais*. Rio de Janeiro: Lumen Juris, 2019. p. 79-82.

[4] SILVA, José Afonso da. *Curso de Direito Constitucional Positivo*. São Paulo: Malheiros, 2014. p. 215.

A relevância dessas constatações é tal a orientar o próprio significado de isonomia e sua aplicação normativa em todos os ramos do Direito, inclusive o tributário, objeto deste trabalho.

Daí se percebe com mais clareza que a isonomia tributária auxilia na criação de uma estrutura jurídico-institucional justa que dá meios aos cidadãos para exercerem sua cidadania e autodeterminação a partir de tributos que incidam de forma mais pesada ou branda para determinados grupos da população ou mesmo tributos que incentivem um comportamento desejável compatível com políticas públicas.

Assim, confere-se à isonomia tributária um significado mais adequado ao Estado Democrático de Direito, reformulando a ideia liberal da limitação do poder opressor estatal de tributar.

Contudo, não é esse o entendimento que prevalece na doutrina. A discussão da isonomia tributária se dá a partir de uma visão não tão ampla do direito positivado.

Apesar de expressamente mencionada em diversos artigos constitucionais, a igualdade tem especial acolhida no *caput* do art. 5º, o qual preceitua que todos são iguais perante a lei, sem distinção de qualquer natureza. No âmbito tributário em especial, a isonomia está contida no art. 150, como uma das limitações do poder de tributar, mediante a vedação em instituir tratamento desigual entre contribuintes que se encontrem em situação equivalente.

Essas máximas constitucionais acabaram levando ao comum porém inadequado jargão de que a igualdade significaria tratar igualmente os iguais e desigualmente os desiguais, o que desencadeou, em seguida a separação da igualdade em material e formal.

Misabel Derzi,[5] por exemplo, baseada em Norberto Bobbio, aponta que a igualdade não é meramente a aplicação kelseniana correta de uma lei baseada na própria estrutura lógica da norma (quando realizada a hipótese normativa a consequência será igual para todos), mas um imperativo que exige tratamento jurídico uniforme a partir de generalizações e abstrações, pressupondo que os indivíduos possam ser agrupados e separados conforme semelhanças e diferenças.

Dessa forma, Derzi[6] explana sobre a existência de uma igualdade formal que postula a exigência de um tratamento uniforme aos seres de uma mesma categoria existencial, isto é, proíbe a distinção

---

[5] DERZI, Misabel de Abreu Machado. *Direito Tributário, Direito Penal e Tipo*. São Paulo: Revista dos Tribunais, 2007. p. 132.

[6] DERZI, Misabel de Abreu Machado. *Direito Tributário, Direito Penal e Tipo*. São Paulo: Revista dos Tribunais, 2007. p. 133 e 134.

entre iguais; e de uma igualdade material, que predica a exigência do atendimento à justiça a partir de tratamentos desiguais aos seres em situações díspares, isto é, impõe que se discriminem situações comuns a um grupo de pessoas.

E ainda, segundo José Afonso da Silva,[7] a atual Carta Constitucional brasileira procura aproximar os dois sentidos da igualdade, formal e material, de maneira que ambos devem ser concomitantemente efetivos. Trata-se de um dever e não de uma faculdade.

Ocorre que essa fórmula para compreender a igualdade (distingui-la em formal e material) é vazia de significado, pois implica uma série de questões que não podem, mas acabam sendo resolvidas *a priori*.[8] Qual o parâmetro ou critério constitucionalmente justificado que possibilita, no caso concreto, a identificação e a comparação de iguais e desiguais, que permita tratamento diferenciado?

E é justamente isso – o estabelecimento *a priori* de critérios diferenciadores – que carrega o problema da inefetividade da isonomia tributária, especialmente nas normas extrafiscais. A seguir, será feito um esforço para compreender a definição desses critérios conforme prega a maior parte da doutrina a fim de verificar a hipótese deste trabalho.

3 Capacidade contributiva, critério norteador da isonomia tributária por excelência?

A própria Constituição Federal indica de maneira dispersa e não taxativa diversos critérios válidos e inválidos que podem ou não ser atribuídos à comparação dos sujeitos passivos da obrigação tributária. A título de exemplo tem-se a impossibilidade de utilizar como parâmetro a ocupação profissional, como previsto no art. 150, II; e a possibilidade de distinguir em razão da capacidade econômica dos contribuintes, tal qual expresso no art. 145, §1º.

Aliás, a doutrina é praticamente uníssona ao afirmar que o principal parâmetro norteador da isonomia tributária é a capacidade contributiva. Conforme assevera Godoi,[9] não obstante a expressão "capacidade contributiva" não se encontrar na Constituição brasileira, isso

---

[7] SILVA, José Afonso da. *Curso de Direito Constitucional Positivo*. São Paulo: Malheiros, 2014. p. 217.

[8] OMMATI, José Emílio Medauar. *Uma Teoria dos Direitos Fundamentais*. Rio de Janeiro: Lumen Juris, 2019, p. 79.

[9] GODOI, Marciano Seabra de. *Justiça Igualdade e Direito Tributário*. São Paulo: Dialética, 1999. p. 197.

nunca impediu que a doutrina assim denominasse a norma insculpida no art. 145, §1º, e tampouco usasse a expressão "capacidade econômica" de forma a nela englobar o sentido da capacidade contributiva.

Ele segue explanando, com base em Francesco Moschetti e Geraldo Ataliba, que, em princípio, a capacidade econômica seria a potência econômica global do contribuinte manifestada por atos indicativos ou significativos de riqueza, como o patrimônio líquido e o consumo, de maneira a permitir certa redução patrimonial do contribuinte; enquanto a capacidade contributiva consideraria a situação pessoal do contribuinte de modo a evitar que a tributação desrespeite o mínimo vital, individual e familiar, ou que signifique privação patrimonial tal a gerar efeito confiscatório.[10]

Outros autores, a exemplo de Schoueri, fazem análise similar, desmembrando a capacidade contributiva em absoluta (objetiva) e relativa (subjetiva), sendo que a primeira observa os signos presuntivos de riqueza de forma objetiva, como a propriedade de um carro ou imóvel, e a segunda observa a parcela de riqueza que o contribuinte pode dispor, sem afetar seu mínimo existencial e evitando o confisco.[11]

Para Derzi, a capacidade econômica é a espinha dorsal da justiça tributária, critério básico da igualdade, já que o tributo é um dever econômico de "levar dinheiro aos cofres públicos",[12] importando sacrifício igual a todos os cidadãos.

Porém, a isso se reduz o tributo?

A arrecadação é uma das várias funções ou finalidades da norma tributária, as quais são agrupadas em dois tipos: fiscalidade e extrafiscalidade.

Como bem explana Flavia Caravelli,[13] o viés fiscal do tributo não é a simples arrecadação, mas o alcance da justiça fiscal. Vale apontar que a arrecadação não tem um fim em si mesma, mas é um meio solidário para o custeio dos serviços públicos e despesas do Estado visando o bem-estar coletivo. Ademais disso, a fiscalidade propicia a distribuição da riqueza entre os cidadãos, promovendo os valores constitucionalizados. E essa repartição justa da carga tributária se baliza primordialmente na capacidade contributiva para igualar e desigualar os contribuintes.

---

[10] GODOI, Marciano Seabra de. *Justiça Igualdade e Direito Tributário*. São Paulo: Dialética, 1999. p. 195 a 198.

[11] SCHOUERI, Luis Eduardo. *Direito Tributário*. São Paulo: Saraiva, 2017. p. 355.

[12] BALEEIRO, Aliomar. *Limitações constitucionais ao poder de tributar*. Atualizado por Misabel Abreu Machado Derzi. Rio de Janeiro: Forense, 2010. p. 866.

[13] CARAVELLI, Flávia Renata Vilela. *Extrafiscalidade:* (re)construção conceitual no contexto do Estado Democrático de Direito. Belo Horizonte: Arraes Editores, 2015. p. 32.

Apesar do enaltecimento que a doutrina tributária faz ao viés fiscal dos tributos, a extrafiscalidade não desenvolve uma função secundária e nem subalterna. Pelo contrário, é uma forma de utilizar os tributos para que eles atinjam objetivos constitucionais vinculados a políticas públicas estatais de forma imediata. Induzem-se comportamentos e permite-se que o cidadão participe efetivamente da construção de soluções para os problemas coletivos. Ainda que subutilizados, os tributos extrafiscais estão amparados pela Constituição Federal e têm potencial tão relevante quanto o viés fiscal.

Após enobrecer a capacidade contributiva como principal parâmetro norteador da isonomia tributária, os doutrinadores passam a discutir sua derrogação no caso da extrafiscalidade. Na realidade, não seria o caso de analisar ou não a derrogação desse critério, mas estudar e entender as garantias de iguais liberdades e oportunidades por meio da tributação extrafiscal. De toda forma, a grande maioria, dentre eles Misabel Derzi e Sacha Calmon, é favorável à possibilidade de afastar o critério da capacidade contributiva para que dê lugar a outros critérios constitucionalmente válidos.

Segundo Godoi, "a própria Constituição Federal define discrimens descolados da capacidade econômica, como no caso das imunidades garantidoras da liberdade religiosa e da convivência harmônica entre os entes federados".[14]

No caso dos tributos extrafiscais especialmente, é possível tratar de forma desigual os contribuintes com a mesma capacidade contributiva, já que o critério de diferenciação não se pauta necessariamente na manifestação de riqueza do sujeito passivo da obrigação tributária, mas no alcance de determinado direito protegido pela Constituição.

O Supremo Tribunal Federal em recente decisão plenária de repercussão geral tratou o tema em análise de forma semelhante:

> A conformação do princípio da isonomia no texto constitucional, sobretudo na vertente tributária, busca autorizar a adoção de medidas discriminativas. O objetivo disso é privilegiar ou onerar determinadas categorias, incentivar ou desestimular determinados comportamentos, ou, ainda, incrementar o desenvolvimento de certas regiões do País. A Constituição cria mecanismos para a promoção da igualdade em sentido material, portanto. A imposição de alíquotas diferenciadas em razão da atividade econômica pode estar fundada nas funções fiscais

---

[14] GODOI, Marciano Seabra de. *Justiça Igualdade e Direito Tributário*. São Paulo: Dialética, 1999. p. 197.

ou extrafiscais da exação. Se fundada na função fiscal, a distinção deve corresponder à capacidade contributiva; se embasada na extrafiscal, deve respeitar a proporcionalidade, a razoabilidade bem como o postulado da vedação do excesso.[15]

O excerto pode dar a entender que a capacidade contributiva é restrita à norma tributária fiscal, o que não é verdade. A depender do caso concreto e da finalidade da norma extrafiscal, a capacidade contributiva poderia sim ser um dos critérios delimitadores da isonomia tributária, como analisado no próximo capítulo.

A questão é que essa observância não é de antemão obrigatória. Por outro lado, todo e qualquer tributo deve respeitar o mínimo existencial e não causar efeito confiscatório, como evidenciam Schoueri e Godoi, por serem máximas decorrentes da dignidade humana e da solidariedade social. No caso da extrafiscalidade, entende-se que a vedação ao efeito confiscatório significa a impossibilidade de tributação dos fatos indicativos de capacidade econômica de maneira abusiva, isto é, desvinculada dos valores constitucionais coletivos.

Isso demonstra que a capacidade contributiva, além de não ser o único critério da isonomia tributária, não é o principal, pois a fiscalidade não é a principal função do tributo. O que se poderia argumentar, em contrapartida, é que a capacidade contributiva relativa é parâmetro que permeia toda norma tributária, independentemente de sua função. Com essa ponderação, passa-se a estudar os critérios válidos de isonomia dos tributos extrafiscais.

4 O caso específico dos tributos extrafiscais

Ao analisar a isonomia no âmbito das normas tributárias extrafiscais, André Folloni[16] percebe a diferenciação dos contribuintes em duas classes: os destinatários da norma, que são aqueles que não adotavam a conduta que se intenta estimular ou que adotavam a conduta que se intenta coibir; e os não destinatários, que são aqueles que já adotavam o comportamento desejado constitucionalmente e que por isso não serão diretamente atingidos.

---

[15] BRASIL. SUPREMO TRIBUNAL FEDERAL. RE 656089/MG, Rel. Min. Dias Toffoli, julgamento em 6.6.2018. Disponível em: http://portal.stf.jus.br/processos/detalhe.asp?incidente=4136181. Acesso em: 20 abr. 2019.

[16] FOLLONI, André. Isonomia na Tributação Extrafiscal. *In: Revista Direito GV*, São Paulo, n. 10 (1). p. 201-220, jan./jun. 2014. p. 208.

Para ele, a isonomia deve ser observada tanto na separação dessas duas classes quanto no tratamento intraclasse.

Misabel Derzi, lembrando que as normas extrafiscais podem possuir um viés positivo ou negativo, procura complementar essa ideia. A extrafiscalidade positiva ou premial é aquela que estimula um comportamento adequado via um prêmio, por exemplo, uma isenção, alíquotas menores, redução da base de cálculo, crédito presumido. Nesse caso, são tratados de maneira especial os contribuintes aptos a realizar objetivos constitucionalmente erigidos, como por exemplo o desconto do valor do IPTU ao cidadão que instalar telhado verde em seu imóvel urbano auxiliando a efetivação da política municipal ambiental.

Já no caso da extrafiscalidade negativa, que busca punir comportamentos danosos e inadequados, os destinatários do tributo são aqueles inaptos a se adequar ao interesse público, como ocorre no IPTU progressivo no tempo que visa proteger a função social da propriedade nos moldes delineados pelo Plano Diretor.

Assim, em alguns casos, como o da extrafiscalidade negativa, para que os seres da mesma categoria essencial, os intraclasse, recebam tratamento isonômico, a capacidade contributiva poderá ser um critério útil.

Se a norma extrafiscal impõe maior ônus tributário aos contribuintes que não cumprem a função social do seu imóvel, todos os destinatários devem ser igualmente atingidos, o que implica uma oneração tal que não permita aos contribuintes de maior capacidade contributiva internalizar esse custo e manter a conduta inadequada.

Como já discutido, a igualdade não se baseia apenas na ideia kelseniana de que todos devem se subsumir às consequências da lei. Se fosse assim, o fato do destinatário pagar o tributo agravado seria suficiente, o que parece absurdo, até mesmo porque se a norma é extrafiscal a intenção não é arrecadatória, mas efetivamente induzir condutas condizentes com políticas públicas constitucionais.

Segundo Schoueri,[17] a capacidade contributiva pode garantir que alguns contribuintes não sejam "mais induzidos" que outros, justificando um tratamento diferenciado intraclasse.

Outros critérios intraclasse também são válidos como o nível de gravidade do descumprimento da função social determinado pela localização/destinação do imóvel em questão.

---

[17] SCHOUERI, Luis Eduardo. *Normas tributárias indutoras e intervenção econômica*. Rio de Janeiro: Forense, 2005. p. 293.

Já o critério interclasse, nesse mesmo caso, é a própria definição de função social para aquela municipalidade em estrita consonância ao Plano Diretor.

Essa reflexão demonstra que os critérios da isonomia do tributo extrafiscal são dos mais variados, justamente porque necessitam estar vinculados à finalidade que a norma pretende alcançar. Finalidade essa que pode ter diversas naturezas, a depender do direito coletivo constitucional que se deseja efetivar (ambiental, urbanístico, social, cultural, educacional, econômico, etc.).

Essa vinculação é tão forte que a validade do parâmetro norteador da isonomia se confunde com a validade da própria norma extrafiscal. Por isso, alguns autores condicionam o uso da regra discriminatória ao teste da razoabilidade, bloqueando exageros que desvirtuem a aplicação justa do tributo, como Godoi[18] e Schoueri.[19]

O último autor melhor detalha sua análise ao explanar que o exame do caso concreto se submete concomitante à razoabilidade e a proporcionalidade. Isso significa que os critérios utilizados devem ser: meios adequados à orientação finalística do tributo extrafiscal; necessários considerando os direitos que restringe, de maneira que o mesmo resultado não poderia ser atingido por meios alternativos menos gravosos; proporcional em relação aos efeitos que produz, isto é, deve haver proporcionalidade entre o que justifica a discriminação e a restrição de direitos que ela produz.[20]

Na realidade esse tipo de teste ou condição de validade não é exclusivo da norma tributária extrafiscal, mas aplicável a qualquer norma pertencente ao ordenamento jurídico de um Estado Democrático de Direito.

De todo modo, a questão é que, ainda que óbvio, esse acompanhamento do caso concreto geralmente não é feito. Não há uma aferição dos efeitos isonômicos da norma extrafiscal pela Administração Pública. Os critérios são idealizados aprioristicamente no momento de formulação da lei e a partir daí aplicados, presumindo-se que os resultados serão compatíveis com o que se imaginou.

---

[18] GODOI, Marciano Seabra de. *Justiça Igualdade e Direito Tributário*. São Paulo: Dialética, 1999. p. 196.

[19] SCHOUERI, Luis Eduardo. *Normas tributárias indutoras e intervenção econômica*. Rio de Janeiro: Forense, 2005. p. 292.

[20] SCHOUERI, Luis Eduardo. *Normas tributárias indutoras e intervenção econômica*. Rio de Janeiro: Forense, 2005. p. 294.

Portanto, ainda que se faça o teste da proporcionalidade de forma abstrata, não se pode controlar os resultados concretos, por vezes contrários à igualdade. É o que José Afonso da Silva leciona, concluindo que a abstração metafísica é insuficiente.[21]

Ademais, é preciso deixar claro que o fato de a norma extrafiscal atingir sua finalidade não significa automática efetivação da isonomia. Se a União reduz o IPI de indústrias localizadas em São Paulo que direcionam seus dejetos sólidos para a reciclagem, ainda que todos os contribuintes adotem essa conduta reduzindo drasticamente o lixo do estado que mais gera resíduos sólidos no Brasil, a regra discriminadora seria inconstitucional por tratar desigualmente indústrias localizadas em diferentes estados, conferindo ainda vantagem competitiva às paulistas em razão da redução do imposto indireto.

Ou, no caso da União isentar do Imposto de Renda as pessoas físicas que assumem a guarda de adolescente que se encontra institucionalizado em casa de acolhimento. Se na prática, as assistentes sociais da vara da infância e juventude permitem que apenas pessoas heterossexuais peguem a guarda desses adolescentes, mesmo que zere o número de adolescentes institucionalizados, o critério é insuficiente para garantir o tratamento isonômico dos contribuintes, privilegiando os heterossexuais.

Dessa forma, é possível constatar que os critérios norteadores da isonomia aplicada aos tributos extrafiscais são diversificados e devem sempre ter justificativa constitucional, não configurando um fim em si mesmos, mas um meio proporcional e razoável para atingir a finalidade da norma extrafiscal, o que não quer dizer que com ela se confundem.

Além disso, tais critérios abstratamente formulados não são suficientes para garantir igualdade. Na falta de um acompanhamento dos efeitos concretos do tributo extrafiscal, não há como saber se serão efetivos para garantir isonomia.

5 A inefetividade institucionalizada dos critérios norteadores da isonomia aplicada aos tributos extrafiscais

A inefetividade de institutos e normas jurídicas é tema largamente discutido, porém sem gerar real mudança na condução da máquina que é o Direito.

---

[21] SILVA, José Afonso da. *Curso de Direito Constitucional Positivo*. São Paulo: Malheiros, 2014. p. 224.

A inefetividade é efeito (ou ausência de efeito) que não se confunde com ineficácia. Compreende-se que a última se enquadra tanto na exigibilidade da norma, isto é, no sentido de ter cumprido o processo formal de sua criação, quanto na sua observância por seus destinatários. Já a primeira tem a ver com a compatibilização dos resultados concretos da norma com o seu propósito.

Pelos argumentos até aqui tecidos, no tocante aos critérios que norteiam a isonomia nos tributos extrafiscais, percebe-se maior preocupação com a eficácia dessa norma do que sua efetividade. Isto é, preocupa-se se os critérios são válidos no sentido se se adequarem à Constituição e à finalidade extrafiscal (de maneira razoável e proporcional), sem verificar se na prática houve real tratamento igualitário entre os sujeitos passivos, que é afinal de contas o grande propósito da norma. Essa situação não ocorre por acaso.

Marcelo Neves dedicou obra sobre o assunto, ensaiando os motivos da inefetividade das normas jurídicas em geral. Para ele, o problema está na norma que se manifesta de forma normativo-jurídica, mas serve, primária e hipertroficamente, a finalidades políticas.[22] Como exemplo o autor menciona a legislação álibi, que é utilizada para iludir os cidadãos no sentido de fortificar a confiança no respectivo governo, conferindo aparente solução a um clamor social sem que haja o mínimo de condições de efetivação.

Isso indica que as normas poderiam ser inefetivas propositalmente, ou mesmo que haja um descaso quanto a sua efetividade.

Aliás, em torno da extrafiscalidade paira uma neblina difícil de dissipar que alardeia o risco de captura desse instrumento por interesses secundários e potencial desvirtuamento do tributo e da justiça fiscal.[23] Esse discurso, no entanto, acaba por contribuir para o uso equivocado do instrumento por desvalidar a sua potencialidade em vez de incentivar estudos que orientem a boa aplicação do tributo extrafiscal, o qual, como já defendido antes, tem viés paritário à função fiscal, quiçá majoritário, em termos de democracia participativa.

Paradoxalmente, tal situação se reflete no descaso com a efetividade dos critérios utilizados para gerar isonomia nos tributos extrafiscais. Um descaso que pode gerar benefício acidental ou proposital a determinado grupo, que é exatamente a crítica levantada pela doutrina tributária à extrafiscalidade.

---

[22] NEVES, Marcelo. *A Constitucionalização Simbólica*. São Paulo: WMF Martins Fontes, 2011, p. 30.

[23] GODOI, Marciano Seabra de. Extrafiscalidad y sus límites constitucionales. *Revista internacional de Direito Tributário*, Belo Horizonte, vol. 1, n.1, p. 219-262, jan./jun. 2004.

Não basta a previsão da norma em acordo com o ordenamento jurídico, nem mesmo sua concretização conforme a letra fria do enunciado, pois esses balizadores são aprioristicos, de maneira que não são suficientes para compreender se a isonomia se manifesta concretamente. A desigualdade é mascarada, iludindo o cidadão.

Critérios inefetivos afrontam diretamente os artigos 5º e 150, II, da Constituição Federal, e o efeito mais perverso dessa inefetividade, essencialmente velada, é o empobrecimento da democracia.

Na teoria jurídica, o sentido das normas é trazer justiça à sociedade, conferindo meios para que aqueles hipossuficientes política, social e economicamente possam ter as mesmas condições de saúde, segurança e educação dos demais, para que participem ativamente do desenvolvimento social. Para que se autodeterminem e busquem sua felicidade segundo seus valores e influenciem os rumos da comunidade em que vivem.

Quando normas jurídicas geram desigualdade, tem-se pois um desmantelamento do que deveria ser o sistema do Estado Democrático de Direito. E isso é ainda mais grave, se é que se pode graduar essa gravidade, nas normas tributárias extrafiscais cujo intuito é promover, de forma imediata e direta, políticas públicas para melhor distribuir os recursos escassos entre os cidadãos.

6 Considerações finais

A discussão da isonomia tributária pela doutrina perpassa a ideia da igualdade subdividida em igualdade formal e igualdade material, implicando o estabelecimento de critérios aprioristicos para tratar os iguais de forma igual e os desiguais de forma desigual.

No entanto, tais critérios, ainda que revestidos de eficácia constitucional, são ineficazes, esvaziando a isonomia tributária. O resultado concreto é tão relevante para a garantia da igualdade tal qual a formulação do tributo e sua obediência pela população.

Isso ocorre, em primeiro lugar, em decorrência da própria definição de igualdade utilizada pela doutrina tributarista. Uma definição que divide o indivisível. Que separa o inseparável. Como definir legitimamente quem é o igual e quem é o desigual?

A igualdade tributária significa permitir, por meio do tributo, que todos os cidadãos, contribuintes ou não, tomem suas decisões livremente, que sejam tratados com igual respeito e consideração. E isso não pode ser auferido por critérios diferenciadores abstratos e aprioristicos. Obviamente, a esses critérios somente poderá ser realizado o teste da eficácia. O teste da efetividade depende do acompanhamento dos resultados. E como verificar esses resultados? As consequências de uma norma são das mais variadas e muitas vezes incontroláveis. Como a estrutura administrativa vigente faria esse controle de resultados e com base em quê?

Nesse sentido, o presente trabalho buscou demonstrar que qualquer critério apriorístico de isonomia tributária nasce para ser inefetivo. E esse simbolismo normativo é ainda mais forte nos tributos extrafiscais cujos critérios podem ser dos mais diversos (mesmo que lastreados na Constituição). Existe um círculo vicioso entre a concepção de que os tributos extrafiscais são um perigo à justiça fiscal e o esforço velado para que os seus critérios isonômicos não sejam efetivos.

A ausência de estudos específicos contribui para a estrutura simbólica que viola a democracia ao permitir desigualdades na aplicação da extrafiscalidade, um instrumento com a potencialidade de, ao contrário, enaltecer a participação do cidadão nos rumos do desenvolvimento da sociedade.

Referências

BALEEIRO, Aliomar. *Limitações constitucionais ao poder de tributar*. Atualizado por Misabel Abreu Machado Derzi. Rio de Janeiro: Forense, 2010.

BRASIL. *Supremo Tribunal Federal*. RE 656089/MG, Rel. Min. Dias Toffoli, julgamento em 6.6.2018. Disponível em: http://portal.stf.jus.br/processos/detalhe.asp?incidente=4136181. Acesso em: 20 abr. 2019.

CARAVELLI, Flávia Renata Vilela. *Extrafiscalidade*: (re)construção conceitual no contexto do Estado Democrático de Direito. Belo Horizonte: Arraes Editores, 2015.

DERZI, Misabel de Abreu Machado. *Direito Tributário, Direito Penal e Tipo*. São Paulo: Revista dos Tribunais, 2007.

FOLLONI, André. Isonomia na Tributação Extrafiscal. *In: Revista Direito GV*, São Paulo, n. 10, (1), p. 201-220, jan./jun. 2014.

GODOI, Marciano Seabra de. Extrafiscalidad y sus límites constitucionales. *Revista internacional de Direito Tributário*, Belo Horizonte, vol. 1, n. 1 p. 219-262, jan./jun. 2004.

GODOI, Marciano Seabra de. *Justiça Igualdade e Direito Tributário*. São Paulo: Dialética, 1999.

NEVES, Marcelo. *A Constitucionalização Simbólica*. São Paulo: WMF Martins Fontes, 2011.

OMMATI, José Emílio Medauar. *Uma Teoria dos Direitos Fundamentais*. Rio de Janeiro: Lumen Juris, 2019.

SCHOUERI, Luis Eduardo. *Direito Tributário*. São Paulo: Saraiva, 2017.

SCHOUERI, Luis Eduardo. *Normas tributárias indutoras e intervenção econômica*. Rio de Janeiro: Forense, 2005.

SILVA, José Afonso da. *Curso de Direito Constitucional Positivo*. São Paulo: Malheiros, 2014.

Informação bibliográfica deste texto, conforme a NBR 6023:2018 da Associação Brasileira de Normas Técnicas (ABNT):

BRANDÃO, Virginia Junqueira Rugani. A (in)efetividade da isonomia aplicada aos tributos extrafiscais. *In*: SARAIVA FILHO, Oswaldo Othon de Pontes; SIQUEIRA, Julio Homem de; BEDÊ JÚNIOR, Américo; FABRIZ, Daury César; SIQUEIRA, Junio Graciano Homem de; CUNHA, Ricarlos Almagro Vitoriano (Coord.). *Limitações materiais ao poder de tributar*. Belo Horizonte: Fórum, 2022. p. 149-163. (Coleção Fórum Princípios Constitucionais Tributários - Tomo III) ISBN 978-65-5518-314-6.

A IMUNIDADE DOS PRODUTOS E SERVIÇOS ESTRATÉGICOS

OSWALDO OTHON DE PONTES SARAIVA FILHO

A Constituição Federal, no seu artigo 155, §3º, com a redação dada pela Emenda Constitucional nº 33, de 11 de dezembro de 2001,[1] estabelece uma imunidade específica parcial, ao dispor que, à exceção dos impostos sobre operações relativas à circulação de mercadorias e sobre prestações de serviços de transporte interestadual e intermunicipal e de comunicação, ainda que as operações e as prestações se iniciem no exterior (ICMS), sobre importação (II) e exportação (IE), nenhum outro *imposto* poderá incidir sobre *operações relativas* a energia elétrica, serviços de telecomunicações, derivados de petróleo, combustíveis e minerais do País.

A teleologia dessa imunidade é evitar excessiva oneração de impostos sobre os serviços ou produtos identificados, possibilitando assim a redução dos custos e, consequentemente, diminuição para os consumidores dos respectivos preços ou tarifas.

Esta imunidade do §3º do art. 155 é objetiva, não subjetiva, à semelhança da imunidade genérica de impostos do livro, jornal e periódico e do papel destinado a sua impressão (CF, art. 150, VI, "d"), vale

---

[1] CF, "Art. 155 ... §3º À exceção dos impostos de que tratam o inciso II do *caput* deste artigo e o art. 153, I e II, *nenhum outro imposto* poderá incidir sobre *operações* relativas a energia elétrica, serviços de telecomunicações, derivados de petróleo, combustíveis e minerais do País." (Redação dada pela EC nº 33/2001).

explicar, protege da incidência de impostos, além dos três destacados, cada operação relativa a energia elétrica serviços de telecomunicações, derivados de petróleo , combustíveis e minerais do País.

Protege ela objetivamente a coisa ou a situação apta ao fim, sem referir-se à pessoa ou à entidade.[2]

A versão original desse preceptivo constitucional gerou acalorada controvérsia, uma vez que expressava a autorização de incidência de três impostos (ICMS, II e IE) e estabelecia a imunidade em relação a *outros tributos* no que concerne, exclusivamente, às operações relativas a energia elétrica, combustíveis líquidos e gasosos, lubrificantes e minerais do País.[3] [4]

A Emenda Constitucional nº 3, de 1993, apenas incluiu, no §3º do artigo 155, os serviços de telecomunicações entre os beneficiados por esta imunidade,[5] com o evidente propósito de estimular a não mais poder, há época, a privatização desse setor de atividade econômica.

Apesar dessas duas primeiras redações do §3º do artigo 155 da Constituição da República estarem um tanto confusas, tive oportunidade de defender a constitucionalidade da incidência de contribuições para a seguridade social sobre o faturamento das empresas – FINSOCIAL, PIS, COFINS –, tendo engendrado os seguintes argumentos:[6] [7] [8]

---

[2] BALEEIRO, Aliomar. *Limitações Constitucionais ao poder de tributar*. 8. ed. Rio de Janeiro: Forense, 2010, p. 577.

[3] A redação original do §3º do art. 155 da CF/1988 era a seguinte: "À exceção dos impostos de que tratam o inciso I, "b", do *caput* deste artigo e o art. 153, I e II, *nenhum outro tributo* poderá incidir sobre *operações* relativas a energia elétrica, combustíveis líquidos e gasosos, lubrificantes e minerais do País".

[4] Por ocasião do julgamento do RE 391.623, a 1ª turma do STF, rel. Min. Marco Aurélio, ao analisar a imunidade, entendida como linear, relativa às operações com energia elétrica, à luz da redação primitiva do art. 155, §3º, da CF de 5.10.1988, decidiu que descabe afastar da imunidade a Taxa de Licença e Verificação Fiscal alusiva à fixação de postes ao solo visando à sustentação da rede elétrica (julgamento em 2.12.2010, *DJe* de 3.3.2011).

[5] A redação pretérita do §3º do art. 155, da CF, com redação dada pela EC nº 3/1993 era a seguinte: "À exceção dos impostos de que tratam o inciso II do *caput* deste artigo e o artigo 153. I e II, *nenhum outro tributo* poderá incidir sobre *operações* relativas a energia elétrica, serviços de telecomunicações, derivados de petróleo, combustíveis e minerais do País".

[6] Cf. texto básico da palestra proferida pelo autor no Congresso da Associação Brasileira de Direito Tributário – ABRADT, em Belo Horizonte/MG. *In*: SARAIVA FILHO, Oswaldo Othon de Pontes. A imunidade do art. 155, §3º, da Constituição Federal e as contribuições sobre faturamento. *In*: *Revista da Associação Brasileira de Direito Tributário*, Belo Horizonte, n. 1, p. 203-208, 1998.

[7] SARAIVA FILHO, Oswaldo Othon de Pontes. Contribuições sobre o faturamento: serviços e produtos estratégicos. *In*: *Revista da Associação Brasileira de Direito Tributário*, n. 5/6, p. 199-208, jan./ago. 2000.

[8] SARAIVA FILHO, Oswaldo Othon de Pontes. Imunidade tributária, in "Imunidades tributárias: pesquisas tributárias nova série 4", *In*: MARTINS, Ives Gandra da Silva (Coord.). *Imunidades tributárias*: pesquisas tributárias nova série nº 4. São Paulo: Revista dos Tribunais Centro de Extensão Universitária, 1998, p. 335-362.

i) a imunidade parcial específica é sobre as operações relativas aos mencionados produtos e serviços estratégicos, ou seja, sobre cada negócio, como a compra e venda; não sendo subjetiva, ou seja, não alcança o lucro ou faturamento das empresas;[9] [10]

ii) se quisessem o constituinte originário e o derivado (da EC nº 3/1993) abranger as contribuições para a seguridade social sobre o faturamento das empresas, teriam utilizado a expressão "nenhum outro tributo ou contribuição" – e não apenas "nenhum outro tributo" –, pois, embora as contribuições especiais tenham a natureza jurídica tributária, tanto a Constituição quanto a legislação infraconstitucional não as chamam de tributos, mas de contribuições, como sucede, por exemplo, na redação do final do §6º do artigo 150 da Lei Maior, onde está escrito "Qualquer subsídio ou isenção, redução de base de cálculo, concessão de crédito presumido, anistia ou remissão, relativos a impostos, taxas ou contribuições, só poderá ser concedido mediante lei específica, federal, estadual ou municipal, que regule exclusivamente as matérias acima enumeradas ou o correspondente *tributo* ou *contribuição*"...[11]

---

[9] A 1ª Turma do STF, no julgamento do RE 170.717/PR, rel. Min. Sepúlveda Pertence, deixou patenteado que, malgrado configurasse na Constituição pretérita de 1967/1969 imposto da competência residual da União incidente sobre o faturamento de empresas vendedoras de mercadorias, a contribuição do Finsocial já não estava coberta pela imunidade objetiva, como é a imunidade de livros, jornais e periódicos, isto porque a imunidade objetiva não protege o lucro e a receita bruta da empresa, a qual, embora produto global de sua comercialização, não se confunde com a circulação de mercadorias, nem repercute, por natureza, sobre o preço de venda (*DJ* 8.5.1998).

[10] Na doutrina, Marco Aurélio Greco corrobora: "O ICMS é tipicamente um imposto que leva em consideração a realização de negócios jurídicos ou operações vistas sob a perspectiva de seu encadeamento sucessivo num ciclo econômico, daí afirmar-se que o ICMS tem por pressuposto de fato este ciclo. PIS e COFINS, porém, incidem em função da receita obtida em decorrência de determinadas operações ou negócios. Receita é realidade distinta de negócio jurídico. Os negócios jurídicos podem encadear-se num ciclo; a receita é realidade exclusiva da empresa isoladamente considerada. A receita não está no *ciclo* nem se desdobra em etapas. O pressuposto de fato do PIS e COFINS é algo que se volta única e exclusivamente à pessoa jurídica que aufere receita. Em suma, à vista do exposto, entendo que a norma do §3º do art. 155 da CF/88 não alcança as contribuições sociais incidentes sobre o faturamento das entidades ali enumeradas, ... porque pressuposto de fato e fato gerador da contribuição ao PIS e à COFINS não operações, mas a receita delas decorrentes." (Imunidade tributária. *In*: MARTINS, Ives Gandra da Silva (Coord.). *Imunidades tributárias*: pesquisas tributárias nova série nº 4. São Paulo: Revista dos Tribunais e Centro de Extensão Universitária, 1998, p. 720 e 721.)

[11] Da mesma forma, o art. 179 da Carta Política repisa nessa distinção e na firme disposição do constituinte de não chamar as contribuições especiais de tributos, embora estas sejam tributos parafiscais, ao autorizar que a lei estabeleça um tratamento jurídico diferenciado

iii) a expressão "nenhum outro tributo", em verdade, sempre significou "nenhum outro imposto", tendo o constituinte procurado, por questão de estética linguística, evitar seguidas repetições da palavra imposto;[12]

iv) a Constituição, no seu §3º do artigo 155, na redação anterior à EC nº 33/2001, quando utilizava a expressão "nenhum outro tributo", estava, nitidamente, apenas se referindo aos tributos fiscais, tradicionais e comuns, destinados a atender as necessidades fundamentais do Estado (CF, art. 145, *caput*; CTN, art. 5º), não tendo pretendido alcançar as contribuições especiais ou parafiscais (CF, art. 149, 195 e 239), ainda que estas exações sejam consideradas espécies tributárias, certamente, não estão contidas na concepção restrita de tributo, já que são tributos *lato sensu* parafiscais, destinados a custear necessidades de interesse público, mas que não são encargos inerentes ao Estado, tendo merecido essa modalidade tributária disciplina constitucional peculiar;[13] [14]

v) diante do princípio da solidariedade das contribuições para a seguridade social – o *caput* do artigo 195 da Constituição Federal reza que a seguridade social será financiada por toda a sociedade –, da capacidade contributiva (CF, art. 145, §1º), da igualdade no tratamento tributário (art. 150, II), não sendo aceitável, nesse quadro, que, por exemplo, o garimpeiro tivesse que arcar com a contribuição previdenciária, enquanto que

---

para as microempresas e empresas de pequeno porte, visando incentivá-las, pela simplificação, eliminação ou redução, inclusive, de *obrigações tributárias* e, diz a Lei Maior, *previdenciárias.*

[12] Buscou o constituinte prestigiar o estilo, embora em detrimento do verdadeiro conteúdo. AMARO, Luciano da Silva reforça: "não há dúvida de que fica mais elegante dizer *à exceção dos impostos de que tratam..., nenhum outro tributo...* ao invés de *à exceção dos impostos de que tratam ..., nenhum outro imposto..."* (Algumas questões sobre a imunidade tributária. *In*: MARTINS, Ives Gandra da Silva (Coord.). *Imunidades tributárias*: pesquisas tributárias nova série nº 4. São Paulo: Revista dos Tribunais e CEU, 1998, p. 152 a 153).

[13] O tratamento diferenciado e específico das contribuições para a seguridade social é reforçado pelo fato de o orçamento da seguridade social ser apartado do orçamento fiscal, com ele não se confundindo (CF, art. 165, §5º, incisos I e III).

[14] Chamamos à atenção, também, que o art. 150, I, da CF, estabelece que *nenhum tributo poderá ser instituído ou aumentado sem lei.* Pode se entender que a palavra *tributo* aí abrangeria os tributos fiscais e os tributos parafiscais (contribuições), mas, no caso, é diferente, pois se trata do princípio da legalidade, norma geral para casos gerais, regra matriz, diretriz e informadora de todo sistema constitucional tributário, o que não sucede com a regra do §3º do art. 155, da CF, que, como outras, veicula norma específica, definidora de competência tríplice de impostos e de não competência tributária.

grandes empresas mineradoras (como a Usiminas) fossem exoneradas de contribuições para a seguridade social.

O Supremo Tribunal Federal, antes da edição da Emenda Constitucional nº 33/2001 já havia pacificado essa controvérsia, tendo editado a Súmula nº 659, com o seguinte teor: "É legítima a cobrança da Cofins, do PIS e do Finsocial sobre as operações relativas a energia elétrica, serviços de telecomunicações, derivados de petróleo, combustíveis e minerais do país".[15] [16]

De modo que a redação dada pela Emenda Constitucional nº 33/2001, na prática, apenas estabeleceu melhor redação ao preceito constitucional do §3º do artigo 155, aperfeiçoando sua redação com a assentada jurisprudência do Pretório Supremo.

Tal imunidade cria uma espécie de exclusividade de exigência dos três impostos destacados restritivamente em relação às operações mercantis em si mesmas com os determinados produtos e serviços estratégicos da economia, consideradas a produção, a importação, a compra e venda, ou o consumo deles, sem que possa ser esticada a outras situações fáticas ou a outras operações efetuadas pela empresa produtora dessas mercadorias ou prestadoras desses serviços.[17]

Esta imunidade, da mesma forma que as imunidades genéricas do inciso VI, do artigo 150, da Constituição da República, só favorece a não incidência de impostos outros que não o ICMS,[18] o II e o IE, em relação a cada operação com os enumerados serviços e produtos, de modo que não estão vedadas as exigências até mesmo sobre as operações dos serviços e produtos estratégicos de contribuições especiais, por exemplo, as contribuições para a seguridade social, como a CSLL, o PIS e a COFINS, a contribuição previdenciária, ou relativas à intervenção da União no domínio econômico, como a CIDE-Combustíveis, taxas

---

[15] Nesse diapasão, cf. STF-Pleno. RREE 227.832, 230.337, 233.807, e RE 205.355 AgR, julgamentos de 1º.7.1999, rel. Min. Carlos Velloso, *DJ* de 28.6.2002.

[16] Cf. comentário sobre essa assentada jurisprudência do STF: SARAIVA FILHO, Oswaldo Othon de Pontes. Contribuições sobre o faturamento: serviços e produtos estratégicos. *In: Revista da Associação Brasileira de Direito Tributário*, n. 5/6, p. 199-208, jan./ago. 2000.

[17] Nesse sentido, o voto condutor do Min. Maurício Corrêa, quando do julgamento, pela 2ª Turma do STF, do RE 216.286/PR, *DJ* 24.8.2001, quando foi julgada constitucional a incidência do IPMF sobre a movimentação financeira decorrente de operações de produtos e serviços elencados no §3º do art. 155, da CF.

[18] Enfrentando o mérito do RE 593.824, com repercussão geral, Tema 176, rel. min. Edson Fachin, j. 27.4.2020, *DJe* de 19.5.2020, decidiu o Pleno do STF que a potência elétrica não é passível, por si só, de tributação via ICMS, porquanto somente integram a base de cálculo desse imposto os valores referentes àquelas operações em que haja efetivo consumo de energia elétrica pelo consumidor.

pelo exercício do poder de polícia ou por prestação de serviço público compulsório relacionado com essas atividades econômicas ou com as empresas que lidam com elas.[19]

Destarte, outros tributos, que não outros impostos além dos três especificados, ou outras realidades, que não as operações com os produtos ou serviços identificados, não se encontram amparados pela imunidade em comento.

Ademais, a nova redação dada ao §3º do artigo 155 da Lei Suprema, pela Emenda Constitucional nº 33/2001, clareou o espaço para a incidência da contribuição sobre intervenção no domínio econômico sobre operações com combustíveis, nos termos da alínea "a" do inciso III do §2º do artigo 149[20] e do §4º do artigo 177,[21] preceptivos acrescentados pela mesma emenda constitucional.

Ressalte-se que não estão, obviamente, excluídos por essa imunidade impostos que nascem de outros fatos econômicos, por exemplo, o imposto sobre a renda e proventos de qualquer natureza, os impostos sobre propriedade de imóveis, o imposto sobre transmissão de bens imóveis por ato oneroso entre pessoas vivas, as contribuições para a seguridade social ou relativas à intervenção da União no domínio econômico, taxas etc.[22]

Para encimar, cumpre realçar que o Supremo Tribunal Federal, ainda que com base na redação primitiva do §3º do artigo 166, da Carta Política de 1988, teve oportunidade para definir que os produtos finais, como, por exemplo, sacos e embalagens plásticos, lixeiras etc., não são

---

[19] Por ocasião do julgamento da ADI nº 4.447/DF, o STF, por maioria de votos, diante da imunidade estabelecida pelo §3º do artigo 155, da CF, com redação anterior à da Emenda Constitucional nº 33/2001, decidiu pela inconstitucionalidade da denominada Taxa de Conservação Rodoviária, criada pela Lei nº 8.155, de 28.12.1990, mas no caso era diferente, pois a Excelsa Corte observou que a referida taxa incidia efetivamente sobre as operações relativas a combustíveis, mais precisamente sobre o próprio contrato de compra e venda de combustíveis para circulação rodoviária.

[20] CF, "Art. 149 ... §2º As contribuições sociais e de intervenção no domínio econômico de que trata o *caput* deste artigo ... III – Poderão ter alíquotas: a) *ad valorem*, tendo por base o faturamento, a receita bruta, ou o valor da operação e, no caso de importação, o valor aduaneiro".

[21] CF, "Art. 177... §4º A lei que instituir contribuição de intervenção no domínio econômico relativa às atividades de importação ou comercialização de petróleo e seus derivados, gás natural e seus derivados e álcool combustível...".

[22] O STF, em interpretação restritiva da imunidade, tem entendido que os serviços de transporte de minerais não foram abrangidos pela limitação expressa do §3º do art. 155 da CF (STF-2ª Turma, RE 170.784/MG, rel. do Acórdão Min. Nelson Jobim, *DJ* 4.8.2006. "EMENTA: CONSTITUCIONAL. TRIBUTÁRIO. ISS. IMUNIDADE. Serviços de transporte de minerais. CF, art. 155, §3º. Normas constitucionais concessivas de benefício. Interpretação Restritiva. Recurso improvido").

derivados do petróleo, mas sim os seus elementos – como o polietileno – utilizados para a fabricação deles, não sendo, pois, esses produtos acabados beneficiados pela imunidade parcial objetiva do §3º do artigo 155 da Constituição Federal.[23]

Informação bibliográfica deste texto, conforme a NBR 6023:2018 da Associação Brasileira de Normas Técnicas (ABNT):

SARAIVA FILHO, Oswaldo Othon de Pontes. A imunidade dos produtos e serviços estratégicos. *In*: SARAIVA FILHO, Oswaldo Othon de Pontes; SIQUEIRA, Julio Homem de; BEDÊ JÚNIOR, Américo; FABRIZ, Daury César; SIQUEIRA, Junio Graciano Homem de; CUNHA, Ricarlos Almagro Vitoriano (Coord.). *Limitações materiais ao poder de tributar*. Belo Horizonte: Fórum, 2022. p. 165-171. (Coleção Fórum Princípios Constitucionais Tributários - Tomo III) ISBN 978-65-5518-314-6.

---

[23] STF-1ª Turma. AI 199.516/BA, rel. Min. Moreira Alves, in *DJ* 24.10.1997.

IMUNIDADE TRIBUTÁRIA NAS EXPORTAÇÕES: OPERAÇÕES *BACK TO BACK*

LUCAS BEVILACQUA

MICHELL PRZEPIORKA

Introdução

No atual ambiente internacional, em que prevalecem cadeias globais de valor (*global value chains*) e alguns países se especializam em determinadas etapas da cadeia produtiva, a integração de serviços nacionais à indústria estrangeira é costumeira, sendo fundamental a compreensão do *princípio do país de destino* também no fluxo internacional de bens e serviços.[1]

Nesse cenário, o princípio do país de destino deve orientar a tributação sobre o consumo e na interpretação dos meios para conformá-lo na prática como a imunidade prevista para a exportação. Este artigo se dedica então à compreensão da imunidade das exportações e à avaliação de sua aplicação às operações de *back to back*.

Para tanto, descreveremos a imunidade na exportação e sua interação com o princípio do destino, para, em seguida, descrevermos

---

[1] BEVILACQUA, Lucas. *Incentivos fiscais às exportações:* desoneração da tributação indireta na cadeia exportadora e concorrência fiscal internacional. Rio de Janeiro: Lumen Juris, 2018, p. 10.

a operação de *back to back* e a visão que a Receita Federal do Brasil possui acerca desta.

1 Imunidades na exportação: conformação ao princípio do país de destino

Em decorrência da expansão das operações transfronteiriças e o potencial risco de estas estarem sujeitas a bitributação[2] ou pluritributação,[3] desenvolveu-se o princípio da territorialidade, segundo o qual, a tributação de determinada manifestação de riqueza por um Estado demanda a existência de um elemento de conexão entre o Estado e esta riqueza. Ou, nas palavras de Rodrigo Maito, "os elementos de conexão são justificativas ao poder de tributar".[4]

Segundo Alberto Xavier, "o elemento da previsão normativa, determinando a "localização" de uma situação da vida num certo ordenamento tributário, tem como efeito típico determinar o âmbito de aplicação das leis desse ordenamento a essa mesma situação".[5]

O princípio do destino, explica Schoueri, é uma manifestação do princípio da territorialidade na tributação sobre o consumo, atribuindo a competência tributária exclusivamente ao país destinatário do serviço ou da mercadoria.[6] Com efeito, dois são os critérios normalmente utilizados para permitir a tributação indireta nas operações transnacionais, de um lado, o princípio do destino, de outro, o princípio da origem.[7] Nas palavras de Tilbery:

> i) na vigência do princípio do país destinatário, todas as mercadorias consumidas no mesmo país ficam sujeitas à mesma carga tributária, sem distinção de sua origem;

---

[2] Segundo Xavier, com respaldo na teoria das quatro identidades desenvolvidas por Spitaler e Guggenheim, para que ocorra dupla tributação jurídica "seria necessária, em princípio, a justaposição das hipóteses de incidência das normas tributárias em concurso, considerando todos os critério, aspectos ou elementos em que os tipos legais se podem decompor" (XAVIER, Alberto. *Direito Tributário Internacional do Brasil.* 8. ed. Rio de Janeiro: Forense, 2015, p. 25).

[3] TÔRRES, Heleno Taveira. *Pluritributação internacional sobre as rendas de empresas.* 2. ed. São Paulo: Revista dos Tribunais, 2001, p. 374-375.

[4] SILVEIRA, Rodrigo Maito. *Tributação e concorrência.* São Paulo: Quartier Latin, 2011, p. 321.

[5] XAVIER, Alberto. *Direito Tributário Internacional do Brasil.* 8. ed. Rio de Janeiro: Forense, 2015, p. 213.

[6] SCHOUERI, Luís Eduardo. Princípios no Direito Tributário Internacional: territorialidade, fonte e universalidade. *In:* FERRAZ, Roberto. *Princípios e limites da tributação,* v. 1. São Paulo: Quartier Latin, 2005, p. 341.

[7] SCHOUERI, Luís Eduardo. *Direito Tributário.* 9. ed. São Paulo: Saraiva, 2019, p. 501.

ii) na vigência do princípio do país de origem, pelo contrária, todas as mercadorias da mesma origem ficam gravadas com a mesma carga tributária, não importando o seu destino.[8]

Em outras palavras, o princípio do destino prescreve que as riquezas devem ser tributadas exclusivamente pelo país do não residente, significa dizer, pelo país em que se realiza a importação.[9] [10]

Sem nos aprofundarmos nos fundamentos para adoção de um ou de outro princípio,[11] verifica-se que as regras contidas no bojo da Constituição Federal de 1988 indicam a adoção do princípio do destino como elemento orientador da tributação indireta em operações internacionais.

Insistimos que o princípio do destino "não autoriza pretender a desoneração das exportações de toda e qualquer incidência tributária, (...) contempla exclusivamente a tributação indireta do processo produtivo".[12] Sua aplicação pressupõe, na exportação, portanto, o "reembolso de todos os impostos que onerarem os bens nas diversas fases de produção e de transformação, até a exportação".[13]

---

[8] TILBERY, Henry. *Tributação e Integração da América Latina*. São Paulo: Bushatsky, 1971, p. 20.

[9] BEVILACQUA, Lucas. *Incentivos fiscais às exportações*: desoneração da tributação indireta na cadeia exportadora e concorrência fiscal internacional. Rio de Janeiro: Lumen Juris, 2018, p. 177.

[10] Não é à toa que em estudo comparado H. Tôrres identificou que "segundo o regime tributário vigente na União Européia, as operações típicas de exportação de bens conferem aos sujeitos produtores dos bens ou responsáveis pela exportação dois direitos subjetivos bem marcados: i) nãoincidência tributária e, ao mesmo tempo, ii) reconhecimento do direito de devolução dos tributos incidentes nas distintas operações de aquisições de bens ou tomadas de serviços para obter o produto a ser exportado como resultado. Assim, os países exportadores não aplicam nenhum imposto e, ao mesmo tempo, devolvem todo o volume de IVA que tenha sido assumido pelo sujeito passivo, em reconhecimento ao princípio de destino, como critério para aplicação de tributos no comércio internacional (TÔRRES, Heleno Taveira. O IVA na Experiência Estrangeira e a Tributação das Exportações no Direito Brasileiro. *Revista Fórum de Direito Tributário – RFDT*, Belo Horizonte, ano 3, n. 16, jul./ ago. 2005, disponível em: http://www.bidforum.com.br/PDI0006.aspx?pdiCntd=30723. Acesso em: 23 maio 2019, tópico: 2 Tratamento do IVA e sua devolução nas exportações.

[11] Segundo Caio Augusto Takao, "visa o princípio do destino à neutralidade e à desoneração da exportação dos serviços, anulando todas as incidências internas anteriores à exportação ou restituindo os montantes pagos em todas as etapas da cadeia de circulação, no caso de se manter a cobrança bem como pela instituição de imposto compensatório, no caso das importações" (TAKANO, Caio Augusto. Tributação sobre o consumo nas importações – neutralidade, competitividade e limitações constitucionais. *Revista Fórum de Direito Tributário – RFDT*, Belo Horizonte, ano 12, n. 67, p. 81-82, jan./fev. 2014.

[12] BEVILACQUA, Lucas. *Incentivos fiscais às exportações*: desoneração da tributação indireta na cadeia exportadora e concorrência fiscal internacional. Rio de Janeiro: Lumen Juris, 2018, p. 48.

[13] TILBERY, Henry. *Tributação e Integração da América Latina*. São Paulo: Bushatsky, 1971, p. 20.

Não se pode objetar que o constituinte decidiu conceder imunidade dos impostos sobre produtos industrializados (IPI),[14] sobre operações relativas à circulação de mercadorias e sobre prestações de serviços de transporte interestadual e intermunicipal e de comunicação (ICMS),[15] e sobre serviços de qualquer natureza (ISS)[16] quando destinados ao exterior.

Dúvidas poderiam pairar quanto à aplicação do princípio do destino às contribuições sociais para o Programa de Integração Social (PIS) e para o Financiamento da Seguridade Social (COFINS). Isto porque, como já salientamos, o princípio do destino orienta a tributação sobre o consumo, e ainda pairam dúvidas quanto à classificação dessas contribuições.

Em que pese eventuais posicionamentos contrários, sustentamos que é justamente o fenômeno da repercussão econômica do PIS e da COFINS no preço dos produtos que o princípio do destino visa combater. Com efeito, é exatamente por essa razão que a legislação tributária prevê não incidência sobre (i) as receitas decorrentes das operações de exportação de mercadorias para o exterior; (ii) prestação de serviço para pessoa física ou jurídica residente ou domiciliada no exterior, cujo pagamento represente ingressos de divisas; e (iii) vendas a empresa comercial exportadora com o fim específico de exportação.

Tais regras, por sua vez, encontram fundamento no princípio da neutralidade tributária, assentado, em nossa Constituição Federal, nos artigos 146-A,[17] 150, II,[18] e 170-IV,[19] que somente se perfectibiliza

---

[14] Art. 153, §3º, III – não incidirá sobre produtos industrializados destinados ao exterior.

[15] Art. 155, §2º, X – não incidirá: a) sobre operações que destinem mercadorias para o exterior, nem sobre serviços prestados a destinatários no exterior, assegurada a manutenção e o aproveitamento do montante do imposto cobrado nas operações e prestações anteriores; (Redação dada pela Emenda Constitucional nº 42, de 19.12.2003).

[16] Art. 156, §3º Em relação ao imposto previsto no inciso III do *caput* deste artigo, cabe à lei complementar: II – excluir da sua incidência exportações de serviços para o exterior. (Incluído pela Emenda Constitucional nº 3, de 1993).

[17] Art. 146-A. Lei complementar poderá estabelecer critérios especiais de tributação, com o objetivo de prevenir desequilíbrios da concorrência, sem prejuízo da competência de a União, por lei, estabelecer normas de igual objetivo (Incluído pela Emenda Constitucional nº 42, de 19.12.2003).

[18] Art. 150, II – instituir tratamento desigual entre contribuintes que se encontrem em situação equivalente, proibida qualquer distinção em razão de ocupação profissional ou função por eles exercida, independentemente da denominação jurídica dos rendimentos, títulos ou direitos.

[19] Art. 170. A ordem econômica, fundada na valorização do trabalho humano e na livre iniciativa, tem por fim assegurar a todos existência digna, conforme os ditames da justiça social, observados os seguintes princípios: V – livre concorrência.

com a desoneração total da cadeia exportadora através da aplicação do método do crédito.[20]

A discussão importa por suas grandes repercussões práticas, por exemplo, na medida em que a aplicação deste princípio ao PIS e à COFINS imbui de maior normatividade os clamores pertinentes aos créditos presumidos na exportação, com o objetivo de assegurar a neutralidade e expurgar os resíduos tributários na cadeia produtiva exportadora.

Nesse sentido, já se manifestou o Supremo Tribunal Federal ao julgar o Recurso Extraordinário nº 627.815/PR de relatoria da Ministra Rosa Weber:

> III – O legislador constituinte – ao contemplar na redação do art. 149, §2º, I, da Lei Maior as "receitas decorrentes de exportação" – conferiu maior amplitude à desoneração constitucional, suprimindo do alcance da competência impositiva federal todas as receitas que resultem da exportação, que nela encontrem a sua causa, representando consequências financeiras do negócio jurídico de compra e venda internacional. A intenção plasmada na Carta Política é a de desonerar as exportações por completo, a fim de que as empresas brasileiras não sejam coagidas a exportarem os tributos que, de outra forma, onerariam as operações de exportação, quer de modo direto, quer indireto.[21]

Por todas essas razões é que o princípio do destino pode se manifestar no ordenamento pátrio através de diferentes categorias técnicas da tributação, entre as quais, a imunidade, a isenção e a não incidência. Particularmente, sustentamos que a desoneração tributária das exportações consiste em regra de imunidade tributária. Para fins desse estudo, imunidade tributária é, no escólio da Professora Regina Helena Costa, a:

> exoneração, fixada constitucionalmente, traduzida em norma expressa impeditiva da atribuição de competência tributária ou extraível, necessariamente, de um ou mais princípios constitucionais, que confere direito público subjetivo a certas pessoas, nos termos por ela delimitados, de não se sujeitarem à tributação.[22]

---

[20] BEVILACQUA, Lucas. *Incentivos fiscais às exportações:* desoneração da tributação indireta na cadeia exportadora e concorrência fiscal internacional. Rio de Janeiro: Lumen Juris, 2018, p. 13.

[21] SUPREMO TRIBUNAL FEDERAL. Recurso Extraordinário nº 627.815 – PR. Relatora Ministra Rosa Weber, Tribunal Pleno, julgado em 23.05.2013, DJe 01.10.2013.

[22] COSTA, Regia Helena. *Imunidades tributárias.* Teoria e análise da jurisprudência do STF. 3. ed. rev., atual. e ampl. São Paulo: Malheiros, 2015, p. 58.

Nessa senda, entendemos que o princípio do destino "é a norma que determina a desoneração da tributação indireta na cadeia exportadora que, por opção do constituinte derivado (ECs nºs 3/1993, 33/2001, 37/2002 e 42/2003), é instrumentalizado através de regras de imunidade tributária".[23]

E, por esse motivo, deve ser interpretada teleologicamente, de modo a emprestar-lhe abrangência maior, com escopo de assegurar à norma supralegal máxima efetividade.[24] Isto não significa, entretanto, que a imunidade deve se estender a operações que não se enquadrem no conceito de exportação abrangido pela Constituição e interpretado conforme o princípio do destino.

Nessa toada, adotando por premissa que as exportações são operações imunes por decorrência da adoção do princípio do destino, passaremos a analisar as operações de *back to back credits* e como o CARF tem decidido acerca da matéria.

2 Operações *back to back* no ordenamento jurídico brasileiro

A operação em tela se torna cada vez mais comum, por inúmeras razões, como a possibilidade de auferir rendas ao mesmo tempo em que reduz seus custos (p. ex. logística, mão de obra, insumos). Segundo Jamily Forner, a transação pode ser utilizada como meio de a empresa brasileira adimplir seus contratos internacionais, em que pese eventuais dificuldades no mercado de câmbio ou "problemas pontuais como, por exemplo, o desabastecimento do produto a ser exportado".[25]

Nessa linha, talvez sua grande vantagem econômica seja a possibilidade de grupos econômicos concentrarem a operação de aquisição em uma pessoa jurídica do grupo, viabilizando ganhos de escala e de eficiência. A operação representa grande eficiência econômica para os grupos multinacionais na medida em que acarretam economias nos custos logísticos próprios do atual modelo de produção baseado em cadeias globais de valor.

---

[23] BEVILACQUA, Lucas. *Incentivos fiscais às exportações:* desoneração da tributação indireta na cadeia exportadora e concorrência fiscal internacional. Rio de Janeiro: Lumen Juris, 2018, p. 61.

[24] SUPREMO TRIBUNAL FEDERAL. Recurso Extraordinário nº 627.815 – PR. Relatora Ministra Rosa Weber, Tribunal Pleno, julgado em 23.05.2013, DJe 01.10.2013.

[25] FORNER, Jamily Sandri. A Natureza das Operações *Back to Back* para Fins de Tributação pelo PIS/Pasep e pela Cofins. *Revista Dialética de Direito Tributário*, São Paulo, n. 202, p. 73, jul. 2012.

As operações *back to back credits* consistem em uma triangulação no comércio internacional de mercadorias, sem trânsito pelo território nacional, em que a aquisição e a entrega da mercadoria ocorrem no exterior por conta e ordem de empresa sediada no Brasil (comprador 1), que realiza pagamento ao vendedor e, em seguida, recebe pagamento pela revenda ao exterior, que corresponde a "ingresso de divisas".

A identificação de sua natureza jurídica, muito mais que mero preciosismo doutrinário, importa pelas diferentes consequências jurídicas que dela advêm. A partir da descrição da operação, em levantamento doutrinário, Bergamini identificou três correntes relativas à natureza jurídica do *back to back*: (i) operação financeira, sujeita apenas ao IOF, PIS e COFINS; (ii) serviços de intermediação, sujeita ao ISS, PIS e COFINS; e (iii) operação de compra e venda simbólica internacional, não sujeita a qualquer tributação, por ser equiparada a uma exportação simbólica.[26]

Em nossa opinião, nenhuma das três opções qualifica adequadamente a operação *back to back credits*. A Constituição é clara ao estabelecer a imunidade para receitas decorrentes de exportação, que, por sua vez, pressupõe a saída do território nacional, não sendo possível a extensão do termo à "saída ficta", em atenção ao próprio princípio do destino.

Em sua leitura, Adolfo Bergamini abstrai do Regulamento Aduaneiro (Decreto nº 6.759/2009) a definição de exportação, qual seja, a "operação que destina fisicamente um bem do Brasil ao exterior e, ainda, que possa ser objeto de RE a ser registrado no Siscomex".[27] A Receita Federal do Brasil, em posicionamento esposado no parecer normativo nº 1/2018, apesar de admitir maior dificuldade quanto à determinação de exportação de serviços, é hialina ao afirmar que "o conceito de exportação é incontroverso se atinente à movimentação de bens físicos (produtos ou mercadorias) que transitam pelas fronteiras de um país".[28]

Caso se entendesse que se trata de exportação ficta, o contribuinte deveria realizar, primeiro, uma importação ficta, submetendo a operação a carga tributária incidente sobre as importações. Isto porque este impõe que haja a tributação na jurisdição de consumo, em oposição à desoneração da exportação.

---

[26] BERGAMINI, Adolpho. *PIS e COFINS*. Coleção Curso de tributos indiretos, vol. II. São Paulo: Fiscosoft editora, 2016, p. 201.

[27] BERGAMINI, Adolpho. *PIS e COFINS*. Coleção Curso de tributos indiretos, vol. II. São Paulo: Fiscosoft editora, 2016, p. 203.

[28] Parecer Normativo COSIT nº 1, de 11 de outubro de 2018. Disponível em http://normas. receita.fazenda.gov.br/sijut2consulta/link.action?visao=anotado&idAto=95763.

Nessa linha, em que pese interpretações de matiz teleológica via de regra levarem a interpretação extensiva do dispositivo de imunidade, como, por exemplo, no caso do livro eletrônico, aqui, interpretando a norma de imunidade voltada as exportações pela perspectiva de sua finalidade, a saber, a consagração do princípio do destino, concluiremos indubitavelmente pela sua inaplicabilidade ao caso.

Com efeito, o princípio do destino se volta a propiciar a igualdade de condições de competitividade das mercadorias produzidas no território nacional no comércio exterior. Do que, não se pode aplicar imunidade própria de exportações para as operações de *back to back*, sob o risco de desvirtuar aquele princípio.

Também discordamos daqueles que qualificam operação de *back to back* como um serviço de intermediação, com o objetivo de aplicar a norma de isenção prevista no art. 5º, I, da Lei nº 10.637/2002[29] e no art. 6º, I, da Lei nº 10.833/2003.[30]

Adotando por premissa que serviço é o resultado de uma atividade regulada pelo direito das obrigações, consistente em uma relação jurídica bilateral que tem como objeto prestações recíprocas, não é possível concluir que as operações de *back to back* sejam serviços de intermediação.

Referida conclusão ignoraria a própria natureza da operação, que envolve claramente uma operação de compra e venda com tradição mediante pagamento de preço, seguida de uma revenda.[31]

Por fim, também de se afastar as tentativas de qualificação da operação como se fosse operação de crédito financeiro. Normalmente quem o faz baseia-se em posicionamento do Fisco Estadual Paulista, que, ao ser consultado, assim teria se manifestado,[32] bem como em antigo posicionamento da RFB[33] ou mesmo posicionamento adotado

---

[29] Art. 5º A contribuição para o PIS/Pasep não incidirá sobre as receitas decorrentes das operações de: I – exportação de mercadorias para o exterior.

[30] Art. 6º A COFINS não incidirá sobre as receitas decorrentes das operações de: I – exportação de mercadorias para o exterior.

[31] BEVILACQUA, Lucas. *Incentivos fiscais às exportações*: desoneração da tributação indireta na cadeia exportadora e concorrência fiscal internacional. Rio de Janeiro: Lumen Juris, 2018, p. 228.

[32] Solução de consulta SEFAZ/SP 688/94.

[33] Solução de Consulta nº 202, de 16 de outubro de 2003: ISENÇÃO. A receita decorrente de operação de *back to back credits*, termo este utilizado para definir a operação de natureza cambial destinada a amparar a compra e venda de produto estrangeiro, realizada no exterior por empresa estabelecida no Brasil, sem que a mercadoria transite fisicamente pelo território brasileiro, não caracteriza exportação. Portanto, não cabe a aplicação da isenção da Cofins relativa à exportação de mercadorias.

pelo Tribunal Regional Federal da 3ª Região ao julgar a apelação em Mandado de Segurança nº 00024636620094036114.

Contra tais argumentos, Bergamin contrapõe a manifestação do Banco Central do Brasil que afasta a natureza jurídica de operação cambial das operações *back to back*.[34] Mas esse não é o fator determinante na medida em que não necessariamente as manifestações de órgãos regulatórios serão vinculantes para a determinação dos efeitos tributários, ainda que tal aproximação trouxesse maior segurança nas relações entre Estado e contribuintes.

Em nosso entendimento, os contratos de câmbio exigidos pelo Regulamento do Mercado de Câmbio e de Capitais Internacionais do Banco Central do Brasil são vinculados às operações de venda e revenda exclusivamente para operacionalizá-las monetariamente, sendo, portanto, instrumentos daquelas operações. Como se sabe, embora essenciais, os contratos de câmbio não são a finalidade do *back to back*, que, ao fim e ao cabo, são realizados com vistas ao auferimento de receita oriunda de transação comercial realizada com mercadorias.

Isto não bastasse, a legislação tributária define receita financeira como (i) descontos obtidos pela antecipação do pagamento de títulos; (ii) juros recebidos; (iii) receitas de títulos de vinculados ao mercado aberto; (iv) receitas de outras aplicações temporárias de caixa, como letras de câmbio ou depósitos a prazo fixo; e, por fim, (v) prêmios de resgate de títulos e debêntures.[35] Rol este que não engloba o resultado das operações de *back to back*.

A doutrina tributária também não considera as receitas decorrentes das operações *back to back* na categoria de receitas financeiras. Sidney Stahl ao tratar da tributação da operação *back to back* sentencia com propriedade que:

> operações financeiras, na sistemática jurídico-tributária, são aquelas que geram receias para as empresas alijadas de seu objeto precípuo e por conta de aplicação de capital próprio ou de terceiro, receitas necessariamente não operacionais geradas por conta dos riscos de capital. A operação de câmbio, gênero das financeiras, é a troca de moedas. Não de uma moeda que se extingue e outra que se cria, ou restabelece, mas de uma por outra moeda, ambas com existência e valor atuais. Dessa definição tem-se ser impossível classificar as operações *back to back* como financeiras. Uma compra e venda no exterior não comporta operação

---

[34] BERGAMINI, Adolpho. *PIS e COFINS*. Coleção Curso de tributos indiretos, vol. II. São Paulo: Fiscosoft editora, 2016, p. 208.

[35] Art. 393 do RIR/2018 e art. 9º da Lei nº 9718/1998.

de natureza financeira, mesmo que seja extravagante quanto ao objeto, não constitui risco de capital, mas sim, atividade operacional.[36]

Igor Mauer Santiago, ao se posicionar pela incidência PIS e CO-FINS sobre as receitas decorrentes das operações *back to back*, realiza severo alerta que mais importante que obter uma desoneração ocasional é preservar os alicerces do sistema tributário manifestando-se no seguinte sentido:

> ... mantemonos firmes no entendimento de que os institutos, conceitos e formas de Direito Privado utilizados pelo constituinte para definir competências tributárias (e é isso o que fazem as imunidades) devem ser entendidos em seu sentido técnico, como assevera o art.110 do CTN e como tem confirmado o STF. Assim, se a imunidade fala em receitas de exportação, não cabe ao intérprete alargála de forma a abranger atividades diferentes da circulação física e jurídica de mercadorias do Brasil para o exterior.[37]

Nesse cenário, é forçoso concluir que se trata de negócio jurídico típico no comércio internacional, com natureza eminentemente mercantil, sem exportação, o que implica o necessário afastamento da imunidade suscitada.[38]

3 O *back to back* na perspectiva da Receita Federal do Brasil (RFB)

Ao pesquisarmos pelo termo *back to back* junto ao sítio eletrônico disponibilizado pela Receita Federal,[39] retornam 14 resultados, dos quais apenas sete tratam da operação objeto deste estudo.

---

[36] STAHL, Sidney. Tributação da operação *back to back*. *In*: PEIXOTO, Marcelo Magalhães; SARTORI, Ângela; DOMINGO, Luiz Roberto. *Tributação Aduaneira à Luz da Jurisprudência do CARF*. São Paulo: MP, 2013, p. 271.

[37] SANTIAGO, Igor Mauler. Receitas decorrentes de *back to back* sujeitamse a PIS e COFINS. *Consultor Jurídico*. Disponível em: https://www.conjur.com.br/2016-ago-10/receitas-vendas-back-to-back-sujeitam-pis-cofins, acesso em: 18 maio 2019.

[38] Nesse sentido Jamily Forner concluía que "analisados os entendimentos hoje existentes acerca do tema à luz da legislação brasileira, concluímos que o back to back é uma operação atípica, vez que não se encontra delineada no ordenamento jurídico nacional vigente. É uma transação praticada habitualmente pelas empresas brasileiras, mas que não pode ser equiparada a um agenciamento de cargas, a uma operação cambial ou a uma importação e exportação, posto que resvala nos conceitos definidos pelo Direito Público e Privado para estas operações" (FORNER, Jamily Sandri. A Natureza das Operações *Back to Back* para Fins de Tributação pelo PIS/Pasep e pela Cofins. *Revista Dialética de Direito Tributário*, São Paulo, n. 202, p. 86, jul. 2012).

[39] Disponível em: http://normas.receita.fazenda.gov.br.

Em todas as suas manifestações, a Receita Federal do Brasil adotou como premissa a mesma definição aqui empregada, garantindo-lhe os adequados efeitos jurídicos. Como por exemplo a dispensa de registro no SISCOSERV.[40]

Nesse mesmo sentido, a Solução de Consulta Disit/SRRF09 nº 49 de 2007 reconheceu que não incidem nos impostos próprios de operações de importação, como o Imposto sobre produtos industrializados incidente no desembaraço aduaneiro, o PIS/PASEP-Importação e o Cofins-Importação, bem como do Imposto de importação, tendo em vista a ausência de transição de mercadorias no território nacional. Nesta oportunidade também já se previa a desnecessidade de emissão de nota fiscal.[41]

---

[40] ASSUNTO: OBRIGAÇÕES ACESSÓRIAS OPERAÇÃO "BACK TO BACK" ENVOLVENDO MERCADORIAS. INFORMAÇÃO NO SISCOSERV. DESNECESSIDADE. Operações de compra e venda efetuadas exclusivamente com mercadorias não devem ser objeto de registro no Siscoserv, ainda que ocorram por meio de triangulação. Dispositivos Legais: Instrução Normativa RFB nº 1.277, de 28 de junho de 2012, art. 1º, §1º, II (Solução de Consulta COSIT nº 536, de 2017).

[41] ASSUNTO: Imposto sobre a Importação – II EMENTA: INCIDÊNCIA DO II. ENTRADA FÍSICA DA MERCADORIA. Não incide o Imposto de Importação na operação de compra e venda em que não ocorre a transferência física da mercadoria para o território brasileiro. DISPOSITIVOS LEGAIS: Decreto-lei nº 37/1966, art. 1º, com a redação dada pelo Decreto-lei nº 2.472/1988, art. 1º; Decreto nº 4.543, de 26 de dezembro de 2002 (Regulamento Aduaneiro), arts. 72 e 73. ASSUNTO: Imposto sobre Produtos Industrializados – IPI EMENTA: INCIDÊNCIA DO IPI VINCULADO. DESEMBARAÇO ADUANEIRO. INCIDÊNCIA DO IPI. VENDA NO EXTERIOR. Não incide o IPI vinculado à Importação na operação de compra e venda realizada no exterior quando não ocorre desembaraço aduaneiro da mercadoria comprada. Também não incide o IPI sobre venda de produto estrangeiro realizada no exterior, sem que haja transferência física para o território brasileiro. DISPOSITIVOS LEGAIS: Lei nº 4.502/1964, art. 2º; Decreto nº 4.544/2002 (RIPI), art. 34, I e II. ASSUNTO: Contribuição para o PIS/Pasep EMENTA: INCIDÊNCIA NA COMPRA E VENDA REALIZADA NO EXTERIOR. Incide a Contribuição para o PIS/PASEP sobre a receita de vendas para o exterior de mercadorias estrangeiras que não transitem fisicamente pelo território brasileiro. DISPOSITIVOS LEGAIS: Lei nº 10.637/2002, arts. 1º, §2º, e 5º, I e II, com a redação dada pela Lei nº 10.865/2004. ASSUNTO: Contribuição para o Financiamento da Seguridade Social – Cofins EMENTA: INCIDÊNCIA NA COMPRA E VENDA REALIZADA NO EXTERIOR. Incide a COFINS sobre a receita de vendas para o exterior de mercadorias estrangeiras que não transitem fisicamente pelo território brasileiro. DISPOSITIVOS LEGAIS: Lei nº 10.833/2003, arts. 1º, §2º, e 6º, I e II, com a redação dada pela Lei nº 10.865/2004. ASSUNTO: Outros Tributos ou Contribuições EMENTA: INCIDÊNCIA DO PIS/PASEP-IMPORTAÇÃO E DA COFINS-IMPORTAÇÃO. ENTRADA FÍSICA DA MERCADORIA. Não incidem a Contribuição para o PIS/PASEP-Importação e a COFINS-Importação na operação de compra e venda em que não ocorre a transferência física da mercadoria para o território brasileiro. DISPOSITIVOS LEGAIS: Lei nº 10.865/2004, art. 3º, I. ASSUNTO: Imposto sobre Operações de Crédito, Câmbio e Seguros ou relativas a Títulos ou Valores Mobiliários – IOF EMENTA: INCIDÊNCIA DE IOF. OPERAÇÃO "BACK TO BACK". Incide alíquota zero nas operações de câmbio componentes da operação "back to back". DISPOSITIVOS LEGAIS: Lei nº 5.172/1966, art. 63, II; Lei nº 8.894/1994, art. 5º; Decreto nº 4.494/2002 (RIOF), arts. 11 e 14, §1º, III. ASSUNTO: Contribuição Provisória sobre

Nesse ponto, é importante notar, como o fizeram Marchant e Nazar, que adotar como premissa definição diversa de importação e exportação – bastando que representassem mudanças de titularidade do bem – atrai necessariamente a aplicação das regras de transferência às operações de *back to back*.[42] Apesar disso, a Receita Federal já se manifestava pela aplicabilidade das regras de controle de preços de transferência às operações de *back to back*[43] mesmo antes da publicação da Instrução Normativa nº 1312/2012.[44]

Movimentação ou Transmissão de Valores e de Créditos e Direitos de Natureza Financeira – CPMF EMENTA: INCIDÊNCIA NO PAGAMENTO DE COMPRA. OPERAÇÃO "*BACK TO BACK*". Incide a CPMF no lançamento a débito em conta corrente de depósito, quando do pagamento de compra (câmbio) realizada dentro da operação "*back to back*" DISPOSITIVOS LEGAIS: Lei nº 9.311/1996, arts. 2º, I, e 3º, com as alterações da Lei nº 10.306/2001. ASSUNTO: Obrigações Acessórias EMENTA: NOTA-FISCAL. OBRIGATORIEDADE. OPERAÇÃO "*BACK TO BACK*". Não há obrigatoriedade de emissão de nota-fiscal em operações de compra e venda realizadas no exterior, em que não há a transferência física das mercadorias para o território brasileiro. DISPOSITIVOS LEGAIS: Lei nº 4.502/1964, art. 47, com a redação dada pelo Decreto-lei nº 34/1966. ASSUNTO: Imposto sobre a Renda de Pessoa Jurídica – IRPJ EMENTA: Compete à COSIT solucionar consultas relacionadas a preços de transferência. DISPOSITIVOS LEGAIS: IN SRF nº 243/2002, art. 42.

[42] MARCHANT, Diego; NAZAR, Camila Chierighini. Preços de transferência nas operações *"back to back"*. *Revista Eletrônica de Direito Tributário da ABDF*. Disponível em: http://abdf. com.br/index.php?option=com_content&view=article&id=209:precos-de-transferencia-nas-operacoes-back-to-back&catid=28:artigos-da-revista&Itemid=45. Acesso em: 21 maio 2019.

[43] Solução de consulta COSIT nº 9/2012. ASSUNTO: IMPOSTO SOBRE A RENDA DE PESSOA JURÍDICA – IRPJ. EMENTA: Operações *back to back* – Estão sujeitas a controle de preços de transferência as operações comerciais ou financeiras realizadas entre pessoas vinculadas, sediadas em diferentes jurisdições tributárias, ou quando uma das partes for residente ou domiciliada em país de tributação favorecida ou beneficiada por regime fiscal privilegiado. Embora não se enquadrem no conceito de importação e de exportação – por não ocorrer entrada e saída de mercadorias no território nacional –, as operações *back to back* submetem-se à legislação de preços de transferência quando: a) ocorrer aquisição ou alienação de bens à pessoa vinculada residente ou domiciliada no exterior; ou b) ocorrer aquisição ou alienação de bens à pessoa residente ou domiciliada em país ou dependência com tributação favorecida, ou beneficiada por regime fiscal privilegiado, ainda que não vinculada. Para fins de aplicação da legislação de preços de transferência às operações *back to back*, deverá ser demonstrado que a margem de lucro de toda a transação, praticada entre vinculadas, é consistente com a margem praticada em operações realizadas com empresas independentes. DISPOSITIVOS LEGAIS: Arts. 18, 19 e 23 da Lei nº 9.430, de 27 de dezembro de 1996 e Instrução Normativa SRF nº 243, de 11 de novembro de 2002.

[44] Art. 37. Estão sujeitas à aplicação da legislação de preços de transferência as operações *back to back*, quando ocorrer: I – aquisição ou alienação de bens à pessoa vinculada residente ou domiciliada no exterior; ou II – aquisição ou alienação de bens à pessoa residente ou domiciliada em país ou dependência com tributação favorecida, ou beneficiada por regime fiscal privilegiado, ainda que não vinculada. §1º Para fins do disposto no caput, as operações *back to back* são aquelas em que a compra e a venda dos produtos ocorrem sem que esses produtos efetivamente ingressem ou saiam do Brasil. O produto é comprado de um país no exterior e vendido a terceiro país, sem o trânsito da mercadoria em território brasileiro. §2º Deverá ser demonstrado que a margem de lucro de toda a transação, praticada entre vinculadas, é consistente com a margem praticada em operações realizadas com pessoas

Por fim, em mais de uma oportunidade a Receita Federal se manifestou pela incidência do PIS e da COFINS sobre a receita decorrente das operações de *back to back*, haja vista que tal operação não se qualifica como exportação para fins de imunidade e tampouco está abrangida pelas regras de isenção.[45] Importa notar ainda que:

> A base de cálculo da contribuição para o PIS/Pasep é o faturamento, o qual, por expressa previsão do art.2º da Lei nº 10.637, de 2002, corresponde ao total das receitas auferidas pela pessoa jurídica, independentemente de sua denominação ou classificação contábil. Sendo assim, na operação *back to back*, integra a base de cálculo da contribuição para o PIS/Pasep da pessoa jurídica domiciliada no País o valor da fatura comercial por ela emitida para a adquirente domiciliada no exterior.[46]

Feitas essas considerações, passamos à análise de caso julgado pelo CARF acerca da matéria.

A contraposição entre o entendimento firmado pela Receita Federal do Brasil e o adotado pelos contribuintes acarretou a lavratura de autos de infração, e a questão foi levada ao CARF, sendo paradigmático o Processo Administrativo nº 16561.720018/2011-77, envolvendo a empresa Acision Telecomunicações Sul América Ltda.

Segundo consta no acórdão nº 3402002.577, os autos de infração foram consubstanciados na exclusão indevida das receitas decorrentes das operações de *back to back* realizadas pelo sujeito passivo, das bases de cálculo do PIS e da COFINS auferidas no período de 01/2007 a 12/2008.

O contribuinte apresentou impugnação sustentando a equiparação das operações de *back to back* à exportação, e subsidiariamente que a receita oriunda das operações *back to back* referem-se a contratos de câmbio, apresentando natureza exclusivamente financeiras, sujeitas a alíquota zero.

O voto vencido de lavra do i. Conselheiro João Carlos Cassuli Junior foi no sentido de equiparar a operação a uma exportação, pois: (i) a própria Administração Pública exige que se submetam às regras de Preços de Transferência (*transfer price*) e (ii) os referidos órgãos (Receita Federal e Banco Central) exigem nessas operações registros formais decorrentes de obrigações acessórias que as equiparam a uma exportação.

---

jurídicas independentes. §3º Deverão ser apurados 2 (dois) preços parâmetros referentes a operação de compra e a operação de venda, observando-se as restrições legais quanto ao uso de cada método de apuração.

[45] Nesse sentido a Solução de Consulta COSIT nº 306/2017.

[46] Solução de Consulta Disit/SRRF08 nº 119/2013.

Em fundamentação *ad terrorem* ou consequencialista, o relator sustentava que:

> Entende-se que a tributação do *back to back* nos moldes em que vem ocorrendo, figura como nítido "incentivo à sonegação". Seríamos míopes se não reconhecêssemos a possibilidade real de o contribuinte utilizar de outros meios para a realização da mesma operação de compra e venda no exterior, sem que o dinheiro chegasse à baila do Fisco brasileiro. Poderia o contribuinte constituir controlada no exterior, por exemplo, e apenas reconhecer aqui no Brasil o resultado positivo da equivalência, o que, ao final e ao cabo, apenas traria ao país eventualmente o lucro proveniente daquela operação, e não sua receita. Não nos parece que seja esse o objetivo do Estado.

Respeitada a posição do i. Conselheiro relator, entendemos que a vedação da aplicação da regra de imunidade às operações *back to back* não é decorrência da extensão da interpretação empreendida da regra de imunidade, mas, sim, do pressuposto de sua aplicação, conforme expusemos anteriormente.

Em que pese o esforço argumentativo do reator, acabou prevalecendo voto divergente redigido pelo i. Conselheiro Alexandre Kern, adotando a tese esposada neste artigo de que as operações *back to back* não são e nem podem ser equiparadas à exportação.

Este posicionamento refletiu no julgamento do processo administrativo nº 16561.720017/201122, em que se discutia auto de infração de IRPJ e CSLL, em razão (i) da falta de adição dos ajustes decorrentes da correta aplicação das regras de controle de Preços de Transferência, em operações realizadas com pessoa jurídica vinculada e com interpostas pessoas, nos anos-calendário de 2006, 2007 e 2008, (ii) da falta de declaração de receitas operacionais (de exportação e de revenda) escrituradas, nos anoscalendário de 2006 e 2008, e, com isso da (iii) compensação indevida de prejuízos acumulados, nos anoscalendário de 2006, 2007 e 2008.

Segundo consta no relatório do acórdão:

> A partir do art. 3º da IN 243/2002 fica evidente que dadas as características das operações *back to back*, os preços de transferência das mercadorias adquiridas de pessoas vinculadas devam ser apurados com a adoção do Método PRL 20%, pois como não houve a importação das mercadorias, não há valores a serem integrados ao preço praticado referentes ao transporte e ao seguro e aos de tributos não recuperáveis devidos na importação (Imposto de Importação), bem como não há estoque inicial a ser considerado.

O TV aponta, também, que a IN SRF nº. 243/2002, em seu art. 12, autoriza a adoção do método PRL, definido como a média aritmética ponderada dos preços de revenda dos bens, serviços ou direitos, diminuídos dos descontos incondicionais concedidos, dos impostos e contribuições incidentes sobre as vendas, das comissões e corretagens pagas e de margem de lucro de 20%, na hipótese de revenda de bens, serviços ou direitos.

Ainda adotando a premissa de se tratar de uma operação de exportação, alegou-se que não incidem PIS e COFINS sobre as operações "*back to back*":

> eis que entende se tratarem de efetivas receitas de exportações, vinculadas que são a contratos de câmbio e ao ingresso de divisas em território nacional, nos termos dos artigos 5º e 6º das Leis 10.637/02 e 10.833/03. Portanto, não se haveria que cogitar de aplicação do art. 12, II da IN SRF 243/02, no sentido de se deduzir os valores referentes a tais contribuições no cálculo do preçoparâmetro.

Adotando-se como premissa o decidido no processo administrativo nº 16561.720018/2011-77, por unanimidade de votos, decidiu-se negar provimento ao recurso voluntário.

A nosso ver, a decisão está em linha com as diretrizes do comércio internacional, que se conformam em nosso sistema jurídico através da imunidade garantida às exportações bem como as regras de tributação atualmente previstas, entre outros meios.

4 Considerações finais

O presente artigo buscou demonstrar que a imunidade da exportação deve ser interpretada a partir de sua finalidade de conformar o sistema jurídico brasileiro ao princípio do destino. Nessa toada, ainda que se buscasse interpretar a imunidade de forma ampliativa, dando-lhe uma interpretação teleologicamente orientada, como estabelece a jurisprudência do Supremo Tribunal Federal, o princípio do destino impede que se estabeleça a imunidade para operação que não caracteriza exportação, sob o risco de violação das regras de comércio exterior.

Da análise realizada, concluímos que as operações de *back to back* se qualificam como negócio jurídico típico no comércio internacional, com natureza eminentemente mercantil, sem exportação. Dessa sorte, não se qualifica para fins de aplicação da imunidade ou das isenções previstas na legislação infraconstitucional.

A Receita Federal do Brasil adota entendimento semelhante ao aqui esposado, no sentido de que não se trata de importação e de exportação, inclusive para fins de preenchimento de deveres instrumentais. Posicionamento que acabou sendo posteriormente confirmado pelo Conselho Administrativo de Recursos Fiscais, nas oportunidades em que a matéria foi apreciada.

Referências

BERGAMINI, Adolpho. *PIS e COFINS*. Coleção Curso de tributos indiretos, vol. II. São Paulo: Fiscosoft editora, 2016.

BEVILACQUA, Lucas. *Incentivos fiscais às exportações*: desoneração da tributação indireta na cadeia exportadora e concorrência fiscal internacional. Rio de Janeiro: Lumen Juris, 2018.

COSTA, Regia Helena. *Imunidades tributárias*. Teoria e análise da jurisprudência do STF. 3. ed. rev. atual. e ampliada. São Paulo: Malheiros, 2015.

FORNER, Jamily Sandri. A natureza das operações *back to back* para fins de tributação pelo PIS/Pasep e pela Cofins. *Revista Dialética de Direito Tributário*, São Paulo, n. 202, jul. 2012, p. 73-88.

MARCHANT, Diego; NAZAR, Camila Chierighini. Preços de transferência nas operações *"back to back"*. *Revista Eletrônica de Direito Tributário da ABDF*. Disponível em: http://abdf. com.br/index.php?option=com_content&view=article&id=209:precos-de-transferencia-nas-operacoes-back-to-back&catid=28:artigos-da-revista&Itemid=45. Acesso em 21 maio 2019.

SANTIAGO, Igor Mauler. Receitas decorrentes de *back to back* sujeitamse a PIS e COFINS. *Consultor Jurídico*. Disponível em: https://www.conjur.com.br/2016-ago-10/receitas-vendas-back-to-back-sujeitam-pis-cofins. Acesso em: 18 maio 2019.

SCHOUERI, Luís Eduardo. *Direito Tributário*. 9. ed. São Paulo: Saraiva, 2019.

SCHOUERI, Luís Eduardo. Princípios no Direito tributário internacional: territorialidade, fonte e universalidade. *In*: FERRAZ, Roberto. *Princípios e limites da tributação*, v. 1. São Paulo: Quartier Latin, 2005, p. 323-374.

SILVEIRA, Rodrigo Maito. *Tributação e concorrência*. São Paulo: Quartier Latin, 2011.

STAHL, Sidney. Tributação da operação *back to back*. *In*: PEIXOTO, Marcelo Magalhães; SARTORI, Ângela; DOMINGO, Luiz Roberto. *Tributação Aduaneira à Luz da Jurisprudência do CARF*. São Paulo: MP, 2013, p. 269-282.

TAKANO, Caio Augusto. Tributação sobre o consumo nas importações – neutralidade, competitividade e limitações constitucionais. *Revista Fórum de Direito Tributário – RFDT*, Belo Horizonte, ano 12, n. 67, p. 75-97, jan./fev. 2014.

TILBERY, Henry. *Tributação e Integração da América Latina*. São Paulo: Bushatsky, 1971.

TÔRRES, Heleno Taveira. O IVA na Experiência Estrangeira e a Tributação das Exportações no Direito Brasileiro. *Revista Fórum de Direito Tributário – RFDT*, Belo Horizonte, ano 3, n. 16, jul./ago. 2005 Acesso em: 23 maio 2019. Disponível em: http://www.bidforum.com.br/PDI0006.aspx?pdiCntd=30723.

TÔRRES, Heleno Taveira. *Pluritributação internacional sobre as rendas de empresas*. 2. ed. São Paulo: Revista dos Tribunais, 2001.

XAVIER, Alberto. *Direito tributário internacional do Brasil*. 8. ed. Rio de Janeiro: Forense, 2015.

Informação bibliográfica deste texto, conforme a NBR 6023:2018 da Associação Brasileira de Normas Técnicas (ABNT):

BEVILACQUA, Lucas; PRZEPIORKA, Michell. Imunidade tributária nas exportações: operações *back to back*. *In*: SARAIVA FILHO, Oswaldo Othon de Pontes; SIQUEIRA, Julio Homem de; BEDÊ JÚNIOR, Américo; FABRIZ, Daury César; SIQUEIRA, Junio Graciano Homem de; CUNHA, Ricarlos Almagro Vitoriano (Coord.). *Limitações materiais ao poder de tributar*. Belo Horizonte: Fórum, 2022. p. 173-189. (Coleção Fórum Princípios Constitucionais Tributários - Tomo III) ISBN 978-65-5518-314-6.

ESTADO, DIREITO E RELIGIÃO NO SÉCULO XXI – UMA ANÁLISE DA IMUNIDADE TRIBUTÁRIA DOS TEMPLOS RELIGIOSOS NO CONTEXTO DA CF/88

HELENO FLORINDO DA SILVA

Introdução

O Estado brasileiro vivencia momentos conturbados em vários aspectos de suas estruturas, sejam elas normativas, sociais ou políticas. Com tal constatação, damos início ao presente estudo com o intuito de contribuir com o debate da normatividade e jurisprudência tributária pátria, sobretudo, acerca do papel do Estado como arrecadador de tributos (especialmente impostos) e a relação que mantém, neste ponto, com a Religião (*lato sensu*), na realidade sociopolítica do século XXI.

Para tanto, logo na primeira parte do estudo, buscou-se analisar a relação entre o Estado, o Direito e a religião na formação político-jurídico-social do Estado Moderno, ou seja, como o processo de afirmação do modelo organizacional estatal está, intrinsecamente, ligado aos dogmas e ao modelo racional ínsito à religião (especialmente, a religião cristã, seja ela em qualquer de suas vastas denominações).

Após identificarmos a íntima relação entre os dogmas e a racionalidade inerente ao cristianismo na formulação das primeiras composições estatais modernas, na segunda parte do trabalho buscamos demonstrar o modo como essa relação primordial produziu o reconhecimento secular de imunidade tributária aos templos religiosos, discutindo, assim, sua compreensão normativa, por meio de uma análise legal e jurisprudencial de seus limites à luz das normas pátrias e de julgamento do Supremo Tribunal Federal (STF).

Ao fim, a título de conclusão (como a tese inerente ao movimento dialético da abordagem metodológica escolhida para desenvolvimento do presente estudo), discutiu-se como o abuso do Direito pode ser compreendido, no âmbito do contexto político e social do século XXI em nosso país, como hipótese de validação da tributação de templos religiosos que de certo modo passam a ser instrumentos de enriquecimento de seus líderes religiosos.

Assim, a partir de uma leitura inerente à perspectiva metodológica do múltiplo-dialético,[1] buscaremos, com o presente estudo, alcançar resposta ao presente problema de pesquisa: a partir de uma análise histórico-normativa da relação entre os fundamentos do Estado moderno e a religião (cristianismo), com a construção normativa constitucional e jurisprudencial de imunidade tributária para os templos religiosos, é possível compreendermos a necessidade de revisitarmos a referida hipótese imunitária, adequando-a ao objetivo fundamental

---

[1] Em decorrência do espaço limitado de um artigo científico, para um aprofundamento acerca do método do Múltiplo Dialético, ver KROHLING, Aloísio. *Dialética e Direitos Humanos – múltiplo dialético: da Grécia à Contemporaneidade*. Curitiba: Juruá Editora, 2014. Cap. 4. Contudo, é importante que já se estabeleçam ao menos alguns apontamentos sobre a referida perspectiva metodológica do múltiplo-dialético, a fim de se justificar o motivo de sua escolha como referencial metódico para a construção do presente texto. Desse modo, pode a abordagem metodológica do múltiplo-dialético ser compreendida desde sua matriz grega até a contemporaneidade, como o modelo de racionalidade capaz de possibilitar a existência de inúmeras realidades que, mesmo sendo diferentes entre si, convivem em harmonia dentro de uma mesma realidade político-social, ou seja, é o que nos possibilitará perceber a multiplicidade de existência e de modos de compreensão possíveis, bem como a compreensão de que está tudo inter-relacionado, de que tudo o que existe está ligado a ponto de ser especial para a vida em harmonia. É neste sentido que Krohling apontará para o fato, desde sua formação mais incipiente, na Grécia antiga, de a perspectiva do múltiplo dialético ser um importante marco na ascensão e promoção do debate sobre quaisquer situações, o que possibilitará, não só o surgimento, mas a necessidade de sua realização prática, do que hoje chamamos de diferença ou, mais recentemente, de diversidade, pois segundo ele "Os gregos já tinham saído da mitologia, pois viviam a presença de um novo marco, isto é, a realidade da *pólis*, que modificou profundamente a sua maneira de ser e viver. [...] a *ágora* (praça pública) é o principal espaço e instrumento de poder. Nesse cenário descendências monárquicas, origens divinas da natureza e explicações mitológicas do poder não têm mais guarida. [...] tudo é debatido. As pessoas agora são iguais. Não há mais hierarquia absoluta e muito menos monarquia. [...]. Esse é o marco inicial. Não há nada que não possa ser discutido. Não existem mais verdades eternas (2014, p. 23-24)".

da República de formação de uma sociedade livre, justa e, sobretudo, solidária?

1 A relação entre o Estado, o Direito e a religião na formação político-jurídico-social do Estado moderno

Para compreendermos a proposta desse enunciado sem, contudo, a necessidade de realizarmos um escorço histórico incompatível com o espaço aqui destinado ao trabalho, basta compreendermos que, com a fragmentação territorial desencadeada pelas invasões estrangeiras, bem como pelo fim do Império Romano ocidental e pelo colapso econômico do sistema escravagista, o modelo que surge como forma de organização da vida em sociedade na realidade europeia de então foi o regime feudal – tais fatos, como veremos mais adiante, são importantes para compreendermos o que aqui está proposto.

Neste sentido, é importante delimitar, tal como proposto por Anderson, o marco temporal de surgimento do sistema feudal, ou seja, para ele o referido contexto "[...] surgiu na Europa ocidental no séc. X, expandiu no séc. XI e alcançou seu zênite na passagem do séc. XII para o séc. XIII".[2]

Ademais, também se faz importante destacar acerca dessas premissas, que o regime feudal se caracteriza, principalmente, por ser aquele que se desenvolveu a partir de uma "[...] doação de terra delegada, investida de poderes políticos e jurídicos, em troca de serviço militar".[3]

Ou seja, é o regime em que, no cenário de ruralização da Europa ocidental e de pulverização de centros de poder – senhorio; castelania; baronato; condado; principado; monarquia suserana –, "os camponeses que ocupavam e cultivavam a terra não eram seus donos. A propriedade agrária era controlada por uma classe de senhores feudais, que extraía o excedente dos camponeses por meio de relações político-legais de coação",[4] o que demonstra que, no regime feudal que se estrutura, há uma transição, mesmo que aos poucos, entre o modo de produção escravagista e o serviçal, cujas bases estavam assentadas no sistema senhorial destacado, a ponto de podermos concluir, assim como o faz Anderson, que o "[...] modo de produção feudal foi o primeiro a lhe

---

[2] ANDERSON, Perry. *Passagens da Antiguidade ao Feudalismo.* Trad. por PRELORENTZOU, Renato. São Paulo: Editora Unesp, 2016, p. 205.

[3] *Idem*, p. 156.

[4] *Idem*, p. 165.

permitir um desenvolvimento autônomo dentro de uma economia agrária-natural".[5]

Esse modo está assentado na premissa de que o feudalismo se desenvolverá como motor da história estatal nesse período, principalmente por ser, em sua gênese, "[...] uma síntese de elementos liberados pela dissolução simultânea dos modos de produção escravista e primitivo-comunal".[6]

Acerca do termo feudalismo, não podemos deixar de destacar que deriva do radical feudo (*feudum*), palavra essa que passa a ser usada como modo de organização da vida das pessoas em sociedade, nas últimas décadas do séc. IX, momento em que a Europa ocidental se encheu de castelos e fortificações privadas,

> [...] erguidos por senhores rurais sem qualquer tipo de permissão imperial, para resistir aos novos ataques bárbaros e consolidar seu poder local. [...]. O entrincheiramento de donos de terras e condes locais nas províncias, por meio do sistema de feudos nascente, e a consolidação de suas propriedades senhoriais e de suas suseranias sobre o campesinato provaram ser a pedra fundamental do feudalismo que foi se solidificando lentamente por toda a Europa nos dois séculos seguintes.[7]

Assim, é possível observar que "o feudalismo como modo de produção definia-se por uma unidade orgânica de economia e dominação política, paradoxalmente distribuída em uma cadeia de soberanias parcelares por toda a formação social".[8]

Afinal, o feudalismo possibilita, dentre outros aspectos importantes para a Teoria do Estado, que analisemos algumas peculiaridades que marcarão, principalmente, o modo como os governantes se relacionarão com o poder e com os seus súditos, tal como, inclusive, fora traduzido por Kantorowicz ao realizar um estudo sobre teologia política medieval a partir do que chamou de *Os Dois Corpos do Rei*, pois para ele, "[...] o Rei tem em si dois Corpos, a saber, um Corpo Natural e um Corpo político".[9]

---

[5] *Idem*, p. 168.

[6] *Idem*, p. 173.

[7] *Idem*, p. 159.

[8] ANDERSON, Perry. *Linhagens do Estado Absolutista*. 3. ed. trad. por BASTOS, Suely e BRITTO, Paulo Henrique. Tatuapé: Editora Brasiliense, 1995, p. 19.

[9] KANTOROWICZ, Ernst H. *Os Dois Corpos do Rei* – um estudo sobre teologia política medieval. Trad. por MOREIRA, Cid Knipel. São Paulo: Companhia das Letras, 1998, p. 21.

É do contexto medieval-feudal, portanto, conforme delimitado, que será possível extrair importantes características desse cenário, que marcarão, sobremaneira, as linhagens do Estado nacional, antecedendo, assim, temporalmente aos fundamentos expostos pelas *Teorias Clássicas* do Estado como sendo construções ínsitas à racionalidade moderna.

Exemplo dessas premissas pode ser compreendido na busca pelo sentido de unidade, que, posteriormente, se desenvolveu na modernidade como instrumento de uniformização e homogeneização, necessário à formação de uma identidade nacional, essa, compreendida como sustentáculo da nação e de onde surgirá, a partir dos influxos decorrentes dos eventos de 1492, já identificados e destacados anteriormente, o modelo moderno de Estado nacional que, *mutatis mutandis*, está a organizar a vida em sociedade de quase a totalidade dos povos mundiais até os dias atuais.

Acerca dessa premissa, Reinhard afirmará que "[...] as sociedades europeias correspondem aos Estados nacionais", de modo que para ele a "[...] segmentação da sociedade coincide com a construção do Estado e da Nação"[10] (1997, p. 19 – tradução nossa).

Sobre o referido sentido de unidade, tal como salientado antes, Wallerstein nos aponta o fato de que pode ser percebido facilmente no momento em que, ao observarmos o processo de estabilização do Estado nacional absolutista do início da modernidade, é possível percebermos que "em poucas décadas, os conquistadores espanhóis haviam destruído a estrutura política dos dois maiores impérios das Américas, o asteca e o inca",[11] o que demonstra a necessidade, a partir do estabelecimento do eurocentrismo como instrumento de uniformização da humanidade, de fazer surgir uma subjetividade homogeneizada para a sustentação e expansão do *modus vivendi* europeu sobre todo o resto do mundo.

Assim, ainda sobre os desdobramentos decorrentes da citada premissa da identidade, Pomer nos afirmará que "[...] a consciência nacional equivale à consciência de uma união, de uma identidade que se sobrepõe a todas as identidades regionais, linguísticas e religiosas".[12]

Portanto, ao discutirmos a existência de um sentido de unidade inerente ao medievo, tal como destacado, também precisamos identificar

---

[10] REINHARD, Wolfgang. *Las Élites del Poder y la Construcción del Estado*. Madrid: Fondo de Cultura Económica, 1997, p. 19 (tradução nossa).

[11] WALLERSTEIN, Immanuel Maurice. *O Universalismo Europeu* – a retórica do poder. Trad. por MEDINA, Beatriz. São Paulo: Boitempo, 2007, p. 30.

[12] POMER, León. *O Surgimento das Nações* – o poder político, a natureza histórica do estado, os estados nacionais. Campinas: Ed. da Universidade Estadual de Campinas, 1985, p. 26.

que este, similarmente, também será observado pela doutrina dos *Corpos do Rei*, a ponto de Kantorowicz nos afirmar, discutindo tais premissas a partir da relação entre o povo e o Rei acerca da titularidade da soberania estatal, que "os dois corpos do Rei, dessa forma, constituem uma unidade indivisível, sendo cada um inteiramente contido no outro",[13] de modo que a soberania do Estado não estaria identificada isoladamente com o Rei ou com o povo, mas, por outro lado, "[...] com o Rei no Parlamento",[14] ou seja, a unidade formadora e legitimadora do poder do Estado.

Ademais, ainda é importante assinalar acerca dessa doutrina que, em que pese Kantorowicz destacar a unidade existente entre o corpo natural e o corpo político, esse último se especializa em face de primeiro, pois, segundo o citado autor,

> [...] não pode haver dúvidas em relação à superioridade do corpo político sobre o corpo natural. [...]. Não somente o corpo político é mais amplo e extenso que o corpo natural, mas residem, no primeiro, certas forças realmente misteriosas que reduzem, ou até removem, as imperfeiçoes da frágil natureza humana.[15]

A imagem dos corpos reais tem um substrato religioso, decorrendo da compreensão cristã de que, na relação entre Cristo e a Igreja, aquele comporá a cabeça e essa o corpo, fundindo-se duas "pessoas" em um mesmo ser. É daí que o citado autor destaca que

> [...] de fato, basta apenas que se substitua a estranha imagem dos Dois Corpos pelo termo teológico mais corrente das Duas Naturezas para que nitidamente se perceba que o discurso dos advogados elisabetanos derivava seu teor, em última análise, da dicção teológica, e que esse discurso em si mesmo, para dizer o mínimo, era criptoteológico. A realeza, por meio dessa terminologia semirreligiosa, era explicitada, de fato, em termos de definições cristológicas. Os juristas, tão sugestivamente denominados pelo Direito Romano como "Sacerdotes da Justiça", desenvolveram na Inglaterra não apenas uma "Teologia da Realeza" [...] mas elaboraram uma autêntica "Cristologia Real". [...] a ficção dos Dois Corpos do Rei produziu interpretações e definições que

---

[13] KANTOROWICZ, Ernst H. *Os Dois Corpos do Rei* – um estudo sobre teologia política medieval. Trad. por MOREIRA, Cid Knipel. São Paulo: Companhia das Letras, 1998, p. 23.

[14] *Idem*, p. 30.

[15] *Idem*, p. 23.

necessariamente se assemelhariam àquelas produzidas em vista das Duas Naturezas do Deus-homem. [...], pois "[...] o costume dos juristas de tomar emprestado da eclesiologia e de utilizar linguagem eclesiástica com intenções seculares teve sua própria tradição de longa duração, pois era uma prática tão legítima quanto era antigo tirar conclusões de *similibus ad similia*".[16]

O sentido de unidade buscado durante os séculos do fragmentarismo social, político e econômico inerente ao feudalismo medieval europeu, portanto, pode ser mais bem compreendido a partir das influências que a religião cristã assumida, já na Antiguidade como a religião oficial do *mundo civilizado*, tinha sobre tal realidade.

Outro aspecto interessante para compreendermos a influência das doutrinas da igreja cristã da época quanto às teorias que buscavam explicar e fundamentar o Estado e o Direito, e tudo aquilo que daí decorresse, está no fato de que, possuindo dois corpos, o Rei sofria as intempéries da vida humana, tal como a morte biológica em somente um de seus corpos (o corpo humano), pois era imortal no tocante ao corpo político, encarnado na figura simbólica da coroa real, que, ao ser transmitida de um rei a outro, demonstrava como o corpo político – sua alma – é eterno, de modo que "esta migração da alma, isto é, da parte imortal da realeza, de uma encarnação para outra conforme expressa pelo conceito da transmissão do rei é certamente um dos fundamentos de toda a teoria dos Dois Corpos do Rei".[17] Tais premissas podem ser assim compreendidas, pois

[...] o rei é um ser geminado, humano e divino, exatamente como Deus-homem, embora o rei seja binaturado e geminado apenas pela graça e no âmbito do Tempo, e não por natureza e (após a Ascensão) na Eternidade: o rei terrestre não *é*, ele *se torna* uma personalidade gêmea mediante sua unção e consagração,[18] o que se dará, conforme destaca Kantorowicz "[...] como eflúvio de uma ação sacramental e litúrgica realizada no altar [...]".[19]

---

[16] *Idem*, p. 27-29.
[17] *Idem*, p. 25.
[18] *Idem*, p. 52.
[19] *Idem*, p. 57.

Ou seja, o simbolismo da coroação de um novo Rei representa a unção sacramental entre o corpo humano e o corpo político, de modo que

> [...] o rei estava sujeito, sob certos aspectos, à lei de prescrição; era um ser temporal, adstrito ao Tempo, e submetido, como qualquer ser humano comum, aos efeitos do Tempo. Em outros aspectos, contudo, isto é, em relação as coisas *quase sacrae* ou públicas, não era afetado pelo Tempo e seu poder prescritivo; [...]. Pelo menos com respeito ao Tempo, o rei tinha obviamente duas naturezas – uma temporal, por meio da qual ele se conformava às condições dos outros homens, e outra perpétua, por meio da qual sobrevivia e suplantava todos os demais seres. [...] com relação ao Tempo o rei era uma *gemina persona*; em certos aspectos estava sujeito ao Tempo e, em outros, estava acima ou além do Tempo.[20]

A religião cristã, nestes termos, teve papel central na construção do Direito e, especialmente, na sacralização dos governantes, tal como discutido a partir da doutrina dos corpos reais destacada, pois "[...] a doutrina da teologia e da lei canônica, ensinando que a Igreja, e a sociedade cristã em geral, era um *corpus mysticum* cuja cabeça é Cristo, havia sido transferida pelos juristas, da esfera teológica para a do Estado, cuja cabeça é o rei",[21] de modo que

> [...] pode-se dizer que os juristas[22] salvaram grande parte da herança medieval ao transferir certas propriedades especificamente eclesiásticas da realeza para a montagem do palco legal, preparando, com isso, a nova auréola dos Estados nacionais emergentes e, mal ou bem, das monarquias absolutistas.[23]

Portanto, a ideia por detrás da simbologia expressa nessa premissa decorre do fato de que "[...] a imagem antropomórfica habitual comparando a Igreja e seus membros com um, ou algum, corpo humano, era acompanhada por uma comparação mais específica: a Igreja como

---

[20] *Idem*, p. 114.

[21] *Idem*, p. 26.

[22] Neste ponto, importante é a posição de Kantorowicz ao discutir a racionalidade jurídico-filosófica inerente ao período medieval de construção teórica, destacando que "toda a filosofia jurídica da Idade Média estava inevitavelmente fundada na premissa de que existia, por assim dizer, uma lei metalegal na Natureza, cuja existência não dependia da existência de reinos e Estados – de fato, de nenhum reino ou Estado – porque a Lei da Natureza era autossuficiente *per se* e independente de toda Lei Positiva" (*Idem*, p. 95).

[23] *Idem*, p. 91.

um *corpus mysticum*"[24] ou seja, um tipo de corpo social, mas verdadeiramente comparado com o corpo individual de Cristo,

> [...] seu *corpus verum* ou *naturale*. Além disso, *corpus verum* gradualmente deixou de indicar exclusivamente a presença real de Cristo no sacramento, e tampouco retinha um significado e função estritamente sacramentais. O corpo natural individual de Cristo era compreendido como um organismo que adquiria funções sociais e corporativas: com a cabeça e os membros, servia como o protótipo e a individuação de um coletivo superindividual, a Igreja como *corpus mysticum*.[25]

Desse modo, é possível observarmos que, diante desses termos, a compreensão de governo, necessária para a fundamentação e existência do Estado moderno, se faz presente no momento em que a Igreja passa a ser identificada como

> [...] um governo como qualquer outra corporação secular, ou seja, o ideal da Igreja como corpo de Cristo, [...] noção originalmente litúrgica, que antes se prestara a exaltar a Igreja única no Sacramento, começou a ser usada na Igreja hierárquica como um meio de exaltar a posição do papa-imperador, o primeiro príncipe que move e controla a totalidade do Governo-cristão.[26]

Essa influência religiosa para a formação dos alicerces que embasaram as estruturas desenvolvidas ao Estado pela modernidade também nos ajuda a afirmar a hipótese aqui defendida de que o Estado nacional – cujo primeiro modelo absolutista – possui muitas características que nos fazem perceber seus traços iniciais, sendo construídos ainda durante o exercício da racionalidade inerente àquilo que, historicamente, viemos a chamar de Idade Média, tal como já destacado, por exemplo, a partir da ideia de unidade.

A dita influência religiosa na construção das bases do Estado nacional, compreendidas pela doutrina dos *Dois Corpos do Rei*, portanto, pode ser resumida na seguinte passagem

> Os esforços para dotar as instituições do Estado de certa auréola religiosa, contudo, além da adaptabilidade e utilidade geral do pensamento e linguagem eclesiásticos, levaram rapidamente os teóricos do Estado

---

[24] *Idem*, p. 130.

[25] *Idem*, p. 130.

[26] *Idem*, p. 131.

secular a uma aproximação mais superficial dos vocabulários não só do Direito Romano, mas também do Canônico e da Teologia em geral. O novo Estado territorial e quase nacional autossuficiente, segundo suas proclamações, e independente da Igreja e do papado, extraía a riqueza das noções eclesiásticas, de manipulação tão conveniente, e, por fim, continuava a afirmar-se colocando sua própria efemeridade no mesmo nível da sempiternidade da Igreja militante. Nesse processo, a ideia do *corpus mysticum*, bem como outras doutrinas corporativistas desenvolvidas pela Igreja, passaria a ser de capital importância.[27]

É neste sentido que, ao discutir como os monarcas do período da transição do medievo para a modernidade, de onde surge o modelo absolutista de Estado, se relacionavam com a Igreja, demonstrando a importância dessa organização para as estruturas seculares do Estado moderno, Elias nos destacará que a existência de uma ligação muito forte, e que somente de forma ocasional seria perturbada, entre os primeiros reis da dinastia dos Capeto e a Igreja não era algo meramente fortuito, haja vista que "expressava também uma óbvia conjunção de interesses. [...]. A monarquia assumia uma espécie de caráter sagrado, tornava-se em certo sentido uma função eclesiástica".[28]

No feudalismo medieval também se desenvolveu, neste sentido cristológico[29] da realeza, o ideal público, do interesse público, ou seja, aquilo ou aquelas coisas que não pertenciam somente ao rei, mas, ao contrário, eram de todos, tanto do próprio rei como de todos os seus súditos, sendo aquele tão somente o responsável, perpetuamente, por guardar os bens públicos que guarneciam o corpo político-social.

Essa característica pode ser percebida quando a realeza passa a depender também de sua centralidade legal, ou seja, o rei como alguém

---

[27] *Idem*, p. 133.

[28] ELIAS, Norbert. *O Processo Civilizador* – Volume 2 – Formação do Estado e Civilização. Trad. por JUNGMANN, Ruy. Rio de Janeiro: Zahar, 1993, p. 156.

[29] Existe, no sentido dado a essa expressão, a identificação de uma base divina para a doutrina do bem comum, do bem público, desenvolvida, sobretudo, a partir das primeiras formas nacionais modernas de Estado, que passam a ser teorizadas pelos estudiosos clássicos do Estado. É o que Carnoy identifica ao destacar que "além do mais, os teóricos clássicos conservaram a base divina para o exercício do poder: o bem comum. Digo base divina para o poder porque, embora a doutrina clássica fizesse sucumbir os direitos divinos em favor de uma redefinição do que é natural e, a partir daí, dos direitos individuais, a origem de todos os direitos ainda era uma autoridade superior – a própria razão humana vinha de Deus. Assim, o fundamento para novas formas de Estado era ainda a razão e a racionalidade divinas, inculcadas nos seres humanos e provenientes do além. O bem comum era inerente à racionalidade divina dos seres humanos; era Deus no homem; mas em vez de ser revelado, sua compreensão poderia ser adquirida" (CARNOY, Martin. *Estado e Teoria Política*. 17. ed. Campinas: Papirus, 2013, p. 24-25).

que, mesmo dando origem à lei, a essa estava submisso. Assim como os vigários de Deus da fé cristã estavam adstritos aos dogmas e diretrizes extraídas da fé e das escrituras, o rei estava submetido à lei, "isso porque, se o rei não fosse cumpridor da lei, não seria absolutamente um rei, mas um tirano".[30]

Desse modo, o interesse público do Estado, ou seja, o sentido mesmo da ideia de coisa pública – *res publicae* – advindos da doutrina romana que a afastava dos indivíduos por se caracterizarem como *res nullius*, dá origem à compreensão de que o Estado e, consequentemente, sua administração possuem paralelo com os fundamentos cristãos a estabelecer, por exemplo, a onipresença, a perpetuidade e a sempiternidade do fisco – bem como de todas as instituições públicas – assim como de Deus.

Ou seja, os sentidos de coisa pública, de bem público, de interesse público, desenvolvidos na modernidade como elementos caracterizadores do agir estatal, possuem fundamentos medievais e, sobretudo, religiosos, fincados na sacralidade da Administração Pública, de modo que surgiu

> [...] um novo padrão de realeza centrado da esfera da Lei que não carecia de seu próprio misticismo. A nova auréola começou a descer sobre o Estado nascente secular e nacional, encabeçada por um novo *pater patriae*, quando o Estado começou a reivindicar para seu próprio aparelho administrativo e instituições públicas uma sempiternidade ou perpetuidade que até então era apenas atribuída à Igreja e, pelo Direito Romano e pelos civilistas, ao Império Romano [...]. Mas esse esvaziamento do *status regis et regni*, das instituições e serviços, necessidades e emergências do Estado, teria permanecido incompleto se esse novo Estado não tivesse igualado também à Igreja, em seus aspectos corporativos, como um *corpus mysticum* secular.[31]

Portanto, são variadas as características do feudalismo medieval europeu que podem ser compreendidas, a partir das discussões propostas pela doutrina dos corpos reais, como tendo servido de bases epistemológicas para a formação do Estado nacional-absolutista desenvolvido pela modernidade, o que se discutirá, não só nos tópicos desta primeira parte do trabalho, mas por toda sua extensão, sempre que for

---

[30] KANTOROWICZ, Ernst H. *Os Dois Corpos do Rei* – um estudo sobre teologia política medieval. Trad. por MOREIRA, Cid Knipel. São Paulo: Companhia das Letras, 1998, p. 107.

[31] *Idem*, p. 124.

necessário demarcar as linhagens racionais, medievais e religiosas[32] do referido modelo estatal.

Além dos aspectos que marcam a influência religiosa inerente, como visto, ao estudo teológico-político-medieval a partir da análise dos *Dois Corpos do Rei*, é importante também apontar outros aspectos que designam a racionalidade medieval em comento, antes que se discutam as crises e os eventos que levaram a transição do medievo à modernidade, com o surgimento do modelo de Estado nacional de tipo absolutista.

Analisando os problemas que levaram a transição do medievo à racionalidade moderna, Cueva resume a crise do modelo feudal a partir de quatro grandes problemas decorrentes da relação que a nobreza e o clero possuíam entre si face o poder do Estado medieval, destacando que

> os problemas fundamentais daquela época foram, antes de tudo, a luta que se suscitou entre os poderes internacionais, o império e a igreja, porquanto o poder espiritual pretendeu também a titularidade originária do poder temporal, cujo uso, sempre a serviço dos valores espirituais, o outorgava ao imperador. O segundo grande problema, que em essência era uma continuação do primeiro, se relacionava com a origem do poder temporal [...]. O problema seguinte se referia as limitações do poder temporal: a igreja afirmou um limite ao poder do imperador, dos reis e dos senhores feudais [...]. O quarto problema era o fundamento do direito, que se fundamentava na lei de Deus, descendia da lei natural e tinha seu nível mais baixo na lei humana.[33]

Além dos fatores inerentes à gênese da unidade buscada como resposta ao cenário fragmentário do modelo feudal, bem como da importância sobremaneira da Igreja, para a afirmação de fundamentos sólidos e necessários à racionalidade do Estado, especialmente em sua primeira forma moderno-absolutista, os aspectos econômicos

---

[32] "A Igreja como corpo coletivo supraindividual de Cristo, do qual ele era a cabeça como o marido, encontrava seu paralelo exato no Estado como o corpo coletivo supra individual do Príncipe, do qual ele era tanto a cabeça como o marido – o Príncipe é a cabeça do reino, e o reino o corpo do Príncipe" (KANTOROWICZ, Ernst H. *Os Dois Corpos do Rei* – um estudo sobre teologia política medieval. Trad. por MOREIRA, Cid Knipel. São Paulo: Companhia das Letras, 1998, p. 138). Portanto, a partir dessas premissas, é possível compreendermos que o pensamento político medieval, a partir das influências do pensamento e racionalidade religiosos, possui uma marca universalista – que foi importante, posteriormente, para a afirmação do Estado nacional durante os primeiros momentos de desenvolvimento da modernidade.

[33] CUEVA, Mario de La. *La Idea del Estado*. Cidade do México: Fondo de Cultura Económica, 1996, p. 37 – tradução nossa.

desenvolvidos pelo feudalismo e que, posteriormente, possibilitaram o surgimento do modelo capitalista também devem ser compreendidos como importantes para o que se propõe aqui.

Um desdobramento epistemológico possível da perspectiva racional por trás do sentido da unidade almejada durante o feudalismo pode ser percebido no sentido de ordem daí decorrente. É o que Capella nos apontará ao destacar como a racionalidade religiosa, inerente ao modelo feudal, imporá o surgimento de um pensamento social pautado na busca por uma ordem, ou seja,

> o pensamento social medieval adotou assim a forma de um pensamento teológico. Está ancorado na tradição. Sua ideia básica é uma concepção de ordem: o universo é visto como criação de um Deus, que o governa pessoal e diretamente e que atribui a cada ser – também, portanto, aos seres humanos – um lugar determinado nele. Esta ordem é produto da razão divina.[34]

Sobre a religião que se colocará, conforme dito antes, como fator importante de demarcação do *modus vivendi* europeu, a partir do qual a modernidade e – para o estudo proposto aqui – especialmente o Estado nacional que daí se estrutura, é necessário compreendermos que o estabelecimento de uma nacionalidade decorrerá, dentre outros aspectos, do estabelecimento de valores e sentimentos comuns.

É necessário que se tenha – e se compreenda – a partir de então que "a religião, qualquer que seja seu conteúdo, é um discurso transmitido pela tradição, e que importa enquanto garantia de uma identidade cultural".[35]

Desse modo, mesmo que o cenário de reconstrução descolonial de uma estética da colonialidade do poder, imposta ao resto do mundo, especialmente à América Latina, a partir do processo de conquista e colonização eurocêntrica, nos demonstre como a religião foi importante para, no mínimo, se uniformizar o discurso moderno, culturalizando o indígena ou expulsando o diferente – com a queda de Granada e a expulsão de mouros e judeus da península ibérica –, é preciso que se compreenda que aqui não estamos demonizando ou santificando qualquer religião.

---

[34] CAPELLA, Juan Ramón. *Fruto Proibido* – uma aproximação histórico-teórica ao estudo do Direito e do Estado. Trad. por ANDRADE, Lédio Rosa de e outra. Porto Alegre: Livraria do Advogado, 2002, p. 85.

[35] TODOROV, Tzvetan. *A Conquista da América:* a questão do outro. Trad. por MOISÉS, Beatriz Perrone. 4. ed. São Paulo: Editora WMF Martins Fontes, 2010, p. 116.

Tão somente, buscamos demonstrar como a religiosidade esteve presente na formação estética da identidade moderna do Estado nacional, até porque compreendemos que não existe religião em si mesma mais racional ou verdadeira que outra, pois todas derivam da fé, algo eminentemente cultural, coletivo, mas também individual.

Desse modo, o fator religioso aparece como um dos principais valores para a unificação e homogeneização de um povo, ou seja, para a afirmação de uma identidade nacional, através da afirmação dos mencionados valores e sentimentos comuns, o que, conforme poderemos perceber, por exemplo, ocorreu durante a formação do Estado espanhol, pois "[...] a Espanha nasce com a expulsão dos mulçumanos e posteriormente judeus. Ser espanhol era ser católico, e quem não se comportasse como um bom católico era excluído".[36]

Após discutirmos o processo de formação do Estado moderno por meio, sobretudo, de uma racionalidade inerente à religião cristã da época, o que formou um modelo estatal estritamente relacionado com os dogmas e necessidades da fé, conseguimos compreender daí em diante as influências que marcam, sobremaneira, a relação entre o Estado, o Direito e a religião ainda hoje, o que pode nos apontar, por exemplo, o motivo para o qual, mesmo em pleno século XXI, ainda remanescem alguns privilégios para as entidades religiosas, que outras pessoas não gozam em sociedade, tais como a imunidade tributária, que passamos a perceber.

2 A imunidade tributária dos templos religiosos e sua compreensão normativa – uma análise legal e jurisprudencial de seus limites

Como destacado, neste momento do trabalho buscaremos compreender o modo como a legislação (constitucional – art. 150, VI, "b" c/c art. 150, §4º da CF/88 – e infraconstitucional – art. 9º, IV, "b", do Código Tributário Nacional) bem como a jurisprudência dominante no Supremo Tribunal Federal (STF) – julgamento no plenário do STF acerca da cobrança do Imposto Predial Territorial Urbano (IPTU) de imóveis outros de entidade religiosa (RE 325822/SP) – se estabeleceram na contemporaneidade do Direito pátrio, abordando, a partir de então, os limites da chamada imunidade tributária dos templos religiosos.

---

[36] MAGALHÃES, José Luiz Quadros de. *Estado Plurinacional e Direito Internacional*. Curitiba: Juruá, 2012, p. 24.

Para tanto se faz necessário identificar, mesmo que brevemente, que o debate acerca da referida imunidade tributária já se faz presente na legislação constitucional pátria desde seus primeiros textos constitucionais, ou seja, se por um lado a Constituição de 1824 (Constituição do Império) não trouxe, expressamente, qualquer referência à imunidade das igrejas, por outro, determinava em seu art. 5º que a religião católica apostólica romana continuaria a ser a religião do Império, o que demonstra uma enorme influência da Igreja nas conduções do Império do Brasil – o que pode ser ainda compreendido pelo disposto nos arts. 95, III, que impedia quem não professasse tal religião de ser Deputado; e 103 e 106, que determinava ao Imperador o juramento de manter a integridade da dita religião oficial.

A seu turno, a Constituição da República de 1891 determinou, nos termos do art. 11, §2º, que seria vedado à União e aos Estados "estabelecer, subvencionar ou embaraçar o exercício de cultos religiosos", de modo que é possível extrairmos daí a tentativa de proteger os cultos religiosos de qualquer interferência ou perseguição por parte do Estado brasileiro, demonstrando que, mesmo após o fim do Império, a influência da religião na condução do Estado permaneceu como um mecanismo de afastar das entidades religiosas os efeitos das decisões seculares.

A Constituição de 1934 manteve a mesma ideia constante na Constituição anterior ao determinar em seu art. 17, II, ser "[...] vedado à União, aos Estados, ao Distrito Federal e aos Municípios: [...]; estabelecer, subvencionar ou embaraçar o exercício de cultos religiosos", o que fora mantido pela Constituição de 1937 (art. 32, "b"), conhecida pelos estudiosos da história do Direito Constitucional pátrio como *Polaca*, por sua proximidade ideológica com a Constituição polonesa da época, de forte cunho fascista.

Com a Constituição democrática de 1946, manteve-se a mesma determinação de ambos os textos constitucionais citados (art. 31, II), mas, pela primeira vez, o texto constitucional brasileiro determinou a impossibilidade de cobrança de impostos dos templos religiosos, tal como destacado no art. 31, V, "b", da mencionada Constituição de 1946, que expressamente dizia:

> A União, aos Estados, ao Distrito Federal e aos Municípios é vedado: [...];
> lançar impostos sobre: [...]; templos de qualquer culto bens e serviços
> de Partidos Políticos, instituições de educação e de assistência social,
> desde que as suas rendas sejam aplicadas integralmente no País para
> os respectivos fins.

A Constituição de 1967 continuou com a mesma previsão da Constituição anterior (art. 20, III, "b"),[37] mesmo sendo um texto constitucional fruto de um regime político autoritário (ditatorial) – o que demonstra que, seja na República Velha, na Nova República (pós-Revolução de 1930), em contextos democráticos ou ditatoriais, a proteção normativa aos cultos religiosos se manteve, o que demonstra como, independentemente do contexto político-social pátrio, *a Igreja* se manteve imune às decisões e interferências seculares, especialmente no tocante à tributação de seus ativos.[38]

Ao fim, a Constituição de 1988, reconhecida como o mais importante texto constitucional pátrio, por todas as suas características sociais-democratas, bem como por se propor a traçar o caminho de um grande projeto de nação pós-redemocratização do país, trouxe, como delimitado acima, em seu Texto, a mesma previsão de imunidade tributária (no sentido da cobrança de impostos) aos templos religiosos de qualquer culto, seu patrimônio, renda e serviços relacionados com as finalidades essenciais das entidades religiosas (§4º do art. 150 da CF/88).[39]

---

[37] A Emenda Constitucional nº 1 de 1969, que para muitos estudiosos do Direito Constitucional formalmente se apresentava como uma simples emenda à Constituição de 1967, mas materialmente representava um novo texto constitucional, que de certo modo veio a constitucionalizar os Atos Institucionais – especialmente o nº 5/1968 –, não modificou em nada a imunidade tributária dos templos religiosos, pois a manteve nos termos de seu art. 19, III, "b".

[38] Tal como destacamos outrora, é preciso neste ponto definirmos que tal imunidade busca uma salvaguarda aos valores religiosos, ou seja, uma proteção e uma garantia à liberdade de culto, de modo que a referida imunidade dos templos de qualquer culto delimitada na CF/88 objetiva garantir ao fim a liberdade de crença, promovendo daí em diante a igualdade entre as crenças de qualquer culto a ponto de Sabbag nos informar que citada imunidade tributária dada aos templos religiosos deve ser entendida como "[...] uma norma constitucional de não incidência de impostos sobre os templos de qualquer culto. Não se trata de um benefício isencional, mas de uma exoneração de ordem constitucional, à qual se pode atribuir o rótulo de "imunidade religiosa". (2020, p. 322). Nessa linha, o mesmo Sabbag nos informa que muitos Estados no mundo se mantêm como *confessionais*, *ou seja, uma série de países em que* uma única religião é reconhecida/aceita como oficial do Estado. Assim, adotam esta religião oficial o "[...] *Islamismo* (a Arábia Saudita, o Afeganistão, o Egito, o Irã, o Iraque, a Jordânia e outros); o *Catolicismo* (o Vaticano, a Argentina, a Costa Rica, o Peru e outros); o *Budismo* (a Tailândia); o *Hinduísmo* (o Nepal); o *Protestantismo Anglicano* (o Reino Unido); e o *Protestantismo Luterano* (a Dinamarca e a Noruega)" (SABBAG, Eduardo. *Manual de Direito Tributário*. 12. ed. atual. São Paulo: Saraiva: 2020, p. 322).

[39] Assim, tendo discutido como os textos constitucionais brasileiros trataram do tema da imunidade tributária aos templos religiosos, é importante a partir de então destacar que infraconstitucionalmente a legislação tributária seguiu as determinações constitucionais, de modo que atualmente o CTN determina em seu art. art. 9º, IV, "b", a impossibilidade de cobrança de impostos frente às entidades religiosas, nos termos e limites descritos no Texto Constitucional de 1988.

Antes de darmos sequência a análise dos limites, sobretudo, jurisprudenciais estabelecidos ao Estado no tocante a cobrança de impostos de entidades religiosas, é preciso explicar, mesmo que brevemente, alguns termos, tais como imunidade, templo e culto.[40]

Sendo assim, no presente trabalho compreendemos imunidade tributária, tal como destacado por Alexandre, aquelas "[...] limitações constitucionais ao poder de tributar consistentes na delimitação da competência tributária constitucionalmente conferida aos entes políticos".[41]

Neste mesmo sentido, Paulsen discute que as imunidades trazem consigo a ideia de que "[...] regras constitucionais que proíbem a tributação de determinadas pessoas ou bases econômicas relativamente a tributos específicos, negando, portanto, competência tributária, são chamadas de imunidades tributárias", ou seja, podem ser percebidas "[...] como uma não tributação absoluta que ocorre em razão das liberdades preexistentes. Logo, a imunidade tributária é um direito fundamental assegurado ao contribuinte pela Constituição Federal".[42]

Assim, discutido o que aqui se compreende por imunidade tributária (no contexto trabalhado aqui, especialmente, na cobrança de impostos), é preciso delimitarmos, conforme dito, o entendimento acerca também da palavra *Templo*, que deve ser entendida aqui tal como destaca Coêlho,

---

[40] Acerca da palavra *culto* destacada anteriormente, é preciso explicar que em si ela não guarda muitas questões ou debates doutrinários, especialmente pelo fato de que a partir dela podemos identificar uma manifestação de ordem religiosa que, ao obedecer à ordem constitucional pátria, expõe uma liturgia valorativa a partir da subjetividade individual inerente àquilo que se entende como *fé* humana.

[41] RICARDO, Alexandre. *Direito Tributário*. 14. ed. rev., ampl. e atual. Salvador: Juspodivm, 2020, p. 170. Ainda acerca das imunidades tributárias, não podemos deixar de compreender também que tais imunidades podem ser percebidas de modos distintos em classificações doutrinárias acerca do tema. Neste sentido, uma das mais importantes dessas classificações é aquela que diz respeito ao parâmetro usado pelo Estado para a concessão da imunidade. Aqui a imunidade é dividida entre aquelas identificadas ao sujeito contribuinte ou ao objeto negociado, sendo, portanto, dividida em subjetivas (primeiro caso) ou objetivas (no segundo). Se por um lado a imunidade tributária reconhecida às entidades religiosas de qualquer culto pode ser identificada como sendo da espécie subjetiva, lado outro, a imunidade reconhecida ao papel destinado à impressão de livros e jornais, reconhecida no mesmo art. 150 da CF/88, deve ser percebida como da espécie objetiva, nos termos da classificação já destacada.

[42] PAULSEN, Leandro. *Curso de Direito Tributário Completo*. 11. ed. rev. e atual. São Paulo: Saraiva, 2012, p. 38. Aqui também são importantes as contribuições de Costa ao analisar que "imunidade é a exoneração, fixada constitucionalmente, traduzida em norma expressa impeditiva da atribuição de competência tributária ou extraível, necessariamente, de um ou mais princípios constitucionais, que confere direito público subjetivo a certas pessoas, nos termos por ela delimitados, de não se sujeitarem à tributação" (COSTA, Helena Regina. *Imunidades Tributárias* – teoria e análise da jurisprudência do STF. 3. ed. rev., atual. e ampl. São Paulo: Malheiros, 2015, p. 58/59).

Templo, do latim *templum*, é o lugar destinado ao culto. Em Roma era lugar aberto, descoberto e elevado, consagrado pelos áugures, sacerdotes da adivinhação, a perscrutar a vontades dos deuses nessa tentativa de todas as religiões de religar o homem e sua finitude ao absoluto, a Deus. Hoje os templos de todas as religiões são, comumente, edifícios. [...]. O templo, dada a isonomia de todas as religiões, não é só a catedral católica, mas a sinagoga, a casa espírita kardecista, o terreiro de candomblé ou de umbanda, a igreja protestante, shintoísta ou budista e a mesquita maometana.[43]

Ademais, é preciso também destacar que a compreensão daquilo que se entende como templo – na análise da imunidade tributária aqui em debate – deve ir além daqueles locais em que são realizados os diversos cultos, pois também serão beneficiários da citada imunidade – tal como delimitado pelo STF em julgado que marca esse ínterim, a ser analisado mais abaixo – os prédios anexos aos locais de realização dos cultos – é o que se entende como *teoria moderna*[44] de identificação dos templos religiosos.

Acerca das teorias que tentam identificar a amplitude da palavra *templo* frente ao debate inerente à hipótese de imunidade tributária, é preciso ressaltar que existem, basicamente, três grandes vertentes doutrinárias acerca do tema, quais sejam: a) a teoria clássico restritiva; b) a teoria clássico-liberal e c) a teoria moderna.

Neste sentido, tem-se que para a teoria clássico-liberal (que reconhece a dualidade entre templo e atividade) o templo é identificado como todo o conjunto de coisas que, direta ou indiretamente, viabilizam a realização do culto, de modo que neste ponto ficariam imunes da tributação dos impostos não só o local de realização do culto, como também todas as demais coisas e/ou serviços necessários para sua realização, mesmo que não vinculados a ele diretamente.

---

[43] COÊLHO, Sacha Calmon Navarro. *Curso de Direito Tributário*. 16. ed. rev. atual. e ampl. Rio de Janeiro: Forense, 2018, p. 269.

[44] É o que Sabbag nos diz quando descreve que "nessa medida, o *templo-entidade* extrapola, no plano conceitual, o formato da *universitas rerum*, destacado na teoria clássico-restritiva, e a estrutura da *universitas juris*, própria da concepção clássico-liberal, aproximando-se da concepção de *organização religiosa*, em todas as suas manifestações, na dimensão correspondente ao culto" (SABBAG, Eduardo. *Manual de Direito Tributário*. 12. ed. atual. São Paulo: Saraiva: 2020, p. 327). No mesmo sentido destacado aqui, Costa noz informa que "se os recursos obtidos com tais atividades são vertidos ao implemento das finalidades essenciais do templo parece difícil sustentar o não reconhecimento da exoneração tributária, já que existe relação entre a renda obtida e seus objetivos institucionais, como quer a norma contida no §4º do art. 150" (COSTA, Helena Regina. *Imunidades Tributárias – teoria e análise da jurisprudência do STF*. 3. ed. rev., atual. e ampl. São Paulo: Malheiros, 2015, p. 225).

De outro lado, na teoria clássico-restritiva (o templo é identificado enquanto coisa), a abrangência da imunidade tributária destacada abarcaria somente o local destinado à realização do culto e todas as coisas que nele estivessem presentes, tais como microfones, caixas de som, etc.

Por fim, para a teoria moderna – aquela que aparentemente o constituinte escolheu para a CF/88, o templo é identificado enquanto entidade, ou seja, como se uma organização ou associação fosse, de modo que todas as atividades desenvolvidas no âmbito do templo – ou fora – mas que sejam destinadas à realização das atividades religiosas, sua manutenção – dentre outros aspectos – devem ser consideradas imunes tributariamente.

Por fim, é importante destacar aqui ainda que o STF, tal como dito anteriormente, já proferiu decisão no sentido de identificar-se, jurisprudencialmente, com o entendimento ampliativo (teoria moderna) da extensão da imunidade, ou seja,

> EMENTA: 1. Recurso extraordinário. 2. Imunidade tributária de templos de qualquer culto. Vedação de instituição de impostos sobre o patrimônio, renda e serviços relacionados com as finalidades essenciais das entidades. Artigo 150, VI, "b" e §4º, da Constituição. 3. Instituição religiosa. IPTU sobre imóveis de sua propriedade que se encontram alugados. 4. A imunidade prevista no art. 150, VI, "b", CF, deve abranger não somente os prédios destinados ao culto, mas, também, o patrimônio, a renda e os serviços "relacionados com as finalidades essenciais das entidades nelas mencionadas". 5. O § 4º do dispositivo constitucional serve de vetor interpretativo das alíneas "b" e "c" do inciso VI do art. 150 da Constituição Federal. Equiparação entre as hipóteses das alíneas referidas. 6. Recurso extraordinário provido. (STF, Pleno, RE 325822/SP, Rel. Orig. Min. Ilmar Galvão, Rel. p/ac. Min. Gilmar Mendes, m. v., j. 18/12/2002).

Conclusão – o abuso do direito como hipótese de tributação de *templos religiosos* no contexto político e social do século XXI

Para darmos termos finais ao presente estudo em prol de buscarmos resposta ao problema de pesquisa lançado, é preciso destacar que o fecho dado a este estudo nada mais é que uma nova premissa hipotética (síntese), a ser refutada por outras antíteses, afirmando, uma vez mais, o eterno devir do movimento contínuo inerente à abordagem metodológica dialética, sobretudo em sua perspectiva múltipla.

Desse modo, após termos desenvolvido na primeira parte toda uma reconstrução histórica das origens religiosas inerentes à racionalidade moderna de onde emergiu o Estado nacional, demonstrando, assim, a proximidade umbilical que, desde outrora e ainda hoje, o Estado mantém com a Igreja – aqui, no sentido mais amplo da palavra, tendo em vista a laicidade estatal, já reconhecida no arcabouço constitucional pátrio desde a fundação da República e reafirmado, uma vez mais, pela CF/88, o que ficou mais bem entendido ao discutirmos a normatividade constitucional acerca da imunidade tributária – e seus limites –, na segunda parte do trabalho, é preciso finalizarmos levantando a hipótese de ruptura com tais premissas, especialmente em decorrência do contexto social, político e econômico global do século XXI.

Assim, como hipótese de identificação daquilo que aqui discutimos como abuso de um direito reconhecido constitucionalmente, chamamos atenção para o fato de que a globalmente difundida Revista Forbes trouxe em reportagem de 2 de fevereiro de 2013[45] – e diga-se de passagem, reportagem essa que que chamou muita atenção da mídia – a listagem daqueles líderes religiosos (pastores; bispos; apóstolos) brasileiros considerados como sendo os mais ricos do país, apontando àquela época que Edir Macedo, da Igreja Universal, possuía à época uma fortuna acumulada de 2 bilhões de reais; Valdomiro Santiago, da Igreja Mundial do Poder de Deus, aparecia com uma fortuna de 420 milhões de reais; RR Soares com 125 milhões de reais e, fechando a lista, Estevan e Sônia Hernandes, (o casal) da Igreja Renascer, com fortuna acumulada de 120 milhões de reais.

Ou seja, estamos diante de estruturas organizacionais – pois trabalham organizadamente como conglomerados empresariais, com objetivos, visão, missão e metas a serem alcançadas – que há muito tempo vêm se descolando daquela realidade ínsita à subjetividade humana, qual seja, a *fé*, pois passam tais estruturas organizacionais a trabalharem em cima de campanhas de *marketing*, difusão de suas marcas em mídias sociais e uso da TV e rádio – quando não proprietárias de tais redes – como mecanismos de promoção da organização.

Esse descolamento que dá origem a uma imagem – especialmente atrelada aos novos movimentos neopentecostais cristãos do final do século XX, mas que acomete todas as denominações religiosas que se espraiam pelo globo – de estruturas organizacionais que trabalham a

---

[45] Reportagem essa que está disponível em: http://web.archive.org/web/20130202095921/ http://www.forbes.com /sites/andersonantunes/2013/01/17/the-richest-pastors-in-brazil. Acesso em: 15 jun. 2020.

fé – subjetividade humana – como mercadoria a ser vendida e comprada ao maior lance possível.

Tal contexto pode ser percebido quando analisamos inúmeras reportagens – muitas delas de cunho policialesco – acerca de supostas condutas das lideranças religiosas listadas como sendo as mais ricas do país, tais como o fato do "Apóstolo" Valdemiro Santiago ser acusado de enriquecimento ilícito[46] ou de estar vendendo semente com a cura para o *coronavírus*,[47] ou quando os bispos da Igreja Renascer (o casal) são presos acusados de tentar entrar nos EUA com milhares de dólares escondidos e não declarados, ou quando são acusados pelo Ministério Público Federal (MPF) de evasão de divisas e falsidade ideológica.[48]

Mas não paramos por aí, pois aquele que segundo a Revista Forbes é o religioso mais rico do país, o bispo fundador da Igreja Universal do Reino de Deus (IURD), Edir Macedo, além de já ter sido preso, e posteriormente solto – o que rendeu até filme – por estelionato, charlatanismo e curandeirismo no início da década de 1990,[49] também já foi investigado por lavagem de dinheiro,[50] contudo, tais investigações foram arquivadas, pois o crime em tese praticado prescreveu.[51]

O líder da Igreja Internacional da Graça, o missionário RR Soares – cofundador da IURD com seu cunhado Edir Macedo, mas que rompeu com ele, se tornando seu adversário –, já foi acusado de sonegação de impostos[52] – juntamente com o já mencionado "Apóstolo" Valdemiro Santigado – sendo que mais recentemente disse aos fiéis, enquanto pedia doações, que a água que ele consagrasse curaria a covid-19.[53]

---

[46] Matéria disponível em: https://www.hnt.com.br/cidades/mpe-transfere-investigacao-de-apostolo-da-igreja-mundial-para-capital-paulista/13752. Acesso em: 19 jun. 2020.

[47] Matéria disponível em: https://jc.ne10.uol.com.br/brasil/2020/05/5608848-valdemiro-santiago-e-acusado-de-estelionato-pelo-mpf-por-vender-semente-que--cura--corona virus.html. Acesso em: 19 jun. 2020.

[48] Matéria disponível em: https://www1.folha.uol.com.br/folha/especial/2007/prisaona renascer/. Acesso em: 20 jun. 2020.

[49] Matéria disponível em: https://www1.folha.uol.com.br/fsp/1995/9/17/brasil/38.html. Acesso em: 20 jun. 2020.

[50] Matéria disponível em: https://veja.abril.com.br/blog/reinaldo/bispo-macedo-e-investigado-por-lavagem-de-dinheiro-nos-eua-e-na-venezuela-nesse-caso-dinheiro-seria-do-trafico-de-drogas/. Acesso em: 20 jun. 2020.

[51] Matéria disponível em: https://www.cartacapital.com.br/sociedade/acao-que-investigava-edir-macedo-por-lavagem-de-dinheiro-prescreve/. Acesso em: 21 jun. 2020.

[52] Matéria disponível em: https://catracalivre.com.br/dimenstein/r-r-soares-e-waldemiro-santos-devem-r-190-milhoes-em-impostos/. Acesso em: 22 jun. 2020.

[53] Matéria disponível em:https://istoe.com.br/pastor-r-r-soares-afirma-que-agua-consagrada-por-ele-cura-covid-19/. Acesso em: 21 jun. 2020.

Ao fim, outra importante e mais recente notícia veiculada se deu frente ao fato de ter havido um rompimento interno na IURD, iniciado por lideranças da citada Igreja em Angola, na África, que acusam a direção brasileira, dentre outros temas, de evasão de divisas, expatriação ilícita de capital e racismo.[54]

Todas as reportagens listadas, portanto, ajudam a corroborar o argumento de que aquilo que a CF/88 reconhece como templos religiosos, ao reconhecer a imunidade tributária nos termos destacado alhures, com o claro intuito de proteger o local de culto de possíveis ingerências seculares, o que ao final significaria uma proteção à liberdade religiosa e uma afirmação da laicidade estatal, em pleno século XXI tem se tornado um caminho para a formação de *mega*conglomerados organizacionais de comercialização daquilo que, eminentemente, ainda é inerente à subjetividade humana, qual seja, a *fé* – ou não – de cada um.

Desse modo, sendo a imunidade uma espécie proibitiva da cobrança de tributos – o que no contexto dos templos religiosos se dá frente, especialmente, aos impostos, a fim de se guardar coerência com a isonomia tributária buscada pelo sistema nacional, é preciso que reconheçamos a injustiça e a inadequação desse cenário,[55] tal como descrito na segunda parte do estudo, haja vista o fato de que hoje – século XXI – as igrejas, sobretudo aquelas que se tornaram grandes conglomerados comerciais e midiáticos, já não podem ser consideradas como alvos de perseguição por parte de qualquer governo ou governante de momento, mas ao contrário, hoje tais organizações já estão – e cada vez mais é assim com a "famosa" *bancada da bíblia* no Congresso Nacional brasileiro – entranhadas nos espaços políticos.[56]

---

[54] Matéria disponível em: https://noticias.uol.com.br/ultimas-noticias/bbc/2020/06/23/bispos-e-pastores-da-igreja-universal-em-angola-tomam-controle-de-templos-e-rompem-com-direcao-brasileira.htm. Acesso em: 22 jun. 2020. Nessa mesma reportagem há informação de que atualmente a IURD está em mais de 100 países, possuindo um total de mais de 10 mil templos espalhados por todos os continentes do Mundo.

[55] Neste contexto, um caminho possível – para evitar o fim abrupto da imunidade – seria a conversão da imunidade em isenção tributária, de modo que assim tal contexto estaria submetido às mesmas exigências e disposições normativas de fiscalização que as ONGs – ou similares – estão, o que permitirá às estruturas do Estado destinadas à fiscalização – Tribunais de Contas ou Ministério Público, por exemplo – realizar, quando evidenciarem qualquer suspeita de desvirtuamento do patrimônio isento tributariamente, investigações, apurando assim possíveis infratores, o que atualmente, no contexto de imunidade tributária, se torna mais difícil.

[56] Hoje os meios de comunicação em massa, TV, rádio e, sobretudo, os atuais meios digitais (*Youtube, Instagram, Facebook, Twitter, Whatsapp*, entre outros), carregam consigo um enorme poderio capaz de formar, transformar ou reformar a opinião pública de um povo acerca de qualquer fato, coisa ou pessoa, de modo que nesse contexto, e com o agigantamento de organizações religiosas que vêm, dia após dia, se infiltrando cada vez mais do

Portanto, é preciso que busquemos alternativas várias – daí a concepção inerente ao múltiplo-dialético – capazes de reverter tal contexto, uma vez que não deve ser entendido como razoável o fato de que receitas e despesas de entidades – tais como aquelas já listadas, cujos líderes aparecem como milionários, quando não bilionários, e que estão espalhadas não só por todo o país, mas também pelo mundo, com templos faraônicos, não só pelo tamanho, mas pelo custo da estrutura[57] – não possam ser compelidas ao pagamento – como qualquer pessoa física ou jurídica, por menor que essa seja – de tributos.

Se tal contexto se perpetuar, a isonomia tributária pretendida pelo constituinte de 1988, na busca de adequar o sistema tributário nacional ao objetivo fundamental da República de formação de uma sociedade livre, justa e, sobretudo, solidária, estará, flagrantemente, violada, sendo mais uma norma da CF/88 que existe no texto, mas que não se transmite à realidade do *chão da vida*.

Informação bibliográfica deste texto, conforme a NBR 6023:2018 da Associação Brasileira de Normas Técnicas (ABNT):

SILVA, Heleno Florindo da. Estado, Direito e religião no século XXI – uma análise da imunidade tributária dos templos religiosos no contexto da CF/88. *In*: SARAIVA FILHO, Oswaldo Othon de Pontes; SIQUEIRA, Julio Homem de; BEDÊ JÚNIOR, Américo; FABRIZ, Daury César; SIQUEIRA, Junio Graciano Homem de; CUNHA, Ricarlos Almagro Vitoriano (Coord.). *Limitações materiais ao poder de tributar*. Belo Horizonte: Fórum, 2022. p. 191-213. (Coleção Fórum Princípios Constitucionais Tributários - Tomo III) ISBN 978-65-5518-314-6.

---

meio político, ou seja, na tomada de decisão frente aos rumos políticos, sociais, econômicos e normativos da nação, é essencial que instituições da República – da estrutura do Poder estatal ou não –, tais como o Ministério Público e a Ordem dos Advogados do Brasil, busquem exigir fazendo-se cumprir as determinações constantes nos artigos 220 a 224 da CF/88, buscando impedir que instituições religiosas – especialmente aquelas organizacionalmente gigantescas – possam ter, direta ou indiretamente, permissões públicas para conduzirem veículos de comunicação de massa, pois se os canais de TV e as frequências de rádio são limitados, devem ser fiscalizados e regulados pelo Poder Público, especialmente por aqueles agentes de fiscalização destacados. Assim, aceitar que organizações religiosas – ou que, inclusive seus líderes, de forma individual – possam interferir no destino do país se transformando num tipo de *poder paralelo* – pois funcionam e se organizam ao arrepio de qualquer fiscalização mais acurada por parte dos agentes públicos – é rumar, a passos cada vez mais largos, na direção de uma ruptura sociopolítica e, por que não, talvez de uma fratura no tecido social capaz de desvelar-se em anarquia social.

[57] Segundo matéria vinculada pela Band notícias na plataforma digital do UOL, o Templo de Salomão, sede da IURD, é 4 vezes maior que o Santuário de Aparecida da Igreja Católica, tem o formato do Templo de Salomão da narrativa bíblica construído no séc. XI a.C. e teve o custo total de mais de R$700.000.000,00 (setecentos milhões de reais). Matéria disponível em: https://noticias.band.uol.com.br/cidades/noticias/100000697500/templo-da-universal-custou-quase-r$-700-milhoes.html. Acesso em: 23 jun. 2020.

INDÍCIOS DE INCONSTITUCIONALIDADE NA DENOMINADA "IMUNIDADE MUSICAL" TRAZIDA PELA EMENDA CONSTITUCIONAL Nº 75/2013

ANTÔNIO DE PÁDUA MARINHO MONTE

DAURY CÉSAR FABRIZ

Introdução

A Constituição Federal de 1988, prezando pela autonomia político-administrativa de todos os entes que compõem a Federação (União – Estados – Distrito Federal – Municípios), distribuiu o poder de tributar de forma razoavelmente equânime entre eles.

No entanto, como forma de assegurar os direitos fundamentais dos contribuintes, a CF/1988 trouxe um leque de limitações ao exercício deste poder que foi outorgado às pessoas políticas. A "Carta Política", destaque-se, não cria tributos; ela apenas autoriza sua criação e dentro de determinados limites impostos pelo próprio diploma que desenhou as competências tributárias dos entes.

Os limites a tal exercício de competência podem vir na forma de princípios, bem como de imunidades. No caso das imunidades, embora a CF as tenha caracterizado como "limites", tal opção não encontra unanimidade na doutrina, havendo quem prefira caracterizá-las como ausência de competência tributária ou, até mesmo, competência tributária negativa.

As imunidades impõem o dever de abstenção aos legisladores tributários de instituir determinada(s) espécie(s) tributária(s) sobre algumas pessoas ou classe de pessoas, bens ou operações que o constituinte originário considerou de especial relevo. Portanto, haverá sempre um vetor axiológico embasando cada imunidade tributária, a qual comporta, inclusive, interpretação extensiva, na busca da implementação deste valor prestigiado constitucionalmente.

Neste passo, as imunidades se diferenciam das isenções, não só pelo fundamento constitucional das normas imunizantes; mas sim pela interpretação meramente literal própria das normas legais isentivas, já que estas exteriorizam mera opção política desprovida da imperiosa necessidade de um vetor axiológico subjacente.

O compromisso ou pacto federativo vem afirmado logo nos primeiros artigos da Constituição Federal de 1988, ao lado da busca de valores próprios de um Estado Democrático de Direito, tais como: igualdade, justiça, dignidade da pessoa humana, soberania nacional e autonomia dos entes que compõem a federação.

Neste contexto, a CF/1988 destaca, entre seus objetivos fundamentais, a busca pela redução das desigualdades socioeconômicas entre as regiões do País. Tal objetivo tem por motivação o fato de nosso território ser bastante extenso e com características regionais bem peculiares de índole não só geográfica, mas também cultural e étnica.

As políticas públicas, em seu sentido mais amplo, deverão ser informadas com base na busca pelos objetivos traçados constitucionalmente, em especial – no presente caso – a da redução de tais diferenças regionais de índole econômico-social.

Como consequência disto, se pode elencar, exemplificativamente, o comando previsto no art. 151, I, CF/1988, o qual exclui da necessária tributação uniforme em todo o território nacional unicamente a concessão de incentivos fiscais que visem a redução de tais discrepâncias regionais.

A Emenda Constitucional nº 75, de 2013, inovou no plano das imunidades tributárias prescrevendo uma regra que livra de impostos as produções musicais ou literomusicais, manifestadas em áudio ou videoaudio, por qualquer meio.

A própria justificativa do projeto de emenda bem como os debates em Plenário Legislativo revelaram que a intenção do legislador constituinte derivado seria proteger este segmento da indústria da maléfica concorrência ilegal e desleal dos produtos "piratas", assim adjetivados como sendo aqueles de origem criminosa – crime de contrafação.

É de se lamentar que a EC tenha excluído do alcance da benesse tributária as demais formas de manifestação artística e cultural, como se sua intenção fosse "compensar" a indústria fonográfica pela manifesta ineficácia estatal no combate ao crime de contrafação.

Fortes indícios de inconstitucionalidade marcam a novel imunidade adjetivada de "musical". Quer seja por desconsiderar a necessária isonomia de tratamento tributário entre contribuintes em situação equivalente; quer seja por faltar-lhe vetor axiológico válido (neste ponto, revela-se uma norma imunizante com natureza jurídica de isenção); ou, possivelmente, por trafegar na via oposta do objetivo de índole federativa prescrito no art. 3º, III, de nossa "Carta Política" de 1988, ao se considerar a proteção constitucional destinada à Zona Franca de Manaus.

Aspectos gerais das imunidades tributárias e seus traços distintivos com as isenções fiscais

A Constituição Federal distribuiu competências tributárias entre os entes federados (União, Estados-membros, Distrito Federal e Municípios) no intuito de garantir-lhes autonomia político-administrativa, especialmente, no que concerne ao poder de se autodeterminar financeiramente, arrecadando receitas imprescindíveis à consecução das necessidades públicas – intervenção do Estado no domínio econômico; prestação de serviços públicos e exercício do poder de polícia administrativo.

Se de um lado o texto constitucional distribuiu o poder de tributar; de outro, ele trouxe mecanismos de limitação ao exercício do poder outorgado. Tais limites vêm consignados na forma de princípios (anterioridades do exercício e nonagesimal, legalidade, irretroatividade tributária, vedação ao efeito confiscatório, liberdade de tráfego, isonomia de tratamento tributário, entre outros princípios), bem como vêm expressos na forma de imunidades.

As imunidades, por assim dizer, são autênticas limitações constitucionais ao poder de tributar, por razões que o legislador considerou de grande relevo, tais como a liberdade de expressão (art. 150, VI, "d", CF/88), a liberdade de crença (art. 150, VI, "b", CF/88), o pacto federativo (art. 150, VI, "a", CF/88), a liberdade político-partidária ou democracia partidária (art. 150, VI, "c", primeira parte, CF/99), a liberdade sindical (art. 150, VI, "c", primeira parte, CF/88), entre outros valores de grande prestígio constitucional e fundantes de nosso Estado Social Democrático de Direito.

De acordo com o professor Roque Antônio Carrazza, as imunidades tributárias foram veiculadas por normas negativas que também desenharam a competência tributária. Portanto, as imunidades demarcam, negativamente, as competências tributárias destinadas ou outorgadas constitucionalmente aos entes políticos.[1]

Assim sendo, se por um lado a Constituição veiculou um aspecto positivo da competência – o poder distribuído entre os entes políticos de instituir e cobrar tributos; por outro, desenhou um aspecto negativo, que seria a limitação ao exercício deste poder e que faz parte do próprio arquétipo constitucional.

Em outras palavras, resumidamente, a Constituição trouxe regras de competência (positivas) e de incompetência (negativas) tributárias, que na ótica do professor Carrazza:

> As normas constitucionais que, direta ou indiretamente, tratam do assunto, fixam, por assim dizer, a incompetência das entidades tributantes para onerar, com exações, certas pessoas, seja em função de sua natureza jurídica, seja porque coligadas a determinados fatos, bens ou situações.[2]

Marco Aurélio Greco, embora não encare os princípios como regras limitativas do exercício da competência tributária, concorda em reconhecer o caráter limitativo das imunidades tributárias:

> As limitações (como o próprio nome diz) têm função 'negativa', condicionando o exercício do poder de tributar, e correspondem a barreiras que não podem ser ultrapassadas pelo legislador infraconstitucional; ou seja, apontam para algo que o constituinte quer ver 'não atingido' ou 'protegido'. Em suma: enquanto os princípios indicam um caminho a seguir, as limitações nos dizem para onde não seguir.[3]

No mesmo sentido de raciocínio segue o professor Paulo de Barros Carvalho, para quem "(...) classe finita e imediatamente determinável de normas jurídicas, contidas no texto da Constituição Federal,

---

[1] CARVALHO, Paulo de Barros. *Curso de Direito Constitucional Tributário*. 26. ed. São Paulo: Malheiros, 2010, p. 745.

[2] *Op. cit.*, p. 746.

[3] GRECO, Marco Aurélio. Imunidade Tributária. *In*: MARTINS, Ives Gandra da Silva (Coord.). *Imunidades Tributárias*. São Paulo: Revista dos Tribunais, 1998, p. 710.

e que estabelecem, de modo expresso, a incompetência das pessoas políticas de direito constitucional interno para expedir regras instituidoras de tributos que alcancem situações específicas e suficientemente caracterizadas".[4]

Em idêntica simetria é o magistério de Ruy Barbosa Nogueira:

> Tais imunidades inscritas na Constituição são limitações ao próprio poder impositivo, expressos por meio de proibições ou exclusões de competência, não apenas para impedir a cobrança de impostos (...), mas vedação "a priori" da competência do legislador ordinário, expressamente inscrita na Constituição Federal, por meio de textos proibitivos, normativos e autoaplicáveis das 'hipóteses negativas de atribuição de competência'.[5]

Destas lições doutrinárias, percebe-se que por trás das imunidades tributárias sempre haverá pessoas, bens ou situações as quais o legislador constituinte resolveu proteger da tributação, de acordo com os valores que a própria Constituição Federal consagrou.

Segundo Daniela Mailer, as normas imunizantes impedem e limitam a atuação das regras de tributação, por isto criam "situações permanentes" de não incidência, que nem mesmo a lei pode suprimir. O autor considera, assim, a imunidade tributária um princípio constitucional que "protege os interesses e valores fundamentais da sociedade", sendo insusceptível de abolição via emenda constitucional:

> As regras imunizantes criam situações de não incidência tributária, que não podem ser ilididas; não, pelo menos, enquanto o Texto Constitucional não for revogado por novo poder constituinte originário. As emendas constitucionais (fruto do poder constituinte derivado) não podem desconstituir situações de imunidade tributária, que – adiantamos – protegem e garantem direitos fundamentais. Porém, é certo – modificar a Constituição, mas observados limites (materiais e formais, implícitos e explícitos), tecnicamente conhecidos como cláusulas pétreas (cláusulas de identidade constitucional), dentre as quais se inscrevem as regras imunizantes. O poder constituinte derivado é, no rigor dos princípios, poder constituído e, bem por isso, subordinado, condicionado e secundário. Subordinado, porque regrado pelas próprias normas constitucionais. Regrado, porque seu exercício deve obedecer à

---

[4] CARVALHO, Paulo de Barros. *Curso de Direito Tributário*. 23. ed. São Paulo: Saraiva, 2011, p. 236.

[5] NOGUEIRA, Ruy Barbosa. *Imunidades* – contra impostos na Constituição anterior e sua disciplina mais completa na Constituição de 1988. 2. ed. São Paulo: Saraiva, 1992, p. 22-23.

forma prefixada pela própria Constituição. E, secundário, porque seu fundamento de validade é a Constituição vigente, que atualiza e, desde que não esbarre em cláusulas pétreas, completa.[6]

Neste contexto, sequer uma emenda constitucional, fruto do poder reformador constitucional, poderia abolir uma imunidade tributária, retirando o direito público subjetivo, do qual dispõe seu destinatário, de não ser objeto de tributação.

A par de todo o exposto, pode-se afirmar seguramente que os preceitos constitucionais imunizantes requerem interpretação teleológica, mais "generosa", "ampliativa" ou "extensiva", de forma a buscar concretizar a vontade do legislador constituinte de salvaguardar da tributação, entre outros, valores peculiares e relevantes socialmente, politicamente, culturalmente, religiosamente ou economicamente.

Diferentemente, têm-se as isenções tributárias ou isenções fiscais. As isenções representam apenas uma regra advinda necessariamente de lei (*lei específica* – art. 150, §6º, Constituição Federal de 1998 e art. 176 da Lei nº 5.172, de 25.10.1966 – Código Tributário Nacional/CTN) que culmina com a dispensa do pagamento do tributo devido, por razões eminentemente políticas, cuja interpretação meramente *literal* o ordenamento jurídico-tributário nacional impõe (art. 111, I e II, CTN).

A isenção é concedida pelo próprio poder competente para tributar (art. 150, §6º, CF/1988), motivado por mera opção política, cujos limites de mérito na discricionariedade legislativa envolvem questões relacionadas ao equilíbrio financeiro-orçamentário (*renúncia de receita* – art. 14, da Lei Complementar nº 101, de 04.05.2000 – "Lei de Responsabilidade Fiscal") e questões constitucionais de isonomia no tratamento tributário (arts. 150, II, 151 e 152, da CF/1988).

Embora não haja um consenso doutrinário acerca da natureza jurídica da isenção, a norma isentiva, ao contrário da imunizante, é causa de exclusão do crédito tributário (art. 175, I, CTN), não se cogitando de ausência de competência para tributar, tampouco de competência tributária negativa, nos moldes aplicáveis às imunidades já vistas.

O jurista Rubens Gomes de Sousa concebe a isenção como um favor legal, caracterizado pela dispensa legal do pagamento de um tributo devido: "na isenção, o tributo é devido, porque existe a obrigação, mas a lei dispensa o seu pagamento".[7]

---

[6] MAILER, Daniela Tadei *et al.* A imunidade tributária dos templos de qualquer culto (art. 150, VI, "*b*", da CF) – Questões conexas. *In:* CARRAZZA, Nazar Elizabeth (Coord.); MORETI, Daniel (Org.). *Imunidades Tributária.* Rio de Janeiro: Elsevier, 2012, p. 3.

[7] SOUSA, Rubens Gomes de. *Compêndio de legislação tributária.* Ed. Póstuma. São Paulo: Resenha Tributária, 1975, p. 97.

Segundo esta corrente perfilhada pelo autor, existiriam fato gerador e obrigação tributária, apenas sendo desnecessária a extinção do crédito tributário via pagamento, por força da isenção veiculada legalmente.

O entendimento doutrinário mencionado, ao que parece, prevaleceu em nosso STF,[8] em que pesem as lições dos juristas Alfredo Augusto Becker – no sentido de que "a norma de isenção incide para que a norma de tributação não possa incidir",[9] sendo assim uma norma de não incidência tributária – e de José Souto Maior Borges, para quem as isenções seriam normas de não incidência tributária qualificadas legalmente, enquanto que as imunidades seriam qualificadas constitucionalmente.[10]

Qualquer que seja a linha de entendimento doutrinário que o jurista adote, é certo que as isenções não carregam consigo – necessariamente – valor de índole constitucional algum; contrariamente ao que ocorre em sede de imunidade tributária.

Da mesma forma, é consenso que as imunidades carecem de interpretação teleológica e extensiva; ao contrário das isenções, cuja interpretação – por imposição de norma geral nacional – deverá ser apenas literal, não raro confundida com restritiva.

O legislador local (federal, estadual, municipal ou distrital), mediante lei específica (art. 150, §6º, CF/1988), respeitando a isonomia de tratamento tributário, bem como atento ao equilíbrio financeiro-orçamentário, poderá – com relativa discricionariedade – dispensar o contribuinte do pagamento de algum(ns) tributo(s). Nada disto ocorre com a imunidade, já que é matéria de índole constitucional, cuja observância deverá ser cogente a todos os entes da federação.

Por fim, registre-se que as imunidades poderão ser do tipo "condicionadas", quando a própria Constituição Federal – expressamente – impuser ônus a serem satisfeitos pelos potenciais interessados, como é o caso da imunidade prevista na parte final do art. 150, VI, "c", da CF, a qual tem por destinatários as instituições de educação e de assistência social desprovidas de finalidade lucrativa e que atendam aos requisitos impostos por lei (no caso, *lei complementar* – art. 146, II, CF/1988).

---

[8] Entendimento manifestado no julgamento da Ação Direta de Inconstitucionalidade – ADI nº 286, Min. Maurício Corrêa. A isenção é a dispensa no pagamento de um tributo devido em face da ocorrência de seu fato gerador. Constitui exceção instituída por lei à regra jurídica de tributação.

[9] BECKER, Alfredo Augusto. *Teoria geral do direito tributário*. 2. ed. São Paulo: Saraiva, 1972, p. 277.

[10] BORGES, José Souto Maior. *Isenções tributárias*. São Paulo: Sugestões Literárias, 1969, p. 162.

Nada obsta que aludido condicionamento seja prescrito legalmente em sede de isenção, a teor do que se extrai da inteligência dos artigos 176 e 178 do Código Tributário Nacional. Porém, as condições eventualmente impostas serão fruto da autonomia política do ente, prescindindo de lei complementar nacional para tanto.

A busca constitucional pela redução das desigualdades socioeconômicas regionais – equidade entre regiões

Como se sabe, o Brasil é um Estado federado e a expressão "federação" provém do latim *foedus-eris*, que significa "união", "aliança" ou "pacto". Em um contexto de índole constitucional supõe um associativismo firmado mediante um pacto, sendo relativizada a autonomia das partes em prol do todo, no caso, do Estado Federal. Como característica essencial de uma federação pode-se citar a "unidade".

Por ser um país territorialmente bastante vasto (8.516.000 km²), bem populoso (212.593.750 habitantes[11]) e com formação étnica e cultural bem diversificada, é natural que existam acentuadas diferenças socioeconômicas entre as regiões que o compõem (Norte, Nordeste, Centro-Oeste, Sul e Sudeste).

Essas diferenças regionais se acentuam considerando-se as peculiaridades próprias de cada Estado, levando em conta, por exemplo, que uns são produtores de petróleo, outros não; uns são mais privilegiados em termos de riquezas naturais e minerais, outros menos; uns são propícios à exploração de atividades agropastoris, outros não; uns representam zonas de comércio nacional ou internacional estratégica, dada a sua posição geográfica, outros nem tanto; uns estão mais próximos do poder político central, outros mais afastados; uns possuem valioso patrimônio histórico-nacional (arquitetônico ou natural), outros não; uns possuem vasta extensão costeira (o que atrai o comércio portuário), outros sequer de praia dispõem; uns dispõem de grande potencial hidroelétrico, enquanto outros sofrem com a falta d'água; uns possuem solo fértil para plantio de culturas bastante rentáveis economicamente, outros não; e por aí vão as diferenças bem acentuadas.

Neste contexto, primando por este "pacto" entre membros bem desiguais de nossa federação e considerando a natureza de tais discrepâncias – a maioria delas de índole natural-geográfica e impossíveis

---

[11] Informações colhidas em: http://www.ibge.gov.br/apps/populacao/projecao/. Acesso em: 20 jan. 2021.

de reversão –, é que o legislador constituinte originário de 1988 apontou como entre os *objetivos fundamentais* da República Federativa do Brasil, logo no terceiro artigo de nossa "Carta Política": (i) construir uma sociedade livre, justa e solidária; (ii) garantir o desenvolvimento nacional; (iii) erradicar a pobreza e a marginalização, reduzir as desigualdades sociais e regionais; bem como (iv) promover o bem de todos, sem preconceitos de origem, raça, cor, sexo, idade e quaisquer outras formas de discriminação.

Entre estes objetivos, destaca-se o contido no inciso III já enumerado, por ser essencial para a manutenção do pacto federativo. É um objetivo de índole federativa, eis que a manutenção de uma federação bem diversificada como a nossa requer medidas que visem à tentativa de redução de tais diferenças sociais e regionais.

As políticas públicas empreendidas em nível nacional devem estar atentas a este objetivo de índole federativa, bem como toda legislação nacional. Não sem motivo foi que a Constituição Federal de 1988 excluiu da necessária uniformidade de tratamento tributário geográfico os incentivos fiscais que tenha por finalidade a redução de tais desigualdades, nos preciosos termos do art. 151, I, *in fine*.

Dado o prestígio que deve ser empregado a tal regra, por representar um reforço da unidade nacional, à medida que busca suavizar as distorções econômicas entre os Estados-membros, digno de transcrição se faz:

> Art. 151. É vedado à União:
> I – instituir tributo que não seja uniforme em todo o território nacional ou que implique distinção ou preferência em relação a Estado, ao Distrito Federal ou a Município, em detrimento de outro, *admitida a concessão de incentivos fiscais destinados a promover o equilíbrio do desenvolvimento socioeconômico entre as diferentes regiões do País;* (destaques nossos)
> (...)

A "equidade entre regiões" é princípio informador de nosso ordenamento jurídico-financeiro, conforme se pode depreender das lições do professor de Direito Financeiro Ricardo Lobo Torres, ao apontar vários dispositivos que, embora dispersos no texto constitucional, se unem finalisticamente em prol do objetivo constante no art. 3º, III, CF/88:

> Compete ao orçamento e à legislação tributária garantir e promover a equidade entre as regiões do País. É princípio de suma relevância no constitucionalismo hodierno. Aparece explicitamente no art. 165, §7º, que reza que os orçamentos fiscal e das estatais, compatibilizados com

o plano plurianual, terão entre suas funções a de reduzir desigualdades inter-regionais, segundo o critério populacional. Mas se concretiza também em outros dispositivos da CF 88, como o art. 23, parágrafo único, que se refere à lei complementar para fixar normas para cooperação entre a União, os Estados, o Distrito Federal e os Municípios, tendo em vista o equilíbrio do desenvolvimento e do bem-estar, em âmbito nacional; o art. 151, I, que exclui da proibição de discrime a concessão de incentivos fiscais destinados a promover o equilíbrio do desenvolvimento econômico entre as diferentes regiões do País; o art. 163, IV, que recomenda a compatibilização das funções das instituições financeiras oficiais de crédito da União, resguardadas as características e condições operacionais plenas voltadas ao desenvolvimento regional; o art. 170, item VII, que coloca entre os princípios gerais da atividade econômica a redução das desigualdades regionais e sociais.[12]

Como se pode perceber, a equidade é imanente ao federalismo e implica busca incessante, especialmente no caso de uma nação tão diversificada étnico, econômico e culturalmente como a brasileira, sendo papel da tributação, das leis orçamentárias e, até mesmo, da iniciativa privada (art. 170, VII, CF/88) promovê-la.

Gerd Willi Rothmann, acerca da possibilidade de concessão de incentivos fiscais visando promover o equilíbrio socioeconômico entre regiões, escreve: "constitui exceção ao princípio da uniformidade dos tributos federais em todo território nacional e atende ao princípio de ordem econômica de redução das desigualdades regionais e sociais, previsto no art. 170, VII, da Constituição Federal".[13]

A título ilustrativo, se uma indústria transnacional pretende se instalar no Brasil – em prestígio aos arts. 151, I, e 170, VII da CF/88, entre outros –, ela deverá se sentir atraída por regiões com mais adversidades a serem superadas, bem como os governos (federal, estadual e municipal/DF) deverão estabelecer políticas de incentivo no sentido de que ela se instale em ditos locais, do contrário o objetivo previsto no art. 3º, III, da CF/88 restará olvidado.

Nessa toada, incentivos fiscais setoriais deverão ser evitados, por fortes suspeitas de inconstitucionalidade. Não se deve conceder incentivo fiscal pelo simples fato de ser uma montadora de veículos

---

[12] TORRES, Ricardo Lobo. *Curso de Direito Financeiro e Tributário*. 17. ed. São Paulo: Renovar, 2009, p. 103-104.

[13] ROTHMANN, Gerd Willi. A guerra fiscal dos Estados na (des)ordem tributária e econômica da federação. *In:* TORRES, Heleno Taveira (Coord.). *Direito Tributário e Ordem Econômica:* homenagem aos 60 anos da ABDF. São Paulo: Quartier Latin, 2010, p. 474.

(*v.g.*); mas sim, levando em consideração onde ela está instalada, se está levando desenvolvimento econômico a regiões carentes, entre outros requisitos que busquem equidade entre regiões. Incentivos fiscais setoriais (automóveis, eletrodomésticos, materiais de construção, entre outros), comuns na última década, escapam do permissivo constante na parte final do art. 151, I, da CF/1988 e destoam do ideal de equidade regional.

A busca pela equidade regional não é inovação do legislador constituinte democrático-social. Registre-se que a Constituição Federal de 1967 já estabelecia que a ordem econômica nacional tem por fim realizar a justiça social, com base, entre outros, no princípio do desenvolvimento econômico (art. 157, V), atribuindo à União a incumbência de realizar planos de valorização das regiões menos desenvolvidas (art. 8º, XIV). Da mesma forma, no plano orçamentário (art. 65, §6º), dispôs que deverão estar consignadas dotações para a execução de planos de valorização das regiões menos desenvolvidas do País.

As suspeitas de inconstitucionalidade na "imunidade musical"

A Emenda Constitucional nº 75, de 15 de outubro de 2013, acrescentou a alínea "e" ao artigo 150, VI, o qual trata de diversas imunidades tributárias ("recíproca", "religiosa", "sindical", "dos partidos políticos", "das instituições de educação/assistência social" e "cultural").

Aludido dispositivo trouxe em seu texto mais uma imunidade, livrando de impostos os "fonogramas e videofonogramas musicais produzidos no Brasil contendo obras musicais ou literomusicais de autores brasileiros e/ou obras em geral interpretadas por artistas brasileiros, bem como os suportes materiais ou arquivos digitais que os contenham, salvo na etapa de replicação industrial de mídias ópticas de leitura a laser".

Pela redação do dispositivo constitucional em referência, a partir da data de sua publicação (16.10.2013), não poderão mais incidir impostos sobre CDs (musicais) e DVDs (*shows* musicais, filmes musicais, concertos musicais etc.) que contenham obras de artistas brasileiros ou, ainda que de autoria estrangeira, estejam sendo interpretadas por brasileiros.

Bom de ver os aspectos conceituais, na pesquisa vernacular de Leandro Paulsen, buscando interpretar o alcance da imunidade em estudo:

Fonogramas e videofonogramas: CDs, DVDs, *blue-rays* e outros. Fonograma é o "Registro exclusivamente sonoro em suporte material, como disco, fita magnética, etc." ou "gravação de uma faixa de disco" e videofonograma é o "Produto da fixação de imagem e som em suporte material" ou o "registro de imagens e sons em determinado suporte", conforme o Novo Dicionário Aurélio da Língua Portuguesa, 2009, p. 920 e 2060, e o Dicionário Houaiss da Língua Portuguesa, 2009, p. 914 e 1943, respectivamente. Desse modo, a imunidade da alínea "e" diz respeito aos CDs, DVDs, *blue-rays* e, até mesmo, aos discos de vinil.

Obras musicais ou literomusicais. Musical é o relativo a música; literomusical "Diz-se de espetáculo, ou reunião social em que se leem trechos literários, se declamam poemas, e em que há, tb., apresentações musicais", conforme o Novo Dicionário Aurélio da Língua Portuguesa, 2009, p. 1220.

Produzidos no Brasil. O dispositivo diz respeito à produção industrial. Alcançando apenas os CDs, DVDs e blue-rays produzidos no Brasil, eleva ao plano constitucional uma medida protetiva da indústria nacional, porquanto as mesmas mercadorias, produzidas fora do país, não estão abrangidas pela imunidade. É, portanto, medida anacrônica que jamais deveria ser elevada a imunidade.[14]

O preceito constitucional não salvaguardou dos impostos a operação de venda/aquisição de CDs e DVDs ainda não gravados ("virgens"), embora destinados a tal finalidade. De amplitude diversa, portanto, da que o legislador constituinte originário prescreveu para a imunidade prevista no art. 150, VI", "d" ("cultural"), em que o papel destinado à impressão de livros, jornais e periódicos também foi mantido a salvo da incidência de impostos.

A *imunidade musical* veio "ratificar axiologicamente o acesso à cultura e ao conhecimento, à semelhança da *Imunidade de Imprensa*, prevista na alínea anterior",[15] conforme lembrou o professor Eduardo Sabbag.

A benesse constitucional é autoaplicável – independe de regulamentação, via lei complementar – e do tipo "objetiva", eis que contempla não a pessoa jurídica da gravadora ou a física do artista; mas sim o bem produzido (objetos relacionados à produção musical), com vistas à difusão da cultura musical brasileira ou de intérpretes brasileiros.

Assim, dado o caráter "objetivo" da imunidade em foco, na fase preliminar de produção dos CDs, DVDs e *blu-rays*, incidirão os impostos

---

[14] PAULSEN, Leandro. *Direito tributário*: Constituição e Código Tributário à luz da doutrina e da jurisprudência. 16. ed. Porto Alegre: Esmafe, 2016, p. 463.

[15] SABBAG, Eduardo. *Manual de Direito Tributário*. 8. ed. São Paulo: Saraiva, 2016, p. 404.

devidos pelo agente econômico responsável (IR federal e ISS municipal/distrital). Bem como os bens pertencentes a tais agentes, sejam pessoas físicas ou jurídicas, não escaparão da incidência de impostos como IPVA, IPTU e ITR, salvo existência de norma isentiva específica (art. 150, §6º, CF/1988).

O preceptivo imunizante afasta assim a incidência de ICMS até a ocorrência do processo de replicação, pois a partir desta etapa não mais haverá imunidade, devendo ser recolhido, por exemplo, IPI federal. Portanto, a reprodução das obras musicais, a partir da matriz produzida (imune), não está contemplada pela benesse constitucional trazida pela EC nº 75/2013.

Neste sentido, elucida o prof. Eduardo Sabbag:

> O novo comando constitucional ressalva da imunidade musical a replicação industrial de mídias ópticas de leitura a laser. Assim, a reprodução de obras musicais, a partir da matriz produzida, não será guarnecida pelo manto protetor da imunidade tributária. A ressalva foi defendida aguerridamente pela bancada amazonense, no processo de aprovação da PEC, no intuito de conferir proteção à etapa de reprodução do bem, comumente realizada pelas indústrias instaladas na Zona Franca de Manaus.[16]

Ainda conforme o referido autor, o texto da norma imunizante é digno de críticas, face à presença de "lacunas e vícios", cuja transcrição de alguns se faz oportuna:

> Produzidos no Brasil (...): a "produção" no Brasil quer significar que a edição do fonograma se deu em estúdio localizado no Brasil? Que a execução do show do músico, para fins de elaboração do videofonograma, deve ter ocorrido no Brasil? Ora, perguntar-se-ia, com grande curiosidade, se a edição do fonograma (som gravado de música brasileira) ou do videofonograma (show de artista brasileiro), for feita em território estrangeiro (estúdio em Miami, EUA)? Isso seria motivação bastante para o afastamento da imunidade? São dúvidas que avocarão intensos debates;
>
> Fonogramas e videofonogramas exclusivamente musicais (...): se o vetor axiológico que a norma imunizante visa prestigiar é a cultura artística, esta não pode ser amesquinhada quanto ao "tipo" de arte. A música é arte, mas há fonogramas e videofonogramas não musicais que também o são. Citem-se os recitais, os documentários e, avançando um tanto no tema, as peças teatrais e espetáculos variados (circenses, *stand-ups* etc.).

---

[16] *Op. cit.*, p. 411.

A demarcação dos limites artísticos dessa imunidade cultural também deverá provocar cadentes discussões;

(...)

A "imunidade tupiniquim" e seu viés protecionista (...): a louvável iniciativa de proteger a obra artística doméstica poderá encontrar severas barreiras no âmbito d Direito Internacional. Isso porque o Brasil, sendo membro da OMC (Organização Mundial do Comércio), está vinculado ao Protocolo de *Marrakesh,* que altera o antigo Acordo Geral de Tarifas e Comércio (... ou GATT), a que devemos subserviência. Com efeito, as normas tarifárias do GATT – a par das hodiernas regras da OMC –, visando harmonizar as políticas aduaneiras entre os Estados signatários e coibir práticas protecionistas, proíbem qualquer discriminação tributária que venha a se estabelecer entre produtos nacionais e estrangeiros.[17]

Sem dúvida, alguns dos aspectos levantados pela doutrina merecem atenção especial, especialmente aqueles relacionados à isonomia de tratamento tributário, que parece malferido pela delimitação da imunidade ao campo artístico apenas musical.

A isonomia restou prejudicada também ao se considerar a exclusão das obras de artistas brasileiros feitas em estúdio internacional, como, por exemplo, o primeiro vinil de Tom Jobim, cantando canções que fizeram (e ainda fazem) sucesso mundialmente, mas que – ao que parece – restaram fora do alcance da benesse constitucional – eis que foi produzido e lançado pela gravadora americana Verve Records, em 1963 (álbum intitulado *The Composer of Desafinado, Plays*),[18] conforme pontuou Leandro Paulsen, ao referenciar artigo recebido diretamente por e-mail.

Como se observou, a Constituição Federal de 1988 estabelece tratamento tributário igualitário a situações equivalentes, não podendo o poder constituinte derivado contemplar apenas um tipo de expressão artística – a musical – em detrimento das demais (atividades esportivas, circenses, peças teatrais etc.).

Na verdade, a medida é sim protecionista e foi envidada para tentar amenizar os efeitos da "pirataria" altamente maléficos à indústria fonográfica e videofonográfica. Ocorre que não é somente a indústria fonográfica que sofre com os efeitos da contrafação ("pirataria"), havendo prejuízos no setor de vestuário, eletrônicos, etc.

---

[17] *Ibidem,* p. 413-414.

[18] *Ob. cit.,* p. 463.

A própria justificativa (justificação) do projeto bem como o respectivo parecer os quais deixam claro que o propósito da matéria é o de proteção industrial e não, primordialmente, a busca pela difusão da cultura artística nacional, conforme demonstram Carolina Botosso e Eduardo Behar:

> A PEC da Música, alvo de enfoque jornalístico nos últimos meses, é na realidade, um Projeto de Emenda Constitucional já antigo – de 2007 – originado pelo deputado Otavio Leite (PSDB/RJ) e tem como linhas mestras: (i) o combate à contrafação (popularmente chamada de pirataria), (ii) o revigoramento do mercado fonográfico brasileiro e (iii) a difusão da cultura musical a todas as classes sociais do Brasil, em especial as menos privilegiadas.
>
> Na justificação da PEC, o deputado argumenta que o mercado foi dominado por produtos ilegais e postos empregatícios informais, o que tornou o produto pirata infinitamente mais acessível no quesito "preço", inviabilizado a concorrência entre o produto pirata e o original; este, sujeito a uma carga tributária altíssima que torna o custo final do produto muitíssimo maior para o consumidor.
>
> Por este motivo, acreditou-se que a referida PEC, ao desonerar de impostos praticamente todas as fases envoltas no processo de produção de música composta e/ou gravada por artistas brasileiros, bem como comercializada em seus diversos suportes, atenuará sensivelmente a barreira econômica que pesa sobre o produto original, tornando-o mais acessível ao consumo, popularizando ainda mais seu acesso às classes menos privilegiadas do País.
>
> (...)
>
> Vale um destaque interessante: o senador Eduardo Braga propôs uma Emenda ("Emenda nº 2") à PEC, com o objetivo de aumentar a abrangência da proposta original, de forma a estender a imunidade também aos espetáculos musicais e teatrais de autores brasileiros e interpretados por artistas brasileiros. Argumenta que estas também são atividades culturais igualmente relevantes á população, e que esta ampliação seria essencial para democratizar ainda mais o acesso a essas manifestações culturais.
>
> Contudo, o Parecer da CCJ datado de 11/9/13 rejeitou esta Emenda sob o argumento de que, muito embora extremamente importantes, os espetáculos musicais e teatrais não enfrentam o problema da "pirataria", razão pela qual não viram motivos para estender a esses eventos a imunidade de impostos dos fonogramas e videofonogramas.[19]

---

[19] Imunidade tributária dos CDs e DVDs – análise da EC nº 75/13. Disponível em: https://www.migalhas.com.br/dePeso/16,MI191564,101048-Imunidade+tributaria+dos+CDs+e+DVDs+analise+da+EC+7513. Acesso em: 15 dez. 2020.

Em que pese o fato indiscutível de que os demais setores produtivos (vestuário, medicamentos, eletroeletrônicos, literário etc.) também estão por demais prejudicados pela ação danosa dos contrafatores, usurpadores da propriedade intelectual, artística, imaterial ou material (industrial), a imunidade ficou adstrita à produção musical, em meio físico ou não (virtual, por exemplo), conforme razões noticiadas.

Contudo, a par dos tópicos anteriores do presente trabalho, pode-se afirmar que não é dado ao legislador constituinte derivado prescrever hipótese de competência tributária negativa, por razões simplesmente mercadológicas – como mecanismo protetivo de um determinado setor da economia que esteja enfrentando dificuldades por conta da ineficiência do aparato estatal de segurança pública, o qual deveria ter ações efetivas de combate a este mal que tanto se prolifera hodiernamente, que é a contrafação ou "pirataria".

Se a ideia do constituinte derivado foi de proteger tais obras do crime organizado, praticamente todos os bens produzidos dentro das fronteiras de nosso País deverão ficar imunes de impostos, sob pena de se trazer tratamento tributário diferenciado entre contribuintes que estejam na mesma situação de desvantagem – vitimados – diante da ineficiência estatal.

Da mesma forma, se houve proteção indevida a um determinado segmento da cadeia de produção (indústria musical), houve inobservância isonômica no que concerne aos demais agentes dentro do mesmo grupo de beneficiados (artistas), visto que as outras formas de expressão cultural restaram excluídas – por exemplo, espetáculos circenses ou atividades esportivas – com justificativa dada (abertamente) pelo fato de que tal sub-ramo artístico-cultural não sofre tanto com a "pirataria".

Bom de recordar que toda imunidade possui um vetor axiológico e, assim, está "a serviço" de algum valor que a Constituição Federal considerou fundamental para a busca e preservação dos objetivos estatais politicamente traçados. Daí, por que, conforme já abordado neste estudo, as imunidades carecem de interpretação extensiva ou ampliativa.

O fomento à produção artístico-cultural buscado pela recém-criada norma imunizante veio, contudo, de forma segregadora e, portanto, inválida constitucionalmente. Eis que excluiu de seu alcance outros segmentos artísticos de igual relevo, revelando o nítido viés protecionista.

Ademais, o instituto da imunidade é por demais relevante, não podendo ser utilizado casuisticamente e de forma segregadora, cujo fator determinante foi o reconhecimento implícito, por parte do Estado, de sua incapacidade operacional para combater o crime.

Dado o seu caráter protecionista, seguramente a matéria objeto da Emenda Constitucional nº 75, de 2013, tem conteúdo não de competência tributária negativa; mas sim de isenção ou benefício fiscal federal (IPI). E, se por acaso os estados consentissem – via CONFAZ –, conceder-se-ia isenção do tributo estadual ICMS.

Tal afirmação se justifica pelo fato da desoneração tributária em tela dar ensejo muito mais a uma *dispensa no pagamento de tributo devido* (isenção) – motivada pela tentativa de suavização (compensação) dos efeitos econômicos negativos, dado o reconhecimento implícito da ineficiência estatal no combate ao crime ("pirataria") – do que a uma ausência de competência impositiva (imunidade), a qual – necessariamente – não poderia estar adstrita a um determinado gênero artístico-cultural, devendo contemplar toda forma de manifestação artística que tenha correlação com seu vetor axiológico (difusão da cultura, disseminação da produção artística de qualquer gênero).

Acrescente-se a tais considerações, bem como às questões de índole internacional,[20] que a benesse constitucional em discussão – ao que parece – terá um efeito maléfico ao Estado do Amazonas, em especial à denominada "Zona Franca de Manaus", que goza de prestígio constitucional, em face do objetivo traçado no artigo 3º, III, da "Carta Política" de 1988, já analisado no presente estudo.

As "Zonas Francas" são áreas livres para a importação e exportação de mercadorias e que gozam de incentivos fiscais destinados a promover o desenvolvimento da região na qual estejam estabelecidas, conforme descrição feita por Jorge Luiz Tosi.[21]

É considerada, assim, como um instrumento que busca levar desenvolvimento econômico para uma região carente, economicamente desprovida de atrativos e que enseja políticas públicas que mudem este quadro desfavorável, com vistas ao objetivo republicano e federativo traçado pelo art. 3º, III, da CF/1988.

No âmbito constitucional brasileiro o ADCT (Ato das Disposições Constitucionais Transitórias), visando desenvolver economicamente

---

[20] Suposta violação à clausula prevista em acordo internacional – GATT/OMC, embora que, atualmente, o Governo Brasileiro tenha verbalizado a intenção de sair do bloco composto por países em desenvolvimento, visando suposto ingresso no bloco dos países desenvolvidos (OCDE).

[21] TOSI, Jorge Luis. *Las zonas francas y los mercados internacionales*. Buenos Aires: La Ley, 2000, p. 3.

o Estado do Amazonas, prescreveu incentivos fiscais especiais para a área, recepcionando vários dispositivos constantes no Decreto-Lei nº 288/1967 e na própria lei de criação da Zona Franca de Manaus (Lei Federal nº 3.173, de 06.06.1957).

Não sem razão que o governo do Estado do Amazonas ajuizou a ADI nº 5.078, no STF, visando que seja declarada a inconstitucionalidade da EC nº 75/2013, em razão de sua incompatibilidade com os artigos 40 e 92 do ADCT/CF e com os artigos 5º, XXXVI, e 151, I, da Constituição Federal de 1988, sem mencionar que aludida benesse constitucional navega na contramão do objetivo prescrito no art. 3º, III, da República Federativa do Brasil, desafiando o compromisso federativo firmado através da "Carta Política" de 1988.

O ente estatal autor da ação sustenta que a imunidade musical provocará sérios prejuízos econômicos ao Estado do Amazonas, desafiando o modelo econômico de estímulo regional da Zona Franca de Manaus, caracterizado por princípios de índole constitucional, conforme se extrai dos trechos que seguem:

> A conceder a imunidade tributária aos fonogramas e videofonogramas e aos suportes materiais ou arquivos digitais que os contenham, a Emenda acaba por violar princípios e dispositivos que resguardam a Zona Franca de Manaus, cansando grave desequilíbrio regional que o constituinte originário pretendeu evitar. Isso porque a ressalva atinente às etapas de replicação industrial de mídias ópticas de leitura a laser, além de representar um casuísmo, não é suficiente para resguardar o Modelo da Zona Franca de Manaus.
>
> (...)
>
> Reitera-se, aqui, que manter a imunidade de impostos da EC nº 75/2013 também para fora da área da ZFM significa eliminar os fatores de compensação comparativa das indústrias do segmento audiovisual, que operam e empregam um grande número de trabalhadores na região, o que poderá causar a extinção das indústrias fonográficas do Estado do Amazonas, visto que estas não terão mais os benefícios fiscais tão necessários a sua manutenção em Manaus, em face dos altos custos logísticos da região, forçando sua migração para outras regiões com melhores condições de infraestrutura e com maior proximidade em relação aos mercados consumidores do país.

Conclusão

A imunidade tributária prescrita pela alínea "e", do inciso VI, do artigo 150, da Constituição Federal de 1988 – denominada "imunidade musical" – padece por fortes suspeitas de inconstitucionalidade.

A benesse constitucional trazida pela EC nº 75/2013 desprestigia as demais formas de manifestação artística e de cultura, por alcançar apenas produtos do gênero musical, bem como milita na contramão do compromisso federativo traçado pela Constituição Federal de 1988, especialmente manifestado no art. 3º, III, na forma de objetivo fundamental – reduzir as desigualdades regionais no País de índole econômico-social.

O pacto federativo é fundamentado na busca incessante pela equidade entre as diferentes regiões do País, devendo a Constituição Federal servir como instrumento para tanto e não o contrário, como é o caso da EC nº 75/2013.

O legislador constituinte originário, em vários dispositivos do texto de 1988, reafirmou esta busca; seja no plano financeiro-orçamentário; seja no plano financeiro-tributário. Exemplo disto é a norma prevista no artigo 151, I, da Constituição Federal que excluiu do princípio da imperiosa uniformidade geográfica unicamente os incentivos fiscais concedidos com vistas à redução das desigualdades regionais.

Eivado pelo mesmo escopo, o constituinte de 1988 prescreveu política de incentivos fiscais, diretamente no texto constitucional, destinada à Zona Franca de Manaus (AM).

Ao que parece, a EC nº 75/2013 navega na contramão desta política de incentivo fiscal traçada diretamente pelo constituinte de 1988, situação que revela uma possível inconstitucionalidade; pois, nem o poder público deve se abster de promover a incessante busca pela redução de tais desigualdades; muito menos, o legislador constituinte derivado pode – validamente – emendar a Constituição de forma a subtrair a eficácia de tais preceitos.

Neste tocante, a imunidade tributária prescrita na alínea "e" do dispositivo em referência goza de desprestígio constitucional, prejudicando a Zona Franca de Manaus-AM, bem como representa uma anti-isonômica "compensação" a determinado segmento industrial pelas perdas econômicas decorrentes da ineficácia estatal no combate ao crime de contrafação ("pirataria").

Falta-lhe, por assim dizer, um vetor axiológico válido, diferentemente do que ocorre com as demais imunidades prescritas constitucionalmente. Na mesma medida, o princípio da isonomia – fundamental em um Estado de Democrático de Direito – restou malversado, eis que apenas uma das formas de manifestação artístico-cultural foi contemplada, excluindo do seu alcance textual peças teatrais, atividades esportivas e tantas outras que também exprimem a vocação artística de nosso povo.

Referências

BECKER, Alfredo Augusto. *Teoria geral do direito tributário*. 2. ed. São Paulo: Saraiva, 1972.

BORGES, José Souto Maior. *Isenções tributárias*. São Paulo: Sugestões Literárias, 1969.

BOTOSSO, Carolina; BEHAR, Eduardo. Imunidade tributária dos CDs e DVDs – análise da EC 75/13. Disponível em: http://www.migalhas.com.br/dePeso/16,MI191564,101048-Im unidade+tributaria+dos+CDs+e+DVDs+analise+da+EC+7513. Acesso em: 15 dez. 2020.

BRASIL. *Constituição* (1967). Constituição da República Federativa do Brasil. Disponível em: http://www.planalto.gov.br/CCivil_03/Constituicao/Constituicao67.htm. Acesso em: 28 dez. 2020.

BRASIL. *Constituição* (1988). Constituição da República Federativa do Brasil. Brasília, DF: Senado Federal: Centro Gráfico, 1988.

BRASIL. Decreto Lei nº 288, de 28 de fevereiro de 1967. Altera as disposições da Lei número 3.173, de 6 de junho de 1957 e regula a Zona Franca de Manaus. *Diário Oficial [da] República Federativa do Brasil*, Brasília, DF, 28 fev. 1967. Disponível em: https://www. planalto.gov.br/ccivil_03/decreto-lei/Del0288.htm. Acesso em: 28 dez. 2020.

BRASIL. Lei nº 5.172, de 25 de outubro de 1966. Dispõe sobre o Sistema Tributário Nacional e institui normas gerais de direito tributário aplicáveis à União, Estados e Municípios. *Diário Oficial [da] República Federativa do Brasil*, Brasília, DF, 27 dez. 1966. Disponível em: http://www.planalto.gov.br/ccivil_03/leis/L5172.htm. Acesso em: 17 dez. 2020.

BRASIL. Lei nº 3.173, de 6 de junho de 1957. Cria uma zona franca na cidade de Manaus, capital do Estado do Amazonas, e dá outras providências. *Diário Oficial [da] República Federativa do Brasil*, Brasília, DF, 06 jun. 1957. Disponível em: https://www.planalto.gov. br/ccivil_03/leis/1950-1969/L3173.htm. Acesso em: 28 dez. 2020.

BRASIL. Lei Complementar nº 101, de 04 de maio de 2000. Estabelece normas de finanças públicas voltadas para a responsabilidade na gestão fiscal e dá outras providências. *Diário Oficial [da] República Federativa do Brasil*, Brasília, DF, 05 maio 2000. Disponível em: http:// www.planalto.gov.br/ccivil_03/leis/LCP/Lcp101.htm. Acesso em: 17 dez. 2020.

BRASIL. Supremo Tribunal Federal. Ação Direta de Inconstitucionalidade nº 286. Relator Min. Maurício Corrêa. Disponível em: http://redir.stf.jus.br/paginadorpub/paginador. jsp?docTP=AC&docID=266286. Acesso em: 28 dez. 2020.

BRASIL. Supremo Tribunal Federal. Ação Direta de Inconstitucionalidade nº 5.078. Disponível em: http://www.stf.jus.br/portal/cms/verNoticiaDetalhe. asp?idConteudo=256927. Acesso em: 28 dez. 2020.

CARRAZZA, Paulo de Barros. *Curso de Direito Constitucional Tributário*. 26. ed. São Paulo: Malheiros, 2010.

CARVALHO, Paulo de Barros. *Curso de Direito Tributário*. 23. ed. São Paulo: Saraiva, 2011.

GRECO, Marco Aurélio. Imunidade Tributária. *In*: MARTINS, Ives Gandra da Silva (Coord.). *Imunidades Tributárias*. São Paulo: Revista dos Tribunais, 1998.

MAILER, Daniela Tadei *et al*. A imunidade tributária dos templos de qualquer culto (art. 150, VI, *b*, da CF) – Questões conexas. *In*: CARRAZZA, Nazar Elizabeth (Coord.); MORETI, Daniel (Org.). Imunidades Tributárias. Rio de Janeiro: Elsevier, 2012.

NOGUEIRA, Ruy Barbosa. *Imunidades* – contra impostos na Constituição anterior e sua disciplina mais completa na Constituição de 1988. 2. ed. São Paulo: Saraiva, 1992.

PAULSEN, Leandro. *Direito tributário:* Constituição e Código Tributário à luz da doutrina e da jurisprudência. 16. ed. Porto Alegre: Esmafe, 2016.

ROTHMANN, Gerd Willi. A guerra fiscal dos Estados na (des)ordem tributária e econômica da federação. *In:* TORRES, Heleno Taveira (Coord.). *Direito Tributário e Ordem Econômica:* homenagem aos 60 anos da ABDF. São Paulo: Quartier Latin, 2010.

SABBAG, Eduardo. *Manual de Direito Tributário.* 8. ed. São Paulo: Saraiva, 2016.

SOUSA, Rubens Gomes de. *Compêndio de legislação tributária.* Ed. Póstuma. São Paulo: Resenha Tributária, 1975.

TORRES, Ricardo Lobo. *Curso de Direito Financeiro e Tributário.* 17. ed. São Paulo: Renovar, 2009.

TOSI, Jorge Luis. *Las zonas francas y los mercados internacionales.* Buenos Aires: La Ley, 2000.

Informação bibliográfica deste texto, conforme a NBR 6023:2018 da Associação Brasileira de Normas Técnicas (ABNT):

MONTE, Antônio de Pádua Marinho; FABRIZ Daury César. Indícios de inconstitucionalidade na denominada "imunidade musical" trazida pela Emenda Constitucional nº 75/2013. *In:* SARAIVA FILHO, Oswaldo Othon de Pontes; SIQUEIRA, Julio Homem de; BEDÊ JÚNIOR, Américo; FABRIZ, Daury César; SIQUEIRA, Junio Graciano Homem de; CUNHA, Ricarlos Almagro Vitoriano (Coord.). *Limitações materiais ao poder de tributar.* Belo Horizonte: Fórum, 2022. p. 215-235. (Coleção Fórum Princípios Constitucionais Tributários - Tomo III) ISBN 978-65-5518-314-6.

ISENÇÃO COMO LIMITAÇÃO MATERIAL AO PODER DE TRIBUTAR. REFLEXÃO SOBRE O TEMA REPETITIVO 1037/STJ E A ADI Nº 6.025

JUNIO GRACIANO HOMEM DE SIQUEIRA

JULIO HOMEM DE SIQUEIRA

O entendimento sobre a isenção tributária é objeto de controvérsia. Há duas correntes, basicamente. A corrente clássica, amparada pela jurisprudência e pelo legislador, trata a isenção como hipótese de incidência que exclui o crédito tributário, isto é, constituída a obrigação pela ocorrência do fato gerador, embora existente o crédito, o seu pagamento é dispensado por expressa previsão legal. A corrente moderna, diferentemente, trata a isenção como hipótese de não incidência qualificada pela lei, ou seja, a obrigação sequer chega a ser constituída. A importância em apurar se a isenção é hipótese de incidência ou de não incidência tem relação com a revogação do benefício, especialmente diante do princípio da anterioridade tributária.

O constituinte brasileiro adotou a corrente clássica ao distinguir a isenção da não incidência (art. 155, §2º, II). Além disso, atribuiu à isenção a natureza de incentivo ou benefício fiscal (arts. 43, §2º, III, e 165, §6º), necessariamente instituído por lei específica (art. 150, §6º), a qual deve ser editada, de regra, pelo respectivo ente federado (arts. 150, §6º, 151, III, 155, §2º, XII, "e" e "g", e 156, §3º, II e III). A faculdade de isentar é, portanto, expressão do poder de tributar e não se confunde com a imunidade.

Os defensores da corrente clássica distinguem os institutos da seguinte maneira:[1] na imunidade, a Constituição veda que o legislador determine o nascimento da obrigação tributária, ou seja, a competência tributária é excluída, não podendo ser exercida; na isenção, a lei veda que o administrador recolha o crédito decorrente da obrigação, isto é, há incidência, mas o legislador dispensa o pagamento do crédito. A corrente clássica defende, ainda, que nenhum dos dois se confunde com a não incidência, quando existe a competência, mas ela não pode ser exercida.

O legislador brasileiro também adotou a corrente clássica. Apesar de não haver uma definição no texto legal, a localização topográfica do instituto revela que enquanto hipótese de exclusão do crédito tributário ela surge após a constituição da obrigação tributária, isto é, quando já existente o débito. Ao excluir o crédito (*perspectiva do credor*) ou débito (*perspectiva do devedor*), a lei isentiva dispensa o pagamento de um tributo devido e renuncia a uma receita que se incorporaria ao erário – recorde-se que na Lei de Responsabilidade Fiscal a isenção é caracterizada como renúncia de receita (art. 14, §1º, da Lei Complementar nº 101/2000 – LRF).

A clareza da opção dos legisladores constituinte e constituído brasileiros é desafiada por alguns doutrinadores, que formam a corrente moderna. Segundo eles, os argumentos da corrente clássica não se sustentam, porque ela pressupõe "que se há a incidência da regra matriz, surge a obrigação tributária e, logo a seguir, acontece a desoneração do obrigado, por força da percussão da norma isentiva".[2] Todavia, a norma isentiva impede a constituição da relação jurídico-tributária, uma vez que suspende a eficácia da norma tributante, ou seja, sequer é constituído o crédito tributário e, assim, não há tributação.[3]

A análise dos argumentos de ambas as correntes dá mais sentido à isenção como não incidência. Isso porque os institutos impedem

---

[1] FALCÃO, Amílcar de Araújo. *Fato gerador da obrigação tributária*. Rio de Janeiro: Forense, 1997, p. 66-67; MORAES, Bernardo Ribeiro de. *Compêndio de direito tributário*. 6. ed. Rio de Janeiro: Forense, 2002, p. 673.

[2] CARVALHO, Paulo de Barros. *Curso de direito tributário*. 19. ed. São Paulo: Saraiva, 2007, p. 519.

[3] BECKER, Alfredo Augusto. *Teoria geral do direito tributário*. 4. ed. São Paulo: Ed. Marcial Pons/Noeses, 2007, p. 324-325; ROSA JUNIOR, Luiz Emygdio F. da. *Manual de direito financeiro e direito tributário*. 19. ed. Rio de Janeiro: Renovar, 2006, p. 549; BALEEIRO, Aliomar. *Direito tributário brasileiro*. 11. ed. Rio de Janeiro: Forense, 2006, p. 915; MELLO, Marcos Bernardes de. *Teoria do fato jurídico*: plano da existência. 20. ed. São Paulo: Saraiva, 2014, p. 119-127; ATALIBA, Geraldo. *Hipótese de incidência tributária*. 6. ed. São Paulo: Malheiros Editores, 2001, p. 42; CARRAZA, Roque Antonio. *Curso de direito constitucional tributário*. 20. ed. São Paulo: Malheiros Editores, 2004, p. 795-796.

o exercício da competência tributária ao elegerem um fato que seria normalmente imponível como não imponível; o fato passa a ser não imponível por força de lei. E, a partir do momento em que a lei isentiva for modificada ou revogada, por força dos princípios da anterioridade e da noventena, salvo as exceções constitucionais, a lei deve observar um prazo para ser aplicada,[4] em razão do princípio da não surpresa, decorrente da segurança jurídica – que, a propósito, possui reconhecimento constitucional. Com isso, haveria tão somente distinção entre isenção e imunidade, ambas limitações materiais ao exercício do poder de tributar, uma direcionada ao administrador, outra ao legislador.

A isenção como limitação material ao poder de tributar deve necessariamente observar os princípios constitucionais da isonomia tributária, em função da vedação do tratamento arbitrário (art. 150, II) e da capacidade econômica do contribuinte (art. 145, §2º). Enquanto incentivo fiscal é plausível que ela seja utilizada como instrumento de políticas públicas, normalmente para melhorar a situação dos beneficiados, uma vez que, em geral, consistem na redução de impostos e permitem que o mercado se movimente, seja com a geração de mais empregos, seja com o aumento do consumo. Assim, a interpretação da norma isentiva, para que não seja prejudicada a política pública ou a situação dos beneficiados, deve ser literal (art.111, CTN), evitando-se interpretação extensiva ou restritiva. Nesse sentido, passemos a examinar o Tema Repetitivo nº 1.073/STJ e a ADI nº 2.065/STF.

Os recursos especiais afetados sob o Tema Repetitivo 1037/STJ foram interpostos pela Fazenda Nacional contra acórdãos do TRF1, nos quais se reconheceu o direito à isenção tributária a todos os portadores de doenças graves, seja os afastados de atividades laborais, seja os que continuam a contribuir com a sua força de trabalho. Nas razões recursais, a alegação é de que a exegese do Tribunal deu interpretação extensiva à norma que institui isenção tributária, o que viola os artigos 43, I e II, e 111, II, do CTN e 6º, XIV e XXI, da Lei nº 7.713/1988. Segundo o Fisco, o contribuinte que se encontra em pleno exercício de suas funções não teria direito ao benefício fiscal, porque outorgado apenas a aposentados e pensionistas. Assim, ao STJ coube, com o reconhecimento da repetitividade, decidir a respeito da extensão da isenção reconhecida pela Lei nº 7.713/1988 no artigo 6º, XIV e XXI.

---

[4] CARRAZA, Roque Antônio. *Curso de direito constitucional tributário.* 20. ed. São Paulo: Malheiros Editores, 2004, p. 205 e 811.

A Primeira Seção, então, decidiu, por maioria, que as pessoas que sejam portadoras de moléstia grave e se mantenham no mercado laboral não têm direito à isenção: "não se aplica a isenção do imposto de renda prevista no inciso XIV do artigo 6º da Lei nº 7.713/1988 (seja na redação da Lei nº 11.052/2004 ou nas versões anteriores) aos rendimentos de portador de moléstia grave que se encontre no exercício de atividade laboral". A decisão data de 4 de agosto de 2020. Os Ministros vencidos, Sérgio Kukina e Napoleão Nunes Maia Filho, têm o entendimento de que o regramento legal não pode ser literalmente interpretado porque os portadores das enfermidades descritas deveriam, por razões naturais, ser alvo de tratamento diferenciado pelo legislador.

O Relator foi quem formulou o voto vencedor. Em sua fundamentação, o Ministro Og Fernandes recuperou o julgamento do STF na ADI nº 6.025. Nela foi reconhecido que, sob o enfoque constitucional, a limitação da abrangência do benefício é constitucional, o que chancelaria o entendimento de que o Poder Judiciário não pode atuar como legislador positivo para estender a isenção aos trabalhadores ativos (*princípio da separação dos poderes*). Além disso, recuperou julgados (chamados equivocadamente de *precedentes*) das Turmas que compõem a Primeira Seção, pelos quais a isenção em questão "incide somente sobre rendimentos da inatividade, não se aplicando sobre o que é recebido pelos servidores da ativa".[5] Com base nessas duas observações, concluiu que o posicionamento que reflete a interpretação mais adequada é *não estender o benefício* aos rendimentos de trabalhadores da ativa, ainda que portadores de doença grave. Em adição, explicou que a interpretação da partícula "e", constante da parte inicial do inciso XIV do artigo 6º da Lei nº 7.713/1988, de que o legislador reconheceu a isenção tanto em relação a quem recebe proventos de aposentadoria ou reforma quanto em relação a quem recebe rendimentos e é portador de moléstia profissional, não é a mais adequada. Segundo observado pelo magistrado, a partícula foi utilizada para evitar que se repetisse o termo proventos. Além disso, arguiu que, se a primeira interpretação fosse a adequada, o inciso XXI seria inócuo.

---

[5] STJ, AgInt no REsp 1759989/DF, Rel. Min. Gurgel de Faria, 1ª Turma, j. 21.05.2019, *DJe* 31.05.2019; STJ, REsp 1835324/MG, Rel. Min. Herman Benjamin, 2ª Turma, j. 03.10.2019, *DJe* 11.10.2019; STJ, RMS 19597/PR, Rel. Min. José Delgado, 1ª Turma, j. 15.12.2005, *DJ* 20.02.2006; STJ, REsp 750018/AM, Rel. Min. Humberto Martins, 2ª Turma, j. 10.10.2006, *DJ* 20.10.2006. Outros julgados colhidos: STJ, REsp 1799621/DF, Rel. Min. Francisco Falcão, 2ª Turma, j. 23.05.2019, *DJe* 07.06.2019; STJ, RMS 47882/CE, Rel. Min. Benedito Gonçalves, 1ª Turma, j. 19.03.2019, *DJe* 22.03.2019.

O STF firmou na ADI nº 6.025 seu posicionamento sobre a questão. Segundo a Corte, "a legislação optou por critérios cumulativos absolutamente razoáveis à concessão do benefício tributário, quais sejam, inatividade e enfermidade grave, ainda que contraída após a aposentadoria ou reforma".[6] A *ratio decidendi* é idêntica à do STJ: o magistrado não pode atuar como legislador positivo. O julgamento da ADI foi por maioria, não tendo participado os Ministros Celso de Mello (licença médica) e Dias Toffoli (suspeição), e o Ministro Edson Fachin restou vencido. O objeto da ADI era declarar inconstitucional a restrição firmada no artigo 6º, XIV, da Lei nº 7.713/1998, pretendendo o reconhecimento do benefício também aos trabalhadores que, embora apresentassem as mesmas doenças graves, continuavam na atividade. O Ministro Alexandre de Moraes, Relator, que proferiu o voto vencedor, com espeque naquela *ratio decidendi*, sublinhou que a ampliação de isenção tributária por via jurisdicional viola a exigência constitucional de lei formal, contida no artigo 150, §6º. No voto vogal, o Ministro Gilmar Mendes recordou a jurisprudência do Supremo sobre a aludida *ratio decidendi*[7] e destacou que a concessão de isenções fiscais faz parte do poder discricionário dos Poderes Executivo e Legislativo (*princípio da separação dos poderes*). Nesse sentido, registrou que a isenção contida no dispositivo questionado foi concedida de forma estrita, não sendo cabível o argumento de que a intenção do legislador foi isentar os rendimentos de todas as pessoas acometidas pelas doenças graves listadas. A fundamentação dessa sua afirmação foi colhida da exposição de motivos da Lei nº 7.713: "a enumeração constante do artigo 6º do projeto é exaustiva. Significa dizer que todos os rendimentos e ganhos de capital são tributados, executados apenas os expressamente ali relacionados". O Ministro Edson Fachin, também em voto vogal, sublinhou que apenas o TRF1 tem seguido a interpretação de que a isenção se estende a todas as pessoas portadoras de uma das moléstias graves listadas pelo legislador no artigo 6º, XIV, da Lei nº 7.713/1998, ao

---

[6] STF, ADI nº 6.025/DF, Rel. Min. Alexandre de Moraes, Plenário, j. 20.04.2020, *DJe* 26.06.2020.

[7] STF, RE 231924, Red. p/ Ac. Min. Ricardo Lewandowski, Plenário, *DJe* 21.06.2011; STF, ARE 787994 AgR, Rel. Min. Dias Toffoli, 1ª Turma, *DJe* 27.05.2014; STF, RE 984427 AgR, Rel. Min. Alexandre de Moraes, 1ª Turma, *DJe* 17.05.2018; STF, RE 869568 AgR, Rel. Min. Cármen Lúcia, 2ª Turma, *DJe* 07.04.2015. Outros julgados colhidos: STF, AI 831965 AgR, Rel. Min. Rosa Weber, 1ª Turma, j. 28.10.2014, *DJe* 11.11.2014; STF, ARE 905685 AgR-segundo, Rel. Min. Roberto Barroso, 1ª Turma, j. 26.10.2018, *DJe* 08.11.2018; STF, RE 984430 AgR, Rel. Min. Edson Fachin, 2ª Turma, j. 05.05.2017, *DJe* 08.08.2017; STF, AI 360461 AgR, Rel. Min. Celso de Mello, 2ª Turma, j. 06.12.2005, *DJe* 28.03.2008.

passo que os demais TRFs adotam o posicionamento da interpretação restritiva. No entanto, embora reconheça que o STF adote a máxima utilizada como *ratio decidendi*, avalia que ela deve ser revista, em razão do *princípio da capacidade contributiva*. Nessa linha, sublinhou, também, que o STF flexibiliza a máxima quando verifica que o Poder Público age com arbitrariedade e não discricionariedade.[8]

O posicionamento adotado na ADI nº 6.025 e no Tema Repetitivo 1037/STJ é, diante da *ratio decidendi* utilizada, especialmente interessante. A razão de decidir utilizada pelos dois tribunais é antiga conhecida dos operadores do Direito, sem exceção. Trata-se da máxima de que *o magistrado não pode atuar como legislador positivo*, em função do *princípio da separação dos poderes* (art. 2º da CRFB/1988). A afirmação é interessante porque anfótera. A propósito, na Química o anfoterismo caracteriza as substâncias cujo comportamento é ácido ou básico conforme o meio em que colocadas. O emprego do vocábulo vem da constatação da forma pendular das decisões do STJ e do STF, que para alguns casos entendem que não podem atuar tal qual legislador positivo, mas noutros atuam. Os exemplos falam por si.

O STF, pelo menos desde 1987, tem o entendimento, atualmente repetido e por isso pacificado, de que, em decorrência do *princípio da separação dos poderes*, o magistrado, assim como o administrador, mesmo nos casos de controle de constitucionalidade, não pode atuar como legislador positivo, para criar norma jurídica diversa daquela criada pelo Legislativo.[9] O STJ entende da mesma forma desde ao menos

---

[8] STF, AI 360461 AgR, Rel. Min. Celso de Mello, 2ª Turma, j. 06.12.2005, *DJe* 28.03.2008.

[9] STF, Rp 1417, Rel. Min. Moreira Alves, Plenário, j. 09.12.1987, *DJ* 15.04.1988; STF, ADI 267 MC, Rel. Min. Celso de Mello, Plenário, j. 25.10.1990, *DJ* 19.05.1995; STF, ADI 896 MC, Rel. Min. Moreira Alves, Plenário, j. 03.11.1993, *DJ* 16.02.1996; STF, ADI 1502 MC, Rel. Min. Ilmar Galvão, Plenário, j. 12.09.1996, *DJ* 14.11.1996; STF, ADI 2554 AgR, Rel. Min. Maurício Corrêa, Plenário, j. 16.05.2002, *DJ* 13.09.2002; STF, AI 546006 AgR, Rel. Min. Gilmar Mendes, 2ª Turma, j. 29.11.2005, *DJ* 30.06.2006; STF, RE 493234 AgR, Rel. Min. Ricardo Lewandowski, 1ª Turma, j. 27.11.2007, *DJ* 19.12.2007; STF, RE 431001 AgR, Rel. Eros Grau, 2ª Turma, j. 13.05.2008, *DJe* 06.06.2008; STF, AI 680224 AgR, Rel. Min. Cármen Lúcia, 1ª Turma, j. 03.02.2009, *DJe* 13.03.2009; STF, HC 97977, Rel. Min. Dias Toffoli, 1ª Turma, j. 20.04.2010, *DJe* 21.05.2010; STF, ARE 670497 ED, Rel. Min. Luiz Fux, 1ª Turma, j. 16.10.2012, *DJe* 19.11.2012; STF, RE 208684 EDv-AgR-segundo, Rel. Min. Celso de Mello, Plenário, j. 08.05.2013, *DJe* 24.05.2013; STF, ARE 810559 ED, Rel. Min. Gilmar Mendes, 2ª Turma, j. 24.06.2014, *DJe* 14.08.2014; STF, ADO 22, Rel. Min. Cármen Lúcia, Plenário, j. 22.04.2015, *DJe* 03.08.2015; STF, RE 606171 AgR, Rel. Min. Dias Toffoli, 2ª Turma, j. 07.02.2017, *DJe* 03.03.2017; STF, RE 599309, Rel. Min. Ricardo Lewandowski, Plenário, j. 06.06.2018, *DJe* 12.12.2019; STF, ADI 5560, Rel. Min. Rosa Weber, Plenário, j. 18.10.2019, *DJe* 04.11.2019; STF, ADI 6025, Rel. Min. Alexandre de Moraes, Plenário, j. 20.04.2020, *DJe* 26.06.2020.

1996.[10] Mas não é sempre que essa tese é aplicada. Ela é aplicada apenas quando convém.

O artigo 18, §2º, da Lei nº 8.213/1991 prescreve que o aposentado pelo RGPS "que permanecer em atividade sujeita a este Regime, ou a ele retornar, não fará jus a prestação alguma da Previdência Social em decorrência do exercício dessa atividade, exceto ao salário-família e à reabilitação profissional, quando empregado". Isso quer dizer que o aposentado que retornar ao mercado de trabalho formal não poderá requerer que a renda mensal de sua aposentadoria seja atualizada. É dizer, não cabe desaposentação nem reaposentação. Todavia, em 2013, o STJ firmou tese vinculante de que o segurado poderia renunciar à sua aposentadoria por meio do instituto da desaposentação.[11] Noutros termos, destoando de sua própria jurisprudência, o STJ atuou como legislador positivo. Em 2016, o STF, coerente com seu entendimento, firmou tese vinculante contrária.[12] Em seguida, em 2019, o STJ, em juízo de retratação, adequou sua tese ao entendimento do STF.

Ainda no ramo previdenciário, há discussão pendente sobre a extensão do abono do artigo 45, *caput*, da Lei nº 8.213/1991: "o valor da aposentadoria por invalidez do segurado que necessitar da assistência permanente de outra pessoa será acrescido de 25%". A clareza

---

[10] STJ, REsp 71163, Rel. Min. Demócrito Reinaldo, 1ª Turma, j. 12.09.1996, *DJ* 04.11.1996; STJ, REsp 124864, Rel. p/ Ac. Min. Demócrito Reinaldo, 1ª Seção, j. 24.06.1998, *DJ* 28.09.1998; STJ, EDcl no REsp 249038, rel. Min. José Delgado, 1ª Turma, j. 03.04.2001, *DJ* 11.06.2001; STJ, MC 2663, Rel. p/ Ac. Min. Luiz Fux, 1ª Turma, j. 05.03.2002, *DJ* 16.06.2003; STJ, REsp 408833, Rel. Min. Humberto Gomes de Barros, 1ª Turma, j. 18.11.2003, *DJ* 15.12.2003; STJ, REsp 591708, Rel. Min. Teori Albino Zavascki, 1ªTurma, j.08.06.2004, *DJ* 09.08.2004; STJ, REsp 541239, Rel. Min. Luiz Fux, 1ª Seção, j. 09.11.2005, *DJ* 05.06.2006; STJ, AgRg no REsp 380123, Rel. Min. Hamilton Carvalhido, 6ª Turma, j. 11.04.2006, *DJ* 05.02.2007; STJ, REsp 839331, Rel. Min. Castro Meira, 2ª Turma, j. 17.08.2006, *DJ* 29.08.2006; STJ, REsp 502155, Rel. Min. João Otávio de Noronha, 2ª Turma, j. 12.12.2006, *DJ* 08.02.2007; STJ, EDcl no MS 12594, Rel. Min. Laurita Vaz, 3ª Seção, j. 28.03.2008, *DJe* 03.04.2008; STJ, REsp 1081747, Rel. Min. Eliana Calmon, 2ª Turma, j. 15.10.2009, *DJe* 29.10.2009; STJ, REsp 1088959, Rel. Min. Mauro Campbell Marques, 2ª Turma, j. 14.12.2010, *DJe* 10.12.2011; STJ, REsp 1230957, Rel. Min. Mauro Campbell Marques, 1ª Seção, j. 26.02.2014, *DJe* 18.03.2014; STJ, EDcl no AgRg no Ag 1187709, Rel. Min. Napoleão Nunes Maia Filho, 1ª Turma, j. 20.03.2014, *DJe* 07.04.2014; STJ, AgRg no RMS 24373, Rel. Min. Rogerio Schietti Cruz, 6ª Turma, j. 12.08.2014, *DJe* 26.08.2014; STJ, REsp 1657475, Rel. Min. Herman Benjamin, 2ª Turma, j. 27.04.2017, *DJe* 08.05.2017; STJ, AgInt no REsp 1632798, Rel. Min. Gurgel de Faria, 1ª Turma, j. 20.02.2018, *DJe* 03.04.2018; STJ, REsp 1155590, Rel. Min. Marco Buzzi, 4ª Turma, j. 27.11.2018, *DJe* 07.12.2018; STJ, AgInt no MS 22624, Rel. Min. Francisco Falcão, 1ª Seção, j. 22.05.2019, *DJe* 04.06.2019; STJ, REsp 1836091, Rel. Min. Og Fernandes, 1ª Seção, j. 24.06.2020, *DJe* 04.08.2020.

[11] STJ, REsp 1334488, Rel. Min. Herman Benjamin, 1ª Seção, j. 08.05.2013, *DJe* 14.05.2013 – Tema 563.

[12] STF, RE 661256, Rel. Min. Roberto Barroso, Plenário, j. 27.10.2016, *DJe* 28.09.2017 – Tema 503.

do dispositivo aponta que o abono cabe apenas na aposentadoria por invalidez. Se o Legislativo quisesse ampliá-lo para todas as aposentadorias não teria feito uso da expressão "aposentadoria por invalidez". Todavia, em 2018, o STJ firmou tese vinculante de que, comprovadas a invalidez e a necessidade de assistência permanente de terceiro, o acréscimo seria aplicado a qualquer aposentadoria.[13] De novo, a tese é contrária ao que o STJ entende, ou seja, de que o Judiciário não tem função de legislador positivo. Em agosto de 2020, o STF entendeu que o caso possui repercussão geral e determinou a suspensão dos processos em trâmite no território nacional.[14]

Mas não é só o STJ que tem destoado de seu entendimento consolidado a respeito da impossibilidade de o Judiciário atuar como legislador positivo. O STF firmou decisões vinculantes sobre a possibilidade de união estável entre pessoas do mesmo sexo, com uma interessante interpretação do artigo 1.723, *caput*, do CC, conforme o texto constitucional (art. 3º, IV).[15] No entanto, o dispositivo do CC é idêntico a outro da CRFB/1988, veja-se: "é reconhecida como entidade familiar a união estável entre o homem e a mulher" (art. 1.723, *caput*, do CC); e "é reconhecida a união estável entre o homem e a mulher como entidade familiar" (art. 226, §3º, da CRFB/1988). Em razão disso, pode-se afirmar que o STF atuou como constituinte positivo, porque modificou o texto constitucional por meio de interpretação, quando poderia ter utilizado a tese da supralegalidade, com espeque na CADH, por exemplo. Uma saída coerente com o mesmo resultado.

O interessante nesses três casos relatados, sem se fazer juízo de valor quanto ao acerto ou não das opções adotadas pelos tribunais, é que em todos eles houve a quebra da coerência decisória. Ora, se o magistrado não pode atuar como legislador positivo, ele não pode em nenhuma hipótese, ainda que seja para beneficiar alguma das partes, como se deu no processo da formação da Súmula 353, em que o STJ fugiu do conceito de tributo do CTN para afirmar que as contribuições para o FGTS não têm natureza tributária, na forma do conceito de tributo constante da Lei nº 4.320/1964. O intuito da Corte foi afastar a prescrição quinquenal do CTN e reconhecer a trintenária, mais favorável ao obreiro. O STF

---

[13] STJ, REsp 1648305, Rel. Min. Assusete Magalhães, 1ª Seção, j. 22.08.2018, *DJe* 26.09.2018 – Tema 982.

[14] STF, RE 1221446, Rel. Min. Luiz Fux, Plenário, j. 08.08.2020 – Tema 1095. Até 04.02.2021 a questão não havia sido resolvida pelo STF.

[15] STF, ADI 4277, Rel. Min. Ayres Britto, Plenário, j. 05.05.2011, *DJe* 14.10.2011; STF, ADPF 132, Rel. Min. Ayres Britto, Plenário, j. 05.05.2011, *DJe* 14.10.2011.

manteve esse entendimento, mas reconheceu a prescrição quinquenal por força do artigo 7º, XXIX, da CRFB/1988. O entendimento sobre a impossibilidade de atuação do Judiciário como legislador positivo é tão importante que se aprovou a Súmula Vinculante nº 37, pela qual "não cabe ao Poder Judiciário, *que não tem função legislativa*, aumentar vencimentos de servidores públicos sob o fundamento de isonomia".

Constatado o anfoterismo, vamos ao objeto da presente discussão: a interpretação do artigo 6º, XIV e XXI, da Lei nº 7.713/1988. Os dispositivos encontram-se, atualmente, assim redigidos: "Art. 6º Ficam isentos do imposto de renda os seguintes rendimentos percebidos por pessoas físicas: (...) XIV - os proventos de aposentadoria ou reforma motivada por acidente em serviço e os percebidos pelos portadores de moléstia profissional, tuberculose ativa, alienação mental, esclerose múltipla, neoplasia maligna, cegueira, hanseníase, paralisia irreversível e incapacitante, cardiopatia grave, doença de Parkinson, espondiloartrose anquilosante, nefropatia grave, hepatopatia grave, estados avançados da doença de Paget (osteíte deformante), contaminação por radiação, síndrome da imunodeficiência adquirida, com base em conclusão da medicina especializada, mesmo que a doença tenha sido contraída depois da aposentadoria ou reforma; (...) XXI - os valores recebidos a título de pensão quando o beneficiário desse rendimento for portador das doenças relacionadas no inciso XIV deste artigo, exceto as decorrentes de moléstia profissional, com base em conclusão da medicina especializada, mesmo que a doença tenha sido contraída após a concessão da pensão".

O *caput* estabelece que as hipóteses previstas nos incisos são de *rendimentos recebidos por pessoas físicas isentas de imposto sobre a renda*. O tributo, portanto, é o IRPF. O inciso XIV, parte inicial, apresenta a hipótese (i), ao isentar "os proventos de aposentadoria ou reforma motivada por acidente em serviço", enquanto na sua parte final explicita a hipótese (ii), ao isentar os proventos "percebidos pelos portadores de moléstia profissional, tuberculose ativa, alienação mental, esclerose múltipla, neoplasia maligna, cegueira, hanseníase, paralisia irreversível e incapacitante, cardiopatia grave, doença de Parkinson, espondiloartrose anquilosante, nefropatia grave, hepatopatia grave, estados avançados da doença de Paget (osteíte deformante), contaminação por radiação, síndrome da imunodeficiência adquirida, com base em conclusão da medicina especializada, mesmo que a doença tenha sido contraída depois da aposentadoria ou reforma". O inciso XXI, ao contrário da afirmação do relator, Og Fernandes, permanece plenamente necessário, pois estabelece a hipótese (iii) referente aos pensionistas, deixando claro o reconhecimento da mesma incidência sobre os valores recebidos como pensão (que não se confunde com aposentadoria ou reforma), quando o pensionista for portador de alguma das moléstias graves do inciso XIV, salvo moléstia profissional.

As normas contidas em ambos os incisos têm clara interpretação literal, coerentes com a sistemática do CTN (art. 111). Vejamos o inciso XIV: (i) são isentos os *proventos* de aposentadoria ou reforma motivada por acidente em serviço; (ii) são isentos os *proventos* percebidos pelos portadores de moléstia grave; *aplicado aos segurados* que se aposentam ou reformam por motivo de acidente em serviço e aos portadores de doenças graves e agora o inciso XXI: (i) são isentos os *valores recebidos por pensionista*, quando portador de moléstia grave, salvo moléstia profissional; *aplicado aos pensionistas*. Note que a interpretação segue o argumento do Ministro Og Fernandes de que a partícula *e* é uma elisão da palavra *proventos*. Dessa forma, a tese fixada no Tema Repetitivo 1037/STJ não é coerente com os argumentos expendidos por seu Relator.

Assim, resta claro que a isenção conferida para os portadores de doença grave espelha a forma literal do comando legal: não há interpretação extensiva, não haveria atuação do Judiciário como legislador. Por outro lado, ao exigir a cumulatividade (aposentadoria/reforma + doença grave), o Judiciário cria regra nova, não constante da lei isentiva: age como legislador.

A decisão vinculante também destoa do entendimento do próprio STJ, anteriormente fixado na Súmula 627, de que "o contribuinte faz jus à concessão ou à manutenção da isenção do imposto de renda, não se lhe exigindo a demonstração da contemporaneidade dos sintomas da doença nem da recidiva da enfermidade".[16] A tese do repetitivo mostra o anfoterismo de que padece o STJ quando comparada não apenas com a Súmula de 2018, como também com o julgamento de 02.06.2020 (dois meses antes do julgamento do tema 1037/STJ), por unanimidade, na Primeira Turma, de que a isenção fiscal, no caso do artigo 6º, XIV, da Lei nº 7.713/1988, "independe da presença, no momento de sua concessão ou fruição, dos sintomas da moléstia, pois é de conhecimento comum que determinados males de saúde exigem, da pessoa que os teve em algum momento de sua vida, a realização de gastos financeiros perenes – relacionados, por exemplo, a exames de controle ou à aquisição de medicamentos".[17]

---

[16] STJ, Súmula 627, 1ª Seção, j. 12.12.2018, *DJe* 17.12.2018.

[17] STJ, REsp 1836364, Rel. Min. Napoleão Nunes Maia Filho, 1ª Turma, j. 02.06.2020, *DJe* 17.06.2020. A Turma era composta à época pelo Relator e pelos Ministros Benedito Gonçalves,

Em conclusão, pode-se afirmar que, ao restringir o alcance do art.6º, XIV, Lei nº 7.713/1988, exigindo cumulatividade de aposentadoria/reforma com doença grave, quando a norma legal não prevê tal restrição, a tese 1037/STJ mostra total incoerência, uma vez que em sua fundamentação o Ministro Og Fernandes afirma que o Judiciário não pode atuar como legislador positivo para estender a isenção aos trabalhadores ativos (*princípio da separação dos poderes*), quando, conforme demonstrado, a letra da lei, sem interpretação extensiva, comanda a isenção sem restrições. Assim, o nobre relator, modificou a nomenclatura da interpretação literal, texto proveniente do Legislativo, que isenta sem exigência de cumulação, nomeando-a interpretação extensiva para, desse modo, alegar o chavão "Judiciário não pode atuar com legislador positivo", quando, na realidade, quem agiu como legislador foi o STJ, ao restringir isenção definida pelo Legislativo.

Ora, além da forma incoerente como foi editada, a tese 1037/STJ prejudica, *contra legem*, as pessoas portadoras de moléstia grave que, apesar de toda dificuldade e restrições, mantêm-se ativas como forma de sobrevivência ou manutenção da dignidade, ameaçadas pela tese 1037/STJ. Relembremos que o projeto constitucional brasileiro valoriza o trabalho (arts. 1º, IV, e 170, VIII). Mesmo porque, com os valores pagos a título de salário e aposentadoria no Brasil e os serviços públicos a que o cidadão tem acesso, raramente se usufrui de uma vida digna, especialmente diante de doenças e patologias que, além de serem graves, normalmente vêm reduzindo a perspectiva de vida dos enfermos, representam gastos com os quais o segurado ativo ou aposentado não consegue arcar, sem prejudicar o seu bem-estar (e de sua família) e em relação aos quais o Estado se esforça para se eximir da responsabilidade.

Informação bibliográfica deste texto, conforme a NBR 6023:2018 da Associação Brasileira de Normas Técnicas (ABNT):

SIQUEIRA, Junio Graciano Homem de; SIQUEIRA, Julio Homem de. Isenção como limitação material ao poder de tributar. Reflexão sobre o tema repetitivo 1037/STJ e a ADI nº 6.025. *In*: SARAIVA FILHO, Oswaldo Othon de Pontes; SIQUEIRA, Julio Homem de; BEDÊ JÚNIOR, Américo; FABRIZ, Daury César; SIQUEIRA, Junio Graciano Homem de; CUNHA, Ricarlos Almagro Vitoriano (Coord.). *Limitações materiais ao poder de tributar*. Belo Horizonte: Fórum, 2022. p. 237-247. (Coleção Fórum Princípios Constitucionais Tributários - Tomo III) ISBN 978-65-5518-314-6.

Sérgio Kukina, Regina Helena Costa e Gurgel de Faria. No Tema Repetitivo 1037/STJ ficaram vencidos apenas os Ministros Sérgio Kukina e Napoleão Nunes Maia Filho, tendo votado com o Relator os Ministros Regina Helena Costa e Gurgel de Faria, além de outros Ministros então pertencentes à Segunda Turma.

A SELETIVIDADE EM FUNÇÃO DA ESSENCIALIDADE E A INTERPRETAÇÃO DO SUPREMO TRIBUNAL FEDERAL

MARTHA LEÃO

"No mais das vezes, o que se encontra é uma tributação baseada em critérios de conveniência, não de justiça. Além de imediata agressão ao mandamento constitucional que impõe a Seletividade, o tratamento arbitrário que hoje se confere às alíquotas dos tributos sobre o consumo implica incrementar-se o já regressivo tributo sobre o consumo".

SCHOUERI, Luís Eduardo[1]

Considerações introdutórias

Em 2017, o Tribunal Pleno do Supremo Tribunal Federal julgou a constitucionalidade da determinação de alíquota diferenciada do Imposto sobre Produtos Industrializados – IPI para o açúcar, concluindo

---

[1] SCHOUERI, Luís Eduardo. *Direito Tributário*. 9. ed. São Paulo: Saraiva, 2019, p. 428.

que esta determinação não violaria o princípio da essencialidade.[2] O objeto central do referido caso dizia respeito a saber se é constitucional a determinação de alíquota de 18% de IPI para o açúcar, enquanto todos os outros produtos integrantes da cesta básica sequer são tributados (são isentos) ou estão sujeitos à alíquota zero.

Por unanimidade, nos termos do voto do Ministro Relator Marco Aurélio, o Supremo Tribunal Federal entendeu que a seletividade não implicaria isenção ou imunidade. Para o Tribunal, "o fato de o açúcar integrar a cesta básica e outros produtos desta não terem a incidência do IPI é insuficiente a concluir-se pela impossibilidade da cobrança do tributo. O que cabe perceber é a opção político-normativa ante a essencialidade do produto, tendo-a, ou não, como justificada. A harmonia ocorre, observado o princípio da razoabilidade, na espécie proporcionalidade, a partir do momento em que se verifica ter sido a alíquota fixada em patamar aceitável consideradas outras alíquotas ligadas a produtos diversos em relação às quais não se tem a mesma essencialidade".[3]

Não obstante a conclusão do Supremo Tribunal Federal ter afastado a violação ao princípio da seletividade em função da essencialidade nesse caso, o referido julgamento serve como paradigma da interpretação conferida pelo Tribunal ao princípio da seletividade. Restou consignado, no voto do Ministro Luiz Fux, que "a seletividade não é uma faculdade atribuída ao Poder Executivo, no sentido de poder considerá-la ou não na fixação de alíquotas do IPI, mas, antes, representa verdadeiro comando a ser observado na quantificação do tributo a ser pago, de acordo com a essencialidade do produto. Nesse ponto, embora 'essencialidade' seja um conceito de textura aberta, cujo conteúdo é indeterminado, isso não significa que seja impossível aferir o seu núcleo mínimo diante do caso concreto, a fim de averiguar se foi o mesmo respeitado ou não pelo Poder Executivo".[4]

O presente artigo tem como objeto a análise do princípio da seletividade em função da essencialidade a partir desta decisão do Supremo Tribunal Federal, cuja conclusão será objeto de crítica. Ainda

---

[2] IPI – SELETIVIDADE E ESSENCIALIDADE – AÇÚCAR – LEI Nº 8.393/1991. A Lei nº 8.393/1991 atende aos requisitos seletividade e essencialidade e ao princípio isonômico (STF, Recurso Extraordinário nº 592.145, Relator Ministro Marco Aurélio, Tribunal Pleno, julgado em 05.04.2017).

[3] STF, Recurso Extraordinário nº 592.145, Voto do Relator Ministro Marco Aurélio, Tribunal Pleno, julgado em 05.04.2017, p. 11 do acórdão.

[4] STF, Recurso Extraordinário nº 592.145, Voto do Ministro Luiz Fux, Tribunal Pleno, julgado em 05.04.2017, p. 36 do acórdão.

que se concorde com as premissas adotadas pelo julgamento no sentido de que a seletividade em função da essencialidade é um *dever* imposto ao Poder Legislativo e ao Poder Executivo na fixação das alíquotas de IPI, não se alcança a mesma conclusão com relação ao caso julgado: se o açúcar foi definido como integrante da cesta básica, ou seja, como parte do rol de alimentos considerados como essenciais para a subsistência da família, não há uma justificativa para a sua tributação diferenciada.

No fundo, tal conclusão faz uma confusão comum no controle jurisdicional dos tributos com finalidade extrafiscal: embora haja grande liberdade para a utilização do IPI com finalidade extrafiscal, o modo de implementação destas políticas tributárias deve ser objeto de controle por parte do Poder Judiciário. O controle sobre as normas tributárias indutoras não restringe o poder do legislador de editá-las, até mesmo porque, ainda que ele tenha uma grande liberdade no que diz respeito ao *"se"* da utilização da indução fiscal, no que se refere ao *"como"* utilizá-la, ele se sujeita a um controle mais rigoroso.[5] Há uma ampla margem de apreciação com relação à escolha do objeto (o *"se"* da carga tributária). Tomada esta decisão, no entanto, a forma como isto será feito (o *"como"* da carga tributária) deverá estar estritamente ligada ao princípio da igualdade, e ser implementado de forma coerente com a decisão tomada.[6] É o que se passa a analisar.

1 A seletividade na Constituição

A partir da Constituição de 1988, a previsão da seletividade em função da essencialidade foi estendida do IPI também para o ICMS. De um lado, o artigo 153, §3º, da Constituição determina que o imposto sobre produtos industrializados "será seletivo, em função da essencialidade do produto". De outro lado, o artigo 155, §2º, da Constituição estabelece que o ICMS "poderá ser seletivo, em função da essencialidade das mercadorias e dos serviços". A utilização de dois termos distintos, nesse caso, não gera consequências diferentes para o Poder Legislativo e o Poder Executivo com relação à definição das alíquotas de ambos os tributos: trata-se, nos dois casos, de uma determinação constitucional.

---

[5] No original: „*Damit wird der Gesetzgeber nicht über Gebühr in seinen Gestaltungsmöglichkeiten eingeschränkt: Denn hinsichtlich des Ob steuerlicher Lenkung bleibt ihn weiter ein grosser Gestaltungsspielraum, nur hinsichtlich des Wie – hinsichtlich der Ausgestalgung der Steuervergünstigung – unterliegt er einer strengeren Kontrolle.*" (WERNSMANN, Rainer. *Verhaltenslenkung in einem rationalen Steuersystem.* Tübingen: Mohr Siebeck, 2005, p. 222).

[6] O tema foi enfrentado em LEÃO, Martha. *Controle da Extrafiscalidade.* São Paulo: Quartier Latin/IBDT, 2015, p. 130.

Não obstante o sentido preliminar do texto de ambos os dispositivos legais indicar graus diferentes de comando (um dever e uma opção), a redação relativa ao ICMS deve ser tida como um poder-dever. Tal conclusão decorre do fato de que a interpretação em sentido diverso, enquanto uma faculdade de adoção da seletividade, esvaziaria o comando constitucional. Como mencionado por Carrazza, "este singelo 'poderá' equivale a um peremptório 'deverá'. Não se está aqui diante de mera faculdade do legislador, mas de norma cogente – de observância, pois, obrigatória".[7] De modo semelhante, Ávila aponta que a Constituição não dá *conselhos* sobre a conduta futura do legislador; a Constituição, ao contrário, *ordena* que o legislador adote uma medida e promova um ideal. O que importa não é a forma sintática empregada pelo dispositivo, se indicativa ou imperativa, mas a função exercida pelo enunciado nele contido.[8] Assim, ao estabelecer que o ICMS poderá ser seletivo, a Constituição usa o referido enunciado normativo com *função prescritiva*, com a finalidade de dirigir a conduta do legislador no que diz respeito à determinação das alíquotas de ICMS.

Estabelecida esta premissa no sentido de que a adoção da seletividade não é uma faculdade por parte dos Poderes Legislativo ou Executivo, mas sim uma imposição constitucional, faz-se necessário definir o seu conteúdo. A seletividade, em função da essencialidade, impõe uma diferenciação de alíquotas em uma escala proporcional: quanto mais essencial, maior a alíquota e, quanto menos essencial, menor a alíquota. Seletividade, nesse sentido, impõe a ideia de seleção, diferenciação. Ou seja, a adoção da seletividade implica tratamento tributário distinto entre produtos, mercadorias e serviços. O termo essencial é um adjetivo vinculado "[à]quilo que constitui o mais básico, ou o mais importante em algo", "[à]quilo que é necessário, indispensável".[9] Ainda é preciso definir, contudo, quem será o destinatário deste adjetivo: essencial, necessário e indispensável para quem? A análise sistemática do texto constitucional impõe uma resposta: essencial, necessário e indispensável com relação à dignidade humana. O exame preliminar desta regra parece-nos informar que os produtos e serviços de natureza essencial devem ter suas alíquotas de incidência mitigadas em comparação a outros produtos e serviços que não estão revestidos da mesma

---

[7] CARRAZZA, Roque Antônio. *ICMS*. 16. ed. São Paulo: Malheiros, 2012, p. 507.

[8] ÁVILA, Humberto. *Contribuições e imposto sobre a renda* – estudos e pareceres. São Paulo: Malheiros, 2015, p. 67.

[9] HOUAISS, Antônio; VILLAR, Mauro de Salles. *Dicionário da Língua Portuguesa*. Rio de Janeiro: Objetiva, 2009, p. 826.

essencialidade para a consecução da dignidade humana, de modo que a variação das alíquotas se dê na forma inversa da essencialidade: quanto maior for esta, necessariamente menores deverão ser aquelas.[10]

Nesse sentido, Schoueri destaca que a seletividade em função da essencialidade é uma forma de compensar o efeito regressivo decorrente da tributação sobre o consumo no país. Por meio de alíquotas diferenciadas, torna-se possível corrigir ou, ao menos, amenizar este efeito: a seletividade deve assegurar que os bens consumidos por famílias de baixa renda sejam tributados a alíquotas mais baixas que aqueles cujo consumo se dá, primordialmente, por pessoas de maiores posses. Conclui o autor: produto essencial é aquele de que mesmo as pessoas de menor renda não podem prescindir.[11]

Em outras palavras, a seletividade, em função da essencialidade, exige que o ônus econômico do ICMS recaia sobre bens na razão direta de sua superficialidade e na razão inversa de sua necessidade. Como destaca Carrazza, a seletividade deve levar em conta a finalidade da mercadoria ou do serviço, não a sua destinação ou origem; daí porque também é irrelevante a fase do ciclo de produção ou as condições econômicas de quem adquire a mercadoria ou frui do serviço.[12] De modo semelhante, Baleeiro afirmava que a essencialidade "refere-se à adequação do produto à vida do maior número dos habitantes do país. As mercadorias essenciais à existência civilizada deles devem ser tratadas mais suavemente, (...)".[13] E, no mesmo sentido, Tilbery aponta que "(...) o conceito de essencialidade de produtos vincula-se a um padrão mínimo de vida".[14]

Sendo assim, isso significa dizer que a Constituição impôs aos Poderes Legislativo e Executivo que levassem em consideração a essencialidade de cada produto, mercadoria ou serviço na determinação das suas alíquotas. Evidente que estes conceitos não são simples de serem aplicados, mas embora possa haver discussão no que tange à essencialidade de determinados produtos, como o caso fatídico das alíquotas de cigarro, por exemplo, enquanto bem supérfluo para grande parte da

---

[10] ALHO NETO, João de Souza. Seletividade em função da essencialidade: ICMS e energia elétrica. *Direito Tributário Atual*, São Paulo, vol. 39, p. 201-225 (202), 2018.

[11] SCHOUERI, Luís Eduardo. *Direito Tributário*. 9. ed. São Paulo: Saraiva, 2019, p. 428.

[12] CARRAZZA, Roque Antônio. *ICMS*. 16. ed. São Paulo: Malheiros, 2012, p. 508-509.

[13] BALEEIRO, Aliomar. *Direito tributário brasileiro*. 11. ed. atualizada por Misabel Abreu Machado Derzi. Rio de Janeiro: Forense, 1999, p. 347.

[14] TILBERY, Henry. O conceito de essencialidade como critério de tributação. *Revista Direito Tributário Atual*, São Paulo, vol. 10, p. 2969-3035 (2.999) , 1990.

população, mas item essencial, porque viciante, para tantos outros, há parâmetros que podem auxiliar no controle da aplicação desse princípio por parte do Poder Judiciário. É o que se passa a analisar a partir do caso das alíquotas de IPI sobre o açúcar.

2 A crítica à decisão do Supremo Tribunal Federal no caso da alíquota de IPI sobre o açúcar

Ao julgar a constitucionalidade da aplicação de alíquota de IPI diferenciada para o açúcar, com relação aos demais produtos da cesta básica, o Supremo Tribunal Federal referendou o entendimento proclamado pela decisão do Tribunal Regional Federal da 3ª Região no sentido de que a determinação das alíquotas de IPI pelo Poder Executivo constitui "ato discricionário, por meio do qual o Poder Executivo, fundado em juízo de conveniência e oportunidade, implementa suas políticas fiscais e econômicas e, portanto, a análise de seu mérito escapa ao controle do Poder Judiciário", com base na própria jurisprudência do Supremo Tribunal Federal.[15]

Embora o Ministro Relator Marco Aurélio tenha reconhecido o caráter obrigatório da adoção da seletividade em função da essencialidade, afirmou que era necessário ter presente "a opção político-normativa ante a essencialidade do produto, tendo-a, ou não, como justificada". Para o Ministro, "o fato de o açúcar integrar a cesta básica e outros produtos desta não terem incidência de IPI é insuficiente a concluir-se pela impossibilidade da cobrança do tributo".[16] No mesmo sentido, o Ministro Edson Fachin recorreu à natureza extrafiscal do tributo para justificar a flexibilização com relação ao seu controle: "observa-se, em concreto, o estabelecimento de uma política fiscal de intervenção no setor econômico da cana-de-açúcar, por intermédio da extrafiscalidade do Estado Fiscal".[17] Na mesma linha, o posicionamento do Ministro Luiz Fux: "há um precedente, inclusive, de minha relatoria no STJ, que destaca a extrafiscalidade do IPI, da qual decorre a possibilidade de fixação de suas alíquotas pelo Poder Executivo, em benefício do interesse nacional, o que impossibilitaria a sua revisão pelo Poder Judiciário".[18]

---

[15] STF, Recurso Extraordinário nº 592.145, Voto do Relator Ministro Marco Aurélio, Tribunal Pleno, julgado em 05.04.2017, p. 9 do acórdão.

[16] Ibidem, p. 10 do acórdão.

[17] STF, Recurso Extraordinário nº 592.145, Voto do Ministro Edson Fachin, Tribunal Pleno, julgado em 05.04.2017, p. 17 do acórdão.

[18] STF, Recurso Extraordinário nº 592.145, Voto do Ministro Luiz Fux, Tribunal Pleno, julgado em 05.04.2017, p. 40 do acórdão.

Em suma, o Tribunal entendeu que o controle nesse tipo de situação deve ser *fraco*, em respeito ao juízo político do Poder Executivo.

Estes trechos, aos quais outros poderiam ser somados, servem ao propósito de demonstrar que os Ministros do Supremo Tribunal Federal concluíram, no caso, pela existência de poder discricionário por parte do Poder Executivo para a fixação das alíquotas de IPI. O argumento parte do pressuposto de que a fixação das alíquotas de IPI, como tributo extrafiscal, seria um implemento de política fiscal e econômica por parte do Estado, tendo em vista o interesse social, e, nesse sentido, seria ato discricionário que escaparia do controle do Poder Judiciário, por envolver juízo de oportunidade e conveniência do Poder Executivo. Este argumento, aliás, foi utilizado em outras decisões análogas.[19]

Tal posicionamento, no entanto, equivoca-se exatamente por considerar que a utilização da norma tributária com objetivos extrafiscais "escapa do controle do Poder Judiciário". O fato de os critérios de controle não serem os mesmos em nada altera a necessidade de existência deste controle. As normas tributárias extrafiscais precisam estar sujeitas a outro tipo de controle do que aquele aplicável sobre as normas tributárias com função arrecadatória. Isso não significa – reitera-se – a não sujeição a nenhum controle, mas sim a um controle com critérios diferentes, que sejam capazes de aferir a função e a finalidade daquela norma na ordem econômica e social vigente, podendo examinar a sua legitimidade diante do Sistema Tributário Nacional. Em outras palavras, o uso de normas tributárias como instrumentos de atuação sobre a ordem econômica e social não prescinde do devido controle do Poder Judiciário sobre o modo como isto é feito, tendo em vista, especialmente, as restrições aos direitos fundamentais dos contribuintes – uma consequência inafastável quando se está diante do uso de normas tributárias.

Ao que parece, o fato de se aceitar que a norma tributária pode ser usada como instrumento de intervenção na ordem econômica e social leva ao afastamento da possibilidade de um controle mais rígido sobre a forma como isto é feito. Confunde-se, por conseguinte, *autorização para instituição* com *autorização para a instituição de qualquer forma*, sem se atentar

---

[19] A título exemplificativo: STF, Agravo Regimental no Agravo de Instrumento nº 360461, Relator Ministro Celso de Mello, Segunda Turma, julgado em 06.12.2005; STF, Recurso Extraordinário nº 344331, Relatora Ministra Ellen Gracie, Primeira Turma, julgado em 11.02.2003; STF, Recurso Extraordinário nº 188951, Relator Ministro Maurício Corrêa, Segunda Turma, julgado em 16.05.1995; STF, Recurso Extraordinário nº 149659, Relator Ministro Paulo Brossard, Segunda Turma, julgado em 04.10.1994.

para o fato de que o modo como isto é feito necessita ser controlado pelo Poder Judiciário, tendo em vista não apenas a existência de uma possível violação ao princípio da isonomia, mas também uma violação desproporcional aos princípios da liberdade e da propriedade. Além disso, ignora-se a necessidade de que estas normas sofram um controle com relação à sua eficácia, atentando-se para o fato de que se estas não se mostram aptas para a produção dos efeitos indutores desejados, não podem ser consideradas como legítimas e proporcionais do ponto de vista da restrição causada aos direitos fundamentais envolvidos.[20]

A decisão do Supremo Tribunal Federal, portanto, esvazia o conteúdo da norma prevista no artigo 153, §3º, inciso I, da Constituição: em que pese os Poderes Executivo e Legislativo sejam obrigados a adotar alíquotas seletivas, em função da essencialidade, para a instituição do IPI, a suposta existência de qualquer finalidade extrafiscal é considerada suficiente para afastar este mandamento constitucional. Assim, onde se lê "será seletivo, em função da essencialidade do produto", passa-se a ler "será ou não seletivo, em função da essencialidade do produto, conforme a conveniência e oportunidade dos Poderes Executivo e Legislativo". Eis o paradoxo: a norma que deveria limitar a atuação dos Poderes Executivo e Legislativo é reconstruída, pelo Poder Judiciário, como uma autorização para fixar livremente alíquotas, bastando, para tanto, apontar uma suposta finalidade extrafiscal visada por esses Poderes e, *em tese*, não sujeita ao controle do Poder Judiciário.

A decisão proferida no caso do açúcar agrava-se, ainda, pela violação ao postulado do legislador coerente. No caso em debate, tratava-se da tributação desigual do açúcar, enquanto único item da cesta básica que não se encontrava isento ou sujeito à alíquota zero para o pagamento de IPI. Não obstante o fato de que a mera inclusão na cesta básica não signifique imunidade, como afirmado pelo Ministro Marco Aurélio no julgamento, o fato é que o Poder Executivo fez uma opção (de política fiscal) de isentar ou de não onerar com nenhuma carga fiscal os produtos considerados como essenciais para a subsistência das famílias brasileiras. Tal opção, no entanto, foi implementada de forma desigual: ao açúcar, ao contrário de todos os outros bens (feijão, arroz, sal e assim por diante), foi determinada uma alíquota de IPI de 18%.

Conforme Ávila, o postulado do legislador coerente, baseado no princípio da igualdade, obriga o Estado a agir de forma coerente

---

[20] LEÃO, Martha. *Controle da Extrafiscalidade*. São Paulo: Quartier Latin/IBDT, 2015, p. 158; 162.

e consequente. Em outras palavras, o dever decorrente da igualdade impõe a implementação dos critérios previamente estabelecidos pelo próprio legislador.[21] Isso porque, quando analisado em sua perspectiva temporal, o princípio da igualdade gera o denominado *dever de coerência*.[22] Assim, mesmo que, inicialmente, o Poder Executivo tivesse liberdade para definir se tributaria ou não (e com qual alíquota) os produtos integrantes da cesta básica, uma vez tendo exercido sua liberdade de conformação por meio da escolha de determinado critério de tributação (no caso, pela ausência de carga tributária sobre estes bens), esta decisão deverá servir de base para a sua atuação. Aqui entra em cena o "postulado do legislador coerente": tendo tomado a decisão fundamental de desonerar completamente os produtos da cesta básica, o Poder Executivo deve desenvolvê-la de modo consequente e isento de contradições, sob pena de violar a norma fundamental de igualdade, pouco importando – reitere-se, uma vez mais – se esta desoneração era uma imposição prévia ou não.[23]

Isso significa dizer que, independentemente da discussão acerca da liberdade do Poder Executivo para a definição de políticas fiscais relativamente à fixação das alíquotas de IPI, deve haver uma implementação destas políticas fiscais de modo conforme ao princípio da igualdade. Ao ter decidido pela desoneração da cesta básica na fixação das alíquotas de todos os produtos ali constantes, não poderia o Poder Executivo aplicar de forma incoerente uma alíquota diferente para o açúcar. Não obstante o entendimento proferido pelo Supremo Tribunal Federal no referido acórdão, não foi apontada nenhuma justificativa para a desigualdade patente verificada no caso.

3 As consequências dessa decisão para a jurisprudência sobre a seletividade

A decisão proferida pelo Supremo Tribunal Federal no julgamento do Recurso Extraordinário nº 592.145 é, portanto, paradigmática com relação ao controle a ser exercido pelo Tribunal nos casos envolvendo a

---

[21] ÁVILA, Humberto. O "Postulado do Legislador Coerente" e a Não-cumulatividade das Contribuições. *In*: ROCHA, Valdir de Oliveira. *Grandes Questões Atuais do Direito Tributário*. 11. vol. São Paulo: Dialética, 2007, p. 175-183 (177).

[22] *Idem. Teoria da Segurança Jurídica*. 4. ed. São Paulo: Malheiros, 2016, p. 634.

[23] *Idem*. O "Postulado do Legislador Coerente" e a Não-cumulatividade das Contribuições. *In*: ROCHA, Valdir de Oliveira. *Grandes Questões Atuais do Direito Tributário*. 11. vol. São Paulo: Dialética, 2007, p. 175-183 (180).

seletividade em função da essencialidade. Ao entender que o referido controle jurisdicional deve ser afastado (ou ao menos flexibilizado) em nome do juízo de conveniência e oportunidade do Poder Executivo para a fixação das alíquotas de IPI, o Tribunal diminui o seu papel de órgão jurisdicional garantidor do exercício do poder tributário nos moldes definidos pelas Limitações Constitucionais ao Poder de Tributar.

Embora tenha sido proferida no âmbito da fixação de alíquotas para o IPI, a referida decisão serve de indicativo para a posição do Tribunal com relação à interpretação da seletividade em função da essencialidade para toda a tributação sobre o consumo. No caso do ICMS, a suposta flexibilização da adoção deste critério estaria na própria Constituição, ao afirmar que o tributo "poderá ser seletivo". O fato de o Supremo Tribunal Federal flexibilizar o controle da aplicação da seletividade em função da essencialidade no caso do IPI, em que a Constituição é enfática ao obrigar a sua adoção, indica, portanto, uma tendência de sua flexibilização também para o caso das alíquotas de ICMS.

Um dos principais casos sobre o tema diz respeito ao julgamento do Recurso Extraordinário nº 714.139, cujo objeto refere-se à constitucionalidade da fixação de alíquota de 25% de ICMS para as operações relativas à energia elétrica. A repercussão geral da matéria já foi reconhecida.[24] Neste caso, a discussão diz respeito a saber se a determinação pelos Estados de uma alíquota de ICMS superior à alíquota básica (de 17%) viola a seletividade em função da essencialidade.

A essencialidade da energia elétrica foi reconhecida tanto pela Constituição, ao determinar que compete à União explorar os serviços de fornecimento e instalação de energia elétrica, ao lado dos serviços postais, de telecomunicações, de transporte, de navegação e assim por diante (artigo 21), como pela legislação federal, cuja Lei nº 7.883/89 expressamente afirma que o fornecimento de energia elétrica é atividade essencial cuja continuidade deve ser assegurada mesmo em casos de

---

[24] IMPOSTO SOBRE A CIRCULAÇÃO DE MERCADORIAS E SERVIÇOS – ENERGIA ELÉTRICA – SERVIÇOS DE TELECOMUNICAÇÃO – SELETIVIDADE – ALÍQUOTA VARIÁVEL – ARTIGOS 150, INCISO II, E 155, §2º, INCISO III, DA CARTA FEDERAL – ALCANCE – RECURSO EXTRAORDINÁRIO – REPERCUSSÃO GERAL CONFIGU-RADA. Possui repercussão geral a controvérsia relativa à constitucionalidade de norma estadual mediante a qual foi prevista a alíquota de 25% alusiva ao Imposto sobre a Circulação de Mercadorias e Serviços incidente no fornecimento de energia elétrica e nos serviços de telecomunicação, em patamar superior ao estabelecido para as operações em geral – 17% (STF, Repercussão Geral no Recurso Extraordinário nº 714.139, Relator Ministro Marco Aurélio, julgado em 12.06.2014).

greve (artigo 10). Seu papel para a manutenção da vida digna dos cidadãos e também para a capacidade produtiva das empresas é tão óbvio que não demanda maiores explicações. Diante da indispensabilidade da energia elétrica, questiona-se a liberdade do legislador estadual de determinar alíquotas majoradas para as operações relativas à sua circulação. Veja-se que a postura adotada pelo Supremo Tribunal Federal no que diz respeito à adoção de alíquotas majoradas para o açúcar, em comparação com os demais produtos da cesta básica, indica o entendimento de que a política de alíquotas para a tributação sobre o consumo dependeria de critérios políticos, conforme juízo de conveniência e oportunidade. A ser aplicado no caso da energia elétrica, isso significaria dizer que haveria liberdade para a fixação diferenciada do referido bem em virtude da política fiscal adotada para este setor econômico. Tal conclusão, contudo, esbarraria novamente na determinação constitucional. A Constituição não sugeriu a adoção da seletividade em função da essencialidade para a tributação sobre o consumo. Reitera-se: a Constituição não faz *sugestões*. A Constituição impõe normas relativamente ao modo de exercício do poder de tributar e, especificamente com relação à tributação sobre o consumo, impôs a diferenciação das alíquotas com base no critério da essencialidade do bem ou serviço objeto de circulação.

Conclusões

As considerações feitas até aqui demonstram que há uma tendência de flexibilização por parte do Supremo Tribunal Federal com relação à interpretação e aplicação do critério da seletividade em função da essencialidade para a fixação das alíquotas dos tributos sobre o consumo. A Corte vem exercendo um controle apenas parcial sobre a aplicação da seletividade em função da essencialidade sob o argumento de que a natureza extrafiscal dos tributos, como do IPI, afastaria o controle das decisões de política fiscal relativas à fixação das alíquotas.

Ao que parece, o fato de se aceitar que a norma tributária pode ser usada como instrumento de intervenção na ordem econômica e social termina por afastar a possibilidade de um controle mais rígido sobre a forma como isto será feito. Em outras palavras, se confunde poder para instituição com poder para a instituição de qualquer forma, ignorando-se o fato de que a utilização instrumental da tributação envolve restrições ligadas aos direitos de propriedade, liberdade e igualdade, e, exatamente por isso, deve ser submetida a um controle rígido por parte do Poder Judiciário. Ainda que não se tenham dúvidas acerca da legitimidade da utilização do mecanismo tributário para a promoção de finalidades extrafiscais, é imprescindível que o controle sobre o *modo* como isso é realizado e sobre a *efetiva* promoção dessas finalidades seja constante, em virtude, especialmente, da restrição sobre os direitos de propriedade, de liberdade, de igualdade e sobre a capacidade contributiva.[25]

Ao determinar a seletividade em função da essencialidade como critério para a fixação de alíquotas relativamente à tributação sobre o consumo, a Constituição criou uma restrição relativamente ao conteúdo das políticas fiscais a serem adotadas para estes tributos: a diferenciação das alíquotas necessariamente deve respeitar o fato de que os produtos mais essenciais devem ser tributados com uma carga menor do que aqueles menos essenciais. Nenhum juízo de conveniência e oportunidade deveria escapar do devido controle constitucional a respeito do exercício do poder de tributar – sendo a sua finalidade fiscal ou extrafiscal.

Informação bibliográfica deste texto, conforme a NBR 6023:2018 da Associação Brasileira de Normas Técnicas (ABNT):

LEÃO, Martha. A seletividade em função da essencialidade e a interpretação do Supremo Tribunal Federal. *In*: SARAIVA FILHO, Oswaldo Othon de Pontes; SIQUEIRA, Julio Homem de; BEDÊ JÚNIOR, Américo; FABRIZ, Daury César; SIQUEIRA, Junio Graciano Homem de; CUNHA, Ricarlos Almagro Vitoriano (Coord.). *Limitações materiais ao poder de tributar*. Belo Horizonte: Fórum, 2022. p. 249-260. (Coleção Fórum Princípios Constitucionais Tributários - Tomo III) ISBN 978-65-5518-314-6.

---

[25] LEÃO, Martha. *Controle da Extrafiscalidade*. São Paulo: Quartier Latin/IBDT, 2015, p. 207; 209.

PRINCÍPIO DA SELETIVIDADE: DUAS CONCEPÇÕES RIVAIS DE ESSENCIALIDADE

ARTHUR M. FERREIRA NETO

EDUARDO LUÍS KRONBAUER

Introdução

O *princípio da seletividade* no Direito Tributário remete-nos, obrigatoriamente, como ponto de partida interpretativo, ao texto positivado na Constituição de 1988, na medida em que o Constituinte optou por definir que algumas espécies de tributos, incidentes sobre o consumo, *seriam* ou *poderiam ser* seletivas em função da *essencialidade do produto*.[1] Isso, em regra geral, é interpretado indicando que a Constituição, ao definir que estes impostos atenderiam a critérios de *essencialidade*, escolheu, no caso do Imposto sobre Produtos Industrializados (IPI), vincular o legislador, de modo cogente e obrigatório, a este pressuposto, enquanto que, relativamente ao Imposto sobre a Circulação de Mercadorias (ICMS), fixou uma margem discricionária, que permitiria ao legislador estadual optar entre observar ou não determinado parâmetro

---

[1] Art. 153, §3º, I, [o IPI] será seletivo, em função da essencialidade do produto; e Art. 155, §2º, III, [o ICMS] poderá ser seletivo, em função da essencialidade das mercadorias e dos serviços. A fundamentação constitucional da essencialidade será tratada com mais detalhes em tópico específico.

de essencialidade. As mencionadas previsões constitucionais, entretanto, apenas fixam a essencialidade como uma diretriz, que deveria pautar as escolhas do legislador tributário, ao estabelecer o critério quantitativo dos mencionados impostos, sendo que não aprofunda, descritivamente, o que se poderia entender por *essencial*.[2]

Como se vê, pois, as normas constitucionais que preveem a seletividade no campo tributário a conectam diretamente com a noção de "essencialidade", expressão essa que está longe de possuir uma definição inequívoca, estando, assim, sempre sujeita a radicais divergências quanto ao seu núcleo mínimo de significação. Para ilustrar tal ponto, caberia citar a definição de seletividade apresentada por Bottallo, em seu clássico *IPI – Princípios e Estrutura*, segundo a qual, o essencial estaria atrelado às "operações havidas por necessárias, úteis ou convenientes à sociedade".[3] Ora, evidentemente, os critérios de *necessidade, utilidade* e *conveniência* projetam ideias, entre si, bastante distintas (talvez até antagônicas, em certo sentido), sendo que este modo de definição aparenta não garantir nenhum elemento objetivo e delimitador de sentido, mas, em verdade, apenas intensifica as divergências interpretativas que um conceito naturalmente aberto e fluído tende a provocar. Por isso, tais impasses doutrinários, em regra, acabam deixando, pacificamente, que a aplicação dos dispositivos constitucionais antes referidos sejam lidos como matéria que deveria ficar, integralmente, a cargo do legislador infraconstitucional, o qual poderia especificar quando e com qual intensidade um determinado produto seria ou não considerado essencial e, portanto, deveria receber tributação diferenciada. Parte-se, portanto, do pressuposto de que, como o "essencial" não é passível de ser definido objetivamente, deve-se aceitar que esse conceito seja determinado conforme o puro desejo legislativo, sem qualquer possibilidade de questionamento pelo contribuinte, nem de controle racional por parte do Judiciário.

Entretanto, esta situação nos leva a indagações, principalmente quando percebemos que alguns atos do legislador ordinário, no que condiz à ideia de essencialidade, fogem um pouco à razoabilidade, como, por exemplo, no caso em que vemos uma tributação elevada sobre a energia elétrica[4] com alíquotas superiores às aplicadas na tributação

---

[2] SCHOUERI, Luís Eduardo. *Direito Tributário*. São Paulo: Saraiva, 2011, p. 373.

[3] BOTTALLO, Eduardo Domingos. *IPI – Princípios e Estrutura*. São Paulo: Dialética, 2009, p. 53.

[4] GUIMARÃES, Bruno A. François. A Seletividade do ICMS Sobre o Fornecimento de Energia Elétrica e sua Repetição de Indébito. *Revista Direito Tributário Atual*, v. 37, p. 24-25, 2017.

de brinquedos ou armas de fogo, os quais se percebe, *a priori*, não terem o mesmo parâmetro de essencialidade.[5]

Além do mais, como visto, a discussão sobre essencialidade está, em regra, relacionada aos impostos antes mencionados, os quais devem seguir essa diretriz normativa em razão de previsão explícita contida em normas constitucionais de competência, mas a concepção de essencialidade não se limita às discussões retratadas. Em verdade, a expressão jurídica "essencialidade" também se mostra relevante em casos de tributação direta, como ocorre nas contribuições sociais (PIS e Cofins), no que se refere à definição dos insumos *essenciais* à atividade da empresa, que permitirão o creditamento por parte do contribuinte, dentro do regime não cumulativo, ou, ainda, na tributação da renda (IRPJ e Contribuição sobre o Lucro líquido), no que condiz à definição de despesas necessárias (*i.e.*, para alguns apenas aquelas *essenciais* à atividade econômica do contribuinte), quando da apuração da base de cálculo destes tributos.

Diante desse nebuloso cenário jurídico, cabe perquirir-se acerca de diferentes concepções daquilo que poderá ser compreendido como "essencial" na fixação de critérios de tributação, de modo a analisar se tal expressão pode apresentar alguma dimensão objetiva/objetivável ou se ela necessita ser vista como um termo cujo conteúdo é puramente convencional e deverá sempre, em última instância, ficar a cargo do legislador tributário, ao qual deveremos tão somente direcionar nossa confiança de que estarão sempre acertando, no que se refere àquilo que os particulares deverão considerar como essencial e não essencial para suas vidas.

Dentro desse contexto, o presente artigo analisará a essencialidade sob duas perspectivas rivais acerca da concepção de essencialidade: a) de um lado a postura que sustenta que a definição daquilo que é essencial não apresenta qualquer dimensão de caráter objetivo, pois sempre dependerá da perspectiva do sujeito que a define e, portanto, a demarcação de algum objeto como essencial será sempre subjetiva e terá seu conteúdo preenchido por meio de convenção legal; b) de outro, a proposta que defende a existência de uma dimensão objetiva ou objetivável da realidade, representando, a essência, algo cuja natureza

---

[5] Como se verá adiante, estes critérios comparativos, todavia, não são suficientes para a definição da essencialidade de algo, na medida em que se limitam a elementos vinculados à importância/não importância de algo, sob o ponto de vista subjetivo, deixando de lado qualquer pretensão de definição objetiva de "essência".

está conectada de modo necessário com o objeto a ser definido,[6] motivo pelo qual o "essencial" representará um aspecto jurídico da tributação que pode ser captado e descrito pelo aplicador do Direito de modo parcialmente independente da pura vontade do legislador, sendo que a essencialidade indicará critérios que deverão ser passíveis de controle racional por parte do Poder Judiciário.[7]

I Concepções de essencialidade

Uma breve pesquisa doutrinária acerca do significado que se atribui, normalmente, ao princípio da seletividade permite identificar, ao menos, duas concepções antagônicas e mutuamente excludentes de essencialidade.

De um lado, encontramos aqueles que, reconhecendo a dimensão indeterminada do conceito,[8] bem como a dificuldade de se, objetivamente, especificar o seu conteúdo jurídico, preferem atribuir ao legislador uma maior margem de liberdade à escolha das alíquotas do imposto, que deverão ser escalonadas de acordo com políticas fiscais que visam a efetivar objetivos extrafiscais. De acordo com tal visão, a essencialidade pressupõe a realização de juízos de valor por parte do Estado que seriam, por isso, puramente convencionais e não passíveis de controle objetivo. Portanto, essa primeira concepção, conforme se verá, adota um pressuposto *não cognitivista e cético*,[9] o qual rejeita a possibilidade de se conhecer, objetivamente, determinadas essências que possam ser atribuídas a atos, práticas, institutos jurídicos etc., reconhecendo, assim, que os conceitos indeterminados no Direito devem ser inevitavelmente preenchidos por juízos subjetivos de determinada autoridade pública dotada de poder, a qual, no caso da seletividade, irá eleger quais produtos serão considerados mais ou menos essenciais ao consumo ou à produção.

A outra concepção, por outro lado, entende ser possível a descrição do núcleo de um objeto de forma objetiva, ou seja, entende que todo objeto de estudo apresenta uma natureza parcialmente

---

[6] ARISTÓTELES. *Metafísica*. São Paulo: Editora Loyola, 2002.

[7] Vide VALLE, Maurício Dalri Timm do. *Princípios Constitucionais e Regras-Matrizes de Incidência do Imposto sobre Produtos Industrializados – IPI*. São Paulo: Noeses, 2016, p. 486.

[8] NOGUEIRA, Paulo Roberto Cabral. *Do Imposto sobre Produtos Industrializados*. São Paulo: Saraiva, 1981, p. 82.

[9] Sobre não cognitivismo vide FERREIRA NETO, Arthur Maria. *Metaética e Fundamentação do Direito*. Porto Alegre: Elegantia Juris, 2015.

independente das escolhas pessoais do sujeito cognoscente, responsável pela elaboração de conceitos e categorias jurídicas. De acordo com essa visão, qualquer noção de essencialidade deve estar atrelada às ideias de necessidade e indispensabilidade,[10] o que coloca o legislador em uma posição de relativa submissão ao conteúdo mínimo daquilo que deve ser reconhecido e aceito como sendo necessário e indispensável ao consumo e à produção. Seguindo essa linha de interpretação, o justo homenageado da presente obra, Prof. Ricardo Lobo Torres, com sua contundente precisão, afirma que a essencialidade inerente ao princípio da seletividade impõe que a tributação recaia "sobre os bens na razão inversa de sua necessidade para o consumo popular e na razão direta de sua superficialidade".[11]

Essas duas concepções prévias resultam nas visões bifurcadas de essência,[12] sendo que cada uma destas visões trará consequências diversas, quando da utilização da ideia de essencialidade na formulação da legislação tributária, ou mesmo na aplicação dessas normas, pelo que, no presente estudo, apresentaremos de forma, mais detalhada, cada uma dessas posturas antagônicas de essencialidade.

1.1 Essencial como importante

Partindo-se de uma análise vernacular, uma das possíveis significações do "essencial" atrela tal expressão à ideia de algo considerado "importante" para aquele indivíduo que está promovendo um juízo valorativo, acerca da relevância e da posição de destaque que determinado objeto ocupa na sua vida ou de terceiro. Por exemplo, quando alguém diz "ir ao parque no domingo é algo [para mim ou para qualquer um] essencial", está ele projetando a sua percepção acerca da importância que tal atividade ocupa ou deveria ocupar na hierarquização de preferências pessoais que guiam o seu agir. Mesmo que seja possível se pensar no termo "importante" em sentido objetivo, o seu uso mais comum vincula tal expressão a juízos subjetivos, avaliações preferenciais e, quando pensando em termos coletivos, decisões

---

[10] TILBERY, Henry. O conceito de essencialidade como critério de tributação. *In: Direito Tributário Atual.* São Paulo: Resenha Tributária, v. 10, 1990.

[11] TORRES, Ricardo Lobo. O IPI e o Princípio da Seletividade. *In: Revista Dialética de Direito Tributário,* São Paulo, n. 18, p. 95, 1997.

[12] Em sentido vernacular, o conceito de essencial comporta duas visões distintas: "[Essencial] 1. Que é inerente a algo ou alguém. 2. Que constitui o mais básico ou o mais importante em algo. 7. A coisa principal; o indispensável .... relativo à natureza nuclear da coisa (*Dicionário Houaiss.* 1. ed. Rio de Janeiro: Objetiva, 2001, p. 1242)".

convencionais acerca do que deveria ser tido como mais ou menos importante/essencial dentro de cada contexto. Portanto, essa primeira concepção jurídica transmite a ideia comum de essencialidade como indicando a *importância* (maior ou menor) que se atribui, convencionalmente, a determinado produto, o qual deverá sofrer os efeitos de carga tributária mais ou menos elevada, conforme uma escala de preferências ditada por aquele revestido de poder (Legislativo ou Executivo). Isso significa dizer que, de acordo com essa visão, parte-se do pressuposto de que a definição daquilo que é essencial e não essencial será sempre, invariavelmente, subjetiva e convencional, de modo que cada sujeito terá uma percepção de essência e, portanto, será apenas uma visão relativa acerca da essencialidade de algo.

Essa proposta conceitual, aparentemente, inspira-se em elementos céticos e relativistas típicos do *utilitarismo*.[13] De acordo com tal visão, não há falar em uma dimensão objetiva da realidade, capaz de identificar determinados bens/fins que são essenciais à natureza humana ou à convivência em sociedade, o que deveria justificar a necessidade de serem ser protegidos e promovidos pelo legislador. Na verdade, os bens e as finalidades com eles condizentes somente poderiam ser identificados subjetivamente, uma vez que dependeriam dos interesses e desejos variáveis, individualmente considerados ou coletivamente convencionados.[14] Nessa visão, portanto, toda e qualquer decisão tomada pelo legislador acerca do que deve ser considerado como essencial pressupõe um escalonamento de graus de importância social de produtos e bens, processo decisório esse que é influenciado ou fortemente direcionado por fatores sociais, econômicos, psicológicos, midiáticos, dentre outros, os quais não são racionalmente controláveis.

1.1.1 O importante e o irrelevante

A concepção de essencialidade aqui descrita, como sustentado, trata a ideia de essencialidade como aquilo que é "importante",[15]

---

[13] BENTHAM, Jeremy. *An Introduction to the Principals of Moral and Legislation*. Kitchener: Batoche Books, 2000, p. 62-63; MILL, John Stuart. *Utilitarianism*. London: Longmans, Green and Co., 1879. Importante destacar que as críticas aqui feitas têm a finalidade de apenas demarcar os problemas existentes nos pressupostos filosóficos que fundamentam as teorias mencionadas, pelo que não serão aqui aprofundadas as teorias em si, principalmente em razão dos limites que o presente texto deve observar, por recomendação dos organizadores desta obra.

[14] SCRUTON, Roger. *On Human Nature*. New Jersey: Princeton University Press, 2017, p. 94-95.

[15] "[Importante] ... 4. que tem caráter essencial e determinante..." (*Dicionário Houaiss*. 1. ed. Rio de Janeiro: Objetiva, 2001, p. 1.583).

sendo que, de acordo com esse entendimento, o "importante" é um juízo valorativo do sujeito, *i.e.*, seu fundamento acaba sendo volitivo e de manifestação de preferência. Nesse sentido, a essência não é algo perceptível pelo intelecto humano de forma cognoscível, estando apenas no campo das ideias, e tudo aquilo que não pode ser demonstrado empiricamente está fora da realidade objetiva.

Em contrapartida, ainda nesta visão, o bem ou produto considerado desimportante também poderia ser caracterizado como sendo irrelevante (ou de baixa relevância pessoal) para aquele indivíduo. Nessa seara, como o importante e o irrelevante dependem da vontade do sujeito,[16] torna-se impossível, para os defensores dessa concepção, a conferência da correta aplicação da ideia de essencialidade diante dos diferentes casos de escalonamento de alíquotas seguindo o princípio da seletividade.

A defesa da percepção da realidade somente de forma subjetiva é uma das premissas compartilhadas por aqueles que adotam uma compreensão relativista da realidade ou, em outros termos, de um não cognitivismo moral.[17] Além do mais, nessa visão, o ser humano é incapaz de manifestar qualquer juízo sem que seja afetado por suas emoções e convicções próprias da realidade, pelo que, não há falar, como diversas vezes reforçado, em uma natureza objetiva das coisas. O resultado dessa crença é de que toda ação humana visa à satisfação dos desejos daquele que age, este que sempre buscará o maior benefício com menor custo. Trata-se de uma perspectiva utilitarista, que, por vezes, acaba tentando justificar, por exemplo, que os fins justificam os meios, sendo que a única forma de racionalizar a conduta humana é por meio da análise dos resultados de determinada conduta, sendo que os resultados seriam previsíveis.

Percebe-se que alguns autores, diante dos impasses causados pela subjetividade e pelo voluntarismo, inerentes à concepção de "essencialidade-importante", acabam confundindo conceitos antagônicos entre si e que se diferenciam nas suas dimensões semântica e finalística, como

---

[16] Como se percebe na definição trazida, muitas vezes, pelo Judiciário, nos casos de definição do conceito de insumos para fins de compensação do PIS e da Cofins. Nesse sentido, efetua-se uma avaliação subjetivista da importância ou irrelevância de uma despesa, negando-se o creditamento quando da crença de que determinado dispêndio da empresa não atende ao critério de importância. Vejamos alguns exemplos nos seguintes julgados: (TRF4, AC 5005043-35.2016.4.04.7205, SEGUNDA TURMA, Relatora LUCIANE AMARAL CORRÊA MÜNCH, juntado aos autos em 01/09/2017) e (TRF4 5045513-98.2017.4.04.7100, PRIMEIRA TURMA, Relator ROGER RAUPP RIOS, juntado aos autos em 06/02/2019)".

[17] FERREIRA NETO, 2015, p. 141-142.

o caso da definição apresentada por Eduardo Domingos Bottallo, no sentido de que a seletividade aplicada ao IPI tem a finalidade de *realização de operações havidas por necessárias, úteis ou convenientes à sociedade*.[18] Entretanto, trazer para a especificação do conceito de essencialidade o *necessário*, o *útil* e o *conveniente* acaba mais confundindo do que esclarecendo, pois tais expressões projetam características substanciais não apenas opostas, mas incompatíveis entre si, pois sequer poderiam ser mensuradas a partir de uma mesma régua. Ora, a necessidade, a utilidade e a conveniência (assim como os seus termos negativos o acidental/dispensável, o inútil e o inconveniente) permitiriam atribuir o rótulo de "essencial"/"não essencial" a praticamente todos os bens e produtos a serem tributados, o que torna o princípio da seletividade desprovido de qualquer conteúdo jurídico.

Essa concepção, portanto, aplicada na tentativa de definição de essencialidade, acaba por reduzir o comportamento humano a meras condutas de autointeresse e, por isso, sustentam que não há como definir o que é essencial de modo materialmente objetivo, o que, conforme se verá no item que segue, acaba impondo a sua especificação por meio de consensos legislativos, por meio da simples remissão à capacidade contributiva ou ainda na tentativa de se buscar uma leitura coerentista da seletividade. O risco, entretanto, de se considerar a validade daquilo que é essencial apenas com base no convencionalismo legislativo é o de se impedir um efetivo controle substancial, por uma instância jurídica revisora dessas escolhas, acerca do que efetivamente deve ser considerado essencial em termos de tributação de produtos destinados ao consumo da população. E isso poderá acabar atribuindo tratamento fiscal favorável a bens tidos por essenciais, mas que, de fato, não o são, e poderá sobrecarregar com tributação produtos indispensáveis ao adequado desenvolvimento humano, mas que assim não foram apenas porque não restaram reconhecidos majoritariamente por um determinado órgão legislativo, sendo certo, ainda, que esses núcleos de poder estão sempre expostos a pressões setoriais e a todo tipo de *lobby*.

1.1.2 A dimensão convencional

Como visto, ao se partir desses pressupostos de inspiração utilitaristas e relativistas, acerca do conceito de essencialidade, o princípio da seletividade é tomado como algo desprovido de objetividade,

---

[18] BOTTALLO, 2009, p. 53.

segundo o qual a dimensão essencial de um produto ou bem é vista como algo contingente e sempre dependente do sujeito que promove tal juízo de avaliação. Com efeito, em virtude dessa dificuldade de se identificar objetivamente a natureza de algo, segundo essa concepção, haverá sempre percepções conflitantes acerca da essencialidade de um produto, na medida em que cada sujeito tentará sustentar que o seu modo de ver a essência/importância de algo é o mais correto e preciso.

Em função dessa crença, de que inexiste uma natureza intrínseca vinculada a qualquer objeto a ser tributado, acredita-se que a única solução possível, para os desacordos que surgirão das variações acerca daquilo que é essencial, dá-se por meio de uma estipulação legislativa que se fundamenta em consensualizacões políticas acerca do que deve ser considerado socialmente importante. Assim, visando a minimizar os problemas decorrentes desses desacordos conceituais, tal postura aceita que a solução exigirá a fixação de acordos públicos acerca de quais objetos devem ser tidos por mais e menos importantes para o contribuinte e para o consumidor final do bem a ser tributado, presumindo-se, assim, que o simples acordo político de escolhas legislativas será satisfatório para identificar o que seria ou não essencial. Tais consensos, portanto, estarão consagrados em convenções públicas que são firmadas por parte dos representantes eleitos que irão, com base nas preferências majoritárias dos seus representados, decidir volitivamente qual a escala seletiva de alíquota que deverão recair sobre produtos considerados mais importantes ou mais irrelevantes. O essencial, desse modo, acaba sendo constituído por escolhas legislativas, o que praticamente inviabiliza a discussão casuística acerca da observância ou não do princípio da seletividade.

É precisamente em razão desse impasse que alguns autores, na tentativa de contornar os limites da visão consensualista e legalista aqui exposta, acabam defendendo que o critério "objetivo", para a avaliação das escolhas legislativas acerca da essencialidade de um bem, seria a conferência da sua compatibilidade, caso a caso, com o princípio da capacidade contributiva, pois "quem, em termos econômicos, tem mais há de ser tributariamente mais onerado, do que quem tem menos".[19] De pronto, deve-se criticar tal esforço de objetivar a essencialidade pela capacidade contributiva, pois o preço nominal (maior ou menor) de um bem não projeta nenhuma relação necessária com a relevância que esse

---

[19] BOTTALLO, 2009, p. 57.

item manifesta para o desenvolvimento humano, existindo inúmeros produtos que podem ser considerados caros, mas fundamentais (*e.g.*, volume de combustível necessário para abastecer o tanque de um carro), assim como existem aqueles que não possuem elevado preço final ao consumidor, mas devem ser considerados supérfluos (*e.g.*, determinadas bebidas alcoólicas de baixa qualidade, alguns doces, petiscos etc.).

Destaque-se, ainda, que o termo *essencialidade* integra discussões não somente na tributação indireta (que não tem relação direta com o sujeito a ser tributado, mas com o bem específico), mas também na imposição sobre a receita, como nos casos de definição de insumos utilizados na produção ou prestação de serviços do contribuinte, que resultarão em créditos aos mesmos, passíveis de compensação com a contribuição devida (PIS e Cofins), bem como na definição de receitas essenciais dedutíveis na apuração da base de cálculo do imposto sobre a renda e da contribuição social sobre o lucro líquido.

Ocorre que grande parte da doutrina do Direito Tributário defende a ideia de que a definição de essencialidade está dentro da margem de discricionariedade do legislador,[20] sendo que os limites estão dentro daquilo que o texto da lei definir como essencial, exatamente pela impossibilidade de conceituação prévia de uma natureza independente do sujeito. Alguns autores não despendem, inclusive, muita atenção às normas constitucionais que tratam da seletividade, manifestando, implicitamente, que não há margem para uma definição que não seja fundamentada na legislação infraconstitucional que define quais são os produtos essenciais.[21] No mesmo sentido é o entendimento aplicado, ocasionalmente, por alguns Tribunais quando se deparam com a necessidade de concretizar o sentido de essencialidade diante de casos concretos. Um exemplo dessa postura pode-se ver no seguinte acórdão:

> Reitero, portanto, que o juízo de essencialidade relacionado ao produto cabe ao legislador. Assume, desse modo, caráter discricionário que não pode ser alterado pela livre vontade do julgador sem demonstração de desobediência à Constituição, à legislação ou ao próprio princípio da razoabilidade, razão pela qual, a fixação de alíquotas em função de política nacional de preços não pode ser obstada pelo Judiciário.[22]

---

[20] COÊLHO, Sacha Calmon Navarro. *Curso de Direito Tributário.* 10. ed. Rio de Janeiro: Forense, 2009, p. 296.

[21] CASSONE, Vitório. *Direito Tributário.* 16. ed. São Paulo: Atlas, 2004, p. 111, 397 e 455.

[22] Processo nº 97.03.060359-9 181766 AMS-SP, TRF3, Sexta Turma. Relator: Juiz Miguel Di Pierro. Julgamento: 13.09.2006.

No mesmo sentido, percebe-se a defesa da dimensão convencional da essencialidade no Recurso Especial nº 704.917, conforme trecho do voto do Ministro José Delgado:

> Ocorre que cabe ao legislador e aos administradores estabelecerem os critérios para que determinados produtos, em determinados momentos, tenham maior incentivo de produção, privilegiando-os em relação a outros, seja por motivos de estímulo a expansão da indústria nacional, seja por questões de mercado externo, envolvendo exportações e balança comercial. Portanto, percebe-se claramente que tal tarefa não é atribuição do Poder Judiciário, que, se assim o fizesse, estaria rompendo com a harmonia entre os Poderes constituídos. As impetrantes sustentam, ainda, a inconstitucionalidade da diferenciação de alíquotas criada pela legislação do IPI, ao argumento de que tal critério fere o princípio da isonomia e da imposição tributária uniforme. Também neste ponto não há como acolher a pretensão. A isenção decorre do implemento da política fiscal e econômica, tendo em vista determinado interesse social. Envolve, como já vimos em relação ao princípio da seletividade, um juízo de conveniência e oportunidade do Poder Executivo. Portanto, é ato discricionário, que escapa ao controle do Judiciário.

Conforme se destacou, a definição de essencialidade como algo dependente exclusivamente do legislador e de fixações convencionais do que é considerado politicamente mais importante gera impasses jurídicos intransponíveis, tornando, ainda, o princípio da seletividade uma "carta em branco", que poderá legitimar amplamente todo tipo de arbítrio estatal. Por isso, na segunda parte deste capítulo, pretende-se demonstrar uma concepção rival de essencialidade, a qual pressupõe a possibilidade de objetivar, minimamente, o que é considerado necessário e indispensável ao consumo humano, pressupondo uma escala axiológica não apenas convencional, mas pautada em valores objetiváveis, os quais deverão ser compreendidos, não por meio de raciocínio puramente categóricos (ou é essencial ou é não essencial), mas sim por meio de compreensão analógica do que é mais ou menos necessário ao ser humano. Por estes motivos, entendemos que a essencialidade não pode ser bem compreendida como sendo algo atrelado simplesmente à dimensão convencional do ato do legislador e, ao se assim presumir, não se está atribuindo o adequado conteúdo constitucional ao princípio da seletividade.

1.1.3 A dimensão coerencial

No âmbito da convencionalidade, a interpretação e aplicação das normas que tratam da essencialidade se darão por meio da sua análise coerencial, a partir dos diferentes produtos a serem classificados pelo legislador tributário. De acordo com essa leitura, a interpretação e aplicação da seletividade irá se pautar pela análise da estrutura lógico-normativa[23] dos critérios seguidos pelo ente tributante quando organiza as tabelas classificatórias de produtos, conforme seu maior ou menor grau de importância. Nesses termos, se a estrutura normativa dispõe que um bem "x" deve ser tido como essencial, sua aplicação se dará tão somente em virtude de seu enquadramento na posição "x", mesmo que se pudesse comprovar que tal bem tenha propriedades que são, de fato, indispensáveis ao consumo e ao pleno desenvolvimento dos seres humanos, e que não estão definidas na hipótese "x". Nessa esteira, o único critério de controle sistêmico das escolhas de essencialidade positivadas pelo legislador seria a averiguação da sua coerência interna, uma vez que decisões contraditórias podem ser consideradas como indesejáveis mesmo para o maior dos relativistas. Portanto, dentro da concepção da essencialidade como "importante" o pecado capital na fixação das alíquotas seletivas se daria nos casos em que ocorrem manifestas incoerências internas dentro do sistema de classificação de produtos. De outro lado, o ideal virtuoso da identificação da essencialidade dos produtos a serem tributados ocorreria em um cenário em que todos (ou a maioria desses) bens estivessem posicionados coerentemente dentro de uma escala que iria do mais importante ao menos importante.

Ocorre que, como se pretende demonstrar, tal visão é marcada por reducionismos avaliativos,[24] pois pressupõe que a só ausência de contradição interna em um sistema de classificação já seria suficiente para identificar o traço de maior ou menor essencialidade das coisas. Tal postura acaba rejeitando a possibilidade de uma realidade dotada de uma dimensão ontológica, revestida de um mínimo existencial que não está livremente à disposição dos indivíduos, ao pressuposto de que determinados objetos possuem essências que não poderiam ser integralmente manipuladas ou modificadas.

Além disso, essa postura coerencialista do princípio da seletividade concede uma aparente vantagem metodológica ao aplicador do

---

[23] TORRES, Ricardo Lobo. *Normas de Interpretação e Integração do Direito Tributário.* 4. ed. rev. e atual. Rio de Janeiro: Renovar, 2006, p. 340-341.

[24] TORRES, 2006, p. 345.

Direito. Isso porque a busca pela coerência na interpretação da essencialidade de diferentes produtos deveria seguir um processo comparativo dos variados bens que foram escalonados pelo legislador dentro de uma tabela classificatória. Essa é a proposta de Bottallo: "Resulta do exposto que se cumpre o princípio da seletividade... comparando-se produtos. Noutro falar, os produtos de primeira necessidade devem, necessariamente, ser menos onerados... do que os supérfluos ou suntuários".[25] Seguindo o mesmo entendimento, Sacha Calmon Navarro Coêlho apresenta exemplo de como tal tipo de raciocínio deveria ser aplicado, ilustrando que "feijão é gênero de primeira necessidade e caviar é supérfluo".[26]

No entanto, essa proposta comparativo-coerencialista de aplicação da seletividade, por mais instigante que possa parecer em uma primeira análise, apresenta um pretenso método de aferição da essencialidade de produtos que apenas acaba criando novos conflitos, os quais não apenas levam a impasses insolúveis como também permitirão, ao final, um raciocínio regressivo ao infinito em que todas as alíquotas de tributação poderão ser, gradualmente, reduzidas, de comparação em comparação, bastando apenas ao intérprete bem escolher o itens que estarão sendo contrastados. Explique-se melhor o ponto. Considerando-se que a essencialidade enquanto "importante" permite a escolha de valores subjetivos e considerando-se que a hierarquia de um conjunto diverso de bens não está necessariamente fixada em uma mesma escala linear – em que todos esses itens poderiam ser justaposicionados a partir de um mesmo critério avaliativo – (e.g., o que seria mais importante entre farinha e arroz? Ora, para o consumo básico os dois são indispensáveis, mas para a fabricação de pães apenas o primeiro é necessário), a comparação acerca da importância desses diversos produtos poderá ser arbitrariamente conduzida com o propósito de justificar a redução artificial de carga tributária incidente sobre esses produtos. Do mesmo modo, o método comparativo também permite a atribuição argumentativa de maior essencialidade a um bem que não manifesta máxima relevância pelo só fato de esse ser trazido à frente de outro produto sabidamente supérfluo. Isso pode ocorrer, pois o sistema de tributação seletivo, considerado na sua inteireza, jamais será perfeitamente coerente nesta perspectiva, na medida em

---

[25] BOTTALLO, 2009, p. 56-57.
[26] COÊLHO, Sacha Calmon Navarro. *Comentários à Constituição de 1988* – Sistema Tributário. Rio de Janeiro: Forense, 1990, p. 238.

que a fixação das diferentes alíquotas muitas vezes é feita de modo pontual e setorial e nunca tendo uma visão compreensiva de todos os bens classificados de acordo com a sua essencialidade. Com efeito, tais aparentes incoerências sistêmicas, causadas pela própria concepção relativista de essência, permitem uma manipulação comparativa dos diferentes graus de essencialidade de bens que, em alguns casos, são simplesmente incomensuráveis. Aliás, o exemplo dado por Coêlho é por demais simplista (*i.e.*, ninguém duvidaria que feijão é mais essencial do que caviar), não reproduzindo a real complexidade que os problemas classificatórios na prática apresentam.

De modo ilustrativo, pode-se pensar na situação em que desejo justificar a redução parcial de alíquota do IPI sobre cosméticos (mesmo que sejam tidos como importantes para alguns, jamais poderiam ser considerados indispensáveis à sobrevivência humana), bastando, para isso, compará-los com itens sabidamente menos essenciais, mas que tenham recebido idêntica alíquota na tabela seletiva de classificação de produtos (o que não é nada incomum). Dado esse passo e obtido o eventual reconhecimento judicial da suposta violação da seletividade, bastaria ao intérprete seguir comparando esse produto – agora reclassificado – com outros de mesma alíquota, mas com essencialidade menor. Desse modo, o método comparativo permitiria, em tese, um processo gradual de aproximação das alíquotas seletivas ao percentual zero, bastando apenas ao intérprete ir aos poucos explorando supostas incoerências sistêmicas das tabelas seletivas de tributação. Aliás, levando-se o raciocínio a um ponto extremo, talvez poder-se-ia considerar que a "água potável" é o item de consumo mais fundamental de todos (pois sem ela nenhum ser humano sobrevive), sendo esse o marcador zero para a aferição comparativa da essencialidade de todos os demais bens. Cabe destacar, de qualquer modo, que não se está defendendo que nenhuma comparação possa ser realizada na aferição da essencialidade de diferentes produtos. Obviamente, algum critério comparativo poderá ser utilizado para se compreender melhor a necessidade e a relevância de determinados bens para o consumo e para o desenvolvimento humano. Isso, porém, jamais poderia se dar exclusivamente por meio de reflexões internas acerca da coerência sistêmica das classificações estruturadas pelo legislador, sempre exigindo, em última instância, algum critério objetivo externo às escolhas legislativas, de modo a permitir avaliar o que, ontologicamente, seria essencial para o ser humano.

Desse modo, deixar somente a cargo do legislador a definição do que se entende por essencial é admitir que se trate a realidade de forma constitutiva, o que dificulta a controlabilidade dos atos praticados pelo Legislativo. Assim, pode ocorrer de se determinar, mediante a legislação, que um produto que, objetivamente, trata-se de algo essencial, tenha tratamento contrário à sua natureza, impondo uma carga tributária mais elevada. Da mesma forma, pode-se desconsiderar dispêndios essenciais de uma empresa como irrelevantes em virtude do poder discricionário ilimitado do legislador e, por vezes, até mesmo pelo Executivo, por meio das Fazendas.

Aquele que adota a postura de mera coerência interna na verificação da essencialidade não terá como bem avaliar as críticas aos casos retratados. Os defensores da postura consensualista e coerentista acabam sustentando, ainda, que a Constituição seria o limite para as escolhas legislativas. Todavia, como visto, a Constituição, ao tratar da essencialidade na norma de competência tributária, não explicita o seu modo de concretização, nada dizendo sobre os seus critérios de aplicação, o que acaba colocando o contribuinte em posição de submissão ao arbítrio do legislador. Há quem se posicione, inclusive, contrariamente à seletividade nos casos dos tributos indiretos sobre o consumo, na medida em que decorrente do princípio da justiça, e a essencialidade não seria da sua essência.[27] Para esses, a limitação ao legislador seria apenas de caráter formal, ou seja, por meio da legalidade, anterioridade e irretroatividade.

Para contrapor tal visão, no item que segue, pretendemos propor definição distinta de essencialidade, a qual parte de diferentes pressupostos e que fornece distintos critérios aplicativos.

1.2 Essencial como necessário

Como visto no item 1.1 deste artigo, uma das possíveis compreensões do conteúdo jurídico do princípio da seletividade pauta-se na concepção de essencialidade, que pressupõe que os bens ou produtos manifestarão (ou não) tal característica em razão de um juízo subjetivo da importância que estes assumem para aquela autoridade que promove essa avaliação. Conforme este entendimento, a possibilidade de um produto ser considerado essencial sempre dependerá de convenções legais que tenham sido produzidas por autoridades competentes, de modo que o aplicador do Direito, que pretender promover alguma espécie de controle na concretização do princípio da seletividade, ficará sempre adstrito à análise lógico-estrutural da norma que prescreve quais bens

---

[27] COÊLHO, 2009, p. 96.

seriam considerados essenciais e quais não, tendo como instrumentos aplicativos, desse princípio, ou a suposta observância da capacidade contributiva ou a verificação de coerência interna do sistema de classificação dos bens, de modo a comparativamente identificar quais devem ser considerados mais ou menos importantes/essenciais, novamente, de acordo com a opinião daquele que estiver avaliando.

Defendeu-se, portanto, que tal proposta afasta qualquer possibilidade de alcançar critérios minimamente objetivos para a aplicação do instituto objeto deste artigo. Nesta segunda parte, será exposta a concepção que, ao contrário, defende que a essência é algo que parcialmente independe das preferências subjetivas daquele que pretende caracterizar algo como essencial, pressupondo, assim, ser possível conhecer-se objetivamente determinadas qualidades que *são para ser* consideradas inerentes a determinados objetos, os quais não são apenas importantes *para alguém*, mas são indispensáveis para a subsistência e o pleno desenvolvimento de capacidades humanas básicas.[28]

Analisando etimologicamente, o *essencial* é algo a ser considerado básico e central na compreensão de um objeto, constituindo as suas características necessárias e indispensáveis, representando o conjunto de elementos que explicam o objeto a partir daquilo que o torna inteligível aos demais, permitindo, em última instância, identificar o que é determinada coisa.[29] Tal compreensão pressupõe que os objetos da realidade possuem uma dimensão ontológica que não é exclusivamente dependente das avaliações subjetivas, nem dos sistemas de preferências dos indivíduos, de modo que a essencialidade de um objeto não pode ser meramente convencionada, mas, sim, relaciona-se com a própria forma de existir desse objeto. E será precisamente isso que permitirá atribuir certa identidade a algo, permitindo que se reconheça nesse objeto um caráter distintivo e uma qualidade necessária e indispensável.[30] Desse modo, a pressuposição de que existem critérios minimamente objetivos para o que possa ser tido como essencial exige que se aceite que determinados objetos, bens ou produtos são qualitativamente

---

[28] Sobre a teoria das capacidades humanas básicas, vide NUSSBAUM, Martha. *Frontiers of Justice* – Disability, Nationality, Species Membership. Cambridge: Harvard University Press, 2007; e FERREIRA NETO, Arthur Maria. *Justiça como realização de capacidades humanas básicas*: é viável uma teoria de justiça aristotélica-rawlsiana? Porto Alegre: EDIPUCRS, 2008.

[29] AQUINO, Tomás de. *O Ente e a Essência*. Trad. Mário Santiago de Carvalho. Lusosofia: Covilhã, 2008, p. 6-7.

[30] *Dicionário Michaelis* on-line: http://michaelis.uol.com.br/busca?r=0&f=0&t=0&palavra=esse ncial (Acesso em: 08 maio 2019).

valorosos, de modo independe da vontade ou desejo daqueles que terão a tarefa desta análise, seja no direito ou fora dele. Portanto, nesta visão, a essencialidade não está vinculada nem a juízos de importância nem a elementos convencionais acerca do que é considerado preferencial por determinada autoridade ou órgão de poder.[31]

1.2.1 Natureza da coisa (objeto)

Primeiramente, a ideia de essencialidade como necessário/indispensável adota, em uma perspectiva metaética, um modelo cognitivista[32] (diferentemente do inerente emotivismo e relativismo da concepção de essencialidade analisada no item 1.1), o qual parte do pressuposto de que juízos valorativos são passíveis de objetividade e capazes de captar, de modo verdadeiro, propriedades inerentes a objetos que são considerados moralmente relevantes para os seres humanos. Nestes termos, a essência de algo pode ser considerada como o conjunto de qualidades que ditam a sua natureza, aqui compreendida como aquilo que racionalmente explica e torna inteligível para os demais a relevância e a indispensabilidade desse objeto.

Desse modo, a essência é uma pretensa afirmação como símbolo de natureza objetiva de algo, mesmo que a percepção individual dessas qualidades não seja alcançada por todos, em todos os casos, ou mesmo quando não haja integral consenso acerca da sua essencialidade. Isso significa dizer que, em termos práticos, sempre poderá haver conflito (tanto político quanto jurídico) acerca da natureza de algo, de modo que a sua essencialidade poderá sempre ser matéria de divergências e disputas. No entanto, a existência de tais dissensos acerca da essencialidade de algo não deve permitir que se compreenda a realidade como sendo sempre relativa, de modo que o essencial possa ser simplesmente aquilo que alguém considera importante ou que se justifique como coerente dentro de um sistema convencional, em que o essencial tenha sido objeto de escolhas legislativas. Assim o fosse, os conflitos e impasses na definição do que é mais ou menos essencial não teriam nenhuma chance de solução, pois caberia ao intérprete apenas confiar, pacificamente, nas escolhas feitas pelo legislador, na medida em que estes convencionam o que deveria ser considerado essencial-importante.

---

[31] FERREIRA NETO, Arthur Maria. *Por uma Ciência Prática do Direito Tributário*. São Paulo: Quartier Latin, 2016.

[32] FERREIRA NETO, 2015, p. 142-143.

No campo da tributação seletiva, por exemplo, o consumo de carne pode ser considerado essencial, na medida em que tal produto possui, em algum grau, qualidades nutricionais relevantes ao desenvolvimento saudável do ser humano, mesmo que determinado indivíduo possa ter predileção pela alimentação vegetariana e considere desprezível o consumo de carne. Na verdade, em perspectiva objetiva, tanto a alimentação por produtos animais quanto por produtos vegetais manifestam algum nível de essencialidade, sendo possível, por meio de avaliações técnico-nutricionais, identificar qual tipo de alimento manifesta maior grau de indispensabilidade ao ser humano.

Outrossim, a natureza de um ente não é algo constituído pela vontade de alguém, nem é construído socialmente por meio de escolhas coletivas, representando, assim, uma instância do objeto que necessita ser revelada ou descoberta pelo intérprete por meio da compreensão racional dessa realidade. Conforme define Aristóteles, a tentativa de justificação da existência de uma natureza por si demonstra a incapacidade de alguém de discernir aquilo que é cognoscível por si e aquilo que não é.[33] Nesse sentido, a essência se manifesta formal e materialmente (causas formal e material do objeto).[34] A forma dá a característica externa do objeto e é o que torna capaz sua identificação, enquanto a matéria representa a substância por trás da forma. Ou seja, um ente não pode ser conhecido sem suas causas formal ou material.[35] A composição, portanto, de forma e matéria constitui uma parte da natureza de algo que ainda poderá apresentar suas causas eficiente e final. A essência como natureza do objeto permite que o sujeito que o analisará possa descrevê-lo de forma objetiva, apresentado este fragmento da realidade de forma universal e que permitirá o controle de sua veracidade por adequação.[36]

No que condiz à seletividade, traçar a dimensão da essencialidade como natureza, no sentido de algo inseparável e necessário ao objeto, pode evitar os reducionismos valorativos decorrentes da visão de que somente a ausência de incoerência no sistema de classificação seria definitiva na identificação de características de maior ou menor essencialidade das coisas, pois, nesta segunda concepção, aceita-se a

---

[33] ARISTÓTELES. *Philosophische Schriften* – 6: Physyk. Felix Mainer Verla: Hamburg, 1995, p. 21-22.

[34] ARISTÓTELES, 1995, p. 29-31.

[35] ARISTÓTELES, 1995, p. 20-21.

[36] Sobre a verdade por adequação vide AQUINO, Tomás de. *Verdade e Conhecimento*. 2. ed. São Paulo: Martins Fontes, 2011, p. 149-150.

existência de uma dimensão ontológica da realidade, que apresenta um mínimo existencial indisponível aos indivíduos, pressupondo que a essência de determinados objetos não permitiriam sua manipulação ou modificação de forma integral. Isto evita, ainda, que a definição de alíquotas aplicáveis a bens ou serviços essenciais seja resultado de meros juízos comparativos que, em muitas vezes, como visto, decorrem da ponderação de bens incomensuráveis e que partem de critérios totalmente arbitrários.

Descarta-se, nesta perspectiva, que a essencialidade seja caso de total discricionariedade, sendo que será o produto objeto de tributação que será examinado, e não o sujeito.[37] Desse modo, conforme bem apontado por Luís Eduardo Schoueri, apresenta-se como equivocada a possibilidade, por exemplo, de tributação seletiva que adote alíquotas diversas para um mesmo produto a depender de sua região do país,[38] como se o legislador pudesse voluntariamente ditar que um mesmo objeto pudesse ser considerado essencial em um local, mas irrelevante em outro. Ora, se é para se considerar como essencial determinado bem, isso indica que a sua natureza manifesta qualidades que não poderão oscilar de um local para outro, de acordo com escolhas pessoais ou preferências arbitrárias do legislador.

1.2.2 Finalidade ou função da coisa

Em segundo lugar, quando se fala em natureza ou essência de algo, atrela-se esta, também, à ideia de uma atividade para a qual a coisa existe, ou seja, uma função ou finalidade, sendo que nada é desprovido de uma finalidade própria.[39] Portanto, ao analisar a essencialidade, deverá ser observada a finalidade daquilo que se entende essencial, ou daquilo que se pretende chegar com certa conduta ou ação, por exemplo, para saber se esta se demonstra essencial ou não ao agente. Trata-se da causa final do objeto, esta que também é importante na definição da natureza de algo. Mais uma vez, destaca-se que existe uma rejeição preliminar à tentativa de definição objetiva da finalidade de algo, na medida em que a causa final pode ser marcada pela dificuldade de determinação e de contradições, principalmente nas tentativas de

---

[37] MELO, José Eduardo Soares de; PAULSEN, Leandro. *Impostos Federais, Estaduais e Municipais*. 6. ed. Porto Alegre: Livraria do Advogado, 2011, p. 87.

[38] SCHOUERI, 2011, p. 374.

[39] AQUINO, 2008, p. 7.

sua compreensão nas visões relativistas e reducionistas da realidade.[40] Assim, aceitar que existe uma dimensão objetiva da realidade, que possa apresentar a finalidade de um objeto, exige que se pressuponha a existência de uma ordem que seja independente da vontade humana e que permita justificar que os objetos, presentes na realidade, possuem algum propósito que lhes é inerente e dotado de objetividade, mesmo que a definição de um determinado fim esteja sempre aberta a variações acerca dos meios e modos de determinação no plano contingente.[41]

Desse modo, pode-se dizer que a causa final é aquela que apresenta *o fim para o qual a coisa é direcionada*, considerando as capacidades e as potencialidades passíveis de promoção dos propósitos de determinado objeto. Ou seja, *a causa final esclarece aquilo que dá sentido último e direcionamento racional à coisa.*[42] A finalidade, dessa forma, dispõe acerca da razão de ser de um objeto, no sentido de realização da sua essência.[43] Explica, assim, "para que serve a coisa", o que nos leva a questionar não somente a *função de tal objeto*, mas também o seu verdadeiro propósito.[44] Pois, se não existe uma finalidade inerente ao objeto, esta também será resultado de mera convenção e passível de deliberação. A ideia da existência de uma causa final permite, nestes termos, que se tenha algum elemento capaz de viabilizar o controle crítico e o direcionamento de sentido das manifestações empíricas de algo. Identificar este direcionamento racional do objeto nos oferece, também, assim como as causas formal e material, critérios de identificação e definição deste bem como de sua essência.

A identificação da finalidade do objeto, nesta perspectiva, faz-se importante na definição da essencialidade ou não de algo, pois este pode ser mais ou menos necessário em virtude da funcionalidade do objeto, ou seja, o "para que serve esse produto", permitindo que, assim, seja, com base nesse critério finalístico, ditada a sua relevância objetiva. Da mesma forma, como a primeira concepção apresentada vincula a ideia de essencialidade à definição subjetiva de importância e, portanto, deixa a critério do legislador a determinação e concretização da seletividade, a finalidade também estaria inserida no campo da subjetividade e, assim,

---

[40] FERREIRA NETO, 2016, p. 352.

[41] KULLMANN, Wolfgang. *Aristotles und die moderne Wissenschaft*. Alemanha: Franz Steiner, 1998, p. 282.

[42] MILLER JR., Fred D. *Nature, Justice, and Rights in Aristotle's Politics*. Oxford: Clarendon Press, 1995, p. 339.

[43] REALI, Giovanni. *Introdução a Aristóteles*. Portugal: Edições 70, 1997, p. 39.

[44] AKRILL, J. L. *Aristotle the Philosopher*. Inglaterra: Oxford University Press, 1981, p. 41.

poderia ter atribuição de necessidade em conformidade com a vontade do sujeito, alterando, com base na convenção, o grau de importância no propósito de um objeto e, consequentemente, a alíquota aplicável a este, em conformidade com a relevância de sua finalidade, atribuída de forma arbitrária.

Por outro lado, a definição aqui defendida indica a existência de um direcionamento teleológico das coisas, o que torna inteligível a razão de ser daquele bem ou produto, não apenas em si considerado, mas também por força das funções e objetivos que ele vem a promover. Ou seja, a identificação e justificação da finalidade ou da função de algo também servem como critério limitador ao arbítrio do legislador. Para ilustrar tal ponto, pode-se pensar em um reservatório cilíndrico de plástico que, em si considerado, poderia ser encarado carente de determinadas propriedades relevantes e manifestadoras de alto grau de essencialidade. No entanto, a partir do momento que se compreende que tal produto plástico é destinado exclusivamente pelo setor produtivo agrícola como instrumento de armazenamento de grãos e cereais (*i.e.*, silos de plástico), deve-se compreender a essencialidade da função e da finalidade desse bem, tendo em vista a sua indispensabilidade na conservação de alimentos para o consumo humano e animal.[45]

1.2.3 O necessário e o acidental

Na forma de aplicação do princípio da seletividade com base na concepção convencionalista da essencialidade, o tratamento mais comum dado ao conceito é o de importância, sendo que este se distingue, em uma dimensão negativa, do irrelevante, o que nos direciona

---

[45] Seguindo essa linha de raciocínio, já decidiu o TRF4: "TRIBUTÁRIO. IPI. EMBALAGENS PLÁSTICAS PARA ALIMENTOS. CLASSIFICAÇÃO FISCAL. NOTAS EXPLICATIVAS. PRODUTO PRONTO PARA USO. REGRAS GERAIS PARA INTERPRETAÇÃO DO SISTEMA HARMONIZADO. POSIÇÃO MAIS ESPECÍFICA, QUALIFICADA PELA FINALIDADE. ESSENCIALIDADE COMO CRITÉRIO DE TRIBUTAÇÃO. 1. Do ponto de vista tributário-constitucional, o que interessa não é a natureza do produto, mas a sua finalidade específica, de modo que deve prevalecer a interpretação do sistema harmonizado mais consentânea com a especificidade, qualificada pela finalidade e essencialidade como critério de tributação" (TRF4, 1a Turma, APEL 5011359-98.2010.404.7100, Relator Des. Fed. Jorge Antonio Maurique, D.E. 13.11.2014); "TRIBUTÁRIO. ADUANEIRO. CLASSIFICAÇÃO TARIFÁRIA. ENQUADRAMENTO. TABELA DE INCIDÊNCIA DO IPI – TIPI. SELADORA. INDUTO UTILIZADO EM PINTURA. 1. Tem de prevalecer uma interpretação do sistema harmonizado consentânea com a finalidade e essencialidade como critério de tributação, porque, do ponto de vista tributário-constitucional, interessa não apenas a natureza do produto, mas a sua finalidade específica, mercê da sua destinação (TRF4, 1ª Turma, AC 2004.71.00.029621-0, Relator Des. Fed. Joel Paciornik, D.E. 27.10.2011).

à definição subjetiva, como anteriormente exposto. Por outro lado, a diferenciação no campo da visão ontológica de essência dá-se entre o *necessário* e o *acidental*. Nesse sentido, o acidental é a propriedade de alguma substância que, caso não fosse extraída desta substância, existiria da mesma forma, ou seja, é a propriedade que não é fundamental ao objeto, cuja existência não está vinculada a esta determinada propriedade.[46] Exemplificando esta concepção para uma bicicleta, são essenciais, ou necessários, os pneus, as rodas, o quadro e o guidão. Contudo, uma cesta para colocar utensílios, uma lanterna ou demais itens e adereços para enfeitá-la, são meramente acidentais. Alguns até podem ter uma definição de necessidade em virtude de um critério, como o caso da lanterna para segurança nas noites, mas são elementos sem os quais a bicicleta ainda existiria, atendendo plenamente sua finalidade.

Conforme define Aristóteles, é exatamente a possibilidade de se conhecer algo pelas suas causas, de modo necessário – e não de modo acidental (*i.e.*, casuisticamente ou de modo aleatório) –, que define uma atividade como científica, ou seja, dotada de objetividade.[47] Nesta perspectiva, para que se possa chegar a uma definição da essencialidade com pretensão de objetividade, é que se deve definir esta com base nas causas do objeto. Nesta feita, o que se contrapõe à ideia de necessidade é a causa acidental, sendo que este é o parâmetro de diferenciação daquilo que é essencial ou não para determinado objeto. A causa acidental pode apresentar, ainda, gêneros do acidente.[48] Exemplificando, conforme trazido pelo filósofo, a causa (eficiente) da escultura é o escultor, sendo causa acidental Policleto, porque acontece dele ser o escultor, podendo-se dizer, ainda, que a causa da escultura é o homem, animal, branco ou negro (gêneros do acidente), na medida em que Policleto é homem e animal.[49] Mas para a essência, o que se faz necessário é o escultor (como causa eficiente), o bedame e a maceta (como causas instrumentais), o bronze/argila, dentre outros, a depender da espécie de escultura (como causa material) e a arte (como causa

---

[46] *The Cambridge Dictionary of Philosophy*. Second Edition. New York: Cambridge University Press, 1999, p. 5.

[47] "Ter ciência... significa, em suma, conhecer não somente 'o que', mas também o 'porquê' de certo estado de coisas, e saber que não é um simples estado de fato, mas uma verdadeira necessidade. (...) a necessidade do efeito é dependente da existência da causa" (BERTI, Enrico. *As Razões de Aristóteles*. São Paulo: Loyola, 2002, p. 4).

[48] Destaca-se mais uma vez que, em virtude das limitações do texto, far-se-ão necessários alguns saltos lógicos, na medida em que não se faz possível uma descrição maior de determinados conceitos utilizados no raciocínio aqui trazido.

[49] ARISTÓTELES, 2002, p. 194-195.

final), sendo estes os elementos que compõem a essência do objeto, pois necessários à sua existência. Policleto, homem ou animal, bedame de aço temperado ou pneumáticos, bem como argila vermelha ou cinza, são todas causas acidentais.

Sendo assim, como frisado, o necessário é propriedade do objeto, e seu fundamento é a realidade, sendo algo inseparável da coisa, enquanto o acidental é algo incorporado que não constitui, necessariamente, a essência daquele objeto, pelo que estes parâmetros permitem um controle da essencialidade ou não de algo em face de determinado objeto. Quanto à sua aplicação à seletividade, não é, portanto, a dicotomia importância/relevância (atrelados à vontade do sujeito) que será um critério de diferenciação de essencial/não essencial, mas a ideia de necessário/acidental, uma vez que passíveis de definição objetiva. Como exemplo, traz-se, novamente, a questão da energia elétrica: seu consumo é necessário à sociedade e ao desenvolvimento humano, sendo a quantidade consumida ou o destinatário questões acidentais, pelo que não se justifica dizer que, no caso, a seletividade é atendida em face à quantidade consumida, argumento este que seria suficiente caso se entendesse a seletividade como mera concretização da capacidade contributiva no que condiz aos tributos indiretos.

II Critérios aplicativos da seletividade como essencial-necessário

2.1 Fundamentação constitucional

A Constituição, ao definir as normas de competência, no que se refere aos impostos sobre produtos industrializados e sobre a comercialização de mercadorias e serviços, tratou de, expressamente, determinar que o legislador, na instituição destes tributos, deveria observar a seletividade conforme a essencialidade dos produtos, mercadorias ou serviços, se acordo com o disposto no art. 153, §3º, I, em relação ao IPI, e no art. 155, §2º, III, em relação ao ICMS.

Do ponto de vista da doutrina, a essencialidade é tratada como uma norma que tem o princípio da igualdade como seu fundamento, sendo que seria uma forma de concretização da capacidade contributiva no que concerne aos tributos indiretos. Todavia, a capacidade contributiva é pressuposto que orienta, em maior medida, a tributação direta, sendo que, na tributação sobre o consumo, torna-se difícil a mensuração da capacidade econômica do sujeito que arcará com o ônus tributário em cada operação. Por isso, sustentou-se, aqui, que o guia condutor do princípio da seletividade é a indispensabilidade ao consumo e ao desenvolvimento humano dos produtos a serem tributados – e não a manifesta riqueza que esses projetam. Por isso, como defendido na primeira parte deste estudo, não é a capacidade contributiva que mobiliza a seletividade.[50]

Como referido, a tributação indireta é vinculada ao bem ou serviço objeto de tributação, sendo quase impossível apurar a capacidade econômica de cada sujeito que arcará com o ônus tributário incidente nas operações de comercialização destes produtos. Entretanto, o Constituinte, considerando a necessidade de garantia da igualdade na tributação, optou por garantir que a carga tributária incidente sobre bens e determinados serviço deveria observar a essencialidade de cada um, ou seja, quanto mais essencial, menor deveria ser a tributação. É, portanto, precisamente nesse sentido que a seletividade, em conformidade com a essencialidade, busca efetivar o seu sentido próprio de igualdade na tributação e não buscando captar uma presunção de riqueza do contribuinte (o que seria próprio do princípio da capacidade contributiva).

Porém, ao determinar que o legislador observe a essencialidade na instituição desses tributos, o que se concretiza mediante a aplicação de alíquotas diferenciadas sobre estes, a Constituição não trata de especificar, de forma mais analítica, o que se entende por *bens essenciais* passíveis de proteção de uma tributação mais elevada. Dessa forma, deixou margem para uma avaliação prudencial por parte do legislador infraconstitucional, o qual deverá tecnicamente se amparar em dados e informações que indiquem objetivamente quais conjuntos de produtos e bens são mais indispensáveis ao adequado desenvolvimento dos seres humanos e, com isso, gradualmente, formar uma escala axiológica dos bens de consumo e produção mais ou menos necessários.

Conforme explorado no primeiro capítulo, há relevante divergência acerca da margem de liberdade avaliativa do legislador tributário, existindo a corrente que a veja como discricionária e incontrolável e aquela segundo a qual há um núcleo mínimo objetivo acerca do que é de consumo necessário, permitindo a formulação de uma escala progressiva do mais ou menos essencial. Obviamente que não há como se esgotar a definição do que é essencial, no sentido de impossibilitar que o legislador tenha qualquer margem de liberdade para determinar aqueles bens que serão resguardados e outros que serão considerados

---

[50] Em sentido contrário, vide TORRES, Ricardo Lobo. *Curso de Direito Financeiro e Tributário*. 17. ed. Rio de Janeiro: Renovar, 2010, p. 96-97.

supérfluos. Contudo, entende-se pela necessidade de uma definição mais adequada à concepção de essencialidade ao Direito Tributário, para se evitar, assim, que ocorram injustiças no momento da tributação de bens essenciais.

2.2 A natureza cogente ou facultativa da seletividade

Como visto, a seletividade está prevista nas normas de competência do IPI e do ICMS. Entretanto, em relação ao primeiro, destaca-se a disposição *será seletivo, em função da essencialidade do produto*, o que significa que a norma disposta na Constituição não deixa margem ao legislador para optar pela essencialidade, mas sim determina que a seletividade conforme a essencialidade é critério na instituição do imposto sobre produtos industrializados.[51] Ou seja, a natureza cogente da seletividade, neste caso, é percebida de imediato na estrutura normativa constitucional.

Trata-se de uma limitação material ao poder de tributar, lembrando que o sistema constitucional tributário apresenta limitações formais e materiais, sendo que ambas, conforme define Ávila, pressupõem-se mutuamente, bem como podem difundir efeitos sobre a outra.[52] Assim, a tributação não deve observar tão somente critérios formais de limitação, como legalidade, anterioridade, irretroatividade, mas também pressupostos materiais que se relacionam ao conteúdo da tributação,[53] como no caso da essencialidade do tributo que sofrerá a incidência do IPI.

As limitações materiais decorrem das normas constitucionais, que, expressa ou implicitamente, ou, ainda, direta ou indiretamente, delimitam o conteúdo disponível ao exercício do poder de tributar, *i.e.*, são estas extraídas, especialmente, a partir *das regras de competência que predeterminam o potencial conteúdo do poder de tributar e dos direitos fundamentais, que garantem direitos aos cidadãos e limitam a restrição tributária*.[54] Como uma limitação material ao poder de tributar, os produtos considerados essenciais, necessariamente, deverão ter suas alíquotas reduzidas, sob pena de violação à regra constitucional da seletividade.

---

[51] MELO; PAULSEN, 2011, p. 87.
[52] ÁVILA, Humberto. *Segurança Jurídica*. Saraiva: São Paulo, 2012, p. 132-133.
[53] ÁVILA, 2012, p. 133.
[54] ÁVILA, Humberto. *Sistema Constitucional Tributário*. Saraiva: São Paulo, 2012, p. 132-133.

Por outro lado, a norma de competência constitucional do ICMS determina que o imposto *poderá ser seletivo, em função da essencialidade das mercadorias e dos serviços*. Neste caso, surge a dúvida acerca da existência de uma dimensão cogente também no caso do ICMS, na medida em que, claramente, o termo *poderá*, em um raciocínio prévio, indica um grau maior de liberdade discricionário para o legislador no memento da instituição do ICMS. E, de fato, este raciocínio está correto, uma vez que a norma constitucional prevê a facultatividade da seletividade em relação ao ICMS. Quisesse o legislador instituir o ICMS de forma unificada, com alíquotas gerais, independentemente da mercadoria ou serviço, do ponto de vista estrutural, não apresentaria qualquer vício de inconstitucionalidade.

Contudo, o legislador, ao optar por instituir o ICMS com alíquotas diferenciadas, obrigatoriamente, deverá observar a seletividade. Não haveria lógica em adotar alíquotas diferenciadas às mercadorias de forma arbitrária, porquanto a norma de competência constitucional já define qual é o critério a ser seguido no caso de se diferenciarem as mercadorias e serviços em virtude da imposição tributária sobre estes. Ou seja, adotando a tributação progressiva, esta deverá ocorrer em conformidade com a essencialidade do bem, em virtude da já mencionada limitação material de tributação elevada sobre bens mais essenciais, pelo que a discussão acerca da concepção de essencialidade se torna ainda mais relevante ao Direito Tributário.

2.3 A dimensão extrafiscal da seletividade

Conforme exposto até aqui, o princípio da seletividade, definido no texto constitucional, visa não a uma função meramente arrecadatória de recursos públicos, mas sim à concretização de outras finalidades fundamentais previstas na própria Carta, como valores desejados pela sociedade, no sentido de promover, dentre outros objetivos, a igualdade, e garantir a dignidade da pessoa humana. Nesse sentido, tendo o direito como finalidade a regulação das ações humanas, buscando justificá-las como racionais ou razoáveis,[55] a seletividade tem a função de garantir que nas relações de tributação sejam observados certos parâmetros, como a necessidade de determinados bens à manutenção de um mínimo

---

[55] FINNIS, John. *Natural Law and Natural Rights*. 2. ed. New York: Oxford University Press, 2011, p. 100-101.

de subsistência,[56] na medida em que os bens mais essenciais devem ser alcançáveis por toda a sociedade[57] e a tributação mais gravosa destes poderia dificultar este objetivo. Para tanto, deve estar pautada na ideia da existência de determinados bens que são essenciais em virtude de sua natureza, sendo pré-convencionais.[58] Como forma de regulação de condutas, o Direito, em determinadas situações, assume o papel de influenciador nas ações dos indivíduos por meio de incentivos e desincentivos[59] e no Direito Tributário isto ocorre por meio das normas extrafiscais, espécies normativas cujo objetivo excede a natureza arrecadatória (característica das demais normas tributárias), buscando atingir finalidades das mais variadas naturezas (sociais, econômicas, ambientais, de controle de mercado, dentre outras).

As normas tributárias extrafiscais não se distribuem, necessariamente, de modo isonômico entre aqueles sujeitos que incorrem na hipótese definida no comando normativo, na medida em que, por terem como objetivo a indução de comportamentos ou a concretização de objetivos estatais, voltam-se a uma determinada classe de contribuintes. A própria Constituição legitima o Estado à utilização de normas tributárias para atingir certas finalidades que perpassam as meramente arrecadatórias, porém, por outro lado, prevê a garantia de tratamento igualitário aos contribuintes. Nesse sentido, ao tratar das normas extrafiscais, na sua instituição ou aplicação, faz-se necessária a avaliação da existência ou não de uma justificação válida para tal tratamento diferenciado.

Ou seja, nesta concepção, o Estado possui um papel maior de intervenção, com a finalidade de alcançar determinados objetivos que sejam de interesse coletivo. Essa realidade pode ser verificada na Constituição de 1988, traduzida nos objetivos da República Federativa do Brasil. Estes objetivos são identificados, no artigo 3º, como: a construção de uma "sociedade livre, justa e solidária", visando a erradicação "da pobreza e da marginalização", bem como a redução das "desigualdades sociais e regionais", e, ainda, a promoção do "bem de todos, sem preconceitos de origem, raça, sexo, cor, idade e quaisquer outras formas de discriminação".

---

[56] TORRES, 2010, p. 69.

[57] MELO; PAULSEN, 2011, p. 88.

[58] FERREIRA NETO, 2015, p. 300.

[59] ADAMY, Pedro. Instrumentalização do Direito Tributário. *In*: ÁVILA, Humberto (Org.). *Fundamentos do Direito Tributário*. São Paulo: Marcial Pons, 2012, p. 304.

Nessa perspectiva intervencionista, em virtude da tentativa de se alcançar um equilíbrio nas relações sociais,[60] é que aparecem as *normas tributárias com função extrafiscal*. Trata-se de forma de tributação com finalidade de induzir ou regular comportamentos dos contribuintes, bem como de concretização de determinados fins de interesse da sociedade, por meio da imposição de tributos, redução de base de cálculos, alíquotas ou, ainda, a concessão de benefícios fiscais, mediante subvenção estatal ou isenções.[61]

Assim, percebe-se que o princípio da seletividade está inserido dentro deste contexto de extrafiscalidade, na medida em que tem como finalidade a garantia de acesso por parte dos contribuintes aos produtos mais essenciais, principalmente aqueles com menor capacidade econômica, sendo proibida a elevação demasiada da carga tributária incidente sobre estes.[62] Por outro lado, os bens considerados mais supérfluos estão inseridos dentro de uma margem maior de discricionariedade, por parte do legislador, na definição de sua carga tributária, sendo indesejado que estes tenham tributação mais vantajosa em relação aos essenciais. Ou seja, percebe-se que a seletividade não tem um cunho somente arrecadatório, buscando a indução do consumo de bens mais essenciais.

Nesse sentido, a utilização destas normas pode ser benéfica, mas também pode resultar no tratamento diferenciado de indivíduos em situações semelhantes. Seu uso, portanto, deve ser rigorosamente controlado, por meio de critérios capazes de garantir segurança e previsibilidade dos contribuintes. Cabe dizer que, em concordância ao sustentado por Pedro Adamy, um ordenamento jurídico que busca respeitar e proteger liberdades fundamentais deve obedecer a determinados limites impostos internamente pela própria ordem jurídica e em concordância com os direitos e garantias fundamentais, sendo que a instrumentalização do direito se mostra possível, mas pode resultar, em determinados casos, na lesão a indivíduos ou mesmo ao Estado.[63] E, por isso, a definição daquilo que se entende por essencialidade deve atender a critérios controláveis e previsíveis, impondo um limite ao poder discricionário do legislador.

---

[60] NABAIS, José Casalta. *Contratos fiscais*. Coimbra: Coimbra Editora, 1994, p. 147-148.

[61] BORGES, 1998, p. 11.

[62] MARTINS, Ives Gandra da Silva (Coord.). *Comentários ao Código Tributário Nacional*. 7. ed. vol. I. São Paulo: Saraiva, 2013, p. 478-479.

[63] ADAMY, 2012, p. 304.

2.4 Critérios para orientação legislativa e de controle judicial

Importante destacar que a ideia de importância e de vinculação da essencialidade à vontade ou satisfação do sujeito representa um dos problemas das racionalizações utilitaristas, consequencialistas ou proporcionalistas.[64] Isso porque o legislador, com o intuito de atingir aquele determinado fim pretendido, acaba por desconsiderar os efeitos negativos que são previsíveis, em virtude de um maior benefício. Nesse sentido, se a ideia utilitarista fosse correta, determinados atos, que não teriam outro resultado senão a danificação ou impedimento de um bem, justificar-se-iam como partes ou passos necessários de outro projeto que visasse a promoção de alguma outra forma de bem. Poderia o indivíduo, na tentativa de salvar algumas vidas, sacrificar a vida de um inocente, pelo bem maior de muitas vidas, *i.e.*, "muitas vidas" possuem mais valor que uma vida, algo que, conforme já exposto, não tem qualquer razoabilidade em virtude da incomensurabilidade dos bens.[65] Entretanto, este é um tipo de cálculo permitido dentro da "racionalidade" consequencialista.

Por vezes ocorre de, também, em virtude do fim desejado, não se analisar se o meio é o mais adequado, e a finalidade visada acaba perdendo a razão de ser por ineficiência do método adotado. Se a tributação, como alíquotas elevadas sobre o consumo de cigarro, por exemplo, não atinge, de fato, a finalidade desejada (redução do consumo e proteção da saúde, bem como a redução do custo social em virtude de doenças causadas pelo tabagismo), indaga-se: qual seria a relevância de sua manutenção senão os efeitos arrecadatórios? Não seria mais adequado reduzir a tributação para incentivar o consumo de produtos de maior qualidade e diminuir, assim, os riscos maiores à saúde causados pelo consumo de produtos contrabandeados, que não possuem controle e não respeitam regulamentações estatais? Se a finalidade é a proteção da saúde e a redução do custo social, por que não incentivar, então, a melhora dos produtos para que sejam menos nocivos, por exemplo?

Nesse sentido, entende-se que a ideia de razoabilidade prática pode servir como critério orientador e limitador para esta atividade do legislador e, por conseguinte, os requisitos desta razoabilidade

---

[64] FINNIS, 2012, p. 76.
[65] FINNIS, 2011, p. 119.

(princípios intermediários) devem ser observados no momento da deliberação. A razoabilidade prática se impõe às ações humanas na medida em que se trata de um aspecto básico do florescimento humano. A pretensão por trás deste bem é orientar ou traçar uma direção de maneira que os indivíduos pretendam participar na realização das finalidades consideradas desejáveis. Ela se apresenta de modo arquitetônico, sendo diretiva.[66]

Desse modo, no momento de se pensar nas políticas e nos fins que uma comunidade pretende alcançar, dentre eles a seletividade, como meio de se efetivar uma tributação justa sobre bens considerados essenciais, podem-se definir critérios que serão diretrizes e limites à discricionariedade do legislador. Ou seja, na formulação de regras tributárias que tenham esta finalidade, o legislador, ao definir o fim a ser alcançado com aquela norma, deve observar: i) que não se pode atribuir prioridade incondicional a um determinado fim pretendido, desconsiderando a existência de outros bens a serem alcançados, e que a promoção visando somente aquele projeto pode acabar afetando a realização de outros; ii) que a escolha não pode resultar na violação direta a um dos bens essenciais e que, não sendo direta, a afetação não seja desproporcionalmente gravosa; iii) que a escolha dos bens, e dos meios pelos quais estes deverão ser alcançados, seja realizada visando o bem comum dentro da comunidade; e, por fim; iv) que, na tentativa de concretizar aquele fim pretendido, não sejam utilizados meios ineficazes, desperdiçando oportunidades, ou até mesmo que aquele meio, desnecessário, não acabe se desvinculando da finalidade real, sendo que a finalidade desviada pode resultar na realização de um bem não desejável; outrossim, devem ser observados os efeitos maléficos e previsíveis que podem ser causados pelo meio escolhido.

Por outro lado, no que atine ao controle por parte do Judiciário, além dos critérios de razoabilidade prática tratados, surgem outros que podem complementar, ou mesmo ter um caráter definitivo, àquilo que se entende por essencial, para fins de tributação seletiva. Importante destacar que, em virtude da importância que um ordenamento normativo possui, não se pode ignorar, completamente, as decisões feitas pelo legislador dentro de sua margem de discricionariedade, sendo que a atuação do Judiciário, no sentido de correção da má aplicação dos critérios de razoabilidade, deve se dar somente em casos extremos.

---

[66] FINNIS, 2012, p. 71.

Nesse sentido, podemos perceber que existe a tentativa de definição de um núcleo mínimo e objetivo na concepção de essencialidade por parte do Judiciário, como se verifica do voto do Ministro Luiz Fux, no Recurso Extraordinário nº 592.145/SP:

> Com efeito, a seletividade não é uma faculdade atribuída ao Poder Executivo, no sentido de poder considerá-la ou não na fixação de alíquotas do IPI, mas, antes, representa verdadeiro comando a ser observado na quantificação do tributo a ser pago, de acordo com a essencialidade do produto. Nesse ponto, embora 'essencialidade' seja um conceito de textura aberta, cujo conteúdo é indeterminado, isso não significa que seja impossível aferir o seu núcleo mínimo diante do caso concreto, a fim de averiguar se foi o mesmo respeitado ou não pelo Poder Executivo.
>
> No presente caso, não parece haver dúvidas quanto à essencialidade do açúcar de cana, fato reconhecido pelo v. acórdão recorrido e não refutado pela União Federal em suas manifestações. Aliás, o referido produto consta na relação de itens integrantes da cesta básica, conforme o Decreto-lei nº 399/38, vigente até hoje.

Entretanto, no caso mencionado, apesar de o Ministro destacar a possibilidade de identificação de um núcleo objetivo do que se entende por essencial, a aplicação deste deixou de observar outros critérios, como a necessidade e finalidade do bem em detrimento de suas causas acidentais, sendo que o entendimento com base nestes critérios deveria resultar na mesma aplicação em todo o território, e não somente em uma região, seja ela mais ou menos desenvolvida, pois, como se viu, a essencialidade examina o produto e não o sujeito passivo,[67] bem como a produção em um ou outro local é acidental.

Neste contexto, apontamos alguns elementos que podem orientar um controle judicial das normas que tratam da essencialidade de bens para fins de tributação com alíquotas mais ou menos gravosas:[68]

i) *Forma*: é obvio que, como dito, não se pode ignorar as escolhas feitas pelo legislador dentro da sua margem de liberdade na definição dos bens que são mais ou menos essenciais. A forma do Direito é representada pela Lei, sendo que este será o ponto de partida para a análise dos casos. A Lei, portanto,

---

[67] SCHOUERI, 2011, p. 374.

[68] Importante referir que os elementos aqui apresentados não são exaustivos nem definitivos, pelo que podem ser complementados ou alterados no caso de futuras pesquisas mais aprofundadas.

não pode ter um papel apenas instrumental para justificativas de cunho meramente retórico, sendo que a sua complementação deverá ocorrer somente em casos que se verifica que o núcleo de essencialidade de determinado objeto é ignorado pelo legislador, que, como sustentado, deve ter limites na sua liberdade de escolha no que condiz à descrição da natureza de algo, na medida em que se trata de uma realidade dada não passível de deliberação;

ii) *Avaliação gradativa e incidência não categórica*: além do mais, a definição de essencialidade deve atender a um critério gradativo e não categórico, sendo que é possível se chegar, dentro da própria essencialidade, a bens mais ou menos essenciais. A definição categórica se demonstraria problemática por dois motivos: a) pode resultar no reducionismo de se compararem bens incomensuráveis, utilizando-se os mesmos critérios de avaliação de objetos que não possuem nada em comum e; b) consequentemente, pode ocorrer de se excluírem do campo da essencialidade bens necessários porque confundidos com elementos acidentais, como, reitera-se, a quantidade de energia elétrica consumida e não a necessidade desta em si. Desse modo, na definição do que se entende por essencial, deve-se fazer uma avaliação gradativa a partir da relevância e indispensabilidade da natureza e da finalidade dos diferentes bens a serem tributados, evitando-se a simples comparação interna dos diferentes produtos dentro do sistema de classificação desenhado pelo legislador;

iii) *Pertinência da finalidade*: ainda, a verificação da essencialidade dependerá, também, do fim específico inerente ao objeto, que não decorre somente da escolha do legislador. Ou seja, a *necessidade* verificada em algo deve ser medida em virtude de sua finalidade. Neste aspecto, retomando o exemplo da bicicleta, uma lâmpada (lanterna) pode ser acidental no caso desta, mas será necessária para uma habitação, por exemplo. Como a natureza de algo se vincula à realidade, e não permite uma atuação constitutiva por parte do sujeito, que apenas a descreve, o mesmo se aplica à causa final de um objeto, que não pode ser alterada pelo sujeito cognoscente. Desse modo, a essencialidade de algo deve considerar o fim para o qual este objeto existe.

iv) *Adequação do meio à realização do fim*: por último, outro critério importante de controle da seletividade é verificação da adequação do meio eleito (i.e., o percentual da alíquota imposta) ao fim, sendo promovido pelo produto a ser tributado. Como visto, a dimensão extrafiscal da seletividade permite que determinados bens tenham alíquotas maiores ou menores em virtude da realização de um fim estatal, sendo que bens de consumo indesejados tendem a ser tributados com alíquotas majoradas. Contudo, somente a definição de um fim desejável por parte da sociedade não justifica qualquer meio adotado, sendo que existem limites formais e materiais que devem ser observados, como garantias e liberdades individuais do contribuinte. Não pode o Estado simplesmente substituir o cidadão nas suas escolhas, sendo que sua função de intervenção é subsidiária, no sentido de auxílio, e não substitutiva. Mais uma vez, frisa-se a questão da tributação do cigarro, que, em nosso entendimento, não se trata do meio mais adequado ao atingimento do fim pretendido pelo legislador. Não se defende, todavia, reduzir-se a tributação deste bem à alíquota zero, exatamente por não ser essencial. Mas a essencialidade (*a contrario sensu*: quanto menos essencial, maior deve ser a tributação), como justificativa de sua tributação elevada, não se mostra um argumento dos mais coerentes, pois, normalmente, este é comparado com bens que não apresentam nada em comum.

Destarte, buscou-se apresentar tais critérios como uma proposta de avaliação da essencialidade com base na sua dimensão objetiva, pautada na convicção de que existe uma natureza dos objetos que é descritível com fundamento em suas causas e indisponível à manipulação ou alteração pelo sujeito cognoscente. Como frisado, os critérios não são exaustivos e podem ser alterados ou complementados, mas se entende que apresentam elementos capazes de solucionar casos mais complexos, em que a estrutura normativa não oferece a melhor resposta.

Conclusão

O presente artigo abordou o princípio da seletividade, definido no texto constitucional como aplicável ao IPI e ao ICMS, observando-se a essencialidade dos produtos, bens ou serviços. Apresentaram-se duas concepções rivais acerca do conceito de essência e sua aplicação no Direito Tributário. A primeira, fundamentada em uma ideia mais relativista, que entende não ser possível a definição objetiva deste conceito, sendo que o único critério racional de controle seria a norma de classificação que elencaria os bens como essenciais ou não e, consequentemente, a alíquota aplicada a estes. Ou seja, esta primeira visão sustenta a dimensão convencional da essencialidade, e sua aplicação por coerência, sendo que a análise crítica ou controle do Judiciário se dará com base na análise lógico-estrutural da norma definidora da essencialidade. Fez-se, ainda, uma análise crítica às definições pautadas nestes pressupostos, na medida em que, além de insuficientes, apresentam certa confusão na aplicação de determinados conceitos, como *utilidade, necessidade* e *convencionalidade,* trazendo estes como sinônimos ou com conexões entre si.

Por outro lado, a concepção que se apresenta como mais coerente ao enfretamento da realidade mais complexa, e com possibilidade de oferecer respostas mais completas e razoáveis aos casos que se apresenta na prática, é aquela que aceita a dimensão ontológica de essência, sendo que é possível identificar o que se entende como essencial de forma objetiva, independente da vontade ou percepção da realidade do sujeito responsável por tal empreendimento. Entende-se, desse modo, ser possível uma descrição do núcleo essencial perceptível de um objeto sem implicações de cunho volitivo do sujeito cognoscente, que terá a tarefa de definir conceitos e categorias jurídicas. Qualquer percepção de essencialidade, nesta concepção, estará atrelada às ideias de necessidade e indispensabilidade, trazendo critérios limitadores e de controle da atuação do legislador, que estará, como dito, *em uma posição de relativa submissão ao conteúdo mínimo daquilo que deve ser reconhecido e aceito como sendo necessário e indispensável ao consumo e à produção.*

Fundamentado nessa ideia de essencialidade como necessidade e identificando a possibilidade de descrição, também, de uma causa final do objeto, apresentaram-se critérios que se entende capazes de auxiliar no controle, tanto no sentido crítico quanto no que condiz à definição pelo legislador, e, ainda, na autuação do Judiciário, quando da definição e aplicação do princípio da seletividade com base na essencialidade.

Referências

ADAMY, Pedro. Instrumentalização do Direito Tributário. *In*: ÁVILA, Humberto (Org.). *Fundamentos do Direito Tributário.* São Paulo: Marcial Pons, 2012.

AKRILL, J. L. *Aristotle the Philosopher.* Inglaterra: Oxford University Press, 1981.

AQUINO, Tomás de. *Commentary on Aristotle's Nicomachean Ethics.* United States of America: Dumb Ox Books, 1993.

AQUINO, Tomás de. *O Ente e a Essência.* Trad. Mário Santiago de Carvalho. Lusosofia: Covilhã, 2008.

AQUINO, Tomás de. *Suma de Teología.* Madri, 1988.

AQUINO, Tomás de. *Verdade e Conhecimento*. 2. ed. São Paulo: Editora WMF Martins Fontes, 2011.

AQUINO, Tomás de. *Truth (Quaestiones disputatae de veritate)*. United States of America: Hackett publishing Company, Inc., Volumes I-III, 1994.

ARISTÓTELES, *Ética a Nicômaco*. Tradução: Edson Bini. Bauru/SP: Edipro, 2002.

ARISTÓTELES, *Ética a Nicômaco. Metafísica*. Editora Loyola: São Paulo, 2002.

ÁVILA, Humberto. *Segurança Jurídica*. Saraiva: São Paulo, 2012.

ÁVILA, Humberto. *Sistema Constitucional Tributário*. Saraiva: São Paulo, 2012.

ÁVILA, Humberto. *Philosophische Schriften* – 6: Physyk. Felix Mainer Verla: Hamburg, 1995.

BARNES, Jonathan. *Metaphysics. The Cambridge Companion to ARISTOTLE*. Edited by Jonathan Barnes. Cambridge University Press: New York, 1999.

BARZOTTO, Luiz Fernando. *Filosofia do Direito:* os conceitos fundamentais e a tradição jusnaturalista. Porto Alegre: Livraria do Advogado, 2010.

BENTHAM, Jeremy. *An Introduction to the Principals of Moral and Legislation*. Kitchener: Batoche Books, 2000.

BERTI, Enrico. *As Razões de Aristóteles*. São Paulo: Loyola, 2002.

BOTTALLO, Eduardo Domingos. *IPI* – Princípios e Estrutura. São Paulo: Dialética, 2009.

CASSONE, Vitório. *Direito Tributário*. 16. ed. São Paulo: Atlas, 2004.

COELHO, Sacha Calmon Navarro. *Comentários à Constituição de 1988* – Sistema Tributário. Rio de Janeiro: Forense, 1990.

COELHO, Sacha Calmon Navarro. *Curso de Direito Tributário*. 10. ed. Rio de Janeiro: Forense, 2009.

FINNIS, John. *Aquinas*. United States of America: Oxford University Press, 2004.

FINNIS, John. *Aquinas. Aquinas, Moral, Political and Legal Theory*. New York: Oxford University Press, 1998.

FINNIS, John. *Aquinas. Fundamentos d[a] Ética*. Tradução: Arthur Maria Ferreira Neto e Elton Somensi de Oliveira. Rio de Janeiro: Elsevier, 2012.

FINNIS, John. *Aquinas. Natural Law and Natural Rights*. 2. ed. New York: Oxford University Press, 2011.

FINNIS, John. *Aquinas*. Natural Law and Legal Reasoning. *In:* GEORGE, Robert P. (Ed.). *Natural Law Theory* – Contempory essays. United States of America: Oxford University Press, 1994.

FERREIRA NETO, Arthur Maria. *Justiça como realização de capacidades humanas básicas:* é viável uma teoria de justiça aristotélica-rawlsiana? Porto Alegre: EDIPUCRS, 2008.

FERREIRA NETO, Arthur Maria. *Metaética e Fundamentação do Direito*. Porto Alegre: Elegantia Juris, 2015.

FERREIRA NETO, Arthur Maria. *Por uma Ciência Prática do Direito Tributário*. São Paulo: Quartier Latin, 2016.

FERREIRA NETO, Arthur Maria. *Philosophy of Law*. Collected Essays: Volume IV. United Kingdom: Oxford University Press, 2011.

GUIMARÃES, Bruno A. François. A Seletividade do ICMS Sobre o Fornecimento de Energia Elétrica e sua Repetição de Indébito. *Revista de Direito Tributário Atual*, v. 37, 2017.

KRONBAUER, Eduardo Luís. *Fundamentos das Normas Extrafiscais na Perspectiva do Direito Natural*. Curitiba: Instituto Memória, 2019.

KULLMANN, Wolfgang. *Aristotles und die moderne Wissenschaft*. Alemanha: Franz Steiner, 1998.

MARTINS, Ives Gandra da Silva (Coord.). *Comentários ao Código Tributário Nacional*. 7. ed. vol. I. São Paulo: Saraiva, 2013.

MELO, José Eduardo Soares de; PAULSEN, Leandro. *Impostos federais, Estaduais e Municipais*. 6. ed. Porto Alegre: Livraria do Advogado, 2011.

MILLER JR., Fred D. *Nature, Justice, and Rights in Aristotle's Politics*. Oxford: Clarendon Press, 1995.

NABAIS, José Casalta. *Contratos fiscais*. Coimbra: Coimbra Editora, 1994.

NOGUEIRA, Paulo Roberto Cabral. *Do Imposto sobre Produtos Industrializados*. São Paulo: Saraiva, 1981.

NUSSBAUM, Martha. *Frontiers of Justice* – Disability, Nationality, Species Membership. Harvard University Press, 2007.

SCHOUERI, Luís Eduardo. *Direito Tributário*. São Paulo: Saraiva, 2011.

REALI, Giovanni. *Introdução a Aristóteles*. Portugal: Edições 70, 1997.

SCRUTON, Roger. *On Human Nature*. New Jersey: Princeton University Press, 2017.

TILBERY, Henry. O conceito de essencialidade como critério de tributação. *In: Direito Tributário Atual*. São Paulo: Resenha Tributária, v. 10, 1990.

TORRES, Ricardo Lobo. *Curso de Direito Financeiro e Tributário*. 17. ed. Rio de Janeiro: Renovar, 2010.

TORRES, Ricardo Lobo. *Normas de Interpretação e Integração do Direito Tributário*. 4. ed. rev. e atual. Rio de Janeiro: Renovar, 2006.

TORRES, Ricardo Lobo. O IPI e o Princípio da Seletividade. *In: Revista Dialética de Direito Tributário*, São Paulo, n. 18, 1997.

VALLE, Maurício Dalri Timm do. *Princípios Constitucionais e Regras-Matrizes de Incidência do Imposto sobre Produtos Industrializados – IPI*. São Paulo: Noeses, 2016.

WITTGENSTEIN, Ludwig. *Investigações Filosóficas*. 7. ed. Trad. de Marcos G. Montagnoli. Rio de Janeiro: Editora Vozes, 2012.

Informação bibliográfica deste texto, conforme a NBR 6023:2018 da Associação Brasileira de Normas Técnicas (ABNT):

FERREIRA NETO, Arthur M.; KRONBAUER, Eduardo Luís. Princípio da seletividade: duas concepções rivais de essencialidade. *In*: SARAIVA FILHO, Oswaldo Othon de Pontes; SIQUEIRA, Julio Homem de; BEDÊ JÚNIOR, Américo; FABRIZ, Daury César; SIQUEIRA, Junio Graciano Homem de; CUNHA, Ricarlos Almagro Vitoriano (Coord.). *Limitações materiais ao poder de tributar*. Belo Horizonte: Fórum, 2022. p. 261-296. (Coleção Fórum Princípios Constitucionais Tributários - Tomo III) ISBN 978-65-5518-314-6.

PRINCÍPIO DA TRANSPARÊNCIA FISCAL E SUA REPERCUSSÃO PARA A CONSCIÊNCIA FISCAL E PARA O EXERCÍCIO DA CIDADANIA

ANA PAULA BASSO

1 Estado Democrático de Direito e consciência fiscal

Com a Constituição da República Federativa do Brasil, promulgada em 1988, teve-se instituído, formalmente, o Estado Democrático de Direito, apresentando um vasto rol de garantias na pretensão de assegurar uma sociedade justa, livre e solidária, tendo como alicerce a dignidade da pessoa humana e o pluralismo político. Com o Estado Democrático de Direito, busca-se a consignação de uma efetiva igualdade entre os indivíduos, devendo-se pautar nesta direção o sistema tributário, respeitando os direitos e a participação do particular quanto ao poder estatal de tributar.

Estabelecido o Estado Democrático de Direito, a Constituição Federal aportou diferentes princípios para alinhar o sistema tributário com os fins da República brasileira. O dever de pagar tributos é algo que não se tem como prescindir, já que são necessários recursos para a realização do bem comum, no qual está incluída a concreção dos direitos fundamentais.

Na atividade financeira do Estado, através da tributação, os agentes sociais são convocados a colaborar com o custeio dos direitos, com base no princípio da solidariedade social. Referido princípio constitui "vínculos que possibilitam a união e o reconhecimento da interdependência recíproca entre os participantes da vida social, para que possam apoiar uns aos outros, superando expectativas e deficiências individuais e realizando interesses e necessidades coletivas".[1]

Nesse entender, outrossim, surge o direito e o dever de participar da manutenção do Estado e da necessidade de promoção do conhecimento de como a tributação é procedida, fazendo com que todos os contribuintes, diretos e indiretos, possam avaliar o tributo que incide sobre sua riqueza ou determinada operação econômica no qual estão inseridos.

Na medida em que se defende um verdadeiro Estado Democrático de Direito não se pode apartar o Direito da realidade social e dos indivíduos, considerando a importante e ativa participação destes na manutenção da máquina pública. Estes indivíduos, a partir das garantias constitucionais, não podem sofrer prejuízos com eventuais ações injustas do Estado, aqui especialmente pelo poder de tributar, sobretudo, por não receberem a devida informação sobre as operações em que estão imbuídos pela inexistência da respectiva transparência, restando limitados ou impossibilitados de agir em sua defesa pela ausência de informação que lhe deveria ser provida.

Hugo de Brito Machado com apoio da doutrina de Aliomar Baleeiro faz o alerta quanto à falta de consciência fiscal que existe no país, asseverando carecer de sentimento de qual é o resultado dos seus sacrifícios para a manutenção da coisa pública. A falta de consciência fiscal é a ausência que os cidadãos brasileiros têm do sentimento de serem contribuintes dos cofres públicos. A cada cidadão impende ter a consciência do seu dever cívico em participar da distribuição das despesas públicas para atender o bem comum.[2]

Muitos cidadãos supõem que os impostos recaem apenas sobre as empresas, grandes contribuintes, ou quando se trata de tributação direta, recordam do que lhes restam pagar enquanto imposto de renda

---

[1] CONTIPELLI, Ernani de Paula. *Solidariedade social tributária*. Coimbra: Almedina, 2010, p. 144.

[2] MACHADO, Hugo de Brito. *Curso de Direito Constitucional Tributário*. 2. ed. São Paulo: Malheiros, 2015. Hugo de Brito Machado quando cita Aliomar Baleeiro faz um bom destaque afirmando que inclusive o mendigo pode ser contribuinte quando realiza aquisições com as esmolas que recebe, pois o tributo está dissimulado no preço da mercadoria ou do serviço, no entanto, é quase inexistente a consciência fiscal.

ou impostos que recaem sobre a propriedade. No entanto, existe a tributação indireta e o que pode ocorrer é a taxação regressiva, desconhecida por grande parte da população, que tem a crença de não ter seus interesses e patrimônio comprometidos nas respectivas operações financeiras em que estão inseridos.

Hugo de Brito Machado atribui à tributação indireta o maior prejuízo da consciência fiscal. Sem embargo, é aceitável confiar que a informação, a partir da efetiva atenção ao princípio da transparência fiscal, tornará possível ampliar a consciência fiscal:

> É razoável, portanto, acreditar que os excessos fiscalistas, aliados à formação da consciência fiscal, farão com que os cidadãos passem a defender e considerar como fundamentais seus direitos albergados na relação de tributação. E assim estará definitivamente justificado o trato doutrinário dos direitos fundamentais do cidadão contribuinte.[3]

Importa destacar que a deficiência de informação majora a vulnerabilidade da consciência fiscal, o desconhecimento somado à dissimulação do tributo no preço do produto ou serviço adquirido pelo consumidor não são percebidos pelos contribuintes, que indiretamente pagam pelo ônus tributário. A repercussão e a amortização favorecem a dissimulação e justificam a insensibilidade quanto à tributação presente nas operações econômicas.[4]

2 Princípio da transparência fiscal, previsão constitucional e legal

Na cadeia econômica de produção e circulação de bens e serviços, a tributação incidente sobre o consumo é indireta, que tem como característica a repercussão econômica do tributo àquele que se encontra ao final da respectiva cadeia. O que ocorre neste tipo de tributação é a transferência do encargo econômico do tributo para o consumidor final, de forma que foi incorporado o tributo no preço do bem ou serviço comprado.

A doutrina e a jurisprudência fazem a classificação entre o contribuinte de direito e o contribuinte de fato, o primeiro é o responsável pela realização do fato gerador e ocupa o polo passivo da relação

---

[3] MACHADO, *op. cit.*, p. 110-111.
[4] MACHADO, *op. cit.*, p. 285.

jurídico-tributária como contribuinte de direito, enquanto o segundo não ocupa o polo passivo da obrigação tributária, mas será quem efetivamente arca com o encargo econômico do ônus tributário, sendo denominado como contribuinte de fato.

A tributação indireta é composta, especialmente, pelos seguintes impostos: imposto sobre produtos industrializados (IPI), de competência da União, imposto sobre a circulação de mercadorias e serviços de transporte interestadual e intermunicipal e de comunicação (ICMS), de competência dos Estados e do Distrito Federal, e imposto sobre serviços de qualquer natureza (ISS), de competência dos Municípios e do Distrito Federal. Existem outros tributos que também têm seu ônus repercutindo no valor dos bens e serviços que são suportados pelo consumidor final, que é o imposto sobre operações de crédito, câmbio e seguros, ou relativo a títulos ou valores mobiliários (IOF), o programa de integração social (PIS) e a contribuição para financiamento da seguridade social (COFINS), contribuição de intervenção no domínio econômico incidente sobre as operações realizadas com combustíveis (CIDE-Combustíveis), todos de competência tributária da União Federal.

O presente texto visa analisar o princípio da transparência tributária ou também conhecido como princípio da transparência fiscal. Ambas as designações parecem expressar o intuito do Constituinte ao prever este princípio, pois pelo viés tributário revela a necessidade de demonstrar o quanto de tributo incide sobre as operações econômicas, em especial na tributação indireta, e, de igual forma, pelo prisma fiscal desponta o dever de o Estado apresentar o montante de tributo que está sendo recolhido nas referidas operações que devem ser apuradas e recolhidas pelo contribuinte ocupante do polo passivo da relação jurídico-tributária.

Referido princípio se encontra esculpido no artigo 150, §5º, da Constituição Federal, em seu capítulo que trata das limitações ao poder de tributar. O Constituinte acertadamente prevê esta limitação como forma de participação popular, seja como pagadores dos ônus tributários ou agentes fiscalizadores do recolhimento e da aplicação dos recursos públicos.

Referido princípio foi regulamentado pela Lei nº 12.471/12. O legislador tratou de forma prudente na lei no que se refere a abrangência do princípio da transparência fiscal quanto à espécie tributária. Quer dizer, a lei não se limitou a tratar da espécie "imposto", como aduz o parágrafo quinto, do artigo 150, da Constituição Federal, ela também albergou as demais espécies tributárias. Por entender que este princípio alcança as outras espécies tributárias, não restrita aos impostos, ao tratar do princípio da transparência fiscal neste texto, considera-se como de alcance os tributos que recaiam sobre as operações da cadeia econômica de consumo repercutindo seu valor no custo do bem ou serviço que é pago pelo adquirente destes.

Ressalta-se que a Constituição Federal prevê o referido princípio desde a sua promulgação em 1988, apontando para que a lei determine a forma pela qual os consumidores sejam informados dos impostos que incidam sobre as mercadorias e serviços que venham a adquirir, sendo que apenas em 2012 foi publicada a Lei nº 12.741.

A norma contida no artigo 150, §5º, da Constituição não se trata de norma programada, mas de norma cogente dirigida ao legislador. A inércia prolongada do legislador reflete a falta de interesse em informar aos consumidores os tributos incidentes sobre produtos e serviços que adquirem no seu cotidiano. Tal desinteresse é confirmado pelo fato de a lei que regulamenta este princípio não ter nascido de um projeto proposto por iniciativa parlamentar ou do Presidente da República. O projeto de iniciativa popular foi oriundo da campanha "De Olho no Imposto", promovida pela Federação das Associações Comerciais de São Paulo.[5]

Por outro lado, ao consultar a jurisprudência quanto à observância do princípio, pouco se encontra, o que faz concluir pela sua boa aplicação, não obstante constatar o contrário. Há de se considerar que o desconhecimento do princípio gera o seu esquecimento e a insólita inferência em sua aplicação.

Reconhece-se a dificuldade de se demonstrar com precisão o valor integral dos tributos que incorrem nas operações sobre produtos e serviços, considerando a complexidade do sistema tributário brasileiro. No entanto, de acordo com o preceituado pelo texto constitucional, cumpre à lei estabelecer a forma pela qual o valor, ainda que aproximado, será informado aos consumidores. A Lei nº 12.741/12, ao regulamentar o artigo 150, §5º, da Constituição Federal, determina em seu artigo primeiro que:

> Art. 1º Emitidos por ocasião da venda ao consumidor de mercadorias e serviços, em todo território nacional, deverá constar, dos documentos

---

[5] VELLOSO, Andrei Pitten. *Constituição Tributária Interpretada*. 3. ed. Porto Alegre: Livraria do Advogado, 2016. "Coletadas mais de 1,56 milhão de assinaturas em todo o território nacional, elas foram entregues ao então Presidente do Senado, Renan Calheiros, que assumiu a paternidade do texto, apresentando o Projeto de Lei do Senado n. 174, de 2006. Na Câmara dos Deputados, o projeto de lei recebeu o nº 1.472, de 2007. Após longa tramitação, restou aprovado, originando a Lei 12.741, de dezembro de 2012" (p. 312 e 313).

fiscais ou equivalentes, a informação do valor aproximado correspondente à totalidade dos tributos federais, estaduais e municipais, cuja incidência influi na formação dos respectivos preços de venda.

§1º A apuração do valor dos tributos incidentes deverá ser feita em relação a cada mercadoria ou serviço, separadamente, inclusive nas hipóteses de regimes jurídicos tributários diferenciados dos respectivos fabricantes, varejistas e prestadores de serviços, quando couber.

§2º A informação de que trata este artigo poderá constar de painel afixado em local visível do estabelecimento, ou por qualquer outro meio eletrônico ou impresso, de forma a demonstrar o valor ou percentual, ambos aproximados, dos tributos incidentes sobre todas as mercadorias ou serviços postos à venda.

§3º Na hipótese do §2º, as informações a serem prestadas serão elaboradas em termos de percentuais sobre o preço a ser pago, quando se tratar de tributo com alíquota ad valorem, ou em valores monetários (no caso de alíquota específica); no caso de se utilizar meio eletrônico, este deverá estar disponível ao consumidor no âmbito do estabelecimento comercial.

O Decreto nº 8.264/14, que regulamenta a respectiva lei de transparência fiscal, determina no sentido de que a informação quanto ao valor aproximado dos tributos que repercutem nos preços de produtos e serviços constará de três resultados segregados para cada esfera tributante (federal, estadual e municipal), que reunirão as somas dos valores ou percentuais verificados em cada ente tributante.

Ainda que se trate de valor aproximado do total dos tributos que influenciam na formação do preço do produto ou serviço, acompanhando o posicionamento de Luís Eduardo Schoueri e Ricardo André Galendi Junior,[6] tal situação se demonstra um tanto improfícua pela visão quantitativa, pela dificuldade de apurar a carga tributária de cada transação, no entanto, é relevante para a avaliação qualitativa se a tributação é excessiva ou moderada, "suficiente para despertar a noção de cidadão contribuinte".

Apurar o valor do tributo devido e que integra o preço do produto ou da prestação de serviço é complexo, haja a vista a composição de sete tributos que podem fazer com que o preço do bem adquirido oscile. Ademais, requer que os fornecedores e outros integrantes da cadeia de produção informem o montante de tributos recolhidos em

---

6   SCHOUERI, Luís Eduardo; GALENDI JUNIOR, Ricardo André. Transparência Fiscal e Reciprocidade nas Perspectivas Interna e Internacional. *In:* ROCHA, Valdir de Oliveira (Coord.). *Grandes Questões Atuais do Direito Tributário.* São Paulo: Dialética, 2015, p. 251.

cada etapa desta cadeia econômica. Em cada fase da cadeia econômica pode haver uma forma diversa de apuração, que varia de acordo com o regime tributário escolhido pelo contribuinte, existência de regime de substituição tributária ou pelas particularidades de cada tributo em razão das diferentes legislações aplicáveis.

No entanto, ainda que se tenha um sistema tributário complexo, é importante que a incidência tributária esteja clara e a tributação coerente com a realidade da nação, proporcionando esta avaliação aos cidadãos e o controle e a fiscalização da arrecadação dos tributos.

Considerando esta multiplicidade de tributos, o que gera complexidade e dificuldade de apurar a exatidão do valor tributário incidente, uma das sugestões dadas pelos autores Valcir Gassen, Pedro Júlio Sales D'Araújo e Sandra Regina da F. Paulino é a "simplificação do sistema de arrecadação, com uma possível unificação dos tributos sobre o consumo em torno de um único imposto sobre o valor agregado". Seguindo o argumento destes autores, a simplificação melhoraria a "compreensão pelo contribuinte e efetivando uma maior transparência. E seguem: "no que diz respeito ao consumidor, essa racionalização do sistema de arrecadação poderia resultar numa redução das alíquotas e consequente redução do preço final dos produtos consumidos". Isto seria possível em razão de favorecer uma melhor fiscalização e arrecadação do tributo, enquanto tributo único, assim como reduziria as ocorrências de sonegação e evasão fiscal.[7]

Conforme se pode observar, os tributos indicados pela lei no parágrafo quinto, do artigo primeiro, são aqueles considerados na formação de preços de vendas de serviços e produtos, quais sejam: ICMS, ISS, IPI, IOF e CIDE-Combustíveis, PIS/PASEP e COFINS. A regra é que se aplique a lei na operação em que propriamente incida o tributo, ressalvado que:

> §6º Serão informados ainda os valores referentes ao imposto de importação, PIS/Pasep/Importação e COFINS/Importação, na hipótese de produtos cujos insumos ou componentes sejam oriundos de operações de comércio exterior e representem percentual superior a 20% (vinte por cento) do preço de venda.
>
> §7º Na hipótese de incidência do imposto sobre a importação, nos termos do §6º, bem como da incidência do Imposto sobre Produtos

---

[7] GASSEN, Valcir; D'ARAÚJO, Pedro Júlio Sales; PAULINO, Sandra Regina da F. Tributação sobre Consumo: o esforço em onerar mais quem ganha menos. *Revista Sequência*, n. 66, p. 227, 2013.

Industrializados – IPI, todos os fornecedores constantes das diversas cadeias produtivas deverão fornecer aos adquirentes, em meio magnético, os valores dos 2 (dois) tributos individualizados por item comercializado.

§8º Em relação aos serviços de natureza financeira, quando não seja legalmente prevista a emissão de documento fiscal, as informações de que trata este artigo deverão ser feitas em tabelas afixadas nos respectivos estabelecimentos.

A Lei da Transparência Fiscal, no parágrafo 12 do artigo primeiro, estabelece que deve ser divulgada a contribuição previdenciária dos empregados e dos empregadores incidente, que seja alocada ao serviço ou produto, refletindo o pagamento de pessoal como custo direto do serviço ou produto fornecido ao consumidor.

A Lei nº 12.741/12 não prevê sanções específicas ao seu descumprimento, o que ocorre é que em seu artigo 5º remete às sanções postas no Código de Defesa do Consumidor (Lei nº 8.078/90).

Conforme se pode avaliar, a finalidade do constituinte foi atribuir melhor clareza ao pagamento de tributos, em especial, àqueles que têm sua incidência indireta. O princípio tem recebido pouca atenção por parte da doutrina, entretanto não é desprovido de relevância para a sociedade. Seu destaque tem sido compreendido no âmbito das relações consumeristas, as quais requerem transparência.

3 Princípio da transparência fiscal e exercício da cidadania

Com a imposição legal da transparência fiscal, cumpre ao contribuinte de direito prestar esclarecimentos sobre a incidência tributária ao emitir uma nota fiscal. Destacam-se dois vieses que o princípio da transparência fiscal pode ostentar: o primeiro é possibilitar ao consumidor conhecer o que ele paga enquanto contribuinte de fato no que atine ao ônus econômico dos tributos, e o segundo é proporcionar ao consumidor ciência do que o Estado está cobrando, qual a fonte de arrecadação e o ente destinatário do tributo.

O princípio da transparência fiscal é um instrumento de cidadania, tanto enquanto o consumidor colaborar com o pagamento dos tributos, assim como serve de instrumento para que o cidadão-consumidor possa participar no controle e cobrança de melhorias por serviços estatais mais eficientes e com qualidade.

Hugo de Brito Machado corrobora com essa relação do princípio com o exercício da cidadania ao defender o pensamento de Aliomar Baleeiro, quando aquele afirma que "numa Democracia essa consciência nítida da parte que incumbe a cada cidadão na distribuição das despesas indispensáveis ao pensamento do Estado é reputada essencial a um elevado padrão cívico".[8] O cidadão que tem consciência que contribui com o tributo converge a uma postura de melhor exigir responsabilidade dos agentes estatais. Para que o indivíduo possa ser inserido no processo econômico da tributação importa que exista o respeito à racionalidade coletiva que está imbuída dentro do direito à informação.

A Lei nº 12.471/12 estabelece a impressão dos tributos nas notas e cupons fiscais. De tal modo, o princípio da transparência fiscal visa, além de dar clareza ao que se está recolhendo de tributo, estimular a educação tributária da população, na medida em que os consumidores, que contribuem indiretamente com os cofres públicos, possam fiscalizar o recolhimento do tributo pelo contribuinte de direito, assim como possam se sentir melhor legitimados a cobrarem melhorias do setor público na oferta do bem comum.

A partir da consciência de ser colaborador com as despesas públicas, conhecer o quanto está contribuindo, reforça-se a cidadania, considerando que o cidadão se coloca como autor da manutenção das necessidades da sociedade exigindo a contraprestação por parte do ente público.

Por outro lado, a ignorância/desconhecimento dos encargos tributários incidentes nas operações consumeristas propicia a passividade dos cidadãos (consumidores) afetados no caso da criação ou majoração de tributo, ou até mesmo na fiscalização de sonegação, porquanto para eles existir a falsa sensação de que estão alheios à tributação e que qualquer incidência na operação tributária não lhe estaria afetando economicamente.

A partir do princípio da transparência fiscal, destaca-se, outrossim, que o contribuinte passa a ter controle se a empresa da qual está adquirindo um bem ou serviço está realizando o devido recolhimento do tributo, considerando que não são raros os comerciantes e prestadores de serviços que deixam de emitir nota para fins de não adimplir com o tributo devido na operação de consumo.

Diferentemente da tributação direta, os tributos, indiretos muitas vezes, são suportados por quem desconhece estar na condição de pagador

---

[8] MACHADO, *op. cit.*, p. 285.

de tributo, tampouco imagina estar suportando o ônus econômico do tributo recolhido pelo fornecedor de mercadoria ou serviço. Na tributação indireta, tem-se a figura do contribuinte de direito e do contribuinte de fato, sendo o primeiro tido como sujeito passivo da relação jurídico-tributária que apurará e recolherá o tributo aos cofres públicos, e o segundo é aquele que não faz parte da relação jurídico-tributária, mas é quem de fato suporta e paga o ônus econômico do tributo.

O consumidor, quando adquire bens e serviços, desconhece, frequentemente, que está suportando, economicamente, o ônus tributário incidente sobre a operação que está realizando, em razão da ausência de transparência. Surge, a partir disto, a necessidade de transparência, resultando em reciprocidade do consumidor com o Estado, pois aquele que sustenta este último com o pagamento de tributos, ainda que indiretamente, e, ao mesmo tempo, é aquele que se beneficia dos tributos através da oferta de serviços públicos.

A falta de transparência faz com que se tenha uma percepção equivocada da tributação indireta. A ideia é que os tributos oneram as pessoas jurídicas, como se estas arcassem por si só com os tributos, passando esta crença desvirtuada do sistema jurídico tributário, sendo que na verdade os indivíduos, desde o mais pobre ao mais abonado, também contribuem com os tributos que são recolhidos pelas pessoas jurídicas e são os que suportam a carga (econômica) tributária ao adquirir determinado bem ou serviço.

A informação tributária deve servir de instrumento de ciência da participação de cada um no financiamento das atividades estatais. Enquanto temos uma Constituição Federal que assegura diversos direitos, por outro lado é importante garantir a consecução destes, sendo que para tanto os cidadãos são chamados a colaborar, tendo em vista o princípio da solidariedade social. Desta forma, é importante ter a preocupação de como a tributação é concebida pela população e para tanto ela deve ser clara e acessível aos particulares. Importante que a sociedade tenha noção da carga tributária, sobretudo no que atine ao quanto paga e quem arca com maior ou menor parcela dessa carga.

É certo afirmar que o princípio da transparência fiscal por si só não aporta eficácia se não houver uma educação fiscal mais ampla, porquanto restará insuficiente o discurso sobre tributação e a distribuição justa da carga tributária. É perceptível que a tributação do imposto de renda não representa uma justa redistribuição da carga tributária e que a tributação sobre o consumo, na maioria das vezes, tributa injustamente, sob o prisma da capacidade contributiva de quem de fato tem redução patrimonial ao pagar o tributo incidente sobre a relação de consumo.

Não chega à comunidade a discussão dos verdadeiros problemas da tributação brasileira. A educação tributária e a transparência quanto à arrecadação dos tributos são instrumentos de combate à sonegação. A sonegação é um dos principais fatores de elevação da carga tributária e será que os consumidores têm consciência do controle da sonegação quando realizam a aquisição de um bem? Como atestam Marciano Buffon e Ivan Luiz Steffens, "o debate é centrado apenas em concordar ou não com a carga tributária, apesar de se ter o consenso de que não existe mais espaço para aumentar a tributação", ainda que a carga tributária esteja em constante crescimento.[9] E os autores continuam:

> Além disso, não entra em discussão o fato de quem realmente arca com a carga tributária e tem seu patrimônio e os recursos destinados ao próprio sustento confiscados pelos tributos. Quem realmente suporta a maior parte da carga tributária sequer percebe ante a complexa, pesada e invisível tributação sobre o consumo.[10]

Há que se ter em mente que a existência do princípio da transparência decorre da existência de dois outros princípios, que são o da capacidade contributiva e o da solidariedade social. O que quer dizer, a coletividade é chamada a contribuir com os cofres públicos através de tributos, em especial por impostos, de forma direta e indireta, e para tanto contribui, sempre que possível, conforme sua capacidade contributiva.

A capacidade contributiva tem dois prismas a serem observados, um deles é que quem pode mais contribua mais com os cofres públicos e quem tenha menos capacidade econômica colabore menos, em respeito a sua subsistência, a sua dignidade enquanto pessoa. Claro que quando se trata de um consumidor, contribuinte de fato, este não está munido de instrumento jurídico próprio para arguir inconstitucionalidade sobre a incidência elevada de um tributo na relação de consumo, que não condiz com a sua capacidade contributiva.

Contudo, não por isto deve-se desconsiderar a capacidade contributiva, pois se torna mais relevante que o conhecimento seja dado, até mesmo para que o consumidor e os entes federativos ponham em discussão a discrepância da tributação que passa a ser percebida pela sociedade. Esta limitação não pode ser subjugada sob o argumento

---

[9] BUFFON, Marciano; STEFFENS, Ivan Luiz. (Des)informação tributária: é possível a transparência fiscal no Brasil? *Revista Jurídica da FA7*, v. 12, n. 1, p. 70, 2015.

[10] BUFFON, Marciano; STEFFENS, Ivan Luiz, op. cit., p. 72.

de que se trata de tributação indireta e que o contribuinte de fato estaria alheio à relação jurídico-tributária, uma vez que a capacidade contributiva é um princípio-garantia posto na Constituição diante do poder de tributar do Estado. Ir além de aspectos formais, para ser um controle material no intuito de conformar a respectiva tributação com o texto constitucional:

> A norma jurídica que consubstancia a *hipótese do fato gerador do tributo* tem de refletir, obrigatoriamente, essa nucleação constitucional formada por todos esses *princípios-garantias* para a legitimidade dos elementos constitutivos identificadores dessa *prestação coativa*.[11]

O princípio da transparência fiscal tem importante papel nas relações sociais e na atividade financeira do Estado porque recai sobre uma das principais fontes de arrecadação de recursos públicos, que é a tributação sobre o consumo. A tributação instrumentada no consumo facilita que se verifique uma carga tributária regressiva, pois ignora a capacidade econômica do contribuinte de fato, que é quem realmente paga o tributo, quem terá sua riqueza reduzida no adimplemento do ônus do tributo introduzido no preço do produto ou serviço. É dizer que aquele que, indiferentemente, tem menor capacidade econômica tem relevante parcela do seu rendimento consumido pela tributação, transformando a matriz tributária em regressiva, o que não corresponde ao resguardado pelo sistema constitucional tributário.

Considerações finais

No presente texto é destacada a importância do princípio da transparência fiscal para a efetivação da cidadania fiscal, a partir da análise do Estado Democrático de Direito e da consciência fiscal neces-sária aos cidadãos, de forma a promover a participação democrática na arrecadação de tributos, fiscalização e controle dos recursos públicos.

É sabido que o desconhecimento da carga tributária por parte da maioria da coletividade representa um entrave na mobilização dos cidadãos para assegurar suas garantias e demandar melhorias na aplicação da receita pública pelo Estado. Há que se ter em mente que a transparência fiscal conjugada com a educação fiscal promove um adequado nível de politização da sociedade.

---

[11] BRITO, Edvaldo. *Direito tributário e Constituição*: estudos e pareceres. 1.ed. São Paulo: Atlas, 2016.

A tributação indireta envolve tributos que incidem sobre o consumo de mercadorias e serviços que tem seus encargos econômicos incluídos no valor pago pelo consumidor, e não são raras as vezes que passam despercebidos pelos cidadãos, que ignoram a existência dos tributos nas operações que realizam. O indivíduo, a partir do desconhecimento das informações tributárias em que está envolvido, coloca-se em posição alheia e distante da tributação. O desconhecimento suscita passividade dos cidadãos que são atingidos pela criação ou majoração de tributo que oneram seu patrimônio, assim como são prejudicados pela sonegação tributária por reduzir recursos públicos e lhe suprir a efetivação de serviços públicos e ser causadora de aumento da carga tributária.

O cidadão enquanto consumidor é afetado economicamente pelos tributos que incidem nas operações econômicas de aquisição de produto e serviço, sendo, em muitos casos, o que mais suporta a carga tributária no país. Neste caso, a sua capacidade contributiva é pouco debatida, é tida como irrelevante para o sistema tributário, e isto é favorecido pela omissão da adequada informação tributária.

O artigo 150, parágrafo quinto, da Constituição Federal, regulamentado pela Lei nº 12.741/12, assegura a concretização de direitos e deveres, garantindo transparência e conhecimento sobre o pagamento de tributos que incidem na cadeia econômica de consumo, ao determinar a discriminação da incidência tributária nas operações concernentes a esta cadeia. Por meio destes instrumentos normativos que exigem a prestação de informação tributária, o consumidor fica munido de subsídio para participar acerca do pagamento de tributos, sendo conhecedor seja do que ele realmente está suportando, seja do quanto está sendo recolhido para os cofres públicos.

A transparência das informações da carga tributária incidente sobre a cadeia econômica proporcionará uma tomada de consciência do dever de pagar tributos para o sustento das necessidades públicas, ademais de atribuir maior proteção ao cidadão consumidor na defesa de uma tributação justa e de acordo com os ditames constitucionais.

Informação bibliográfica deste texto, conforme a NBR 6023:2018 da Associação Brasileira de Normas Técnicas (ABNT):

BASSO, Ana Paula. Princípio da transparência fiscal e sua repercussão para a consciência fiscal e para o exercício da cidadania. *In*: SARAIVA FILHO, Oswaldo Othon de Pontes; SIQUEIRA, Julio Homem de; BEDÊ JÚNIOR, Américo; FABRIZ, Daury César; SIQUEIRA, Junio Graciano Homem de; CUNHA, Ricarlos Almagro Vitoriano (Coord.). *Limitações materiais ao poder de tributar*. Belo Horizonte: Fórum, 2022. p. 297-309. (Coleção Fórum Princípios Constitucionais Tributários - Tomo III) ISBN 978-65-5518-314-6.

NOTAS SOBRE TRANSPARÊNCIA FISCAL E BEM JURÍDICO TRIBUTÁRIO

NATÁLIA BRASIL DIB

Considerações iniciais

Importa, de início, manifestar nossa satisfação e alegria em compor esta obra, cujo propósito, de fornecer trabalho científico relevante e necessário sobre os diversos temas tratados, mantém vivas importantes discussões teóricas e práticas sobre o Direito Tributário, tendo esta autora a honra de compor este grupo tão seleto e competente. Neste ensaio, trabalharemos algumas reflexões acerca do denominado *princípio da transparência fiscal* e sua relação com o *bem jurídico tributário*, notadamente considerando a importância que o referido princípio possui no ordenamento jurídico brasileiro.

Não é raro nos depararmos com trabalhos que classificam a transparência fiscal enquanto princípio implícito no ordenamento jurídico brasileiro, principalmente a partir da interpretação teleológica da Constituição, bem como das disposições atinentes ao tema no próprio texto da Constituição, seja a partir das normas que se voltam aos deveres de publicidade da administração pública, seja do ponto de vista das normas de Direito Financeiro e Direito Tributário previstas na Constituição, para as quais a aplicabilidade depende, à evidência, do controle que, por sua vez, só existe a partir da transparência quanto à arrecadação e à destinação do tributo.

Mas, não fosse apenas do ponto de vista do ordenamento jurídico local, a transparência fiscal mostra sua importância também no âmbito internacional, notadamente em decorrência da recente pretensão brasileira em ingressar a OCDE, donde deriva fundamentalmente a adesão aos princípios internacionais de transparência fiscal.[1]

A transparência é pressuposto do Estado Democrático de Direito, uma vez que a atuação democrática depende, primariamente, da transparência e publicidade da informação. Não se promove o espaço democrático sem transparência, o que permite afirmar que a transparência é alçada a valor do qual decorre verdadeiro princípio – e aqui adotamos o conceito de princípio de Humberto Ávila, para quem princípio é norma finalística, que busca a realização de um estado de coisas – derivando clara necessidade de controle da atividade do Estado, notadamente no que se refere à arrecadação tributária e sua aplicação nos objetivos do Estado.

Considerando essa premissa, emerge questão necessária à análise da transparência fiscal. Como se estabelece a relação entre transparência e Direito Tributário de modo a surgir o princípio implícito da transparência fiscal? Obviamente, não é possível em ensaio limitado delinear o alcance da complexidade das relações do princípio, mas objetiva-se com este artigo chamar a atenção especialmente acerca da função da tributação e a necessidade de transparência para realização dessa função, estabelecendo relação entre a transparência fiscal e o bem jurídico tributário em sua dupla dimensão – individual e coletiva.

Este artigo se propõe então, mesmo que brevemente, a traçar, a partir dos bens jurídicos protegidos na relação jurídico-tributária, a emergência do princípio da transparência fiscal como uma das formas de proteção do bem jurídico tributário.

1 A transparência na Constituição de 1988

Em breve análise do texto constitucional, pode-se inferir que o termo "transparência" é expressamente utilizado apenas no art. 216-A[2]

---

[1] Sobre o tema, sugerimos a leitura do artigo: ROSENBLATT, P. Transparência Fiscal Internacional no Brasil: uma interpretação antielisiva. *In*: MONTEIRO, Alexandre Luiz Moraes Rêgo; CASTRO, Leonardo Freitas de Moraes; UCHÔA FILHO, Sérgio Papini de M. (Org.). *Tributação, Comércio e Solução de Controvérsias Internacionais*. 1. ed.São Paulo: Quartier Latin, 2011, v. 1, p. 91-105.

[2] Art. 216-A. O Sistema Nacional de Cultura, organizado em regime de colaboração, de forma descentralizada e participativa, institui um processo de gestão e promoção conjunta de políticas públicas de cultura, democráticas e permanentes, pactuadas entre os entes

da Constituição, incluído pela Emenda Constitucional nº 71, de 2014, notadamente fazendo referência ao Sistema Nacional de Cultura, o qual será regido, dentre outros, pelo "princípio da transparência e compartilhamento das informações". Referida análise pode levar à conclusão, e mesmo ao espanto, acerca da inexistência expressa de outras oportunidades em que a locução é mencionada. Mas a inexistência de uma regra expressa quanto à transparência modifica a normatividade da transparência que costumeiramente estudamos e que, inclusive, nos propomos neste artigo?

Entendemos que não. Como já adiantamos, somos pela existência de princípios explícitos e implícitos no ordenamento jurídico, especialmente a partir da teoria de Humberto Ávila.[3] Nos termos do que o autor defende, da interpretação do enunciado normativo exsurge a norma, para a qual podemos atribuir a natureza de princípio ou de regra, fruto do exercício de "interpretação sistemática de textos normativos".[4] Trata-se, como explica Ávila, da construção (ou reconstrução) do significado que leva à emergência da norma jurídica. Dessa forma, princípios podem derivar de vários enunciados normativos da Constituição da mesma forma que podem derivar de nenhum, configurando apenas interpretação elaborada a partir de outros enunciados normativos. É o que ocorre com a transparência.

Importa destacar, preliminarmente, que, como já mencionado, a transparência se estabelece como pressuposto do Estado Democrático de Direito, à medida que o exercício da democracia, por meio do controle popular das atividades de governo – *accountability* – pressupõe a publicidade e transparência da administração pública. A emergência do Estado Democrático de Direito, fruto, inicialmente, da limitação do poder do Estado – Estado Liberal – e resultado do reconhecimento da função promocional do Estado – Estado Social –, leva inevitavelmente à criação de mecanismos indispensáveis ao controle de toda atividade pública. É dizer, de toda a atividade que atinge à sociedade.

---

da Federação e a sociedade, tendo por objetivo promover o desenvolvimento humano, social e econômico com pleno exercício dos direitos culturais. (Incluído pela Emenda Constitucional nº 71, de 2012)

§1º O Sistema Nacional de Cultura fundamenta-se na política nacional de cultura e nas suas diretrizes, estabelecidas no Plano Nacional de Cultura, e rege-se pelos seguintes princípios: (Incluído pela Emenda Constitucional nº 71, de 2012).

IX – transparência e compartilhamento das informações;

[3] ÁVILA, Humberto. *Teoria dos princípios*: da definição à aplicação dos princípios jurídicos. 16. ed. São Paulo: Malheiros, 2015.

[4] ÁVILA, Humberto. *Teoria dos princípios*: da definição à aplicação dos princípios jurídicos. 16. ed. São Paulo: Malheiros, 2015.

Partindo dessas premissas, a construção da valorização da transparência na Constituição se dá não apenas a partir do art. 216-A, anteriormente mencionado, mas pela interpretação sistemática do conteúdo da Constituição, dos valores e fundamentos do Estado brasileiro, donde decorre a eleição da transparência como norma jurídica.

Assim sendo, cabe, ainda, a elaboração do raciocínio quanto à transparência a partir de outros dispositivos que mencionam não expressamente a locução "transparência", mas que dão o evidente valor à publicidade.

É necessário, contudo, não cometer a imprecisão de identidade entre a semântica dos termos *transparência* e *publicidade*. Enquanto o primeiro decorre da necessidade de deixar claro todos os dados do objeto a ser observado, o segundo refere-se à divulgação desse dado, ao ato de torná-lo público, acessível a todos. De todo modo, há evidente relação entre os dois institutos. Não por outra razão que Celso Antônio Bandeira de Melo, ao conceituar o *princípio da publicidade,* enquanto princípio atinente a toda administração pública, afirma que "consagra-se nisto [princípio da publicidade] o dever administrativo de manter plena transparência em seus comportamentos",[5] de modo que, para a análise da transparência e sua relação com os bens jurídicos protegidos pela tributação, torna-se essencial estudo analítico das disposições da Constituição que tratam especificamente da publicidade.

Nesse sentido, mencione-se o inciso LX[6] do artigo 5º da Constituição que estabelece a restrição à publicidade dos atos processuais "quando a defesa da intimidade ou o interesse social o exigirem". Desse dispositivo é possível inferir que os processos no Brasil – via de regra – são dotados de publicidade, havendo a restrição nas hipóteses em que a garantia desse direito fundamental de publicidade estiver em colisão com outros – intimidade ou interesse social. A exemplo dos processos administrativos fiscais, para os quais não há publicidade, posto que, na colisão entre o direito à publicidade e o direito ao sigilo fiscal, torna-se mais adequada a preservação do sigilo. O mesmo não ocorre, por exemplo, quanto às decisões do Conselho Administrativo de Recursos Fiscais, que são públicas, da mesma forma que a realização dos julgamentos. Nesta hipótese a publicidade é necessária para controle dos julgamentos, a fim de evitar qualquer ato de corrupção.

---

[5] BANDEIRA DE MELO, Celso Antonio. *Curso de Direito Administrativo*. 29. ed. São Paulo: Malheiros, 2011, p. 117.

[6] LX – a lei só poderá restringir a publicidade dos atos processuais quando a defesa da intimidade ou o interesse social o exigirem;

Em outro momento, no capítulo destinado à Administração Pública, já nas Disposições Gerais da Seção I, o artigo 37[7] estabelece que toda a administração pública deve obedecer, dentre outros, ao princípio da publicidade. Mais especificamente, em mesmo artigo, no §1º do inciso XII, há a expressa previsão de que "as administrações tributárias da União, dos Estados, do Distrito Federal e dos Municípios, atividades essenciais ao funcionamento do Estado, exercidas por servidores de carreiras específicas, terão recursos prioritários para a realização de suas atividades e atuarão de forma integrada, inclusive com o compartilhamento de cadastros e de informações fiscais, na forma da lei ou convênio" e que, para tanto, deve haver a publicidade dos atos. Nessas hipóteses, o interesse público ganha relevo, de modo que as informações estejam disponibilizadas a fim de que a administração possa sofrer o controle de seus atos.

Como exemplo da decisão proferida pelo Supremo Tribunal Federal no ARE 652777, com repercussão geral reconhecida (Tema 483) na qual foi fixada a tese de que "é legítima a publicação, inclusive em sítio eletrônico mantido pela Administração Pública, dos nomes dos seus servidores e do valor dos correspondentes vencimentos e vantagens pecuniárias".[8] Lógica semelhante que motivou a Lei de Acesso à Informação – Lei nº 12.527/2011, a qual pretende a regulação do necessário acesso à informação previsto no inciso XXXIII do art. 5º, no inciso II do §3º do art. 37 e no §2º do art. 216 da Constituição Federal.

Por fim, consta do inciso III[9] do art. 225 da Constituição a necessidade de publicidade de qualquer atividade apta a causar impacto ambiental. E nesse artigo, claramente, elege-se o meio ambiente como bem jurídico a ser tutelado, em detrimento de qualquer atividade econômica que não tenha a publicidade realizada.

---

[7] Art. 37. A administração pública direta e indireta de qualquer dos Poderes da União, dos Estados, do Distrito Federal e dos Municípios obedecerá aos princípios de legalidade, impessoalidade, moralidade, publicidade e eficiência e, também, ao seguinte:

[8] Ementa: CONSTITUCIONAL. PUBLICAÇÃO, EM SÍTIO ELETRÔNICO MANTIDO PELO MUNICÍPIO DE SÃO PAULO, DO NOME DE SEUS SERVIDORES E DO VALOR DOS CORRESPONDENTES VENCIMENTOS. LEGITIMIDADE. 1. É legítima a publicação, inclusive em sítio eletrônico mantido pela Administração Pública, dos nomes dos seus servidores e do valor dos correspondentes vencimentos e vantagens pecuniárias. 2. Recurso extraordinário conhecido e provido. (ARE 652777, Relator(a): Min. TEORI ZAVASCKI, Tribunal Pleno, julgado em 23.04.2015, ACÓRDÃO ELETRÔNICO REPERCUSSÃO GERAL – MÉRITO DJe-128 DIVULG 30.06.2015 PUBLIC 01.07.2015).

[9] IV – exigir, na forma da lei, para instalação de obra ou atividade potencialmente causadora de significativa degradação do meio ambiente, estudo prévio de impacto ambiental, a que se dará publicidade;

Conclui-se da análise dos artigos da Constituição que, além do comando geral – que denota a teleologia da questão, da qual resta evidenciada a existência da transparência e publicidade enquanto valores democráticos constitucionalizados no ordenamento jurídico –, convém demonstrar a forma como esse princípio se liga à administração fazendária. Nesse sentido é importante destacar a pretensão do referido princípio, enquanto pressuposto do Estado Democrático de Direito, tutela de bens jurídicos eleitos pelo ordenamento. Não por outra razão que Ricardo Lobo Torres afirma, de forma categórica, que: "O princípio da transparência fiscal, embora não proclamado explicitamente na Constituição, impregna todos os outros princípios constitucionais e se irradia inclusive para o campo da elaboração das normas infraconstitucionais".[10]

Do ponto de vista do Direito Tributário e Financeiro, a única previsão expressa sobre o tema pode ser extraída do art. 150, §5º, da Constituição Federal, que é categórico ao determinar a criação de medidas com o intuito de informar o consumidor acerca da tributação incidente sobre mercadorias e serviços. Entretanto, inobstante a ausência de disposição expressa para além do constante no §1º do inciso XII do art. 37 da Constituição, a construção do denominado princípio da transparência se estabelece pela interpretação dos deveres da Administração Pública e da função do tributo no Estado Democrático de Direito e dos bens jurídicos protegidos nas relações jurídico-tributárias.

E para tanto convém analisar a partir de viés estrutural as disposições do Sistema Tributário Nacional na Constituição de 1988, bem como retomar a relação entre Direito Tributário e Direito Financeiro, fundamental para a análise ora proposta.

Inicialmente, deve se evidenciar que o conteúdo do Título VI da Constituição contém as normas acerca "Da Tributação e do Orçamento". Ou seja, o constituinte originário optou por traçar as diretrizes quanto ao sistema tributário nacional, ou seja – as regras que matizam a relação jurídico-tributária –, associando-o às normas orçamentárias de distribuição e aplicação de receitas. E essa conjugação não foi apenas proposital, mas decorre, antes, das características da relação jurídico-tributária. Ainda que o Direito Tributário tenha deixado subjacente o estudo orçamentário, reservando essas normas ao campo de estudo de Direito Financeiro, a gênese de ambos os campos de estudo é comum.

---

[10] TORRES, Ricardo Lobo. O princípio da transparência no direito financeiro. AGU. Disponível em: https://www.agu.gov.br/page/download/index/id/886223. Acesso em: 15 maio 2019.

Nesse sentido, o resgate desses temas se torna necessário para o estudo da transparência fiscal. E para se chegar a essa conclusão, retoma-se o foco deste trabalho: relacionar o princípio da transparência fiscal com o instituto do bem jurídico tributário.

2 Transparência fiscal e bem jurídico-tributário

Já tivemos a oportunidade de, em estudo anterior,[11] trazer aspectos relevantes da relação jurídico-tributária. E para tanto, lançamos mão da teoria do bem jurídico-tributário, a partir do arcabouço teórico sobre bem jurídico abordado pelo Direito Penal, que há séculos se dedica ao tema. A utilização do referido instrumental teórico se justifica a partir do objetivo de delimitação do alcance das relações decorrentes das normas tributárias, bem como das consequências dessas normas. O conceito de bem jurídico tributário, a partir de concepção sistêmica – ou seja, de partes e do todo – se constrói de forma relacional. Como já afirmamos em outra oportunidade:

> Deve-se acentuar o caráter relacional do bem jurídico. Assim sendo, o que se protege não é a liberdade em si, mas a relação de disponibilidade que um sujeito (seja ele individual ou coletivo) tem com a liberdade, da mesma forma que não se protege a propriedade em si, mas a relação que se tem com ela. Aliás, quando está a se tratar de direitos ou bens jurídicos, há necessariamente uma vinculação ao verbo – tem-se um direito, se é titular de um direito – de forma que é indispensável um sujeito. Trata-se de verbo transitivo, que não prescinde de sujeito. Portanto, descabe supor um direito por si só, sem um sujeito, que pode ser individual ou coletivo.[12]

O bem jurídico tributário se estabelece, portanto, mediante relações entre o sujeito e o Estado, derivando, por sua vez, em relações de direitos e deveres em decorrência da proteção da disponibilidade desses sujeitos com a propriedade, por exemplo.

Numa perspectiva estabelecem-se relações entre o contribuinte e o Estado, em decorrência do dever de recolhimento de tributo, resultado, por sua vez, de deveres de solidariedade social de um lado e deveres de limitação da expropriação do patrimônio do contribuinte de

---

[11] DIB, Natália Brasil. *Bem jurídico tributário*: análise a partir de suas funções e dimensões. Rio de Janeiro: Luminaria Acadêmica, 2017.

[12] FOLLONI, A. P.; DIB, N. B. Notas sobre a tributação como bem jurídico coletivo. RECHTD. *Revista de Estudos Constitucionais, Hermenêutica e Teoria do Direito*, v. 7, p. 323-333, 2015.

outro. Noutro momento, surgem relações entre o Estado e o cidadão, à medida que a arrecadação é instrumento de promoção de direitos fundamentais ao cidadão, gerando deveres de promoção pelo Estado.

Em boa medida, com o perdão à metáfora, trata-se de faces da mesma moeda, como que numa recursividade e num princípio hologramático. O individual está no coletivo, assim como o coletivo está no individual. De tal forma que a tributação como representação da relação tanto individual, na medida da obrigação tributária, como coletiva, na medida da sua função constitucionalmente estabelecida, decorre do Sistema Tributário Nacional previsto na Constituição.

E da complexidade[13] da relação decorre, muitas vezes, estudo interdisciplinar e principalmente paradoxal e contraditório, assim como é a Constituição brasileira, que, reunindo pluralidade de valores, exige do intérprete a construção dos sentidos da norma sempre com vistas ao cumprimento de seus objetivos. Afinal, a realidade a ser regulada é parodoxal. Charles Handy, na administração, já faz esse alerta. O paradoxo, explica, é inevitável. "A aceitação do paradoxo como um traço de nossa vida é o primeiro passo para conviver com ele e controlá-lo".[14]

Nesse sentido, a Constituição, ao alçar ambas as relações – tanto individual quanto coletiva – em bens jurídicos a serem tutelados, determinou princípios e regras para proteção dos referidos bens. Nesse sentido, *o bem jurídico tributário na dimensão individual* é caracterizado pela relação entre o contribuinte e o Estado, da qual deriva o dever do Estado de tributar, respeitando todas as limitações a este poder; decorrendo, por sua vez, o direito do contribuinte de ter seu patrimônio expropriado nos exatos termos das limitações impostas pela Constituição e não além – nesta hipótese o bem jurídico protegido é o patrimônio e se estabelece na dimensão individual.

Da mesma forma, do ponto de vista do *bem jurídico tributário na dimensão coletiva*, estabelece-se a relação entre cidadão e Estado, uma vez que o resultado e a aplicação da arrecadação tributária têm função, dentre as quais, notadamente, a promoção dos direitos fundamentais e a promoção dos objetivos[15] que fundamentam a República Federativa do

---

[13] Importa esclarecer que o termo complexidade utilizado neste trabalho decorre da teoria da complexidade, para a qual se estabelece o necessário estudo dos sistemas complexos a partir das interações e emergências do sistema. Sobre o tema recomendamos o livro: FOLLONI, André. *Introdução à teoria da complexidade*. 1. ed. Curitiba: Juruá, 2016.

[14] HANDY, Charles. *A era do paradoxo*. São Paulo: Makron Books, 1995, p. 11.

[15] Art. 3º Constituem objetivos fundamentais da República Federativa do Brasil:
I – construir uma sociedade livre, justa e solidária;
II – garantir o desenvolvimento nacional;

Brasil, adotando-se aqui a perspectiva funcional do direito, nos termos da teoria de Norberto Bobbio, que acertadamente chama atenção para a superação da análise do direito enquanto estrutura para a análise do direito enquanto função. Nesse sentido, como já expusemos em outra oportunidade, "Norberto Bobbio propõe uma nova visão de Estado, frente às necessidades de modificação da função do Direito – que, num Estado liberal clássico, fica restrita à reação, à sanção negativa – para um chamado Estado Social, que tem por finalidade a promoção do bem-estar, utilizando-se não somente da chamada sanção negativa, mas principalmente das nomeadas sanções positivas e dos incentivos".[16]

O tema demanda retomar a função[17] da tributação no Estado Democrático de Direito. E, para tanto, é fundamental tratar a noção de *Estado Fiscal* (José Casalta Nabais) ou *Estado Tributário* (Paulo Caliendo), em que se está inserido.

Como explica José Casalta Nabais, o *Estado Fiscal* representa a existência de um Estado financiado pela arrecadação tributária. No Estado brasileiro isso se concretiza com a arrecadação de impostos, mas principalmente das contribuições sociais. Lembre-se que o Estado brasileiro, conforme desenho constitucional, garante a livre-iniciativa,[18] de modo que aos particulares cabe o desenvolvimento da economia, restando ao Estado a arrecadação de parcela dessa produção para concretização dos objetivos consolidados constitucionalmente. Nas palavras do professor português: "[...], olhando para o suporte financeiro do estado contemporâneo, o que vemos é um estado fiscal, um estado que tem nos impostos o seu principal suporte financeiro".[19]

III – erradicar a pobreza e a marginalização e reduzir as desigualdades sociais e regionais; IV – promover o bem de todos, sem preconceitos de origem, raça, sexo, cor, idade e quaisquer outras formas de discriminação.

[16] FOLLONI, A. P.; DIB, N. B. Função promocional do direito e as novas exigências da pesquisa científica em direito tributário. *In*: CONPEDI E UNIVERSIDADE FEDERAL DA PARAÍBA (Org.). MACEI, Demetrius Nichele; DIAS, Maria Tereza Fonseca; COUTINHO, João Hélio de Farias Moraes (Org.). *Direito tributário II*. 1. ed. CONPEDI 2014, 2014, v. 1, p. 117-132.

[17] A ideia proposta neste ensaio está atrelada à função promocional reconhecida ao direito, especialmente a partir da visão de Norberto Bobbio: BOBBIO, Norberto. *Da estrutura à função*: novos estudos de teoria do direito. Barueri-SP: Manole, 2007. No âmbito do Direito Tributário: GRECO, Marco Aurélio. Do poder à função tributária. *In*: FERRAZ, Roberto. *Princípios e limites da tributação*. v. 2: os princípios da ordem econômica e a tributação. São Paulo: Quartier Latin, 2009, p. 167-176.

[18] Conforme artigo 170 da Carta Constitucional. Disponível em: http://www.planalto.gov.br/ccivil_03/Constituicao/Constituicao.htm. Acesso em: 10 jan. 2015.

[19] NABAIS, José Casalta. A face oculta dos direitos fundamentais: os deveres e os custos dos direitos. Disponível em: https://pt.scribd.com/doc/46225499/A-Face-Oculta-Dos-Direitos-Fundamentais-Os-Custos-Dos-Direitos. Acesso em: 10 jan. 2015. p. 14.

Complementa Paulo Caliendo, afirmando que, além da base financeira do Estado ser tributária, são características do Estado Fiscal a repartição de competências tributárias, bem como a delimitações dos limites ao poder de tributar.[20]

Importa, ainda, destacar que o *Estado Fiscal* surge numa perspectiva de Estado Social, em que a promoção dos direitos e valores sociais, constitucionalmente elencados, se faz mediante a utilização da arrecadação tributária. Trata-se de um importante rompimento com a concepção de tributação existente no Estado Liberal – que a considerava como forma de mínima intervenção estatal, apenas para custeio da máquina administrativa.[21]

Já para Paulo Caliendo, a melhor denominação do Estado atual é *Estado Tributário*. O professor explica que o *Estado Tributário* seria um passo além na ideia de *Estado Fiscal*, "uma mudança qualitativa", em que o objetivo do Estado é utilizar a arrecadação tributária com o intuito de promover direitos fundamentais.[22] E elenca três características que considera essenciais para a conceituação do *Estado Tributário*: (i) o modelo de financiamento estatal se dá por meio de tributos vinculados ou não, de modo que o objetivo primordial seja a promoção de direitos fundamentais; (ii) um modelo estatal intermediário entre o Estado Liberal e o Estado Social, que valoriza as liberdades individuais, mas que tem por objetivo a promoção de direitos fundamentais e (iii) a promoção dos direitos fundamentais como objetivo do Estado, pretendendo-se a sua máxima eficácia possível, havendo um protagonismo do Estado, mas também de todos os indivíduos.[23]

Pois bem, dessas duas concepções de Estado, o que se percebe em comum é que a noção do estudo do Direito Tributário se modifica consideravelmente. Um modelo de dogmática anteriormente preocupado apenas com o direito individual à propriedade passa a atentar para a finalidade da arrecadação. O Estado deixa de ser visto como destinatário

---

[20] CALIENDO, Paulo. *Direito tributário e análise econômica do direito*: uma visão crítica. Rio de Janeiro: Elsevier, 2009. p. 145.

[21] BARROSO, Luís Roberto. Neoconstitucionalismo e constitucionalização do direito: o triunfo tardio do direito constitucional no Brasil. *Revista Eletrônica da Reforma do Estado*, n. 9. Disponível em: http://www.direitodoestado.com.br/artigo/luis-roberto-barroso/neoconstitucionalismo-e-constitucionalizacao-do-direitoo-triunfo-tardio-do-direito-constitucional-no-brasil. Acesso em: 27 jul. 2014.

[22] CALIENDO, Paulo. *Direito tributário e análise econômica do direito*: uma visão crítica. Rio de Janeiro: Elsevier, 2009. p. 148.

[23] CALIENDO, Paulo. *Direito tributário e análise econômica do direito*: uma visão crítica. Rio de Janeiro: Elsevier, 2009. p. 148 e 149.

da arrecadação tributária e passa-se a reconhecer a sociedade como um todo como detentora desse bem.[24] E, por consequência disso, abra-se uma importante discussão acerca da aplicação dessa arrecadação como fundamental para a promoção de todos os objetivos consolidados constitucionalmente. O tributo passa a ter uma nova função, qual seja, a de promoção dos direitos sociais, dos direitos fundamentais, do desenvolvimento nacional, da justiça social, dentre todos os outros inúmeros objetivos consagrados na Constituição Brasileira.

Dessa forma, passa o tributo a deter a função de promoção de mudanças sociais, de direitos sociais. "Os tributos no Estado Social deixam de possuir uma finalidade meramente financeira e passam a ter finalidades extrafiscais, tais como a justa redistribuição de renda".[25]

O resgate da dupla dimensão do bem jurídico tributário – individual e coletiva – chama atenção para a análise de disciplina que vinha subjacente ao estudo da tributação, qual seja, a análise das normas de repartição de receitas, e das finanças públicas. Considerando então a premissa deste trabalho, de realização de pesquisa partindo do referencial teórico da Teoria da Complexidade, o estudo da tributação exige a análise da dupla dimensão do bem jurídico tributário, o que leva à expansão do alcance da transparência fiscal e a emergência da sua importância. Nesse tocante, não apenas a relação estabelecida entre contribuinte e o Estado deve ser objeto de estudo, para a qual a análise da tributação ganhou contornos voltados à limitação do poder de tributar, mas também a análise da função da arrecadação tributária num Estado Social que tem deveres claros de promoção de direitos fundamentais.

Nesse sentido, admitindo a necessidade de proteção do bem jurídico tributário em sua dupla dimensão, estabelece-se a relação, feita neste ensaio, com o princípio da transparência fiscal. E isso se dá partindo da premissa de que o referido princípio emerge como norma que permite a tutela de ambos os bens jurídicos, de modo que é possível elencar, de forma exemplificativa, as diversas consequências decorrentes do referido princípio atrelado à tributação, levando à inevitável conclusão de que a transparência fiscal serve à proteção do bem jurídico tributário.

---

[24] FERRAZ JR., Tércio. *Notas sobre contribuições sociais e solidariedade no contexto do Estado Democrático de Direito*. Solidariedade social e tributação. São Paulo: Dialética, 2005, p. 208-222. GRECO, Marco Aurélio. Solidariedade social e tributação. *In*: GRECO, Marco Aurélio; GODOI, Marciano Seabra (Coord.). *Solidariedade social e tributação*. São Paulo: Dialética, 2005.

[25] CALIENDO, Paulo. *Direito tributário e análise econômica do direito*: uma visão crítica. Rio de Janeiro: Elsevier, 2009. p. 146.

E emerge frente à função atribuída à tributação no Estado Democrático de Direito, de modo a abranger tanto as relações de dimensão individual quanto as relações de dimensão coletiva.

O princípio da transparência fiscal emerge, por exemplo, da norma constitucional que determina a adoção de medidas para informação quanto à carga tributária incidente sobre mercadorias e serviços, podendo ser estendida a interpretação para tutela do direito da pessoa jurídica – ambos contribuintes que possuem o direito à propriedade, que só pode ser expropriada dentro dos limites estabelecidos pela Constituição. Trata-se de perspectiva atrelada à dimensão individual do bem jurídico.

O princípio da transparência fiscal determina, ainda, a transparência da arrecadação tributária e a sua destinação, à medida que o tributo possui clara função no Estado Democrático de Direito, devendo o seu resultado atender ao interesse coletivo da maneira como estabelecido pela Constituição.

Pode-se afirmar, ainda, que o princípio da transparência fiscal motiva o controle do orçamento e da repartição de receitas, posto que permite o controle da destinação da forma como estabelecido pela Constituição. Não é diferente com a administração pública e a forma de administração da arrecadação tributária.

Esses poucos exemplos demonstram como a perspectiva bidimensional do bem jurídico tributário, como instrumento teórico hábil à interpretação da relação jurídico-tributária, permite extrair o princípio da transparência fiscal como fundamental para a tutela do referido bem, sempre com o objetivo de promover os objetivos da República, especialmente no que se refere à melhor aplicação da tributação, que possui função primordial no *Estado Fiscal*.

Referências

ÁVILA, Humberto. *Teoria dos princípios*: da definição à aplicação dos princípios jurídicos. 16. ed. São Paulo: Malheiros: 2015.

BANDEIRA DE MELO, Celso Antonio. *Curso de Direito Administrativo*. 29. ed. São Paulo: Malheiros, 2011.

BARROSO, Luís Roberto. Neoconstitucionalismo e constitucionalização do direito: o triunfo tardio do direito constitucional no Brasil. *Revista Eletrônica da Reforma do Estado*, n. 9. Disponível em: http://www.direitodoestado.com.br/artigo/luis-roberto-barroso/neoconstitucionalismo-e-constitucionalizacao-do-direitoo-triunfo-tardio-do-direito-constitucional-no-brasil. Acesso em: 27 jul. 2014.

BOBBIO, Norberto. *Da estrutura à função*: novos estudos de teoria do direito. Barueri: Manole, 2007.

CALIENDO, Paulo. *Direito tributário e análise econômica do direito*: uma visão crítica. Rio de Janeiro: Elsevier, 2009.

DIB, Natália Brasil. *Bem jurídico tributário*: análise a partir de suas funções e dimensões. Rio de Janeiro: Luminaria Acadêmica, 2017.

FOLLONI, A. P.; DIB, N. B. Notas sobre a tributação como bem jurídico coletivo. *RECHTD – Revista de Estudos Constitucionais, Hermenêutica e Teoria do Direito*, v. 7, p. 323-333, 2015.

FERRAZ JR., Tércio. Notas sobre contribuições sociais e solidariedade no contexto do Estado Democrático de Direito. *Solidariedade social e tributação*. São Paulo: Dialética, 2005.

FOLLONI, A. P.; DIB, N. B. Função promocional do direito e as novas exigências da pesquisa científica em direito tributário. *In: CONPEDI E UNIVERSIDADE FEDERAL DA PARAÍBA.* (Org.). Demetrius Nichele Macei; Maria Tereza Fonseca Dias; João Hélio de Farias Moraes Coutinho (Org.). *Direito tributário II.* 1. ed.: CONPEDI 2014, 2014, v. 1, p. 117-132.

FOLLONI, André. *Introdução à teoria da complexidade*. 1. ed. Curitiba: Juruá, 2016.

GRECO, Marco Aurélio. Solidariedade social e tributação. *In: GRECO, Marco Aurélio; GODOI, Marciano Seabra (Coord.). *Solidariedade social e tributação*. São Paulo: Dialética, 2005.

HANDY, Charles. *A era do paradoxo*. São Paulo: Makron Books, 1995.

NABAIS, José Casalta. *A face oculta dos direitos fundamentais*: os deveres e os custos dos direitos. Disponível em: https://pt.scribd.com/doc/46225499/A-Face-Oculta-Dos-Direitos-Fundamentais-Os-Custos-Dos-Direitos. Acesso em: 10 jan. 2015.

TORRES, Ricardo Lobo. O princípio da transparência no direito financeiro. *AGU*. Disponível em: https://www.agu.gov.br/page/download/index/id/886223. Acesso em: 15 maio 2019.

Informação bibliográfica deste texto, conforme a NBR 6023:2018 da Associação Brasileira de Normas Técnicas (ABNT):

DIB, Natália Brasil. Notas sobre transparência fiscal e bem jurídico tributário. *In*: SARAIVA FILHO, Oswaldo Othon de Pontes; SIQUEIRA, Julio Homem de; BEDÊ JÚNIOR, Américo; FABRIZ, Daury César; SIQUEIRA, Junio Graciano Homem de; CUNHA, Ricarlos Almagro Vitoriano (Coord.). *Limitações materiais ao poder de tributar*. Belo Horizonte: Fórum, 2022. p. 311-323. (Coleção Fórum Princípios Constitucionais Tributários - Tomo III) ISBN 978-65-5518-314-6.

O PRINCÍPIO DA INFORMAÇÃO TRIBUTÁRIA NA AQUISIÇÃO DE BENS DE CONSUMO E SERVIÇOS[1]

JACKELLINE FRAGA PESSANHA
MARCELO SANT'ANNA VIEIRA GOMES

Introdução

Letras minúsculas, emaranhadas entre gôndolas, prateleiras e vitrines. Cupons fiscais com papel térmico que se apagam ao longo do tempo. Cálculos infindáveis para descrever algo simples. Esses são exemplos do formato com que o fornecedor de produtos se porta perante a coletividade, no que se refere à informação e transparência.

Enquanto o direito do consumidor foi alçado à condição de direito fundamental, bem como a um dos princípios fundantes da ordem econômica, o Estado tem o dever de garantir que ele seja preservado de forma efetiva, utilizando-se de sua atividade normativa e reguladora.

Contudo, nem sempre o que se encontra na estrita literalidade do Texto Constitucional de 1988 tem o condão de solucionar todos os

---

[1] Artigo produzido como fruto dos debates promovidos pelo grupo de pesquisa Estado & Direito: Estudos Contemporâneos, na linha de pesquisa Estudos Contemporâneos sobre Estado e Direito.

problemas – e melhor que assim seja. Tão melhor porque é papel do intérprete do Direito utilizar-se das técnicas de interpretação para dar sentido ao caso concreto.

Para isso, a discussão que envolve o presente trabalho relaciona-se ao art. 150, §5º, do Texto Constitucional de 1988, estabelecendo a necessidade de os consumidores serem informados acerca dos impostos incidentes sobre os produtos e serviços que adquirem no mercado de consumo. Para tanto, determina-se a necessidade da criação de uma legislação apta a regulamentar e cumprir com esse mandamento constitucional.

Ocorre que, na prática, o que se visualiza é que o comando não vem sendo cumprido de forma efetiva pela administração tributária nacional e é nesse contexto que surge o debate. Nesse sentido, o debate central gira em torno do fato de se há um dever fundamental de informação sobre os tributos estabelecido na Constituição de 1988. De antemão, tem-se presente que a resposta é positiva.

Com o intuito de garantir o debate, o trabalho se inicia abordando as disposições do Código de Defesa do Consumidor, deixando evidenciada a questão que envolve a vulnerabilidade informacional. Na sequência, trabalha-se a situação do poder de polícia administrativo e sua atuação no contexto de garantir o respeito à divulgação de informações.

Por último, é analisado se existe um dever fundamental de informação tributária e se o agente público pode ser responsabilizado por seu descumprimento. Como marcos teóricos utilizam-se Cláudia Lima Marques, Julio Pinheiro Faro Homem de Siqueira e Samuel Sales Fonteles.

1 O direito do consumidor e a sua correlação com a informação

A Constituição da República de 1988 estabelece no art. 5º, inciso XXXII,[2] que o Estado tem como uma de suas funções a promoção e a defesa do consumidor. Para isso, discriminou no *Ato das Disposições Constitucionais Transitórias* a necessidade de criação de normas específicas para a defesa do consumidor, que ocorrerão através de uma lei que

---

[2] BRASIL. Constituição da República Federativa do Brasil de 1988. Brasília: Congresso Nacional, 1988. Disponível em: http://www.planalto.gov.br/ccivil_03/constituicao/constituicao.htm. Acesso em: 4 jul. 2020.

regulará essas relações, tendo sido promulgada essa legislação dois anos após esse comando existir, o Código de Defesa do Consumidor – CDC. Não bastasse isso, o próprio legislador constituinte alçou a defesa do consumidor como princípio da ordem econômica, previsto no art. 170. A importância dessa disposição se liga ao fato de que sem os pilares do mercado de consumo, em especial, da preservação das relações consumeristas, não é possível sustentar a economia pátria. Essa situação é tão clara que, em momentos de crise econômica, o Governo sempre adota medidas para *aquecer a economia* e esse *aquecimento* sempre vem atrelado à liberação de linhas de crédito ou de valores para que a população volte a consumir: é a ordem natural das coisas, pois, sem a *roda da economia girar*, não surgem interesses novos pelo consumo.

Antes de adentrar no mérito, é imprescindível analisar alguns pontos básicos que dão suporte à tese aqui defendida, uma vez que a defesa do consumidor está sustentada como direito fundamental do indivíduo. O primeiro pilar indispensável é o art. 4º, inciso I, do Código de Defesa do Consumidor,[3] que considera o consumidor sempre como vulnerável no mercado, sendo essa presunção legal e absoluta, ou seja, *jure et de juris*. A real intenção desta disposição é explicitar o reconhecimento de que há uma disparidade entre consumidor e fornecedor no mercado de consumo, sendo que o CDC busca encontrar um equilíbrio da relação consumerista, tentando, de alguma forma, manter paridade entre as partes.

Como afirmado, essa vulnerabilidade é absoluta, não se questionando a sua aplicabilidade em todas as relações de consumo, isso porque "a vulnerabilidade não depende da condição econômica, ou de quaisquer contextos outros".[4] Essa determinação nada mais faz que frisar que o consumidor é o elo frágil da relação jurídica consumerista.

Mas essa fragilidade é decorrente de três aspectos tradicionais, acrescida de uma quarta, que vem sendo discutida na atualidade, e é de suma importância para o estudo aqui delimitado. O consumidor possui vulnerabilidade técnica, jurídica, econômica e informacional, que serão explicitadas em separado.

A vulnerabilidade técnica deriva do monopólio de conhecimento do fornecedor sobre os meios de produção, somente produzindo o que é do seu interesse e o consumidor fica à mercê do que é produzido,

---

[3] *Idem*. Código de Defesa do Consumidor. Brasília: Congresso Nacional, 1990. Disponível em: http://www.planalto.gov.br/ccivil_03/leis/l8078.htm. Acesso em: 4 jul. 2020.

[4] BRAGA NETTO, Felipe Peixoto. *Manual de direito do consumidor*: à luz da jurisprudência do STJ. 11. ed. Salvador: Juspodivm, 2016. p. 59.

bem como não possui conhecimento dos mecanismos utilizados na cadeia produtiva. Na melhor dicção da expressão, "a vulnerabilidade técnica seria aquela na qual o comprador não possui conhecimentos específicos sobre o produto ou o serviço, podendo, portanto, ser mais facilmente iludido no momento da contratação".[5] Acresça-se, ainda, o fato de que com o total desconhecimento das técnicas utilizadas, em situações de problemas ocorridos com o produto adquirido ou com o serviço prestado, necessita recorrer ao próprio fornecedor para que ela resolva a situação ou explique os motivos pelos quais aquele fato está ocorrendo.

A segunda espécie de vulnerabilidade é a jurídica, que consiste na falta de conhecimentos legais do consumidor, no que tange aos seus direitos e aos deveres do fornecedor. Por isso, ela "se dá na hipótese da falta de conhecimentos, pelo consumidor, dos direitos e deveres inerentes à relação de consumo que estabelece, assim como a ausência da compreensão sobre as consequências jurídicas dos contratos que celebra".[6] Ademais, em situações de questionamentos junto a órgãos oficiais, a capacitação do corpo jurídico dos fornecedores torna-se, em sua grande maioria, mais qualificado em detrimento de um indivíduo que pode estar em juízo por si, sem a presença de advogado – como no caso dos litígios levados ao Poder Judiciário.

A essa vulnerabilidade deve ser acrescida a falta de conhecimentos matemáticos, contábeis e econômicos, pois ao consumidor, por vezes, são impostas multas, juros e encargos financeiros que não têm condições de compreender os aspectos do negócio jurídico celebrado.

Quanto à vulnerabilidade econômica, refere-se à maior capacidade financeira, em regra geral, do fornecedor em relação ao consumidor. O fornecedor possui "posição de monopólio, fático ou jurídico, por seu forte poderio econômico ou em razão da essencialidade do serviço que fornece, impõe sua superioridade a todos que com ele contratam".[7] Muitos fornecedores, por vezes, dominam o mercado ao serem os únicos que fornecem determinado serviço ou fabricam determinados produtos ou ainda aquelas instituições financeiras que dominam o mercado quanto ao crédito habitacional.

---

[5] GARCIA, Leonardo. *Código de Defesa do Consumidor*: doutrina e jurisprudência profissional. 2. ed. Salvador: Juspodivm, 2020. p. 51.

[6] MIRAGEM, Bruno. *Curso de Direito do Consumidor*. 7. ed. São Paulo: Revista dos Tribunais, 2018. p. 138.

[7] ANDRADE, Adriano; MASSON, Cleber; ANDRADE, Landolfo. *Interesses Difusos e Coletivos*. v. 1. 9. ed. Rio de Janeiro: Forense; São Paulo: Método, 2019. p. 484.

Então, como comparar os consumidores a esses fornecedores? Impossível. Os fornecedores impõem suas regras que só cabem ao consumidor sucumbir. Infelizmente, mesmo praticando determinados atos, muitas vezes, contrários à legislação, a sanção aplicável acaba não conseguindo ser pedagogicamente adequada em razão dessa desproporção econômica entre ambos.

E, finalmente, a vulnerabilidade informacional, a vertente mais recente, que estabelece que dados insuficientes sobre o produto ou serviço são capazes de influenciar o consumidor na aquisição de produtos ou serviços. As informações são cada vez mais importantes na sociedade contemporânea e, ao mesmo tempo, há cada dia mais a necessidade de serem prestadas informações aos consumidores.

Essa vulnerabilidade interliga-se ao princípio da informação ou transparência do CDC, uma vez que "hoje merece ela uma menção especial, pois na sociedade atual são de grande importância a aparência, a confiança, a comunicação e a informação. Nosso mundo de consumo é cada vez mais visual, rápido e de risco, daí a importância da informação".[8] Por isso, algumas informações não podem deixar de fazer parte dos produtos e serviços de forma clara, ostensiva e precisa, seja nas gôndolas, embalagens ou nos informes publicitários.

Informações gerais e abstratas são abundantes, manipuladas e controladas nos tempos atuais, uma vez que o mundo da *internet* fez emergir uma gama imensa de informações, por vezes, falaciosas. Por isso, o maior desequilíbrio do momento é a informação, que fica retida *nas mãos* dos fornecedores.

Não fosse isso, talvez a população tivesse condições de exigir mais os direitos que a todo o momento são lesados no mercado de consumo. Muito embora a legislação consumerista brasileira seja uma das mais modernas do mundo, na prática, falta efetividade.

É a própria ausência de informação característica fundante dos indivíduos que consomem, na medida em que a caracterização do consumidor perpassa pelo déficit informacional. E mais, "esta vulnerabilidade informativa não deixa, porém, de representar hoje o maior fator de desequilíbrio da relação *vis-à-vis* dos fornecedores, os quais, mais do que *experts*, são os únicos verdadeiramente detentores da informação".[9]

---

[8] BENJAMIN, Antônio Herman V.; MARQUES, Cláudia Lima; BESSA, Leonardo Roscoe. *Manual de Direito do Consumidor*. 7. ed. São Paulo: Revista dos Tribunais, 2016. p. 117.

[9] MARQUES, Cláudia Lima. *Contratos no Código de Defesa do Consumidor*: o novo regime das relações contratuais. 8. ed. São Paulo: Revista dos Tribunais, 2016. p. 339.

Assim, o conjunto de reconhecimento do Código de Defesa do Consumidor acerca da vulnerabilidade técnica, jurídica, econômica e, principalmente, a informacional, consagra o direito básico de informação, descrito no art. 6º, III, do CDC, que dispõe: "a informação adequada e clara sobre os diferentes produtos e serviços, com especificação correta de quantidade, características, composição, qualidade, tributos incidentes e preço, bem como sobre os riscos que apresentem". Essa disposição foi alterada pela Lei nº 12.741, de 8 de dezembro de 2012,[10] com a finalidade de inserir a informação dos tributos incidentes sobre produtos e serviços: que merecerá atenção no decorrer deste manuscrito.

Com essa mudança legislativa, o fornecedor passou a ser obrigado a "informar o valor dos impostos embutidos no preço final de cada produto e serviço vendido no país. A informação deverá ser discriminada nas notas ou nos cupons fiscais de venda e também poderá ser divulgada em painéis dispostos nos estabelecimentos".[11]

Contudo, nem toda informação explanada em notas fiscais é capaz de garantir o verdadeiro consentimento do consumidor, haja vista que deve ser clara, adequada e eficaz, não admitindo falhas e omissões, ou seja, deve ser capaz de conferir consentimento e conhecimento de todas as características do produto ou serviço oferecido, bem como as consequências de sua contratação, de maneira a não gerar vícios do negócio celebrado. Após a prestação de uma informação segura e adequada, o consumidor poderá fazer uma escolha consciente, verificando os prós e contras dos produtos e serviços a ele oferecidos.

De toda sorte, o foco do debate se estabelecerá em torno da vulnerabilidade informacional, visto que é o maior problema enfrentado pelo consumidor e está ele relacionado à ausência de informação sobre os tributos incidentes na relação de consumo.

2 Poder de polícia estatal e legiferância: lógicas inversamente proporcionais

O operador do Direito, agregado à sua perspectiva de estudo do *civil law*, possui grande dificuldade de ampliar seus horizontes. Isso porque, na medida em que defende que somente a lei pode resolver

---

[10] BRASIL. Lei nº 12.741, de 8 de dezembro de 2012. Brasília: Congresso Nacional, 2012. Disponível em: http://www.planalto.gov.br/ccivil_03/_ato2011-2014/2012/lei/l12741.htm. Acesso em: 4 jul. 2020.

[11] ANDRADE, Adriano; MASSON, Cleber; ANDRADE, Landolfo. *Interesses Difusos e Coletivos*. v. 1. 9. ed. Rio de Janeiro: Forense; São Paulo: Método, 2019. p. 500.

todos os problemas da sociedade, há hoje uma cultura de criação exacerbada de instrumentos normativos, em muitos casos, sem quaisquer critérios predefinidos ou sem um debate mais apurado sobre o tema (a relevância nem sempre é tão relevante, trocando em miúdos).

Não bastasse isso, não são poucas as legislações sem qualquer interesse público, mais servindo aos anseios de determinado grupo político. Com isso, algumas instituições democráticas acabam caindo em descrédito perante a sociedade, em razão de seus interesses individuais acabarem sendo colocados em primeiro plano.

Para fins de elucidação do tema, balanço divulgado pela Câmara dos Deputados, no ano de 2019, demonstra que foram aprovadas 345 (trezentos e quarenta e cinco) propostas legislativas[12] por aquela casa. Considerando que o calendário anual possui 365 (trezentos e sessenta e cinco dias), tem-se uma média muito próxima de quase uma proposta para cada dia do ano.

Mas não para por aí. No caso do Senado Federal, o quantitativo é ainda maior, tendo o relatório apresentado discriminado que foram deliberadas 591 proposições no mesmo ano.[13] Ao serem analisados os dados das duas Casas do Congresso Nacional, tem-se presente que o *espírito legiferante* dos deputados e senadores ainda é grande.

O problema é que não basta a criação de leis. É preciso que elas sejam aplicadas e interpretadas, papel esse direcionado ao operador do Direito, através dos métodos interpretativos e da hermenêutica. Não é a criação da norma que, por si mesma, terá condições de solucionar

---

[12] Dentro desse contexto, no sítio eletrônico da Câmara, informa-se que em 2019 "a Câmara dos Deputados aprovou 123 propostas no Plenário; e 222 projetos em caráter conclusivo na Comissão de Constituição e Justiça e de Cidadania (CCJ). Os números são da Secretaria-Geral da Mesa. Em Plenário, foram aprovadas 25 medidas provisórias; 54 projetos de lei; 22 projetos de decreto legislativo; 12 projetos de resolução; 4 projetos de lei complementar e 6 propostas de emenda à Constituição (PECs). A CCJ aprovou conclusivamente 222 projetos de lei, que foram remetidos ao Senado Federal ou seguiram para sanção presidencial". AGÊNCIA CÂMARA DOS DEPUTADOS. Câmara dos Deputados aprovou 345 propostas em 2019. Brasília: Câmara dos Deputados, 2019. Disponível em: https://www.camara.leg. br/noticias/628929-camara-dos-deputados-aprovou-345-propostas-em-2019/. Acesso em: 4. jul. 2020.

[13] No relatório do Senado Federal sobre o ano de 2019, há a informação de que 470 matérias foram aprovadas, sendo que desse quantitativo "201 foram de iniciativa do Senado, 236 da Câmara dos Deputados, 30 do presidente da República, 2 do Tribunal de Justiça do Distrito Federal e Território (TJDFT) e 1 de iniciativa popular. O relatório mostra que 196 proposições foram enviadas para promulgação, 182 para a Câmara e 92 para sanção". AGÊNCIA SENADO. Senado deliberou sobre 591 proposições em 2019, mostra Relatório da Presidência. Brasília: Senado, 2020. Disponível em: https://www12.senado.leg.br/noticias/materias/2020/02/05/senado-deliberou-sobre-591-proposicoes-em-2019-mostra-relatorio-da-presidencia. Acesso em: 4. jul. 2020.

todos os problemas que surgem, como se estivessem dentro de um modelo em que todas as respostas já estariam previamente prontas, em uma moldura coberta por arestas e bordas.

As leis, por mais que atendam aos anseios do tecido social, nem sempre conseguem atingir suas finalidades, visto que "as normas legais, isoladamente, não possuem a magia de fazer o milagre da transformação".[14] Mas até aqui nenhuma novidade. O que o leitor pode querer entender é o motivo de toda essa digressão.

Se as leis são criadas com o objetivo de direcionar os seus aplicadores e regular a vida em sociedade, é preciso compreender que se visualiza um problema quanto à eficácia delas.

No caso dos tributos, essa situação é evidenciada. As normas tributárias são cotidianamente alteradas com três focos centrais: a) determinar a forma de criação de outras normas, b) indicar fatos geradores e c) explicitar a atividade do poder de polícia administrativo nesse cenário. O foco aqui será analisar o *item c*, visto que a partir dele se observa o grave problema pertinente ao dever de prestar a informação tributária.

O art. 78 do Código Tributário é bastante elucidativo do ponto de vista conceitual, ao trazer o conceito mais conhecido de poder de polícia e mais mencionado pela doutrina e pela jurisprudência, qual seja, estabelecendo que a atuação do Estado, nesse plexo de ações, será "limitando ou disciplinando direito, interesse ou liberdade, regula a prática de ato ou abstenção de fato, em razão de interesse público".[15]

O fim maior a ser alcançado é o interesse público. Por mais genérica que a expressão possa parecer, seus pilares estão naquelas questões que estejam devidamente voltadas a que se atenda à coletividade. Mas não interesses que envolvam apenas numerário, sendo aqui muito mais um catalisador de ações que tenham como reflexo, acima de tudo, a principiologia do art. 37 da Constituição de 1988.

A Lei nº 12.741, de 8 de dezembro de 2012, surge nesse cenário. Ela, criada com o fim de determinar a necessidade de que conste nas notas fiscais de aquisição de produtos e serviços os impostos incidentes, possui toda a sua força normativa voltada à atuação do Estado em matéria fiscalizatória. Ela não surge ao acaso e de forma aleatória.

---

[14] CLARK, Giovani. O fetiche das leis. *Revista do Instituto de Pesquisas e Estudos*, Bauru, n. 41, p. 215, set./dez. 2004.

[15] BRASIL. Código Tributário Nacional. Brasília: Congresso Nacional, 1966. Disponível em: http://www.planalto.gov.br/ccivil_03/leis/l5172.htm. Acesso em: 4 jul. 2020.

O art. 150, §5º, do Texto Constitucional de 1988 já estabelecia que "a lei determinará medidas para que os consumidores sejam esclarecidos acerca dos impostos que incidam sobre mercadorias e serviços" (BRASIL, 1988). Mas perceba-se: o dispositivo não sofreu alterações desde a promulgação do Texto Constitucional originário, sendo que a legislação só veio a ser publicada 24 (vinte e quatro) anos após o comando determinar sua criação.

Não bastasse isso, o dispositivo constitucional e a Lei nº 12.741/2012 somente foram regulamentados pelo Decreto nº 8.264, de 5 de junho de 2014.[16] O legislador, nesse caso, optou por garantir alguns preceitos fundamentais: a defesa do consumidor e o direito à informação.

A economia de um país somente se desenvolve se o mercado de consumo permanecer em atividade. A título de exemplo, percebase que, em meio a uma pandemia grave como a da covid-19, alguns países como o Brasil optaram por reabrir as atividades não essenciais, mesmo em meio a um grave surto e arriscando o colapso do sistema de saúde, por entender que as consequências de não *aquecer* o mercado de consumo seriam mais drásticas.

Ocorre que, diante desse cenário, as legislações postas nem sempre cumprem sua finalidade por si mesmas, como já exposto no início desse tópico. O cumprimento com as determinações legislativas aqui expostas demandam uma atuação efetiva da administração tributária.

Fala-se em administração tributária porque cabe a ela atuar de maneira incisiva na fiscalização dessa difusão sobre os tributos incidentes. Mas nada impede que haja cooperação com os órgãos responsáveis pela proteção e defesa do consumidor, uma vez que se trata de conteúdo que se encontra afeto às duas matérias, o que demonstra, ainda mais, a inefetividade da atuação do Estado nesse cenário.

Não há fiscalização por telepatia ou por magia. O Estado precisa cumprir com as atividades a ele direcionadas. No caso da legislação tributária, há que se ter em mente que não podem elas ser consideradas "leis para inglês ver".[17] De nada adianta o Estado criar numerosas

---

[16] *Idem*. Decreto nº 8.264, de 5 de junho de 2014. Brasília: Congresso Nacional, 2014. Disponível em: http://www.planalto.gov.br/CCIVIL_03/_Ato2011-2014/2014/Decreto/D8264.htm. Acesso em: 4 jul. 2020.

[17] A expressão é antiga e remonta à época de Dom Pedro II, em que, antes da abolição da escravatura, aprovou várias legislações, supostamente, com o objetivo de atender aos anseios da Inglaterra, que o pressionava a findar com o tráfico de escravos. Mas eram apenas legislações que constavam no papel, sem eficácia na prática. G1 PORTAL DE NOTÍCIAS. 'Leis para inglês ver' antecederam abolição da escravatura no Brasil. Pernambuco: G1PE,

legislações formais e materialmente tributárias se a fiscalização não for efetiva.

É com esse sentimento que se desenvolverá o tópico subsequente, acerca do dever fundamental de informação dos impostos ao consumidor sob o viés tributário, sendo necessária a digressão acerca do papel fundamental da legislação tributária para a regulação da matéria.

3 O dever fundamental de informação dos tributos aos consumidor

Todo operador do Direito, desde os primeiros passos nas faculdades de Direito, ouve sempre a expressão *direitos fundamentais* para respaldar a defesa de várias situações ocorridas em seu cotidiano. Ocorre que, além de direitos, existem garantias fundamentais. E mais que isso, existem deveres fundamentais que, apesar de constarem em um rol mais restrito, encontram-se presentes no Texto Constitucional.

Tem-se presente que "dever fundamental é objeto jurídico constitucional que, sob uma perspectiva *ampla*, se funda nos valores de solidariedade, cooperação, fraternidade, responsabilidade [...] passíveis de sanção jurídica em virtude de descumprimento".[18] Em suma, além de serem valores fundantes estabelecidos na Constituição, a doutrina deixa clara a possibilidade de sanção em caso de descumprimento. Nesse contexto é que se defende a existência de um dever fundamental de informação tributária.

A defesa do consumidor é um direito *difuso* que, na concepção de terceira dimensão de direitos fundamentais, se adéqua aos direitos de solidariedade e fraternidade. A esse direito é possível observar uma junção com a questão que envolve o direito à informação em sua vertente embrionária, até que se chegue à concepção de que, mais que um direito, há um dever de informação estabelecido no Texto Constitucional desde sua origem.

Esse dever fundamental parte do direito de acesso à informação também previsto no art. 5º, inciso XXXIII, do diploma constitucional. Ocorre que a dúvida que aqui surgirá é: o dispositivo é claro no sentido de que todos têm o direito de receber informação dos órgãos públicos,

---

2016. Disponível em: http://g1.globo.com/pernambuco/educacao/noticia/2016/10/leis-para-ingles-ver-antecederam-abolicao-da-escravatura-no-brasil.html. Acesso em: 4 jul. 2020.

[18] SIQUEIRA, Julio Pinheiro Faro Homem. Elementos para uma teoria dos deveres fundamentais: uma perspectiva jurídica. *Revista de Direito Constitucional e Internacional*, São Paulo, vol. 95, p. 138, 2016.

sobre informações de interesse coletivo, mas isso não se aplicaria ao âmbito das relações entre particulares. Ledo engano. Não só se aplica, como deve ser respeitado. O contribuinte dos tributos não pode ser tolhido no seu direito de obter informações sobre os tributos que paga em decorrência da aquisição de um produto ou serviço. Na medida em que a carga tributária é repassada aos produtos por uma atividade estatal reflexamente, o fornecedor deve especificar, dentro daquelas condicionantes, qual o valor real do produto e quanto será direcionado aos cofres públicos.

Além de demonstrar lealdade e transparência, garante ainda mais uma participação efetiva do cidadão em acompanhar os setores da sociedade e controlar, democraticamente, a atividade do mercado de consumo. A Lei nº 12.741/2012 caminhou bem em sua redação.

Mas é possível que se questione o fato de que os deveres fundamentais deveriam ser extraídos, exclusivamente, dentre os preceitos constitucionais. Esses deveres, além de estarem condensados em várias estruturas do texto base do ordenamento jurídico, podem ser extraídos até mesmo de normas infraconstitucionais, uma vez que "todo dever fundamental é um dever constitucional, mas a recíproca não é verdadeira. Há deveres que não foram constitucionalizados e outros que, embora positivados em uma Constituição, não foram fundamentalizados por ela".[19]

Em outras palavras, não há motivos para afastar a existência do dever fundamental de informação tributária, visto que, mesmo sem que haja uma determinação única e exclusiva na Constituição, o sistema normativo deve ser lido em conjunto. Isso quer dizer que a configuração do dever fundamental aqui analisado decorre de uma conjugação de legislações, que nos levam à conclusão de que ele, de fato, existe e pode ser sancionado o seu descumprimento.

Até porque os deveres fundamentais, por não possuírem um rol fechado e delimitado, podem estar espalhados pela Constituição e pelas legislações esparsas, merecendo uma análise mais detida pelo operador do Direito. Tanto é assim que um dever pode ensejar o surgimento de outros, a partir da concepção de que "eles existem aos montes, ou, pelo menos, muitos de seus enunciados podem ensejar o surgimento de deveres, assim como é possível para o caso dos direitos fundamentais".[20]

---

[19] FONTELES, Samuel Sales. Tutela coletiva e direitos fundamentais: uma hermenêutica de equilíbrio. *In*: VITORELLI, Edilson (Org.). *Manual de direitos difusos*. Salvador: Juspodivm, 2018. p. 90.

[20] SIQUEIRA, Julio Pinheiro Faro Homem de. Deveres fundamentais e a Constituição Brasileira. *Revista FIDES*, Natal, v. 1, n. 2, p. 220, ago./dez. 2010.

Ainda que se caminhe no sentido de defender que o dever fundamental esteja já no texto fundamental, sua consolidação está na própria Lei nº 12.741/2012. E como isso é possível? Um dever fundamental que não esteja inserido na Constituição? Sim, totalmente possível.

Isso não quer dizer que os dispositivos da referida legislação seriam inconstitucionais? De maneira alguma. Por decorrer do art. 5º da Constituição, se entende que deve ser lido de maneira ampliativa. Em outras palavras, os direitos, as garantias e os deveres fundamentais que decorrem dessa disposição, consoante o §1º, além de terem aplicação imediata, não devem ser restringidos, até porque possuem como consequência lógica um maior respeito ao espírito democrático da sociedade brasileira.

Muito embora o dispositivo do art. 150, §5º, estabeleça que seria obrigação a discriminação dos impostos incidentes apenas, tem-se presente que a lei estabelece a necessidade de indicação dos tributos incidentes. A redação, portanto, é mais ampliativa que a própria redação constitucional. Quanto a esse ponto, não existem discussões relevantes na atualidade.

Analisando tudo até aqui mencionado, percebe-se que o Estado brasileiro tem se omitido, substancialmente, no controle da atividade tributária do mercado de consumo. Isso porque, a despeito da existência de legislação consistente sobre a necessidade de serem informados os tributos incidentes, simplesmente, as administrações tributárias optam por *fechar os olhos* a essa sistemática estabelecida pela legislação.

A transparência na exposição dos tributos incidentes sobre os produtos e serviços vincula-se, inclusiva, à ideia de governança. Tanto é assim que, para que esse ideal de governança seja atingido, "situa-se, em parte, na constatação de que a esfera estatal, trilhando a busca de efetividade dos direitos estabelecidos na Constituição, precisa opor-se ao simbolismo hipertrófico normativo, formulando-se enfoque crítico da função administrativa do Estado".[21]

Em outras palavras, a legislação existente deve ser aplicada e não ser utilizada meramente como mais um diploma legislativo sem qualquer eficácia. De nada adianta a Lei nº 12.741/2012 estar em pleno vigor se na prática os velhos modelos são repetidos.

Ao se conjugar as questões que envolvem a questão tributária com o Código de Defesa do Consumidor, a própria legislação que

---

[21] COUTINHO, Marcos Pereira Anjo. *Dimensões normativas da governança e do planejamento administrativo*: estudo do acesso a cargos, empregos e funções públicas à luz dos retratos do Brasil. 2. ed. Belo Horizonte: D'Plácido, 2019. p. 144.

estabeleceu os parâmetros para o acesso à informação tributária fez inserir na condição de direito básico do consumidor, no art. 6º, inciso III, "a informação adequada e clara sobre os diferentes produtos e serviços, com especificação correta de quantidade, características, composição, qualidade, tributos incidentes e preço, bem como sobre os riscos que apresentem".

O grande problema é: de que adianta toda essa disposição sobre a informação se há uma cultura do brasileiro em não exigir o cumprimento dessa legislação? A carga tributária incidente sobre produtos e serviços precisa ser divulgada de maneira clara.

Isso porque é fundamental no Direito Tributário que não haja surpresa ao contribuinte acerca dos tributos a ele direcionados. Por mais que o produto seja adquirido do fornecedor, de maneira reflexa é o consumidor que realiza o pagamento.

O fornecedor não assume essa carga tributária por mera solidariedade ou alteridade. O valor dos tributos é integralmente repassado ao valor do produto. E, mesmo arcando com esses valores, o consumidor sequer dá atenção a essa situação.

Em pesquisa formulada pela Confederação Nacional dos Dirigentes Lojistas e pelo Serviço de Proteção ao Crédito, "74% dos consumidores brasileiros não têm o hábito de procurar saber o quanto pagam de imposto ao adquirir um bem ou contratar um serviço. Apenas 26% das pessoas ouvidas reconhecem ir atrás desse tipo de informação na nota fiscal ou em outros meios".[22] Em suma, o Estado não fiscaliza, o consumidor não procura saber as informações, os fornecedores não possuem um padrão de divulgação dos tributos incidentes e a situação se perpetua no tempo sem solução.

Em muitos cupons fiscais, o tributo que mais é possível ser identificado é o *ICMS – Imposto sobre Operações relativas à Circulação de Mercadorias e sobre Prestações de Serviços de Transporte Interestadual e Intermunicipal e de Comunicação.* Os demais ou não estão inscritos nas notas fiscais, ou estão inseridos por siglas/abreviações de difícil identificação, ou mesmo por UM conjunto de cálculos e porcentagens, em letras minúsculas que nem o próprio fornecedor consegue identificar.

---

[22] WALL, Amanda; GIADIRNO, Andrea; BRUNO, Vinicius. 74% dos consumidores não sabem o quanto pagam de imposto embutido nas compras, mostra levantamento da CNDL/SPC Brasil. São Paulo: Confederação Nacional dos Dirigentes Lojistas, 2019. Disponível em: https://site.cndl.org.br/74-dos-consumidores-nao-sabem-o-quanto-pagam-de-imposto-embutido-nas-compras-mostra-levantamento-da-cndlspc-brasil/. Acesso em: 4. jul. 2020.

Há um agravante ainda maior quando a carga tributária não é discriminada: a possibilidade de manipulação de dados. Quantas são as operações das Receitas Tributárias que, após anos, identificam que os tributos não estão sendo pagos de maneira adequada?

Assim, o poder de polícia estatal deve ser efetivo. E, para que seja efetivo, não importa que a lei diga que o fornecedor tem que informar ao consumidor se o Estado não exigir que essa atividade seja desenvolvida de acordo com a legislação.

Inclusive, não somente isso. A população de uma forma geral não é educada para o consumo e nem para a atividade econômico-financeira do Estado, o que leva a quadros como os mencionados, em que há um total desinteresse em saber quais os tributos que incidem nas relações consumeristas do cotidiano: uma excelente oportunidade para que a norma seja desrespeitada.

Por mais que existam fornecedores que respeitem a legislação e que a ela se adéquam, a norma ainda precisa de um maior aprimoramento, em especial, no que se refere ao agente estatal no cumprimento de sua função.

Até porque o agente público que não se enquadra nos parâmetros exigidos pela Administração Pública é passível de responsabilização por sua atividade prestada. Mais que isso, a própria lei de improbidade administrativa estabelece no art. 11, inciso II, que aquele que "retardar ou deixar de praticar, indevidamente, ato de ofício"[23] pode ser responsabilizado por ato violador de princípios.

Assim, deixar de fiscalizar a inserção nas notas fiscais do valor do tributo incidente é uma forma de violar princípio da atividade administrativa. Por conta disso é que o princípio aqui analisado deve ser apreciado com bastante cautela, a fim de garantir que vários direitos da coletividade não sejam lesados. E, em razão de tudo exposto, observa-se que o direito à informação deve ser caracterizado como dever fundamental, passível de sanção por seu descumprimento.

Conclusões

O dever de informação tributária deve ser lido na condição de um dever fundamental. A Lei nº 12.741/2012 foi a materialização

---

[23] BRASIL. Lei nº 8.429, de 2 de junho de 1992. Brasília: Congresso Nacional, 1992. Disponível em: http://www.planalto.gov.br/ccivil_03/leis/l8429.htm. Acesso em: 4 jul. 2020.

desse dever, sendo, posteriormente, regulamentada pelo Decreto nº 8.264/2014, todos decorrentes da disposição presente no art. 150, §5º, do Texto Constitucional.

O Direito do Consumidor foi influenciado pelas alterações legislativas mencionadas. O dever de informação dos tributos incidentes sobre as relações de consumo encontra-se, expressamente, determinado, motivo pelo qual cabe aos fornecedores indicar essa situação nas notas fiscais emitidas e, à Administração Pública, cumprir com seu múnus e fiscalizar.

Na prática, o que se observa é que não há um padrão no formato dessa divulgação, o que torna a disposição sem eficácia. Além de não divulgar de maneira clara e didática, o fornecedor adota o formato que melhor lhe aprouver – quando adota algum método. Assim, o fornecedor não se preocupa com essas disposições, a administração não se preocupa em fiscalizar e o consumidor, por consequência, não exige o cumprimento. Dado relevante é o fato de que 74% dos consumidores sequer buscam essa informação: informação grave.

Entende-se, portanto, que, mais que um direito à informação, existe um dever fundamental de informação tributária, que é extraído da Lei nº 12.741/2012. Esse dever deve ocorrer sob pena de sanção por descumprimento, seja na seara consumerista, seja na seara tributária.

Ora, se o que se questiona é a difusão da informação sobre o valor dos tributos exigíveis, o fornecedor e o Estado encontram-se interconectados, pois o fornecedor não é o destinatário final desse valor. A Administração não pode apenas querer se desprender dessa situação sob o argumento de que essas disposições não lhe afetam: afetam e muito. Se ela não fiscaliza, ela deixa de cumprir ato de ofício. E se o ato era de ofício e ela não praticou, é possível que haja incidência ao agente de responsabilização.

Por tudo exposto, tem-se presente que há no ordenamento jurídico um dever fundamental de informação tributária que merece atenção e fiscalização pelo Estado, no sentido de exigir dos fornecedores seu cumprimento, haja vista a vulnerabilidade do consumidor.

Portanto, para minimizar os impactos dessas vulnerabilidades consumeristas, bem como da tutela da informação, é imprescindível a atuação positiva do Poder Público através de ações governamentais como poder/dever de defesa do consumidor, seja pelos PROCONs, órgãos e entidades governamentais ou por qualquer associação destinada à defesa dos direitos do consumidor, conforme determinado no art. 4º, II, do CDC. Até porque há necessidade de uma atuação integrada de diversos órgãos públicos na busca do fim maior, qual seja, a tutela da informação do consumidor e do contribuinte, a fim de regular concretamente o mercado de consumo.

Informação bibliográfica deste texto, conforme a NBR 6023:2018 da Associação Brasileira de Normas Técnicas (ABNT):

PESSANHA, Jackelline Fraga; GOMES, Marcelo Sant'Anna Vieira. O princípio da informação tributária na aquisição de bens de consumo e serviços. *In*: SARAIVA FILHO, Oswaldo Othon de Pontes; SIQUEIRA, Julio Homem de; BEDÊ JÚNIOR, Américo; FABRIZ, Daury César; SIQUEIRA, Junio Graciano Homem de; CUNHA, Ricarlos Almagro Vitoriano (Coord.). *Limitações materiais ao poder de tributar*. Belo Horizonte: Fórum, 2022. p. 325-340. (Coleção Fórum Princípios Constitucionais Tributários - Tomo III) ISBN 978-65-5518-314-6.

ALGUMAS BALIZAS PARA COMPREENSÃO E ANÁLISE DO FEDERALISMO FISCAL

ALEXANDRE COUTINHO DA SILVEIRA

1 Considerações introdutórias. O Estado Federal

A ideia de federação diz respeito à estruturação do Estado.[1] Divide-se o poder estatal entre um ente central e outros entes subnacionais menores. Ao Estado Federal se contrapõe o Estado Unitário, que é aquele em que um único ente governa.[2][3] Neste caso, mesmo que haja

---

[1] "O respeito ao princípio federativo deve condicionar a legislação, as iniciativas e ações dos governos e também as decisões judiciais. Uma vez acolhido o federalismo pela Constituição todo ato com implicações jurídicas que for antifederativo será, por isso mesmo, inconstitucional [...] obedecer a Constituição, no Brasil, significa, entre outras coisas, respeitar o princípio federativo e as normas constitucionais e legais que a ele se ligam ou dele decorrem" (DALLARI, Dalmo de Abreu. Implicações do pacto federativo. *In:* RAMOS, Dircêo Torrecillas (Coord.). *O federalista atual:* teoria do federalismo. Belo Horizonte: Arraes Editores, 2013. p. 590).

[2] Convém observar o que pontuam Fernando Facury Scaff e Francisco Sérgio Rocha: "Embora o Federalismo seja considerado pelo Direito Constitucional como uma *forma de Estado* oposta ao Estado Unitário, constata-se que é muito mais um sistema de partilha de poder e de organização, independente do rótulo que se lhe aplica de 'federal'. Existem muitos Estados Unitários nos quais a descentralização é mais acentuada que em outros declaradamente Federativos" (SCAFF, Fernando Facury; ROCHA, Francisco Sérgio Silva. Princípios, elementos e conceito de Estado Federal. *In:* RAMOS, Dircêo Torrecillas (Coord.). *O federalista atual* cit., p. 67).

[3] "Em nenhuma concepção doutrinária o federalismo é entendido como oposto à unidade do Estado. Pelo contrário, o objetivo do federalismo é a unidade, respeitando e assimilando

a subdivisão em províncias, departamentos, ou similares, é o governo central quem dá as cartas, tomando as decisões, exarando as ordens.[4] A Teoria do Estado se ocupa de dizer dos pressupostos dessa descentralização do poder, suas vantagens e desvantagens,[5] sua conveniência ou não.[6] Cabe observar as lições de Baracho, para quem o processo de descentralização é relevante, gerando atuação governamental mais eficiente.[7] O Autor apresenta o Federalismo como fórmula obrigatória de organizar a *heterogeneidade das comunidades de base*.[8][9] A atenção a essa

---

a pluralidade. Nem poderia ser diferente, afinal a unidade está na essência da organização estatal. Para garantir a unidade (fim), o Estado possui determinada forma de organização (meio), mais ou menos centralizada. Todo Estado, inclusive federal, neste sentido é unitário, pois tem como um de seus objetivos a busca da unidade" (BERCOVICI, Gilberto. *Dilemas do estado federal brasileiro*. Porto Alegre: Livraria do Advogado, 2004. p. 9-10).

[4] OLIVEIRA, Regis Fernandes de. *Curso de direito financeiro*. 3. ed. rev. e atual. São Paulo: RT, 2010. p. 33.

[5] Como ressalta Anderson: "El federalismo es adecuado para algunos países, no para todos. El federalismo es una forma democrática de gobierno, enraizada en el constitucionalismo y en el Estado de Derecho". ANDERSON, George. *Una introducción al federalismo*. Trad. Isabel Vericat y Celorio Morayta. Madrid: Marcial Pons, 2008. p. 30.

[6] Não se quer, nesta oportunidade, louvar o modelo federativo como necessariamente mais virtuoso. Há ponderações recentes que questionam seriamente essa noção, como é o caso de Tanzi: "However, the experiences in recent decades of most federal countries should raise doubts about some of these claims. Given those experiences, and recognizing a few notable exceptions such as Australia and Switzerland, It is easy to argue that a reasonably well working unitary system, in a democratic country, with some administrative, fiscal decentralization that provides some spending discretion especially to cities, can achieve results as good or better than those achieved by federal systems (...) This question deserves more scrutiny by economists and political scientists, without the filter of ideology". TANZI, Vito. Rethinking fiscal federalism: a critical evaluation. Mimeo (Paper escrito para o "180° Seminario Federalismo Fiscal 2015", promovido pela Facultad de Ciencias Económicas – Universidad Nacional de Buenos Aires, 05 jun. 2015). 2015. p. 26/27.

[7] "A descentralização territorial tem justificações de ordem prática e política: – constitui uma receita para assegurar a diversidade na unidade, tendo em vista a variedade das necessidades locais, sendo que não se abandona certo controle do poder central; – contribui para descongestionar a administração central; – possibilita à administração melhor conhecimento dos problemas administrativos de ordem local; – a descentralização territorial é sobretudo fruto de fator político, surge como conseqüência do princípio da democracia representativa, ralacionando (sic) a organização constitucional com a administrativa" (BARACHO, José Alfredo de Oliveira. *Teoria geral do federalismo*. Rio de Janeiro: Forense, 1986. p. 117-118 e 120-121).

[8] BARACHO, José Alfredo de Oliveira. *Teoria geral do federalismo* cit., p. 321.

[9] REIS, Élcio Fonseca. *Federalismo fiscal*: competência concorrente e normas gerais de direito tributário. Belo Horizonte: Mandamentos, 2000. p. 32: "O elemento informador do princípio federativo é a pluralidade consorciada e coordenada de mais de uma ordem jurídica incidente sobre um mesmo território estatal, posta cada qual no âmbito de competências previamente definidas, a submeter um povo". Ainda, ensina Paulo Gonet Branco: "O federalismo tende a permitir a convivência de grupos étnicos heterogêneos, muitas vezes com línguas próprias, como é o caso da Suíça e do Canadá. Atua como força contraposta a tendências centrífugas. O federalismo, ainda, é uma resposta à necessidade de se ouvirem as bases de um território diferenciado quando da tomada de decisões que

heterogeneidade é essencial na doutrina de Charles Tiebout, dos anos 1950: a divisão do governo em compartimentos menores permitiria a oferta de um pacote de bens e encargos públicos adequado para as preferências de cada cidadão, evitando a homogeneização massificada. Daí sua famosa ideia de "votar com os pés": cada família buscaria estar sob a jurisdição do governo que oferecesse aquilo que é mais próximo de suas preferências.[10]

Wallace Oates, por sua vez, convencido dos benefícios da organização federal, apresenta o tema como uma soma das vantagens de um Estado Unitário com as vantagens da descentralização, cada um fazendo "o que faz de melhor".[11] Assim também Heleno Torres, para quem se busca "criar um sistema que não prioriza extremos, mas que alcança no equilíbrio suas melhores virtudes a serem concretizadas".[12]

É pelo pacto federativo que o Estado se organiza da forma federativa, distribuindo competências entre os entes.[13] [14] Esse pacto pressupõe a autonomia dos entes periféricos em relação ao poder central, não admitindo relação de dependência entre um e outro, e nem mesmo relação de hierarquia. A soberania permanece sendo do ente

---

afetam o país como um todo. A fórmula opera para reduzir poderes excessivamente centrípetos". BRANCO, Paulo Gustavo Gonet. Estado Federal. *In*: MENDES, Gilmar Ferreira; BRANCO, Paulo Gustavo Gonet. *Curso de direito constitucional* cit., p. 832.

[10] "Em Tiebout, o grande mérito da descentralização fiscal está no estímulo à concorrência entre os governos locais (estados e municípios)" (MENDES, Marcos. Federalismo Fiscal. *In*: BIDERMAN, Ciro; ARVATE, Paulo Roberto (Org.). *Economia do setor público no Brasil*. Rio de Janeiro: Elsevier/Campus, 2005. p. 425).

[11] "From an economic standpoint, the obvious attraction of the federal form of government is that it combines the strengths of unitary government with those of decentralization. Each level of government, rather than attempting to perform all the functions of the public sector, does what it can do best. The central government presumably accepts primary responsibility for stabilizing the economy, for achieving the most equitable distribution of income, and for providing certain public goods that influence significantly the welfare of all members of society. Complementing these operations, subcentral governments can supply those public goods and services that are of primary interest only to the residents of their respective jurisdictions. In this way, a federal form of government offers the best promise of a successful resolution of the problems that constitute the economic *raison d'être* of the public sector. It is in this sense that federalism may, in economic terms, be described as the optimal form of government". OATES, Wallace E. *Fiscal federalism*. Cheltanham: Edward Elgar Publishing, 2012. p. 14-15.

[12] TORRES, Heleno Taveira. *Direito Constitucional Financeiro* – Teoria da Constituição Financeira. São Paulo: Revista dos Tribunais, 2014. p. 262.

[13] OLIVEIRA, Regis Fernandes de. *Curso de direito financeiro*. 3. ed. rev. e atual. São Paulo: RT, 2010. p. 38.

[14] Para Gilberto Bercovici, "o grande objetivo do federalismo, na atualidade, é a busca da cooperação entre União e entes federados, equilibrando a descentralização federal com os imperativos da integração econômica nacional". BERCOVICI, Gilberto. *Dilemas do estado federal brasileiro* cit., p. 58.

público geral; os entes descentralizados, embora não soberanos, são autônomos.[15] Como afirma Regis de Oliveira, "a soberania é, essencialmente, indivisível e, pois, entra na competência de apenas uma pessoa jurídica".[16] Deve manter-se a distinção entre a ordem jurídica global, em que atua a República Federativa do Brasil; e as ordens jurídicas parciais, onde atuam as pessoas jurídicas de direito público interno.[17]

Os entes são constitucionalmente iguais – sem relação de hierarquia –, encontrando sua diferença no campo das competências.[18] Assim, Paulo Bonavides aponta como princípios ou leis que regem o federalismo: a autonomia e a participação.[19] E afirma que os Estados federais buscam: "institucionalizar-se por um modo mais perfeito e eficaz sob a forma de comunhão perpétua e indissolúvel, capaz de exprimir os altos valores da solidariedade, do amparo mútuo, do respeito,

---

[15] "A caracterização de uma Federação é estabelecida pela reunião de um conjunto de requisitos, relevando a distinção entre soberania e autonomia como marco distintivo. A soberania, que é elemento privativo da União, outorga personalidade jurídica de direito público à União, sendo seu atributo exclusivo. Os Estados-membros não possuem este atributo, sendo-lhes conferido o elemento de autonomia, com competências delimitadas e definidas pela Constituição do estado federal". SCAFF, Fernando Facury; ROCHA, Francisco Sérgio Silva. Princípios, elementos e conceito de Estado Federal. *In:* RAMOS, Dirceto Torrecillas (Coord.). *O federalista atual* cit., p. 69. Daí também que os Estados-membros, autônomos, mas não soberanos, recebem Poder Constituinte, que contudo não é originário, mas derivado da (e limitado pela) Constituição federal, conforme: RAMOS, Dirceto Torrecillas. Composição da federação brasileira. *In:* RAMOS, Dirceto Torrecillas (Coord.). *O federalista atual* cit., p. 85.

[16] OLIVEIRA, Regis Fernandes de. Federalismo fiscal e pacto federativo. *Revista Tributária e de Finanças Públicas*, v. 61, 2005.

[17] TORRES, Heleno Taveira. Tributos e convenções internacionais em matéria tributária e o federalismo fiscal brasileiro. *Revista Dialética de Direito Tributário*, n. 86, nov. 2002, p. 46: "Na composição federativa, por rigor, deve-se ter sempre em mente a distinção entre *ordem jurídica global*, inerente à República Federativa do Brasil, sujeito de direito público externo, definida como sistema de normas nacionais, e as *ordens jurídicas parciais*: central (a União) e periféricas (Estados-membros), que estão submetidas à discriminação constitucional de competências. Entre os entes formadores das ordens jurídicas parciais não há preeminência ou relação hierárquica de uma sobre a outra, visto serem autônomas e isônomas entre si e diferenciarem-se apenas pela distinção das competências materiais pertinentes a cada uma. Mas não se diga o mesmo quanto à relação entre a ordem jurídica global e soberana (representante dos interesses nacionais) e as ordens parciais. A ordem global soberana prevalece sobre as ordens parciais autônomas". À época da redemocratização, Raul Machado Horta já colocava a necessidade de pensar soluções "que, assegurando o primado da União soberana nos assuntos de sua competência nacional, não inibam, de outro lado, a exploração das potencialidades dos Estados-Membros" – HORTA, Raul Machado. Reconstrução do federalismo brasileiro. *Revista de Informação Legislativa*, ano 18, n. 72, p. 15, out./dez. 1981.

[18] REIS, Élcio Fonseca. *Federalismo fiscal* cit., p. 39-40.

[19] BONAVIDES, Paulo. *A Constituição aberta* – temas políticos e constitucionais da atualidade, com ênfase no federalismo das regiões. 2. ed. São Paulo: Malheiros, 1996. p. 430.

da colaboração e da liberdade".[20] Os entes políticos subnacionais são autônomos e independentes entre si. São pessoas jurídicas de direito interno, mas não de direito externo.

2 Federalismo fiscal: autonomia financeira

Eis que a ideia de um Estado federal presume a distribuição de competências entre os diversos entes políticos internos.[21] E, para exercer as atividades que lhe competem, o ente político deve alcançar meios de financiamento.[22] Deve-se ter atenção à lição de Cármen Lúcia Antunes Rocha: "Pela subtração de recursos econômico-financeiros às entidades federadas, tem-se chegado à ruptura velada, mas não menos grave, e ao esvaziamento de algumas propostas da Federação".[23]

A autonomia do ente subnacional, manifestada no plano financeiro,[24] é parte relevantíssima do arranjo institucional.[25] A *autonomia financeira* está diretamente vinculada à capacidade de financiar as atividades a serem exercidas, fruto da outorga de competências administrativas. Sem recursos, os entes "passarão a depender do poder central para financiar suas atividades, circunstância que aniquila todo e

---

[20] *Idem, ibidem*, p. 418.

[21] OLIVEIRA, Regis Fernandes de. *Curso de direito financeiro* cit., p. 38.

[22] "Afinal, partilhar atribuições (competências administrativas e legislativas) sem partilhar recursos é transformá-las em promessas vazias, obrigações inexequíveis". MENDES, Gilmar Ferreira. Tributação e finanças públicas na Constituição Federal de 1988. *In*: MENDES, Gilmar Ferreira; BRANCO, Paulo Gustavo Gonet. *Curso de direito constitucional.* 6. ed. rev. e atual. São Paulo: Saraiva, 2011. p. 1453.

[23] ROCHA, Carmen Lúcia Antunes. *República e federação no Brasil* – Traços constitucionais da organização política brasileira. Belo Horizonte: Del Rey, 1997. p. 185. No dizer de Lucas Bevilacqua e Rafael Fonseca, "o descompasso entre as atribuições materiais e as receitas tributárias gera uma sobrecarga comprometedora da autoadministração, e em consequência, da autonomia federativa" – BEVILACQUA, Lucas; FONSECA, Rafael. Compensações pela desoneração do ICMS nas exportações de bens primários e semielaborados. *In*: SCAFF, Fernando Facury; TORRES, Heleno Taveira; DERZI, Misabel de Abreu Machado; BATISTA JÚNIOR, Onofre Alves. *Federalismo(s) em juízo.* 1. ed. São Paulo: Noeses, 2019. p. 337. Os autores indicam, adiante, que "somente por meio do exercício de sua própria competência tributária, os Estados e os Municípios podem garantir o cumprimento de suas prioridades, e não da União, preservando sua autonomia em relação a esta" (p. 338).

[24] "O equilíbrio federativo exige que haja correlação entre as competências, que são encargos, tarefas a serem executadas, e os meios financeiros indispensáveis para seu desempenho". DALLARI, Dalmo de Abreu. Implicações do pacto federativo. *In*: RAMOS, Dircêo Torrecillas (Coord.). *O federalista atual.* cit., p. 593.

[25] "Los acuerdos en torno a la recaudación, repartición y gasto del dinero son de crucial importancia, tanto política como económicamente, para el funcionamiento de los sistemas federales". ANDERSON, George. *Una introducción al federalismo* cit., p. 51.

qualquer poder autônomo que se lhes atribua".[26] Com Sampaio Dória: "O poder político, distribuído pelas camadas da federação, encontra seu necessário embasamento na simultânea atribuição de poder financeiro, sem o qual de pouco vale: *autonomia na percepção, gestão e dispêndio das rendas próprias*".[27] [28]

E é nesse contexto que se apresenta o federalismo *fiscal*.[29] Ele se destina à compreensão dos meios de dotar cada um dos entes governamentais dos recursos necessários ao desenvolvimento das atividades que lhes competem.[30] Em outras palavras: de "assegurar-lhes meios para a obtenção de seus fins".[31]

---

[26] CONTI, José Maurício. *Federalismo fiscal e fundos de participação*. São Paulo: Juarez de Oliveira, 2001. p. 14.

[27] SAMPAIO DÓRIA, Antônio Roberto. *Discriminação de rendas tributárias*. São Paulo: José Bushatsky Editor, 1972. p. 11.

[28] Com Scaff, lembre-se que "É necessário que se retorne à compreensão de que a economia decorre de opções políticas, e que estas decorrem de opções humanas, instrumentadas pelo Direito". SCAFF, Fernando Facury. Não há democracia sem Estado Social: saudação a Avelãs Nunes no STF. *Revista Fórum de Direito Financeiro e Econômico*, ano 6, n. 11, p. 31, mar./ago. 2017.

[29] "Nessa expressão, o adjetivo 'fiscal' restringe o tipo de 'federalismo' de que estamos falando. O termo *federalismo*, desacompanhado do adjetivo, diz respeito à divisão de poderes políticos e constitucionais entre os diferentes níveis de governo, indo muito além da mera divisão de tarefas administrativas". MENDES, Marcos. Federalismo Fiscal. *In:* BIDERMAN, Ciro; ARVATE, Paulo Roberto (Org.). *Economia do setor público no Brasil* cit., p. 422. Coloca Heleno Torres: "A Constituição institui e organiza os meios necessários para cumprir com o eficiente e suficiente financiamento do Estado, na sua integridade funcional, em permanente integração com os fins do Estado determinados pela Constituição. Por isso, impõe-se uma hermenêutica rigorosa de suas normas, sob a égide do princípio do federalismo, para a aplicação desse regime do federalismo fiscal, numa afirmação das autonomias, mas sem perder de vista a unidade do Estado nacional" (TORRES, Heleno Taveira. *Direito Constitucional Financeiro.* cit. p. 252).

[30] Segundo Marcos Mendes, o federalismo fiscal é definido como "a divisão de tarefas entre os diferentes níveis de governo: quem (que níveis de governo) deve arrecadar cada um dos tributos do país e quem deve ofertar cada um dos serviços públicos (saúde, saneamento, educação, limpeza, iluminação, segurança pública, estabilidade macroeconômica, assistência aos pobres etc.). A ideia principal é buscar uma divisão de tarefas que maximize a eficiência do setor público". *Idem, ibidem*, p. 421.

[31] OLIVEIRA, Regis Fernandes de. *Curso de direito financeiro* cit., p. 42. Prossegue o autor: "Faz-se um bolo arrecadatório, destinado a fornecer os meios para que o Estado cumpra suas finalidades, podendo atender aos serviços públicos, exercitando o poder de polícia, intervindo no domínio econômico, preservando situações através de documentos e mantendo sua estrutura (...) Ao celebrar-se o pacto federativo através da elaboração do pacto político que é a Constituição, deve haver o sopesar das necessidades de cada ente autônomo e os recursos previstos no texto. Se não houver compatibilidade, o pacto é vesgo. Se não se estabelecer razoabilidade entre fins e meios, perecem as soluções democráticas, criando-se odiosa estrutura de dominação dos entes maiores sobre os menores. Deixando de se atender a critérios equitativos na distribuição de recursos, instaura-se o desequilíbrio repugnante entre os centros federativos de poder. Logo, urge que as limitações ao poder de tributar não tornem exangues as fontes dos Municípios e Estados, nem se instituam

O tema, então, é a distribuição de recursos no seio da federação. Nas palavras de Shah: "os princípios do federalismo fiscal estão preocupados com o desenho das constituições fiscais – isto é, como a tributação, o gasto e as funções regulatórias são alocadas entre governos e como transferências intergovernamentais são estruturadas. Esses arranjos são de fundamental importância para a provisão eficiente e equitativa dos serviços públicos",[32] revelando "a questão mais fundamental de uma federação".[33] Ao federalismo fiscal cabe a difícil tarefa de tentar fechar a "brecha vertical", a que se refere Sérgio Prado.[34]

Enfatize-se, contudo, antes de prosseguir, que o federalismo fiscal não pode ser pensado senão considerando necessária e expressamente o objetivo constitucional de redução de desigualdades regionais.[35] Tanto assim que Celina Souza argumenta que "a razão de ser do federalismo brasileiro sempre foi, e continua sendo, uma forma de acomodação das demandas de elites com objetivos conflitantes, bem como um meio para amortecer as enormes disparidades regionais".[36] Gilberto Bercovici sustenta que é "a problemática das desigualdades regionais que deve determinar os limites da descentralização no Brasil".[37] Para Heleno Torres, a redução de desigualdades "define prioridades orçamentárias"[38] e "deveria ser o critério preponderante" na formatação das transferências fiscais federativas.[39]

Recorde-se sempre, com Scaff, que "nas sociedades em que existe forte desigualdade socioeconômica, é imperioso que o governo atue

---

mecanismos de imunidades de tal ordem que atinjam somente as esferas menores da federação". p. 42-43.

[32] SHAH, Anwar. Introduction: principles of fiscal federalism. *In*: SHAH, Anwar (Ed.). *The practice of fiscal federalism*: comparative perspectives. A global dialogue on federalism. Canadá: McGill-Queen's University Press, 2007. v. 4, p. 3. Tradução livre.

[33] *Idem, ibidem*, p. 9. Tradução livre.

[34] PRADO, Sergio. *A questão fiscal na federação brasileira*: diagnóstico e alternativas. Brasília: CEPAL, mar. 2007. p. 06.

[35] Para um estudo sobre o objetivo de redução de desigualdades no Direito Financeiro brasileiro, ver: SILVEIRA, Alexandre Coutinho da. *O Direito Financeiro e a redução de desigualdades*. Tese (Doutorado). Universidade de São Paulo. São Paulo, 2018.

[36] SOUZA, Celina. Intermediação de Interesses Regionais no Brasil: O Impacto do Federalismo e da Descentralização. *Dados*, Rio de Janeiro, v. 41, n. 3, 1998. Disponível em: http://www.scielo.br/scielo.php?script=sci_arttext&pid=S0011-52581998000300003&lng=en&nrm=iso. Acesso em: 29 nov. 2015.

[37] BERCOVICI, Gilberto. A descentralização de políticas sociais e o federalismo cooperativo brasileiro. *Revista de Direito Sanitário*, v. 3, n.1, p. 24, mar. 2002.

[38] TORRES, Heleno Taveira. *Direito constitucional financeiro*: teoria da Constituição Financeira. São Paulo: Revista dos Tribunais, 2014. p. 269. O autor coloca que a redução das desigualdades é *objetivo* do federalismo.

[39] *Ibidem*, p. 294.

visando reduzi-las" – como o arranjo federativo, a justiça distributiva é "problema primordialmente político, lateralmente econômico e residualmente jurídico".[40]

3 Os instrumentos do federalismo fiscal

A teoria do federalismo fiscal avança no estudo dos fatores determinantes para essa distribuição de recursos e para auxiliar no desenho das instituições fiscais, visando adequar a partilha das finanças públicas à decisão política que fixou quem fará o que e como.[41]

E os instrumentos a serem utilizados nessa tarefa são diversos.

O primeiro (quiçá prévio) e mais óbvio destes é a própria partilha das competências administrativas. Isto é: quanto menos atividades governamentais forem descentralizadas a Estados e Municípios, menor será a necessidade de dotá-los de recursos.[42] Mas não apenas

---

[40] SCAFF, Fernando Facury. *Orçamento republicano e liberdade igual*: ensaio sobre Direito Financeiro, República e Direitos Fundamentais no Brasil. Belo Horizonte: Fórum, 2018. p. 269.

[41] "Six questions arise with respect to intergovernmental finance in any country [...]. The first five focus on content as follows: – The question of expenditure assignment: Who should do what? – The question of revenue assignment: Who should levy what taxes? – The question of vertical imbalance: How should any imbalance between the revenues and expenditures of subnational government be resolved? – The question of horizontal imbalance or equalization: To what extent should fiscal institutions attempt to adjust for differences in needs and capacities between different government units at the same level of government? – The question of access to capital markets: What, if any, rules should exist with respect to subnational borrowing? The sixth question concerns the process by which these questions are answered, that is, the institutional framework within which the technical problems of fiscal federalism are resolved" (BIRD, Richard M.; VAILLANCOURT, François. Introduction and summary. *In*: BIRD, Richard M.; VAILLANCOURT, François (Ed.). *Perspectives on fiscal federalism*. Washington: The World Bank, 2006. p. 2).

[42] SILVA, Mauro Santos. *Teoria do federalismo fiscal*: notas sobre as contribuições de Oates, Musgrave, Shah e Ter-Minassian. Belo Horizonte: Nova Economia, 2005. "A principal questão relativa à organização do sistema fiscal é a definição clara e precisa de competências que devem ser atribuídas a cada nível de governo, isto é, o grau de autonomia capaz de permitir o alcance de uma situação Pareto-eficiente. No que diz respeito à função alocativa, a autonomia, sob o ponto de vista teórico-normativo, deve ser compartilhada entre os diferentes níveis de governo e diferentes unidades federadas, segundo o grau de correspondência entre as preferências relativas à contribuição tributária e à cesta de bens produzidos pelo setor público das comunidades componentes de cada jurisdição. [...] Em síntese, o conteúdo do Teorema da Descentralização de Oates (1977, p. 59) afirma que há maximização da eficiência econômica da ordenação federativa fiscal alocativa, sempre que for observada perfeita correspondência entre as ações do governo e a preferência dos grupos que o financiam. O governo central deve responder pela provisão de bens cujo consumo seja uniforme, em termos de preferência e em termos de quantidade individual demandada em todo o território federativo. Os governos estaduais assumiriam a responsabilidade pela provisão de itens com preferências regionais, e os governos locais responderiam pelos bens cujo perfil da demanda fosse específico de uma localidade. [...] Pela ótica da despesa, os programas redistributivos podem ser operacionalizados por meio de dois

quantitativamente a alocação das competências importa no desenho fiscal. Isso também ocorre qualitativamente: a eficiência é alcançada atribuindo a cada ente político a responsabilidade por realizar as atividades que afetem mais diretamente seus jurisdicionados, e também a quem esteja mais apto a escutar suas preferências – observando também critérios de justiça redistributiva e de redução de desigualdades regionais.[43]

Outro instrumento comum reside na responsabilidade por gerar receita. Seu foco primário é o tributário – mas não exclui as receitas patrimoniais.[44] Através deste instrumento, é possível outorgar – como de fato ocorre no Brasil – a competência por instituir e arrecadar tributos a cada um dos entes políticos. É a chamada *repartição ou discriminação das fontes de receita*.[45] Então, o desenho fiscal é ponderado para que a base impositiva outorgada seja de grandeza adequada às atribuições administrativas que cabem ao ente.

Em um plano básico, deve-se escolher uma das três opções: alocar as receitas nos entes subnacionais, determinando que transfiram parte dessa receita "para cima", para que o ente central possa satisfazer suas necessidades; ou alocar a responsabilidade arrecadatória no ente central, financiando os entes subnacionais com transferências; e a terceira opção, mais comum, é alocar algum poder tributário nos entes

---

mecanismos. Primeiro, a definição da composição da cesta de bens produzidos pelo governo, maior quantidade de bens destinados ao consumo das populações de renda inferior tende a implicar transferências de recursos em forma de produtos e serviços. Segundo, por meio de transferências diretas para as populações de renda mais baixa, de forma a possibilitar que os indivíduos beneficiados possam realizar suas próprias escolhas, ou seja, possam dispor dos recursos segundo suas próprias preferências. Essas ações são identificadas como tarefas primordialmente destinadas ao governo central do Estado federativo, por demandarem procedimentos em escala nacional e grau e uniformidade capazes de eliminar possibilidades de deslocamento espacial dos fatores produtivos. [...] As políticas redistributivas são tratadas pela teoria do federalismo fiscal como políticas preferencialmente nacionais. Ações locais, num cenário de mobilidade de fatores, tendem a alterar preferências localizacionais e produzir decisões ineficientes ao conjunto do sistema econômico. A participação de governos subnacionais em ações distributivas é desejável em circunstâncias especiais, quando as restrições supramencionadas não forem verificadas, criando, com isso, a possibilidade da adoção de medidas eficientes e eficazes". p. 120-124.

[43] TER-MINASSIAN, Teresa. Intergovernmental fiscal relations in a macroeconomic perspective: an overview. *In:* TER-MINASSIAN, Teresa (Ed.). *Fiscal federalism in theory and practice.* Washington: International Monetary Fund, 1997. p. 4-7.

[44] OLIVEIRA, Regis Fernandes de. *Curso de direito financeiro* cit., p. 42. Sobre o tema de federalismo patrimonial v.: SCAFF, Fernando Facury. O federalismo fiscal patrimonial e fundos de equalização. O rateio de *royalties* de petróleo no Brasil. *In:* HORVATH, Estevão; CONTI, José Maurício; SCAFF, Fernando Facury (Org.). *Direito Financeiro, Econômico e Tributário:* Estudos em Homenagem a Regis Fernandes de Oliveira. São Paulo: Quartier Latin, 2014.p. 179-206.

[45] CONTI, José Maurício. *Federalismo fiscal e fundos de participação* cit., p. 36.

subnacionais, complementando, quando necessário, as verbas necessárias para o financiamento de suas atividades com transferências (de diversas tipologias) oriundas do ente central.[46]

Claro que há uma série de considerações que dizem respeito não apenas ao *quantum* de arrecadação.[47] [48] Especialmente, deve-se considerar que o tributo é meio de gerência macroeconômica, esta que, por seu caráter nacional abrangente, é pacificamente reconhecida como de atribuição preferencial ao ente central. Da mesma forma, o tributo é importante ferramenta de operação da justiça distributiva – que é também uma tarefa preferencial da União.[49] Distorções econômicas (como na circulação de bens e na movimentação de fatores de produção) devem ser consideradas,[50] máxime em face da possível desigualdade da base imponível nos diversos locais do país. Idem em relação a fatores de eficiência na estrutura de arrecadação. A elasticidade da base imponível é outro fator relevante (para além da teoria da imposição fiscal – o princípio da neutralidade tributária[51]), especialmente quando se trata

---

[46] NORREGAARD, John. Tax Assignment. *In:* TER-MINASSIAN, Teresa (Ed.). *Fiscal federalism in theory and practice*. Washington: International Monetary Fund, 1997. p. 50-51.

[47] Afirma Bernard Dafflon: "in fiscal federalism, efficiency is not economic efficiency. Equity is not only redistributive: it encompasses equal access, the right of diversity, consideration for the minority, solidarity and equalization. The political economy of the assignment of responsibilities in federal and decentralized nations is concerned with the general relationships between government units and government levels". DAFFLON, Bernard. The assignment of functions to decentralized government: from theory to practice. *In:* AHMAD, Ehtisham; BROSIO, Giorgio. *Handbook of fiscal federalism*. Cheltenham: Edward Elgar Publishing, 2006. p. 299.

[48] V. MENDES, Marcos. Federalismo Fiscal. *In:* BIDERMAN, Ciro; ARVATE, Paulo Roberto (Org.). *Economia do setor público no Brasil* cit., p. 430 e ss.

[49] BOADWAY, Robin; SHAH, Anwar. *Fiscal federalism:* principles and practice of multiorder governance. Nova York: Cambridge University Press, 2009. p. 167.

[50] "Most forms of local and regional business taxes found in developing countries introduce serious economic distortions in a variety of ways". BIRD, Richard M. Local and regional revenues: realities and prospects. *In:* BIRD, Richard M.; VAILLANCOURT, François (Ed.). *Perspectives on fiscal federalism* cit., p. 191. Também: VARSANO, Ricardo; FERREIRA, Sérgio Guimarães; AFONSO, José Roberto. *Fiscal competition:* a bird's eye view. Rio de Janeiro: IPEA, 2002. Texto para discussão n. 887, p. 4-5. "When business, capital income or property taxes are in force in decentralized government units, depending on economic conditions, tax exporting may occur. Income and property taxes may be exported to foreign owners of domestic companies or land. Business taxes may be shifted, through increases in the prices of local output, to residents of other jurisdictions who consume the goods. Tax shifting is more likely when a locality produces a highly specialized commodity, like natural resources or touristic attractions. When tax exporting occurs, residents of a particular area do not bear the full cost of the public goods that the local government provides. This may give rise to inefficient overprovision of these goods".

[51] "Outro requisito desejável ao sistema tributário é a neutralidade, a não-interferência ou a minimização da interferência dos tributos nas decisões alocativas realizadas pelos agentes econômicos. A introdução de um tributo no sistema produtivo pode produzir

de bases tributáveis compartilhadas entre entes federativos, já que o aumento das alíquotas por um reduz o espaço do outro competente.[52][53]

O federalismo fiscal busca também, então, identificar qual (entre os muitos possíveis) é um "bom tributo local", que possa ser atribuído aos entes descentralizados de forma eficiente, sem causar distorções econômicas, que tenha potencial de arrecadação adequado, que seja compatível com a estrutura de arrecadação a ser construída localmente, e que seja transparente aos jurisdicionados,[54][55] promovendo a responsabilização (*accountability*) do ente tributante.[56][57] Bird, embora não abordando diretamente essas condições, resume o tema apontando dois critérios que devem ser satisfeitos: (i) o valor arrecadado deve ser suficiente para que os entes subnacionais mais ricos sejam financeiramente autônomos; e (ii) esses tributos devem impor clara responsabilidade fiscal ao ente subnacional, sendo coletados dos jurisdicionados do ente tributante e preferivelmente relacionados aos benefícios que estes recebem do respectivo governo.[58] Em outra oportunidade, afirma que

---

desequilíbrios de preços relativos e com isso provocar distorções no sistema informacional configurado no espaço de mercado, conduzindo os agentes a decisões ineficientes do ponto de vista da maximização dos retornos esperados". SILVA, Mauro Santos. *Teoria do federalismo fiscal* cit., p. 127.

[52] BOADWAY, Robin; SHAH, Anwar. *Fiscal federalism* cit., p. 169-170.

[53] Como já pontuava Sampaio Dória: "A título ilustrativo, poder-se-iam nomear algumas dessas diretrizes informadoras de ideal discriminação de rendas: (a) receitas proporcionais aos encargos atribuídos ao órgão federado; (b) complementação, através de impostos, de competência regulatória material; (c) concentração, na União, de impostos de difusão econômica nacional, e, nos governos locais, dos economicamente restritos à sua esfera de influência; (d) distribuição equitativa dos impostos de equivalente produtividade e daquêles de base real e pessoal; (e) flexibilidade de acesso a novas fontes tributárias; (f) atribuição de impostos ao órgão que possa mais eficientemente coletá-los e administrá-los; (g) tentativa de integração dos sistemas; (h) eliminação de embaraços à circulação econômica entre as unidades federativas; (i) possibilidade de distensão do poder tributário federal em casos emergenciais, etc.". SAMPAIO DÓRIA, Antônio Roberto. *Discriminação de rendas tributárias* cit., p. 17.

[54] NORREGAARD, John. Tax Assignment. *In:* TER-MINASSIAN, Teresa (Ed.). *Fiscal federalism in theory and practice* cit., p. 52-53.

[55] Para Shah, são quatro os princípios norteadores: eficiência econômica, equidade nacional, viabilidade administrativa e necessidade fiscal (também chamado de adequação de receita). SHAH, Anwar. Introduction: principles of fiscal federalism. *In:* SHAH, Anwar (Ed.). *The practice of fiscal federalism* cit., p. 20.

[56] BOADWAY, Robin; SHAH, Anwar. *Fiscal federalism* cit., p. 165.

[57] Para uma revisão dos critérios de alocação de tributos aos entes subnacionais, inclusive com análise das bases imponíveis mais comuns, ver: TALIERCIO, Robert R. Subnational own-source revenue: getting policy and administration right. *In:* WORLD BANK. *East Asia decentralizes:* makig local government work. Washington: The World Bank, 2005. p. 107 e ss.

[58] BIRD, Richard M. Local and regional revenues: realities and prospects. *In:* BIRD, Richard M.; VAILLANCOURT, François (Ed.). *Perspectives on fiscal federalism* cit., p. 179. A responsabilidade fiscal mencionada por Bird deve ser interpretada como uma conexão

no cerne do debate deve estar a responsabilização do ente subnacional: a arrecadação do tributo próprio deve ser clara, os cidadãos devem compreendê-la, e o governo deve poder ser cobrado pela exigência e pelo bom uso dado à receita.[59] Os tributos sobre a propriedade imobiliária são frequentemente reconhecidos como os melhores a serem alocados nas esferas de governo mais descentralizadas.[60] Na outra ponta, tributos sobre a renda são frequentemente tidos como melhor alocados no ente central.

Vale mencionar que as bases econômicas da imposição podem ser totalmente separadas por ente tributante (como ocorre no Brasil), assim como podem ser divididas entre entes diversos, cada um aplicando uma alíquota sobre a mesma base.[61] É importante a lição de Martinez-Vazquez *et al.*, apresentando quatro principais aspectos da alocação da responsabilidade pela geração de receitas: (i) qual nível de governo escolhe os tributos com os quais os governos subnacionais receberão receitas; (ii) qual nível define as bases impositivas; (iii) qual nível estabelece as alíquotas; e (iv) qual nível administra os tributos.[62]

Como se vê, são muitas as variáveis no *design* da repartição das bases tributárias que podem constranger uma adequada distribuição dos recursos públicos.[63] Esses fatores costumam pesar em favor da União.

---

entre aqueles que tomam as decisões sobre os tributos locais, aqueles que pagam esses tributos e aqueles que se beneficiam dos recursos recolhidos ao Erário – cf. BIRD, Richard M.; VAILLANCOURT, François. Introduction and summary. *In:* BIRD, Richard M.; VAILLANCOURT, François (Ed.). *Perspectives on fiscal federalism* cit., p. 2.

[59] BIRD, Richard M. Subnational taxation in developing countries: a review of the literature. *World Bank Policy Research Working Paper Series*, n. 5.450, 2010, p. 44.

[60] Interessante a defesa enfática desta base tributária por John Norregaard, que entende tratar-se de tributação mais eficiente, neutra, menos distorsiva, estável, previsível, transparente (o que, por outro lado, a torna impopular) e que também promove o uso eficiente da terra. NORREGAARD, John. Taxing Immovable property: revenue potential and implementation challenges. *IMF Working Paper*, n. 13/129, maio 2013.

[61] TER-MINASSIAN, Teresa. Intergovernmental fiscal relations in a macroeconomic perspective: an overview. *In:* TER-MINASSIAN, Teresa (Ed.). *Fiscal federalism in theory and practice* cit., p. 8-11.

[62] MARTINEZ-VAZQUEZ, Jorge; McLURE, Charles; VAILLANCOURT, François. Revenues and expenditures in an intergovernmental framework. *In:* BIRD, Richard M.; VAILLANCOURT, François (Ed.). *Perspectives on fiscal federalism* cit., p. 25.

[63] "It is difficult to draw definitive conclusions about the 'ideal' subnational tax system for any particular country. To do so one must take into account not only the normal public finance trio of goals – efficiency (allocation), equity (distribution), and stabilization – but also the extent to which economic growth is emphasized as a policy goal as well as such nebulous but politically resonant factors as regional balance and the maintenance of national unity and political stability. In addition, of course, policy change in any country must start from the existent situation. Existent fiscal institutions usually reflect the results of an accretionary process of policy change over time, and the inertia inherent

Daí que se revela também relevantíssimo outro grupo de instrumentos: as transferências intergovernamentais,[64][65] que também podem ser instituídas sob diversos modelos.[66] Dentre eles, destacam-se[67] (i) o compartilhamento de receitas (ou *repartição ou discriminação do produto da arrecadação*[68]), como ocorre no Brasil com o ITR (art. 158, II, da CF/88) e o Imposto sobre a Renda na fonte dos servidores públicos federais (art. 158, I, da CF/88), sob um critério de derivação; e como ocorre com os Fundos de Participação (art. 159 da CF/88) sob um critério (no mais

---

in such institutions must not be underestimated (...) international comparisons of intergovernmental financial arrangements are both difficult to make and hard to interpret once made". BIRD, Richard M. *Subnational taxation in developing countries*: a review of the literature. cit., p. 2.

[64] "A literatura de finanças públicas cita as seguintes razões para as transferências intergovernamentais: i) internalização de externalidades a outras jurisdições; ii) melhoria do sistema tributário como um todo; iii) Correção de ineficiências na oferta de equilíbrio de bens públicos locais; e iv) equalização fiscal entre jurisdições". LIMA, Edilberto Carlos Pontes. *Transferências da União para estados e municípios não-originárias de repartição de receitas*: para que se destinam e o que determina o montante. Disponível em: http://lam.ibam.org.br/revista_detalhe.asp?idr=234. Acesso em: 15 jan. 2019.

[65] "Em tese, há ao menos duas justificativas econômicas para efetuar essas transferências. A primeira advém dos ganhos de eficiência obtidos na arrecadação dos tributos pelo governo central, que pela amplitude da base tributária concentra maior volume de recursos, e da capacidade dos governos locais de proverem a maior parte dos serviços públicos de forma mais eficiente. [...] A segunda, que é um tanto quanto subjetiva,3 mas não menos importante que a outra, justifica-se na provisão de serviços públicos com um padrão mínimo de qualidade em todas as UFs circunscritas a um mesmo país. [...] Portanto, as transferências intergovernamentais visam diminuir os desequilíbrios verticais e horizontais que surgem em uma federação". DUARTE, Angelo José Mont'alverne; SILVA, Alexandre Manoel Angelo da; LUZ, Everaldo Manoel; GERARDO, José Carlos. *Transferências fiscais intergovernamentais no Brasil*: uma avaliação das transferências federais, com ênfase no Sistema único de Saúde. Rio de Janeiro: IPEA, 2009. Texto para discussão n. 1457, p. 7.

[66] "Pero en todas las federaciones, el gobierno central recauda más ingresos (incluidos los préstamos) de los que necesita para su proprio gasto directo, en parte debido a las ventajas de una recaudación de los ingresos significativamente centralizada. Los gobiernos centrales realizan transferencias fiscales a las unidades constitutivas – y a veces directamente a los gobiernos locales – para permitirles cumplir mejor con sus obligaciones. La importancia de estas transferencias varía: mientras en algunas federaciones las unidades constitutivas dependen casi exclusivamente de las transferencias, en la mayoría de ellas, las transferencias del centro a las unidades constitutivas cubren, de promedio, menos de la mitad de sus gastos. En consecuencia, en la mayoría de federaciones existe una medida justa de responsabilidad de los gobiernos constitutivos ante sus respectivas poblaciones por los ingresos que recaudan en relación con los programas" (ANDERSON, George. *Una introducción al federalismo* cit., p. 56).

[67] "There are two broad ways this transfer of funds can take place: by assigning a predetermined share of federal reveues to the states, or by making federal-state transfers whose magnitude is based on criteria other than federal revenues" (BOADWAY, Robin; SHAH, Anwar. *Fiscal federalism* cit., p. 293).

[68] CONTI, José Maurício. *Federalismo fiscal e fundos de participação* cit., p. 37-38.

das vezes[69]) redistributivo;[70] [71] e (ii) as transferências por concessões[72] (*grants*), que podem ser condicionais ou não, direcionadas (a obras, políticas públicas ou programas específicos) ou não, vinculadas ou não, e podem ou não exigir contrapartida do ente público receptor (por exemplo, demandando que a cada R$ 100,00 transferidos da União ao Município, este aplique R$ 20,00 de seus próprios cofres na mesma finalidade).[73] Também podem ser legais ou voluntárias.[74] [75]

Cada um dos possíveis tipos de transferência traz efeitos macroeconômicos diversos e pode ser aplicado, com a ajuda da literatura, com objetivos diversos. Isto é: podem objetivar promover a estabilização das finanças da nação;[76] ou objetivar a redução de desigualdades regionais

---

[69] Considere-se, com Marta Arretche, que o federalismo fiscal brasileiro não é caótico, mas razoavelmente orientado. E que "a parte mais expressiva das transferências federais no Brasil tem sua origem no objetivo de reduzir desigualdades territoriais de capacidade de gasto" – ARRETCHE, Marta. Federalismo e igualdade territorial: uma contradição em termos? *DADOS – Revista de Ciências Sociais*, Rio de Janeiro, v. 53, n. 3. p. 613, 2010. Defende Araújo: "é possível afirmar que o federalismo brasileiro é um bom exemplo de que os arranjos federativos e os incentivos à igualdade podem coexistir, desde que elementos centrípetos garantam a redistribuição de riqueza entre os entes federados". ARAÚJO, Victor. Federalismo, centralização e diferenças regionais: o padrão de desigualdade das políticas não reguladas do Brasil pós-1988. *Revista Perspectivas em Políticas Públicas*, Belo Horizonte, v. VIII, n. 15, p. 95, jan./jun. 2015.

[70] "The basic structure of revenue sharing can be described by three components: the type of federal revenues to be shared, the proportion of those revenues that Will go to the states as a whole, and the allocation of the shared revenues among the states" (BOADWAY, Robin; SHAH, Anwar. *Fiscal federalism* cit., p. 293).

[71] Registre-se que o art. 161, II, da CF/88 ordena que os fundos constitucionais sejam orientados pelo objetivo de promover equilíbrio socioeconômico. Mas observação do Fundo de Participação dos Municípios, especialmente referente aos municípios não capitais (FPM-Interior), revela ausência de direcionamento redistributivo, o que pode ser considerado violador do texto constitucional, como arguido em SILVEIRA, Alexandre Coutinho da. *O Direito Financeiro e a redução de desigualdades*. cit. p. 438 e ss.

[72] SILVA, Mauro Santos. *Teoria do federalismo fiscal* cit., p. 131.

[73] Detalhes sobre os tipos de transferências, seus prós e contras, podem ser encontrados em: BOADWAY, Robin; SHAH, Anwar. *Fiscal federalism* cit., p. 306 e ss.

[74] TER-MINASSIAN, Teresa. Intergovernmental fiscal relations in a macroeconomic perspective: an overview. *In:* TER-MINASSIAN, Teresa (Ed.). *Fiscal federalism in theory and practice* cit., p. 13-15.

[75] Sobre a relevância das transferências e seus possíveis modelos, v. REZENDE, Fernando. Os desafios do federalismo fiscal. *In:* REZENDE, Fernando (Coord.). *Desafios do federalismo fiscal.* Rio de Janeiro: FGV, 2006. p. 16 e ss. Para uma revisão de literatura sobre o tema, ver: PAMPLONA, Karla Marques. O Estado federativo fiscal e o comportamento do sistema de transferências intergovernamentais na receita pública dos Municípios do Estado do Pará: uma análise sob as perspectivas da equalização fiscal e do desenvolvimento. Tese (Doutorado). Universidade Federal do Pará. Belém, 2014. p. 121 e ss.

[76] "The magnitude of the grants should be determined by overall fiscal sustainability exercises for 'general government', but the distribution of resources across regions often reflects political economy considerations". AHMAD, Ehtisham; SEARLE, Bob. On the implementation of transfers to subnational governments. *In:* AHMAD, Ehtisham; BROSIO, Giorgio. *Handbook of fiscal federalism* cit., p. 402.

(equidade horizontal); ou incentivar a redistribuição de renda aos cidadãos mais pobres;[77] ou simplesmente gerar maior eficiência na prestação de serviços públicos (especialmente aqueles que afetam cidadãos de mais de uma jurisdição[78]); ou promover padrões sociais mínimos na oferta de determinados serviços públicos (como educação – o caso do FUNDEB brasileiro). Algumas dificuldades serão encontradas no conflito entre esses diversos objetivos já que, como se faz evidente, em muitos casos vários deles serão endereçados através da mesma política de transferências. Outras dificuldades podem advir, também, de efeitos adversos dessas transferências, máxime aqueles relacionados à perda de interesse dos entes receptores dessas transferências no desenvolvimento de sua competência tributária própria;[79] e no chamado *flypaper effect*, onde as verbas oriundas de transferências tendem a ser "aprisionadas" na máquina pública, traduzindo-se mais do que proporcionalmente em gasto público.[80]

Fala-se, mesmo, em um "federalismo fiscal de segunda geração", voltado a analisar os impactos eminentemente políticos dos desenhos fiscais, tais como os incentivos à má gestão, anteriormente referidos. No campo das transferências intergovernamentais, por exemplo, essa "nova geração" recomenda que as transferências sejam orientadas privilegiando os entes subnacionais que promovem o crescimento econômico, em vez de permitir-se sucumbir à dependência (ou preguiça) fiscal.[81]

---

[77] BOADWAY, Robin. Intergovernmental redistributive transfers: efficiency and equity. *In:* AHMAD, Ehtisham; BROSIO, Giorgio. *Handbook of fiscal federalism* cit., p. 358.

[78] É o caso, por exemplo, de compensar uma unidade descentralizada de governo por ações, por ela custeadas, que têm efeitos benéficos (externalidades positivas) que se fazem presentes a cidadãos jurisdicionados em outras unidades. SHAH, Anwar. Introduction: principles of fiscal federalism. *In:* SHAH, Anwar (Ed.). *The practice of fiscal federalism* cit., p. 31.

[79] "Finally, transfer systems should be designed carefully to avoid undesirable behavior by recipient governments, such as reduction in tax effort or skewed spending, while ensuring that they have the necessary resources to provide the desired level of public services" (MARTINEZ-VAZQUEZ, Jorge; McLURE, Charles; VAILLANCOURT, François. Revenues and expenditures in an intergovernmental framework. *In:* BIRD, Richard M.; VAILLANCOURT, François (Ed.). *Perspectives on fiscal federalism* cit., p. 33).

[80] AHMAD, Ehtisham; CRAIG, John. *In:* TER-MINASSIAN, Teresa (Ed.). *Fiscal federalism in theory and practice* cit., p. 77-84 e 95. Ainda: MENDES, Marcos. Federalismo fiscal. *In:* BIDERMAN, Ciro; ARVATE, Paulo Roberto (Org.). *Economia do setor público no Brasil* cit., p. 451 e 459.

[81] WEINGAST, Barry R. Second generation fiscal federalism: the implications of fiscal incentives. *Journal of Urban Economics*, v. 65, Elsevier, 2009. Também: BIRD, Richard M. Subnational taxation in developing countries: a review of the literature cit., p. 8 e ss; OATES, Wallace E. Toward a second-generation theory of fiscal federalism. *International Tax and Public Finance*, 12, ago. 2005, p. 349 e ss. Ainda: "Fiscal institutions are not just there; they come into being and develop over time (...) since fiscal institutions are themselves a subset of governance institutions, their evolution cannot be adequately described or

É prudente sempre lembrar, contudo, que o estudo do federalismo fiscal não prescinde da lição – já mencionada – da Teoria do Estado, que demanda a autonomia financeira dos entes subnacionais. Assim, por mais que transferências significativas sejam direcionadas a um ente (ou um nível de governo), é legítima a arguição de que apenas quando se aloca a competência impositiva neste ente é que se estará respeitando sua autonomia.[82] Só então terá ele o poder de decidir quanto onerar a base, como fazê-lo, quais isenções estabelecer, etc.[83] [84] Por isso mesmo é que Sampaio Dória afirma que *"a atribuição de competência tributária, sim, é requisito axiomático da federação, para assegurar independência política".*[85] [86]

---

understood solely within the framework of public finance. Political decision makers understand that fiscal institutions can profoundly affect the future structure of incentives confronting politicians. They sometimes design fiscal institutions to solve political, rather than efficiency, problems. When fiscal solutions have unintended effects, particularly when changes in fiscal institutions at one level of government influence fiscal or political outcomes at another level of government, these changes in one period generate forces making for further changes in later periods. These changes induced by fiscal institutions can reach to the constitutional structure of government itself, including, for example, the allocation of functions and revenue sources between levels of government" – OATES, Wallace. On The Evolution of Fiscal Federalism: Theory and Institutions. *National Tax Journal,* v. LXI, n. 2, p. 330, jun. 2008.

[82] NORREGAARD, John. Tax Assignment. *In:* TER-MINASSIAN, Teresa (Ed.). *Fiscal federalism in theory and practice* cit., p. 71.

[83] "An important prerequisite for the exercise of subnational fiscal autonomy is therefore the ability to choose statutory tax rates [...] the capacity to set rates is clearly the most important of these [*se refere aos quatro aspectos de definição da tributação subnacional*], and also the most efficient. The choice of rates is what allows subnational governments to choose the level of public services while minimizing the compliance costs associated with collecting the required revenues". MARTINEZ-VAZQUEZ, Jorge. McLURE, Charles; VAILLANCOURT, François. Revenues and expenditures in an intergovernmental framework. *In:* BIRD, Richard M.; VAILLANCOURT, François (Ed.). *Perspectives on fiscal federalism* cit., p. 24 e 25.

[84] Sobre o tema, convém consultar: SCAFF, Fernando Facury; SILVEIRA, Alexandre Coutinho da. Competência tributária, transferências obrigatórias e incentivos fiscais. *In:* CONTI, José Maurício; SCAFF, Fernando Facury; BRAGA, Carlos Eduardo Faraco (Org.). *Federalismo fiscal:* questões contemporâneas. Florianópolis: Conceito, 2010.

[85] SAMPAIO DÓRIA, Antônio Roberto. *Discriminação de rendas tributárias* cit., p. 15.

[86] "A autonomia dos governos para tomar decisões deriva em boa medida da extensão em que detêm autoridade efetiva sobre recursos tributários e/ou fiscais. Governos desprovidos de autonomia para obter – por meio da taxação – recursos, em montante suficiente para atender minimamente às demandas de seus cidadãos, tendem a incorporar à sua agenda as orientações políticas do nível de governo – ou agente privado, ou ainda organismo internacional – que de fato tem controle sobre tais recursos. Simetricamente, governos dotados de autoridade sobre recursos tributários têm mais condições de definir com autonomia sua própria agenda de governo". ARRETCHE, Marta. Quem taxa e quem gasta: a barganha federativa na federação brasileira. *Revista de Sociologia e Política,* n. 24, p. 71, jun. 2005.

Esse binômio *tributação x transferências,* que pode ser tido como cerne do federalismo fiscal, envolve um sem-número de possíveis combinações de desenhos fiscais. O que se busca é a ótima junção destes instrumentos, permitindo que cada nível de governo seja adequadamente financiado para o exercício de seu mister.

O último dos principais instrumentos dos quais se ocupa o federalismo fiscal é o controle do endividamento dos entes subnacionais, que pode se dar em variados graus e em variadas formas, e que se faz relevante dados os deletérios efeitos nacionais que a bancarrota de um ente subnacional pode causar.[87][88]

Dentro dessas categorias, diversas formulações podem ser defendidas como as melhores em um Estado hipotético e idealmente considerado. Quando se trata de uma nação real, então, essas opções – que conjugam os instrumentos referidos até um ponto ótimo – são ainda mais numerosas. E devem, necessariamente, observar as peculiaridades de cada país, sendo certo que não é o caso de se aplicar uma formulação *one size fits all.* Peculiaridades que vão desde a formação econômica, cultural e política de um país até, pura e simplesmente, as preferências de seus cidadãos serão decisivas na definição do nível de descentralização de um país e, especialmente, no relacionamento fiscal entre cada um desses entes políticos.[89]

---

[87] TER-MINASSIAN, Teresa. Intergovernmental fiscal relations in a macroeconomic perspective: an overview. *In:* TER-MINASSIAN, Teresa (Ed.). *Fiscal federalism in theory and practice* cit., p. 18-21.

[88] Sobre a perspectiva federativa da dívida pública dos entes subnacionais, ver: SILVEIRA, Francisco Secaf Alves. As renegociações da dívida entre União e Estados e a crise do federalismo fiscal. *In:* SCAFF, Fernando Facury; TORRES, Heleno Taveira; DERZI, Misabel de Abreu Machado; BATISTA JÚNIOR, Onofre Alves. *Federalismo(s) em juízo.* 1. ed. São Paulo: Noeses, 2019. p. 477 e ss. O Autor sustenta que: "A constante dependência dos entes subnacionais em relação à União, em que programas de ajuste e de submissão são impostos em troca de auxílio financeiro e da suspensão do regime de normalidade demonstram a fragilidade do federalismo brasileiro, dificultando a tarefa do Direito Constitucional Financeiro na concretização de um modelo equilibrado e com entes ditados de autonomia suficiente à execução das políticas públicas de sua competência" (p. 508-509). Também vale mencionar: "A capacidade de endividamento dos estados continua sendo uma restrição importante à capacidade de implementar políticas públicas: a relação dívida consolidada líquida (DCL) e receita corrente líquida (RCL) dos estados passou de 1,7 para o conjunto dos vinte e seis estados e o Distrito Federal em 2000, para 1,53 em 2005 e para 1,04 em 2011. Na média nacional, o endividamento estadual se iguala, ainda em 2011, ao montante das receitas correntes, apontando para o elevado fardo de comprometimento de receitas a que estão submetidos os governos estaduais em suas operações cotidianas" – MONTEIRO NETO, Aristides. Federalismo sem pactuação: governos estaduais na antessala da federação. *In:* MONTEIRO NETO, Aristides (Org.). *Governos estaduais no federalismo brasileiro*: capacidades e limitações governativas em debate. Brasília: IPEA, 2014. p. 10.

[89] SAMPAIO DÓRIA, Antônio Roberto. *Discriminação de rendas tributárias* cit., p. 16 e ss.

4 Considerações finais

Tentou-se expor de forma breve os fundamentos gerais da teoria do federalismo fiscal, especialmente apresentando os instrumentos por ela utilizados para tratar do equilíbrio financeiro interno de um país que adota o modelo federativo, descentralizando competências administrativas e que, portanto, demanda que os entes subnacionais detenham os recursos necessários para levar a cabo suas atividades governamentais.

O que se deixou de fora nestas linhas – e é bom que fique explícito – é a aplicação do federalismo fiscal no Brasil. O tema se revela relevantíssimo e a análise dos diversos instrumentos – e seu maior ou menor êxito nos objetivos propostos, bem como a maior ou menor adequação desses instrumentos aos princípios constitucionais – é de grande interesse, embora não seja endereçada nesta oportunidade. Há vários trabalhos nacionais de referência sobre o tema, que podem e dever ser consultados.[90]

Enfatize-se apenas, nessa oportunidade, que o federalismo fiscal brasileiro se pretende *cooperativo* ou *participativo*,[91] a promover o equilíbrio socioeconômico entre os entes políticos,[92][93] "em que, respeitada a autonomia dos entes federados, criam-se sistemas de interpenetração entre eles, que se manifestam de forma mais evidente no campo das

---

[90] REZENDE, Fernando; OLIVEIRA, Fabrício Augusto de. Descentralização e federalismo fiscal no Brasil: desafios da reforma tributária; SCAFF, Fernando Facury. Aspectos financeiros do sistema de organização territorial do Brasil. *Revista Dialética de Direito Tributário*, n. 112, jan. 2005. TER-MINASSIAN, Teresa. Brazil. *In*: TER-MINASSIAN, Teresa (Ed.). *Fiscal federalism in theory and practice* cit. REZENDE, Fernando. Federal Republic of Brazil. *In*: SHAH, Anwar (Ed.). *The practice of fiscal federalism* cit. CONTI, José Maurício; SCAFF, Fernando Facury; BRAGA, Carlos Eduardo Faraco (Org.). *Federalismo fiscal* cit. Também: CONTI, José Maurício. *Federalismo fiscal e fundos de participação* cit. CONTI, José Maurício (Org.). *Federalismo fiscal* cit.; MENDES, Marcos. Federalismo Fiscal. *In*: BIDERMAN, Ciro; ARVATE, Paulo Roberto (Org.). *Economia do setor público no Brasil* cit.

[91] A cooperação "exige concorrência como fator de desenvolvimento. Não a concorrência predatória, que visa a eliminar ou impedir o concorrente, mas a concorrência da interdependência, na qual aos concorrentes devem ser asseguradas condições básicas para competir. Daí o fomento como atividade capaz de remover desigualdades básicas geradas por condições econômicas adversas, numa região ou num setor, que, então, devem ser compensadas por incentivos num regime de equilíbrio ponderado". FERRAZ JUNIOR, Tercio Sampaio. Unanimidade ou maioria nas deliberações do CONFAZ – Considerações sobre o tema a partir do princípio federativo. *Revista Fórum de Direito Tributário – RFDT*, Belo Horizonte, ano 10, v. 59, p. 9, set./out. 2012, da versão digital.

[92] SCAFF, Fernando Facury. Aspectos financeiros do sistema de organização territorial do Brasil cit., p. 21.

[93] O federalismo *cooperativo* ou *participativo* tem como contraponto o federalismo *dual* ou *competitivo* ou *concorrente*.

finanças públicas, por mecanismos de partilhas de receitas e transferências intergovernamentais";[94] onde "nem a União, nem qualquer ente federado pode atuar isoladamente, mas todos devem exercer sua competência conjuntamente com os demais".[95] Sobre o tema, não se pode passar sem a menção à recorrente crítica feita por Ives Gandra da Silva Martins de que, embora cooperativo em teoria, diante da persistente concorrência horizontal (especialmente entre Estados-Membros em matéria de ICMS), o caso brasileiro se torna, na prática, um de federalismo "fratricida".[96]

Informação bibliográfica deste texto, conforme a NBR 6023:2018 da Associação Brasileira de Normas Técnicas (ABNT):

SILVEIRA, Alexandre Coutinho da. Algumas balizas para compreensão e análise do federalismo fiscal. *In*: SARAIVA FILHO, Oswaldo Othon de Pontes; SIQUEIRA, Julio Homem de; BEDÊ JÚNIOR, Américo; FABRIZ, Daury César; SIQUEIRA, Junio Graciano Homem de; CUNHA, Ricarlos Almagro Vitoriano (Coord.). *Limitações materiais ao poder de tributar*. Belo Horizonte: Fórum, 2022. p. 341-359. (Coleção Fórum Princípios Constitucionais Tributários - Tomo III) ISBN 978-65-5518-314-6.

---

[94] CONTI, José Maurício. Considerações sobre o federalismo fiscal brasileiro em uma perspectiva comparada. *In*: CONTI, José Maurício; SCAFF, Fernando Facury; BRAGA, Carlos Eduardo Faraco (Org.). *Federalismo fiscal* cit., p. 24. O autor ainda ressalta que a cooperação brasileira é vertical e assimétrica, esta voltada à redução de desigualdades. p. 25.

[95] BERCOVICI, Gilberto. *Desigualdades regionais, Estado e Constituição*. São Paulo: Max Limonad, 2003. p. 152.

[96] MARTINS, Ives Gandra da Silva. *Grandes questões atuais do direito tributário* – Palestra proferida durante o simpósio. São Paulo: Dialética, set. 2013. Ainda, vale mencionar o ensinamento de Regis de Oliveira sobre a realidade federalista brasileira: "O grande arrecadador é a União, que, disfarçadamente, mas com a anuência dos representantes dos Estados, criou as denominadas contribuições. Os Estados, no entanto, também querem a parte do leão e brigam por isso. Nasce aí o que se denominada [sic] guerra fiscal. Por aí bem se vê que a federação já é um ponto de litígio" (OLIVEIRA, Regis Fernandes de. *Gastos públicos*. São Paulo: RT, 2012. p. 124-125).

PRINCÍPIO DO FEDERALISMO FISCAL: JUSTIÇA SOCIAL E GUERRA FISCAL ENTRE ESTADOS

LARA CARVALHO BREDA

Introdução

O federalismo, como forma de Estado, para além dos motivos que o levam a assim organizar o seu território e estrutura, possui impacto também no aspecto financeiro, já que as unidades federativas de um Estado dependem de uma estrutura fiscal capaz de financiar a prestação dos serviços de sua competência, conforme delimitado no texto constitucional.

Assim, considerando a existência das várias instâncias de governo, o federalismo fiscal cuida da "forma como essas instâncias se organizam em termos de atribuições de encargos e receitas para a execução das funções governamentais".[1]

Nesse sentido, é de suma importância para o tema o estudo da repartição da competência tributária e das receitas tributárias, bem como a regulamentação da forma que se dá a tributação pelos entes federativos.

---

[1] SILVA, Vera Martins. *Os municípios paulistas e o federalismo fiscal brasileiro*. São Paulo: IMESP; CEPAM; 1995, p. 15.

É que, conforme será visto no presente trabalho, a repartição da competência tributária e das receitas na federação influencia diretamente na promoção da justiça social e no desempenho eficiente da função alocativa dos orçamentos no governo.

Ademais, a regulamentação da tributação pelos entes federados evita que ocorra a famigerada guerra fiscal, ou seja, que os Estados disputem entre si, através da concessão de incentivos fiscais, para tornar seus territórios mais competitivos sob o aspecto financeiro, em termos de atrair investimentos da iniciativa privada, o que, obviamente, promove impactos de ordem social.

Nesse ponto, ganha destaque o assunto que diz respeito à concessão indiscriminada de incentivos fiscais acerca do ICMS – Imposto sobre Circulação de Mercadorias e Serviços – e à atuação do CONFAZ – Conselho Nacional de Política Fazendária, nesse controle sobre os entes federados, por meio do convênio deliberativo previsto pela Lei Complementar nº 24/1975.

Isso porque tal concessão indiscriminada, sem observância da regra que determina a realização do convênio deliberativo, pode promover impactos de ordem financeira tamanhos, que transmudam em sérios impactos sociais.

Sendo assim, cuidaremos inicialmente de traçar um contexto histórico do federalismo fiscal e de seus princípios orientadores para então discorrer sobre sua importância na promoção da justiça social e, por fim, tratar do assunto da guerra fiscal, com um breve apontamento sobre o caso do ICMS.

1 O federalismo fiscal

O federalismo fiscal, que, conforme José Maurício Conti ensina, é o "estudo da maneira pela qual as esferas de governo se relacionam do ponto de vista financeiro", abarca "a análise da maneira pela qual está organizado o Estado, qual é o tipo de federação adotado, qual é o grau de autonomia dos seus membros, as incumbências que lhe são atribuídas e, fundamentalmente, a forma pela qual serão financiadas".[2]

É apenas uma das formas de exercício das funções fiscais, ao lado da plena centralização e da absoluta descentralização, que, segundo Tiago Severini,

---

[2] CONTI, José Maurício. *Federalismo fiscal e fundos de participação*. São Paulo: Editora Juarez de Oliveira, 2001, p. 24-25.

[...] implica distribuição de competências fiscais entre os diferentes níveis de governo, para que cada um, de modo autônomo, e na medida de suas competências e capacidade de financiamento, possa constituir desenhos institucionais capazes de disciplinar os procedimentos de contribuição e gestão tributária, transferências fiscais, composição e dimensão das despesas.[3]

Isso porque sentido nenhum faria atribuir autonomia e competências aos entes federativos sem conferir a estes a correspondente contrapartida financeira, razão pela qual se deve atentar para o necessário "compartilhamento das responsabilidades fiscais entre os entes, para que se torne efetiva a convivência de autonomias vigente no âmbito político".[4]

Cabe destacar que o modelo vigente de federalismo no Brasil é o de três níveis, que consagra, além da União e dos Estados, os Municípios, como "influência histórica tanto dos federalistas norte-americanos Hamilton, Madison e Jay, quanto do francês Constant, que se preocupou com a criação de Municípios como instância administrativa local".[5]

1.1 O surgimento do federalismo e o federalismo fiscal brasileiro

Conforme os ensinamentos de Aliomar Baleeiro, citado por André Antonio A. de Medeiros,[6] a Convenção de Filadélfia, em 1787, nos Estados Unidos da América, inaugurou a primeira federação do mundo, apesar de suas tentativas anteriores de um esboço federativo. Conforme se explica,

[...] após a declaração da independência americana, em 1776, as 13 colônias americanas confederaram-se, mas ainda não tinham plena autonomia administrativa e financeira, já que não podiam exigir tributos diretamente do povo, o que se tornou possível com a Constituição de 1787, um compromisso dos estados entre si, que delegaram o poder de

---

[3] SEVERINI, Tiago. Federalismo Fiscal brasileiro. *Revista do Programa de Pós-Graduação em Direito da Universidade Federal da Bahia*, Salvador, vol. 19, p. 179, 2009.

[4] SEVERINI, Tiago. Federalismo Fiscal brasileiro. *Revista do Programa de Pós-Graduação em Direito da Universidade Federal da Bahia*, Salvador, vol. 19, p. 179, 2009.

[5] SEVERINI, Tiago. Federalismo Fiscal brasileiro. *Revista do Programa de Pós-Graduação em Direito da Universidade Federal da Bahia*, Salvador, vol. 19, p. 182, 2009.

[6] BALEEIRO, Aliomar apud MEDEIROS, André Antonio A. de. Reflexos políticos da derrocada do federalismo fiscal. *Revista de Informação Legislativa*, Brasília, vol. 185, ano 47, p. 235-246, jan./mar. 2010.

tributar a um governo superior, então integrado pelos representantes do povo de todos eles.

A partir de então, com a revolução americana, sucederam as revoluções europeias, como a Revolução Francesa de 1789, tendo aquela influenciado diretamente nestas e em suas constituições, que refletiram em certa medida o sistema federativo e a discriminação das rendas.

No Brasil, a primeira Constituição, de 1824, dividiu o território do país em províncias e, em virtude das características centralizadoras do Governo, não era possível considerar a existência de um regime do tipo federativo, sendo que, a partir da Constituição de 1891, manteve-se como federação, tendo, ao longo da história, períodos de maior ou menor autonomia dos Estados.[7]

Conforme explica André Elali,

> No Brasil, o federalismo está também relacionado aos pontos que marcaram sua história política e social. Tendo em vista haver sido uma colônia portuguesa, viu-se uma constante alternância entre a centralização e a descentralização do poder político. Neste sentido, as ordens constitucionais brasileiras de 1824, 1891, 1934, 1937, 1946, 1967 e 1988, caracterizaram-se pela alternância de modelos centralizadores e descentralizadores, tudo, reitera-se, pelas condições da dominação colonial portuguesa, que, em face dos problemas dos diferentes períodos de exploração, teve que alterar a forma de exercer o seu poder sobre o território brasileiro.[8]

Somente com a atual Constituição conferiu-se certo grau de autonomia aos Estados-membros, inclusive sob o aspecto financeiro, apesar de não se tratar de um grau de autonomia tão grande quanto o de outros países.[9]

É que, conforme alerta Rogério Leite Lobo, "a configuração *centrífuga* do Federalismo brasileiro – consequência de que nele se consolidou um 'Federalismo por segregação', em oposição ao 'Federalismo por agregação' ocorrido nos Estados Unidos da América, por exemplo – implica ter-se, no Brasil, uma concentração de poderes ainda muito marcada no Governo central [...]".[10]

---

[7] CONTI, José Maurício. *Federalismo fiscal e fundos de participação*. São Paulo: Editora Juarez de Oliveira, 2001, p. 22.

[8] ELALI, André. O federalismo Fiscal brasileiro: algumas notas para reflexão. *Revista Tributária e de Finanças Públicas*, São Paulo, vol. 69, ano 1, p. 7-25, jul./ago. 2006.

[9] CONTI, José Maurício. *Federalismo fiscal e fundos de participação*. São Paulo: Editora Juarez de Oliveira, 2001, p. 22.

[10] LOBO, Rogério Leite. *Federalismo fiscal brasileiro*: discriminação das rendas tributárias centralidade normativa. Rio de Janeiro: Lumen Juris, 2006, p. 59.

Sendo assim, considerando que o equilíbrio do federalismo fiscal está intrinsecamente ligado com o fato de que deve haver uma adequada atribuição de competências com correspondentes fontes de custeio repartidas entre os entes federativos,[11] alguns autores fazem críticas ao federalismo fiscal brasileiro esboçado pela Constituição de 1988. É o que aponta Fernando Rezende[12] acerca da inexistência de uma correlação entre recursos e atribuições no modelo vigente, que teria promovido uma forte descentralização de recursos, mas não de atribuições, senão vejamos:

> [...] uma das críticas mais comuns à Constituição de 1988 é de que ela promoveu uma forte descentralização de recursos mas não de atribuições. De um lado, a União, que perdeu recursos, ganhou novas atribuições, principalmente no âmbito da seguridade social. De outro lado, estados e municípios, que ganharam recursos, não teriam assumido maiores responsabilidades. O resultado desse desencontro estaria revelado na determinação dos serviços e no maior desequilíbrio federativo.

Críticas à parte, faz-se necessário destacar os princípios norteadores do federalismo fiscal, conforme se vê a seguir.

1.2 Princípios orientadores

Na tentativa de manter o equilíbrio do sistema federalista fiscal e promover justiça social, de modo a minimizar os impactos de eventuais externalidades e circunstâncias que prejudiquem, do ponto de vista financeiro, algum ente federativo, Longo e Troster, citados por José Maurício Conti,[13] sistematizam três princípios orientadores do federalismo fiscal, quais sejam:

---

[11] Nesse sentido: "[...] um federalismo fiscal equilibrado depende da adequada correspondência entre as atribuições e fontes de custeio distribuídas a cada ente federativo, de maneira que se evite, por um lado, qualquer ingerência por um ente sobre o outro, e, por outro, que a própria lógica do sistema ou a atuação irresponsável de certo ente acarretem um desequilíbrio orçamentário cujas consequências negativas inevitavelmente repercutam sobre todo o Estado". SEVERINI, Tiago. Federalismo Fiscal brasileiro. *Revista do Programa de Pós-Graduação em Direito da Universidade Federal da Bahia*, Salvador, vol. 19, p. 179, 2009.

[12] REZENDE, Fernando. *Federalismo fiscal*: novo papel para estados e municípios. jul. 1997.

[13] LONGO, Carlos A.; TROSTER, Roberto L. *apud* CONTI, José Maurício. *Federalismo fiscal e fundos de participação*. São Paulo: Editora Juarez de Oliveira, 2001, p. 28-29.

a) Princípio do benefício: "Segundo este princípio, os serviços públicos devem ser federais, estaduais ou municipais conforme o benefício por ele produzido atinja todo o território nacional, ou apenas parte dele, em nível estadual ou municipal".

b) Princípio da compensação fiscal: "Segundo este princípio, devem ser criadas formas pelas quais sejam atenuados determinados desajustes que venham a ocorrer em função de circunstâncias peculiares a determinados tipos de serviços, que geram as chamadas 'externalidades'". Como exemplo, citam os autores as limitações que um Município pode sofrer em virtude de sua localização, que em área que demanda preservação ambiental impede que sejam instaladas indústrias em seu território, o que gera impactos financeiros.

c) Princípio da distribuição centralizada: "Admite-se que o mais adequado é concentrar a distribuição de renda no governo central, pois assim as medidas redistributivas ganham maior eficácia e eficiência. Assim, determinados tributos que têm importante função como instrumentos de redistribuição de rendas, como é o caso do imposto de renda, devem ser de competência da União".

Pois bem. Delimitado o conceito, feito um breve apontamento histórico e apontados os princípios orientadores do federalismo fiscal, cabe passarmos a compreender a sua função na promoção da justiça social, bem como a questão da guerra fiscal ocasionada por este princípio quando se ignoram os parâmetros legais na concessão de benefícios fiscais por parte dos Estados, como no caso do ICMS.

2 Federalismo e justiça social

Uma das características fundamentais do federalismo é a sua função de atuar como um promotor da igualdade entre os entes federados, o que acontece com a distribuição da competência tributária e com os sistemas de transferência de recursos.

Conforme afirma Tiago Severini

> [...] cada ente federativo deve ter uma base tributária proporcional ao seu feixe de responsabilidades, tanto sob a ótica nacional quanto de sua jurisdição interna, delimitado pela Constituição Federal.
>
> Ressalvados os eventuais critérios definidos em âmbito nacional e anuídos pelos entes federativos, cada ente deve ter responsabilidade

para gerir suas despesas de acordo com a base tributária de que dispuser de acordo com o texto constitucional e sua capacidade arrecadatória.[14]

O que se observa, na prática, é a adoção, pela Carta Constitucional, de um modelo federativo fiscal cooperativo,[15] marcado pela distribuição de atribuições entre os entes federados, que, ao exercerem conjuntamente as competências constitucionais, contribuem para a realização coordenada de valores que interessam a todos os entes federados.

Cabe destacar que um dos problemas que há muito levantava questionamentos entre os estudiosos de finanças públicas é a tentativa de definição de um modelo ideal de discriminação de rendas, o que se percebeu tão logo algo inalcançável, em razão das inúmeras variáveis e peculiaridades que envolvem a situação de cada sistema federalista.

Contudo, de tal experiência foi possível extrair dois tipos de modelos de federalismo. O flexível "admite a superposição de encargos sobre uma mesma base econômica, o compartilhamento de fatos geradores pelos entes tributantes e outros fenômenos similares", sendo vivenciado em países como os Estados Unidos da América e Argentina e alvo de muitas críticas, "que atacam desde a tendência confiscatória gerada pelo acúmulo das incidências, até a insegurança jurídica causada pela inexistência de limites legais à criatividade fiscal das Fazendas Públicas".[16]

Por outro lado, no sistema rígido, adotado pela Constituição brasileira de 1988, nas palavras de Amilcar de Araújo Falcão,

> A distribuição da competência tributária foi feita separadamente, em termos expressos, unívocos e inconfundíveis, a cada uma das categorias ou ordens de entidades federadas, de modo que para cada uma destas se configure uma área definida e ampla de competência privativa ou

---

[14] SEVERINI, Tiago. Federalismo Fiscal brasileiro. *Revista do Programa de Pós-Graduação em Direito da Universidade Federal da Bahia*, Salvador, vol. 19, p. 180, 2009.

[15] Nesse sentido: "[...] o fundamento do federalismo cooperativo, em termos fiscais, é a cooperação financeira, que se desenvolve em virtude da necessidade de solidariedade federal por meio de políticas públicas conjuntas e de compensação das disparidades regionais. A cooperação financeira tem como característica a responsabilidade conjunta da União e entes federados pela realização de políticas públicas comuns. O seu objetivo é claro: a execução uniforme e adequada de serviços públicos equivalentes em toda a Federação, de acordo com os princípios da solidariedade e da igualação das condições sociais de vida" (BERCOVICI, Gilberto. *Dilemas do Estado Federal Brasileiro*. Porto Alegre: Livraria do Advogado, 2004, p. 58-59).

[16] LOBO, Rogério Leite. *Federalismo fiscal brasileiro*: discriminação das rendas tributárias e centralidade normativa. Rio de Janeiro: Lumen Juris, 2006, p. 86.

exclusiva, abrangedora senão da totalidade, pelos menos da proporção prevalente das respectivas receitas fiscais.[17]

Ocorre que, mesmo considerando a repartição da competência tributária e o caráter extrafiscal de determinados tributos, "é possível ocorrer desequilíbrio na arrecadação, em virtude de fatores socioeconômicos alterarem os ingressos e receitas, razão pela qual a própria Constituição estabelece forma de repartição das receitas tributárias, conforme definido nos artigos 157 a 162".[18]

Por isso afirma Richard Bird[19] no sentido de que devem as receitas próprias serem a fonte primordial da autonomia dos entes federados, servindo as transferências de recursos, em segundo plano, para a redistribuição das riquezas arrecadadas.

É nesse sentido, inclusive, a disposição do artigo 161, inciso II, da CF, ao tratar dos fundos de participação, que têm por objetivo "promover o equilíbrio socioeconômico entre estados e municípios".

Desse modo, a "forma ideal de distribuição de recursos está íntima e indissociavelmente ligada à maneira pela qual se faz a repartição das competências no Estado Federal",[20] na medida em que os recursos destinados devem ser proporcionais às responsabilidades de cada ente, observando as peculiaridades econômicas, geográficas, culturais, políticas e sociais.[21]

Conforme ensina Vera Martins Silva,

> A existência de diversos níveis de governo é teoricamente desejável para o desempenho eficiente da função alocativa no governo na medida em que, se as funções utilidade e renda são diferentes entre as localidades, determinados bens ou serviços são mais eficientemente ofertados por

---

[17] FALCÃO, Amilcar de Araújo. *Sistema Tributário Brasileiro*. Rio de Janeiro: Financeiras, 1965, p. 24.

[18] MEDEIROS, André Antonio A. de. Reflexos políticos da derrocada do federalismo fiscal. *Revista de Informação Legislativa* Brasília, vol. 185, ano 47, p. 235-246, jan./mar 2010.

[19] BIRD, Richard. *Rethinking sub national taxes*: a new look at tax assignments. Toronto: Internacional Monetary Fund, 1999.

[20] CONTI, José Maurício. *Federalismo fiscal e fundos de participação*. São Paulo: Editora Juarez de Oliveira, 2001, p. 32.

[21] Nesse sentido: "A existência real da autonomia depende da previsão de recursos, suficientes e não sujeitos a condições, para que os Estados possam desempenhar suas atribuições. Claro que tais recursos hão de ser correlativos à extensão dessas atribuições. Se insuficientes ou sujeitos a condições, a autonomia dos Estados-Membros só existirá no papel em que estiver escrita a Constituição. Daí o chamado problema da repartição de rendas". FERREIRA FILHO, Manoel Gonçalves. *Curso de Direito Constitucional*. São Paulo: Saraiva, 1989, p. 44.

níveis subnacionais, enquanto outros são relativamente melhor ofertados pelo nível federal.[22]

Corroborando com o tema, para Manoel Gonçalves Ferreira Filho, a repartição de competência tributária, que por um lado assegura autonomia aos Estados e Municípios,

[...] não serve para a redistribuição de rendas, ou para a igualização de recursos. Como é óbvio, os tributos privativos apenas rendam onde há matéria econômica para tributar. Assim, nas regiões pobres, esses tributos rendem pouco, porque já lhes falta o substrato econômico. Em consequência, esse sistema tende a estimular a acentuação dos desníveis econômicos. Como no Brasil os desníveis econômicos são muito pronunciados, esta desvantagem avulta. Por isso, entendeu-se conveniente estabelecer um sistema de quotas de participação, pelas quais se assegurasse às unidades mais pobres recursos suficientes para impedir crescimento dos desníveis e, se possível, sua atenuação. Por esse sistema, o produto de certos tributos é partilhado entre quem tem competência para criá-lo, lançá-lo e arrecadá-lo, e outras entidades, através de um Fundo que redistribui esse produto, em função de diferentes critérios.[23]

Assim, o sistema federativo fiscal se complementa tanto com a instituição dos tributos de competência privativa dos entes federados estaduais e municipais quanto com a repartição das receitas, visando minimizar os impactos financeiros dos entes com menor capacidade arrecadatória.

Nessa medida, o sistema federativo contribui para a redução da desigualdade entre os entes e determinadas regiões do país, proporcionando uma distribuição de renda mais justa do ponto de vista social.[24]

---

[22] SILVA, Vera Martins. *Os municípios paulistas e o federalismo fiscal brasileiro*. São Paulo: IMESP; CEPAM; 1995, p. 15.

[23] FERREIRA FILHO, Manoel Gonçalves. *Curso de Direito Constitucional*. 7. ed. São Paulo: Saraiva, 1978, p. 143-144.

[24] Nesse sentido, o Min. Gouveia de Bulhões, citado por DÓRIA, A. R. Sampaio, deixou claro, na Justificativa da Proposta de Reforma Tributária que resultou na Emenda nº 18/65, que: "É indispensável que os contribuintes dessa região [Centro-Sul, onde se concentra a riqueza nacional] não somente financiem os serviços públicos nas áreas onde residem, mas cooperem na complementação do custeio dos serviços públicos de outras regiões. É uma redistribuição da receita fiscal que se impõe, não somente por motivos de segurança nacional, mas, igualmente, em favor desses próprios contribuintes, em termos estritamente financeiros, uma vez que pela redistribuição da receita fiscal consegue-se generalizar e, consequentemente, intensificar o progresso econômico e social em todo o país (DÓRIA, A. R. Sampaio. *Discriminação das rendas tributárias*. São Paulo: J. Bushatsky, 1972, p. 184).

Por fim, ainda no que diz respeito ao tema, é de extrema importância tratar do famigerado assunto da guerra fiscal, que está intrinsecamente ligado ao federalismo fiscal, conforme se verá no item a seguir.

3 Guerra fiscal entre estados

A guerra fiscal, conforme Guilherme Bueno de Camargo, é definida como

> [...] uma competição entre entes subnacionais pela alocação de investimentos privativos por meio da concessão de benefícios e renúncia fiscal, conflito este que se dá em decorrência de estratégias não cooperativas dos entes da Federação e pela ausência de coordenação e composição dos interesses por parte do governo central.[25]

Assim, ocorre, a grosso modo, quando os Estados travam uma verdadeira competição por meio de concessão de benefícios fiscais com o intuito de atrair empresas e investimentos para seu território, tornando-o mais atrativo do que o de outros Estados.

Essa situação, que se relaciona com o federalismo e a atribuição de competências tributárias aos entes federados, é apontada por alguns autores como ocasionada pela necessidade dos estados membros de buscarem investimentos às suas próprias custas, em virtude das críticas existentes à repartição das receitas tributárias.

Nesse sentido, afirma Domiciano José da Cunha:

> Enquanto a Constituição Federal demarca nitidamente polígonos de área de poder de tributar para cada nível de governo, não delimita com a mesma precisão [...] contornos bastante claros que permitam dimensionar os encargos financeiros que permitam as três esferas de governo, singularmente consideradas, a fim de determinar pontos de equilíbrio entre as receitas tributárias, rigidamente estabelecidas, e o volume de gastos que demanda o atendimento das necessidades públicas vitais.[26]
>
> [...] Apesar disso, a divisão dos encargos depende diretamente de orientação federal, e caberia indagar, então, se tal divisão tem sido satisfatória, ou se teria a União transferido mais encargos aos Estados

---

[25] CAMARGO, Guilherme Bueno de. A guerra fiscal e seus efeitos: autonomia x centralização. *In*: CONTI, José Maurício (Org.). *Federalismo fiscal*. São Paulo: Manole, 2004, p. 187.

[26] CUNHA, Dominiciano José da. *ICMS como instrumento de política econômica*: reflexos nas receitas públicas estaduais. São Paulo: Resenha Tributária, 1979, p. 67.

além do aumento decorrente da própria evolução social e da consequente ampliação das necessidades básicas.

Nesse cenário, a guerra fiscal evidencia-se com maior destaque no caso do ICMS – Imposto sobre Circulação de Mercadorias e Serviços, de competência dos Estados e do Distrito Federal.[27]

De acordo com o artigo 155, "g", da Constituição Federal de 1988, cabe à lei complementar "regular a forma como, mediante deliberação dos Estados e do Distrito Federal, isenções, incentivos e benefícios fiscais serão concedidos e revogados".

Atendendo ao comando constitucional, adveio a Lei Complementar nº 24/1975, que "dispõe sobre a necessidade de prévio convênio deliberativo para a concessão de isenções do imposto sobre operações relativas à circulação de mercadorias", bem como a Lei Complementar nº 101/2002, que "estabelece normas de finanças públicas voltadas para a responsabilidade na gestão fiscal", balizando a atuação da Administração Pública.

Com tais diplomas legais, é possível prevenir a ocorrência da guerra fiscal entre os Estados para tornarem seus territórios mais competitivos e atrativos aos investimentos da iniciativa privada, já que é por meio deles que se torna viável o controle da concessão indiscriminada de incentivos fiscais de ICMS, sobretudo com a realização do convênio deliberativo no âmbito do CONFAZ.

Por meio dos convênios deliberativos para a fixação das alíquotas de ICMS entre os Estados de forma equilibrada, seria possível influenciar o desenvolvimento de setores nacionais frágeis e de regiões com menos investimentos, tornando-os atrativas do ponto de vista econômico-industrial.[28]

Tal instrumento de prevenção à guerra fiscal, em conjunto com a repartição das competências tributárias e das receitas tributárias, se mostra de extrema importância para a promoção da justiça social, na medida em que impede que Estados pratiquem alíquotas de ICMS de forma totalmente desatrelada do aspecto extrafiscal e também das regras objetivas para sua criação, o que se deu, com forte incidência,

---

[27] Nesse sentido: "[...] travada, sobretudo, às custas da receita do ICMS e que se tornou prática frequente nas décadas recentes como instrumento de atração de investimentos privados – uma função que os governos estaduais assumiram ao mesmo tempo em que a União recuou na prática de políticas regionais explicitamente voltadas para o combate às desigualdades inter-regionais" (ARISTIDES NETO, Monteiro. *Governos estaduais no federalismo brasileiro*: capacidades e limitações governativas em debate. Brasília: Ipea, 2014, p. 10).

[28] CARRAZA, Roque Antonio. *ICMS*. 8. ed. São Paulo: Malheiros, 2002, p. 377.

durante muitos anos, sobretudo, nos idos dos anos 70, com o abandono de políticas nacionais de desenvolvimento regional estabelecidas pelo Governo Federal.

Cabe destacar que apenas a recente Lei Complementar nº 160/2017 previu punição para os Estados infratores com relação à guerra fiscal e o desrespeito às normas para a concessão dos incentivos, o que fez com que o cenário perdurasse até os dias atuais.

Ora, um Estado, ao diminuir drasticamente a alíquota de ICMS com vistas única e exclusivamente a se tornar mais atrativo a investimentos econômicos, ignorando todo o impacto social, consequências de tal ato para outros Estados e concentrando receitas, desequilibra a economia nacional.

Ademais, acirra as barreiras da desigualdade social, já que a economia de um Estado ocasiona impactos nos investimentos em políticas públicas, bem como na geração de empregos.

Nessa toada, a Lei Complementar nº 160/2017, na tentativa de estimular as empresas a se enquadrarem na lei, visando o combate à guerra fiscal, convalidou a concessão de incentivos de ICMS sem observância dos critérios legais pelos Estados, sobretudo a realização do convênio deliberativo no âmbito do CONFAZ.

Dito de outro modo, legalizou as irregularidades praticadas pelos Estados e, ainda, modulou os efeitos de alíquotas fixadas à revelia do CONFAZ, conferindo a elas um tempo de "sobrevida", objetivando impactar em menor medida possível a economia, já que tal concessão influenciou diretamente na arrecadação dos Estados durante muitos anos.

Tal lei complementar é inclusive questionada do ponto de vista constitucional, sobretudo pela (im)possibilidade de modulação de efeitos em matéria tributária, discussão que, entretanto, não é objeto do presente trabalho.

Diante do exposto, é possível vislumbrar o impacto social do federalismo fiscal, seja em virtude da repartição das competências e receitas tributárias, seja em razão da guerra fiscal existente entre os Estados quando ignorados os comandos legais, que visam justamente impedir os efeitos negativos que o federalismo ocasiona na disputa entre os Estados por maior geração de renda.

Conclusão

Observa-se, através do presente estudo, que a forma federalista de Estado tem, como um de seus aspectos, um importante papel para os entes federados do ponto de vista financeiro.

A despeito das críticas existentes e envoltas no fato de haver uma certa assimetria entre recursos e atribuições no modelo federalista vigente, com uma forte descentralização de recursos, mas uma concentração de poderes ainda muito marcada no governo central, é certa a grande importância do federalismo fiscal.

Destaca-se, conjuntamente com as suas implicações na economia e no aspecto da promoção da justiça social no país, o fato de este permitir que se busque um equilíbrio entre os entes federados, a fim de impedir disparidades gritantes do ponto de vista social-econômico entre eles.

Assim, promove a igualdade entre os entes federados e seus cidadãos, com vistas à proporcionalidade entre a renda e o seu respectivo feixe de responsabilidades.

Nesse sentido, em virtude das peculiaridades e circunstâncias variadas que envolvem cada ente federativo e cada região, que deixa clara a impossibilidade de se definir um modelo ideal de discriminação de rendas, foi possível vislumbrar que o Brasil adotou um sistema federalista rígido, marcado por distribuição rigorosa das competências tributárias entre os entes.

A despeito de tal repartição de competências, o sistema fiscal não está imune a desequilíbrios na arrecadação por parte dos entes federados, pelos mais diversos fatores, sejam eles econômicos ou sociais, o que nos leva a concluir que essa fonte primordial de arrecadação de recursos é complementada pela repartição das receitas tributárias, que visa minimizar os impactos financeiros dos entes com menor capacidade de arrecadação.

Além disso, deve-se ter um cuidado para que o federalismo não ocasione uma guerra fiscal entre os estados federados, que, na ânsia arrecadatória, podem travar verdadeira competição, mediante a oferta de alíquotas mais vantajosas, para que seu território se torne mais interessante, do ponto de vista financeiro, ao investimento privado.

Como visto, tal situação, durante muitos anos e até mesmo nos dias atuais, é bastante comum no caso do ICMS, já que os Estados, diante da ausência de punições, ignoravam a necessidade de realização de convênio deliberativo para a definição das alíquotas, objetivando o equilíbrio e o atendimento do aspecto socioeconômico que tal tributo é capaz de afetar.

Desse modo, é possível concluir que o federalismo fiscal está imbricado com o aspecto econômico e social do país, apresentando-se como importante elemento de estudo, em razão dos seus reflexos no desenvolvimento dos Estados e na qualidade de vida dos cidadãos, sobretudo no que diz respeito à concretização de direitos sociais, que demandam uma postura ativa dos Estados.

Referências

BALEEIRO, A. *Uma introdução à ciência das finanças*. Atualização de Dejalma Campos. 16. ed. Rio de Janeiro: Forense, 2002.

BERCOVICI, Gilberto. *Dilemas do Estado Federal Brasileiro*. Porto Alegre: Livraria do Advogado, 2004.

BIRD, Richard. *Rethinking sub national taxes*: a new look at tax assignments. Toronto: Internacional Monetary Fund, 1999.

CARRAZA, Roque Antonio. *ICMS*. 8. ed. São Paulo: Malheiros, 2002.

CONTI, José Maurício. *Federalismo fiscal e fundos de participação*. São Paulo: Editora Juarez de Oliveira, 2001.

CUNHA, Dominiciano José da. *ICMS como instrumento de política econômica*: reflexos nas receitas públicas estaduais. São Paulo: Resenha Tributária, 1979.

DÓRIA, A. R. Sampaio. *Discriminação das rendas tributárias*. São Paulo: J. Bushatsky, 1972.

ELALI, André. O federalismo Fiscal brasileiro: algumas notas para reflexão. *Revista Tributária e de Finanças Públicas*, São Paulo, vol. 69, ano 14, jul./ago. 2006.

FALCÃO, Amilcar de Araújo. *Sistema Tributário Brasileiro*. Rio de Janeiro: Financeiras, 1965.

FERREIRA FILHO, Manoel Gonçalves. *Curso de Direito Constitucional*. São Paulo: Saraiva, 1989.

LOBO, Rogério Leite. *Federalismo Fiscal brasileiro*: discriminação das rendas tributárias e centralidade normativa. Rio de Janeiro: Lumen Juris, 2006.

LONGO, Carlos A.; TROSTER, Roberto L. *Economia do setor público*. São Paulo: Atlas, 1993.

MEDEIROS, André Antonio A. de. Reflexos políticos da derrocada do federalismo fiscal. *Revista de Informação Legislativa*, Brasília, vol. 185, ano 47, jan./mar. 2010.

NETO, Monteiro Aristides. *Governos estaduais no federalismo brasileiro*: capacidades e limitações governativas em debate. Brasília: Ipea, 2014.

REZENDE, Fernando. *Federalismo fiscal*: novo papel para estados e municípios, jul. 1997.

SEVERINI, Tiago. Federalismo Fiscal brasileiro. *Revista do Programa de Pós-Graduação em Direito da Universidade Federal da Bahia*, Salvador, vol. 19, 2009.

SILVA, Vera Martins. *Os municípios paulistas e o federalismo fiscal brasileiro*. São Paulo: IMESP; CEPAM.

Informação bibliográfica deste texto, conforme a NBR 6023:2018 da Associação Brasileira de Normas Técnicas (ABNT):

BREDA, Lara Carvalho. Princípio do federalismo fiscal: justiça social e guerra fiscal entre Estados. *In*: SARAIVA FILHO, Oswaldo Othon de Pontes; SIQUEIRA, Julio Homem de; BEDÊ JÚNIOR, Américo; FABRIZ, Daury César; SIQUEIRA, Junio Graciano Homem de; CUNHA, Ricarlos Almagro Vitoriano (Coord.). *Limitações materiais ao poder de tributar*. Belo Horizonte: Fórum, 2022. p. 361-374. (Coleção Fórum Princípios Constitucionais Tributários - Tomo III) ISBN 978-65-5518-314-6.

ESTADO FISCAL. FINANCIAMENTO SOCIAL. SEGURIDADE SOCIAL

LUMA CAVALEIRO DE MACÊDO SCAFF

Introdução

O fato de que a Constituição Federal positivou os "direitos e garantias individuais" como cláusulas pétreas traz uma série de questões hermenêuticas interessantes, dentre as quais, destaca-se a *financeira*.

O financiamento estabelece uma ligação entre o comando normativo e a possibilidade de caixa para realizá-lo na sociedade – é, pois, uma pedra angular na realização do Estado Democrático de Direito.

No contexto do Estado Fiscal, destaca-se a Constituição Financeira,[1] que, dentre outras facetas, apresenta as fontes de custeio constitucionais para os direitos. Nesse sentido, o financiamento social consiste em um dos princípios de Direito Financeiro e Tributário que pretende assegurar o financiamento dos direitos sociais.

A construção do princípio do financiamento social como diretriz constitucional, do ponto de vista axiológico e jurídico, tem o efeito de determinar ao Poder Público a tarefa de assegurar aos direitos fundamentais fontes de custeio como partes integrantes de sua estruturação.

---

[1] TORRES, Heleno Taveira. *Direito Constitucional Financeiro*: Teoria da Constituição Financeira. São Paulo: Revista dos Tribunais, 2014.

A construção de mecanismos financeiros edificantes é parte das cláusulas pétreas porque a retirada, ainda que gradativa do custeio, necessariamente envolve a piora da qualidade dos bens e serviços, violando, assim, este princípio.

No caso da seguridade social, observa-se que as principais fontes de custeio são as contribuições e o orçamento da seguridade social. Percebe-se uma redução gradativa de recursos seja pela transformação das contribuições de tributos vinculados para tributos desvinculados, seja pela desvinculação de receitas da união – o que prejudica as cláusulas pétreas financeiras.

1 Estado e financiamento social: os custos dos direitos e a seguridade social

A obtenção de receitas pelo Estado não é um fim em si mesma. Obter dinheiro ao Estado, sejam receitas tributárias ou não tributárias, implica necessariamente custear o ente estatal a fim de realizar os objetivos constitucionais.

Analisar este tema significa perceber que o custeio encontra-se inserido em um contexto que exige a observância dos objetivos constitucionais previstos no art. 3º, bem como dos fundamentos elencados no art. 1º da Constituição Federal. A interpretação do financiamento deve adotar a hermenêutica necessariamente ligada aos fins constitucionais.

Segundo Eros Roberto Grau, "a interpretação do direito é interpretação do *direito*, no seu todo, não de textos isolados, desprendidos do direito. Não se interpreta o direito em tiras".[2] Isso sem se esquecer dos instrumentos normativos e principiológicos que envolvem os direitos. No mesmo sentido, o financiamento social implica fontes de custeio asseguradas no próprio texto constitucional capazes de direcionar recursos aos direitos sociais.

Regis Fernandes de Oliveira ensina que "a atividade de arrecadação de recursos tributários é meramente instrumental, visando suprir o Estado dos meios para que possa cumprir seu dever básico, tido como o de cuidar dos interesses primários encampados pelo ordenamento jurídico".[3] Seja pela interpretação, seja pela hermenêutica ou pela

---

[2] GRAU, Eros. *Ensaio e Discurso sobre a interpretação/aplicação*. São Paulo: Malheiros, 2005. p. 40.

[3] OLIVEIRA, Regis Fernandes. Regime constitucional do direito financeiro. *In*: TORRES, Heleno Taveira (Coord.). *Tratado de direito constitucional tributário*: estudos em homenagem a Paulo de Barros Carvalho. São Paulo: Saraiva, 2005. p. 470.

aplicabilidade das normas, não se pode ignorar o destino da verba pública; em outras palavras, a "ponta" dos gastos públicos. Também no mesmo sentido, a constatação da "miopia" das teorias da justiça que não levam em consideração a destinação dos recursos públicos pelo governo por Thomas Nagel e Liam Murphy.[4]

Com base na doutrina de que todos os direitos possuem custos,[5] Holmes e Sustein explicam que "the private realm we rightly prize is sustained, indeed created, by public action".[6] Os direitos são realizados pelo Estado, em quaisquer dimensões, pois se admite aqui que os direitos considerados negativos também oneram o ente estatal. Afinal, "all rights make claim upon the public treasury".[7] Adverte-se, todavia, que os direitos só não custam quando os governantes os ignoram ou nas hipóteses em que o próprio Estado não é capaz de cobrar impostos para custeá-los, pontos onde residem, evidentemente, grandes riscos para os cidadãos.[8]

Afinal, quem paga a conta pela realização dos direitos? O Estado. Contudo, deve-se lembrar de um detalhe importante, pois, o Estado é financiado pela sociedade. Fernando Scaff, admitindo que não há direitos sem custo, "e devem ser custeados por toda a sociedade".[9]

Considerando que o objeto está delimitado pelo financiamento social, pretende-se direcionar para a seguridade social enquanto direito fundamental.[10] A seguridade social possui estreita ligação com o *mundo*

---

[4] NAGEL, Thomas; MURPHY, Liam. *O mito da propriedade*. Traduzido por Marcelo Brandão Cipolla. São Paulo: Martins Fontes, 2005.

[5] HOLMES, Stephen; SUSTEIN, Cass. *The Cost of Rights*: Why Liberty Depends on Taxes. New York-London: W.W. Norton & Company, 1999.

[6] HOLMES, Stephen; SUSTEIN, Cass. *The Cost of Rights*: Why Liberty Depends on Taxes. New York-London: W.W. Norton & Company, 1999, p. 15.

[7] HOLMES, Stephen; SUSTEIN, Cass. *The Cost of Rights*: Why Liberty Depends on Taxes. New York-London: W.W. Norton & Company, 1999, p. 19.

[8] Sobre o tema, não se pode deixar de mencionar o necessário combate à corrupção, a qual envolve o desvio do dinheiro público de suas finalidades constitucionais. Para este tema, ver: PETRELLUZZI, Marco Vinicio; RIZEK JUNIOR, Rubens Naman. *Lei Anticorrupção*: origens, comentários e análise da legislação correlata. 1. ed. São Paulo: Saraiva, 2014. PAGOTTO, Leopoldo. *Esforços globais anticorrupção e seus reflexos no Brasil*. 2. ed. Rio de Janeiro: Elsevier, 2013. COSTA, Helena Regina Lobo da. Corrupção na História do Brasil: reflexões sobre suas origens no período colonial *in*: Temas de Anticorrupção & *Compliance*. 2. ed. Rio de Janeiro: Elsevier, 2013. Tanzi, V. (1998). Corruption around the world: Causes, consequences, scope, and cures. Staff Papers-International Monetary Fund, 559-594

[9] SCAFF, Fernando Facury. A Efetivação dos Direitos Sociais no Brasil. *In*: SCAFF, Fernando Facury; ROM-BOLI, Roberto; REVENGA, Miguel. *A Eficácia dos Direitos Sociais*. São Paulo: Quartier Latin, 2009 (p. 21-42), p. 24-25

[10] SERAU JUNIOR, Marco Aurélio. Seguridade social como direito fundamental material. Ed. Juruá, 2011. Outras obras do autor no mesmo sentido: SERAU JUNIOR, Marco

do trabalho.[11] O trabalho é, pois, elemento essencial para a constituição de dignidade própria, formador de consciência responsável pela sensação de *estar no mundo.*[12]

Para Mattia Persiani, "a ideia de seguridade social exprime a exigência de que venha garantida a todos os cidadãos a libertação das situações de necessidade, na medida em que esta libertação é tida como condição indispensável para o efetivo gozo dos direitos civis e políticos".[13]

Marco Aurélio Serau Junior trabalha com a noção de que a seguridade social é um direito jusfundamental, ideia da qual compartilho.[14] Na obra "Seguridade Social como Direito Fundamental Material", o autor trata dos aspectos históricos da proteção social para estudar os direitos fundamentais diante da Constituição e dos fins do Estado e, com isso, desenvolver o raciocínio sobre o conceito, a estrutura e a fundamentalidade material da seguridade social. Para a sua dimensão financeira, o financiamento social está ligado ao entendimento de que a seguridade social é um direito jusfundamental, cujas fontes de custeio envolvem majoritariamente as contribuições e o orçamento da seguridade social.

Utilizando como fundamento a proposta de Robert Alexy de que a liberdade só existe quando presentes as condições necessárias à autodeterminação,[15] esclarece Ricardo Calciolari que "não só os enunciados desses direitos fundamentais, mas também os dispositivos que cuidam especificamente do custeio e das disposições financeiras relacionadas à efetivação desses direitos".

Aurélio. Economia e Seguridade Social. Análise Econômica do Direito: Seguridade Social. Curitiba: Juruá, 2010. SERAU JUNIOR, Marco Aurélio. A seguridade social como direito fundamental material (ou a seguridade social como parte inerente à constituição). *In:* FOLMANN, Melissa; FERRARO, Suzani Andrade (Coord.). *Previdência:* entre o direito social e a repercussão econômica no século XXI. 1. ed. 2ª reimpr. Curitiba: Juruá, 2011.

[11] Importante pontuar que a legislação trabalhista vem sofrendo constantes alterações com a Lei da Doméstica, a Lei da Terceirização e, dentre outras, a Reforma Trabalhista. Com isso, é preciso perceber que o sentido do *trabalho* tem se modificado na sociedade contemporânea. Nesse sentido, as obras "O Sentido do Trabalho" de Ricardo Antunes e as "Metamorfoses do Trabalho" de André Gorz.

[12] ARENDT, Hannah. *A Condição Humana.* 10. ed. Forense Universitária, 2005.

[13] PERSIANI, Mattia. *Direito da Previdência Social.* São Paulo: Quartier Latin, 2009. p. 31.

[14] SCAFF, L. C. M.; SCAFF, F. F. . Da Seguridade Social – Comentários ao art. 195, parágrafo 4º da Constituição do Brasil. *In:* CANOTILHO, J. J. Gomes; MENDES, Gilmar Ferreira; SARLET, Ingo Wolfgang; STRECK, Lenio Luiz (Org.). *Comentários à Constituição do Brasil.* 2. ed. São Paulo: Saraiva/Almedina, 2014, v. 1, p. 1921-1921.

[15] ALEXY, Robert. *Teoría de los derechos fundamentales.* Madrid: Centro de Estudos Políticos y Constitucionales, 2001.

Ricardo Lobo Torres pontua que houve uma relativização na ideia de indivisibilidade de direitos humanos desenvolvida nos anos noventa, que consiste na inexistência de hierarquia entre os direitos. Consequentemente, os direitos sociais seriam colocados na mesma medida dos direitos de liberdade; do mesmo modo, os direitos negativos e os direitos positivos.[16]

No que tange ao custeio do regime de seguridade social, os sistemas são divididos em contributivos e não contributivos. De acordo com Castro e Lazzari, essa divisão leva em consideração a "fonte de arrecadação da receita necessária ao desempenho da política de proteção social".[17]

No sistema contributivo, o custeio da seguridade social conta com as receitas tributárias, com especial destaque para as contribuições vinculadas, ou seja, as contribuições sociais e as contribuições previdenciárias.

No sistema não contributivo, o custeio leva em consideração todas as demais fontes de receita. Ainda que a seguridade social conte com um sistema contributivo de seguridade social, vale referir que os benefícios assistenciais e os de saúde não dependem de contribuição específica por parte do beneficiário, na linha do que ensinam os autores Correia e Correia.[18]

Quando se estuda o financiamento da seguridade social, é preciso acrescentar a competência residual da União que poderá instituir outras fontes destinadas a garantir a manutenção ou expansão da seguridade social, obedecido o disposto no art. 154, I, da Constituição Federal.[19]

---

[16] TORRES, Ricardo Lobo. O mínimo existencial, os direitos sociais e os desafios de natureza orçamentária. *In*: SARLET, Ingo Wolfgang; TIMM, Luciano Benetti (Org.). Direitos Fundamentais, orçamento e "reserva do possível". São Paulo: Livraria do Advogado, 2008 (p.69-86), p. 72-7.

[17] CASTRO, Carlos Alberto Pereira de; LAZZARI, João Batista. *Manual de Direito Previdenciário*.17. ed. Rio de Janeiro: Forense, 2015, p. 3.

[18] CORREIA, Marcus Orione Gonçalves; CORREIA, Érica Paula Barcha. *Curso de direito da seguridade social*. 7. ed. São Paulo: Saraiva, 2013

[19] Art. 154. A União poderá instituir: I – mediante lei complementar, impostos não previstos no artigo anterior, desde que sejam não-cumulativos e não tenham fato gerador ou base de cálculo próprios dos discriminados nesta Constituição. Castro e Lazzari ensinam que: [...] seja para financiar novos benefícios e serviços, seja pra manter os já existentes, sendo certo que é vedado ao legislador criar ou estender benefício ou serviço, ou aumentar seu valor, sem que, ao menos simultaneamente, institua fonte de custeio capaz de atender às despesas daí decorrentes. CASTRO, Carlos Alberto Pereira de; LAZZARI, João Batista. *Manual de Direito Previdenciário*. 17. ed. Rio de Janeiro: Forense, 2015. p. 233.

2 Sistema de custeio para a seguridade social: contributivo e não contributivo

A Constituição Federal estabelece em seu art. 6º que são direitos sociais a educação, a saúde, a alimentação, o trabalho, a moradia, o transporte, o lazer, a segurança, a previdência social, a proteção à maternidade e à infância, a assistência aos desamparados.

Dispositivo inédito no texto constitucional, o art. 194 determina que a ordem social tem como base o primado do trabalho, e como objetivo o bem-estar e a justiça social. De base principiológica, é preciso ler este dispositivo em conjunto com os art. 1º a 4º do Título I, bem como interessante adotar uma leitura sistemática desses dispositivos constitucionais traduzido em linguagem normativa aliada à axiologia do Preâmbulo.

A seguridade social compreende um conjunto integrado de ações de iniciativa dos poderes públicos e da sociedade, destinadas a assegurar os direitos relativos à saúde, à previdência e à assistência social, conforme o art. 194 da Constituição Federal.

O Poder Público é responsável pela organização da seguridade social a fim de alcançar os seguintes objetivos: a universalidade da cobertura e do atendimento; a uniformidade e equivalência dos benefícios e serviços às populações urbanas e rurais; a seletividade e distributividade na prestação dos benefícios e serviços; a irredutibilidade do valor dos benefícios, a equidade na forma de participação no custeio, a diversidade da base de financiamento e o caráter democrático e descentralizado da administração, mediante gestão quadripartite, com participação dos trabalhadores, dos empregadores, dos aposentados e do Governo nos órgãos colegiados.

A saúde é direito de todos e dever do Estado, garantido mediante políticas sociais e econômicas que visem à redução do risco de doença e de outros agravos e ao acesso universal e igualitário às ações e serviços para sua promoção, proteção e recuperação, de acordo com o previsto no art. 196 da Constituição Federal. É segmento autônomo da seguridade social e se diz que ela tem a finalidade mais ampla de todos os ramos protetivos porque não possui restrição de beneficiários e o seu acesso também não exige contribuição dos beneficiários.

As ações e serviços públicos de saúde integram uma rede regionalizada e hierarquizada e constituem um sistema único, organizado de acordo com as diretrizes de descentralização, com direção única em cada esfera de governo, o atendimento integral, com prioridade para as atividades preventivas, sem prejuízo dos serviços assistenciais e a participação da comunidade. Essas ações são de responsabilidade do Ministério da Saúde, instrumentalizada pelo Sistema Único de Saúde.

Desse sistema de saúde público, destaca-se como órgão central o Sistema Único de Saúde (SUS), que tem como obrigação executar ações de vigilância sanitária e epidemiológica, além daquelas relacionadas à saúde do trabalhador; participar da formulação da política e da execução das ações de saneamento básico; colaborar na proteção do meio ambiente, nele compreendido o do trabalho; incrementar em sua área de atuação o desenvolvimento científico e tecnológico; fiscalizar e inspecionar alimentos, bem como bebidas e águas para o consumo humano, e participar da produção de medicamentos, equipamentos e fiscalizar procedimentos, produtos e substâncias de interesse para a saúde. Depreende-se, portanto, que essas ações não se restringem à área médica, por meio de ações remediativas, devendo haver medidas preventivas relativas ao bem-estar da população nas áreas sanitárias, nutricionais, educacionais e ambientais como forma de evitar situações e infortúnios no futuro, que invariavelmente causaram, além de maior gasto financeiro para solucionar o problema, desgastes emocionais e psicológicos.[20]

A assistência social encontra amparo no art. 203 da Constituição Federal e deverá ser prestada a quem dela necessitar, independentemente de qualquer espécie de contribuição à seguridade social, e tem por objetivos a proteção à família, à maternidade, à infância, à adolescência e à velhice;o amparo às crianças e adolescentes carentes; a promoção da integração ao mercado de trabalho; a habilitação e reabilitação das pessoas portadoras de deficiência e a promoção de sua integração à vida comunitária e a garantia de um salário mínimo de benefício mensal à pessoa portadora de deficiência e ao idoso que comprovem não possuir meios de prover à própria manutenção ou de tê-la provida por sua família, conforme dispuser a lei.

Para que a seguridade social seja realizada, a Constituição Federal assegura, não apenas suas fontes de custeio, como também o próprio orçamento da seguridade social, abrangendo todas as entidades e órgãos a ela vinculados, da administração direta ou indireta, bem como os fundos e fundações instituídos e mantidos pelo Poder Público

A seguridade social será financiada por toda a sociedade de forma direta e indireta, mediante recursos provenientes dos orçamentos da União, dos Estados, do Distrito Federal e dos Municípios, além de

---

[20] A Política Nacional de Saúde é regulada pelas Leis nºs 8.080/90 e 8.142/90.

contar com o suporte financeiro das contribuições para o sistema de seguridade social:

I. Do empregador, da empresa e da entidade a ela equiparada na forma da lei, incidentes:

   a. Sobre a folha de salários e demais rendimentos do trabalho pagos ou creditados, a qualquer título, à pessoa física que lhe preste serviço, mesmo sem vínculo empregatício;

   b. Sobre a receita ou o faturamento;

   c. Sobre o lucro;

II. Do trabalhador e dos demais segurados da previdência social, não incidindo contribuição sobre aposentadoria e pensão concedidas pelo regime geral de previdência social de que trata o art. 201 da Constituição Federal;

III. Sobre a receita de concursos de prognósticos;

IV. Do importador de bens ou serviços.

É possível constatar a predominância dos tributos vinculados, no caso, das contribuições sociais no sistema de custeio da seguridade social. Ainda, determina que são contribuições sociais:[21]

   a. As das empresas, incidentes sobre a remuneração paga ou creditada aos segurados a seu serviço;

   b. As dos empregadores domésticos;

   c. As dos trabalhadores, incidentes sobre o seu salário de contribuição;

   d. As das empresas, incidentes sobre faturamento e lucro;

   e. As incidentes sobre a receita de concursos de prognósticos.

---

[21] No Sistema Tributário Nacional estatuído pela atual Constituição, estão previstas cinco espécies tributárias: os impostos, as taxas, as contribuições de melhoria, os empréstimos compulsórios e a contribuições especiais, dentre as quais as sociais, em que se incluem as da seguridade social, as de interesse das categorias profissionais ou econômicas e de intervenção no domínio econômico. Com efeito, dispõe o art. 149 da Constituição que compete à União instituir contribuições sociais, a elas aplicando-se as normas gerais em matéria de legislação tributária, estabelecidas em lei complementar, e os princípios da legalidade, irretroatividade e anterioridade. Na sua parte final, entretanto, o art. 149 ressalva que, para as contribuições de financiamento da seguridade social, não se aplica a anterioridade dos tributos em geral, mas a *vacatio legis* de noventa dias prevista no art. 195, parágrafo 6º. As contribuições sociais podem ser subdivididas em: a) previdenciárias, se destinadas especificamente ao custeio da Previdência Social, e são formadas pelas contribuições dos segurados e das empresas (arts. 20/23 da Lei nº 8.212/1991); b) e não previdenciárias, quando voltadas para o custeio da Assistência Social e da Saúde Pública. Por exemplo: a COFINS (Contribuição para o Financiamento da Seguridade Social), o PIS (Programa de Integração Social), incidentes sobre a receita ou o faturamento, e a CSLL (Contribuição Social sobre o Lucro Líquido), que recai sobre o lucro.

As receitas dos Estados, do Distrito Federal e dos Municípios destinadas à seguridade social constarão dos respectivos orçamentos, não integrando o orçamento da União. É válido ressaltar que a proposta de orçamento da seguridade social será elaborada de forma integrada pelos órgãos responsáveis pela saúde, previdência social e assistência social, tendo em vista as metas e prioridades estabelecidas na lei de diretrizes orçamentárias, assegurada a cada área a gestão de seus recursos.

Importante pontuar que as contribuições são tributos cujo produto da sua arrecadação está vinculado à sua finalidade. Marco Aurélio Greco explica que existem na Constituição Federal normas de validação finalística,[22] isto é, normas que se lançam para o futuro, pois regulamentam competências a fim de alcançar determinadas finalidades. É justamente a adequação a essas finalidades que serão válidas ou inválidas perante a Constituição Federal.

Especificamente no que concerne à matéria tributária, é preciso acrescentar outro tipo de validação constitucional: a validação condicional. Sobre o tema, Tercio Sampaio Ferraz esclarece que o tributo é válido se o seu fato gerador ou sua base de cálculo estão em sintonia com aqueles possíveis e previstos no texto constitucional.[23]

Adotando uma interpretação sistemática, é possível perceber que as contribuições observam as duas hipóteses de validação, pois a hipótese de incidência é compatível com o texto constitucional e a instituição do tributo deve observar a sua finalidade, qual seja, o custeio da seguridade social.

3 Orçamento como fonte de custeio da seguridade social

O orçamento, lei de iniciativa do Poder Executivo, estabelecerá: o Plano Plurianual, a Lei de Diretrizes Orçamentárias e os Orçamentos Anuais.[24]

O Plano Plurianual, lei de vigência quadrienal, estabelecerá, de forma regionalizada, as diretrizes, objetivos e metas da administração pública federal para as despesas de capital e outras delas decorrentes e para as relativas aos programas de duração continuada.[25]

---

[22] GRECO, Marco Aurélio. *Contribuições*: (uma figura *sui generis*). São Paulo: Dialética, 2000. p. 117/122.

[23] MOREIRA, E. R.; PUGLIESE, M. (Coord.). 20 anos da Constituição Brasileira. *In*: FERRAZ, Tercio Sampaio. *Contribuições Sociais na Constituição Federal*. São Paulo: Saraiva, 2009. p. 117.

[24] Art. 165 da CF.

[25] Art. 165, parágrafo primeiro, da CF.

A Lei de Diretrizes Orçamentárias compreenderá as metas e prioridades da administração pública federal, incluindo as despesas de capital para o exercício financeiro subsequente, orientará a elaboração da lei orçamentária anual, disporá sobre as alterações na legislação tributária e estabelecerá a política de aplicação das agências financeiras oficiais de fomento.[26]

Já os orçamentos anuais, conhecidos pela nomenclatura de lei orçamentária anual, compreenderão três instrumentos normativos: o orçamento fiscal, o orçamento de investimento e o orçamento da seguridade social.

O orçamento fiscal se refere aos Poderes da União, seus fundos, órgãos e entidades da administração direta e indireta, inclusive fundações instituídas e mantidas pelo Poder Público. O orçamento de investimento envolve as empresas em que a União, direta ou indiretamente, detenha a maioria do capital social com direito a voto.

O orçamento da seguridade social foi criado pela Constituição de 1988, abrangendo todas as entidades e órgãos a ela vinculados, da administração direta ou indireta, bem como os fundos e fundações instituídos e mantidos pelo Poder Público. A seguridade social é o único direito fundamental que possui uma lei orçamentária como fontes de custeio, o que mostra a importância em conceber que o orçamento é um instrumento de planejamento econômico em prol da realização de direitos.

Essas leis ordinárias[27] devem estar em perfeita consonância, pois os planos e programas regionais e setoriais previstos na Constituição devem ser elaborados em harmonia com o plano plurianual e apreciados pelo Congresso Nacional. O planejamento econômico envolve tanto a formulação de conteúdo quanto a execução dos comandos normativos. Em um primeiro momento, os objetivos são definidos, acompanhados dos meios e instrumentos possíveis. Em um segundo momento, a concretização do plano e possibilidade de adaptações diante da realidade.[28] Neste sentido, Eros Roberto Grau explica que:

---

[26] Art. 165, parágrafo segundo, da CF.

[27] Registra-se a discussão sobre a natureza jurídica das leis orçamentárias. Ver TORRES, Ricardo Lobo. *Tratado de Direito Financeiro e Tributário*: o orçamento na Constituição. 3. ed. Rio de Janeiro: Renovar, 2008. LABAND, Paul. *Le droit publique de l'empire allemand*. Paris: Giard & Brière, 1904. v. VI.

[28] GRAU, Eros Roberto. *Planejamento Econômico e Regra Jurídica*. São Paulo: RT, 1978.

A atividade de planejamento se expressa documentalmente em um plano no qual se registra, a partir de um processo de previsões, a definição de objetivos a serem atingidos, bem assim a definição dos meios de ação cuja ativação, em regime de coordenação é essencial àquele fim. Como processo sistemático, compreende também uma etapa, posterior a sua implantação, de controle e adaptação do plano às mudanças da realidade a que se deve aplicar.[29]

Ao Estado cumpre realizar a Constituição, nas suas máximas possibilidades, e com planejamento, e quando necessário, outras medidas de intervencionismo, inclusive mediante normas de direito financeiro.[30] Ainda que o orçamento una comportamentos econômicos e decisões racionais, não se pode olvidar sua dimensão axiológica e a necessidade que se transforme em uma lei aplicável, capaz de atingir tanto o empresário residente em São Paulo quanto um cortador de cana no Nordeste ou um pescador na Amazônia. Capaz, portanto, de realizar a *res publica*.[31] Afinal, os orçamentos devem ser compatibilizados com o plano plurianual, terão entre suas funções a de reduzir desigualdades inter-regionais, segundo critério populacional.

A seguridade social é o único direito fundamental que dispõe de uma lei orçamentária específica enquanto fonte de custeio própria.

O orçamento da seguridade social foi criado pela Constituição de 1988 e está integrado na lei orçamentária anual, segundo o princípio da unidade, pois envolve todas as entidades e órgãos a ela vinculados, da administração direta ou indireta, bem como os fundos e fundações instituídos e mantidos pelo Poder Público.

O art. 11 da Lei nº 8.212/91 estabelece que, no âmbito federal, o orçamento da seguridade social é composto de receitas decorrentes da União, das contribuições sociais e de outras fontes. A expressão "outras fontes" encontra delimitação no art. 27 da Lei nº 8.212/91:

I.   As multas, a atualização monetária e os juros moratórios;

II. A remuneração recebida por serviços de arrecadação, fiscalização e cobrança prestados a terceiros;

III. As receitas provenientes da prestação de outros serviços e de fornecimento ou arrendamento de bens;

---

[29] GRAU, Eros Roberto. *Planejamento Econômico e Regra Jurídica*. São Paulo: RT, 1978. p. 63-64.

[30] TORRES, Heleno Taveira. *Teoria da Constituição Financeira*, 2013. Tese (Concurso Público de Títulos e Provas para o provimento do cargo de professor titular de direito financeiro) – Faculdade de Direito da Universidade de São Paulo, 2013. p. 26.

[31] SCAFF, Fernando Facury. *Orçamento Republicano e Liberdade Igual*. Belo Horizonte: Fórum, 2018.

IV. As demais receitas patrimoniais, industriais e financeiras;

V. As doações, legados, subvenções e outras receitas eventuais;

VI. 50% (cinquenta por cento) dos valores obtidos e aplicados na forma do parágrafo único do art. 243 da Constituição Federal;

VII. 40% (quarenta por cento) do resultado dos leilões dos bens apreendidos pelo Departamento da Receita Federal;

VIII. Outras receitas previstas em legislação específica.[32]

De acordo com a LDO/2018 (Lei nº 13.473/2017), o orçamento da seguridade social compreende as seguintes rubricas:

Art. 38. O Orçamento da Seguridade Social compreenderá as dotações destinadas a atender às ações de saúde, previdência e assistência social, obedecerá ao disposto no *inciso XI do caput do art. 167, nos arts. 194, 195, 196, 199, 200, 201, 203 e 204 e no §4º do art. 212 da Constituição* e contará, entre outros, com recursos provenientes:

I – das contribuições sociais previstas na Constituição, exceto a de que trata o *§5º do art. 212* e aquelas destinadas por lei às despesas do Orçamento Fiscal;

II – da contribuição para o plano de seguridade social do servidor, que será utilizada para despesas com encargos previdenciários da União;

III – do Orçamento Fiscal; e

IV – das demais receitas, inclusive próprias e vinculadas, de órgãos, fundos e entidades, cujas despesas integrem, exclusivamente, o orçamento referido no *caput*, que deverão ser classificadas como receitas da seguridade social.

As fontes de custeio da seguridade social visam garantir as ações pertinentes à garantia dos direitos fundamentais e são arcadas pela arrecadação oriunda dos impostos em geral, enquanto a seguridade social deve se basear nas contribuições parafiscais de empregadores e empregados.

4 (Des)vinculação de receitas e a seguridade social

A seguridade social é financiada de forma significativa por tributos vinculados, as contribuições.

---

[32] As companhias seguradoras que mantêm o seguro obrigatório de danos pessoais causados por veículos automotores de vias terrestres, de que trata a Lei nº 6.194, de dezembro de 1974, deverão repassar à Seguridade Social 50% (cinquenta por cento) do valor total do prêmio recolhido e destinado ao Sistema Único de Saúde (SUS), para custeio da assistência médico-hospitalar dos segurados vitimados em acidentes de trânsito.

A Desvinculação de Receita da União (DRU), em sua gênese, provém de um sistema de fundos financeiros cujo período de vigência foi sucessivamente prorrogado desde 1994.[33]

A DRU consiste em um mecanismo fiscal constitucionalmente previsto que permite ao governo desvincular uma parcela das receitas de impostos e contribuições que não sejam obrigatoriamente destinadas a determinado órgão, fundo ou despesa.[34]

Em um contrassenso, o art. 76 da Constituição Federal, recentemente alterado pela EC nº 93, estabelece que seja desvinculado de órgão, fundo ou despesa, até 31 de dezembro de 2023, 30% da arrecadação da União relativa às contribuições sociais, sem prejuízo do pagamento das despesas do Regime Geral de Previdência Social, às contribuições de intervenção no domínio econômico e às taxas, já instituídas ou que vierem a ser criadas até a referida data. Prevê, ainda, como exceção da desvinculação de que trata o *caput* a arrecadação da contribuição social do salário educação a que se refere o parágrafo 5º do art. 212 da Constituição Federal.

De acordo com a LDO/2018 (Lei nº 13.473/2017), o orçamento da seguridade social compreende as seguintes rubricas:

> Art. 38 – §1º Os recursos provenientes das contribuições sociais de que tratam a alínea "a" do inciso I e o inciso II do *caput* do art. 195 da Constituição, no Projeto de Lei Orçamentária de 2018 e na respectiva Lei, não se sujeitarão à desvinculação e terão a destinação prevista no inciso XI do *caput* do art. 167 da Constituição.

Importante pontuar, nesse contexto, que entre as principais fontes de recursos da DRU estão as contribuições sociais.

Consequentemente, a DRU atinge o orçamento da seguridade social, permitindo que haja a desvinculação de recursos, sendo tal dispositivo uma espécie de "limite" a esse aumento da margem de discricionariedade porque estabelece que receitas provenientes de algumas contribuições não podem ser desvinculadas.

---

[33] SCAFF, L. C. M. Direitos Humanos, Seguridade Social e Desvinculação de Receitas da União. *In*: SERAU JUNIOR, Marco Aurélio (Org.). *Comentários à Jurisprudência Previdenciária do STF*. 1. ed. Curitiba: Juruá, 2012, v. 1, p. 130-150.

[34] Art. 167. São vedados: IV – a vinculação de receita de impostos a órgão, fundo ou despesa, ressalvadas a repartição do produto da arrecadação dos impostos a que se referem os arts. 158 e 159, a destinação de recursos para as ações e serviços públicos de saúde, para manutenção e desenvolvimento do ensino e para realização de atividades da administração tributária, como determinado, respectivamente, pelos arts. 198, §2º, 212 e 37, XXII, e a prestação de garantias às operações de crédito por antecipação de receita, previstas no art. 165, §8º, bem como o disposto no §4º deste artigo.

Em outras palavras, a DRU significa uma permissão constitucional ao administrador público para utilizar livremente um percentual de todos os tributos federais vinculados por lei a fundos ou despesas.[35] Isso desponta uma discussão muito interessante sobre a rigidez e a flexibilidade orçamentária, que, não obstante instigante, poderá ser estudada em outro momento.

Deste modo, percebe-se que o texto constitucional permite que 30% desses tributos *vinculados* sejam *desvinculados*, portanto, geridos com maior margem de discricionariedade. Desobriga, portanto, que a receita originalmente criada para o custeio social – da seguridade social – seja realocada para outra finalidade.

Suzani Andrade Ferraro identifica nas fontes de custeio uma das causas para a crise atual na seguridade social. Explica que: "no que tange às receitas, houve, também, uma inversão de valores contaminada pela técnica gerada pelas despesas anteriormente descritas. As despesas essenciais que deveriam ser cobertas, como ocorre em quase todos os países, isto é, as transferências do orçamento fiscal pelas receitas provenientes de toda a sociedade pelos impostos".

A DRU traz consigo uma inversão de finalidade do tributo contribuições, o que ocasiona uma crise no custeio da seguridade social.

Conclusão

O financiamento social é um princípio de ordem financeira e tributária que envolve a consagração de fontes de custeio constitucionais para os direitos sociais, integrando, portanto, a Constituição Financeira.

No que tange ao direito fundamental da seguridade social, o financiamento social envolve tanto as espécies tributárias contribuições quanto o orçamento da seguridade social. Trata-se, pois, de um direito cujo financiamento é tão específico e caso aos objetivos constitucionais que uma lei orçamentária deve ter o condão de assegurar a sua realização.

---

[35] Discussão interessante com possíveis repercussões financeiras para os entes federativos está na ADPF 523 que se refere à DRU e ao pacto federativo. Além disso, o STF concedeu repercussão geral no Tema 277: "Desvinculação de Receitas da União (DRU). Art. 76 do ADCT. Ausência de correlação entre a alegada inconstitucionalidade da DRU e o direito à desoneração tributária proporcional à desvinculação. (...) Não é possível concluir que eventual inconstitucionalidade da desvinculação parcial da receita das contribuições sociais teria como consequência a devolução ao contribuinte do montante correspondente ao percentual desvinculado, pois a tributação não seria inconstitucional ou ilegal, única hipótese autorizadora da repetição do indébito tributário ou do reconhecimento de inexistência de relação jurídico-tributária" [RE 566.007, rel. min. Cármen Lúcia, j. 13.11.2014, P, DJE de 11.2.2015, Tema 277].

Contudo, observa-se na prática um esvaziamento no custeio da seguridade social, o que, combinado com a DRU, mostra o enfraquecimento de um direito tão importante, capaz de proteger o cidadão tanto no que se refere à saúde, previdência e assistência.

Conclui-se que a DRU *desvincula* os tributos que foram criados originariamente para *vincular* e realizar a seguridade social. Logo, a DRU *desvincula* o *vinculado*, permitindo que esses recursos financeiros sejam alocados para outras finalidades, aumentando a margem de discricionariedade do gestor.

Estabelece-se uma relação de necessidade entre a realização da seguridade social e o financiamento social, pois reduzir gradativamente as fontes de custeio constitucionais implica diminuir o "tamanho" da Constituição Financeira, prejudicando a pessoa humana em sua dignidade.

Referências

ALEXY, Robert. *Teoría de los derechos fundamentales*. Madrid: Centro de Estudos Políticos y Constitucionales, 2001.

ARENDT, Hannah. *A Condição Humana*. 10. ed. Rio de Janeiro: Forense Universitária, 2005.

CASTRO, Carlos Alberto Pereira de; LAZZARI, João Batista. *Manual de Direito Previdenciário*. 17. ed. Rio de Janeiro: Forense, 2015.

CORREIA, Marcus Orione Gonçalves; CORREIA, Érica Paula Barcha. *Curso de direito da seguridade social*. 7. ed. São Paulo: Saraiva, 2013

COSTA, Helena Regina Lobo da. Corrupção na História do Brasil: reflexões sobre suas origens no período colonial. *In: Temas de Anticorrupção & Compliance*. 2. ed. Rio de Janeiro: Elsevier, 2013.

GRAU, Eros Roberto. *Planejamento Econômico e Regra Jurídica*. São Paulo: RT, 1978.

GRAU, Eros Roberto. *Ensaio e Discurso sobre a interpretação/aplicação*. São Paulo: Malheiros, 2005.

GRECO, Marco Aurélio. *Contribuições*: (uma figura *sui generis*). São Paulo: Dialética, 2000.

HOLMES, Stephen; SUSTEIN, Cass. *The Cost of Rights*: Why Liberty Depends on Taxes. New York-London: W.W. Norton & Company, 1999.

LABAND, Paul. *Le droit publique de l'empire allemand*. Paris: Giard & Brière, 1904. v. VI.

MOREIRA, E. R.; PUGLIESE, M. (Coord.). 20 anos da Constituição Brasileira. *In*: FERRAZ, Tercio Sampaio. *Contribuições Sociais na Constituição Federal*. São Paulo: Saraiva, 2009.

NAGEL, Thomas; MURPHY, Liam. *O mito da propriedade*. Traduzido por Marcelo Brandão Cipolla. São Paulo: Martins Fontes, 2005.

OLIVEIRA, Regis Fernandes. Regime constitucional do direito financeiro. *In*: TORRES, Heleno Taveira (Coord.). *Tratado de direito constitucional tributário*: estudos em homenagem a Paulo de Barros Carvalho. São Paulo: Saraiva, 2005

PAGOTTO, Leopoldo. *Esforços globais anticorrupção e seus reflexos no Brasil.* 2. ed. Rio de Janeiro: Elsevier, 2013.

PERSIANI, Mattia. *Direito da Previdência Social.* São Paulo: Quartier Latin, 2009.

PETRELLUZZI, Marco Vinicio; RIZEK JUNIOR, Rubens Naman. *Lei Anticorrupção*: origens, comentários e análise da legislação correlata. 1. ed. São Paulo: Saraiva, 2014.

SCAFF, Fernando Facury. A Efetivação dos Direitos Sociais no Brasil. *In*: SCAFF, Fernando Facury; ROM BOLI, Roberto; REVENGA, Miguel. *A Eficácia dos Direitos Sociais.* São Paulo: Quartier Latin, 2009, p. 21-42.

SCAFF, Fernando Facury. *Orçamento Republicano e Liberdade Igual.* Belo Horizonte: Fórum, 2018.

SCAFF, L. C. M.; SCAFF, F. F. Da Seguridade Social – Comentários ao art. 195, parágrafo 4º da Constituição do Brasil. *In*: J.J. Gomes Canotilho, Gilmar Ferreira Mendes, Ingo Wolgang Sarlet, Lenio Luiz Streck (Org.). Comentários a Constituição do Brasil. 2. ed. São Paulo: Saraiva/Almedina, 2014, v. 1, p. 1921-1921.

SCAFF, L. C. M. Direitos Humanos, Seguridade Social e Desvinculação de Receitas da União. *In*: SERAU JUNIOR, Marco Aurelio (Org.). *Comentários à Jurisprudência Previdenciária do STF.* 1. ed. Curitiba: Juruá, 2012, v. 1, p. 130-150.

SERAU JUNIOR, Marco Aurélio. *Economia e Seguridade Social.* Análise Econômica do Direito: Seguridade Social. Curitiba: Juruá, 2010.

SERAU JUNIOR, Marco Aurélio. A seguridade social como direito fundamental material (ou a seguridade social como parte inerente à constituição). *In*: FOLMANN, Melissa; FERRARO, Suzani Andrade (Coord.). P*revidência*: entre o direito social e a repercussão econômica no século XXI. 1. ed., 2ª reimpr. Curitiba: Juruá, 2011.

TANZI, V. *Corruption around the world*: Causes, consequences, scope, and cures. Staff Papers-International Monetary Fund, p. 559-594, 1998.

TORRES, Heleno Taveira. *Direito Constitucional Financeiro*: Teoria da Constituição Financeira. São Paulo: Revista dos Tribunais, 2014.

TORRES, Heleno Taveira. *Teoria da Constituição Financeira.* Tese (Concurso Público de Títulos e Provas para o provimento do cargo de professor titular de direito financeiro) – Faculdade de Direito da Universidade de São Paulo, 2013.

TORRES, Ricardo Lobo. O mínimo existencial, os direitos sociais e os desafios de natureza orçamentária. *In*: SARLET, Ingo Wolfgang; TIMM, Luciano Benetti (Org.). *Direitos Fundamentais, orçamento e "reserva do possível".* São Paulo: Livraria do Advogado, 2008, p. 72-77.

TORRES, Ricardo Lobo. *Tratado de Direito Financeiro e Tributário*: o orçamento na Constituição. 3. ed. Rio de Janeiro: Renovar, 2008.

Informação bibliográfica deste texto, conforme a NBR 6023:2018 da Associação Brasileira de Normas Técnicas (ABNT):

SCAFF, Luma Cavaleiro de Macêdo. Estado fiscal. Financiamento social. Seguridade social. *In*: SARAIVA FILHO, Oswaldo Othon de Pontes; SIQUEIRA, Julio Homem de; BEDÊ JÚNIOR, Américo; FABRIZ, Daury César; SIQUEIRA, Junio Graciano Homem de; CUNHA, Ricarlos Almagro Vitoriano (Coord.). *Limitações materiais ao poder de tributar.* Belo Horizonte: Fórum, 2022. p. 375-390. (Coleção Fórum Princípios Constitucionais Tributários - Tomo III) ISBN 978-65-5518-314-6.

SISTEMA DE JUSTICIA TRIBUTARIA Y EXENCIÓN

MIRLO MATÍAS DE LA CRUZ

MARÍA DE LOS ÁNGELES GONZÁLEZ LUNA

Justicia tributaria en la gestión del tributo

El llamado principio de justicia tributaria, tiene una fundamental penetración en el sistema tributario, tiene un valor prevalente y vinculante en las Constituciones de los Estados modernos. Por ello, el principio de justicia es muy importante y actualmente tiene mucho desarrollo. Desde que Adam Smith,[1] dedicó en su obra el estudio de la tributación, hizo una proyección del principio de justicia tributaria, al decir que los súbditos deberían concurrir a los gastos de acuerdo a su capacidad de pago, y afirma en principio que el tributo debe ser justo, equitativo, lo que induce al sentido del valor de justicia tributaria, como un valor jurídico del reparto equitativo de la carga tributaria.

---

[1] SMITH, ADAM: Indagación acerca de la naturaleza y las causas de la riqueza de las naciones, (Traducción del inglés de ARMANDO LÁZARO ROS, Revisión y prólogo de GERMÁN BERNACER TORMO, ED. Aguilar, Madrid, 1961; sobre una crítica de su obra, Víd, a HEILBRONER, ROBERT L.: Vida y doctrina de los grandes economistas, Ediciones Aguilar, Madrid, 1972, pp. 44 y ss.; GIDE, C. y CARLOS RIST: Historia de las Doctrinas Económicas. Desde los fisiócratas hasta nuestros días, (traducción de C. MARTÍNEZ PEÑALVER, 2ª Edición, Instituto Editorial Reus, Madrid, s/f, pp. 83 y ss.

El principio de justicia tributaria, ha tenido un excelente desarrollo, y ha proyectado otros, como capacidad económica y certeza jurídica. Smith, en un principio, previene que el derecho del Estado a que se le haga el aporte tributario, debe hacerse de manera justa y de acuerdo a la capacidad de pago de sus ciudadanos. En esta prevención, va implícita la capacidad contributiva, como soporte y exigencia de justicia en la carga tributaria. Pero el principio de justicia tributaria se matiza y ha variado, dependiendo de la conciencia filosófica y axiológica que sobre él, la sociedad le determine y asigne, expresando la mayoría de las veces, este valor y aspiración a través de sus legisladores.

Este valor de justicia tributaria encierra en sí misma el que "todos" y de acuerdo a su capacidad contributiva, deben aportar a los gastos del Estado. Por ello actualmente el Tribunal Constitucional, ha emitido vastas sentencias en las que, en principio, la tributación debe ser acorde a la riqueza atribuida o detentada por el ciudadano-contribuyente y que únicamente se grave en ese espacio virtual conformado y limitado entre el acatamiento y fijación del mínimo vital y la frontera de un afán que no resultase confiscatorio.[2] De lo anterior, podemos argumentar que en el ámbito de grabación antes enunciado, el deber de contribuir, será de acuerdo a ese espacio vital de tributación. Lo contrario, en una tributación con demasiadas cargas fiscales que no respetaran esos límites, por un lado, sufriría menoscabo la dignidad o vida del ciudadano y por el otro, la propia existencia de la misma riqueza. Ambos acontecimientos son anómalos en un Estado moderno y traen insertos gérmenes de una inminente disociación del colectivo. Es la dimensión y penetración jurídica del principio de justicia como plataforma y sostén legal del sistema tributario.

Dadas obviamente, sus diversas manifestaciones que en la actualidad tiene como: el principio de capacidad contributiva, de equidad,

---

[2] CASADO OLLERO, G. :Los fines no fiscales de los tributos RDFHP, Núm. 213 mayo-junio,1991, al respecto este autor refiere: "...entre ambos límites se sitúa el ámbito de actuación que permite ejercitar el poder impositivo en modo de hacer posible, además de otros fines y objetivos extrafiscales, la contribución de todos al sostenimiento de los gastos públicos...si bien el legislador puede ampararse en otros principios y valores constitucionales para eximir o dejar de gravar una manifestación de riqueza susceptible de imposición, en modo alguno dichos objetivos (extrafiscales) podrían legitimar el gravamen de una riqueza situada fuera de los límites imponibles, ya que sería arbitraria e injusta la imposición que prescindiese por completo de la relativa capacidad económica de los contribuyentes" p. 477; Víd, STC 37/1987, de 26 de marzo, F. J. 13º; STC 150/1990, de 4 de octubre F. J. 9; art. 31.1 CE, supone incorporar otra exigencia lógica que obliga a no agotar la riqueza imponible, so pretexto del deber de contribuir; también la STC 27/1981 de 20 de julio, F. J. 4º.

de no confiscatoriedad, de generalidad,[3] etc. Lejos de la exención del mínimo vital, "todos" (principio de generalidad), están llamados a contribuir de acuerdo a su capacidad contributiva. La deducción lógico-jurídica a que llegó el Tribunal Constitucional de "buscar la riqueza allí donde la riqueza se encuentra", toma sentido en el ámbito aplicativo del tributo. Lógicamente se grava quien tenga esta capacidad económica y quien no la tenga estará exento de esta obligación. La justicia en el ingreso estaría concretizada, si a "todos" los que poseyeran la capacidad contributiva los afectara de tal manera que nadie prescindiera de solventar los gastos. Del anterior razonamiento se deduce que el ingreso tributario es justo si está acorde a la capacidad económica de quien contribuye. Quien mayor capacidad económica tenga mayor será su aportación a las cargas públicas, quien no tenga capacidad económica no soportará, esta obligación.

La justicia en el ingreso

El mandato constitucional dirigido a que todos están obligados a contribuir al financiamiento de los gastos públicos, lleva inmerso el principio de generalidad y de una justa distribución de esta carga tributaria impuesta por el Estado (principio de igualdad), pero esto de acuerdo a la situación económica del ciudadano; es decir, este mandato de contribuir es dirigido de tal manera que todos por igual soporten la carga impuesta por el Estado, pero de acuerdo al principio de justicia tributaria.[4] De aquí surgen cuestionamientos: ¿Qué es el principio de justicia tributaria en el ingreso? ¿En qué se revierte el principio de justicia tributaria en el gasto?

El principio de seguridad tributaria tiene coalición íntima para su realización con los principios ya relacionados. En el ámbito de la gestión de los impuestos, la exención es un mecanismo de detracción del ingreso, cobra particular importancia la excepción del mínimo vital, el cual es respetado en las normatividades tributarias. Para algunos tratadistas este mínimo exento se confronta con el principio de generalidad

---

[3] Víd, a SÁINZ DE BUJANDA, F. (Director): Notas de Derecho Financiero, T. I, Vol. 2º, Lecciones 15 a 35, Universidad de Madrid, Madrid 1967, pp. 184-187.

[4] La conjunción de los tres principios –capacidad económica, generalidad e igualdad- se da, pues, en la fórmula del artículo 9 del Fuero de los Españoles. Lo que importa no perder de vista es que así como los principios de generalidad e igualdad son principios generales del ordenamiento jurídico, sin cuya presencia y eficacia no sería posible la realización de la justicia, el principio de capacidad económica es un típico y exclusivo principio tributario. Es criterio material de justicia.

y por ende con el de justicia tributaria; por el razonamiento de que democráticamente todos, participan en la conformación del gobierno y por igual deben de contribuir a los gastos del mismo. Por fortuna, esto no ha sido acuñado en las leyes tributarias. Pero en principio, la justicia tributaria en el ingreso o gestión del tributo se debe reflejar en esa exención del mínimo vital, justa es su permanencia, este configura su importancia al evitar la degradación de la vida de los ciudadanos.

El principio de capacidad contributiva es una de las principales columnas donde se sostiene la justicia tributaria. Esta última, finalmente reflejada en la capacidad contributiva, es el espacio jurídico de imposición -que aludíamos anteriormente, y que respeta el mínimo exento y en donde dicha tributación no tenga un alcance confiscatorio; sin lo anterior, no sería posible la justicia tributaria, sería una aspiración – como muchas otras-, embalsamada en las Constituciones de los pueblos, pletóricas de deseos ambiguos y de propósitos sin fortuna. Es también, muy recurrido en la doctrina que el principio de capacidad económica está en proceso de construcción metodológica, dado el dinamismo de la percepción del valor de justicia en la sociedad y de la aplicación de los proyectos políticos y económicos aunado a la proclividad con que se sirven de dichos proyectos los grupos políticos. Evidentemente, con el anterior razonamiento el principio de justicia pareciera que fuera algo inasequible, pero no es así. En primera, la capacidad económica sería aquella que el legislador, determinara a través de los diversos tributos, en la realización de su presupuesto de hecho de los mismos, quien no sea protagonista de dichos hechos imponibles[5] no estaría sujeto al pago de la deuda tributaria. De tal manera, que la capacidad contributiva nace, a partir de la exoneración del mínimo exento, y claro, con las dificultades que esto conlleva cuantificarlo.[6]

---

[5] Sobre el Hecho imponible, Víd, a JARACH, D.: El hecho imponible, 2ª edición, Abeledo-Perrot, Buenos Aires, 1971; SÁINZ DE BUJANDA, F.: Hacienda y Derecho, T. IV, Ob. Cit., pp. 293 y ss.

[6] FLORES ZAVALA, E.: Elementos de Finanzas Públicas Mexicanas, 29 ava. Edición, 1971, México, este autor, refiere a la problemática de la capacidad contributiva y del mínimo vital: "...empieza por encima, de la cantidad que se considera indispensable para que el hombre subsista, es verdad que habrá cierta dificultad en determinar con precisión esa cantidad, y que las circunstancias económicas varían de un momento a otro, pero siempre será posible hacer su determinación con mayor o menor aproximación y, en todo caso, siempre es preferible algún mínimo por pequeño que sea, a ninguno." p. 129, al respecto del anterior razonamiento, lo compartimos, por la inexcusable razón de que los Estados modernos están constituidos y constreñidos como vigilantes de la dignidad de sus ciudadanos y por lo tanto deben establecer por razones de justicia tributaria al mínimo vital y exonerar dicha detentación económica del pago tributario, así mismo por razones justas, deben establecer la no tributación de los artículos que son necesarios para la conservación de la vida (artículos de primera necesidad), como alimentos básicos, medicinas, algunos servicios, así como el salario mínimo que debe estar exento de tributación, etc.

En segunda, lo anterior no violenta el principio de generalidad ni de igualdad, al contrario los robustece y por acción vinculante vigoriza la inmediatez de la justicia tributaria.

La capacidad económica como principio rector de la justicia tributaria

Esta justicia tributaria, debe ser el cauce mediador, limitante de la siempre ávida pretensión del Estado de hacerse de medios económicos a través de la imposición excesiva. Por lo que creemos, que el principio de justicia tributaria, es un principio vigente que otorga legalidad y equidad al sistema tributario actual. Si Justicia, es dar a cada quien lo que le corresponda, darle lo justo; este quehacer considerado descansa en los legisladores. Estos últimos, con un poco de orientación jurídica, podrán vislumbrar que dar lo justo, no es equiparable a dar lo mismo a todos por igual. Es decir, que el principio de capacidad económica acuñado, no explica totalmente que cuando dos ingresos provenientes, uno del esfuerzo personal y el otro de la titularidad y goce de una riqueza existente, no se deben gravar ambas por igual, sino atendiendo al elemento subjetivo del esfuerzo que cada uno realizó para crear ambas riquezas sujetas a gravamen. En esto consistiría una más correcta aplicación de justicia tributaria; en que se gravaría más, al que menos esfuerzo pondría en la creación de riqueza y menos, al que se esfuerza personalmente o que hubiese un mayor desgaste propio para crearla. Aquí, se atendería para normar criterios, por un lado que al elemento objetivo de la capacidad contributiva y al elemento subjetivo del esfuerzo personal o llamado "igualdad de sacrificio", en donde se valoraría la cuestión particular del contribuyente, los dos elementos unificados, combinados en los presupuestos de los hechos imponibles, para lograr una exacción tributaria más justa y más equitativa.

Ya hemos concurrido al estudio que el impuesto debe ser aplicado a todos por igual; tomando en consideración los elementos subjetivos (personales) y objetivos (capacidad de pago u ostentación de riqueza), para una uniformidad en la aplicación del tributo; pero es de destacar que falta un pilar fundamental del reflejo de la justicia tributaria que es la certeza o seguridad jurídica. La certeza jurídica forma parte de la justicia tributaria, en la gestión del ingreso. Esta certeza se refiere a que el contribuyente debe saber con seguridad que impuesto se le cobra y en qué porcentaje, la forma de pago, el hecho imponible realizado; la presentación del oficio comisivo del funcionario de la Administración con quien tiene relación el contribuyente, por ejemplo, en una inspección ya sea para comprobar o para verificar datos; aunado a que, las leyes tributarias sean de fácil acceso y más comprensibles, que no proyecten o reviertan a otras leyes más impenetrables para la mayoría de los contribuyentes, de tal manera que las codificaciones no sean un laberinto de conceptos vagos y técnicos en exceso, que enrarecen más la certidumbre de la exigencia del tributo.

A todo esto, es innegable que el Estado debe hacer un esfuerzo para que el contribuyente tenga una orientación y defensa idónea ante la Administración,[7] en razón de estas particularidades, se dará mayor certeza jurídica y por ende una ecuanimidad tributaria. Esta Administración,[8] tiene características superlativas frente al contribuyente, como la dirección e incoación del procedimiento de gestión y coacción, facultades discrecionales de orientación de los mismos; así como elementos humanos en sus vertientes técnicas como intelectuales. Así mismo, está conformada por elementos propios de infraestructura adecuados, con un gran equipo material sofisticado, proporcionado ex profeso, para la gestión del tributo.

En esta diferencia entre David y Goliat, es obligado que el contribuyente tenga mayor justicia tributaria, reforzando sus derechos y garantías constitucionales, para hacer más equilibrada esta relación jurídica. La mayoría de las veces el trato personal entre contribuyentes y funcionarios de la Administración, dan pautas a que se disemine la relación, envileciéndola. O las constantes visitas discrecionales de inspección de la Administración que la mayoría de las veces causan molestias y desequilibrios en varios ámbitos de la vida personal del contribuyente. Por ello la posición de algunos tratadistas, es que se dé lo menos posible el contacto personal y si este es necesario, será pero ajustado a Derecho y que toda actuación de la Agencia Estatal de Administración Tributaria, sea fundada y motivada y sujeta al imperio

---

[7] Víd, a MARTÍN QUERALT, J.; CARMELO LOZANO SERRANO; GABRIEL CASADO OLLERO; JOSÉ M. TEJERIZO LÓPEZ: Curso de Derecho Financiero y Tributario, 13ª edición, Tecnos, Madrid, 2002, al respecto los presentes autores definen a la Administración que se erige como una potentior persona, frente al contribuyente que esgrime tímidamente sus derechos y garantías constitucionales; es decir facultades exorbitantes frente a una débil posición del contribuyente, p. 41.

[8] Víd, el prólogo de FERNANDO SÁINZ DE BUJANDA, en la obra de CORTÉS DOMÍNGUEZ, M.: Ordenamiento Tributario Español, Ob. Cit., en donde el prologuista enuncia: "... podrán creer que en este libro se exaltan con fruición las absorbentes, hipertróficas e ilegítimas facultades que en el desempeño de sus cometidos suelen arrogarse los órganos de gestión tributaria. (...) De donde resulta que por uno u otro camino llegamos ambos a un punto fundamental de convergencia: el de glorificación, no del hecho imponible ni de la liquidación –que, como bien se afirma, cumplen cometidos distintos-, sino de la norma jurídica frente a la arbitrariedad." pp. XXXVIII y XXXIX.

de la Ley. La justicia tributaria en el ingreso, es el reflejo de que el contribuyente tenga todas las facilidades de pago en la recaudación del tributo. Que esta exacción no sea, ni demasiada onerosa, ni molesta ni repetitiva, sino en períodos anuales como el IRPF, o como el IVA que únicamente se devenga de manera insufrible, cuando se consume el producto; es decir que en principio, un impuesto exageradamente gravoso e irreflexivo puede desencadenar una perjudicial evasión del mismo o una resistencia civil a incumplirlo.

El Estado, debe poner mucho énfasis y sensibilidad política a estas cuestiones, ya que el olvido u omisión de algunas de ellas, puede hacer nula la aplicación de la justicia, que es finalmente la plataforma donde descansa la ordenación jurídica del sistema tributario. A pesar de todo lo analizado, el principio de justicia tributaria, pareciera que fuera un concepto maleable, limitado, sobre todo por la dinámica evolución del principio de capacidad económica. Pero es justo considerar que este principio de justicia tributaria, está en constante construcción metodológica, de tal manera que su inalterabilidad, depende, que no se trasgreda el principio de capacidad económica, que al menos vigentemente, es la proyección implícita del valor de justicia en el sistema tributario.

El Estado se suministra recursos a través del tributo, para así hacerle frente tanto a necesidades propias como inherentes a su fundamento. Este Estado moderno es sujeto de deberes, obligaciones -depositadas por sus ciudadanos- y tiene el compromiso jurídico de proveer bienestar y dignidad a los mismos. Esto último, es la justificación de la exacción del tributo, pero no es únicamente tributar para gastar, sino captar recursos para realizar tanto deberes como atribuciones través de la actividad desplegada por el sistema administrativo, de servicios públicos, etc.[9] La referida actividad estatal debe sujetarse al imperio de la ley a fin de que no sean actuaciones arbitrarias.

---

[9] FLORES ZAVALA, E.: Elementos de Finanzas Públicas Mexicanas, Ob. Cit., para este autor: "...las atribuciones del Estado se traducirán principalmente en servicios públicos, pero no debemos olvidar, que no toda la actuación del Estado es de servicio público, porque existen tareas estatales que no tienen este carácter". p. 123; CORTÉS DOMÍNGUEZ, M.: Ordenamiento Tributario Español, Civitas, 1985, para este autor es relevante que la actuación de la Administración tributaria se someta al Estado de Derecho, así lo reitera: "...se percibe con facilidad en la doctrina que así como antes se asistió a un período de glorificación del hecho imponible, ahora los intentos se encaminan cada vez con mayor intensidad a desentrañar el valor que la actuación de la Administración tiene para la vida del tributo y en consecuencia vivimos unos momentos de potenciación de la liquidación del tributo. Y esta actitud no es caprichosa, sino que obedece a una razón muy importante. Es la siguiente: la doctrina es consciente de que para nada vale el esfuerzo del legislador en definir legalmente los elementos estructurales que definen la obligación de cada tributo si esta labor no va acompañada de una rigurosa disciplina de la actividad administrativa aplicadora del Derecho. Es evidente que las definiciones de los diversos hechos imponibles más adecuadas al principio de capacidad económica y al principio de seguridad jurídica pueden ser alteradas fácilmente por una liquidación regulada defectuosamente, permisiva

La idea que, el reparto de la carga tributaria, sea justo siempre ha sido una de las preocupaciones de la doctrina; pero también ha sido el sublime anhelo de los pueblos y que la observancia de este valor de justicia da cohesión y paz social a los mismos; por ello, son valores inmutables, imperecederos y siempre presentes en sus normatividades. Estos valores siempre vigentes y observados, dan legitimidad a la actividad de la Administración en la gestión e ingreso del tributo.[10]

De esta justicia y su transmutación, del camino del ingreso al gasto, hablaremos más adelante, dada que hay una total desvinculación, entre el ingreso del tributo y el destino que se le da a ese recurso. El principio de justicia tributaria también se refleja en la tasa,[11] que invariablemente es una "prestación" nacida y fijada por el ente público, por los servicios que el Estado, proporciona a sus gobernados y que refleja la contribución al sostenimiento del mismo. La peculiaridad de la tasa y su tarifa, a veces, tiene discordancias con la capacidad económica y con el servicio prestado al público que solicita el servicio, por lo que presenta algunas riesgosas peculiaridades en la aplicación del principio de justicia tributaria.

Legalidad y justicia en el gasto fiscal. La consagración constitucional del principio de justicia tributaria en el gasto

La justicia tributaria, que tantas preocupaciones ha producida a parte de la doctrina en el ingreso del tributo, y que es plataforma de la legalidad del sistema tributario; también, debe traducirse, revertirse en

---

de una actividad de los contribuyentes o de la propia Administración, que desvirtúe el sentido que en la ley tienen los tributos." p. 292.

[10] Víd, a SÁINZ DE BUJANDA (Director): Notas de Derecho Financiero, Ob. Cit., el pensamiento aquí expresado sobre el reparto es que: "...reparto justo de la carga tributaria aludimos ya a uno de los dos tipos en que tradicionalmente se clasifica la justicia: la justicia distributiva, es decir, aquella especie de justicia que preside el reparto de las cargas y bienes comunes, frente a la justicia conmutativa, que preside las relaciones de cambio." p. 170.

[11] Víd, a GIANNINI, A. D.: Instituciones de Derecho Tributario, Editorial de Derecho Financiero, 1957, para este clásico, la tasa es: "...la prestación pecuniaria debida a un ente público, en virtud de una norma legal y en la medida que en ésta se establezca, por la realización de una actividad del propio ente que afecta de modo particular al obligado." p. 50; SÁINZ DE BUJANDA, F.: Hacienda y Derecho, T. III, Instituto de Estudios Políticos, Madrid, 1963, pp. 262 y ss.; SÁINZ DE BUJANDA (Director): Notas de Derecho Financiero,... Ob. Cit., al respecto de la tasa: "...esta debe acomodarse a criterios de justicia distributiva (fundamentalmente, al principio de capacidad contributiva)." asimismo en esta obra se hace un breve análisis de las teorías sobre la distribución de la carga tributaria y la justicia, pp. 170 y ss.

justicia en el gasto. En la actualidad, este último tema ha sido restringido, su estudio, por la doctrina y poco se ha producido sobre la misma. El impuesto, es una institución protectora, circulante; entre beneficios pecuniarios captados y destinados a resolver necesidades reclamadas. Entre dinero que ingresa y que se gasta, en servicios y bienestares. ¿Pero todo el gasto destinado realmente refleja bienestares? ¿Existe una vinculación entre la justicia tributaria en la exacción de los tributos y el destino de los mismos?

Evidentemente, existe una total desvinculación. La justicia en el gasto, atiende al sentido de la necesidad de los ciudadanos y de la preservación de una estricta aplicación de la justicia tributaria. Esto atiende a lo que aludimos, al referirnos a la confrontación del principio de generalidad con la exención, esta última, siendo hechos determinados como presupuestos de un tributo, presupuestos realizados, no surgen al mundo jurídico obligación de concurrir a los gastos, aunque sí a otras obligaciones formales. La exención tiene muchas alternativas de aplicación y sirve a múltiples finalidades en las que se aplica rígidamente el principio de justicia tributaria, o al menos es el cuidado que debe tener el legislador; una estricta observancia de este principio, que sea su fundamento, a fin de que no se establezcan exenciones jurídicas no justificadas por el principio de justicia tributaria y que se tornen en privilegios.[12]

Dicho lo anterior, destaca decir que tanto las exenciones, estímulos, bonificaciones, desgravaciones, etc., y toda esta legión de beneficios fiscales puede llevar al sistema tributario a un uso inmoderado de los mismos; haciendo nula la aplicación del principio de justicia tributaria en el gasto. Es de prevenir que los criterios de aplicación de la exención muchas veces son para incentivar actividades, promover o desalentar actitudes de la economía, y que la mayoría de los criterios aplicados son el fiel reflejo del pensamiento político-económico del grupo en el poder.

---

[12] En México, está prohibido por el artículo 28 de la CPEUM, la exención de impuestos, pero no por tener una valoración jurídica errónea del fundamento de la exención, sino que fue concebido, atendiendo al momento histórico-político de la génesis de esta Carta Magna, en donde los Constituyentes plasmaron el reclamo colectivo de antaño, entre otros, de erradicar el uso de los privilegios fiscales y rectifica después, en estricta aplicación de la justicia tributaria las exenciones aplicables a diversos desarrollos económicos federal y regional, y entre otros, como el respeto al mínimo vital, canasta básica (artículos de primera necesidad), medicinas, etc., esto a través de su abundante jurisprudencia emanada al respecto.

De esto último, se ha esforzado recientemente parte de la doctrina en señalarlo.[13] La trascendencia del principio de justicia tributaria en la gestión del tributo y en el destino del gasto tiene sus inconvenientes de aplicación, todo por la facultad discrecional del legislador, quien a veces, moderado y dirigido por principios o criterios económicos y políticos concibe exenciones y gastos en el presupuesto que alteran el principio de justicia tributaria.[14] Dadas las condiciones políticas y sociales que influyen en las decisiones del legislador, es prácticamente imposible aplicar el principio de capacidad económica sin que se confronte con el principio de justicia tanto en el ingreso como en el gasto de ese ingreso. Preocupa aquí, que la matización y proyección que se le dé a la capacidad económica, debería ser totalmente desvinculado del sentido de capacidad contributiva que en un principio le dio la doctrina italiana.

Conclusiones

El Estado en su protagonismo de la vida económica de una nación debe ser justo no solo en el ingreso, sino también en la repartición del gasto, de las contribuciones de quienes sujetos al pago, contribuyen de acuerdo a su capacidad económica.[15] Revirtiendo en beneficios a los mismos, que soportan la carga tributaria, de acuerdo al principio

---

[13] SÁINZ DE BUJANDA (Director): Notas de Derecho Financiero,... Ob. Cit., p. 186; señala MATÍAS CORTÉS, "...el legislador concede exenciones y beneficios fiscales de diversa índole fundados en razones de estricta conveniencia política o de interés económico no sólo para resolver problemas estructurales, sino incluso meramente coyunturales. Otras veces ocurre que, bajo el amparo de las ideas recogidas en el artículo 4º, [se refiere al artículo de la LGT] se esconden abusos y apoyos fiscales que no favorecen el desarrollo de la renta nacional o su mejor distribución, sino los intereses particulares de la clase dominante. (...) Entonces, los límites materiales del legislador tributario no son propiamente jurídicos, sino políticos." en CORTÉS DOMÍNGUEZ, M.: Ordenamiento Tributario Español, Ob. Cit., pp. 48-49.

[14] SÁINZ DE BUJANDA, F.: Hacienda y Derecho, T. III, Ob. Cit., al respecto este autor, refiere: "En primer término, es cierto que el poder político se ejercita normalmente en las comunidades modernas al servicio del Bien común. Pero no puede desconocerse que vivimos en nuestra época un robustecimiento notable de los poderes políticos personales y de ciertas minorías rectoras. El desarrollo de complejos planes políticos, sociales y económicos exige, al parecer, que las supremas facultades decisorias en el gobierno de las cosas públicas sean ejercitadas por equipos restringidos de personas que, en ocasiones, aun amparando su actividad en nobles propósitos de bien común, son, sin embargo, proclives a favorecer con peculiar intensidad los intereses, económicos o ideológicos, de los grupos a que pertenecen." p. 420.

[15] CORTÉS DOMÍNGUEZ, M.: Ordenamiento Tributario Español, Ob. Cit., al respecto, el presente autor refiere: "...la justicia no puede servir jamás para la injusticia. (...) los límites de lo justo y de lo injusto en este sector de la actividad social no están claramente deslindados, apenas hay algo más que la idea abstracta de justicia..." pp. 52-53.

de justicia. Si la anterior Hacienda Pública, era la cara principal en la gestión de los tributos, es hoy participante de la asignación del gasto público; a que este último, se haga de forma equitativa y de acuerdo al principio de legalidad, de tal manera que no se confronte con el principio constitucional de solidaridad, que es el fiel reflejo de la coordinación.

El principio rector de la eficiencia y su verificación (transparencia en la asignación de los recursos), consolida la estabilidad presupuestaria y da una visión global de lo que es hoy la Hacienda Pública instrumental.[16] Para algunos, la Hacienda Pública debería ser neutral, pero no olvidemos que las necesidades económicas del Estado cada día son más apremiantes dadas las diversas acciones y compromisos del mismo. Por ello, tiene Hacienda Pública un gran protagonismo en la economía estatal y en el reparto de los gastos, lo ideal es que en la actualidad, Hacienda pública tenga una política intervencionista.[17] La revitalización del principio de justicia en el gasto tiene una relación directa con el mismo principio en el ingreso, este principio constitucionalizado, responde hoy a todo el fenómeno jurídico financiero del Estado.

La merma pecuniaria que soporta el contribuyente, si importa en la actualidad, si esta no es obcecada, excesiva, o impertinente, que pueda dar nacimiento al deseo onírico de evadir su pago; por ello es necesario que esta imposición sea la proyección real de los principios de capacidad económica, igualdad, seguridad, etc., y que en el gasto sea con criterios de justeza, solidaridad y eficiencia en la distribución del mismo.[18] Los fines de justicia solamente se podrán igualar a través de

---

[16] Víd, al respecto a CASADO OLLERO, G.: Aspectos Constitucionales del Derecho Financiero: Elementos axiológicos y... Ob. Cit., pp. 1143- 1145; CASADO OLLERO, G.: Los fines no fiscales... Ob. Cit., al respecto este autor refiere: "Pues bien esta transformación en la concepción y en los fines del Estado, ha provocado no sólo una variación cuantitativa en las dimensiones de la actividad financiera, sino sobre todo una importante alteración de orden cualitativo que afecta al propio carácter instrumental con el que vino caracterizándose la actividad financiera para diferenciarla de la administrativa", p. 459.

[17] CAYÓN GALIARDO, A.: La unidad funcional de la Hacienda Pública, Instituto de Estudios Fiscales, Madrid, 1988, "Al lado de aquella Hacienda pública tradicional, se encuentra la que está al servicio de las políticas económicas, financiera y monetaria del Estado, aportando todos sus medios materiales y jurídicos, y siendo ella misma instrumento dócil y eficaz de los respectivos objetivos económicos, financieros o monetarios." p. 69; CASADO OLLERO, G.: Los fines no fiscales..., Ob. Cit., al respecto este autor anota que: "basta repasar la Constitución de 1978 para advertir la voluntad del constituyente español de que la actividad financiera de los entes públicos se encauce a la realización de diversidad de fines y objetivos económicos y sociales, que el propio texto constitucional reconoce y ampara", p. 461.

[18] SAINZ DE BUJANDA, F.: Sistema de Derecho Financiero, I, Introducción, Vol. 2º, Madrid, 1985, p. 276; LÓPEZ GUERRA, L.: Las dimensiones del Estado social de Derecho Sistema, núms. 38-39, 1980, pp. 171 y ss.; MENÉNDEZ, A.: Constitución, sistema económico y

esta Hacienda Moderna.[19] La ordenación del gasto público, a través del principio de justicia tributaria, es un tema casi soslayado por la ciencia del Derecho financiero y sobre todo, contrastante con la casi inaplicación de los principios rectores del ordenamiento jurídico en los proyectos de leyes presupuestarias, como: no confiscatoriedad, capacidad económica, legalidad tributaria, reserva de ley, irretroactividad de la ley, etc.[20]

Referencias

CASADO OLLERO, G. Los fines no fiscales de los tributos. RDFHP, Núm. 213 mayo-junio, 1991.

CASADO OLLERO, G. Aspectos Constitucionales del Derecho Financiero: Elementos axiológicos y...

CAYÓN GALIARDO, A. La unidad funcional de la Hacienda Pública, Instituto de Estudios Fiscales, Madrid, 1988.

CORTÉS DOMÍNGUEZ, M. Ordenamiento Tributario Español, Civitas, 1985.

FLORES ZAVALA, E. Elementos de Finanzas Públicas Mexicanas, 29 ava. Edición, 1971.

GIANNINI, A. D.: Instituciones de Derecho Tributario, Editorial de Derecho Financiero, 1957.

GIDE, C. y CARLOS RIST. Historia de las Doctrinas Económicas. Desde los fisiócratas hasta nuestros días, (traducción de C. MARTÍNEZ PEÑALVER, 2ª edición, Instituto Editorial Reus, Madrid.

HEILBRONER, ROBERT L. Vida y doctrina de los grandes economistas, Ediciones Aguilar, Madrid, 1972.

JARACH, D.: El hecho imponible, 2ª edición, Abeledo-Perrot, Buenos Aires, 1971.

LÓPEZ GUERRA, L. Las dimensiones del Estado social de Derecho. Sistema, núms. 38-39, 1980.

LOZANO SERRANO, C. Intervencionismo y Derecho financeiro. Civitas REDF, núm. 55, 1987.

MARTÍN QUERALT, J.; CARMELO LOZANO SERRANO; GABRIEL CASADO OLLERO;

Derecho mercantil, HPE, núm. 94, 1985, p. 50; LOZANO SERRANO, C.: Intervencionismo y Derecho financiero Civitas REDF, núm. 55, 1987, p. 326.

[19] CASADO OLLERO, G.: Los fines no fiscales..., Ob. Cit., "La diversificación de los fines y funciones a los que debe servir la actividad financiera y la correlativa funcionalidad de la Hacienda Pública, si bien no está expresamente reconocida en nuestro Ordenamiento constitucional, se desprende inequívocamente de la cláusula del Estado social y de los principios rectores de la política social y económica, en cuyo reconocimiento, respeto y protección están comprometidos los poderes públicos". p. 461.

[20] En el mismo sentido, los autores, CASADO OLLERO, G.: Aspectos Constitucionales del Derecho Financiero, Ob. Cit., pp. 1146 y ss.; CORTÉS DOMÍNGUEZ, M.: Ordenamiento Tributario Español, Ob. Cit., pp. 20 y ss.

JOSÉ M. TEJERIZO LÓPEZ: Curso de Derecho Financiero y Tributario, 13ª edición, Tecnos, Madrid, 2002.

MENÉNDEZ, A. Constitución, sistema económico y Derecho mercantil. HPE, núm. 94, 1985.

SÁINZ DE BUJANDA, F. (Director). Notas de Derecho Financiero, T. I, Vol. 2º, Lecciones 15 a 35, Universidad de Madrid, Madrid 1967.

SÁINZ DE BUJANDA, F. Hacienda y Derecho, T. III, Instituto de Estudios Políticos, Madrid, 1963.

SAINZ DE BUJANDA, F. Sistema de Derecho Financiero, I, Introducción, Vol. 2º, Madrid, 1985.

SMITH, ADAM: Indagación acerca de la naturaleza y las causas de la riqueza de las naciones. Traducción del inglés de ARMANDO LÁZARO ROS. Revisión y prólogo de GERMÁN BERNACER TORMO, Ed. Aguilar, Madrid, 1961.

Sentencias

STC 37/1987, de 26 de marzo, F. J. 13º; STC 150/1990, de 4 de octubre F. J. 9; art. 31.1 CE,

STC 27/1981 de 20 de julio, F. J. 4º.

Informação bibliográfica deste texto, conforme a NBR 6023:2018 da Associação Brasileira de Normas Técnicas (ABNT):

MATÍAS DE LA CRUZ, Mirlo; GONZÁLEZ LUNA, María de los Ángeles. Sistema de justiça tributária y exención. *In*: SARAIVA FILHO, Oswaldo Othon de Pontes; SIQUEIRA, Julio Homem de; BEDÊ JÚNIOR, Américo; FABRIZ, Daury César; SIQUEIRA, Junio Graciano Homem de; CUNHA, Ricarlos Almagro Vitoriano (Coord.). *Limitações materiais ao poder de tributar*. Belo Horizonte: Fórum, 2022. p. 391-403. (Coleção Fórum Princípios Constitucionais Tributários - Tomo III) ISBN 978-65-5518-314-6.

IL PRINCIPIO *NEMO TENETUR SE DETEGERE*

ANNA RITA CIARCIA

1 Il principio *nemo tenetur se detegere*

Costituisce principio fondamentale della civiltà giuridica quello secondo cui la persona che può essere incolpata sulla base di una sua dichiarazione ha diritto alla protezione delle norme che regolano gli atti del procedimento, anche quando si tratti di atti anteriori all'inizio dello stesso:[1] poiché tra le regole principali dei procedimenti sanzionatori vi è quella secondo cui *nemo tenetur ledere* contra sé ovvero *nemo tenetur se detegere*[2] (codificata in sede penale dall'art. 384 c.p.), eguale protezione

---

[1] Cfr. Cass., sez. V, sent. n. 17052 del 21 luglio 2010.

[2] Cfr. S. Marchese, *Diritti fondamentali europei e diritto tributario dopo il trattato di Lisbona*, in *Dir. e prat. trib.*, n. 2/2012, 10241, per il quale il *nemo tenetur se detegere* è un principio di civiltà giuridica che, nel suo significato più risalente, ha funzionato da argine alla macchina da confessione del processo inquisitorio [324]. Nelle civiltà moderne, in cui è vietata qualsiasi forma di tortura per l'accertamento della «verità», esso continua a svolgere una fondamentale funzione, negando spazio all'applicazione di qualsivoglia sanzione processuale a chi, indagato o imputato, scelga di tacere riguardo a ciò che può essergli penalmente contestato. Nato, dunque, per tutelare il «taciturnus» e, dunque, il c.d. «diritto al silenzio», il principio ha assunto una duplice valenza: in primis il divieto sia dell'impiego di qualsivoglia coartazione per l'ottenimento della confessione, sia di qualsivoglia presunzione capace di ribaltare la presunzione di non colpevolezza; allo stesso tempo il divieto di applicazione di sanzioni afflittive atte a reprimere, anche non penalmente, il contegno non collaborativo dell'indagato o dell'imputato.

va accordata al soggetto che, per effetto della sua dichiarazione, può trovarsi esposto ad un successivo procedimento sanzionatorio, con la conseguenza che egli non è tenuto a rendere la dichiarazione indiziante contro se stesso, per quanto in tal senso richiesto; in questo senso sussiste quindi un'ipotesi di inesigibilità della condotta.[3]

In merito al principio *nemo tenetur se detegere*[4] va ricordato che per la Corte Costituzionale[5] costituiscono scelte discrezionali (costituzionalmente incensurabili ove non irragionevolmente esercitate) tutte le situazioni individuate dal legislatore in ossequio al suddetto principio nelle quali il diritto al silenzio (inteso nella sua dimensione di corollario essenziale dell'inviolabilità del diritto di difesa ex art. 24 Cost.) va garantito malgrado dal suo esercizio possa conseguire l'impossibilità di formazione della prova testimoniale.

Tuttavia, occorre considerare che la facoltà di non assoggettarsi ad atti tendenti a provocare una autoincriminazione non comporta anche la possibilità di violare regole di comportamento poste a tutela di interessi non legati alla pretesa punitiva.[6]

Va, quindi, richiamato il principio di diritto secondo il quale, la circostanza che il possesso di redditi possa costituire reato e che l'autodenuncia possa violare il principio *nemo tenetur se detegere* è sicuramente recessiva rispetto all'obbligo di concorrere alle spese pubbliche ex art. 53 Cost., dichiarando tutti i redditi prodotti (effettivi), espressione di capacità contributiva.[7]

Pertanto non è richiamabile il detto principio in relazione a comportamenti diversi che, autonomamente considerati, costituiscono l'adempimento di obblighi imposti a tutela di un diverso bene giuridico, l'interesse fiscale, e non confessione di reati.[8]

---

[3] Cfr. Cass. civ., sez. III, sent, n. 11412 del 18 giugno 2004.

[4] Per una valutazione penalistica dell'istituto, v. V. Grevi, «Nemo tenetur se detegere». *Interrogatorio dell'imputato e diritto al silenzio nel processo penale italiano*, Milano, 1972, 14; E. Amodio, *Diritto al silenzio o dovere di collaborazione? A proposito dell'interrogatorio dell'imputato in un libro recente*, in *Riv. dir. proc.*, 1974, 412, il quale, a proposito dello studio degli ordinamenti di common law, parla di «polivalenza del nemo tenetur se detegere», arrivando ad isolare tre differenti significati del principio: il diritto a non essere interrogato dal giudice (right not to be questioned), il diritto a non autoincriminarsi (privilege against self incrimination) e il diritto al silenzio; M. L. Di Bitonto, *Diritto al silenzio: evoluzione o involuzione?*, in *Dir. pen. e processo*, n. 8/2001, 1027; F. Cordero, *Procedura penale*, Milano, 2012, 281.

[5] Cfr. C. Cost., ord. n. 202 del 28 giugno 2004 e n. 485 del 26 novembre 2002.

[6] Cfr. Cass. pen., sez. V, sent. n. 34928 del 17 settembre 2007; Cass., pen., sez. V, sent. n. 742 del 5 dicembre 1995.

[7] Cfr. CTR del Lazio, sez. X, sent. n. 279 del 18 gennaio 2018; Cass., sez. trib., sent. n. 3580 del 24 febbraio 2016; Cass., sez. trib., sent. n. 20032 del 30 settembre 2011.

[8] Cfr. Cass. pen., sez. III, sent. n. 4464 del 20 marzo 1995, in *Guida al diritto*, n. 35/1996, 95, con nota di I. Caraccioli, *Solo le somme confiscate o sequestrate vanno esclude dalla contabilizzazione*.

A ciò si aggiunga che il principio in parola si qualifica come diritto di ordine processuale e non può dispiegare efficacia al di fuori del processo penale,[9] con la conseguenza che esso giustifica la non assoggettabilità ad atti di costrizione tendenti a provocare un'autoincriminazione, ma non anche la possibilità di violare regole di comportamento poste a tutela di interessi non legati alla pretesa punitiva; infatti, il diritto di difesa non comporta anche quello di arrecare offese ulteriori.

Né sussiste la violazione dell'art. 6 CEDU,[10] il quale nel riconoscere al soggetto il diritto a tacere[11] e a non contribuire alla propria

---

[9] Cfr. Cass. pen., sez. V, sentt. n. 9746 del 5 marzo 2015, n. 8252 del 15 gennaio 2010, n. 38085 del 5 luglio 2012.

[10] Cfr. CEDU, 10 settembre 2002, Allen c. Regno Unito. Nel caso in esame il fisco inglese chiese al contribuente di produrre una dichiarazione fiscale contenente altresì l'indicazione di tutte le sue attività e passività riferite ad una certa data. Inizialmente ne produsse, e gli fu irrogata una (modesta) sanzione pecuniaria. Successivamente, l'autorità fiscale gli comunicò la sua prassi ufficiale secondo la quale, in caso di sospetta frode fiscale, essa sarebbe stata disposta a transigere la questione mediante pagamento di una somma di denaro, il che avrebbe escluso la responsabilità penale del contribuente. Il contribuente presentò quindi lo stato patrimoniale, omettendo tuttavia di indicare la titolarità delle azioni di diverse società off-shore. Per tale motivo (ossia per aver fornito informazioni mendaci) e per altri n. 12 capi d'imputazione egli fu condannato per frode fiscale alla pena di sette anni di reclusione e alla confisca del provento dei reati fiscali. La Corte precisa che l'obbligo di presentare una dichiarazione fiscale, quand'anche sanzionato nella sua omissione, non è in contrasto con una con il diritto al silenzio; ulteriormente, evidenzia che a differenza degli altri casi (Funke, Heaney and McGuinness, J.B.), l'incriminazione del contribuente non derivava da illeciti fiscali commessi anteriormente alla presentazione della dichiarazione, ma dalla dichiarazione stessa, in quanto contenente informazioni false. Soggiunge la Corte che «questo non è stato un caso di auto-incriminazione forzata in merito ad un illecito che egli aveva precedentemente commesso, ma un illecito di per sé. Può essere che il ricorrente abbia mentito al fine di impedire al fisco di scoprire precedenti condotte con possibile rilievo penale (...). Tuttavia il diritto al silenzio non può essere interpretato in modo tale da concedere un'immunità generale alle azioni motivate dal desiderio di evadere le indagini da parte delle autorità fiscali. Inoltre, non può essere qualificata come «impropria coazione» qualsiasi misura adottata al fine di incoraggiare le persone a fornire informazioni che possono essere utilizzabili in successivi procedimenti penali (...). Il ricorrente era di fronte al rischio di vedersi irrogare una sanzione massima di 300 sterline se avesse persistito nel rifiuto di presentare la dichiarazione, il che è ben diverso dal caso Saunders, in cui la sanzione massima consisteva in due anni di reclusione». In definitiva, la Corte non ha ritenuto sussistente la violazione dell'art. 6, §1, CEDU. Così in dottrina: S. Marchese, *Diritti fondamentali europei . cit.*, 10241.

[11] Cfr. L. Del Federico, *Tutela del contribuente ed integrazione giuridica europea*, Milano, 2010, 337; l'Autore precisa che la Corte EDU ha affermato che il diritto al silenzio non è «assoluto»: poiché «il diritto al silenzio, come il diritto di non autoincriminarsi, si colloca al cuore della nozione di giusto processo ai sensi dell'art. 6, particolare attenzione deve essere posta da un giudice nazionale prima di utilizzare il silenzio dell'accusato come prova contro di lui. Così, si è osservato che sarebbe incompatibile con il diritto al silenzio basare una condanna solamente o principalmente sul silenzio dell'accusato o sul rifiuto di questo di rispondere a domande o di fornire prove. Ciononostante, la Corte ha sancito che, in

incriminazione a conferma e garanzia irrinunciabile dell'equo processo, opera esclusivamente nell'ambito di un procedimento penale già attivato, stante la sua ratio consistente nella protezione dell'imputato da coercizioni abusive da parte dell'autorità.[12]

Deve quindi concludersi che il contribuente non potrà mai invocare, a proprio sostegno, il diritto al silenzio allorché sia richiesto dalla legge che presenti una dichiarazione tributaria e, nel caso in cui non effettui tale adempimento, saranno applicabili le sanzioni legislativamente previste.

2 La dichiarazione dei redditi come autodenuncia (il caso dei proventi illeciti)

Secondo la Corte di Cassazione "è pacifico che i doveri inderogabili dì solidarietà politica, economica e sociale sono anche alla base dell'obbligo di partecipare alle spese pubbliche e non possono soffrire eccezioni con riferimento alla circostanza che il soggetto, partecipe della comunità statale, ponga in essere, in modo occasionale oppure organizzato ovvero quale abitudine di vita, attività *contra legem*. Anzi un esonero dal regime tributario dei cittadini meno corretti porrebbe questioni di legittimità costituzionale con riguardo all'art. 3 della Costituzione, che riempie di contenuti ulteriori la norma aperta del precetto precedente".[13]

Non si può non sottacere che se l'imponibilità fiscale si limitasse alle sole attività lecite saremmo in presenza di una evidente disparità di trattamento, con un chiaro vantaggio per i detentori di proventi illeciti.

Ai sensi dell'art. 14, comma 4, della L. n. 537 del 24 dicembre 1993 i proventi[14] derivanti da fatti, atti o attività qualificabili come illecito

---

situazioni che richiedono chiaramente una spiegazione da parte dell'accusato, è ovvio che tale diritto non può e non deve impedire che il silenzio sia tenuto in considerazione nel determinare la persuasività della prova addotta dall'accusa» (cfr. CEDU, 6 giugno 2000, Averill c. Regno Unito, §§44-45, nostra traduzione dall'originale inglese, e già Id., 8 febbraio 1996, John Murray c. Regno Unito, §47, nonché Id., 2 maggio 2000, Condron c. Regno Unito, §56-57). Tale ultimo effetto del silenzio, tuttavia, non si verifica, allorché risulti che l'accusato intendeva rispondere e non lo ha fatto su consiglio del suo difensore (CEDU, 8 ottobre 2002, Beckles c. Regno Unito, §§57 ss.).

[12] Cfr. Cass. pen., sez. V, sent. n. 12697 del 25 marzo 2015.

[13] Cfr. Cass. pen., sez. III, sent. n. 4464 del 3 maggio 1996.

[14] Cfr. D. Irollo, *La tassazione dei proventi dell'illecito nell'esegesi del disposto di cui all'art. 14, comma 4, legge n. 537/1994*, in *Riv. dir. trib.*, n. 1/2001, I, 44, secondo l'Autore il termine provento serve ad individuare qualsiasi incremento di ricchezza derivante dall'atto o attività illecita che, alle condizioni previste dalla norma, potrà poi essere catalogato come

civile, penale o amministrativo[15] sono da ritenersi ricompresi nelle categorie di reddito di cui all'art. 6, comma 1, del D.P.R. n. 917/1986; partendo da tale premessa, bisogna verificare se, per i possessori di tali proventi, sussista o meno un obbligo alla dichiarazione.

Occorre in premessa chiarire che la dichiarazione non dovrebbe evidenziare la fonte illecita del provento; all'interno della contabilità sono poche le annotazioni che richiedono l'esplicitazione della liceità o illeceità della fonte, pertanto solo in caso di controllo dell'attività del contribuente può essere verificata la natura delittuosa dell'attività svolta.[16]

La dottrina penalista[17] aveva, da subito, evidenziato come, alla luce anche dell'orientamento della Suprema Corte, vigesse sì un obbligo di contribuire ma non un obbligo di dichiarazione; più in particolare era stato precisato che l'attitudine contributiva costituiva un'obbligazione "residuale" in capo al soggetto che da "imputato" diveniva "contribuente" solo a seguito dell'impossibilità di confisca da parte dello Stato, l'obbligo dichiarativo del reddito presupponeva oltre alla possibilità di inquadrare tale reddito in una delle categorie previste dal legislatore tributario anche il non porsi in palese contrasto con i principi fondamentali dell'ordinamento giuridico; inoltre tale obbligo costituiva un adeguamento originario conseguente a dette attività e finalizzato proprio alla sottoposizione alla tassazione che operava solo in via residuale cioè in quanto gli altri strumenti dell'ordinamento si erano rivelati inefficaci.

---

reddito. I proventi potranno essere espressi sia in termini monetari che in natura così come qualsiasi altro provento lecito inquadrabile nelle categorie di reddito di cui all'art. 6 TUIR.

[15] Cfr. A. Giovannini, *Provento illecito e presupposto dell'imposta personale*, Milano, 2000, 197; secondo l'Autore in merito all'art. 14 occorre limitare il suo ambito applicativo ai proventi che discendono da atti o fatti connotati da illiceità propriamente civile o che derivano da attività sanzionate dal diritto civile o da quello amministrativo per vizi che attengono alla forma giuridica o allo svolgimento dell'attività medesima, e ai proventi legati a singoli atti o fatti qualificati illeciti dal diritto penale, civile o amministrativo, ma che costituiscono strumenti d'esercizio di attività ad oggetto o scopo lecito. Il rispetto delle regole sistematiche, invece, impone di escludere dal prelievo i proventi di attività penalmente vietate (o vietato dal diritto penale unitamente a quella amministrativo), nonché quelli che derivano da atti o fatti reato qualificabili astrattamente come fonti autonome di reddito. In queste ipotesi la tassazione non può operare per mancanza di titolo giuridico in grado di legittimare la fonte e la ricchezza, mancanza che reagisce sulla nozione di presupposto nell'ordine disposto dagli articoli 1 e 6 del d.p.r. n. 917 del 1986.

[16] Cfr. Cfr. L. Tosi, *La tassazione dei redditi da attività delittuose*, in *Riv. dir. trib.*, n. 2/1994, 115.

[17] Così, G. Bersani, *La tassabilità dei proventi da attività illecita: presupposti, criteri distintivi ed esistenza di obblighi di dichiarazione*, in *Riv. it. dir. proc. pen.*, 1997, 1012.

Una parte della dottrina riteneva che la disposizione di cui all'art. 14 imponeva al cittadino, per sfuggire alle sanzioni penali ed ammini strative derivanti da omessa, incompleta o infedele dichiarazione dei redditi riconducibili a reati, di riconoscersi reo di fatti che potevano costituire reati ben più gravi (estorsione, concussione..) senza che per questi ultimi fosse prevista alcuna esimente.[18] La violazione dell'art. 24, comma 2, Cost. che si sarebbe consumata era evidente, in quanto

---

[18] Cfr. A. Marcheselli, *Il momento di rilevanza del sequestro ai fini della esclusione della imponibilità della ricchezza di fonte illecita*, in *Dir. e prat. trib.*, n. 2/2005, 399; secondo il quale l'argomento può essere, sommariamente, fraseggiato nel modo seguente: a) il diritto di difendersi, di cui alla norma costituzionale, implica che non può ritenersi giuridicamente configurabile l'obbligo di confessare una circostanza a sé sfavorevole (e, in particolare, di aver commesso un illecito); b) tassare i proventi da illecito implica la confessione, da parte del colpevole, di aver commesso l'illecito medesimo; c) tassare l'illecito comporta violazione del diritto di difesa; tale sillogismo merita una attenta analisi, con particolare riguardo e alla sua premessa maggiore e alla sua premessa minore, e si appalesa, come presto si vedrà, assai debole. Quanto alla premessa maggiore, vale la pena di osservare, innanzitutto, che non è affatto pacifico che il «diritto di tacere» (e, eventualmente, nei limiti in cui sia necessario alla propria salvaguardia, di mentire) trovi effettivamente la propria fonte nella citata norma costituzionale. Si ritiene che esso trovi fonte e regolamentazione esclusivamente in norme di grado ordinario e, segnatamente, nella disposizione di cui all'art. 384 c.p.. La questione non è, indubbiamente, di agevole soluzione. Nella lettura dell'art. 24 Cost. due paiono essere i punti cardinali su cui orientare qualsiasi operazione ermeneutica: l'oggetto della garanzia (la difesa), ergo, il suo contenuto garantito, e il contesto in cui questa è garantita (il procedimento). Cominciando dal primo dei due, l'interrogativo che si propone è strutturalmente semplice, potendosi riassumere nel dubbio se il contenuto minimo inviolabile del diritto di difesa comprenda o meno il silenzio, e, ove si risponda positivamente a questo primo interrogativo, se esso comprenda o meno anche la facoltà di mentire. Nessuna perplessità pare essere tradizionalmente sollevata, nella tradizione giuridica e costituzionale italiana, quanto al diritto di tacere. Assai più articolata appare essere la risposta quanto al preteso diritto di mentire. Considerato il silenzio della disposizione costituzionale, la soluzione più convincente appare quella negativa. In effetti, le considerazione che tradizionalmente si svolgono circa l'incoercibilità di condotte autolesive, non appaiono automaticamente estensibili alla indiscriminata irrefrenabilità della condotta a sé favorevole, a maggior ragione ove tale condotta sia lesiva di interessi altrui. La miglior riprova della bontà di quanto precede si trae, del resto, dal fatto che la disciplina penalistica appena citata, che prevede espressamente la scriminante della «necessità di salvamento», estende i suoi effetti anche a reati di contenuto «menzognero» (esempio, la falsa testimonianza), ma non a tutti (ne è eccettuata la calunnia). Si è, in definitiva, ricercato un equo contemperamento degli interessi in gioco (la spinta a difendersi, l'interesse all'accertamento della verità, gli interessi di terzi), tenuto conto, altresì, del parametro della imprescindibilità della condotta per il raggiungimento dello scopo. Ciò posto, e passando al secondo aspetto problematico, vale la pena di rilevare che non agevole è l'individuazione della portata esatta del procedimento in cui la difesa deve essere garantita. In effetti, la norma, nella lettura combinata del 1º e 2º comma dell'art. 24, sembrerebbe alludere al giudizio in cui ciascuno ha il diritto di far valere i propri diritti e interessi legittimi. Questa premessa è probabilmente alla base della opinione secondo la quale tale garanzia avrebbe una area di applicazione esclusivamente endoprocessuale, restando scoperte le condotte che si pongano al di fuori di un processo

il diritto inviolabile alla difesa ivi sancito si poneva come garanzia costituzionale dalle autoincriminazioni legislativamente previste ovvero come un generale diritto di non collaborare agli accertamenti e di non rispondere alle domande che potrebbero incriminarci.[19]

Tuttavia, non può non riconoscersi come il presupposto d'imposta genera automaticamente la soggettività passiva, cioè la figura del contribuente tenuto, non solo a subire il prelievo, ma innanzitutto obbligato a dichiarare l'imponibile.[20]

Secondo la dottrina tributaria[21] il contribuente potrebbe opporre il proprio diritto di tacere alla contestazione dell'omessa indicazione contabile dei proventi illeciti se e nella misura in cui il corretto adempimento degli obblighi formali avrebbe comportato il rendere edotto l'ufficio procedente di fatti agevolmente qualificabili come illeciti. A tal fine era stato osservata l'esistenza di un principio di diritto secondo il quale "non può essere punito il contribuente che abbia omesso di esporre nella propria dichiarazione dei redditi (o nella contabilità) elementi dai quali potesse direttamente desumersi la commissione di un illecito da parte sue, oppure elementi la verifica concreta dei quali comporti, secondo l'ordine naturale delle cose, la scoperta di un illecito".[22]

---

[19] Cfr. G. Falsitta, *Sono tassabili i proventi di furti e rapine?*, in *Per un fisco civile*, Milano, 1996, 263.

[20] Cfr. C. Beccalli *Obbligo di dichiarazione dei proventi illeciti: non applicabile il principio nemo tenetur se detegere*, in *Il fisco*, n. 1/2018, 83, secondo l'Autore, stante l'imponibilità dei proventi di derivazione non lecita, non può esserci remora alcuna nel reputare obbligatoria la loro dichiarazione.

[21] Cfr. A. Marcheselli, *Legittimità costituzionale, responsabilità penale e problemi applicativi della tassazione dei proventi illeciti*, in *Dir. e prat. trib.*, 1997, II, 490.

[22] Cfr. A. Marcheselli, *Omessa contabilizzazione e dichiarazione dei proventi di fonte illecita e responsabilità penale*, in *Dir. e prat. trib.*, II, 1998, 1244; secondo l'Autore diversa può apparire la situazione di chi commerci sostanza stupefacente, rispetto a quella dell'imprenditore edile che aumenti i propri redditi grazie ai favori ottenuti da un pubblico ufficiale corrotto, nell'assegnazione di appalti pubblici. È, infatti, chiaro che, nel primo caso, il contribuente dichiarerebbe il conseguimento di redditi derivanti da una attività oggettivamente e totalmente illecita. Sembra di doversi escludere che egli abbia l'obbligo di dichiarare comunque il reddito imputando ad una attività di copertura. Non pare conforme ai principi di un ordinamento giuridico l'ipotetico dovere del contribuente-criminale di dichiarare il reddito sotto una falsa fonte lecita. A ben vedere, poi, anche se le dichiarazioni fiscali non fossero strutturate in modo da dover dichiarare la fonte del reddito, il dichiarare un reddito siffatto esporrebbe il contribuente a un rischio diretto di incriminazione. I possibili controlli del Fisco sull'attività espletata potrebbero agevolmente verificare l'illiceità, posto che si tratterebbe di una attività totalmente e assolutamente contra legem. Nel secondo caso, invece, il valore di autoincriminazione della dichiarazione fiscale sarebbe meno evidente e diretto. Gli eventuali controlli riscontrerebbero una attività effettivamente esercitata, di per sé oggettivamente lecita e la effettiva correlazione dei proventi dichiarati con la medesima attività. Nulla, conclude l'Autore, dalla dichiarazione fiscale e dalla documentazione usualmente acquisibile in sede di controllo degli uffici fiscali, rivelerebbe

Ciò vuol dire che non sussisterà un obbligo di dichiarazione o di annotazione nelle scritture contabili dei proventi derivanti da attività illecita intesa come "attività penalmente sanzionata". La norma prevede, infatti, la tassazione solo in quanto non sia applicabile la confisca, si tratta, dunque, di una equiparazione ai redditi leciti che avviene solo con riferimento all'eventuale prelievo fiscale, ma senza configurare un obbligo dichiarativo. Al contrario tale obbligo sarà invece configurabile per le attività "irregolari" dal punto di vista amministrativo o comunque, "tollerate".[23]

La giurisprudenza della Corte di Cassazione, nei primi anni successivi all'introduzione dell'art. 14 L. 537/1993, era stata molto altalenante, anche in ragione dei dubbi circa la natura innovativa, interpretativa e retroattiva dell'art. 14.[24] Quanto all'applicazione delle

---

l'illiceità. Essa sarebbe rilevabile solo in relazione alle modalità di svolgimento di essa e per fatti del tutto estrinseci. In tal senso, v. G. Bersani, *La tassabilità, cit.*, secondo il quale sono necessari dei distinguo in quanto se è vero che non potrà configurarsi un obbligo di dichiarazione, unito a quello di annotazione, per le attività criminose, a diversa soluzione si dovrà aggiungere con riferimento alle condotte che sono solo ontologicamente illecite, ci si riferisce ad esempio alle attività tollerate ed ad quelle privi di autorizzazioni abilitative o amministrative: è infatti agevole rilevare che dette attività non si pongono in palese contrasto con l'ordinamento ma sono solo indifferenti (attività di medium, chiromanti e simili) oppure sanzionate in sede amministrativa in quanto prive di autorizzazione (commercianti senza autorizzazione professionisti senza abilitazione).

[23] Cfr. G. Bersani, *La natura "residuale" del reato di dichiarazione infedele: elementi costitutivi*, in *Il fisco*, n. 37/2001, 2174.

[24] La Corte Cuprema talvolta riteneva che l'eventuale convinzione dell'agente circa l'intassabilità di tali redditi in epoca anteriore all'entrata in vigore della l. n. 537 del 1993 non potesse configurare una fattispecie di ignoranza inevitabile della legge penale, rispetto ai reati di infedele dichiarazione e omessa annotazione del provento nelle scritture contabili, non potendo detta convinzione considerarsi propria di un contribuente modello, adeguatamente scrupoloso e diligente (Cass. pen., sez. III, sent. n. 408 del 2 maggio 1996, in *Corr. trib.*, n. 30/1996, 2381; nello stesso senso, Cass., sent. n. del 20 marzo 1996, in Il fisco, n. 35/1996, 8494; contra: Trib. di Napoli, sent. del 12 marzo 1997, in *Il fisco*, n. 46/1997, 13652, per i giudici sussiste ignoranza inevitabile del precetto penale nel soggetto che, nel periodo in cui era pacifico che i proventi di attività illecita non fossero tassabili, non li abbia contabilizzati e dichiarati al Fisco); altre volte evidenziava, al contrario, come tale omessa esposizione dei proventi illeciti nella dichiarazione dei redditi commessa in epoca anteriore all'entrata in vigore dell'art. 14, l. n. 537/1994, non costituisse reato (Gip Trib. di Milano, sent. n. 438 del 5 marzo 1996, in *Dir. e prat. trib.*, 1997, II, 470, nota di A. Marcheselli, *Legittimità costituzionale, cit.*.); altre, ancora, statuiva che l'omessa istituzione delle scritture contabili e l'omessa dichiarazione dei redditi avrebbe configurato illecito penaltributario ex art. 1, D.L. n. 429 del 10 luglio 1982, convertito in L. n. 516 del 7 agosto 1982, e successive modifiche (Cass. pen., sez. III, sent. n. 7713 del 31 luglio 1997, in *Rass. trib.*, n. 1/1998, 291); altre, poi, ritenuto che non era configurabile un dovere del contribuente, in sede di dichiarazione annuale dei redditi, di denunciare se stesso quale autore di reato, portava ad escludere gli estremi della dichiarazione omessa o infedele, nella parte in cui la dichiarazione stessa non dava notizia dei proventi di attività criminosa e, quindi, poteva

sanzioni, si evidenziava come la difficoltà di pretendere dall'interessato la dichiarazione dei proventi illeciti conseguiti potesse indurre ad escludere l'omissione o l'infedeltà della dichiarazione ai fini delle relative sanzioni.[25]

Laddove dovesse ritenersi la sanzionabilità penale della fattispecie si porranno problemi di coordinamento tra i distinti processi (penale e tributario).[26]

Col trascorrere degli anni la giurisprudenza ha tuttavia rivisto gli orientamenti iniziali, propendendo per un obbligo di dichiarazione a carico dei possessori di proventi illeciti, evidenziando come, per quanto concerne il profilo di violazione dei principi in ordine ad un inammissibile obbligo di autodenuncia penale, tale valutazione sia infondata in relazione all'obbligo, di fonte costituzionale desumibile dall'art. 53 Cost., di dichiarare tutti i redditi prodotti (effettivi), espressione di capacità contributiva.[27] Una diversa soluzione creerebbe delicati problemi in tema di uguaglianza dei cittadini e di parità di trattamento.[28]

Anche secondo i giudici europei, il principio di neutralità fiscale non consente, in materia di IVA, una distinzione generale fra le operazioni lecite e le operazioni illecite e, pertanto, la qualificazione di un

---

portare ad elidere le conseguenze che la normativa tributaria collegava a tale omissione o infedeltà (Cass. pen., sez. I, sent. n. 3259 del 5 maggio 1997, in *Corr. trib.*, n. 30/1997, 2217); altre, infine, ritenevano che l'osservazione del ricorrente, secondo la quale era paradossale pretendere la tenuta dei libri contabili nonché l'annotazione in essi dei proventi illeciti, in quanto ciò equivarrebbe, per l'autore dell'illecito, ad una autodenuncia, non era pertinente, in quanto, premesso che il provento illecito non sequestrato né confiscato costituisce reddito tassabile, ne derivava che esso non poteva comportare, per il titolare, tutti gli obblighi di natura sostanziale conseguenziali e l'omessa tenuta dei libri e delle scritture contabili non costituiva violazione di carattere meramente formale, bensì sostanziale, dato che la mancata annotazione dei proventi per dar luogo ad accertamento d'ufficio o a rettifica della dichiarazione del contribuente (Cass. pen., sez. III, sent. n. 220 del 24 gennaio 1997).

[25] Cfr. Cass. pen., sez. I, sent. n. 4381 del 19 aprile 1995, in *Dir. e prat. trib.*, 1997, II, 760, nota di R. Succio, *Ancora sulla disciplina fiscale del "pretium sceleris"*. In tal senso, v. CTP, sez. I, sent. n. 307 del 13 maggio 1996, i giudici confermano l'accertamento in capo al contribuente ma precisano anche che alla imponibilità della somma, effettuata ed effettuabile sulla base della attività dell'amministrazione finanziaria, non può corrispondere il dovere del contribuente, in sede di dichiarazione dei redditi, di denunciare se stesso quale autore di reato. Tale considerazione e l'obiettiva difficoltà, non solo di tecnica interpretativa, per il contribuente di adeguarsi per il periodo di imposta in esame a precetti soltanto impliciti nel sistema, devono indurre ad escludere l'applicazione delle pene pecuniarie comminate dall'ufficio.

[26] Cfr. Cfr. L. Tosi, *La tassazione, cit.*, 116.

[27] Cfr. Cass., sez. trib., sent. n. 3580 del 24 febbraio 2016.

[28] Cfr. Cass., sez. trib., sent. n. 20032 del 30 settembre 2011.

comportamento *contra legem* non comporta una deroga all'assoggettamento all'imposta armonizzata.[29]

3 L'omessa collaborazione nella fase accertativa e la giurisprudenza europea

Una questione da analizzare è anche se il principio in esame possa trovare applicazione anche alla materia dell'istruttoria tributaria, nella misura in cui, all'esito di questa, possano essere irrogate sanzioni oppure quando le risultanze probatorie possano confluire in un giudizio penale.[30]

Gli artt. 32,[31] comma 1, nn. 3 e 4, D.P.R. n. 600 del 29 settembre 1973 e 51, comma 2, nn. 3 e 4, del D.P.R. n. 633 del 26 ottobre 1972, espressamente riconoscono all'amministrazione finanziaria il potere di invitare[32] i contribuenti, indicandone il motivo, ad esibire o trasmettere atti e documenti rilevanti per l'accertamento nonché di inviare ai contribuenti questionari[33] relativi a dati e notizie di carattere specifico rilevanti ai fini dell'accertamento nei loro confronti.

---

[29] Cfr. Corte di giustizia UE, sez. VII, ord. del 7 luglio 2010, causa C-381/09, Gennaro Curia contro Ministero dell'Economia e delle Finanze Agenzia delle entrate. In dottrina, sul punto: O. Salvini, *Tassazione dei proventi illeciti nel reddito d'impresa*, in *Il fisco*, n. 46/2016, 4430.

[30] Nel giudizio penale l'art. 63 c.p.p. offre una tutela anticipata del diritto di silenzio operante in sede di interrogatorio (art. 64 c.p.p., comma 3) e, più in generale, del diritto di difesa di colui che ancora non riveste una qualifica processuale e che, a seguito delle dichiarazioni indizianti, deve essere reso consapevole della sua nuova posizione e delle potenzialità negative di quanto da lui riferito. Inoltre l'art. 63 c.p.p. completa la regola in base alla quale nessuno può essere obbligato a deporre su fatti dai quali potrebbe emergere la propria responsabilità penale (art. 198 c.p.p., comma 2), in omaggio al principio nemo tenetur se detegere che, inteso come diritto a non autoincriminarsi o, più in generale, come diritto a non collaborare con l'Autorità procedente durante tutto il procedimento, costituisce un aspetto del diritto di difesa e rientra nella più ampia sfera di libertà del soggetto di scegliere la strategia da seguire.

[31] Cfr. M. Basilavecchia, *Riservatezza e indagini fiscali: dalle norme alla prassi*, in *Corr. trib.*, n.1/2010, 49. L'Autore analizza le possibili lesioni della riservatezza del contribuente a seguito dell'applicazione dei diversi commi dell'art. 32 delk D.P.R. n. 600/73.

[32] L'invito a comparire si sostanzia più in un "ordine" che in un vero e proprio invito; è rivolto ai contribuenti e deve essere motivato e finalizzato alla acquisizione di dati e notizie personali che abbiano una certa rilevanza fiscale . In occasione della comparizione va redatto un verbale contenente le richieste fatte e le risposte ricevute e tale verbale va poi sottoscritto anche dal contribuente. Tale invito può anche contenere un ordine di esibizione di atti e documenti riguardante soggetti obbligati alla tenuta delle scritture contabili e dei registri fiscalmente obbligatori.

[33] Il questionario è stato introdotto al fine di evitare al contribuente il disagio di recarsi presso gli uffici per fornire dati e notizie che potrebbero fornirsi per iscritto. Si tratta di un istituto alternativo all'invito di comparizione mediante il quale il contribuente riceve per l'appunto i questionari, li compila, li firma e li restituisce agli uffici competenti (attualmente le Agenzie delle Entrate).

L'art. 52, al comma 5, del D.P.R. n. 633 del 26 ottobre 1972 (a cui rinvia, per le imposte sui redditi, l'art. 33 del D.P.R. n. 600 del 29 settembre 1973), in relazione all'attività di accesso, ispezione e verifica che gli uffici delle imposte possono disporre nei confronti dei contribuenti, espressamente stabilisce che "i libri, registri, scritture contabili e documenti di cui si è rifiutata l'esibizione non possono essere presi in considerazione, a favore del contribuente, in sede amministrativa o contenziosa. Per rifiuto di esibizione si intendono anche la dichiarazione di non possedere i libri, registri, documenti e scritture e la sottrazione di essi all'ispezione".[34]

Secondo la dottrina tributaria,[35] scopo di queste norme è scoraggiare il contribuente dal tenere un atteggiamento ostruzionistico al fine di rallentare o ostacolare l'attività investigativa; a ciò si aggiunga, inoltre, che un documento prodotto dopo che se ne sia rifiutata l'esibizione potrebbe non essere "genuino".[36]

Il rifiuto del contribuente, inoltre, acquisisce una particolare rilevanza probatoria, in quanto la condotta (omissiva) del contribuente verrà presuntivamente valutata dall'amministrazione finanziaria[37] e potrà portare ad un accertamento di tipo analitico o induttivo.[38]

Il contribuente, nei confronti dell'Amministrazione finanziaria, può decidere, quindi, di non collaborare nell'ambito di un procedimento

---

[34] Cfr. Cass., SS.UU., n. 45 del 25 febbraio 2000, in *Mass. giur. it.*, 2000, col. 171, secondo la Corte, la seconda parte del comma 5 dell'articolo 52 citato prevede una componente oggettiva e non comportamenti materiali del contribuente intrinsecamente ed ontologicamente distinti tra loro (il rifiuto di esibizione, la dichiarazione di non possedere, la sottrazione) ma un solo comportamento: il rifiuto di esibizione, del quale la dichiarazione di non possedere e la sottrazione sono soltanto forme sintomatiche per legge. Infatti, il tenore letterale e logico denota inequivocabilmente che la dichiarazione di non possedere e la sottrazione operano, non in sé per sé ed in modo autonomo, ma soltanto in quanto sintomi, presuntivi, del rifiuto di esibizione. In dottrina, cfr. L. Tosi, *Riflessi amministrativi e penali del rifiuto di esibizione di cui all'art. 52 del D.P.R. n. 633/1972*, in *Riv. dir. trib.*, 1991, II, 475.

[35] Cfr. R. Lupi, *Manuale giuridico professionale di diritto tributario*, Roma, 2001, 447; A. Viotto, *I poteri di indagine dell'amministrazione finanziaria nel quadro dei diritti inviolabili di libertà sanciti dalla Costituzione*, Milano, 2002, 210.

[36] Cfr. G. Cipolla, *La prova tra procedimento e processo tributario*, Padova, 2005, 335.

[37] Cfr. L. Tosi, *Riflessi amministrativi*, cit..

[38] Ai sensi dell'art. 55, comma 2, n.1, del D.P.R. n. 633/72, potrà effettuarsi accertamento induttivo quando risulta "attraverso il verbale di ispezione redatto ai sensi dell'art. 52, che il contribuente non ha tenuto, ha rifiutato di esibire o ha comunque sottratto all'ispezione", in tutto o in parte, i registri e le scritture contabili obbligatorie ai sensi delle disposizioni civili e fiscali. Allo stesso modo, l'omessa immediata esibizione delle scritture contabili da parte del contribuente costituisce, ai sensi dell'art. 39, comma 2, lett. c), D.P.R. n. 600/1973, motivo sufficiente per l'adozione del metodo induttivo, in quanto la mancata disponibilità delle scritture è di per sé idonea a far nascere il sospetto che le stesse non siano tenute in modo regolare (Cass., sez. trb., sent. n. 23876 del 24 novembre 2010, in *Bancadati Big-Ipsoa*).

amministrativo laddove abbia motivo di temere che dalla collaborazione possa derivarne un danno nei suoi confronti (nemo tenetur se detegere),[39] e però, a suo carico, sorgeranno, poi, delle preclusioni probatorie.

Infatti, l'esercizio del diritto al silenzio dà luogo ad una serie di effetti negativi,[40] legislativamente previsti (il rifiuto del contribuente all'esibizione della documentazione richiesta importa la decadenza del diritto di usarla come prova a sua favore, salvo che ciò avvenga per causa a lui non imputabile;[41] l'omessa esibizione di documenti o risposta a questionari legittima l'accertamento induttivo del reddito d'impresa del contribuente[42]), oltre all'irrogazione di sanzioni.[43]

Le conseguenze della mancata esibizione andranno ad incidere sul diritto alla prova;[44] proprio per questo la Corte di Cassazione ha ritenuto l'art. 52, comma 5, del D.P.R. citato, una norma facente eccezione

---

[39] Cfr. M. Tortorelli, *Applicazione estesa delle preclusioni probatorie a carico del contribuente*, in *Il fisco*, n. 18/2016, 1770.

[40] Cfr. S. Marchese, *Attività istruttorie dell'amministrazione finanziaria e diritti fondamentali europei dei contribuenti*, in *Dir. e prat. trib.*, n. 3/2013, 493.

[41] Cass., sez. un., 25 febbraio 2000, n. 45, «a norma dell'art. 52, 5º comma, del d.p.r. 26 ottobre 1972, n. 633, perché la dichiarazione resa dal contribuente nel corso di un accesso, di non possedere i libri, registri, scritture e documenti – compresi quelli la cui tenuta e conservazione non sono obbligatorie – richiestigli in esibizione determini la preclusione a che gli stessi possano essere presi in considerazione a suo favore ai fini dell'accertamento in sede amministrativa o contenziosa, occorre: la sua non veridicità o, più in generale, il suo strutturarsi quale sostanziale rifiuto di esibizione, evincibile anche da meri indizi; la coscienza e la volontà della dichiarazione stessa; ed il dolo, costituito dalla volontà del contribuente di impedire che, nel corso dell'accesso, possa essere effettuata l'ispezione del documento». Pertanto «non integrano i presupposti applicativi della preclusione, le dichiarazioni (il cui contenuto corrisponda al vero) dell'indisponibilità del documento, non solo se l'indisponibilità sia ascrivibile a forza maggiore o a caso fortuito (ad esempio, documentazione rubata, smarrita o temporaneamente dispersa per calamità naturali e poi rinvenuta, sequestrata e poi rimessa nella disponibilità del contribuente), ma anche se imputabile a colpa, quale, ad esempio, la negligenza e l'imperizia nella custodia e conservazione».

[42] Ai sensi dell'art. 55, comma 2, n.1, del D.P.R. n. 633/72, potrà effettuarsi accertamento induttivo quando risulta "attraverso il verbale di ispezione redatto ai sensi dell'art. 52, che il contribuente non ha tenuto, ha rifiutato di esibire o ha comunque sottratto all'ispezione", in tutto o in parte, i registri e le scritture contabili obbligatorie ai sensi delle disposizioni civili e fiscali. Allo stesso modo, l'omessa immediata esibizione delle scritture contabili da parte del contribuente costituisce, ai sensi dell'art. 39, comma 2, lett. c), D.P.R. n. 600/1973, motivo sufficiente per l'adozione del metodo induttivo, in quanto la mancata disponibilità delle scritture è di per sé idonea a far nascere il sospetto che le stesse non siano tenute in modo regolare (Cass., sez. trib., sent. n. 23876 del 24 novembre 2010).

[43] Art. 11 del D.Lgs. n. 471/1997 che punisce con la sanzione amministrativa da € 258 a € 2.065 l'omessa comunicazione di dati, la mancata risposta a questionari, o la risposta con dati incompleti o non veritieri, nonché l'inottemperanza all'invito a comparire e a qualsiasi altra richiesta fatta dall'Amministrazione finanziaria nell'esercizio dei poteri istruttori.

[44] Cfr. A. Renda, *Contraddittorio a seguito di verifica e possibili limitazioni alle preclusioni probatorie*, in *Riv. dir. trib.*, n. 1/2010, I, 103.

a regole generali, che non può essere applicata oltre i casi ed i tempi da essa considerati e deve essere interpretata, in coerenza ed alla luce dei principi affermati dagli artt. 24 e 53 Cost., in modo da non comprimere il diritto alla difesa e non obbligare il contribuente alla effettuazione di pagamenti non dovuti.[45]

Al fine di evitare tali ultime eventualità, sempre secondo la Suprema Corte, la disposizione deve essere intesa nel senso che per sanzionare il contribuente con la perdita della facoltà di produrre i libri e la altre scritture, egli deve aver tenuto un comportamento diretto a sottrarsi alla prova[46] e dunque capace di far fondatamente dubitare della genuinità di documenti che vengono esibiti solo nel corso del successivo giudizio.[47]

In ogni caso, occorre precisare, che non basta il mero "rifiuto all'esibizione" affinché sia applicabile la disposizione in esame ma è necessario che vi sia stata, da parte dell'amministrazione finanziaria, una specifica richiesta o ricerca della documentazione.[48] Infatti, non

---

[45] Cfr. Cass., sez. trib., sent. n. 21120 del 13 ottobre 2011.

[46] Cfr. Cass., sez. trib., sent. n. 27556 del 29 dicembre 2009, in *Dir. e prat. trib.*, n. 5/2010, II, 1039 con commento di F. Menti, *L'omessa esibizione di documenti in sede di accesso e l'inutilizzabilità a favore del contribuente*. Secondo la Corte di Cassazione la dichiarazione, resa dal contribuente nel corso di un accesso, di non possedere libri, registri, scritture e documenti (compresi quelli la cui tenuta e conservazione non sia obbligatoria) richiestigli in esibizione determina la preclusione a che gli stessi possano essere presi in considerazione a suo favore ai fini dell'accertamento in sede amministrativa o contenziosa, solo nel momento in cui ricorrono le seguenti circostanze di fatto e di diritto: la sua non veridicità o, più in generale, il suo concretarsi, in quanto diretta ad impedire l'ispezione del documento, in un sostanziale rifiuto di esibizione, accertabile con qualunque mezzo di prova e, anche attraverso presunzioni; la coscienza e la volontà della dichiarazione stessa; il dolo, costituito dalla volontà del contribuente di impedire, nel corso dell'accesso, possa essere effettuata l'ispezione del documento. Di conseguenza, al contribuente che durante un accesso abbia a dichiarare di non possedere i libri, i registri, le scritture ed ogni altro documento fiscalmente rilevante o del quale sia obbligatoria la tenuta e conservazione, è precluso di offrire tali documenti successivamente sia in sede amministrativa che giurisdizionale laddove tale dichiarazione sia manifestazione di dolosa sottrazione dei medesimi all'esame dei verificatori. Tale circostanza non sussiste allorquando l'indisponibilità sia determinata da colpa, caso fortuito o forza maggiore.

[47] Cfr. Cass., sez. trib., sent. n. 16536 del 14 luglio 2010.

[48] Cfr. Cass., sez. trib., ord. n. 16548 del 22 giugno 2018, inoltre, secondo la Corte, è necessario che l'Amministrazione, con l'invio del questionario, fissi un termine minimo per l'adempimento degli inviti o delle richieste, avvertendo delle conseguenze pregiudizievoli che derivano dall'inottemperanza alle stesse, senza che, in caso di mancato rispetto della suddetta sequenza procedimentale (la prova della cui compiuta realizzazione incombe sull'Amministrazione), sia invocabile la sanzione dell'inutilizzabilità della documentazione esibita dal contribuente solo con l'introduzione del processo tributario, trattandosi di obblighi di informativa espressione del medesimo principio di lealtà, il quale deve connotare-, come si evince dagli artt. 6 e 10 dello Statuto del contribuente, l'azione dell'Ufficio; Cass., sez. trib., sent. n. 27069 del 27 dicembre 2016; Cass., sez. trib., sent. n. 18921 del 16 settembre 2011; Cass., sez. trib., sent. n. 1344 del 25 gennaio 2010, che rinvia a: Cass., sez. trib., sent. n. 9127 del 19 aprile 2006.

può costituire rifiuto la mancata esibizione di un qualcosa che non è mai stato richiesto.[49]

E' evidente, infatti, che una generica richiesta da parte dei funzionari che eseguono la verifica renderebbe al quanto difficile per il contribuente verificato esibire quanto richiestogli.[50]

Non si configura l'ipotesi di rifiuto di esibizione laddove il contribuente, all'atto della verifica, dichiari, ed esibisca l'attestazione, che la documentazione si trovi presso il proprio consulente fiscale.[51]

In sede processuale devono essere dichiarati inutilizzabili quei documenti che il contribuente abbia volontariamente sottratto al controllo in sede di accesso, pertanto il giudice tributario non può valutarli ma deve ritenerli inammissibili con la conseguenza che, un'eventuale sentenza che si fondi su questi documenti, non sarà valida.[52]

---

[49] Cfr. Comm. trib. reg. di Milano, sez. XXXVIII, sent. n. 38 del 23 febbraio 2011; Cass., sez. trib., sent. n. 22765 del 28 ottobre 2009, in *Corr. trib.*, n. 1/2010, 53, con commento di A. Marcheselli, *Il principio di buona fede e le preclusioni per i documenti sottratti alla verifica*. Secondo l'Autore, la precisazione per cui la preclusione scatti solo a seguito di precisa richiesta dell'amministrazione trova la sua radice nella clausola di buona fede oggettiva (art. 10 della Legge n. 212/2000). In effetti, prosegue l'Autore, se bastasse una richiesta assolutamente generica della Amministrazione finanziaria a determinare l'onere di *discovery* di tutta la documentazione tributaria del contribuente, si porrebbero, verosimilmente, le basi per la precostituzione di una situazione di obiettivo vantaggio per il Fisco, a fronte di condotte non del tutto ispirate alla *fairness*. Basterebbe, nell'ipotesi estrema, chiedere la esibizione di «tutti gli atti fiscalmente rilevanti» per paralizzare l'utilizzo di tutti quelli non presentati dal contribuente durante la verifica. Anche l'Amministrazione finanziaria, insomma, si trova gravata da un onere ispirato alla buona fede, quello di formulare richieste specifiche, proporzionate e non defatigatorie. È interessante rilevare come questo dovere trovi una corrispondenza, ideale, in quello, anch'esso presidiato dallo Statuto del contribuente, di effettuare accessi e verifiche presso il contribuente rispettose del principio di proporzionalità (art. 12 della L. n. 212/2000).

[50] Cfr. R. Lupi, *Mancate esibizioni documentali e salvaguardia del diritto di difesa*, in *Corr. trib.*, 1999, 911: l'Autore riconosce che sarebbe assurdo laddove, nel corso della verifica, venisse chiesto al contribuente di esibire "tutta la documentazione utile per l'accertamento". Una richiesta così generica, impedirebbe per il contribuente l'impossibilità di poter utilizzare, in sede contenziosa, qualunque documento non esibito durante la verifica; L. Giaretta, *Le preclusioni derivanti dal "rifiuto" di esibire libri, registri e documenti: una lettura del dato normativo "costituzionalmente orientata"*, in *Riv. dir. trib.*, n. 9/2006, II, 656, nota alla sentenza della Cass., n. 9127 del 19 aprile 2006, secondo l'Autrice ogni funzionario dovrebbe studiare la realtà aziendale del contribuente ed effettuare richieste quanto più mirate possibili.

[51] Cfr. Comm. Trib. Prov. di Pescara, sez. IV, sent. n. 83 del 7 aprile 2009; nel caso affrontato dai giudici, nonostante il contribuente, all'atto della verifica, avesse dichiarato (e fatto inserire nel verbale) che la documentazione richiesta non si trovava in suo possesso bensì presso il proprio consulente fiscale e nonostante i verificatori, recatisi presso il consulente, avessero acquisito presso di lui solo una parte della documentazione richiesta, l'avviso di accertamento era stato motivato ai sensi dell'art. 52, comma 5. La Commissione tributaria ha correttamente ritenuto illegittimi gli avvisi di accertamento motivati sul rilievo concernente la violazione dell'art. 52, comma 5.

[52] Oltre alla sanzione processuale, vi è anche una sanzione pecuniaria per il rifiuto d'esibire la documentazione, ed è prevista dall'art. 9, comma 2, del D.lgs. n. 471 del 18 dicembre

Con il Decreto Monti (art. 11, comma 1, D.L. 201 del 2011) è stato, infine, espressamente previsto che chi, a seguito delle richieste effettuate nell'esercizio dei poteri istruttori in materia di imposte dirette e IVA, esibisce o trasmette atti o documenti falsi ovvero fornisce dati e notizie non rispondenti al vero. È prevista la punibilità ai sensi dell'art. 76 del D.P.R. 28 dicembre 2000, n. 445, a condizione che, relativamente ai dati e alle notizie non rispondenti al vero, a seguito delle richieste si configurino delitti tributari.

Secondo la dottrina, è evidente il senso di questa disposizione, nella sua portata generale: chi collabora infedelmente con l'Amministrazione finanziaria in certi casi commette un reato, che si aggiunge alle violazioni e sanzioni già previste dall'art. 11 del D.Lgs. n. 471/1997, che prevede una sanzione amministrativa pecuniaria per le omissioni o la collaborazione incompleta o mendace. La disciplina generale ha una portata più ampia, comprendendo anche le omissioni e una sanzione più lieve.[53]

Le disposizioni indicate, pur rinvenendo la propria ratio nel garantire l'efficacia dell'accertamento tributario, negano il diritto al silenzio e configurano un vero e proprio «obbligo di collaborazione» incompatibile con la possibilità di avvalersi della facoltà di non rispondere.

La Corte EDU ha ritenuto che, nonostante il silenzio dell'art. 6 sul punto, il diritto al silenzio e alla non autoincriminazione costituisce il cuore del diritto a un equo processo, ed deve essere garantito in materia tributaria quando, come visto in precedenza, gli elementi probatoria acquisiti in fase accertativa possono essere utilizzati in ambito penale.

1997, che varia da un minimo di € 1.032,91 ad un massimo di € 7.747,00. La sanzione si applica anche in caso di rifiuto di esibizione di documentazione non obbligatoria, di cui sia certa l'esistenza.

[53] Cfr. A. Marcheselli, *Obbligo di collaborare con il fisco e diritto di tacere: violazione del diritto comunitario?*, in *Corr. trib.*, n. 33/2012, 2533; secondo il quale la disciplina introdotta nel 2011 è assai tortuosa nell'individuazione della violazione configurabile, visto che rinvia a una norma (art. 76 del D.P.R. n. 445/2000) che, a sua volta, rinvia alle norme del codice penale e delle leggi vigenti in materia. È facile prevedere che da tale innovativa disposizione, al di là della confusa deterrenza, scaturisca una grande incertezza, sulla reale portata delle sanzioni applicabili: l'area dei delitti di falso è tra le più complesse e controverse del diritto penale, per la presenza di una congerie di fattispecie diverse, dai confini incerti.

Nella sentenza del 2012,[54] con riferimento al diritto del contribuente di tacere durante le attività istruttorie, la Corte ha ribadito che il diritto al silenzio ed il principio *nemo tenetur se detegere* costituiscono standard internazionali generalmente riconosciuti che si collocano alla base della nozione di equo processo[55] e sancisce come, la sanzione amministrativa a fronte della mancata produzione di documenti richiesti dal Fisco, viola l'art. 6 della CEDU,[56]

Il diritto al silenzio è stato, in parte, sancito anche dalla giurisprudenza della Corte di Giustizia[57] in particolare nei procedimenti amministrativi riguardanti il diritto a non testimoniare contro sé stessi, che fa parte del diritto UE accolto dagli Stati membri aderenti alla CEDU.[58]

4 Conclusioni

In ambito tributario non è legislativamente riconosciuto, in capo al contribuente un diritto al silenzio o a non autoincriminarsi.

---

[54] Cfr. CEDU, Chambaz c. Suisse, 5 apirle 2012; nel caso de quo il contribuente si era rifiutato di produrre una serie di documenti richiesti durante una verifica fiscale e le autorità elvetiche avevano sanzionato tale comportamento irrogando una sanzione di natura amministrativa. Già in precedenza la Corte aveva manifestato questo orientamento: Funke c. Francia, 17 dicembre 1993, in questa fattispecie gli ispettori fiscali, a seguito di accesso presso l'abitazione del contribuente, chiedevano la produzione dei rapporti da egli intrattenuti con alcuni Istituti di credito esteri partitamente indicati. A fronte del rifiuto del contribuente di fornire i documenti in oggetto, l'autorità fiscale francese provvedeva ad irrogare una sanzione pecuniaria per ogni giorno di ritardo nella produzione richiesta. Secondo la Corte, l'autorità fiscale così operando, non potendo ottenere la documentazione tramite altri canali istruttori, aveva tentato illegittimamente di costringere il contribuente a fornire egli stesso la prova delle proprie violazioni, in violazione del suo diritto (art. 6 della Convenzione) a permanere in silenzio e a non autoincriminarsi; CEDU, JB c. Svizzera, 3 maggio 2001; CEDU, Saunders c. Regno Unito, 17 dicembre 1996, in tal caso, nel Regno Unito, a fronte dell'obbligo giuridico di rendere talune dichiarazioni, era prevista l'irrogazione di sanzioni pecuniarie o detentive in caso di sua violazione. La Corte ha ritenuto che l'aver fornito il contribuente, in tali circostanze (in quanto per legge obbligato) tali dichiarazioni e il fatto che le stesse fossero state poi utilizzate nel successivo processo penale intentato a suo carico, costituiva una violazione da parte delle autorità britanniche del diritto al silenzio, cosicché le dichiarazioni stesse dovevano rimanere in ambito penale inutilizzabili.

[55] Cfr. E. Della Valle, *Il giusto processo tributario. La giurisprudenza della CEDU*, in *Rass. trib.*, n. 2/2013, 435.

[56] Cfr. F. Pistolesi, *L'impatto della giurisprudenza europea sul processo tributario italiano*, in *Riv. trim. dir. trib.*, n. 3/2016, 621.

[57] Cfr. F. Amatucci, *L'autonomia procedimentale tributaria nazionale ed il rispetto del principio europeo del contraddittorio*, in *Riv. trim. dir. trib.*, n. 2/2016, 257.

[58] Cfr. Corte Giust., Postbank, causa C-60/92, del 10 novembre 1993, laddove la Corte afferma che la Commissione UE nonostante in taluni casi può obbligare un'impresa a fornire tutte le informazioni, non può pregiudicare i diritti di difesa riconosciuti all'impresa imponendo ad es. l'obbligo di fornire risposte attraverso le quali sarebbe indotta ad ammettere l'esistenza della trasgressione che deve esser provata dalla Commissione.

Con riguardo all'obbligo di dichiarare i proventi illeciti conseguiti, la oramai incontestata e riconosciuta (normativamente) tassabilità dei proventi illeciti, anche delittuosi, comporta il necessario superamento di ogni remora circa il diritto al silenzio anche in ordine alla dichiarazione, essendo connaturale al possesso di un reddito tassabile il relativo obbligo dichiarativo.

Quanto, invece, alla fase accertativa, in essa il contribuente si trova inevitabilmente a dover effettuare una scelta, tra esercitare il proprio diritto al silenzio, di cui potrà usufruire in sede penale, ma subendo la preclusioni probatorie di cui alle norme tributarie, oppure fornire tutti gli elementi di prova che potrebbero giovargli in sede tributaria ma, in talune ipotesi, potrebbero portarlo a conseguenze in ambito penale; questa alternativa attiene alle personali scelte che, di fatto, il contribuente-indagato può compiere circa le modalità e le strategie con le quali difendersi in ciascuno dei distinti procedimenti, fermo restando, in ciascuno di essi, il rispettivo regime probatorio stabilito dalla legge.

Informação bibliográfica deste texto, conforme a NBR 6023:2018 da Associação Brasileira de Normas Técnicas (ABNT):

CIARCIA, Anna Rita. Il principio *nemo tenetur se detegere*. *In*: SARAIVA FILHO, Oswaldo Othon de Pontes; SIQUEIRA, Julio Homem de; BEDÊ JÚNIOR, Américo; FABRIZ, Daury César; SIQUEIRA, Junio Graciano Homem de; CUNHA, Ricarlos Almagro Vitoriano (Coord.). *Limitações materiais ao poder de tributar*. Belo Horizonte: Fórum, 2022. p. 405-421. (Coleção Fórum Princípios Constitucionais Tributários - Tomo III) ISBN 978-65-5518-314-6.

INVERSÃO *OPE CONSTITUTIONIS* DO ÔNUS DA PROVA COMO LIMITAÇÃO MATERIAL AO PODER DE TRIBUTAR. REFLEXÃO SOBRE O ÔNUS DA FAZENDA PÚBLICA DE PROVAR A EXIGIBILIDADE DO TÍTULO EXECUTIVO FISCAL E DEVIDO PROCESSO LEGAL

JULIO HOMEM DE SIQUEIRA

PRISCILLA PEREIRA COSTA CORRÊA

A Constituição Federal brasileira de 1988 (CRFB/1988) dispõe em seu artigo 37, §6º, que "as pessoas jurídicas de direito público e as de direito privado prestadoras de serviços públicos responderão pelos danos que seus agentes, nessa qualidade, causarem a terceiros, assegurado o direito de regresso contra o responsável nos casos de dolo ou culpa". Trata-se de uma regra de redimensionamento do ônus probatório fixada no texto constitucional (*ope constitutionis*), independentemente do caso concreto e da atuação do magistrado. A rigor, não há inversão, porque o encargo não é alterado no curso do processo,[1] mas uma redistribuição do ônus. É caso de presunção relativa que beneficia a parte que alega

---

[1] RODRIGUES, Marcelo Abelha. *Ação civil pública e meio ambiente*. São Paulo: Forense Universitária, 2003, p. 208.

um fato, porque fica dispensada de provar a alegação.[2] Em termos práticos, quem ajuizar demanda em face de pessoa jurídica de direito público ou pessoa jurídica de direito privado prestadora de serviço público tem tão somente os ônus de alegar a ocorrência de (f)ato (i)lícito e de comprovar que sofreu danos decorrentes desse (f)ato, enquanto ao réu incumbe o ônus de comprovar a inocorrência do (f)ato alegado e dos danos, bem como a inexistência de nexo causal entre eles, para o que também basta a comprovação de alguma causa excludente (força maior, fortuito externo ou culpa exclusiva da vítima). Portanto, a regra em questão é também critério de julgamento, posto que o magistrado deve analisar quem cumpriu com os seus encargos processuais.

A regra de inversão *ope constitutionis* do ônus da prova relaciona-se a vários princípios constitucionais advindos do *princípio da inafastabilidade da jurisdição*, o qual procura garantir uma tutela adequada ao direito material (*princípio da adequação*) e abrange tanto as possibilidades de participar do processo e influenciar a decisão do órgão jurisdicional (*princípio do contraditório*) quanto a necessidade de igualdade processual (*princípio da paridade de armas*). Propõe-se, então, uma reflexão sobre o ônus da Fazenda Pública de provar a exigibilidade do título executivo fiscal e sua relação com o critério de inversão *ope constitutionis* do ônus da prova e com os princípios antes destacados, bem como se estuda a responsabilidade civil estatal e a extensão da Súmula 622 do Superior Tribunal de Justiça brasileiro (STJ).

A discussão que embasa a proposta aqui feita deve começar por entender como se opera a responsabilidade civil do Estado, especialmente diante do critério de inversão *ope constitutionis* do ônus da prova. A norma constitucional decorrente do artigo 37, §6º, é uma manifestação da responsabilidade extracontratual, porque inexistente qualquer tipo de vínculo prévio entre os entes elencados no dispositivo constitucional e a vítima. O critério de redistribuição traduz o rigor do princípio da supremacia do interesse público em face de interesses não públicos, razão pela qual a atuação imperativa do Estado demanda um desenvolvimento atento a limitações, para evitar o risco de arbitrariedades.

A evolução histórica a respeito da responsabilidade civil do Estado demonstra que nem sempre, contudo, houve a preocupação com a inocorrência de arbitrariedades. Segundo a literatura especializada, desde os códigos romanos antigos até o século XVII a regra era

---

[2] DIDIER JR., Fredie; BRAGA, Paula Sarno; OLIVEIRA, Rafael Alexandria de. *Curso de direito processual civil* – volume 2. Salvador: Juspodivm, 2017, p. 130.

a irresponsabilidade do Estado diante dos atos de seus agentes, sob o argumento de que a atuação em prol do bem comum deveria ser vista como praticada por todos, de maneira a admitir a possibilidade de impor ao administrado que sofreu o dano a necessidade de que o suporte.[3] Outro argumento muito comum para sustentar esse entendimento era o de que o rei enquanto soberano representante do Estado não poderia errar, razão pela qual não responderia por atos de seus agentes.[4] A teoria da irresponsabilidade foi abandonada, em geral, junto com a ruína dos Estados absolutistas.[5] O que se adotou em seguida foi a teoria da responsabilização indireta, pela qual o Estado seria responsável por comportamentos de seus agentes se houvesse previsão em lei específica, isto é, apenas em casos pontuais,[6] e desde que houvesse autorização estatal para o processamento de seu agente, o que era raro e contribuiu para o insucesso da teoria.[7] A tendência passou a ser, então, a atribuição de responsabilidade ao Estado, o que se passou a discutir foi a forma pela qual isso teria de ser feito.

---

[3] WILLEMAN, Flávio de Araújo. A responsabilidade civil das pessoas jurídicas de direito público e o código civil de 2002 (lei nacional n. 10.406/2002). *In*: OSÓRIO, Fábio Medina; SOUTO, Marcos Juruena Villela (Coord.). *Direito administrativo*: estudos em homenagem a Diogo de Figueiredo Moreira Neto. Rio de Janeiro: Lumen Juris, 2006, p. 345-346.

[4] DI PIETRO, Maria Sylvia Zanella. *Direito administrativo*. 19. ed. São Paulo: Atlas, 2006, p. 619.

[5] Alguns países fogem, no entanto, a essa regra, como Portugal (1930), Estados Unidos da América (1946) e Inglaterra (1947). Jorge Miranda (A constituição e a responsabilidade civil do estado. *Revista Brasileira de Direito Constitucional*, n. 1, p. 98, 2003) observa que, apesar de uma exceção – quanto à responsabilidade por erro judiciário (art. 2.403 do Código Civil de 1867) –, "só tardiamente, tal como noutros países, viria a responsabilidade civil extracontratual das entidades públicas a surgir, acompanhando os progressos da doutrina e das leis. Surgiria, primeiro, com a reforma do Código Civil feita em 1930 (donde o novo art. 2.399) e com o Código Administrativo de 1936 (arts. 366 e 367). E viria a ter uma expressão regulamentadora *ex professo* quanto à Administração Pública, no Decreto-Lei nº 48.051, de 21 de novembro de 1967". No caso estadunidense, é de se consultar o "Federal Tort Claims Act" (FTCA), que é um estatuto pelo qual os Estados Unidos autorizam processos de responsabilidade civil contra o próprio Estado, salvo algumas exceções. O FTCA foi promulgado em 1946, permitindo que o Estado fosse responsabilizado por certos atos, praticados negligente ou indevidamente, ou omissões de seus servidores. No caso inglês, há o "Crown Proceeding Act" de 1947. De acordo com Kamla Jain (State liability in tort: need for legislation. *Central India Law Quarterly*, vol. 10, n. 1, p. 109-110, 1997), o Reino Unido, em 1947, considerando que o princípio da imunidade da coroa baseada na antiga noção feudalista de que o rei não agia erroneamente estava ultrapassado, editou o "Crown Proceeding Act", sujeitando a coroa a processos de responsabilidade civil. O Brasil não passou pela fase da irresponsabilidade, como deflui do art. 179, XXIX, da Constituição de 1824: "os empregados públicos são estritamente responsáveis pelos abusos, e omissões praticadas no exercício das suas funções, e por não fazerem efetivamente responsáveis os seus subalternos".

[6] BANDEIRA DE MELLO, Celso Antônio. *Curso de direito administrativo*. 21. ed. São Paulo: Malheiros, 2006, p. 955; WILLEMAN, Flávio de Araújo. Obra citada, 2006, p. 346-347.

[7] SCAFF, Fernando Facury. *Responsabilidade civil do estado intervencionista*. 2. ed. Rio de Janeiro: Renovar, 2001, p. 131.

A primeira teoria dessa nova fase histórica tinha natureza civilista e atribuía ao Estado a responsabilidade subjetiva. Passou-se a admitir a responsabilização estatal desde que se demonstrasse que o agente público praticou o (f)ato e tinha intenção de lesar (culpa),[8] o que era muito difícil de ocorrer na prática, revelando a impraticabilidade da teoria. Houve a tentativa de atribuir responsabilidade ao Estado por meio da *culpa in eligendo* ou *culpa in vigilando*, mas foi apenas perfumaria, já que permanecia à pessoa lesada o encargo de comprovar o *animus laedendi* do agente público.[9] A inviabilidade da aplicação de uma teoria civilista ao direito público contribuiu para a criação, pela jurisprudência francesa, no *leading case* Blanco (1873), de duas teorias baseadas na culpa administrativa: a *teoria da culpa anônima* – diante da impossibilidade de apontar qual agente público provocou o dano, cabe ao Estado indenizar a vítima – e a *teoria da falta (culpa) do serviço* – quando o Estado não presta o serviço público adequadamente.[10] Ambas as teorias facilitaram o encargo probatório da pessoa lesada, mas permaneceu a dificuldade em se desincumbir do ônus de provar a culpa do agente estatal. Por isso, evoluiu-se para a responsabilidade objetiva.

O *leading case* da *teoria do risco administrativo*, que é uma forma de responsabilidade civil sem culpa (objetiva), foi o caso Anguet, também de origem francesa.[11] Essa teoria parte do entendimento de que as atividades estatais sempre têm a aptidão de trazer riscos a seus administrados.[12] O Brasil adota essa teoria desde 1946, pelo menos.[13] Isso significa que a Fazenda Pública tem "a obrigação de compor o dano causado a terceiros por agentes públicos, no desempenho de suas atribuições ou a pretexto de exercê-las".[14] Tanto faz se o comportamento do agente público é lícito ou ilícito, comissivo ou omissivo,[15] judicial, legislativo

---

[8] WILLEMAN, Flávio de Araújo. Obra citada, 2006, p. 349.

[9] FARO, Julio Pinheiro; GOMES, Marcelo Sant'Anna Vieira. A aplicação da *disregard of legal entity doctrine* na administração pública. *Derecho y Cambio Social*, vol. 28, p. 8, 2012.

[10] DIAS, José de Aguiar. *Da responsabilidade civil*. 7. ed. Rio de Janeiro: Forense, 1983, vol. II, p. 623; NOBRE JÚNIOR, Edilson Pereira. Uma história do direito administrativo: passado, presente e novas tendências. *Revista do Tribunal Regional Federal da 5ª Região*, n. 59, p. 35, 2005.

[11] NOBRE JÚNIOR, Edilson Pereira. Obra citada, 2005, p. 35.

[12] WILLEMAN, Flávio de Araújo. Obra citada, 2006, p. 352.

[13] CAVALCANTI, Themistocles Brandão. *A constituição federal comentada*. 2. ed. Rio de Janeiro: José Konfino Editor, 1953, vol. IV, p. 203.

[14] MEIRELLES, Hely Lopes. *Direito administrativo brasileiro*. 22. ed. São Paulo: Malheiros, 1997, p. 560.

[15] No mesmo sentido: CARVALHO FILHO, José dos Santos. *Manual de direito administrativo*. 23. ed. Rio de Janeiro: Lumen Juris, 2012. Todavia, a maioria dos autores considera que a

ou administrativo, se ele causar dano a alguém, ao Estado caberá indenizar, exceto se provada alguma causa excludente – força maior, caso fortuito externo e culpa exclusiva da vítima. É importante especificar, aliás, que o texto constitucional não atribui a responsabilidade apenas ao Estado, estão abrangidas todas as pessoas jurídicas de direito público da Administração direta (os entes políticos) e indireta (as autarquias e fundações públicas; e empresas estatais, apenas se prestarem serviço público), além das pessoas jurídicas de direito privado que prestem serviços públicos (concessionárias).

A adoção da responsabilidade civil extracontratual estatal objetiva contribui para que se fundamente o critério da inversão *ope constitutionis* do ônus da prova. Não se trata apenas de facilitar o desencargo probatório da vítima, mas também de impedir que o Estado e os prestadores de serviços públicos se utilizem arbitrariamente de seus privilégios. Assim, por exemplo, o Judiciário não pode julgar improcedente um pedido formulado em face do Estado com fundamento unicamente no argumento de indisponibilidade orçamentária; incumbe ao Estado comprovar essa indisponibilidade. Também não poderá o Judiciário acolher a alegação de Conselho Profissional (autarquia) de que o profissional inscrito foi notificado por via postal ou por edital sobre débito de anuidade, se não anexar aos autos o aviso de recebimento negativo ou, subsidiariamente, o edital publicado. Por fim, não se poderá ajuizar execução fiscal sem que se demonstre que o título é exigível, isto é, que foi dada, administrativamente, oportunidade para o sujeito passivo pagar ou se defender em relação ao débito que lhe é imputado. É necessário pontuar, ainda, que a inversão tem *natureza constitucional*, por isso não se confunde com a regra inserta no artigo 373, §1º, do CPC, que encarta inversão de *natureza judicial*. Isso quer dizer que o Estado não pode se valer do argumento de que não sabia da inversão, especialmente diante do artigo 3º da LINDB ("ninguém se escusa de cumprir a lei, alegando que não a conhece").

É nesse encalço que se insere o *princípio constitucional da inafastabilidade do controle jurisdicional* ou simplesmente inafastabilidade da jurisdição. Ele não se confunde com o acesso à justiça, que "compreende o acesso efetivo a todos os meios pelos quais as pessoas possam

---

responsabilidade por comportamentos omissivos é subjetiva em razão da culpa anônima. Isso, no entanto, é um atraso, já que onera demasiadamente a pessoa lesada, que passa a ter dificuldade de se desincumbir do encargo probatório. O STF tem, inclusive, entendido que a responsabilidade por omissão do Estado é objetiva, ainda que apenas em alguns casos.

reivindicar seus direitos e/ou resolver seus litígios".[16] Essa inafastabilidade é uma das formas de manifestação do acesso à justiça, ela é o acesso à Justiça, mas para evitar a confusão do uso da letra, melhor a distinção feita pelo próprio constituinte originário: ambas estão no artigo 5º, mas, enquanto a mais ampla está no inciso XXXIV ("são a todos assegurados, independentemente do pagamento de taxas: a) o direito de petição aos Poderes Públicos em defesa de direitos ou contra ilegalidade ou abuso de poder; b) a obtenção de certidões em repartições públicas, para defesa de direitos e esclarecimento de situações de interesse pessoal"), a mais restrita foi separada no inciso XXXV ("a lei não excluirá da apreciação do Poder Judiciário lesão ou ameaça a direito"). A leitura do último dispositivo constitucional evidencia que o Judiciário foi incumbido de controlar o respeito e a aplicação da lei, tanto nas relações intersubjetivas quanto nas objetivas, com o escopo de impedir ou mitigar lesões ou ameaças a direitos. Esse princípio contribui para evitar indevidas ingerências e restrições aos direitos das pessoas, entre as quais se incluem comportamentos omissivos e comissivos do Estado, cujos representantes confundem às vezes prerrogativas e supremacia do interesse público sobre o privado com arbitrariedade.

A Súmula 622/STJ tem como propósito, embora não declarado, evitar essa confusão. A bem da verdade, ela traz um requisito que se pode identificar no ordenamento jurídico e na doutrina,[17] mas que raramente era observado pelo Judiciário, nas execuções fiscais, e pelo Fisco, nos processos administrativos fiscais (PAF). A redação do enunciado é a seguinte: "a notificação do auto de infração faz cessar a contagem da decadência para a constituição do crédito tributário; exaurida a instância administrativa com o decurso do prazo para a impugnação ou com a notificação de seu julgamento definitivo e esgotado o prazo concedido pela Administração para o pagamento voluntário, inicia-se o prazo prescricional para a cobrança judicial". Em resumo, a Súmula 622/STJ trata sobre o início do prazo prescricional relativo à pretensão executiva fiscal da Fazenda Pública, o que encerra diversas questões. Entre elas, a *exigibilidade* como pressuposto para a adequada execução fiscal, uma vez que o enunciado é incisivo ao estabelecer que tanto a cessação do prazo decadencial quanto o início do prescricional *dependem*

---

[16] REICHELT, Luis Alberto. O direito fundamental à inafastabilidade do controle jurisdicional e sua densificação no Novo CPC. *Revista de Processo*, vol. 258, 2016 (*RTOnline*).

[17] SIQUEIRA, Julio Homem de. O ônus da Fazenda Pública de comprovar a exigibilidade do crédito tributário inscrito em dívida ativa: a necessária juntada à CDA do procedimento administrativo. *Revista de Estudos Tributários*, vol. 94, 2013.

de que tenha havido a *notificação* do sujeito passivo tributário, seja sobre o auto de infração, no primeiro caso, seja para impugnar no processo administrativo, no segundo caso.

A *certidão de dívida ativa*, comumente referida como CDA, classifica-se, legalmente, como um *título executivo extrajudicial (art. 784, IX, do CPC) unilateral, cuja formação* independe de participação do sujeito passivo. Ela é simplesmente o espelho do termo de inscrição de dívida ativa (TIDA), isto é, do documento que formaliza a inclusão da dívida fiscal no cadastro de dívida ativa, sempre a partir de elementos contidos no PAF. Isso quer dizer que, embora o legislador tenha conferido *representatividade* à CDA, ele não lhe deu *exequibilidade*, esta é um atributo inerente à dívida ativa tributária (crédito) que foi inscrita na repartição administrativa competente (art. 2º, §3º, da Lei de Execução Fiscal nº 6.830/1980 – LEF). Nesse passo, pode-se dizer que "a inscrição é o ato de controle administrativo da legalidade, para apurar a liquidez e certeza do crédito, tributário ou não, da Fazenda pública, operando por autoridade competente, que é o órgão jurídico",[18] constituindo-se como "a derradeira oportunidade que a Administração tem de rever os requisitos jurídico-legais dos atos praticados".[19] A inscrição em dívida ativa pressupõe, portanto, a existência de um crédito tributário já constituído, mediante prévio PAF,[20] deflagrado pela autoridade competente ou pelo próprio sujeito passivo.[21]

A questão gira, então, sobre a finalidade do PAF: cobrar o crédito fiscal. Todavia, assim como no processo judicial, também o processo administrativo é cercado de garantias do contribuinte, que devem ser observadas. Uma delas é a oportunidade de se manifestar a respeito do débito.

Pode-se mesmo dizer que, em virtude da garantia/direito fundamental do devido processo (*due process of law*), a inscrição em dívida ativa inclua-se no rol aberto (de garantias do sujeito passivo da obrigação tributária) do *caput* do art. 150 da Constituição da

---

[18] SZKLAROWSKY, Leon Fredja. Execução fiscal. *In: Direito tributário atual*, n. 17. São Paulo: Dialética, 2003, p. 233.

[19] CARVALHO, Paulo de Barros. *Curso de direito tributário*. 21. ed. São Paulo: Saraiva, 2009, p. 624.

[20] NUNES, Cleucio Santos. *Curso de direito processual tributário*. São Paulo: Dialética, 2010, p. 346.

[21] Também considerando que o crédito tributário pode ser constituído tanto pelo lançamento quanto por atividade do sujeito passivo: CAVALCANTE, Denise Lucena. *Crédito tributário*: a função do cidadão-contribuinte na relação tributária. São Paulo: Malheiros, 2004, p. 132. Na jurisprudência: STJ, 1ª Seção, RESP 962379, Rel. Min. TEORI ALBINO ZAVASCKI, *DJe* 28.10.2008; STJ, 1ª Seção, RESP 1101728, Rel. Min. TEORI ALBINO ZAVASCKI, *DJe* 23.3.2009; STJ, 1ª Seção, AgRg nos EAg 670326, Rel. Min. TEORI ALBINO ZAVASCKI, *DJ* 1.8.2006.

República Federativa do Brasil de 1988 (CRFB/1988). Trata-se, como defende Marcus Abraham, de "uma garantia ao cidadão de que aquele crédito, originário de uma obrigação não adimplida em tempo e forma devidos, foi devidamente apurado e teve a sua existência confirmada pelo procedimento de controle administrativo sobre a sua legalidade e legitimidade".[22] Assim, é uma garantia, de âmbito constitucional, do sujeito passivo que apenas créditos líquidos e certos sejam inscritos em dívida ativa. E mais: essa inscrição deve ser precedida do devido procedimento ou processo legal, isto é, conforme os termos legais.

Portanto, a inscrição de crédito tributário em dívida ativa não é mero procedimento burocrático, mas ato de autoridade pública, que pressupõe respeito aos direitos e garantias do sujeito passivo, em especial ao devido processo (ou procedimento) legal (*due process or due procedure of law*), o que assegura a exigibilidade do crédito, compondo, então, a tríade necessária para a devida execução fiscal.

A LEF, em seu art. 2º, §4º, determina que a dívida ativa seja apurada e inscrita na Procuradoria da respectiva Fazenda Pública. Veja-se que a validade e a eficácia da inscrição dependem da diligência da Procuradoria. No caso de dívida ativa da União, a competência é da Procuradoria-Geral da Fazenda Nacional (PGFN), que, de acordo com o art. 12, I, da Lei Complementar (LCp) nº 73/1993, deve apurar a liquidez e a certeza da dívida ativa tributária, o que pressupõe que, antes de proceder à inscrição, a Procuradoria deve verificar a existência de irregularidades no procedimento prévio, a fim de saná-las, para, então, inscrever o crédito em dívida ativa para fins de cobrança. Disso resulta o seguinte: *só pode haver a cobrança se o crédito tributário, líquido, certo e exigível, estiver inscrito em dívida ativa regularmente constituída*. Faltando um desses requisitos, a constituição da dívida ativa deverá ser considerada irregular e, portanto, inapta para fundar a execução fiscal.

Inscrito o crédito tributário em dívida ativa, deve-se documentá-la, o que se dá pelo TIDA, o qual deve indicar, obrigatoriamente, na forma do art. 202 do CTN e art. 2º, §5º, da LEF:

> I - o nome do devedor e, sendo o caso, dos corresponsáveis, bem como, sempre que possível, o domicílio ou a residência de um e de outros;
>
> II - a quantia devida e a maneira de calcular os juros de mora acrescidos;
>
> III - a origem e a natureza do crédito, mencionada especificamente a disposição da lei em que seja fundado;

---

[22] ABRAHAM, Marcus. A compensação de precatórios com créditos da Fazenda Pública na Emenda Constitucional nº 62/2009. *Revista Dialética de Direito Tributário*, São Paulo, n. 186, p. 86, nov. 2010.

IV - a data em que foi inscrita;

V - sendo caso, o número do processo administrativo de que se originar o crédito.

A partir da TIDA, como já se registrou, extrai-se a CDA – por isso dizer-se que esta é o espelho daquela, devendo conter os mesmos requisitos. Aliás, convém observar que *a CDA apenas confirma ou prova a existência de algo, não tendo aptidão para constituir nada*. Daí afirmar-se que o seu conteúdo deve ser reflexo da investigação promovida pela autoridade pública no âmbito administrativo.[23] Se a constituição do crédito tributário tiver sido falha ou mesmo a inscrição apresentar irregularidades, tanto a TIDA quanto a CDA apresentarão imperfeições que as tornarão nulas, não podendo ser corrigidas. A correção somente poderá ocorrer, se ainda houver tempo, com uma nova constituição do crédito tributário ou com uma nova inscrição em dívida ativa, para que se regularize a situação e se possa fazer uma redução a termo válida (TIDA) e extrair-se desta uma CDA igualmente detentora de validade.

A exigibilidade como pressuposto fundamental da execução fiscal válida

Em geral, os requisitos apontados para a regular existência da TIDA e da CDA são a certeza e a liquidez do crédito tributário inscrito em dívida ativa, isto é, que o crédito realmente existe (ou que é *certo*) e de que ele possui um valor apurado (ou que é *líquido*). No entanto, apenas isso não basta. Isso porque é insuficiente para executar qualquer dívida a tão só existência e apuração de seu valor. É também necessário o inadimplemento do devedor, ou seja, o Fisco, em sua peça inaugural executiva, tem de deixar claro que o sujeito passivo não adimpliu sua obrigação tributária, quando lhe foi dada a oportunidade de fazê-lo espontaneamente.

Portanto, não basta que a obrigação seja certa (*exista*) e líquida (*tenha um valor apurado*), é imprescindível que ela também seja *exigível*, como, aliás, preceitua o art. 786 do CPC: "a execução pode ser instaurada caso o devedor não satisfaça a obrigação certa, líquida e exigível consubstanciada em título executivo". Assim, se no PAF não foi oportunizado

---

[23] MARQUES, Leonardo Nunes. A responsabilidade tributária do sócio e a inscrição em dívida ativa: requisitos e procedimento. *Revista Dialética de Direito Tributário*, São Paulo, n. 179, p. 102, ago. 2010.

ao devedor se defender, ou seja, se não houve a tentativa de notificá-lo para que pudesse impugnar a imputação, então tanto a TIDA como a CDA são inválidas, inexequíveis. E mais, de acordo com a Súmula 622/ STJ, se não houve tentativa de notificação, pode ser que a contagem do prazo decadencial ou prescricional não tenha cessado.

Como, então, provar o inadimplemento do sujeito passivo da obrigação tributária? Isso, certamente, não pode ser feito com a tão só indicação de seu nome e dos codevedores na CDA (art. 202, I, do CTN). Dizer que existe um devedor apenas pressupõe a existência de inadimplemento, mas não confirma que o sujeito passivo foi notificado sobre o seu débito. O senso comum afirma que o papel tudo aceita, de modo que a Fazenda Pública pode, irregularmente, consciente ou inconscientemente, fazer constar da CDA o nome de alguém que não é devedor, ou mesmo incluir na CDA como responsável pela dívida alguém que não figurava como tal nos procedimentos de constituição do crédito ou de inscrição em dívida ativa. Logo, se a CDA afirma que determinada pessoa é devedora, mas não possui lastro para isso, a execução é inviável por falta de um dos pressupostos, a exigibilidade em relação àquele devedor apontado no título. Portanto, o requisito do art. 202, I, do CTN, em virtude de indicar um requisito que supõe uma apuração cognitiva prévia, deve ser interpretado e aplicado não apenas para indicar o devedor e codevedores, mas também para provar que houve a tentativa de notificá-los sobre a dívida.

A doutrina tem, nesse passo, afirmado e reafirmado que, se for constatada pela fiscalização a responsabilidade pessoal de adminis-trador, seu nome deverá constar do ato de constituição do crédito, conferindo-lhe a oportunidade de se defender dessa inclusão, ou seja, a inclusão de seu nome apenas na CDA revela inconstitucionalidade e ilegalidade por supressão de instância administrativa (art. 5º, LV, da CRFB/1988), de maneira que, como aponta Maria Rita Ferragut, a mera indicação de um nome na CDA não tem aptidão jurídica para constituir o crédito tributário perante a pessoa.[24]

A preocupação que a doutrina demonstra sobre a inclusão in-devida de corresponsáveis no título deve ser ampliada para o devedor

---

[24] FERRAGUT, Maria Rita. Portaria PGFN nº 180/2010 e a responsabilidade do administrador: um avanço. *Revista Dialética de Direito Tributário*, São Paulo, n. 178, p. 102, jul. 2010. No mesmo sentido: MARQUES, Leonardo Nunes. Obra citada, 2010, p. 102: "na hipótese de se pretender atribuir responsabilidade ao membro da sociedade empresária pela quitação da dívida, nos casos de inexistência de lançamento prévio imputando essa responsabilidade, a certidão de dívida ativa já formalizada não pode ser simplesmente alterada para sua inclusão, por representar alteração do próprio lançamento".

principal, isto é, deve haver procedimento prévio apurador do inadimplemento e demonstração de que a notificação sobre essa situação foi regularmente feita. Quer dizer, como a CDA não constitui nada, apenas atesta a existência de algo, se contiver algo que não foi apurado ou que foi irregularmente apurado, haverá nulidade.

Não se pode dizer que determinada pessoa é devedora apenas porque seu nome está indicado na CDA, é preciso que o exequente comprove essa situação, o que se deve fazer com a juntada do procedimento administrativo que lhe fundamenta. Ou seja, como destaca Hugo de Brito Machado, é necessário que se comprove lhe ter sido dada a oportunidade de se defender do (ou impugnar o) procedimento administrativo, seja o de constituição do crédito, seja o de inscrição em dívida ativa.[25]

Portanto, a *exigibilidade* somente estará presente se o procedimento administrativo for anexado à peça inicial da execução fiscal, comprovando que foi dada a oportunidade de o sujeito passivo se defender da constituição do crédito tributário e da inscrição em dívida ativa. Isso quer dizer que a Fazenda Pública deve demonstrar em juízo que oportunizou ao sujeito passivo o cumprimento voluntário de sua obrigação ou impugnar a constituição do crédito ou sua inscrição em dívida ativa.

Isso quer dizer que os autos do procedimento administrativo constituem documento indispensável à propositura da execução fiscal (art. 320, do CPC), salvo, obviamente, nos casos em que o débito tenha sido reconhecido pelo sujeito passivo. Essa conclusão se mostra bastante razoável diante da natureza executiva da CDA, que é um título extrajudicial unilateral, ou seja, para cuja constituição não há a participação do devedor, não se podendo, pois, transferir-lhe o ônus de demonstrar que não foi devidamente notificado acerca do crédito inscrito em dívida ativa.

Nesse sentido, na forma do art. 321 do CPC, ao magistrado cabe verificar se a inicial executiva preenche os requisitos essenciais (arts. 319 e 320, do CPC) e se possui defeitos ou irregularidades hábeis a dificultar o julgamento, e, ausente elemento fundamental ou existentes

---

[25] Nesse sentido: MACHADO, Hugo de Brito. O responsável tributário e o direito de defesa no procedimento administrativo. *Revista Dialética de Direito Tributário*, São Paulo, n. 160, p. 43, jan. 2009: "a não intimação do responsável tributário quando da lavratura do auto de infração, implica impossibilidade de execução, contra ele, do crédito tributário afinal constituído, seja diretamente ou por redirecionamento da execução fiscal". Ver, também, a Portaria da Receita Federal do Brasil (RFB) 2.284/2010. O mesmo se aplica, como aqui defendido, ao devedor principal (contribuinte).

vícios sanáveis, poderá determinar a emenda ou substituição, parcial ou integral, da CDA. Não feita a emenda ou a substituição, o juiz deve indeferir a inicial e extinguir a ação sem resolução do mérito (arts. 321, parágrafo único, e 485, I, c/c 330, I, do CPC).

No entanto, se o magistrado não fizer a verificação determinada pelo art. 321 do CPC na análise sobre o deferimento da peça inaugural, ele poderá, no saneamento do processo, determinar a apresentação de documentos indispensáveis faltantes. Proferida a decisão que encerra a fase processual no juízo *a quo*, não se poderá formular pretensão recursal nem o juízo *ad quem* poderá determinar que seja emendada ou substituída a CDA. Nesse sentido, a LEF (art. 2º, §8º) e o CTN (art. 203) são bastante claros: a emenda ou a substituição são possíveis apenas até a decisão de primeira instância.

Há, porém, que fazer uma necessária observação. Embora o PAF de lançamento de crédito tributário e inscrição na dívida ativa se constitua como elemento indispensável à execução fiscal, devendo ser anexado à CDA, ao exequente cumpre ser diligente, fundamentando corretamente sua pretensão, do que se infere que a determinação judicial para emenda ou substituição da CDA não é um poder-dever do magistrado. Entender o contrário seria violar a regra da imparcialidade do juízo, já que a prova da pretensão formulada em juízo cabe à parte exequente, salvo casos excepcionais trazidos expressamente pelo próprio ordenamento jurídico. Sendo ônus do exequente, não lhe concedendo o juízo a oportunidade, não cabe a formulação de pretensão recursal para suprir a imperícia do credor.

Embora não haja a indicação no dispositivo sobre quem deverá realizar a emenda ou a substituição da CDA, a doutrina, como registrado outrora por Teori Albino Zavascki, tem entendido que,

> diferentemente dos demais títulos executivos, a certidão de dívida ativa poderá ser "emendada ou substituída" pelo exequente enquanto não for proferida "a decisão de primeira instância" (§8º do art. 2º da Lei 6.830, de 1980), assim entendida a sentença que julga os embargos do executado ou a que extingue o processo de execução (por exemplo, quando o juiz conhece, de ofício ou provocado por exceção de pré-executividade, matéria relacionada com pressupostos processuais ou condições da ação ou mesmo com a nulidade do título).[26]

---

[26] ZAVASCKI, Teori Albino. *Título executivo e liquidação.* São Paulo: Revista dos Tribunais, 1999, p. 129.

Podendo-se dizer, com Cláudia Rodrigues, que

verificando a Fazenda Pública que da Certidão de Dívida Ativa consta omissão de qualquer dos requisitos previstos no art. 202 do CTN ou erro a eles relativo, poderá, por iniciativa própria, ou motivada, promover a emenda ou requerer a substituição da Certidão até o momento da sentença nos embargos, afastando, dessa forma, a vício do título e, consequente nulidade da execução.[27]

Em outros termos, cumpre à Fazenda Pública, de acordo com a doutrina, até o momento da prolação da sentença (ou decisão que encerra a fase processual no juízo *a quo*), emendar a CDA ou requerer sua substituição, sob pena de preclusão.

O STJ adota o mesmo entendimento da doutrina.

Em 2007, a Primeira Turma registrou que "a doutrina e a jurisprudência da Primeira Seção desta Corte Superior são acordes no sentido de que a substituição ou emenda da CDA pode ser efetivada pela Fazenda Pública até a prolação da sentença dos embargos à execução".[28]

Em 2008, a Segunda Turma trouxe igual entendimento:

a norma inserta no §8º do art. 2º representa uma faculdade da Fazenda Pública para emendar ou substituir o título executivo extrajudicial. Por ter essa natureza, a identificação de sua necessidade e a realização do ato estão a cargo exclusivamente do Fisco, não cabendo ao Judiciário fazer as vezes do credor. (...) A lei é expressa ao impor como limite temporal ao exercício dessa faculdade a prolação da decisão de primeira instância, assim, não seria possível, em sede de apelação, a substituição ou emenda da CDA.[29]

O entendimento do STJ parece ter se consolidado na tese de que à Fazenda Pública incumbe comprovar a sua pretensão, não podendo o Judiciário determinar a emenda ou, em regra, a substituição da CDA.

Pode-se extrair disso que, de acordo com o STJ, não apenas a menção ao procedimento administrativo de lançamento fiscal e inscrição na dívida ativa é elemento essencial ao início de uma execução fiscal,[30]

---

[27] RODRIGUES, Cláudia. *O título executivo na execução da dívida ativa da Fazenda Pública*. São Paulo: Revista dos Tribunais, 2002, p. 208, ver, também, p. 210.

[28] STJ, 1ª Turma, REsp 902357, Rel. Min. Luiz Fux, *DJ* 9.4.2007.

[29] STJ, 2ª Turma, REsp 538766, Rel. Min. CASTRO MEIRA, *DJ* 8.5.2008.

[30] A jurisprudência do STJ é pacífica quanto a isso, ver: 1ª Turma, AgRg no AREsp 27713, Rel. Min. NAPOLEÃO NUNES MAIA FILHO, *DJe* 21.2.2013; 1ª Turma, REsp 945390, Rel. Min. FRANCISCO FALCÃO, *DJ* 20.9.2007; 2ª Turma, REsp 686477, Rel. Min. ELIANA CALMON, *DJ* 7.11.2005.

como também a prova de que o sujeito passivo foi regularmente notificado sobre o seu débito, salvo nos casos nos quais ele próprio confessa a dívida, de maneira a ser também elemento fundamental a juntada dos autos desse procedimento administrativo, para a comprovação não apenas da certeza e da liquidez do título executivo, mas também de sua exigibilidade.

Ademais, há que se observar que tanto doutrina quanto jurisprudência têm o entendimento de que a faculdade de emenda ou substituição da CDA "não está limitada à correção de meros erros de transcrição ou reprodução do que se acha inscrito. Abrange, também, a correção do próprio termo de inscrição, por erro ou omissão de seus requisitos",[31] tendo consolidado o STJ a compreensão de que estão amparadas "apenas as hipóteses de mera correção de erro material ou formal, sendo inviável a substituição da CDA nos casos em que haja necessidade de se alterar o próprio lançamento".[32]

Esse entendimento ficou consolidado na Súmula 392/STJ, que assim preceitua: "a Fazenda Pública pode substituir a certidão de dívida ativa (CDA) até a prolação da sentença de embargos, quando se tratar de correção de erro material ou formal, vedada a modificação do sujeito passivo da execução". Enunciado que foi, aliás, complementado pela tese jurídica firmada no Tema 166/STJ:

> A Fazenda Pública pode substituir a certidão de dívida ativa (CDA) até a prolação da sentença de embargos quando se tratar de correção de erro material ou formal, vedada a modificação do sujeito passivo da execução, ainda que tenha havido mudança de titularidade do imóvel sobre o qual incide o IPTU.[33]

Isso se explica pelo fato de que diante de erros no procedimento fiscal de lançamento ou de inscrição na dívida ativa, é necessária a revisão do procedimento, e não da CDA, o que deve ocorrer dentro do prazo decadencial, oportunizando-se ao sujeito passivo o direito à impugnação, e, como escrevem Leandro Paulsen, René Bergmann Ávila e Ingrid Schroder Sliwka, "a certidão é um espelho da inscrição que, por sua vez, reproduz os termos do lançamento. Não é possível corrigir, na certidão, vícios do lançamento e/ou da inscrição. Nestes casos, será

---

[31] RODRIGUES, Cláudia. Obra citada, 2002, p. 210.

[32] STJ, 2ª Turma, AgRg no Ag 1022215, Rel. Min. MAURO CAMPBELL MARQUES, *DJe* 23.10.2008.

[33] STJ, REsp 1045472, Rel. Min. Luiz Fux, 1ª Seção, *DJe* 18.12.2009.

inviável simplesmente substituir-se a CDA".[34] Logo, de acordo com Cláudia Rodrigues, a faculdade de emendar ou de substituir não serve para corrigir vícios do PAF, o que pode a Fazenda Pública fazer é "ajustar o termo de inscrição ao lançamento fiscal de créditos tributários ou não tributários, corrigindo-lhes erros materiais, sendo-lhe vedada a correção de qualquer erro material do processo administrativo".[35]

Assim, para concluir, James Marins deixou registrado que

> o alcance da possibilidade de emenda ou substituição fica adstrito à limitação da imutabilidade do Processo Administrativo. Ou seja, é impossível sanarem-se vícios materiais, por se ofender o direito de defesa do executado, bem como não cabe ao Judiciário saná-los, sob pena de avocar competência da autoridade fiscal, responsável exclusiva pelo lançamento tributário. Face à irregularidade material do título, não há outro caminho senão seu cancelamento e repetição de todo o processo.[36]

Conclusão

A exposição feita permite demonstrar que um dos méritos da Súmula 622/STJ foi o de reconhecer a *exigibilidade* como *pressuposto fundamental* para a ação de *execução fiscal*, devendo, por isso, a Fazenda Pública, enquanto exequente, demonstrar, em juízo, que foi oportunizada, dentro dos ditames da garantia constitucional do devido processo legal, o contraditório ao devedor e que, só então, com a confirmação da inadimplência, a CDA foi emitida. Do contrário, ao juízo cabe determinar a emenda ou, dependendo do momento processual, a juntada de provas, sob pena de extinção do feito, sem resolução do mérito, no primeiro caso, ou com resolução, mas pela improcedência, por falta de provas, no segundo caso. Além disso, é viável ao devedor alegar a ocorrência de decadência ou de prescrição, uma vez que não recebeu as devidas notificações, cabendo à Fazenda Pública, para evitar a improcedência de seu pedido, comprovar que houve a tentativa de notificar.

Portanto, deve-se concluir que os autos do procedimento administrativo são *documentos obrigatórios*, que devem instruir, pois, necessariamente, a petição inicial da execução fiscal. Isso porque não basta apenas a presunção relativa de certeza e liquidez do crédito

---

[34] PAULSEN, Leandro; ÁVILA, René Bergmann; SLIWKA, Ingrid Schroder. *Direito processual tributário*: processo administrativo fiscal e execução fiscal à luz da doutrina e da jurisprudência. 7. ed. Porto Alegre: Livraria do Advogado, 2012, p. 246.

[35] RODRIGUES, Cláudia. Obra citada, 2002, p. 210.

[36] MARINS, James. *Direito processual tributário brasileiro (administrativo e judicial)*. 5. ed. São Paulo: Dialética, 2010, p. 659.

tributário regularmente constituído e regularmente inscrito em dívida ativa, é preciso que haja também a exigibilidade do crédito, o que somente se perfaz com a notificação do sujeito passivo acerca de seu débito, oportunizando-lhe a faculdade de, voluntariamente, efetuar o pagamento, impugnar o procedimento ou até mesmo se manter inerte.

Referências

ABRAHAM, Marcus. A compensação de precatórios com créditos da Fazenda Pública na Emenda Constitucional nº 62/2009. *Revista Dialética de Direito Tributário*, São Paulo, n. 186, nov. 2010.

CARVALHO, Paulo de Barros. *Curso de direito tributário*. 21. ed. São Paulo: Saraiva, 2009.

CAVALCANTE, Denise Lucena. *Crédito tributário: a função do cidadão-contribuinte na relação tributária*. São Paulo: Malheiros, 2004.

FERRAGUT, Maria Rita. Portaria PGFN nº 180/2010 e a responsabilidade do administrador: um avanço. *Revista Dialética de Direito Tributário*, n. 178. São Paulo: Dialética, jul. 2010.

MACHADO, Hugo de Brito. O responsável tributário e o direito de defesa no procedimento administrativo. *Revista Dialética de Direito Tributário*, São Paulo, n. 160, jan. 2009.

MARINS, James. *Direito processual tributário brasileiro (administrativo e judicial)*. 5. ed. São Paulo: Dialética, 2010.

MARQUES, Leonardo Nunes. A responsabilidade tributária do sócio e a inscrição em dívida ativa: requisitos e procedimento. *Revista Dialética de Direito Tributário*, São Paulo, n. 179, ago. 2010.

NUNES, Cleucio Santos. *Curso de direito processual tributário*. São Paulo: Dialética, 2010.

PAULSEN, Leandro; ÁVILA, René Bergmann; SLIWKA, Ingrid Schroder. *Direito processual tributário: processo administrativo fiscal e execução fiscal à luz da doutrina e da jurisprudência*. 7. ed. Porto Alegre: Livraria do Advogado, 2012.

RODRIGUES, Cláudia. *O título executivo na execução da dívida ativa da Fazenda Pública*. São Paulo: Revista dos Tribunais, 2002.

SILVA, Américo Luís Martins da. *A execução da dívida ativa da Fazenda Pública*. São Paulo: Revista dos Tribunais, 2001.

SZKLAROWSKY, Leon Fredja. Execução fiscal. *In: Direito tributário atual*, n. 17. São Paulo: Dialética, 2003.

ZAVASCKI, Teori Albino. *Título executivo e liquidação*. São Paulo: Revista dos Tribunais, 1999.

Informação bibliográfica deste texto, conforme a NBR 6023:2018 da Associação Brasileira de Normas Técnicas (ABNT):

SIQUEIRA, Julio Homem de; CORRÊA, Priscilla Pereira Costa. Inversão *ope constitutionis* do ônus da prova como limitação material ao poder de tributar. Reflexão sobre o ônus da fazenda pública de provar a exigibilidade do título executivo fiscal e devido processo legal. *In:* SARAIVA FILHO, Oswaldo Othon de Pontes; SIQUEIRA, Julio Homem de; BEDÊ JÚNIOR, Américo; FABRIZ, Daury César; SIQUEIRA, Junio Graciano Homem de; CUNHA, Ricarlos Almagro Vitoriano (Coord.). *Limitações materiais ao poder de tributar*. Belo Horizonte: Fórum, 2022. p. 423-438. (Coleção Fórum Princípios Constitucionais Tributários - Tomo III) ISBN 978-65-5518-314-6.

LA DEBIDA VALORACIÓN DE LA PRUEBA TRIBUTARIA Y LA CORTE SUPREMA DE PERÚ

JORGE ISAAC TORRES MANRIQUE

I A modo de aproximación

La temática probatoria representa por así decirlo, el punto más importante y trascendente del proceso. Ello, en tanto su directa relación con la probanza del administrado, así como, con la decisión de la autoridad administrativa y judicial. Y es que la misma debe fundarse en hechos concretos debida como efectivamente probados.

Sin embargo, es de reconocer que en predios del Derecho Tributario lamentablemente ha venido aconteciendo lo contrario a lo señalado. Esto es, que la Superintendencia Nacional de Aduanas y de Administración Tributaria (Sunat), aceptaba como pruebas por parte del administrado, pero decidía eventualmente de manera inexplicable que los mismos resultaban insuficientes para lo propio.

En la presente entrega abordaremos los extremos decisorios contenidos en la reciente la Casación n° 3956-2016 Lima, expedida por la Tercera Sala de Derecho Constitucional y Social Transitoria de la Corte Suprema de Justicia del Perú, a través de la cual se fija un nuevo criterio para valorar las pruebas en materia tributaria.

En ese sentido, desarrollaremos la misma desde la óptica constitucional, basilarmente desde los principios constitucionales tributarios de legalidad y respeto de los derechos fundamentales, tal y como corresponde a nuestro vigente sistema jurídico y de casi todo el orbe. Nos referimos al Estado Constitucional de Derecho, en el cual la Constitución se yergue como un nuevo orden de valores, estableciendo que la totalidad del mismo se alinee de conformidad al espíritu abrazado por la Ley de Leyes; dejando atrás al otrora Estado de Derecho.

II Criterio fijado por la Corte Suprema

Consecuentemente, iniciamos citando lo registrado en el tercer párrafo del Pronunciamiento de la mencionada resolución, que preconiza:

> (…) esta Sala Suprema advierte que a efectos de sustentar el reajuste la empresa demandante presentó: contrato de procesamiento, exportación y agencia de productos agrícolas con la empresa Corporación Frutícola de Chincha Sociedad Anónima (…) los reportes de liquidación final de exportación de uvas en las campañas dos mil dos y dos mil três (…) y, las facturas de exportación y notas de crédito y débito por dichas operaciones (…) Es decir, existían medios probatorios destinados a probar lo solicitado por la administración, que sin embargo fue considerado insuficiente.

Seguidamente lo señalado en el párrafo cuarto de la referida norma:

> (…) la administración cuenta con una facultad fiscalizadora que la habilita para discrecionalmente realizar indagaciones respecto a hechos alegados por los contribuyentes a efectos de verificar el cumplimiento de las normas tributarias. Sin embargo citada facultad no es arbitraria, por lo que la administración puede realizar fiscalizaciones en tanto estas estén adecuadas a ley, y no vulneren garantías o derechos de los administrados, pudiendo exigir lo razonable y lo exigido en la Ley. En el caso de autos, se advierte que no existe norma positiva que señale taxativamente cuáles son los medios de prueba idóneos y razonables para acreditar la variación de los precios en el mercado internacional. Por lo señalado, se puede afirmar que el administrado -exportador- no cuenta con un parámetro válido que le permita con antelación proveerse de los medios de prueba requeridos por la administración para sustentar sus operaciones de reajustes; por tanto, esta no puede restringirle o descalificar sin mayor análisis los medios probatorios que el administrado presentó.

Y así también lo contemplado en el quinto párrafo de la misma fuente jurídica:

> (…) la administración vulneró el principio de razonabilidad –artículo IV, numeral 1.4 de la Ley de Procedimiento Administrativo General- al desacreditar los medios probatorios presentados por el administrado; sin mayor sustento, debe advertirse que los elementos probatorios presentados son plurales y conducentes a sustentar el reajuste. En ese sentido, el recurso de casación interpuesto por la administración –Sunat, deviene en infundado, pues no se advierte la infracción normativa referente a la inaplicación del artículo 62 del Código Tributario, referido a la facultad fiscalizadora, pues como se refirió esta no puede ser arbitraria, y al no existir una norma que tase los medios probatorios adecuados para sustentar el reajuste de valor, todos los medios probatorios presentados por el administrado deben ser valorados por igual siempre que resulten plurales, conducentes y consistentes.

III Principios constitucionales tributarios de legalidad y respeto de los derechos fundamentales

Seguidamente amerita dejar constancia al vulnerar la Sunat el derecho a la valoración de la prueba sede tributaria, vulnera además los principios constitucionales tributarios de legalidad y respeto de los derechos fundamentales. Los que desarrollamos:

3.1 Principio tributario de legalidad

Al respecto tenemos el Punto 8, Numeral B), Acápite IV, de la Sentencia del Tribunal Constitucional peruano, del Exp. N° 0042-2004-AVTC, que establece:

> (…) la potestad tributaria del Estado(…) debe ejercerse principalmente de acuerdo con la Constitución -principio de constitucionalidad- y no sólo de conformidad con la ley -principio de legalidad-o Ello es así en la medida que nuestra Constitución incorpora el principio de supremacía constitucional y el principio de fuerza normativa de la Constitución (artículo 51). Según el principio de supremacía de la Constitución todos los poderes constituidos están por debajo de ella; de ahí que se pueda señalar que es lex superior y, por tanto, obliga por igual tanto a gobernantes como gobernados, incluida la administración pública (…).

3.2 Principio tributario de respeto de los derechos fundamentales

Sobre el presente, el Art. 74º.- de la Constitución Política peruana, en relación al Principio de Legalidad, en lo correspondiente al régimen tributario y presupuestal, juridiza: "(...) El Estado, al ejercer la potestad tributaria, debe respetar los principios de reserva de la ley, y los de igualdad y respeto de los derechos fundamentales de la persona".

La incidencia de los derechos fundamentales en el ámbito tributario adquiere una particular importancia en tanto son límites constitucionales al ejercicio del poder tributario de las potestades administrativas que el ordenamiento atribuye a la administración pública, como: competencias de recaudación, de determinación, fiscalización y sancionadora, establecidas en el Código Tributario, configurando lo que en otros sistemas se viene denominado el "estatuto jurídico del contribuyente". Entre los derechos fundamentales tributarios tenemos: i) Derecho a la intimidad personal y familiar, ii) Derecho al secreto bancario y reserva tributaria, iii) Derecho a la inviolabilidad del domicilio, iv) Derecho al secreto de las comunicaciones, v) Derecho a la libertad de residencia y circulación, v) Derecho a libre asociación, vi) Derecho a la tutela judicial efectiva, vii) Derecho a un proceso con todas las garantías, viii) Derecho a la propiedad, ix) Derecho de petición, x) Derecho de contratar, xi) Derecho a ahorrar dinero extranjero, xii) Derecho a la libertad de empresa.[1]

A los que hay que añadir los derechos no enumerados del artículo 3° y de la 4ta. Disposición Final de la Constitución Política. Asimismo, teniendo en cuenta el bloque de constitucionalidad y desde un enfoque garantista, a este catálogo de derechos del contribuyente/ pagador hay que considerar los derechos que se han positivizado en el Código Tributario y que tiene conexión con aquellos estipulados en la máxima norma jurídica. Todo ejercicio de poder, incluido el tributario, cualquiera que sea la instancia de gobierno, debe estar sometido a la Constitución. A eso se refiere la Carta Fundamental en su artículo 45º, al señalar que quienes ejercen el poder del Estado lo hacen con las limitaciones y responsabilidades que la Constitución y las leyes establecen,

---

[1] SALAZAR SOPLAPUCO, Jorge Luis. *El garantismo tributario y los derechos del contribuyente en el ordenamiento constitucional peruano*. En línea, recuperado en fecha 31/12/20 de: http://repositorio.upao.edu.pe/bitstream/upaorep/2385/1/RE_DOCT_DER_JORGE.SALAZAR_EL.GARANTISMO.TRIBUTARIO.Y.LOS.DERECHOS.DEL.CONTRIBUYENTE_DATOS.pdf. Trujillo, 2016, p. 138 -139.

límites que se inspiran en la propia naturaleza del Estado peruano, con su carácter de República Democrática, con su gobierno representativo y organizado según el principio de separación de poderes.[2]

IV Análisis

Es de verse, que el extremo que señala en dicha resolución acerca de que todos los medios probatorios presentados por el administrado deben ser valorados por igual siempre que resulten plurales, conducentes y consistentes, deviene en unimismable a la naturaleza de la valoración probatoria de la sana critica en sede penal.

Ello, en razón a que la sana critica probatoria penal significa libertad para apreciar las pruebas de acuerdo con la lógica y las reglas de la experiencia. Implica que en la valoración de la prueba el juez adquiere la convicción observando las leyes lógicas del pensamiento, en una secuencia razonada y normal de correspondencia entre éstas y los hechos motivo de análisis. El criterio valorativo está basado en un juicio lógico, en la experiencia y en los hechos sometidos a su juzgamiento, y no debe derivar solamente de elementos psicológicos desvinculados de la situación fáctica.[3]

La resolución casatoria *sub examine* fortalece el derecho a probar del administrado en materia tributaria, en defensa tácita de los principios constitucionales tributarios de legalidad y respeto de los derechos fundamentales, por lo que saludamos su expedición, aunque no de manera completa, tal y como explicamos más adelante.

Además, la misma salvaguarda el derecho fundamental a probar, pero también se hace lo propio de manera colateral la protección, ejercicio y realización de adicionales irrestrictos derechos fundamentales, como: i) Debido proceso, ii) seguridad jurídica, iii) defensa, iv) presunción de inocencia, v) inmediación, vi) motivación, vii) *tutela jurisdiccional efectiva*, viii) tutela procesal efectiva, ix) imparcialidad, x) razonabilidad, xi) proporcionalidad, entre otros.

Preocupa sobremanera, que la entidad tributaria (Sunat) haya actuado: i) Por un lado, de manera arbitraria y abusando de su facultad fiscalizadora en el tema referido de la errada calificación de las pruebas presentadas por el administrado, ii) Luego, que increíblemente no

---

[2] SALAZAR SOPLAPUCO, Jorge Luis. *Ob. cit*. p. 139 -140.

[3] TALAVERA ELGUERA, Pablo. *La prueba en el nuevo proceso penal. Manual del derecho probatorio y de la valorización de las pruebas en el proceso penal común*. Academia de la Magistratura, Lima, 2009, p. 110.

se haya ocupado de en su momento elaborar el dispositivo legal que establezca expresamente cuáles son los medios de prueba idóneos y razonables para acreditar la variación de los precios en el mercado internacional, trasladando dicha inacción o carencia normativa en perjuicio del administrado.

Mención aparte amerita apuntar acerca de la decisión de la resolución casatoria *in comento*. Esto es, que si bien saludamos la decisión asumida por dicha Sala Suprema, no podemos dejar de desconocer que consideramos que la misma fue realizada de manera incompleta. Y ello, en razón a que ante la inexistencia normativa que precise los medios de prueba idóneos y razonables para acreditar la variación de los precios en el mercado internacional, es que el referido supremo tribunal debió establecerlo o en su defecto debió disponer que sea la Sunat la que tenga a bien hacer lo propio y en un plazo perentorio. Y sostenemos que si lo que se busca es la justeza, entonces se debe hacer estricto honor a lo señalado. Ergo, ante la falta de dación de la indicada normatividad que precise los medios de prueba, tampoco es justo que se termine habilitando para que prácticamente cualquier prueba tenga que ser considerada para los efectos de probanza y evaluación.

Sin embargo, consideramos que resulta más preocupante que la Sunat no termine de comprender la naturaleza, tanto de la gestión pública, como la del Estado, esto es, de su quintaescencia.

Así tenemos, que la gestión pública es una especialidad que se enfoca en la correcta y eficiente administración de los recursos del Estado, a fin de satisfacer las necesidades de la ciudadanía e impulsar el desarrollo del país.[4]

Además, planteamos determinar o explicar la necesidad de obligatoriedad de llevar a cabo una gestión pública acertada. Esto es, responder a la interrogante de por qué hacer una acertada gestión pública. Para ello, tenemos que empezar reseñando grosso modo el origen del Estado. Y es que a la luz de lo señalado por Jean-Jacques Rousseau, en su capital obra: "El Contrato Social". Es así, que en antiguo los ciudadanos se empezaron a organizar para designar responsables que se encargasen de los asuntos básicos de interés de todos. Por ejemplo: seguridad, salud, educación, entre otros. Sin embargo, en vista del crecimiento que iba experimentando las poblaciones, es que decidieron crear a un ente abstracto, de alcance nacional. El mismo se encargaría

---

[4]   ROMANO, Gabriel. *El sector público necesita conocer más de gestión de proyectos*. En línea, recuperado en fecha 31/12/20 de: https://www.eleconomista.com.ar/2018-10-el-sector-publico-necesita-conocer-mas-de-gestion-de-proyectos/, Paraguay, 2018.

de velar por las necesidades básicas de la población. Esto es, sumados a los señalados, están los servicios públicos, por citar alguno. El cual recibió por denominación: Estado. Entonces, en vista que el Estado fue exclusivamente creado para favorecer a la población, resulta ser una obligación el asumir una postura responsable y muy correcta cuando nos encontramos laborando (realizando una gestión pública) en alguna entidad del Estado.[5]

Pero sin con ello no bastase, la gestión pública tiene la obligación de generar valor público. Esto es, realizar la misma no solamente en beneficio de la población, sino además, en favor de quienes menos tienen. Consecuentemente, resulta evidente que la administración tributaria no ha venido generando el imprescindible valor público en el ejercicio de su función fiscalizadora.

V Conclusiones

La decisión asumida por dicho colegiado supremo en materia probatoria tributaria, se alinea con lo abrazado por la valoración probatoria de la sana critica en sede penal.

La resolución *sub examine* resulta acertada aunque limitada, insuficiente. Desperdició el mismo una valiosa oportunidad para llevar a cabo lo que hemos desarrollado en el acápite denominado análisis, de la presente entrega.

Al salvaguardar el derecho fundamental a probar del administrado, también se protegen los principios constitucionales tributarios de legalidad y respeto de los derechos fundamentales, así como, los adicionales derechos fundamentales referidos.

La autoridad tributaria aparentemente desconoce la naturaleza de la razón de ser del Estado y de la gestión pública, así como, lo propio de su facultad fiscalizadora y sobre derechos fundamentales.

VI Sugerencias

La autoridad tributaria debe en el más breve plazo, expedir la norma por la que precise los medios de prueba idóneos y razonables para acreditar la variación de los precios en el mercado internacional.

---

[5] TORRES MANRIQUE, Jorge Isaac. *Decálogo para una correcta gestión pública y su influencia con la realización de derechos fundamentales*. En línea, recuperado en fecha 31/12/20 de: https://www.ceddet.org/wp-content/uploads/2018/04/ENSAYO-GESTION-PUBLICA.pdf. España, 2018.

Amerita que la Tercera Sala de Derecho Constitucional y Social Transitoria de la Corte Suprema de Justicia de Perú, tenga mayor rigor y compromiso en la expedición de sus sentencias.

Urgente capacitación y concientización a los funcionarios de la Sunat, acerca de los lineamientos de la creación y función del Estado, gestión pública, facultad fiscalizadora, así como, lo propio de derechos fundamentales.

Referencias

ROMANO, Gabriel. El sector público necesita conocer más de gestión de proyectos. En línea, recuperado en fecha 31/12/20 de: https://www.eleconomista.com.ar/2018-10-el-sector-publico-necesita-conocer-mas-de-gestion-de-proyectos/, Paraguay, 2018.

SALAZAR SOPLAPUCO, Jorge Luis. *El garantismo tributario y los derechos del contribuyente en el ordenamiento constitucional peruano*. En línea, recuperado en fecha 31/12/20 de: http://repositorio.upao.edu.pe/bitstream/upaorep/2385/1/RE_DOCT_DER_JORGE.SALAZAR_EL.GARANTISMO.TRIBUTARIO.Y.LOS.DERECHOS.DEL.CONTRIBUYENTE_DATOS.pdf. Trujillo, 2016.

TALAVERA ELGUERA, Pablo. La prueba en el nuevo proceso penal. Manual del derecho probatorio y de la valorización de las pruebas en el proceso penal común. Academia de la Magistratura, Lima, 2009.

TORRES MANRIQUE, Jorge Isaac. Decálogo para una correcta gestión pública y su influencia con la realización de derechos fundamentales. En línea, recuperado en fecha 31/12/20 de: https://www.ceddet.org/wp-content/uploads/2018/04/ENSAYO-GESTION-PUBLICA.pdf. España, 2018.

Informação bibliográfica deste texto, conforme a NBR 6023:2018 da Associação Brasileira de Normas Técnicas (ABNT):

TORRES MANRIQUE, Jorge Isaac. La debida valoración de la prueba tributaria y la Corte Suprema de Perú. *In*: SARAIVA FILHO, Oswaldo Othon de Pontes; SIQUEIRA, Julio Homem de; BEDÊ JÚNIOR, Américo; FABRIZ, Daury César; SIQUEIRA, Junio Graciano Homem de; CUNHA, Ricarlos Almagro Vitoriano (Coord.). *Limitações materiais ao poder de tributar*. Belo Horizonte: Fórum, 2022. p. 439-446. (Coleção Fórum Princípios Constitucionais Tributários - Tomo III) ISBN 978-65-5518-314-6.

ACCESO A LA JUSTICIA – TUTELA JUDICIAL EFECTIVA EN MATERIA TRIBUTARIA CONFORME LA CONVENCIÓN AMERICANA SOBRE DERECHOS HUMANOS (PSJCR)

CRISTIÁN BILLARDI

1 Introducción. La actuación de los principios de política fiscal receptados en la doctrina internacional de los derechos humanos y su tutela judicial

El sistema de protección internacional de los derechos humanos ha receptado principios relevantes que se aplican al ámbito tributario y fiscal.

Conforme la doctrina especializada,[1] estos pueden resumirse en:

a) los principios de igualdad y no discriminación, especialmente frente a sistemas que mantienen una estructura regresiva, a la vez que sostienen beneficios fiscales a grupos privilegiados

---

[1] "Política fiscal y Derechos Humanos en las Américas.- Movilizar recursos para garantizar los derechos". Informe preparado con ocasión de la Audiencia Temática sobre política fiscal y derechos humanos, 156º periodo de sesiones de la CIDH- Washington D.C., Octubre 1995. Dicho informe fue autoría de los organismos de derechos humanos: ACIJ; CESR; De Justicia; CELS; FUNDAR; Grupo FARO; INESC y IBP. Disponible en www.cesr.org.

de personas ya sea mediante la desgravación fiscal o la asignación mayoritaria del gasto público;[2]

b) el acceso a la información, la transparencia, la rendición de cuentas y la participación que, actuando en manera coordinada, son determinantes para la calidad y legitimidad de la política fiscal;

c) la exigencia de los Estados de utilizar el máximo de los recursos disponibles "a través de una tributación suficiente y sostenible, de modo eficiente, equitativo y no discriminatorio";[3]

d) el principio de progresividad y la prohibición de regresividad que implica ponderar las medidas de "ajuste fiscal" en función de que estas aseguren un piso mínimo de protección social, sean temporarias, no discriminatorias y que sus costos sean proporcionales al mayor bienestar que se pretende alcanzar;

e) el asegurar niveles mínimos esenciales para los derechos económicos, sociales y culturales (DESC), lo cual resulta aún más relevante en contextos que, como el latinoamericano, presenta un alto grado de desigualdad social.

Reconocida la existencia de principios de derechos humanos que se aplican a la materia tributaria y fiscal, resulta entonces relevante afrontar el sistema de tutela judicial de los mismos, en particular el sistema previsto por la Convención.

Para expresarlo desde la óptica del sujeto de protección: la persona que en la dinámica de la relación jurídico tributaria ha visto vulnerado algunos de los derechos humanos reconocidos por el texto Convencional ¿puede recurrir a los sistemas internacionales o regionales que dichos Tratados han establecido para hacer efectiva su protección?

La respuesta a este cuestionamiento implica un doble foco de análisis. Por un lado, se refiere a la titularidad de los derechos humanos y la legitimación activa de las personas para reclamar su protección. Por otra parte, implica afirmar que la materia tributaria ha sido receptada expresamente dentro del objeto material de dichos Tratados.

---

[2] Siempre según el citado Informe, este es el caso denunciado en México donde, a la par de una estructura regresiva, las personas de mayores ingresos obtienen el 31,6% del gasto público destinado a desarrollo humano, mientras el 20% del sector más pobre recibe apenas el 13,1%.

[3] Ciertamente esto implica la existencia de un sistema capaz de generar tales recursos y, agrego, presupone aún antes la existencia de riqueza genuina demostrativa de capacidad tributaria sobre el cual pueda ejercerse una justa potestad tributaria. Por esta última razón entiendo que resulta relativa la afirmación que "la carga tributaria de AL se encuentra muy por debajo de los países OCDE" si no se tiene en cuenta la estructura de plataforma económica sobre la cual se basa el sistema fiscal.

2 La titularidad de los derechos humanos y la legitimación activa del contribuyente

Ya en otra sede he explicitado mi opinión acerca de la inconveniencia de asimilar lisa y llanamente la titularidad de los derechos humanos con la condición de contribuyente.[4]

De hecho, para el derecho tributario existen ciertos "centros de imputabilidad diferenciada" a quienes, aún careciendo de personalidad jurídica para el derecho común, se les reconoce la calidad de "contribuyentes" en el ámbito derecho tributario doméstico (fondos de inversión, ciertos tipos de fideicomisos o contratos asociativos, uniones transitorias de empresas, sucesiones indivisas, etc.); mientras que, por otro lado, existen titulares de derechos humanos que no revisten la calidad de contribuyentes (ej. minorías étnicas o comunidades indígenas).

De conformidad a este entendimiento, no todas las personas titulares de los derechos humanos son contribuyentes y no todos los contribuyentes cuentan con el reconocimiento de la cualidad de persona en el ámbito de la protección internacional de los derechos humanos.

De consecuencia, no todo contribuyente podrá esgrimir necesariamente el mismo grado de protección del sistema de derechos humanos en aquellos casos donde su status de contribuyente sea vulnerado.

Esta cuestión hace a la legitimación activa de las personas jurídicas y sujetos contribuyentes-no personas, quienes representan generalmente una relevante porción de la categoría de los contribuyentes.

Desde el punto de vista comparativo, se advierte una asimetría entre el alcance del término persona en el ámbito de la Convención Interamericana de Derechos del Hombre (PSJCR) y su par Europeo, puesto que en este último se acepta pacíficamente la legitimación de las personas jurídicas -como extensión y manifestación de las personas humanas-, mientras que la interpretación del texto americano aparece mas restringida a las "personas humanas".

Aún cuando gran parte de los Países signatarios de la Convención interamericana han extendido los derechos y obligaciones allí receptadas

---

[4] Véase, BILLARDI, C. "Los derechos del hombre y su tutela jurídica en el derecho tributario y financiero", Ed. Ad-Hoc. Bs.As. 2018.
En un sentido más amplio se ha expresado la doctrina del Iladt cuando recomienda "Desde el punto de vista del sujeto a quien estos derechos se les reconocen, esto es el contribuyente, cabe aclarar que este -en su expresión más amplia- comprende (…) 4. La protección de los derechos humanos comprende también los derechos de las personas físicas, jurídicas o ideales respecto a las obligaciones tributarias y sanciones, en su condición de sujetos pasivos, obligados tributarios o destinatarios del tributo".

también a las personas jurídicas (ej. México, Argentina), la cuestión del acceso de estas últimas en el carácter de "parte" al sistema de protección convencional americano sigue siendo debatido. Sin embargo, en los últimos tiempos se advierte una mayor apertura al momento de permitir el acceso de las personas en su calidad de "accionistas" o "miembros" parte del ente jurídico interesado.

3 El acceso a la tutela judicial efectiva a la determinación de los derechos de "materia fiscal"

Respecto del ámbito material de aplicación del PSJCR, es conocida la diversa amplitud que muestran la Convención Europea y Americana respecto de la materia tributaria. En efecto, mientras la Convención Americana (PSJCR) ha previsto expresamente la aplicación de las "garantías judiciales" a la "*determinación de sus derechos y obligaciones de orden ... fiscal*" (art. 8.1[5]), tal expresión se encuentra ausente en la Convención Europea que se refiere a la materia de orden civil o penal.

Partiendo de este marco conceptual, es entendible que en el ámbito europeo el foco de atención se haya concentrado en la cuestión acerca de si la tutela jurisdiccional de los sistemas regionales de protección de los derechos humanos debe hacerse extensiva a la relación jurídica tributaria.

La apreciación acerca de la asimetría entre titulares de los derechos humanos y contribuyentes realizada en el punto anterior, se hace extensiva también a los derechos y garantías que generalmente se incluyen en los denominados "estatutos" o "cartas del contribuyente", por cuanto -en su heterogeneidad- no todas estas garantías pueden considerarse corolarios directos de los derechos humanos.[6]

---

[5] Convención Americana sobre Derechos Humanos (Pacto de San José de Costa Rica 7 al 22 de noviembre de 1969) Artículo 8. Garantías Judiciales. 1. Toda persona tiene derecho a ser oída, con las debidas garantías y dentro de un plazo razonable, por un juez o tribunal competente, independiente e imparcial, establecido con anterioridad por la ley, en la sustanciación de cualquier acusación penal formulada contra ella, o para la determinación de sus derechos y obligaciones de orden civil, laboral, fiscal o de cualquier otro carácter.

[6] Del estudio de las diversas cartas del contribuyente, surge, en efecto, que muchos de los preceptos receptados hacen a normas de policy administrativa o normas de conducta y colaboración en la relación fisco-contribuyente.

3.1 La cobertura normativa de la Convención Americana (PSJCR)

Como bien recuerda el Prof. Casás,[7] la inclusión de la materia fiscal en el texto de la Convención Interamericana fue impulsada por el delegado de México sin mayor debate por parte de la Conferencia que aprobara el texto definitivo. De todas maneras, la mayor precisión de la Convención Interamericana ha sido reconocida por la propia jurisprudencia de la Corte Europea (c.d. Corte de Estrasburgo) por ser el texto americano más cercano en el tiempo.[8] Esta afirmación desarrollada en el *leading case* "Golder"[9] (1975) es relevante por cuanto cabe recordar que en un primer momento la Corte Europea en una interpretación restrictiva del art. 6.1. del texto de la Convención autoexcluyó los *"pure tax cases"* de la cobertura convencional.[10] Cabe recordar sin embargo que en su evolución jurisprudencial posterior, el mismo Tribunal extendió su cobertura primero a la materia sancionatoria y luego y a los reintegros o restituciones de impuestos, para afirmar últimamente la tutela convencional a la fase prejudicial frente a los excesos del fisco en el ejercicio de sus facultades de inspección y verificación.[11]

---

[7] CASÁS, José O. *Carta de Derechos del Contribuyente Latinoamericano para el ILADT.* Ed. Ad-Hoc. Bs.As. 2004; págs. 26, 27.

[8] BILLARDI, Cristian J. *Solve et Repete. Crítica a su vigencia jurídica.* Ed. Ad-Hoc, Buenos Aires, julio 2006.

[9] CEDH, "Golder vs. The United Kingdom", C. 00004451/70 del 21-02-1975.

[10] Es interesante revisar las vicisitudes que sufriera el tratamiento de ambos textos convencionales. Para una referencia histórica de la discusión sobre el alcance de los términos del art. 6.1. CEDH, puede consultarse La Valva, Claudio. "Disciplina interna e dimensione sovranazionale del "Giusto Proceso" in materia tributaria". (Tesis doctoral biblioteca UNIPA en base Aleph; www.opac.unipa.it).

[11] Así en la conocida sentencia Ferrazini donde la mayoría del Tribunal sostuvo que "la materia fiscal se mantiene aún en las prerrogativas del poder de imperio, por cuanto resta predominante la naturaleza pública de la relación entre el contribuyente y la colectividad". En la posterior causa Janosevic, la Corte de Estrasburgo afirmó que "el art. 6 no se aplica a la disputa sobre el impuesto en sí mismo a pesar de los aspectos pecuniarios que necesariamente tiene sobre el contribuyente".
Si bien alguna vía de apertura ya se había visto respecto del ámbito sancionatorio fiscal confirmando el carácter punitivo de las sanciones tributarias, con la sentencia "Cabinet Diot SA" y "Gras Savoye SA c. Francia" la Corte ha ido mas allá al sostener que un recurso de restitución puede constituir una acción de derecho privado (civil), no obstante el hecho que este tenga su origen en la legislación fiscal y que los recurrentes hayan sido sujetos a imposición en virtud de dicha legislación.
In fine, el Tribunal ha exigido la existencia de un "remedio efectivo" allí donde el contribuyente fuese objeto de investigaciones ilegítimas por parte del organismo fiscal (CEDH en los casos Ravon, Andrèe, Maschino, Kandler y IFB del 2008).
De esta manera parece consolidarse una lenta evolución que, con marchas y contramarchas, parece traducirse en una progresiva expansión de las garantías convencionales también al

Ciertamente dicha exclusión normativa no es aplicable al Sistema americano frente a la previsión expresa del art. 8.1. (PSJCR). Sin embargo, la mayor precisión del texto americano no parece haber comportado hasta hoy una mayor tutela de los derechos de los contribuyentes respecto del sistema europeo que, a falta de una previsión similar, ha debido afrontar la cuestión de una manera indirecta.

De esta manera se presenta una paradoja entre la previsión normativa expresa del Sistema interamericano -que no ha encontrado aún actuación efectiva en materia tributaria- con la prolífica evolución jurisprudencial que dicha tutela ha tenido en el Sistema europeo.

En mi opinión este menor desarrollo de la tutela de los derechos humanos en el ámbito fiscal pareciera vincularse más bien con razones estructurales de acceso al mismo Sistema interamericano (filtro de la Comisión y las limitaciones acerca de la titularidad y legitimación activa de las personas jurídicas), como a razones domésticas de los sistemas judiciales de los Estados miembros que limitan, retardan o nulifican el acceso al Sistema de protección Convencional (reiteradas amnistías, moratorias, etc.).[12]

Como veremos más adelante, esta situación ha no impedido que la doctrina de la Corte Interamericana se haya aplicado también a la materia tributaria. En efecto, los Tribunales Constitucionales domésticos han invocado la doctrina de la Corte Interamericana afirmada ya en otras materias para fundar decisiones que abordan directamente la materia tributaria, estableciendo así un estándar mínimo de garantías a favor del contribuyente.

3.2 El estándar de garantías judiciales del contribuyente en la doctrina de la Corte Interamericana (CIDH)

En la inteligencia de la doctrina de la CIDH la garantía de acceso a la justicia se confirma como plenamente operativa, alcanza a todas las

---

proceso tributario, superando la dicotomía entre materia civil y penal, hasta comprender de plano la materia publicista y la materia fiscal.

[12] Estas causales bien pueden derivar de obstáculos sistémicos (ej. vigencia del *solve et repete*) o de razones fácticas asociadas al tiempo, costo y conveniencia que significa para el contribuyente acceder y mantener esta ulterior instancia. Así por ejemplo, se ha destacado las repetidas moratorias y blanqueos que generalmente convierten en abstracta la causa controvertida. Véase, Billardi, C. Comunicación Técnica "El acceso a la tutela jurisdiccional de los derechos humanos del contribuyente en el Sistema Interamericano de los Derechos Humanos" presentada en el marco de las XXIX Jornadas Iladt (Tema 1)- Santa Cruz de las Sierras, Bolivia, 2016.

instancias del proceso (incluso aquellas pre-judiciales) y obliga a todas las autoridades del Estado.[13] Consecuentemente, las garantías judiciales alcanzan claramente a la materia tributaria. Así lo ha expresado al misma Corte cuando en la causa "Tribunal Constitucional"[14] sostuvo que "si bien el artículo 8 de la Convención Americana se titula "Garantías Judiciales", su aplicación no se limita a los recursos judiciales en sentido estricto, sino que el conjunto de requisitos que deben observarse en las instancias procesales, a efecto de que las personas puedan defenderse adecuadamente ante cualquier tipo de acto emanado del Estado que pueda afectar sus derechos. (…) Ya la Corte ha dejado establecido que, a pesar de que el citado artículo no especifica garantías mínimas en materias que conciernen a la determinación de los derechos y obligaciones de orden civil, laboral, fiscal o de cualquier otro carácter, el elenco de garantías mínimas establecido en el numeral 2 del mismo precepto se aplica también a esos órdenes y, por ende, en ese tipo de materias el individuo tiene también el derecho, en general, al debido proceso que se aplica en materia penal".

"Cuando la Convención se refiere al derecho de toda persona a ser oída por "un juez o tribunal competente" para la "determinación de sus derechos", esta expresión se refiere a cualquier autoridad pública, sea administrativa, legislativa o judicial, que a través de sus resoluciones determine derechos y obligaciones de las personas. Por la razón mencionada, esta Corte considera que cualquier órgano del Estado que ejerza funciones de carácter materialmente jurisdiccional, tiene la obligación de adoptar resoluciones apegadas a las garantías del debido proceso legal en los términos del artículo 8 de la Convención Americana".

Así lo ha entendido además la doctrina especializada (Valdés Cosa)[15] cuando al pasar revista de los derechos de los contribuyentes expresamente receptados en el PSJCR destaca: el derecho a ser oído con todas las garantías para la determinación de los derechos y obligaciones correspondientes en el orden fiscal (art. 8.1.); la jurisdicción en todos los aspectos de la relación jurídico tributaria (material y formal); el principio del juez natural (independiente e imparcial y establecido por la ley con

---

[13] CIDH, "Caso Claude Reyes y otros *Vs.* Chile" (19-09-2006). Para su profundización véase, Ferrer Arroyo, Francisco. J "El debido proceso desde la perspectiva de la CIDH", en www.palermo.edu/derecho/revista_juridica/pub-14/Revista_Juridica_Ano14-N1_06.pdf; pág. 163.

[14] Caso del Tribunal Constitucional Vs. Perú. Sentencia de 31 de enero de 2.001. Serie C No. 74.

[15] VALDÉS COSTA, Ramón "Protección de los derechos del contribuyente a nivel internacional", *Revista Tributaria*, n. 84, 1988, pág. 207 y ss.

anterioridad al caso en el que ha de fallar); la indemnización de toda persona en caso de haber sido condenada en sentencia firme por error judicial; garantías penales que se aplican respecto a los delitos y penas relacionados con el derecho tributario y las infracciones tributarias con sanciones punitivas para aquellos delitos previstos en el derecho penal.

Si bien se observa, el "control de convencionalidad" sobre los de los sistemas tributarios domésticos parecen concentrarse principalmente en aspectos críticos del "justo proceso tributario". Así lo evidencia la evolución de la jurisprudencia europea al ocuparse en aspectos tales como: a) la existencia misma de un proceso previo y "costo" de acceso a la justicia[16] (ej. *solve et repete* como requisito de admisibilidad procesal); b) aspectos referidos a la conformación e idoneidad del juez tributario (ej. profesionalidad, competencia administrativa o judicial); c) cumplimiento del principio del contradictorio e igualdad entre las partes (ej. limitaciones a la actividad probatoria de las partes); d) exigencia de la doble instancia; e) razonable duración del proceso;[17] f) aplicación del principio del *non bis in idem* en materia de sanciones civiles, administrativas y penales.

En cambio, es aún objeto de amplia discusión la aplicación de la garantía de no declarar contra sí mismo en el proceso sancionatorio tributario.[18]

A estas observaciones debe agregarse el hincapié de la misma Corte Interamericana respecto de la efectividad de los recursos y la necesidad de que estos sean plenos (revisión de hechos y derechos), ratificando así el requisito de la doble instancia o doble conforme. Así lo ha sostenido la misma CIDH en el fallo "Baena"[19] cuando afirmó que no basta la existencia de los recursos, sino que éstos deben ser efectivos

---

[16] En materia de "tasas" de Justicia y el control judicial de la actividad administrativa véase, entre otros, *Kreuz c. Polonia* (19-06-2001) y *Perdigão c. Portugal* (16-11-2010).

[17] TEDH, *Impar LTD v. Lituania* (5-02-2010) en materia de un proceso de sanción tributaria que llevara más de seis años; para la ponderación del plazo razonable el Tribunal estableció como criterios "la complejidad del caso, la conducta del recurrente y de las autoridades competentes". Véase además, entre otros, *Serrano Contreras c. España* (20-03-2012).

[18] Así mientras en el caso *Saunders* (17-12-1996) el TEDH estableció en un proceso administrativo que el derecho a guardar silencio y a no contribuir a su incriminación, en el conocido caso *Ferrazzini c. Italia* (12-07-2001) se excluyó la aplicabilidad del art. 6 del CEDH a los procedimientos fiscales pese a la naturaleza patrimonial de la controversia. Por otra parte, de la doctrina de los casos *Bendenoun v. Francia, Jusila v. Finlandia, JB v. Suiza y Allen v. U.K.*, surgiría que sólo los materiales que se obtienen desconociendo la voluntad del acusado pueden resultar excluidos en merito al derecho de no inculparse, mientras que aquellos materiales probatorios que tienen existencia independiente de la voluntad del acusado pueden emplearse en el marco del proceso punitivo.

[19] CIDH "Caso Baena Ricardo y otros", 28 de noviembre de 2003.

y dar respuesta a las violaciones de los derechos de la Convención. Asimismo, en la sentencia recaída en "Herrera Ulloa"[20] entendió que "el derecho de recurrir del fallo debe ser accesible, sin mayores complejidades que tornen ilusorio ese derecho y que garantice un examen integral de la decisión recurrida".

Con respecto específicamente al ámbito tributario, es conocido el *leading case* "Cantos c. Argentina (2002)[21] "donde la CIDH consideró que se habían violado los arts. 8 (garantías judiciales) y 25 (protección judicial) del PSJCR debido al ejercicio desproporcionado de las facultades del fisco frente a las garantías del contribuyente.

En el caso concreto, la acción del fisco provincial mediante allanamientos y embargos por presuntas deudas de un tributo de competencia provincial (impuesto a los sellos), llevó a la paralización de las actividades del contribuyente.[22] Asimismo, luego de un interminable proceso de reclamo que llevara más de dos décadas, el ulterior reclamo judicial del contribuyente había sido inicialmente denegado en base a la falta de pago de la "tasa de justicia", para luego traducirse en una inhibición general de bienes que le imposibilitó llevar a cabo su actividad económica.[23]

En dicho pronunciamiento se reafirma el real alcance de la garantía del acceso a la justicia al señalar la obligación de establecer un recurso efectivo, rápido y sencillo.[24]

---

[20] 27 CIDH "Caso Herrera Ulloa, Mauricio v. Costa Rica" 2 de julio de 2.004. Con cita al Comité de Derechos Humanos, en "Gómez Vázquez V. España", dictamen 20 de julio de 2000.

[21] CIDH, "Cantos vs. Argentina" (28-11-2002).

[22] En marzo de 1972, la Dirección General de Rentas de la Provincia de Santiago del Estero, con base en una presunta infracción a la Ley de Sellos, realizó una serie de allanamientos en las dependencias administrativas de las empresas del señor Cantos, y secuestró, sin inventariar, la totalidad de la documentación contable, libros y registros de comercio, comprobantes y recibos de pago de dichas empresas con terceros y firmas proveedoras, así como también numerosos títulos valores y acciones mercantiles.
Como consecuencia de los allanamientos, se produjo un perjuicio económico debido a la imposibilidad de operación de las mencionadas empresas por falta de los títulos correspondientes, y también por la imposibilidad de oponer defensas ante ejecuciones judiciales intentadas por terceros exigiendo el pago de obligaciones ya canceladas.

[23] Como producto de la falta de pago de la tasa judicial y los honorarios, el señor Cantos recibió una "inhibición general" para llevar a cabo su actividad económica.
En tal sentido (...) la Corte observa que la aplicación de la tasa judicial y los honorarios de acuerdo a los parámetros permitidos por la ley condujeron a que se cobraran sumas exorbitantes, con el efecto de obstaculizar el acceso del señor Cantos a la justicia.

[24] El Tribunal Americano señalaba "...para satisfacer el derecho de acceso a la justicia no basta que en el respectivo proceso se produzca una decisión judicial definitiva. También se requiere que quienes participan en el proceso puedan hacerlo sin temor de verse obligados a pagar sumas desproporcionadas o excesivas a causa de haber recurrido a los tribunales.

Si bien la causa se traduce en violación de las garantías judiciales y la pertinente reparación al contribuyente por parte del Estado, resulta interesante advertir que la cuestión tributaria se encuentra presente a lo largo de todo el iter procesal. En efecto, tanto en el origen de las acciones que el Estado llevara a cabo en ejercicio de su potestad tributaria (originariamente se señaló la existencia de una deuda tributaria), tiene su correlato en la posterior vulneración del acceso a la justicia en virtud de la desproporción de la "tasa de justicia" exigida por el servicio de justicia.

En ambos sentidos está latente la manifiesta "desproporcionalidad" entre la finalidad fiscal y los medios utilizados en tal sentido que, en definitiva, culminan vulnerando los derechos de la persona. En tal sentido, la Corte ha denunciado como el monto de la tasa requerida excedía con creces "...al cubrimiento razonable de los costos y costas generados por la administración de justicia...".[25]

Más allá de la causa "Cantos", varias veces reiterada en los fallos domésticos, no se ha dado una evolución posterior en materia tributaria.

Podemos mencionar sin embargo alguna referencia indirecta al principio de reserva de ley planteada en el caso "Suarez Rosero"[26] donde la CIDH, ratificando su postura de reparación integral y el cumplimiento de los pagos establecidos en la sentencia de manera "integral y efectiva".

Esta postura luego ratificada en "Ivcher Bronstein" deja en claro la relación entre la incidencia (no incidencia) de la materia tributaria y sancionatoria frente al cumplimiento de las decisiones que prevén obligaciones patrimoniales a cargo del Estado.[27]

Esta última situación se agrava en la medida en que para forzar el pago procedan las autoridades a embargar los bienes del deudor o a quitarle la posibilidad de ejercer el comercio".

[25] "...La Corte observa, asimismo, lo siguiente: por una parte, existen normas internas en la Argentina que ordenan liquidar y pagar por concepto de tasa de justicia y de honorarios de abogados y peritos sumas exorbitantes, que van mucho más allá de los límites que corresponderían al cubrimiento razonable de los costos y costas generados por la administración de justicia y a la equitativa remuneración de un trabajo profesional calificado. Por otra parte, también existen disposiciones que facultan a los jueces para reducir el cálculo de la tasa y de los honorarios aludidos a límites que los hagan razonables y equitativos (62)".

[26] CIDH "Suarez Rosero vs. Ecuador. Interpretación de reparaciones" (Sent. 29-05-1999). En tal ocasión Ecuador había sostenido que la exención al pago de impuestos que significaba el pago de los honorarios dispuestos por la sentencia de la Corte significaba un quiebre a dicho principio constitucional. En estricta verdad, la Corte remite al Estado la organización y disposición de los pagos en manera tal de cumplimentar ambas exigencias.

[27] "Ivcher Bronstein vs. Perú" (Sent 6-4 y 4-9-2001) ordenaba "...abstenerse de cobrar aquellos tributos, multas y/o intereses moratorias generadas durante la administración ilegal CLRSA (...)" con el propósito de garantizar el cumplimiento de su decisión.

En la actualidad, tenemos conocimiento que solo existe un caso referido a la materia penal tributaria, el cual se encuentra aún en el ámbito de la Comisión que admitió la petición de admisibilidad.[28]

3.3 El estándar de garantías judiciales del contribuyente conforme el PSJCR en la doctrina de los Tribunales domésticos

Como he señalado anteriormente, existen numerosos pronunciamientos de las Cortes nacionales que han invocado directamente la previsión Convencional al momento de afrontar expresamente la cuestión tributaria allí cuando se encuentran en juego los derechos humanos reconocidos en la Convención Interamericana. A menudo estas referencias han reforzado las previsiones ya contenidas en las Constituciones nacionales (ej. revisión judicial), mientras que en otros casos han derivado en un mayor grado de tutela (ej. doble instancia plena).

Sin embargo, esta proficua referencia a las disposiciones convencionales y a la doctrina de la Corte Interamericana por parte de los Tribunales domésticos a menudo resulta heterogénea cuando no contradictoria.

Frente a esta situación es relevante señalar como cada vez cobra mayor recepción la postura que sostiene que al momento de realizar el control de convencionalidad los jueces domésticos deben tener en cuenta tanto la Convención como la jurisprudencia surgida de la Corte IDH. En palabras de Sagües, "la tesis del control de convencionalidad quiere que siempre prevalezca el Pacto, tanto respecto de la primera, como de la segunda parte de la Constitución, y que ésta, sea interpretada "conforme" y no contra el Pacto".[29]

Así por ejemplo la CSJN Argentina en el caso tributario "Marchal"[30] dejó establecido que "la jurisprudencia de la Corte Interamericana de Derechos humanos debe servir de guía para la interpretación de los

---

[28] CIDH Informe No. 64/14. Petición 806-06. Informe de Admisibilidad Laureano Brizuela Wilde México.

[29] SAGÜÉS, N., "El control de convencionalidad en el sistema interamericano, y sus anticipos en el ámbito de los derechos económicos-sociales. Concordancias y diferencias con el sistema europeo", en la obra *Construcción y papel de los derechos sociales fundamentales*, Armin von Bogdandy, Héctor Fix-Fierro, Mariela Morales Antoniazzi, Eduardo Ferrer Mac-Gregor (coord.), p. 384/385, IIJ, UNAM, México, 2011.

[30] Del Voto de los Mtros. Zaffaroni y Fayt. CSJN "Marchal, Juan" 10 de abril de 2.007 (Fallos 330:1427).

preceptos convencionales". Citando su misma jurisprudencia, en la causa "Madorrán"[31] sostuvo además el reconocimiento de "la progresividad en la plena efectividad de los derechos humanos que reconocen, propia de todos los textos internacionales anteriormente aludidos y muy especialmente del mencionado Pacto (art. 2.1; "Aquino", cit., p. 3774/3777, y "Milone" cit., p. 4619), sumado al principio *pro homine*, connatural con estos documentos, determinan que el intérprete deba escoger dentro de lo que la norma posibilita, el resultado que proteja en mayor medida a la persona humana".

En esta misma línea se advierte como logra cada vez mas espacio la doctrina de la *"cosa interpretada"* por la cual si existe ya interpretación jurisprudencial de la Corte en alguna materia, esta se hace expansiva y vincula a todos los Estados miembros sin que sea necesario que el Estado haya sido parte. Como recuerda Ferrer Arroyo, los casos "Mazzeo" y "Videla Massera"[32] de la Corte Suprema Argentina evidencian que esta doctrina ya ha tenido acogida favorable en el ámbito doméstico. Una postura similar adopta la Corte Mexicana cuando sostiene que las sentencias emitidas por la CIDH son vinculantes en sus términos cuando el Estado mexicano fue parte en el litigio y los criterios emitidos por la misma CIDH cuando el Estado mexicano no fue parte.[33]

En general estos pronunciamientos de los Tribunales domésticos se refieren principalmente a las garantías judiciales y el debido proceso, ratificando su plena aplicación a la materia fiscal.[34] Especialmente en materia de:

1) Acceso a la justicia:

a. inconvencionalidad del *Solve et repete;*[35]

---

[31] CSJN "Madorrán, Marta C." 3 de mayo de 2.007 (Fallos 330:1989).

[32] CSJN, 13/07/07, *Mazzeo, Julio L. y otros,* Fallos 330:3248; CS, 27/12/84, *Videla, Jorge R.,* Fallos 306:2101.

[33] Así por ejemplo lo ha sostenido la Tesis LXV y LXVI/2011 (9ª) de la CSJN Mexicana: sentencias emitidas por la CIDH son vinculantes en sus términos cuando el estado mexicano fue parte en el litigio y Criterios emitidos por la misma CIDH cuando el Estado mexicano no fue parte. Son criterios orientadores para los jueces mexicanos siempre que sean más favorables a la persona en términos del art. 1 Const. Federal. En Seminario judicial de la Federación y su Gaceta, Dic. 2011, pág. 550 y 556. Véase además las derivaciones del caso "Radilla".

[34] Así la CSJN, reiteró también en "Fiszman y Cía. SCA" de 2.009 (Fallos 332:2657) y en "Intercorp SRL" de 2.010 (Fallos 333:935) la plena aplicación de las normas del PSJCR a la materia fiscal y extensivo a la persona jurídica.

[35] El Tribunal Constitucional boliviano en la Sentencia Constitucional No. 1905/2013, de 29 de octubre de 2013, declaró la inconstitucionalidad del art. 1.II de la Resolución regulatoria 01-00012-11 de 17 de octubre, que incorpora el art. 54 a la Resolución regulatoria 01-00005-11 de 10 de junio, ambas del 2011, en materia de juegos de lotería y de azar, por vulnerar

b. limitaciones económicas de la tasa de justicia al acceso a la jurisdicción;[36]

c. proceso de revisión en todas las instancias del proceso, aún en sede cautelar.[37]

2) Plazo razonable: ya sea en lo atinente a *plazos máximos* para su resolución o *plazos mínimos* para ejercer eficazmente la defensa de los derechos.[38]

3) *Non bis in idem*: este es también un aspecto controvertido por cuanto frente a un mismo incumplimiento tributario suelen acumularse sanciones civiles, administrativas e incluso penales.

---

el derecho-garantía del debido proceso (art. 115.II y 117.I de la CPE) en sus elementos al derecho a la defensa (art. 119 de la Norma Suprema) y el derecho a la impugnación (art. 180.II de la CPE), 8.2.h de la CADH, así como el derecho de acceso a la justicia (art. 115.I de la Ley Fundamental) y el principio a la igualdad (art. 14 de la CPE).

Han declarado además su inconstitucionalidad: Uruguay (1.959), Italia (1.961), España (1.986), Venezuela (1.990), Colombia (1.992), Chile (1.994), Colombia (1998), República Dominicana (2.000); Bolivia (2015); Costa Rica (2016), esta última por no superar el test de convencionalidad respecto de la garantía del juez independiente.

En contra, la CSJN Argentina sigue manteniendo el criterio de la compatibilidad de la figura con el art. 8.1. del PSJCR a no ser que el contribuyente demuestre que la falta inculpable de medios se convierte en una denegación de justicia: Véase CSJN, en autos: "Microómnibus Barrancas de Belgrano" (21-12-1989).

Para una profundización sobre el solve et repete en América latina, véase Billardi, Cristian J. *Solve et Repete. Crítica a su vigencia jurídica; ob. cit.*

[36] Corresponde dejar sin efecto la sentencia que ordenó paralizar el trámite de la demanda contencioso administrativa hasta tanto la actora diera cumplimiento al pago del impuesto de sellos si no trató el agravio referido a que la aplicación de los arts. 296 y 297 del Código Fiscal de la Provincia de La Pampa implicaba una grave violación al derecho de defensa consagrado en la Constitución Nacional y al de acceder a la justicia consagrado por el Pacto de San José de Costa Rica oportunamente propuesto por la actora. Del dictamen de la Procuración General, al que remitió la Corte Suprema en "Ilka Construcciones S.R.L. – Cons. Nor. S.A. – UTE c/ Municipalidad de Intendente Alvear s/ demanda contencioso administrativa". I. 14. XXXIX. 07/03/2006. T. 329 P. 432.

[37] En "Monserrat, José c/ P. BA" (Fallos 329:4158), 2006, garantizó el acceso a la justicia en materia cautelar a un contribuyente (tutela preventiva) al conceder una medida cautelar de prohibición de innovar por medio de la cual se ordenó a la provincia de Buenos Aires que suspenda toda acción tendiente al cobro de las sumas que surgen de las resoluciones determinativas en materia de impuesto de sellos (en sentido semejante, citamos: "YPF SA c./ Provincia de Neuquén s/ medida cautelar", 05.06.07; "Capex SA c/ Provincia de Neuquén", 29.05.07; "Petrobras Energía SA c/ Provincia de Neuquén s/ acción declarativa y medida cautelar", 05.06.07).

[38] Del Sistema IDH surge que la duración del proceso debe ponderarse con relación a la complejidad del asunto, la actividad procesal del interesado, la conducta de las autoridades judiciales, la naturaleza de los derechos en juego y la finalidad del procedimiento judicial respectivo.

La Corte Argentina ha invocado al art. 8 del PSJCR refiriéndose a la "garantía de obtener un pronunciamiento sin dilaciones indebidas"; CSJN, en autos "Losicer, Jorge A. c/BCRA. Resol. 169/05- L.216. XLV" (26-06-2912).

4) Requisito de la doble instancia plena.[39]

5) Requisitos en orden al tribunal (imparcial, independiente): en particular respecto del carácter de "juez administrativo" que impone sanciones.[40]

En definitiva, la doctrina especializada suele concluir como los sistemas domésticos en ciertos aspectos no superan el test de convencionalidad al no alcanzar los estandartes mínimos de garantía receptados en la Convención Interamericana.

En este sentido se ha expresado buena parte de la doctrina argentina (Spisso-Tozzini) cuando afirma que "las normas vigentes en el procedimiento fiscal argentino, no garantizan el pleno acceso a la justicia conforme el art. 8º primero y segundo numeral del PSJCR, ni el pleno goce de los derechos allí reconocidos" instando así a "una armonización del procedimiento fiscal argentino al pleno reconocimiento de los derechos consagrados en la Convención Americana".[41]

---

[39] En "Butyl" (CSJN "Butyl SA s/ infracción ley 16.463", 16 de octubre de 2.002. (Fallos 325:2711) la CSJN, limitó la aplicación del derecho de recurrir el fallo garantizado por la CIDH a favor de la persona inculpada de delito en la materia contravencional, de faltas o de infracciones administrativas. Posteriormente reafirmado en "Casal, Matías Eugenio" del 20 de setiembre de 2.005. (Fallos 328:3399) En igual sentido CSJN "Martínez de Areco, Ernesto" del 25 de octubre de 2.005 (Fallos 328:3741) estableció la doble instancia plena, en el sentido que la posibilidad de interponer recursos significa una revisión amplia de cualquier objeto del proceso de hechos y prueba, aplicando lo resuelto por la CIDH en "Herrera Ulloa" (2004) al indicar que el derecho contemplado en el art. 8.2.h del Pacto debe garantizar un examen integral de la decisión recurrida, de todas las cuestiones debatidas y analizadas por el tribunal inferior.

[40] Conforme la reseña de Tozzini, la CSJN argentina en el fallo "Quiroga" estableció que los roles de acusación y juzgamiento deben ser asumidos por órganos autónomos entre sí. En "Llerena" sostuvo que un mismo juez no puede instruir el sumario y ser juez del juicio. En "Astorga Bracht" 2004 (Fallos 327:4185), estableció con claridad el principio de tutela jurisdiccional administrativa y que cualquier norma que no la respete viola el PSJCR. En "Fraticcelli, Dieser" estableció la garantía de juez imparcial, lo que tiene gran incidencia en materia fiscal puesto que esto pone en jaque los procedimientos administrativos donde el juez administrativo que resuelve es parte. En "Simón" se refirió al derecho de acceso a la justicia. En "López Ramón" resolvió que los jueces administrativos son incompetentes para aplicar penas, de lo que se deriva que, dada la naturaleza penal del ilícito fiscal, los jueces administrativos no pueden aplicar las sanciones. Tozzini, Gabriela I. "Comunicación Técnica (Argentina)", Tema II: Análisis comparativo de la controversia fiscal a nivel administrativo y jurisdiccional; en X Jornadas Rioplatenses de Tributación IUET – AAEF. Montevideo, 11 y 12 de junio de 2015; en http://www.tfaba.gov.ar/JornadasRioplatenses/4.-ComunicacionTecnicaArgentinaTemaII-Dra.Tozzini.pdf.

[41] "...En efecto, el derecho de tutela, en cuanto acceso a la instancia del contribuyente, se advierte comprometido en materia fiscal por la existencia de disposiciones o institutos que restringen el acceso constituyendo un verdadero obstáculo a su pleno ejercicio. Se encuentran ritualismos reglamentarios para acceder a la justicia con el previo agotamiento de la instancia administrativa; legislación que restringe las facultades de *imperium* o de jurisdicción de los jueces (vbgr.: condiciones que limitan al juzgador para el otorgamiento de medidas cautelares contra el Estado); el efecto no suspensivo de algunos recursos; la

En tal sentido, hasta tanto se modifiquen las normas tributarias que no aprueban el "test de convencionalidad", es el Poder Judicial el responsable de ejercer tal control en cada caso concreto y "según la interpretación que de la Convención Americana ha hecho la Corte Interamericana" (CSJN, "Mazzeo", 2007). Asimismo los funcionarios administrativos debieran abstenerse de aplicar normas manifiestamente anticonvencionales tal como lo dictaminó la Procuración del Tesoro de la Nación y deben priorizar el PSJCR al derecho interno en el caso de oposición y desaplicar la norma en tal caso para no generar responsabilidad del estado (CIDH "Garrido y Baigorria", entre otras).

Cabe destacar que en sus referencias hermenéuticas las Cortes domésticas suelen recurrir también a los pronunciamientos de la Corte Europea como de otros Tribunales constitucionales.[42] Sin embargo, no es extraño verificar que tales referencias a menudo aparecen extrapoladas de su contexto fáctico o no tienen en cuenta la evolución posterior de la doctrina jurisprudencial.[43]

Por último, en la creciente incidencia de la doctrina de los derechos humanos en materia tributaria, es relevante destacar además la labor de los organismos de Defensa de los Contribuyentes en los numerosos sistemas que han previsto esta figura[44] con autonomía

---

exigencia del *solve et repete* como condición de procedibilidad de la acción o del recurso fiscal de impuesto y/o de multa; la ejecución fiscal cuasiadministrativa e inapelable; las facultades judiciales de los ejecutores fiscales; la inexistencia y/o limitación de recursos previstos tanto respecto de la determinación de los tributos como en materia penal; aplicación de sanciones sin sumario previo, y la violación en el procedimiento del principio de no autoinculparse en sede penal, entre muchos otros". Tozzini, G. *ob. cit.*

[42] Así por ejemplo la CSJN históricamente ha llamado los pronunciamientos de su par norteamericano, mientras que no son pocas las referencias a la CEDH.

[43] Un ejemplo concreto de cuanto he referido puede encontrarse en la derogación de la figura del *solve et repete* donde mientras algunos pronunciamientos lo han reputado incompatible con el principio convencional de libre acceso a la justicia y contrarios al art. 8.1. del PSJCR (Uruguay, Chile, Bolivia, etc.); otros, en cambio, han justificado su mantenimiento por no resultar a priori contrario al mismo principio consagrado a nivel constitucional y convencional (Argentina).

[44] Así han receptado esta institución, entre los sistema continentales: España con el "Consejo para la defensa del Contribuyente" (R.D. 2458/96 que luego fuera receptado en la Ley General Tributaria 58/2003, art. 34.2); Italia con el "Garante del contribuyente" (art. 13 de la ley 212/2000). En América Latina han adoptado esta política México con el PRODECON (Procuraduría de defensa del contribuyente, como órgano publico descentralizado del Estado); Perú con la "Defensoría del Contribuyente y el usuario aduanero – DEFCON" (en el ámbito del Ministerio de Economía y Finanzas); Colombia, con la "Defensoría del Contribuyente y del Usuario Aduanero" (como órgano especial de la Dirección de Impuestos y Aduanas Nacionales, ley 488/98, art. 79); Ecuador, "Departamento de derechos del contribuyente" (aunque como departamento del SRI – Servicio de rentas internas); Costa Rica, "Dirección de servicio al contribuyente" (en el ámbito del Ministerio de Hacienda).

institucional, o bien como parte de la autotutela administrativa y la visión colaborativa con el contribuyente.

Así por ejemplo, la Procuraduría de la defensa del contribuyente mexicana (Prodecon) ha realizado expresa referencia al PSJC como fuente de los derechos fundamentales del contribuyente.[45]

4 Conclusiones

- La tutela judicial efectiva en materia tributaria ha sido expresamente receptada por el art. 8.1. del PSJCR a diferencia del art. 6.1. de su par europeo. Sin embargo, esta mayor precisión normativa no ha derivado en un mayor acceso ni grado de cobertura del sistema de protección interamericano de derechos humanos. Tal circunstancia aparece motivada tanto por obstáculos sistémicos como de hecho.
- Entre los primeros, pueden mencionarse la falta de reconocimiento de legitimación activa de las personas jurídicas en el procedimiento de acceso a la CIDH y el filtro de la Comisión previsto por el Sistema.
- Respecto del ámbito material de cobertura se observa una escasa evolución en el tratamiento de la materia fiscal en ámbito de la CIDH. No obstante, ello no ha impedido un prolífico desarrollo de la doctrina de dicho tribunal por parte de los Tribunales constitucionales domésticos al momento de afrontar cuestiones tributarias cuando estas se encuentran en colisión con los derechos humanos reconocidos en el PSJCR.
- En tal evolución ha sido ratificada la plena aplicación de las garantías judiciales y el debido proceso a la materia fiscal, reafirmando en particular las garantías de: 1) acceso a la justicia (inconvencionalidad del *Solve et repete*; limitaciones económicas de la tasa de justicia al acceso a la jurisdicción; proceso de revisión en todas las instancias del proceso, aún

---

[45] Véase la referencia de Vela Peón respecto de la recomendación PRODECON 17/2012 donde, además de la norma constitucional mexicana hace expresa referencia al PSJCR "para concluir que existe una grave violación a los derechos fundamentales en sus derechos (…) de legalidad, seguridad jurídica y social, así como del mínimo vital, actuando incluso como un organismo de protección de derechos humanos a que se refiere el apartado B del art. 102 constitucional como si tuviera la misma naturaleza de la Comisión nacional de DH" (en el caso se trataba del embargo de la cuenta bancaria donde se depositaba la pensión del contribuyente). Vela Peón, Antonio A. "Derechos humanos y tributación en México" en Actos de la XXII Semana Fiscal. México, Julio 2012; en www.tfjfa.gob.mx.

en sede cautelar); 2) plazo razonable (*plazos máximos* para su resolución o *plazos mínimos* para ejercer eficazmente la defensa de los derechos); 3) *non bis in idem* (sancionatorio penal y administrativo); 4) requisito de la doble instancia plena; 5) requisitos en orden al tribunal (idóneo, imparcial e independiente).

Informação bibliográfica deste texto, conforme a NBR 6023:2018 da Associação Brasileira de Normas Técnicas (ABNT):

BILLARDI, Cristián. Acceso a la Justicia – Tutela judicial efectiva en materia tributaria conforme la Convención Americana sobre Derechos Humanos (PSJCR). *In*: SARAIVA FILHO, Oswaldo Othon de Pontes; SIQUEIRA, Julio Homem de; BEDÊ JÚNIOR, Américo; FABRIZ, Daury César; SIQUEIRA, Junio Graciano Homem de; CUNHA, Ricarlos Almagro Vitoriano (Coord.). *Limitações materiais ao poder de tributar*. Belo Horizonte: Fórum, 2022. p. 447-463. (Coleção Fórum Princípios Constitucionais Tributários - Tomo III) ISBN 978-65-5518-314-6.

SOBRE OS AUTORES

Alexandre Coutinho da Silveira
Doutor e Mestre pela USP. Especialista pela FGV. Graduado pela UFPA. Professor do CESUPA. Advogado e sócio de Silveira, Athias, Soriano de Mello, Guimarães, Pinheiro & Scaff – Advogados.

Álvaro Augusto Lauff Machado
Doutor em Direito pela PUC-SP. Mestre em Direitos e Garantias Fundamentais pela FDV. Vice-presidente da Comissão de Direito Tributário da OAB/ES. Conselheiro do Conselho Municipal de Recursos Fiscais do Município de Vitória/ES. Membro do Grupo de Pesquisa "Corrupção, Democracia e Direitos Humanos" da PUC-SP. Professor colaborador do IBFC na elaboração de provas de concurso público. Professor convidado no curso de pós-graduação *lato sensu* em Direito Tributário na FDV e no curso de pós-graduação *lato sensu* em Direito Público da LFG (Universidade Anhanguera/SP) e da Estácio de Sá. Autor de artigos em revistas de âmbito nacional e internacional. Advogado.

Américo Bedê Júnior
Professor do programa de pós-graduação *stricto sensu* (doutorado e mestrado) da FDV. Doutor e Mestre em Direitos Fundamentais pela FDV. Professor de Direito Processual Penal da FDV. Juiz Federal Titular da 2ª Vara Criminal em Vitória/ES. Professor coordenador do Grupo de Pesquisa "Hermenêutica jurídica e jurisdição constitucional" da FDV. E-mail: bede@jfes.jus.br.

Ana Paula Basso
Professora Doutora da UFCG. Professora do programa de pós-graduação em Ciências Jurídicas da UFPB.

Anna Rita Ciarcia
Professora e pesquisadora em Direito Tributário no Departamento de Direito da Universidade da Campanha Luigi Vanvitelli. Membro do Conselho Editorial da International Tax Law Review e da Quarterly Review of Tax Law. Autora de numerosos artigos de doutrina e duas monografias.

Antônio de Pádua Marinho Monte
Doutorando em Direitos e Garantias Fundamentais pela FDV. Mestre em Direito pela UFSC. Membro do Instituto Cearense de Estudos Tributários (ICET). Pós-graduado em Direito e Processo Tributários, Direito e Processo Constitucionais, e Contabilidade Gerencial Pública e Privada. Graduado em Direito e em Ciências Contábeis. Professor de Direito Tributário. Advogado.

Arthur M. Ferreira Neto
Mestre e Doutor em Direito pela UFRGS. Mestre e Doutor em Filosofia pela PUCRS. Professor e coordenador do curso de especialização em Direito Tributário da PUCRS-IET. Professor da graduação da PUCRS. Professor pesquisador da FEEVALE. Vice-Presidente do IET. 2º Vice-Presidente do TARF/RS. E-mail: aferreiraneto@yahoo.com.br.

Cristián Billardi
Doutor em Direito pela Universidade de Palermo. Membro ativo da Asociación Argentina de Estudios Fiscales e da Associazione Italiana per il Diritto Tributario Latinoamericano. Responsável pela redação da Revista Diritto e Pratica Tributaria Internazionale. Professor adjunto interino de Direito Tributário na Universidad de Buenos Aires, Argentina. Professor de pós-graduação em diversos países da América Latina e na Itália. Advogado representante do Studio Uckmar Assoc. E-mail: c.billardi@uckmar.com.

Daury César Fabriz
Doutor e Mestre em Direito pela UFMG. Professor adjunto III da UFES. Professor doutor nível I da FDV (graduação/mestrado/doutorado). Líder do Grupo de Pesquisa "Estado, Democracia Constitucional e Direitos Fundamentais" do programa de pós-graduação em Direito da FDV. Advogado e sociólogo. *E-mail*: daury@terra.com.br.

Eduardo Luís Kronbauer
Doutorando em Direito pela Albert-Ludwigs-Universität Freiburg, Alemanha (bolsista da Katholischer Akademischer Ausländer-Dienst – KAAD). Mestre em Direito pela PUCRS (bolsista da CAPES). Pós-graduado em Direito Tributário pela PUCRS e pelo IET. Associado IET. Advogado e consultor na área de Direito Tributário. E-mail: eduardo.kronbauer@yahoo.com.br.

Filippo Dami
Doutor em Direito Tributário pela Faculdade de Direito da Universidade de Roma La Sapienza. Licenciado em Economia pela Faculdade de Economia da Universidade de Florença. Professor de Direito Tributário na Universidade de Siena. Advogado.

Gabriela Ríos Granados
Pesquisadora em tempo integral no Instituto de Pesquisas Jurídicas da UNAM. E-mail: riosgra@hotmail.com.

Gloria Ramos-Fuentes
Advogada do Ministério de Relações Exteriores do Chile. E-mail: gloramos76@gmail.com. ORCID: https://orcid.org/0000-0002-8697-2649.

Heleno Florindo da Silva
Doutor e Mestre em Direitos e Garantias Fundamentais pela FDV. Professor EBTT de Direito do IFSMG-Muriaé.

SOBRE OS AUTORES | 467

Henrique da Cunha Tavares
Mestre em Direitos e Garantias Fundamentais pela FDV. Pós-graduado em Direito Tributário pela Faculdade Cândido Mendes. Advogado.

Jackelline Fraga Pessanha
Doutoranda em Direito pelo UniCEUB. Mestre em Direitos e Garantias Fundamentais pela FDV. Especialista em Direito Administrativo e em Gestão e Direito Ambiental pela UNESA. Docente efetiva de Direito Ambiental e Desenvolvimento Sustentável da UEMG-Ituiutaba. Líder do Grupo de Pesquisa Estado & Direito: Estudos Contemporâneos da UEMG-Ituiutaba. Advogada. E-mail: jackellinepessanha@yahoo.com.br.

Jorge Isaac Torres Manrique
Consultor jurídico. Abogado por la UCSM (Arequipa). Doctorados en Derecho y Administración, por la UNFV (Lima). Presidente de la Escuela Interdisciplinar de Derechos Fundamentales Praeeminentia Iustitia (Perú). Miembro de la International Association of Constitutional Law – IACL (Serbia). Miembro de la Asociación Mundial de Justicia Constitucional (Colombia). Miembro del Comité Científico Internacional del Instituto Jurídico Internacional de Torino (Italia). Miembro extranjero adjunto de la Asociación Argentina de Justicia Constitucional (Argentina). Miembro Senior de la Asociación Colombiana de Derecho Procesal Constitucional (Colombia). Miembro del Instituto Vasco de Derecho Procesal (País Vasco). Par Académico Evaluador de las firmas editoras: Corporación de Estudios y Publicaciones (Ecuador) y Ediciones Jurídicas de Santiago (Chile). Autor de diversos libros y tratados en Derecho Constitucional, Penal y Administrativo. Codirector de los Códigos Penales comentados de Ecuador, Colombia y Chile. Codirector de los Tratados: Lavado Activos, Técnicas de Litigación Oral Estratégica y Derecho Probatorio. E-mail: kimblellmen@outlook.com.

Julio Homem de Siqueira
Pesquisador júnior no Instituto de Estudos Penais Alimena, Universidade da Calábria (2021-2023). Mestre em Direitos e Garantias Fundamentais pela FDV. Pesquisador Externo em Grupos de Pesquisa na FDV, UFRN e UEMG. Servidor Público Federal. E-mail: julio.pfhs@gmail.com.

Junio Graciano Homem de Siqueira
Graduado em Direito pela FDV e em Engenharia Elétrica pela UFRN. Servidor Público Federal na JFRN.

Katia Blairon
Pós-doutorado em Direito Público e Processual, Universidade de Gênova. Doutora em Direito Público, Universidade Nancy 2. Professora das Faculdades de Direito nas Universidades de Lorraine, Gênova e Calábria. E-mail: katia. blairon@univ-lorraine.fr.

Lara Carvalho Breda

Advogada. Pós-graduada em Direito Processual Civil pela FDV. E-mail: laracbreda@gmail.com.

Lucas Bevilacqua

Doutor e Mestre em Direito Econômico, Financeiro e Tributário pela Faculdade de Direito da USP com formação complementar em Comércio Internacional pela Mission of Brazil to the World Trade Organization e Assessor de Ministro do STF.

Luma Cavaleiro de Macêdo Scaff

Doutora em Direito Financeiro pela USP. Mestre em Direitos Humanos pela USP. Graduada em Direito pela UFPA. Ex-pesquisadora bolsista da Fundação Ford. Membro da Rede de Pesquisa Junction Amazonian Biodiversity Units Research Network Program (JAMBU-RNP). Membro do Departamento de Direito Financeiro e Tributário da Escola Superior de Advocacia no Pará, Brasil. Professora na graduação e na pós-graduação em Direito da UFPA. Advogada. E-mail: lumascaff@yahoo.com.br. Facebook: Luma Scaff. Instagram: @lumascaff.

Marcelo Figueiredo

Doutor em Direito pela PUC-SP. Professor da graduação, da pós-graduação, do Mestrado e do Doutorado da PUC-SP. Membro do Grupo de Pesquisa Corrupção, Democracia e Direitos Humanos da PUC-SP. Advogado.

Marcelo Sant'Anna Vieira Gomes

Mestre em Direito Processual Civil pela UFES. Especialista em Direito Processual Civil pela FDV e em Direito Administrativo pela UNESA. Docente efetivo de Teoria do Processo e Direito Processual Civil da UEMG – Ituiutaba. Membro associado do IBDP. Líder do Grupo de Pesquisa Estado & Direito: Estudos Contemporâneos da UEMG-Ituiutaba. Advogado. E-mail: mrsantanna@yahoo.com.br.

María de los Ángeles González Luna

Pesquisadora em tempo integral na Universidade Autônoma de Chiapas. E-mail: mary_angely73@yahoo.es.

Martha Leão

Professora de Direito Tributário da Universidade Presbiteriana Mackenzie, Brasil. Doutora e Mestre em Direito Tributário pela USP. Mestre em Teoria do Direito pelo Istituto Tarello de Filosofia do Direito e pela Universidade de Gênova.

Michele Mauro

Doutor em Direito na Universidade de Milão. Pesquisador em Direito Tributário no Departamento de Economia da Universidade de Insubria. Ricercatore di Diritto tributario – Università degli Studi 'Magna Graecia' di Catanzaro, Italia.

Michell Przepiorka
Mestrando em Direito Tributário Internacional pelo IBDT. Pós-graduado em Direito Tributário e em Direito Tributário Internacional pelo IBDT. Advogado em São Paulo.

Mirlo Matías de la Cruz
Pesquisador em tempo integral da Universidade Autônoma de Chiapas. E-mail: mirlomatias2003@yahoo.es.

Natália Brasil Dib
Doutoranda em Direito Econômico e Socioambiental pela PUCPR. Mestre em Direito Econômico e Socioambiental pela PUCPR. Especialista em Direito Tributário pelo IBET. Vice-Scientific Director of World Complexity Science Academy – WCSA e Pesquisadora do IBPT. Professora de Direito e Processo Tributário. Advogada no escritório Marins Bertoldi Advogados.

Oswaldo Othon de Pontes Saraiva Filho
Mestre em Direito. Professor de Direito Financeiro e de Direito Tributário na UnB. Procurador da Fazenda Nacional aposentado. Advogado.

Patrici Masbernat
Professor da Universidade Autônoma do Chile. E-mail: particio.masbernat@uautonoma.cl. ORCID: http://orcid.org/0000-0001-7137-9474.

Priscilla Pereira Costa Corrêa
Juíza Federal Titular na Seção Judiciária do Rio de Janeiro (SJRJ). Mestre em Justiça Administrativa pela UFF (2013). Juíza formadora da ENFAM e Escola da Magistratura Federal (EMARF). Professora EMERJ (pós-graduação). Membro da Comissão Científica do Fórum Nacional de Gestão Estratégica (FONAGE). Coordenadora da Justiça Federal na Associação dos Magistrados Brasileiros (AMB). Professora do mestrado profissional da ENFAM. Cocoordenadora do Grupo de Pesquisa "Desenvolvimento Sustentável" do PPGDP/ENFAM. Integrante do AMBLab (Laboratório de Inovação e Inteligência). Membro da comissão cientifica do Fórum Nacional de Inovação. Coordenadora do LIODS/CNJ "Prevenção e Desjudicialização Previdenciária". Coordenadora do LIODS/CNJ "Monitora 14". Representante do TRF2 para Meta 09/CNJ. Representante do TRF2 junto ao CJF no GT para implementação da LGPD.

Ricarlos Almagro Vitoriano da Cunha
Doutor em Direito pela PUC Minas e em Filosofia pela UFRJ. Mestre em Direito pela UGF-RJ. Especialista em Direito Processual Público pela UFF, em Argumentação Jurídica pela Universidade de Alicante (Espanha) e em Filosofia pela UCB. Ex-Juiz Federal. Advogado.

Virgínia Junqueira Rugani Brandão
Mestre em Direito pela PUC Minas. Professora da PUC Minas, Campus Serro. Advogada. E-mail: vrugani@gmail.com.

Esta obra foi composta em fonte Palatino Linotype, corpo 10
e impressa em papel Offset 75g (miolo) e Supremo 250g (capa)
pela Paulinelli Serviços Gráficos.